JN437200

상경 · 법학계열을 위해 알기 쉽게 해설한
무역운송 · 해상법 분야의 전공 · 실무 지침서

신체계
무역운송론

심종석 · 김태운

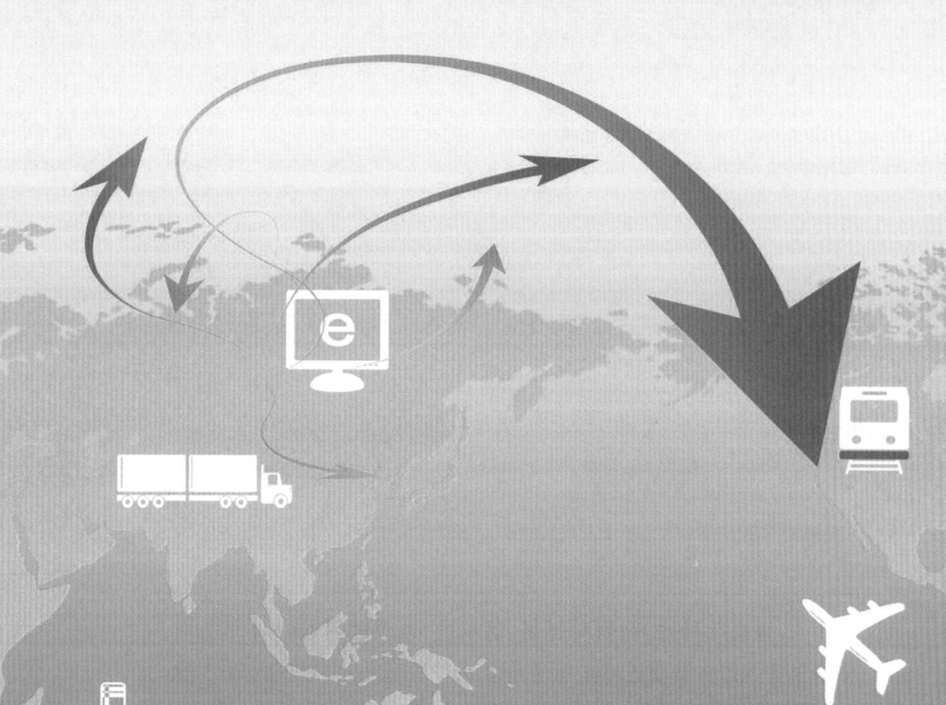

도서출판 두남

머리말

무역운송과 해상법 분야는 모름지기 오랜 기간에 걸쳐 독자적인 지위를 확보하고 발전해온 연혁을 보유하고 있는 까닭에, 그 의미와 내용을 올바로 파악하기가 상당히 어려운 분야이다. 나아가 법리적으로나 상무적으로 실제의 법리와 관습이 서로 밀접한 연관성을 두고 혼연 되어 있어 이를 활용함에 있어서도 상당한 주의와 체계적인 이해가 요구되고 있을 뿐만 아니라 특히 해상법 분야는 국제적 통일성을 그 속성으로 두고 있어 마땅히 국제조약 간의 견련성도 염두에 두어야 한다.

한편 당해 분야는 실무관행이나 실제사례 등에 대한 이해와 접근이 담보되지 않고서는 부득불 예견가능한 장애로부터의 이해를 적극적으로 추구해 나가기가 지극히 곤란하다. 이에 더하여 국제경제의 다변화 추이는 무역운송 내지 해상법 분야의 사회경제적 수요를 점점 확대해 나가고 있는 중에 있어 그 중요성은 날도 더해만 가고 있다. 결국 당해 곤란에 대한 극복은 그 중요성을 수용하기 위한 선결요건으로 작용하고 있는 차제에 있다고 본다.

'신체계 무역운송론'이라 명명한 본서는 이상의 장애와 중요성에 전 방위적으로 대응하기 위한 취지를 전제하고 집필되었다. 곧 상경계열 내지 법학계열 학생들의 전공서적으로서, 동시에 무역운송 · 해상법 분야의 실무지침서로서 그 역할을 감당할 수 있는 바에 목적을 두고 발간되었다. 본서의 특징은 다음과 같다.

첫째 구성체계에서와도 같이 종전의 무역운송에 대한 틀과 형식에서 과감히 탈피하고 있다는 점이다. 곧 무역운송 내지 해상법 분야를 이해하기 위한 선결요건으로서 무역의 기초를 우선 제시하였는데, 당해 분야와 밀접한 연관성을 가지고 있는 무역계약 · 무역거래조건 · 무역결제 · 무역보험 등이 그 내용의 주요한 골자이다.

둘째 무역운송의 역사와 개념에 대한 새로운 접근을 시도하였다는 점이다. 앞서 언급하였던 바와 같이 당해 분야는 장구한 역사를 통해 점진적으로 발전해 온 연혁을 보유하고 있는 까닭에, 기술상 보편적인 내용뿐만 아니라 역사적인 내용까지 이에 접목하여 그 이해를 도모하고자 의도하였다. 모름지기 당해 분야에서 전문가로서의 위상을 제고하기 위한 비전을 염두에 두고 있다면 본 장의 내용은 더할 수 없는 지적 기폭제가 되리라 생각한다.

셋째 무역운송수단의 형태와 기능에 대한 부분에서는 실제 참고할 수 있는 다양한 화보 내지 사진·도해 등을 결부하여 그 이해를 제고할 수 있도록 고려하였다. 이 같은 고려가 실무적용상 보다 체계적으로 개별 사안에 대한 이해를 확실히 할 수 있는 방편이 될 수 있을 것으로 기대한다.

넷째 국제조약 내지 법규범 등을 각기 운송수단별로 구분하여 해제하고 제반 양식과 절차 등을 결부하여 당해 내용을 체계적으로 이해하고 그 법리를 활용하는데 도움이 될 수 있도록 하였다.

그럼에도 불구하고 본서는 일천한 저자의 지식과 실제경험의 빈곤에 따른 선천적인 흠결을 극복하고 있지 못한 차제에 있어 앞으로도 수많은 보정과 쉴 새 없는 보완이 필요할 것으로 예상된다. 모쪼록 본서를 접하는 선·후배 동학제현의 아낌없는 질타와 권면을 기대할 뿐이다.

본서의 구성체계는 다음과 같다. 본서는 총 8장으로 구성되었다. 주요한 내용과 특징 및 유의점을 제시하면 다음과 같다.

제1장에서는 무역운송을 올바로 이해하기 위한 취지에서 무역의 기초라는 편제로 구성하고 차례로 무역의 개념, 무역계약, 무역거래조건, 무역결제, 무역보험 등의 절로 구성하여 무역운송과 견련성을 갖고 있는 분야에 대한 기초적 내용을 개관하였다. 모든 학문분야가 그러하듯이 본장 또한 나무만 보고 숲을 보지 못하는 우를 사전에 방지하기 위하여 의도적으로 편제된 부분이기에 부디 여타 자세히 상술된 관련 서적과의 비교 학습을 통하여 그 이해의 폭과 범위를 제고 할 수 있기를 기대한다. 요컨대, 본장은

가급적 국제운송을 올바로 이해하기 위한 필요요건이 될 수 있다고 하는 바에 주안점을 두고 기술되었는바 최소한 본장의 내용만큼은 명확히 이해할 수 있어야 할 것이다.

제2장에서는 무역운송의 역사와 개념이라는 주제 하에서 본서 전체 내용에 대한기반을 제공하고 있는 장으로서의 지위를 점한다. 본장은 지금껏 무역운송에 대한 여타의 서적에서는 다루지 않고 있었던 새로운 분야로서 앞서 언급했던 바와 같이 당해 분야의 심화학습을 위한 선결요건으로서 의의가 있을 것이다 모름지기 본장은 고대로부터 현대에 이르는 광범위한 시간적 공간속에서 무역운송의 발자취를 더듬어 살피고 있고 나아가 기술상 꽤나 오랜 시간을 할애하여 마련된 부분이기에 역사의 발자취를 더듬어 유익하고도 의미 있게 접해 주었으면 한다.

제3장에서는 무역운송의 형태와 기능에 대해서 상술하였다. 해상운송, 항공운송, 철도운송, 육상운송 및 복합운송을 주축으로 이와 관련한 부대시설 및 설비까지 망라하여 도해와 함께 제시하였다. 본장으로부터 체계적인 이해가 수반되었으면 기대한다. 아울러 본장에서는 법리적 이해를 제고하기 위하여 간헐적으로 개별운송인에 대한 책임체계 또한 적절히 요약해서 삽입하였는바 이후의 장에서 보다 심도 있는 내용을 접하기 위한 의도로 간주하고 세심히 살필 수 있기를 바란다.

제4장에서는 해상운송과 운송계약의 주제 하에서 우선 종속계약으로서 무역운송계약의 실제를 명확히 제시하고 해상운송계약의 특질과 해상운송화물의 운송형태 및 해상운임제도 그리고 해운동맹과 편의치적 등에 대한 내용을 다루었다. 특별히 해상운송계약과 해상운임의 산정기준에 대해서는 제반 시험에서 상당히 자주 출제되거나 인용되고 있는 차제에 있어 이에 대한 각별한 주의가 요구된다.

제5장에서는 해상운송계약과 운송서류에 대한 장으로서 앞선 제1장에 대한 선행학습이 필수불가결하다. 혹여 미흡한 부분이 있거나 선행학습이 담보되지 않고 있는 상황이라면 반드시 연계학습을 선행하여야 할 것이다. 주요 내용은 선하증권에 대한 법리와 법적 효력 및 성질 등과 해상화물운송장과 전자식 선하증권에 대한 특질 등이다. 특별히 운송서류의 수리조건에 대해서는 절대적인 선행학습이 요구된다.

제6장에서 제8장까지는 개별 운송수단별 국제조약 내지 법규범을 중심으로 그 의의

와 조문해제로 구성하였다. 무역운송계약실무에 전 방위적으로 대응하기 위해서는 반드시 숙지하여야 할 부분으로서 각주에 이기된 영문 내용을 상호 꼼꼼히 비교해 가면서 그 법적 의미와 내용을 놓치지 않고 살필 수 있기를 바란다.

한편 본서를 접함에 있어 유의점을 언급하면 본서는 전반에 걸쳐 중복됨에 구애받지 않고 한자를 계속적으로 병기하였다. 훈과 음을 따져 내용의 깊이를 더하기 위한 의도에 기인하고 있는바 꾸준히 살펴볼 수 있기를 바란다. 또한 ( )의 한자는 앞선 한글단어를 그대로 이기한 것이며 달리 [ ]에 병기한 것은 앞선 한글단어를 보충하고자 제시된 것임을 참고로 눈여겨 볼 수 있기를 바란다.

후일담으로서 이 책을 발간하기까지 도움을 주신 분들이 적지 않다. 저자의 은사로서 이균성(한국외대), 오원석(성균관대), 최준선(성균관대), 김동훈(한국외대) 교수님은 이 책의 숨은 저자로서 든든한 기반이 되어 주셨다. 이 분들은 저자에게 학문적으로나 인격적으로 항상 편안한 안식처가 되어 주고 계시는 분들이다. 그 끝없는 사은에 보답하고자 하는 간절한 마음을 이 지면에 녹여 둔다.

또한 온갖 우여곡절에도 불구하고 본서의 출판을 기꺼이 수락해 준 도서출판 두남의 관계자에게도 감사를 드린다. 아울러, 원고의 교정과 교열에 심혈을 기울여 준 본교(대구대) 박사과정의 심갑영, 신신철, 최세진, 윤상윤 선생 그리고 사전 예비독자로서 석사과정의 손효석 군과 임나연 양에게 고마움을 전한다. 이후로 뜻하고 계획한 모든 일들이 낱낱이 이루어질 수 있기를 간절히 기대한다.

끝으로 본서는 아직까지 그 체계가 견실치 못하고 내용적으로도 수정 · 보완할 부분이 적지 않다고 생각된다. 이 책을 접하는 독자제현의 아낌없는 권면과 질타를 거듭 기대한다. 그럼에도 불구하고 이 책을 통하여 저마다가 기대하고 있는 소기의 성과가 개진될 수 있다면 저자로서는 더할 나위 없는 기쁨과 보람이 될 것이다. 모쪼록 합력하여 선을 이룰 수 있는 방편에서 호리라도 적잖은 도움이 될 수 있기를 그저 바랄 뿐이다.

비호동산 연구재에서
2013년 7월

저자 씀

차례

제1장 무역의 기초

무역운송의 역사와 개념

무역운송수단의 형태와 기능

해상운송과 운송계약

제5장 해상운송계약과 운송서류

제6장 해상운송법규

제7장 항공 및 육상운송법규

제8장 복합운송법규

무역의 기초

제1절 무역의 개념

1 무역의 어원

사전적(辭典的) 의미에서 '무역'이란 '국가와 국가 사이에 물품을 매매하는 일'로 풀이된다. 간략히 하면 '국제물품매매(國際物品賣買)'로 일괄할 수 있다. 여기서 '물품'(物品, 법학에서는 '물건'이라고도 한다)은 광의(廣義)로는 유형재화(有形財貨)와 무형재화(無形財貨)를 총칭하며 협의(俠義)로는 이 중에서 유형재화만을 그 대상으로 두고 있다.

한편 영어로 무역은 '트레이드'(Trade)로 표기되는데 그 어원(語源)은 '발걸음'(Tread) 또는 밟아 다져져서 생긴 '행로'(Track)라는 단어에서 유래된 것이다. 결국 '트레이드'(Trade)는 '어떠한 길이나 행로를 따라서 물품을 교환하는 행위'로 이해할 수 있다.

다른 한편 일어는 '무역'(貿易)을 '국가 간 상품의 거래', '수출과 수입의 총칭', '국제적으로 재화를 교환하는 것과 관련된 상거래 행위'로 풀이되며, 이 경우 무역은 '교역'(交易)과 동일시되고 있다.

본래 우리가 현재 사용하고 있는 '貿易'이라는 한문 단어는 고대 중국의 고전인 사마천(司馬遷)의 '사기'(史記)와 증선지(曾先之)의 '고금역대십팔사략'(古今歷代十八史略)에 기록되어 있는 '이물상무역'(以物相貿易)과 '무역의복회전수주'(貿易衣服回傳數周)라는 문구에서 유래한 것으로, 이는 월나라의 명재상이었던 범려(范蠡, 우리가 익히 잘 알고 있는 '서시'(西施)의 연인이기도 하다)의 말이라고 한다. 이 기록에서 무역은 '교역'(交易)과 동일한 의미로서 공히 '매매'(賣買) 또는 '교환'(交換)을 뜻한다.

결론적으로 이 모두를 종합하면 결국 '무역'이란 '국가 간 물품의 교환행위'로 일괄할 수 있다.

2 무역의 범위

'무역'(貿易, Foreign Trade)의 주체(主體)는 서로 다른 국가에 '영업소'(營業所, Business Place)를 두고 있는 '상인'(商人)으로 특정할 수 있고, 그 내용은 '국가 간 물품(재화 또는 용역)의 교환행위'가 된다.

이 경우 교환행위의 대상으로서 '물품'[物品, 물건(物件), Goods]은 통상 '유형재화'(有形財貨, Visible Goods)만을 의미하지만, 보다 넓게는 화폐를 포함하여 서비스·증권·자본·기술·노동 등과 같은 물품의 생산요소도 그 대상이 된다. 곧 무역의 객체(客體)는 협의(俠義)로는 '물품의 매매'(物品賣買, Sales of Goods)에 한정하고 있음이 통례이지만, 광의(廣義)로는 서비스나 화폐·증권·기술 및 자본과 노동 등에 관련한 매매를 포함한다.

3 무역의 특징

무역은 '국제상거래'(國際商去來, International Commercial Transactions)라는 특질을 내재한다. 이 경우 국제상거래는 국내거래와는 다른 여러 가지의 특수성이 존재한다. 예컨대 서로 다른 언어나 법률·화폐·임금·물가·상관습(商慣習)·경제상황 등이 그것이다.

이러한 무역은 대체로 국경을 넘어서 이루어지는 것이 일반적인 현상이기 때문에 필연적으로 언어나 관습이 서로 상이하다는 시각에서 나아가 정치·경제적으로도 다양한 특수성이 존재한다.

이 같은 특수성을 구분하면 대개 '문화적 장벽', '정책적 장벽', '특수한 상관습(商慣習)', '통화의 차이', '선물거래(先物去來)의 보편성', '물품의 운송에 따른 제약', '복합계약(複合契約)의 필요성', '연관 산업의 경제적 파급효', 그리고 '다양한 법규에 의한 규제' 등으로 구분할 수 있다. 구분하여 살피면 다음과 같다.

(1) 문화적 장벽

우선 문화적 장벽은 서로 다른 국가에 소재하는 상거래 당사자들은 상거래 과정에서 서로가 생소한 생활양식에 직면하게 된다. 그 대표적인 것이 '언어'라 할 수 있는데, 곧 서로 다른 언어를 가진 당사자 사이의 거래는 많은 어려움을 수반하지 않을 수 없다.

또한 상관습의 차이도 문화적인 장벽으로 취급할 수 있다. 상관습은 언어로 나타나기 때문에 언어의 차이만큼 관습의 차이도 중요한 장벽으로 존재하고 있다. 종교의 차이도 중요한 문화적 장벽이 된다.

다만 위의 언어나 상관습보다 종교적인 차이는 무역에 있어 극복하기가 수월치 않은 높은 장벽이 될 수 있다. 일례로 종교적인 이유에서 상대방 국가에 특정물품의 수출이 근본적으로 불가능한 경우가 많다.

(2) 정책적 장벽

각국은 경제적 사정에 따라 무역과 관련된 경제정책도 서로 차이가 있다. 예컨대 관세부과방식과 물품에 대한 관세율도 국가에 따라 그리고 물품별로 각기 다르다.

뿐만 아니라 관세 이외에도 수량제한이나 엄격한 수입허가제도, 자국의 조달물자에 대한 자국산 우선구입과 같은 다른 여러 가지 정책수단을 동원해서 외국으로부터 자국 내에 수입되는 특정물품에 대해서 많은 장벽을 두고 있다.

(3) 상관습의 차이

또한 상관습의 차이로서 무역은 각국별 언어가 서로 상이하고 공간적으로 격지성이 존재할 뿐 아니라 상이한 주권국가에 속하는 당사자 간 발생하는 거래이다.

따라서 분쟁이 발생되었을 때 '준거법'(準據法, Applicable Law)의 적용문제가 발생하므로, 당사자들은 명시적인 계약의 내용을 보완하기 위하여 상관습을 정형화한 '정형거래조건'(定型去來條件, Incoterms)을 사용하고 있음이 통례라고 할 수 있다.

이러한 상관습은 '국제상업회의소'(國際商業會議所, ICC)나 '국제법협회'(國際法協會, ILA)와 같은 권위 있는 국제단체에 의하여 국제규칙으로 발전함으로써 '국제관습법'(國際慣習法)으로 기능한다.

(4) 통화의 차이

화폐가 물품의 가치를 나타내는 것이라고 한다면 서로 다른 화폐의 존재는 동일한 물품에 대해서 서로 다른 가치를 부여할 수 있음을 의미한다. 동일한 물품에 대해서 우리나라에서의 가격과 미국에서의 가격이 차이가 나는 이유는 통화가치의 차이 때문이다.

그러나 현실적으로 무역에서는 많은 물품을 거래하는 국가의 통화를 중심으로 하여 상호 간에 대금결제가 이루어지고 있다. 이를테면 달러(US$)・엔(¥)・유럽통화(EUR) 등은 무역에서 주요 결제통화[기축통화(基軸通貨)]로 이용되고 있다.

(5) 선물거래의 보편성

무역은 주로 물품(物品)을 매매의 대상으로 하여 계약이 체결되고 이행된다. 따라서 '계약의 목적물'(Subject Matter with the Contract)로서 물품은 계약의 체결 시에 실제로 존재하는 '현물'(現物)과 계약의 체결 뒤에 제조하거나 또는 '충당'(充當, Appropriation)・획득되는 물품인 '선물'(先物)의 양자를 포함한다. 일반적으로는 선물매매(先物賣買)가 무역에 있어 물품매매의 대부분을 차지한다.

(6) 물품의 운송에 따른 제약

무역은 공간적으로 서로 떨어져 있는, 곧 격지성(隔地性)이 존재하는 당사자 간의 상거래이므로 국내거래와는 달리 계약내용의 이행에 있어 '물품운송'(物品運送)이 특히 중요하다.

무역은 예로부터 주로 해상(海上)에서 '재래선'(在來船, General Ship) 중심의 해상운송을 매개로 하여 발전되어 왔기 때문에 이에 따른 해상의존도가 매우 높다. 따라서 오늘날 대부분 상거래에서도 '운임・보험료포함인도조건'(CIF)이나 '본선인도조건'(FOB)과 같은 '정형거래조건'(Incoterms)이 채택되어 상거래 당사자 간의 권리・의무 및 계약내용을 특정하고 있다. 제반 정형거래조건에 대해서는 이하 후술한다.

(7) 복합계약의 필요성

무역의 성립에는 우선 '계약의 목적물'에 관한 품질・수량・가격이 중심적인 조건이 되며, 물품인도를 위한 선적・보험・물품대금결제 등이 부수적인 조건이 된다.

또한 당해 계약의 이행에는 수출상·제조업자·금융업자·보험업자 등 여러 관련 당사자가 필연적으로 관계함으로써 무역은 '매매계약'(賣買契約)을 '주계약'(主契約)으로 하고 '운송계약'(運送契約), '보험계약'(保險契約), '환계약'(換契約) 등을 '종속계약'(從屬契約)으로 하여 다수·복합적으로 이행된다.

(8) 연관 산업의 경제적 파급효

무역은 단순히 국가 간의 물품이동만을 수반하는 것이 아니다. 곧 국제적 분업을 통하여 국가 간에 무역이 이루어지면 국제적 공급 및 수요를 충족시킬 수 있을 뿐만 아니라 당사자 자국의 국내산업을 육성·발전시켜 국민경제의 수준을 향상시킬 수 있다.

이를테면 무역의 증대는 국제분업의 발달을 촉진시켜 저렴하고 좋은 물품의 국제적 공급과 유통을 원활히 하고 국내 주요 산업이 필요로 하는 원료를 자원이 풍부한 세계 각국으로부터 수입·공급하고 국내에서 생산된 물품을 수출하여 수익을 증대시키며, 대량생산과 고용수준의 향상을 통하여 무역거래에 참여하는 각국의 국민경제발전에 기여할 수 있다.

(9) 다양한 법규에 의한 규제

무역은 다양한 법규에 의해 규제된다. 여기에는 우선적으로 각국의 국내법인 사법 및 공법을 포함하여, 국제상거래의 준거법을 결정하는 국제사법 및 두 나라 간 또는 다수 국가 간에 체결된 조약의 형태로 존재하는 국제법 등 다양한 법규에 의해 규제되고 있다.

4 무역의 분류

(1) 민간무역과 국영무역

무역은 상거래 주체의 성격에 따라 '민간무역'(民間貿易)과 '국영무역'(國營貿易)으로 구분할 수 있다. 이를테면 상거래 당사자가 개인 또는 국가인지를 구분하여 개인인 경우에는 민간무역이라 하고, 국가 또는 정부의 경우에는 국영무역이라고 한다.

이처럼 민간무역과 국영무역을 구분하고 있는 이유는 당해 상거래에 적용되어지는 법규와 그 상거래 형태 및 절차와 과정이 서로 상이하기 때문이다.

▌민간무역▐

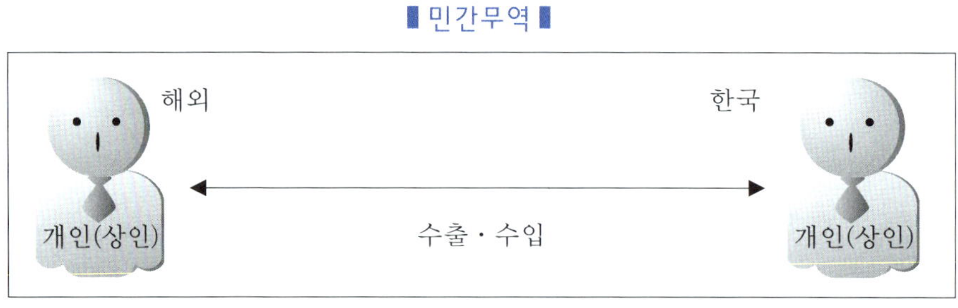

▌국영무역▐

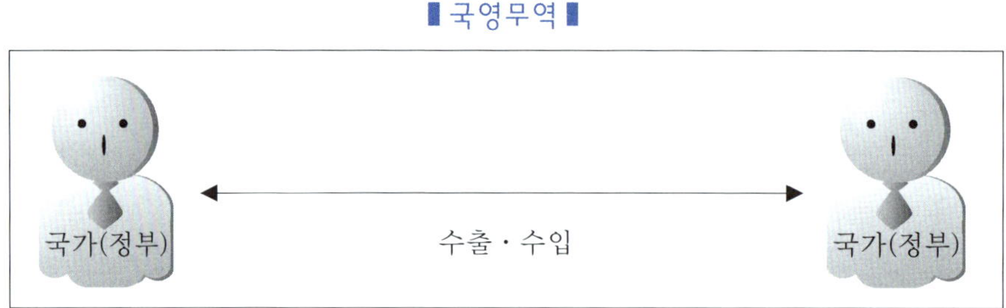

(2) 유형무역과 무형무역

'유형무역'(有形貿易)은 '유형재화'(有形財貨, Visible Goods)를 객체로 하고 있는 협의의 무역을 의미한다. 따라서 유형무역은 유형재화의 국가 간 이동을 반드시 수반하므로 이에 따른 '운송계약'(運送契約, Contract for the Carriage of Goods)과 운송 중 '위험을 담보'(擔保, to Cover the Risk)할 수 있는 '보험계약'(保險契約, Contract for the Insurance)이 필연적으로 뒤따르게 된다.

법적 관점에서 '물건'(物件)은 '유체물 및 전기 그 밖에 관리가능한 모든 자연물'을 포함하고 있으나, 무역의 대상으로서 유형재화는 토지 혹은 건물과 같은 '부동산'(不動産, Immovables)은 포함하지 않으며, 그 밖에 유가증권(有價證券)이나 주식·어음 등의 상거래도 제외된다. 따라서 무역에 해당하는 유형재화는 오로지 '동산'(動産, Movables)으로서의 '물품'만을 의미하며 가치증서(價値證書)의 매매나 부동산의 거래는 포함하지 않는 것이 일반적이다.

그렇지만 이 경우 '선하증권'(船荷證券, Bill of Lading)이나 '창고증권'(倉庫證券, Warehouse Certificate) 등과 같은 '권리증권'(權利證券, Document of Title)의 형태는 그것

이 물품의 인도를 표창하는 물권적(物權的)·채권적(債權的) 성격을 지니고 있을 경우에는 그 자체의 매매는 배제될 수 있다고 하더라도 무역의 과정에서 물품을 체화한 증서로서의 기능, 곧 상거래 수단으로는 다름없이 포함된다.

▌유형무역▐

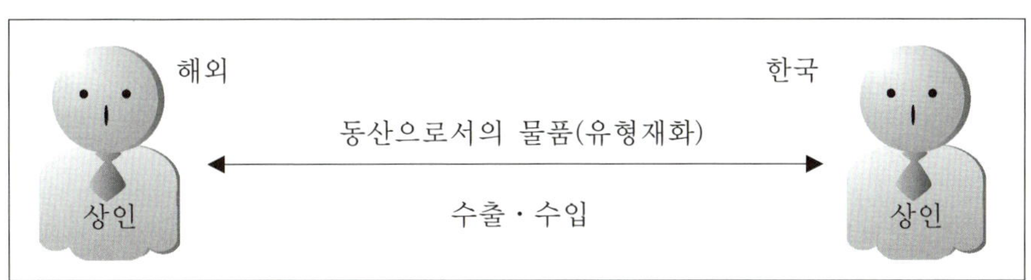

한편 유형무역과는 달리 '무형무역'(無形貿易)은 앞서 본 내용과 함께 서비스·금융 등도 포함한다. 따라서 무형무역은 '무형재화'(無形財貨, Invisible·Intangible Goods)를 객체로 두고 있기 때문에 그 본질적인 특성과도 같이 형체 또는 형태를 확인할 수 없는 추상적인 경우가 대부분이라고 할 수 있다. 나아가 무형무역은 상거래 혹은 서비스를 수익하는 장소에서 당해 물품의 교환행위가 발생하는 것이 일반적이다.

결국 무형무역은 본질적으로 수입국에서 일련의 상거래 행위가 발생한다고 하는 시각에서 대체로 '무역수지'(貿易收支, Balance of Trade)에는 포함되지 않는다는 특질이 있다. 일례로 이 같은 무형무역에는 관광수지·보험서비스·금융서비스 등이 있다.

▌무형무역▐

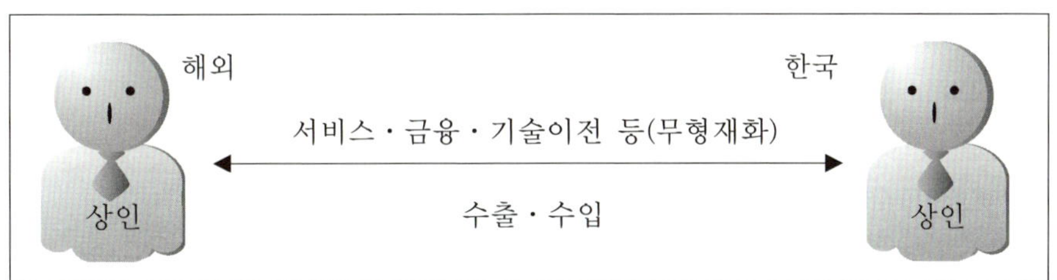

(3) 인터넷무역과 전자무역

우리가 통상적으로 이야기하고 있는 '인터넷무역'(Internet Trade)이라고 함은 "인터넷을 이용한 재화 또는 용역의 '국제거래'(國際去來, International Transactions)"라고 인식되어 있으나, 사실상 그 명확한 정의는 주장하는 사람만큼이나 다종다양한 것이 사실이다.

다만 인터넷무역에 결부하여 '전자무역'(電子貿易, Electronic Trade)은 그 개념과 범위를 구분하여 설정할 필요가 있다. 곧 전자무역을 인터넷무역의 확장된 범위로 보아 "'정보처리능력(情報處理能力)을 가진 시스템'(Information Processing Systems, IPS)에 의하여 행해지는 국제상거래"로 규정하고 있는 것이 제반 국제법규에서의 시각이다. 즉 인터넷무역은 주로 계약체결 이전의 단계를 포함하는 범위로서 무역의 전 과정을 포괄하고 있는 전자무역의 일부로 인식하여야 한다.

▮ 전자무역 ▮

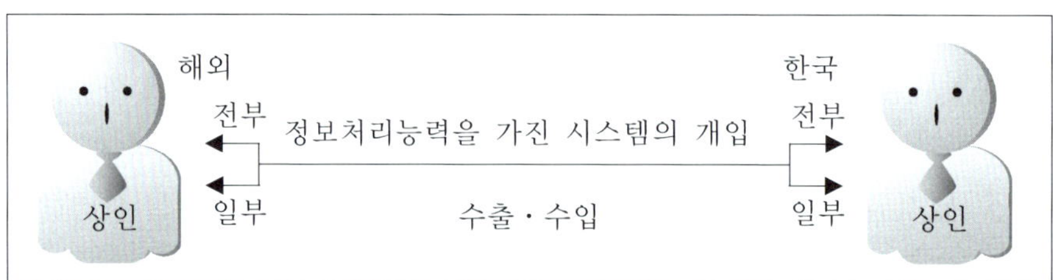

결국 인터넷무역은 기존의 전통적인 무역을 대체하고 있는 것이 아니라, 무역의 업무처리방식에 있어 그 범위와 폭을 넓혀 주는 도구로서 인식되어야 함이 타당하다. 왜냐하면 무역에 있어 그 절차와 과정을 규율하고 구속할 수 있는 정형화된 상관습은 인터넷무역을 상거래의 수단으로서 인식하고 있을 뿐만 아니라 상거래 절차의 근본적인 변화를 수반하지 않고 전자상거래의 특성상 그 절차의 과감한 단축과 시간적 · 물리적인 제약을 극복할 수 있게 하는 방편으로서 그 의의를 부각되고 있기 때문이다.

(4) 직접무역과 간접무역

무역의 계약당사자가 서로 자기 위험과 비용의 계산 하에서 '본인 대 본인'(Principal to Principal)의 입장에서 물품의 매매에 임한 경우를 일컬어 '직접무역'(直接貿易)이라고 한다.

무역업자는 자신이 보유한 영업소(Business Place)의 소재지에 따라 제조업자인 경우 자신이 충당한 물품을 외국의 상대방에게 수출하고, 제조업자가 아닌 경우에는 자국 내 물품의 제조업자나 공급자로부터 당해 물품을 구입하여 외국의 상대방에게 수출하게 된다.

이 경우 제조업자가 직접 수출·입을 행하는 것이 자신에게 반드시 유리하다고는 볼 수 없다. 그 이유는 당초 외국에 있는 신용이 확실한 수입상[매수인(買受人)]을 물색하기가 어렵고 외국의 정치·경제·사회상황과 시장의 수급상태에 정통하기란 쉬운 일이 아닐 뿐만 아니라 무역은 국내거래와는 달리 특수성이 있고 복잡다단하기 때문에 무역에 관한 전문적인 지식과 경험을 필요로 하기 때문이다.

▌직접무역▌

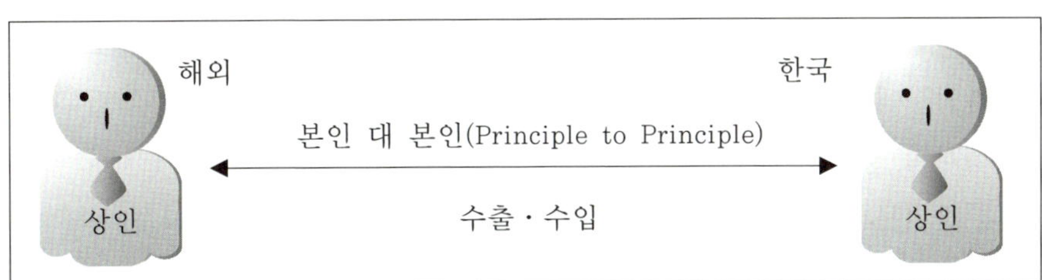

'간접무역'(間接貿易)의 경우에는 양국 당사자 사이에 '제3의 업자'(Third Party)가 개입하는 것으로, 이를테면 수출대금은 수출상[매도인(賣渡人)]이 수입상으로부터 직접 회수하고 제3의 업자는 수입상으로부터 수수료를 취득하는 '중개무역'(仲介貿易)방식을 그 예로 들 수 있다.

▌간접무역▌

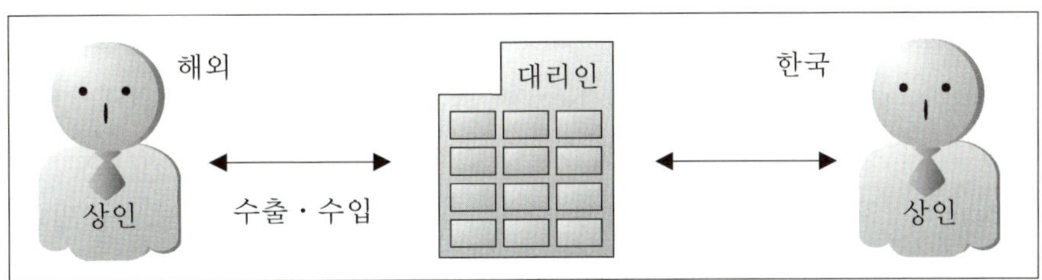

이 경우 중개무역은 수출화물이 제3국을 경유하는 경우도 있고 직접 수입국으로 인도되어지는 경우도 있으나 일반적으로 수출국에서 수입국으로 직접 인도되는 것이 상례이다.

간접무역은 그 형태에 있어서 여러 가지로 구분이 가능한데, '위탁거래'(委託去來)는 그 대표적인 거래형태로 볼 수 있다. 곧 무역업자가 위탁자인 경우로서 일국의 무역업자가 자국물품의 판매를 자기와 상거래관계가 있는 외국의 거래처에 위탁하는 경우 무역업자는 '판매위탁자'(販賣委託者, Consignor)가 되고 상대방 외국거래처는 '판매수탁자'(販賣受託者, Consignee)가 된다. 이러한 과정을 거치는 목적은 대개 무역업자가 외국에 자기 물품의 판로확장에 두고 있는 경우가 많다.

한편 일국의 무역업자가 외국에 있는 거래처에 그 나라의 물품의 매입을 위탁하는 경우를 '매입위탁'(買入委託, Indent)이라고 하는데 이 경우 무역업자는 '매입위탁자'(買入委託者, Indentor)가 되고 외국의 거래처는 '매입수탁자'(買入受託者, Indentee)가 된다.

이 경우 무역업자가 수탁자가 되는 경우는 국내 제조업자나 외국 제조업자가 일국의 무역업자에게 판매 또는 매입을 수탁하는 경우로 제조업자의 무역업무 제한이나 전문성부족 등의 문제해결 방편으로 적절히 활용된다.

요컨대 간접무역의 경우에는 직접무역에서와 같이 무역업무 전반을 일일이 관리하지 않으므로 시간과 비용이 절약할 수 있고, 특별히 제3자의 경영능력으로 상거래 규모를 증진시킬 수 있는 장점이 있다. 그렇지만 이와는 반대로 이익규모가 축소되며 가격경쟁력과 장기적 마케팅관점에서 제한적이라는 단점이 있다.

(5) 결제방식에 의한 무역

1) 화환신용장방식

'화환신용장'(貨煥信用狀, Documentary Letter of Credit) 방식에 의한 무역은 가장 대표적인 무역의 형태로서 '신용장'(信用狀, Letter of Credit, L/C)을 기반으로 한 '화환취결'(貨換就結, Negotiation, 실무에서는 약칭하여 'Nego'라 한다)이 가능한 무역의 결제방식이라고 할 수 있다. 즉 신용장을 기반으로 물품대금 전액을 '개설은행'(開設銀行, Opening Bank, Issuing Bank)의 '조건부 지급확약'(條件附支給確約)을 통하여 결제하는 방식을 말한다.

이 방식은 수출·입 당사자는 매매계약을 체결하고 계약서상에 신용장 방식의 결제조건을 약정하며 매수인이 수입상의 상거래 은행을 통하여 수출상을 '수익자'(受益者, Beneficiary)로 한 신용장을 개설하고 이를 수출상에게 통지하면 수출상이 신용장 조건에 명시된 조건을 충족하는 서류 및 '환어음'(Bill of Exchange)과 상환으로 물품대금을 회수하는 과정을 거치게 된다.

여기서 환어음에 관하여 본다. 통상 환어음이란 국제거래에서 '채권자'(수출상)가 '채무자'(수입상)에게 채권금액을 환어음의 기명인 또는 소지자에게 정해진 일시와 장소에서 지급할 것을 무조건 적으로 위탁하는 요식성(要式性)이 있는 '유가증권'(有價證券, Securities)이다. 결국 환어음의 유통에는 적어도 2개국 이상이 개입된다.

이때 각 국가마다 어음의 유통성에 따른 공신력 유지를 위하여 관련 강행규정을 두고 있는데 환어음의 효력은 원칙적으로 행위지의 법률에 준거하여 처리된다. 예컨대 미국에서 환어음을 발행하고 영국에서 '이서'(裏書, Endorsement)하고 한국에서 이를 인수하였다면 발행에 관하여는 미국법, 이서는 영국법, 인수는 한국법에 의하여 결정되게 된다.

그러므로 만일 미국에서 발행한 어음이 영국법에서는 무효일지라도 영국에서 합법적으로 이서되고 한국에서 유통될 수 있다면 당해 어음은 유효한 것이 된다.

환어음은 어음의 '작성자'(발행인 또는 수출상)가 제3자로서 '지급인'(신용장 개설은행 또는 수입상)에 대하여 어음상에 기재된 금액을 정해진 일자에 어음의 '권리자'(수취인 또는 지시인)에게 지급할 것을 위탁하는 증권이다.

여기서 신용장방식으로 상거래에 임할 경우 수출상은 수출물품을 선적한 후 일반적으로 개설은행을 지급인으로 한 환어음에 선적서류를 첨부하여 이를 거래은행인 매입은행이 매입하여 수출대금이 결제된다. 따라서 이 경우 환어음의 발행자는 수출자이고 지급인은 일반적으로 개설은행이다.

요컨대 화환신용장은 거래 당사자의 상대적 관점에 따라 신용장을 개설하는 수입상의 입장에서는 '수입신용장'(輸入信用狀)이며, 물품을 수출하는 수출상의 입장에서는 '수출신용장'(輸出信用狀)이 된다. 화환신용장방식을 도해하면 다음의 표와 같다.

▮화환신용장 방식에 의한 절차▮

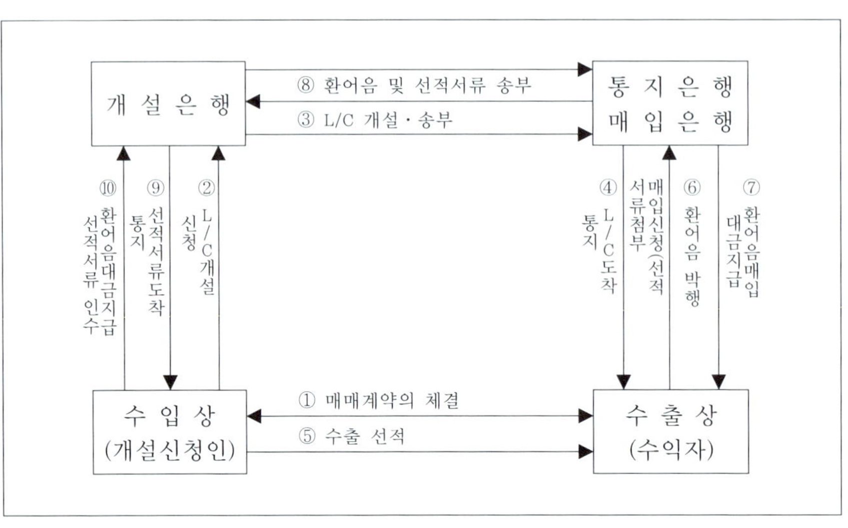

2) 추심결제방식

'추심결제'(推尋決濟) 방식은 당사자 간 계약에 의하여 화환어음으로 물품대금을 결제하는 형태를 말한다. 이는 달리 '계약서 베이스'라고도 하는데, 곧 수입자의 상거래 은행이 물품대금지급의 확약을 보증하는 것이 아니라 관련 은행은 제3자로서 단지 '추심'(推尋, Reimbursement)의 대행자로서만 관여하기 때문에 수출자의 입장에서는 물품대금의 지급확약을 은행으로부터 받을 수는 없다. 따라서 이 같은 상거래 형태는 신뢰가 구축된 특수 관계 당사자 간에 통용됨이 일반적이다.

추심결제방식은 '지급인도조건'(支給引渡條件, Document against Payment, D/P)과 '인수인도조건'(引受引渡條件, Document against Acceptance, D/A)으로 구분할 수 있다.

'지급인도조건'(D/P)은 수출상이 계약에 따라 물품을 선적하고 수입상을 지급인(Drawee)으로 하는 환어음을 발행하여 자신의 외국환은행에 추심을 의뢰하면 추심을 의뢰받은 외국환은행은 수입상의 상거래 은행에 추심을 요청하는 경우 수입상이 수입대금을 지급함과 동시에 당해 선적서류를 인수하는 형태의 거래방식을 말한다.

이에 반하여 '인수인도조건'(D/A)은 추심은행이 어음지급인에게 어음인수와 동시에 선적서류를 인도하고 어음지급만기일에 어음지급인으로부터 물품대금을 받아 추심의뢰은행에 송부하면 추심의뢰은행이 수출상에게 물품대금을 지급하는 방식이다.

▌신용장방식에 의한 수출입 업무 절차의 도해▐

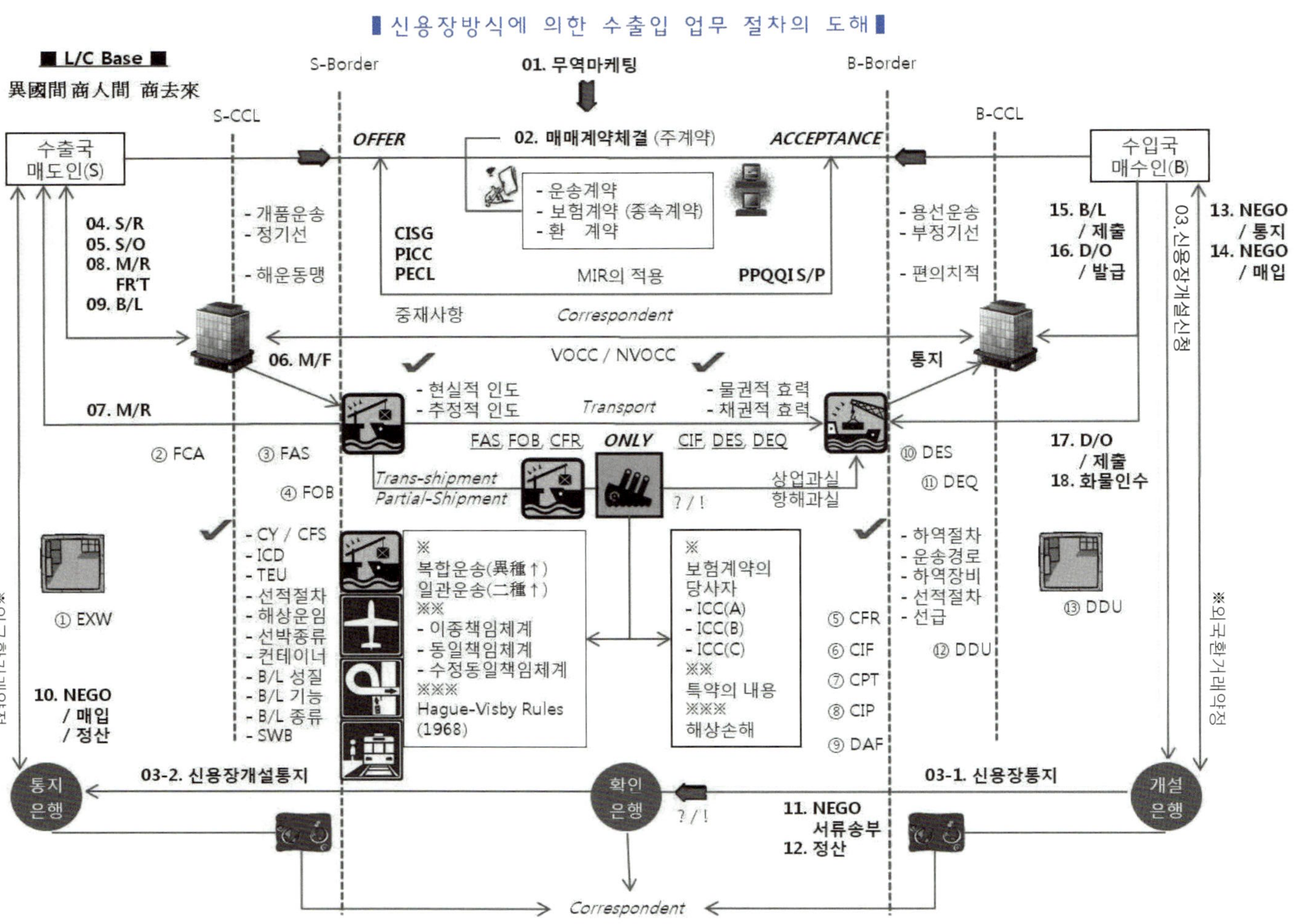

▮D/P 방식에 의한 절차▮

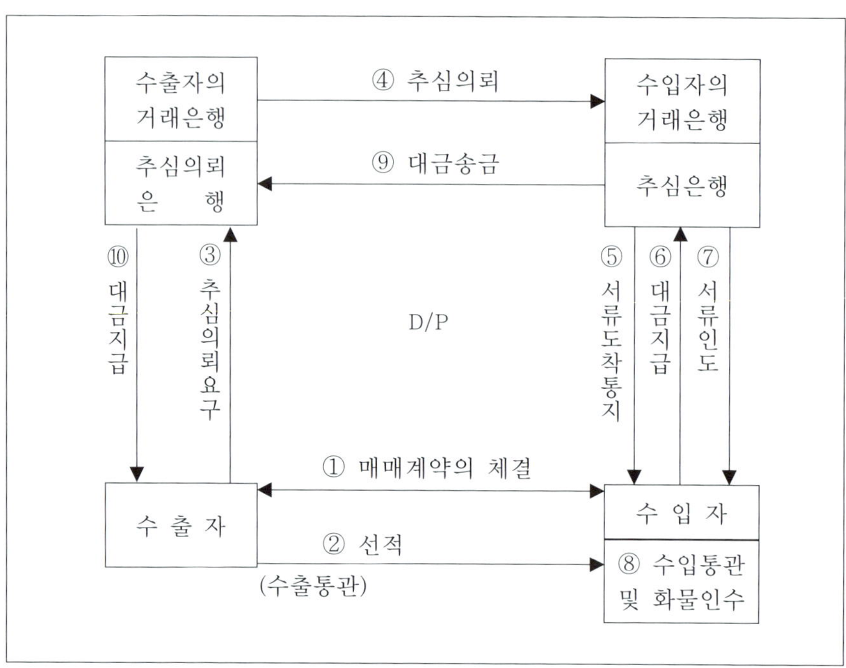

▮D/A 방식에 의한 절차▮

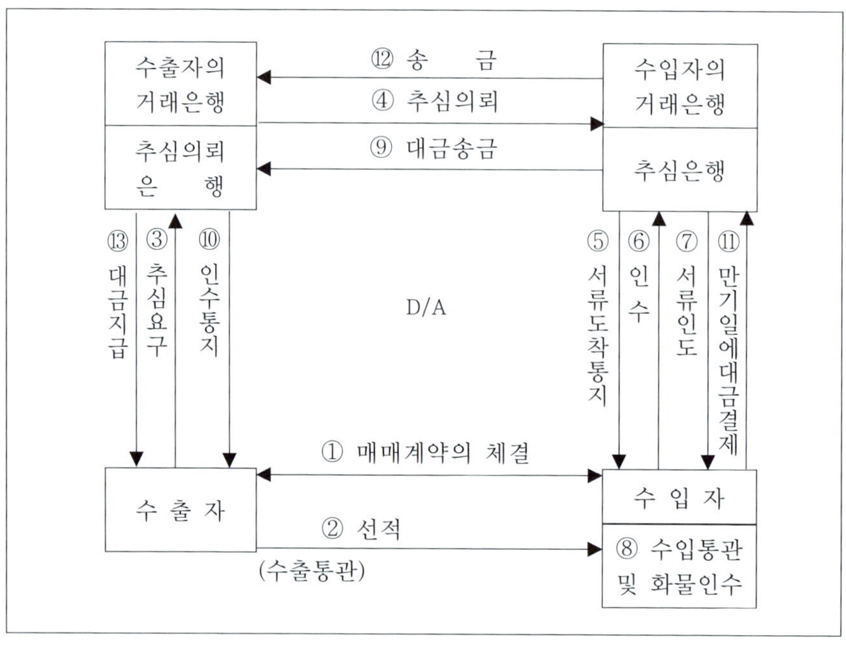

이상의 방식은 공히 수입상의 상거래 은행이 물품대금결제를 확약하는 이른바 신용장 방식이 아니기 때문에 수출상은 물품대금의 수취 차원에서 발생하는 제반 위험을 감수하여야 한다.

요컨대 추심결제방식은 일반적으로 국제적으로 신용상태가 높은 상거래 당사자 및 본·지사 간의 상거래 시에 일반적으로 이용되는 거래형태라고 볼 수 있다.

3) 송금방식에 의한 무역

'송금방식'(送金方式)에 의한 무역은 수출·입 물품대금 전액을 특정통화로 결제하는 조건의 상거래를 말한다. 즉 수입상이 물품을 수취하기 전에 또는 수취한 후에 물품대금의 전액을 송금하거나, 수출상이 물품 또는 물품의 인도를 위한 화환취결의 서류를 인도할 때 수입상이 물품대금을 송금하는 방식이다. 여기에는 '사전송금방식'(事前送金方式)과 '사후송금방식'(事後送金方式)이 있다.

우선 '사전송금방식'은 수입상이 물품을 수취하기 전에 물품대금을 송금하는 것으로 수출상은 수출대금의 회수에 따른 위험이 없어 안전한 데 반하여, 수입상으로서는 수출상이 선적하지 않거나 물품의 품질 혹은 규격이 다른 물품을 선적하는데 따르는 제반 위험을 감수하여야 한다.

▮송금방식에 의한 절차▮

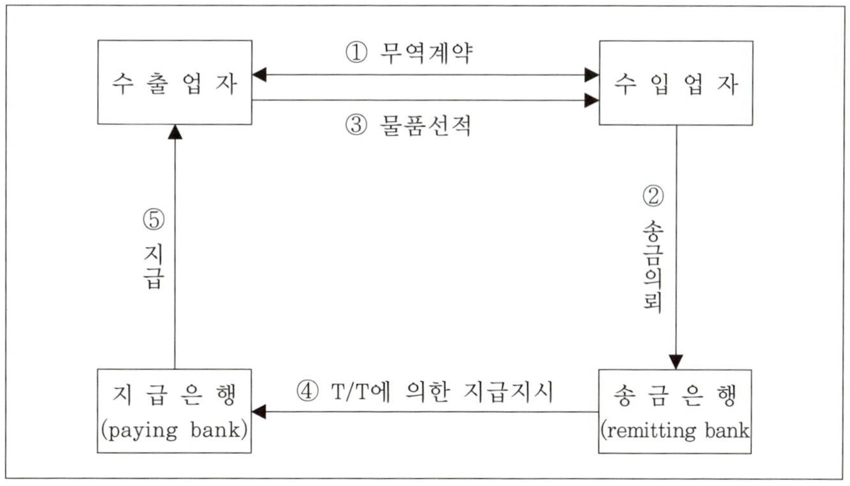

'사후송금방식'은 수출상이 물품을 선적하고 이후 물품이 수입지에 도착한 다음에 혹은 수입상이 물품을 인수하여 판매한 후에 송금하는 것으로 수입상은 계약물품을 인수할 수 있어 안전한 반면에 수출상은 수입상이 정한 기간에 물품대금을 송금하지 않거나 뜻밖의 부당한 클레임 제기 등으로 인하여 발생할 수 있는 물품대금 회수의 제반 위험을 감수하여야 한다.

여기에는 물품대금의 추심형태에 따라 현물인도와 상환으로 대금을 지급하는 '현물상환지급조건'(現物償還支給條件, Cash on Delivery, COD)과 현물이 체화된 서류와 상환으로 대금을 지급하는 '서류상환지급방식'(書類償還支給條件, Cash against Documents, CAD)으로 구분할 수 있다.

우선 '현물상환지급조건'은 수출상이 수출물품을 선적하고 운송서류를 수출상의 해외지사나 대리인 또는 상거래 은행에 송부하고 수출물품이 목적지에 도착하면 수입상이 직접 물품의 품질 등을 검사한 후에 수출대금을 물품과 상환하여 현금으로 지불하는 거래방식으로서 일견 국내 일반 물품의 매매와도 같은 유형으로 볼 수 있다. 이 방식은 주로 보석 등 귀금속류와 같이 물품가격이 고가이며 동일한 물품일지라도 물품의 색상·가공방법·순도 등에 따라서 가격차이가 많이 발생하는 물품거래에 활용되는 것으로 수입자가 대금결제 전에 물품을 충분히 검토한 후 수입여부를 결정할 수 있다는 이점이 있다.

▌COD에 의한 절차▐

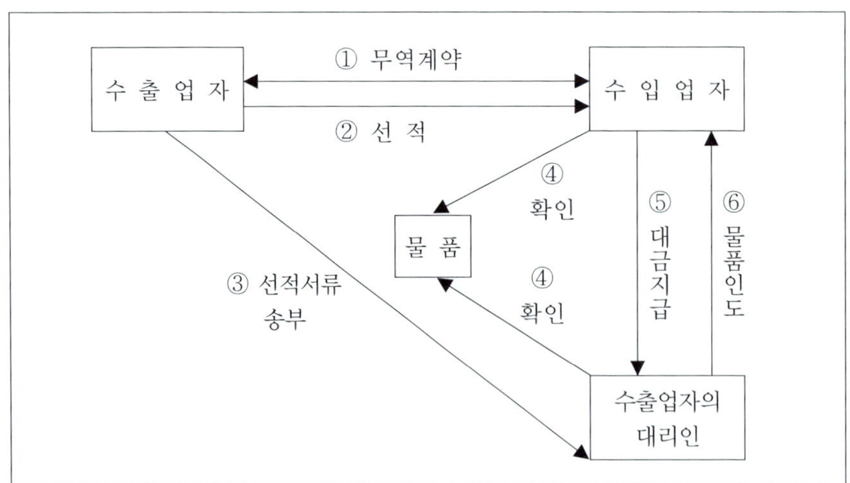

'서류상환지급조건'은 D/P, D/A 방식과 유사한 상거래 방식이라고 할 수 있다. 즉 D/P, D/A 방식에는 환어음을 발행하여 물품대금이 결제되므로 선하증권 등 선적서류를 환어음에 첨부하여 반드시 은행을 경유하여 수입상에게 제시하여야 하나, CAD 방식에 있어 수출상은 선하증권 등 운송서류와 그 밖의 부속서류를 직접 수입상 또는 수출국에 소재하는 수입상의 대리인이나 상거래 은행에 제시하고 서류와 상환으로 물품대금을 송금받는 방법을 말한다. 결과적으로 CAD 방식에서는 일반적으로 은행이 상거래에 개입하지 않으므로 수출자의 입장에서 보면 그만큼 더 결제위험을 부담하여야 한다. D/P 방식에서는 수입지의 추심은행이 수입상이 물품대금을 지급하지 않으면 서류를 인도하지 않으나, CAD 방식에서는 수출상이 선적서류를 은행을 통하지 않고 수입상 또는 수입상의 대리인에게 인도함으로 수입상이 물품을 통관하여 인수한 후에는 물품대금을 결제하지 않는 사례가 있을 수 있다. CAD 방식은 통상 수출국에 수입상의 지사 또는 대리인이 있는 경우에 이용하는 것이 통상이나 만약 수출국에 수입상의 지사나 대리인이 없는 경우에는 은행을 통하여 수입상에게 서류를 제시할 수 있다. 물론 이 경우에도 CAD 방식에서는 환어음을 발행하지 않는다.

▮CAD에 의한 절차▮

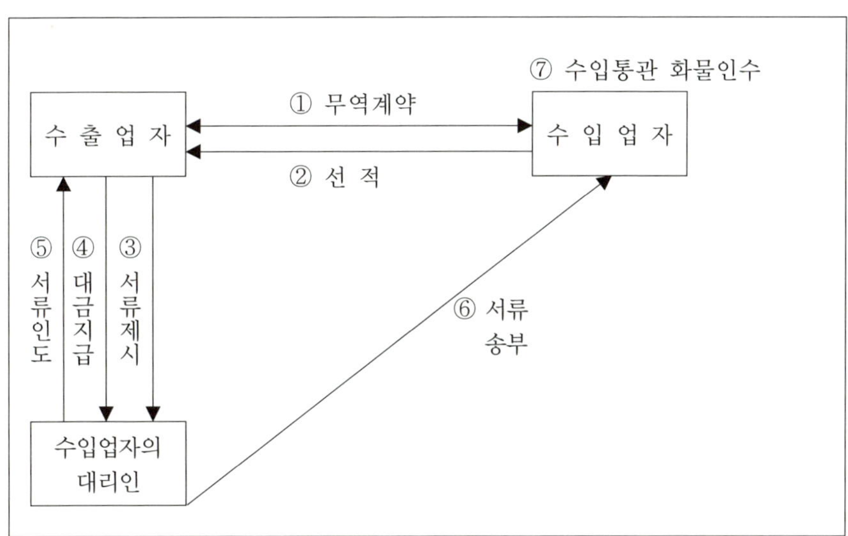

(6) 수·위탁판매 무역

'수탁판매수입'(受託販賣輸入)은 외국의 수출상으로부터 물품의 판매위탁을 받고 물품을 인도 받아 당해 물품이 판매된 범위 내에서 물품대금을 수출상에게 지급하고 계약기간 이내에 판매되지 않은 물품은 외국의 수출상에게 재수출하는 계약에 의한 수입을 말한다.

본 계약은 수입상의 입장에서는 물품대금을 지급하지 않은 상태에서 수출상으로부터 물품을 공급 받아 판매이익을 획득하며 미판매분에 대하여 반송할 수 있으므로 수입상에게 매우 유리한 거래방식이다. 수출상은 수출시장개척이나 시장확대전략 및 수입상의 자금상 편의 등을 제공하기 위한 목적에서 이 같은 방식을 이용할 수 있다.

▌수탁판매방식에 의한 절차▐

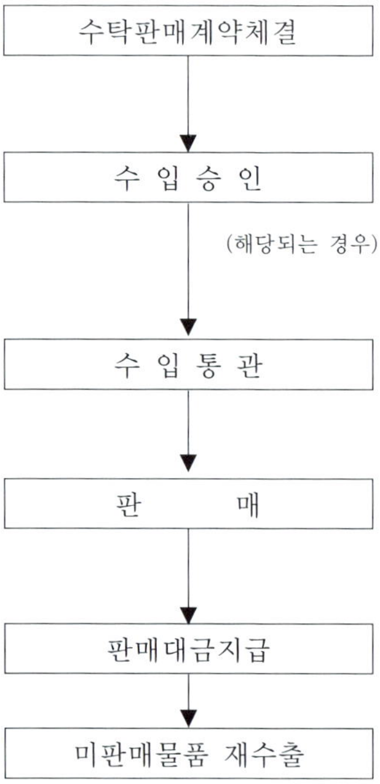

수탁판매계약체결

↓

수 입 승 인

(해당되는 경우)

↓

수 입 통 관

↓

판 매

↓

판매대금지급

↓

미판매물품 재수출

다른 한편 '위탁판매수출'(委託販賣輸出)은 국내 수출상이 물품을 대금 미결제 상태에서 수출하여 외국의 수입상이 당해 물품을 수입국에서 판매한 범위 내에서 물품대금을 지급받고 계약기간 이내에 매매하지 못한 물품에 대해서는 본국에 재수입하는 계약을 통해 수입을 하는 것을 말한다. 이 같은 방식은 물품대금의 회수위험과 물품의 회수위험이 병존하기 때문에 수입상의 신용도 및 '비상위험'(非常危險, Political Risk)을 사전에 면밀히 조사하여야 한다.

▮위탁판매방식에 의한 절차▮

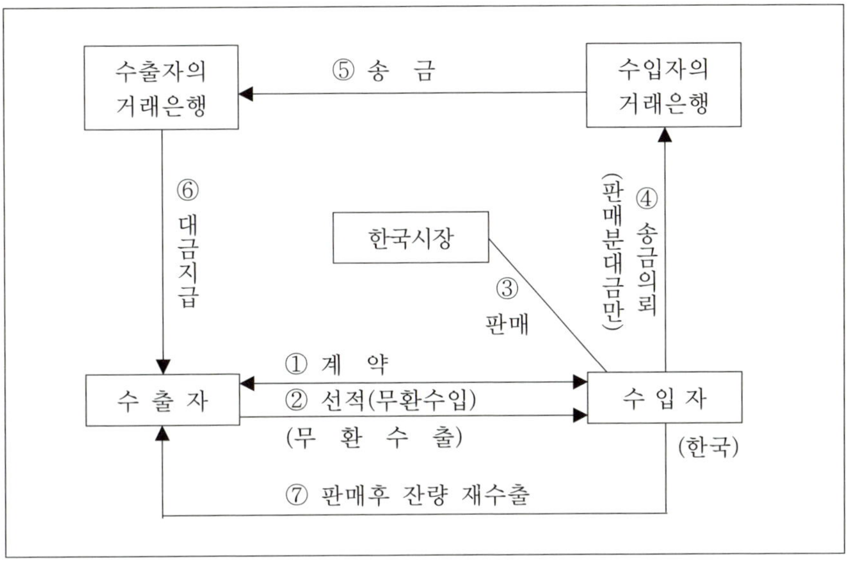

(7) 수 · 위탁가공 무역

'수탁가공무역'(受託加工貿易)은 원자재의 일부 혹은 전부를 거래 상대방의 위탁에 의하여 수입하여 이를 가공한 후, 위탁자 또는 그 지정인에게 가공물품을 수출하는 상거래를 말한다.

이는 외국의 무역업자가 당해국의 숙련된 노동력 또는 고도의 기술을 이용하고자 하는 상거래 형태로서 수출과 수입이 하나의 계약으로 이루어지는 것이 일반적이다. 즉 수탁가공무역은 고임금 국가에서 저렴한 노동력 등을 이용할 수 있는 국가로의 위탁을 통하여 이루어짐이 일반적이다.

'위탁가공무역'(委託加工貿易)이란 가공비를 지급하는 조건으로 외국에서 가공할 원자재의 일부 또는 전부를 상대방에게 수출하거나 외국에서 조달하여 이를 완제품으로 가공한 후 가공된 물품을 수입하는 거래이다. 이 같은 가공무역은 생산비의 절감을 목적으로 인건비가 저렴한 노동력을 이용하여 외국에서 가공하여 완제품 및 부분품을 생산하고자 할 경우 이루어지는 형태이다.

▮수탁가공무역에 의한 절차▮

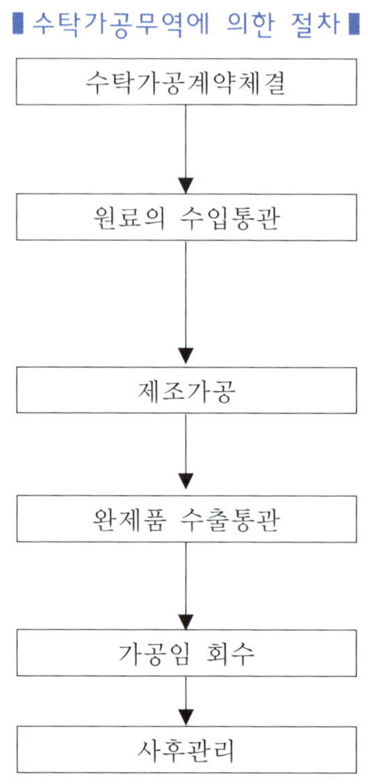

▮위탁가공무역▮

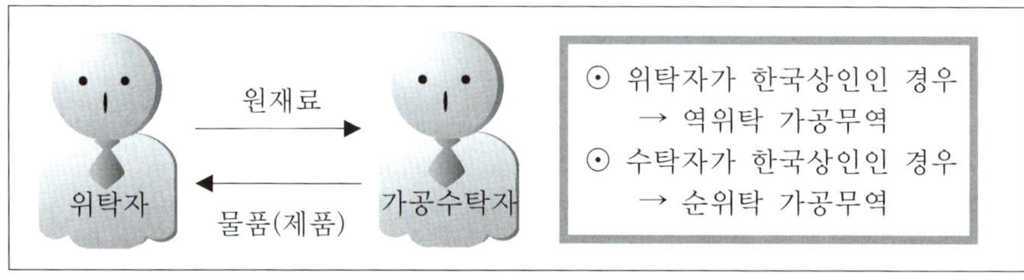

(8) 임대차 방식에 의한 무역

'임대차방식'(賃貸借方式)은 '임대(賃貸)에 의한 수출'과 '임차(賃借)에 의한 수입'으로 구분할 수 있다. 우선 '임대에 의한 수출'은 임대계약에 의하여 물품을 수출하여 임대계약기간만료 이후 일정기간 내에 다시 수입하거나 임대계약 기간의 만료 전 또는 만료 후 물품의 소유권을 이전하는 수출을 말한다.

반면에 '임차에 의한 수입'은 임차계약에 의하여 물품을 수입하여 일정기간 후 다시 재수출하거나 그 기간 만료 전 또는 만료 후 당해 물품의 소유권을 이전 받든가 하는 수입을 말한다. 이는 중소기업 또는 외자도입업체의 생산시설 증축을 위한 수입의 경우에 이루어지고 있다.

▮임대차 방식에 의한 절차▮

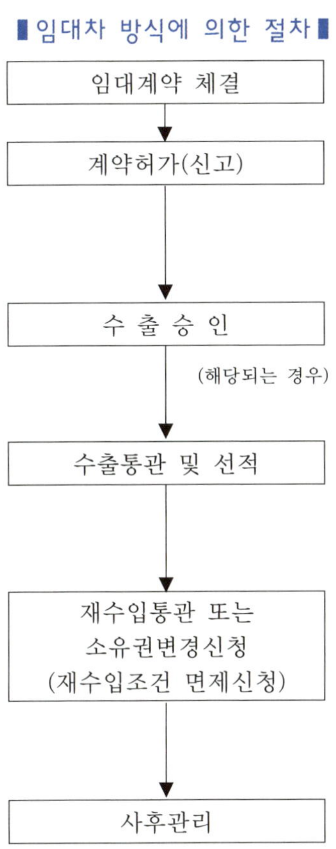

(9) 연계무역

'연계무역'(連繫貿易, Counter Trade)이란 수출과 수입이 연계된 무역거래로서 '물물교환'(物物交換, Barter Trade), '구상무역'(求償貿易, Compensation Trade), 이를 총괄하는 '대응무역'(對應貿易, Counter Purchase) 등의 형태에 의하여 이루어지는 수출・입을 말한다.

우선 '물물교환'은 거래 상호 간 화폐로 물품대금을 지급하는 것이 아니고 단순한 물물교환방식의 무역거래형태이다. 대금결제를 위한 환거래 없이 물품을 교환하여 당사자 간 물품의 인도가 거의 동시에 이루어진다.

▮물물교환▮

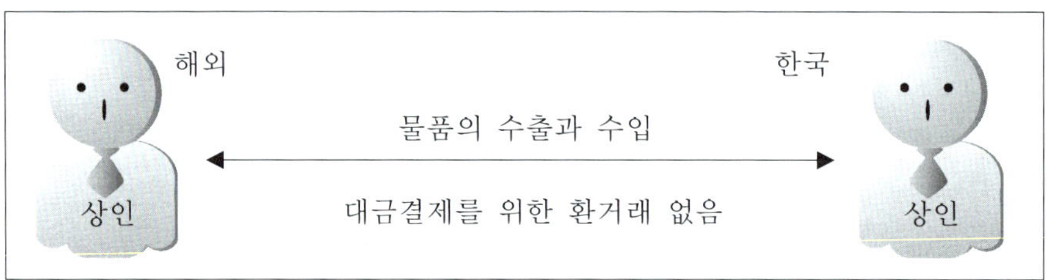

'구상무역'은 국가 간 수출·입 균형을 유지시키려는 목적으로 수출·입 물품의 대금을 그것에 상응하는 수입 또는 수출로 상계하는 상거래이다. 즉 하나의 계약서에 의해 상대방에게 수출한 물품금액의 일부금액 혹은 총금액에 해당하는 상대방 물품을 상대방으로부터 수입해주는 방식이다.

▮구상무역▮

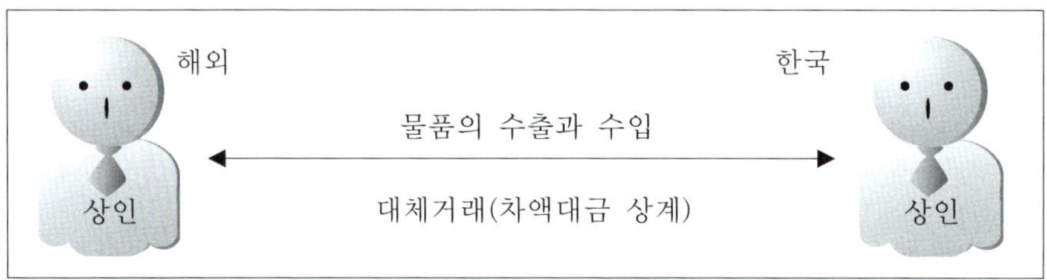

이 같은 방식은 현금 이외의 방식에 의하여 물품대금지급의 전부 또는 일부가 이루어지는 상거래를 총칭하는 포괄적인 용어로 사용됨이 일반적이다. 상거래 대상은 물품뿐만 아니라 기술이나 용역의 거래도 포함되며 상거래 당사자 모두 상호 수출·입 이행의 의무를 부과하는 특성이 있다.

(10) 중계무역

'중계무역'(中繼貿易, Intermediate Trade)이란 수출할 것을 목적으로 물품을 수입하여 가공하지 아니하고 그대로 제3국으로 수출함으로써 수출·입의 차액을 수취하는 상거래를 말한다.

'중계무역'은 자국 물품의 공급능력에 직·간접적인 한계가 있을 때 그리고 제3국에서 물품을 수입하여 이를 또 다른 제3국에 수출함으로써 지속적으로 해외시장을 관리하고자 할 때 활용된다.

이와 같은 '중계무역'이 활성화되기 위한 조건은 관세의 면제·보세창고의 활용·자유항·금융의 편의·편리한 교통시설 등이다.

▮중계무역▮

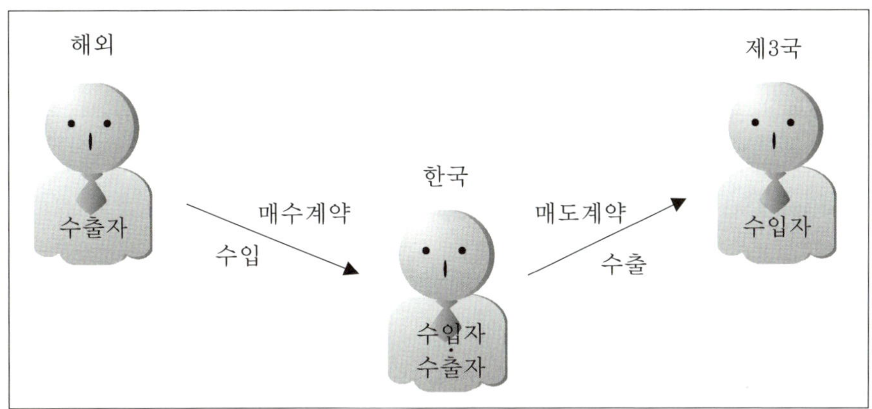

(11) 중개무역

'중개무역'(仲介貿易, Merchandising Trade)은 양국 사이에 제3국의 당사자가 개입하여 물품대금결제는 수출상이 수입상으로부터 직접 회수하고, 제3국의 당사자로서 상인은 통상 수입상으로부터 물품의 판매대가로서 중개수수료(仲介手數料, Commission)를 취득하는 방식이다. 즉 수출국과 수입국의 중간에서 제3국의 상인이 개입하여 이루어지는 상거래를 말한다. '중개무역'에서는 중개업자에게 물품의 소유권이 이전되는 것이 아니며, 다만 중개업자는 중개수수료를 목적으로 개입한다.

▌중개무역▌

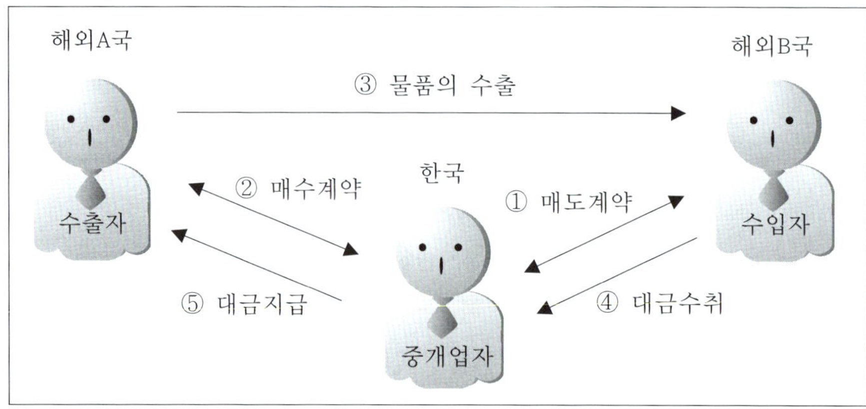

(12) 외국 인도·인수 무역

'외국인도수출'(外國引渡輸出)이란 수출대금은 국내에서 영수하지만 국내에서 통관되지 아니하고 수출물품을 외국현지에서 수출하는 형태를 말한다. 주로 산업설비수출·해외건설·해외투자 등 해외 사업현장의 자재를 외국에서 사용한 이후 국내에 반입하지 아니하고 해외에 매각할 때, 또는 항해 중 공해상에서 수확한 어획물을 외국으로 매각하고자 하는 경우 사용된다.

'외국인수수입'(外國引受輸入)은 수입물품은 외국에서 인수하지만 수입대금은 국내에서 지급되는 경우를 말한다. 산업설비·해외건설·해외투자 등에 필요한 기자재를 외국에서 수입할 필요가 있을 때 운송시간과 경비를 절감하기 위해서 물품을 국내로 반입했다가 다시 외국의 공사현장에 보내지 않고 수입대금은 국내에서 지급하는 절차를 밟고 물품은 외국에서 제3국으로 보내는 경우이다.

(13) 그 밖의 방식

1) 보세창고도 무역

'보세창고도'(保稅倉庫渡, Bonded Warehouse Transaction, BWT) 방식이란 무환(無換, Free of Charge)으로 수입국 정부로부터 통관미필(通關未畢)상태로 허가 받은 보세구역(保稅區域) 내에 물품을 반입하고 수입국의 수입상을 선정하여 매매계약을 체결한 후 수입통관절차를 거쳐 보세구역 밖으로 반출하는 거래방식을 말한다. '보세창고도 수출'과 '보세창고도 수입'으로 구분된다.

'보세창고도 수출'은 위탁판매방식 수출의 변형인 '보세창고인도조건'(保稅倉庫引渡條件)에 의한 수출로서, 예컨대 우리나라의 수출상이 해당지역에 자기의 지점 또는 출장소·대리점을 설치하고 상대방의 정부로부터 허가 받은 보세창고에 물품을 무상으로 반출하여 현지에서 판매하는 방식이다. 이 방식은 반출한 물품을 수입자가 수입지역에서 수출통관하지 않고 보세구역인 보세창고에 입고시키고 관리기간 내에 물품을 판매하는 거래이기 때문에 적절히 판매할 수 있는 기회를 가질 수 있을 뿐만 아니라 매수인을 충분히 물색할 수 있는 이점이 있다. 보세창고에 보관중인 물품에 대해서는 관세는 물론 내국세도 부과되지 않으므로 보세상태에서 시장상황에 따라 수시로 판매 또는 반송할 수 있다. 또한 보세창고는 거의가 사설(私設)이므로 보통의 영업창고와 마찬가지로 그 보관물품에 대한 창고증권(倉庫證券)을 발급함으로써 수출업자는 매매상의 편익을 얻을 수도 있다. 이러한 '보세창고도 수출'의 특징은 거래상대자, 즉 수입상과의 사전계약이 체결되지 않고 수출상의 책임 하에 현지에서 물품의 매매계약이 성립하기까지에는 수입상이 미확정 상태에서 상거래가 행해지는데 있다.

▌보세창고도에 의한 절차▐

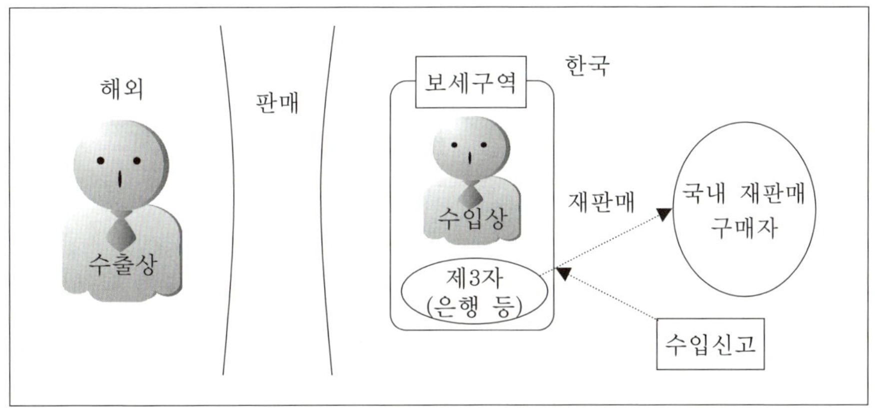

한편 '보세창고도 수입'이란 외국의 수출업자가 자기책임 하에 국내의 일정한 보세구역 내에 물품을 무환으로 반입하여 놓고 수요에 따라 국내 수입자에게 판매하기 위하여 수출하는 거래형태이다. 보통 이러한 거래방식의 수입은 수출용 원자재의 수출·입 등에 많이 이용되는데 그 이유는 수출국과의 거리가 먼 경우 원자재를

수입한 후 제조・가공하여 수출하면 많은 시일이 소요되기 때문에 시간단축의 필요에서라고 말할 수 있다. '보세창고도 수입'이 일반적 수입형태와 다른 점은 수출상과 수입상 간에 별도의 사전계약이 체결되지 않고 수출상의 책임 하에 보세구역에 물품을 반입하여 반입된 물품에 대한 판매계약이 성립되기까지는 수입상이 미확인 상태에서 상거래가 진행된다는 점이다.

2) 중장기 연불방식에 의한 수출·입

'중장기 연불 수출・입'은 수출・입 대금의 전부나 일부를 일정한 기간에 걸쳐 분할하여 영수하는 조건에 의한 수출・입을 말한다. 이는 '연지급조건'(延支給條件) 또는 '분할지급조건'(分割支給條件)에 의하여 수출상이 수입상에게 신용을 공여하여 그 대금지급을 분할하여 일정기간까지 연기하여 주는 중・장기분할결제에 의한 신용거래로서 일반적으로 대금의 결제기간이 6개월 이상 3년 이내는 중기, 3년 이상은 장기로 구분한다. 이 같은 거래방식은 대형기계류, 선박, 철도차량, 발전설비, 플랜트 수출・입 등에 이용된다.

3) 산업설비 수출

'산업설비'(Industrial Plant)는 각종 물품을 제조하기 위한 기계・장치 등 하드웨어와 그 설치에 필요한 엔지니어링・Know-How· 건설시공 등 소프트웨어가 결합된 생산단위체를 지칭한다.

'산업설비 수출'의 절차는 산업설비의 규모나 특성에 따라 다양한 까닭에, 실무절차에 있어서 일반물품의 수출형태와는 크게 다르다. 즉 일반물품의 경우에는 기존 생산되고 있는 물품이나 새로 개발된 샘플을 제시하고 수출・입 당사자 간의 협상에 의하여 계약이 이루어지는데 반하여, '산업설비'는 통상 국제경쟁 입찰과정을 거치고 물품의 사양(Specification)에 따라 신규로 제작하여야 하므로 협상에 들어가기 전에 면밀하고도 철저한 사업타당성 검토가 요구되며 사업타당성 검토 후 이를 토대로 발주의사를 결정하게 되면 응찰・낙찰・계약교섭을 거쳐서 계약을 체결하게 된다.

일반수출 시에는 계약 후 통관・선적을 거쳐 인도함으로써 상거래가 종결되나 '산업설비 수출' 시는 계약 후 통관・선적을 거쳐 설계・현지건축・토목 등 복잡한 업무가 추가로 요구된다. 나아가 '산업설비'가 설치・완성된 후에도 시운전 및 운영

요원의 훈련을 통하여 시험가동을 하고 인도한 다음에 다시 일정기간 '하자담보책임'(瑕疵擔保責任)이 뒤따르는 것이 일반적이며 수출상은 보증기간이 끝나야만 모든 책임에서 벗어나 상거래가 종결된다.

4) 팩토링 방식에 의한 수출・입

'팩토링'(Factoring)이란 '판매자'(Client)가 '구매자'(Customer)에게 물품이나 서비스를 제공함에 따라 발생하는 외상매출채권과 관련하여 '팩토링 회사'가 판매자를 대신하여 구매자에 관한 신용조사 및 신용위험의 인수[지급보증(支給保證)]・매출채권의 기일관리 및 대금회수・금융의 제공・그 밖의 회계처리 등의 업무를 대행하는 금융서비스이다.

국제팩토링은 전 세계 '팩터'(Factor)의 '회원망'(Membership Network)을 통하여 수입상의 신용을 바탕으로 이루어지는 무신용장 방식의 새로운 무역거래방식이다. 즉 '팩터'는 수출상을 위하여 수출채권과 관련된 대금회수를 보장하고 회수업무에 따른 장부기장 등 회계업무와 '전도금융'(前渡金融)에 이르기까지 제반 서비스를 제공한다. 그리고 수입상에게는 수입을 위한 신용을 공여하여 해외로부터 신용으로 물품을 구매할 수 있다.

국제팩토링은 기존의 신용장 방식에 의한 상거래에 비해 매우 간편하기 때문에 이미 미국이나 유럽지역에서는 일반화되고 있으며 특히 중・소규모의 무역거래에서 활발히 이루어지고 있다. 특히 오늘날 세계무역환경 변화추이에 따라 종전 'Seller's Market'에서 'Buyer's Market'으로의 이행, 소액・소량 주문에 따른 신용장발행의 회피, 선진국 수입상들의 상거래 관행에 따른 신용구매요구 등에 기인하여 증가추세에 있다.

요컨대, 국제팩토링의 주요한 기능은 신용위험의 인수・전도금융의 제공・회계업무의 대행 등을 예시할 수 있다. '수출 팩토링'과 '수입 팩토링'으로 구분된다.

우선 '수출 팩토링'은 '수입팩터'와 '수출팩터' 간의 약정에 따라 수입상에 대한 신용조사 및 신용위험을 인수하고 수출채권의 양수 및 송금 등 대금회수를 보장한다. '수출팩터'는 수출상과의 약정에 따라 수출채권을 관리하고 전도금융을 제공함으로써 효율적인 운전자금을 조달하도록 한다. 또한 '수출팩터'는 회계업무를 대행함으로써 수출채권과 관련한 회계장부를 정리하여 준다. 수출상의 이점을 살펴보면 첫째 수출대금 회수를 수출팩터가 보증하기 때문에 신용거래에 따른 위험부담이 없다는 점, 둘째 위험부담이 없는 수입상에게 유리한 무신용장거래를 할 수 있어 대외경쟁력 강화는 물론 신시장 개척이 용이하다는 점, 셋째 신용장 및 추심방식에 비해 실무절차가 간편하다는 점, 넷째 대금회수 및 수출채권의 기일관리 등 제반 회계업무의 부담에서 벗어나 생산 및 판매에만 전념함으로써 원가절감과 생산성 증대를 실현할 수 있다는 점, 다섯째 전 세계에 걸친 '팩토링 회사'의 회원망을 통해 신속 정확한 해외시장 정보를 얻을 수 있다는 점, 여섯째 '팩토링 회사'의 회원사인 '수출팩터'와 상거래할 수 있음에 따라 국제시장에서의 지명도를 제고할 수 있다는 점, 마지막으로 필요 시 즉각적인 전도금융의 수혜로 효율적인 자금조달이 가능하며 경영상담 및 다양한 서비스를 제공받을 수 있다는 점을 꼽을 수 있다.

한편 '수입 팩토링'의 경우 수입상의 이점을 살펴보면 다음과 같다. 첫째 '수입팩터'가 지급보증을 함으로써 전 세계 각국으로부터의 신용구매가 가능하다는 점, 둘째 수입보증금 예치에 따른 자금부담을 덜 수 있다는 점, 셋째 신용장 발행에 따르는 수수료 등 비용부담이 없다는 점, 넷째 수입결제자금의 부족에 대한 금융수혜가 가능하다는 점, 다섯째 '수입팩터'가 신용한도설정으로 지속적인 구매가 가능하다는 점, 마지막으로 '수입팩터'로부터 전문적인 회계관리서비스를 제공받을 수 있다는 점 등으로 요약할 수 있다.

▌팩토링 방식에 의한 절차▐

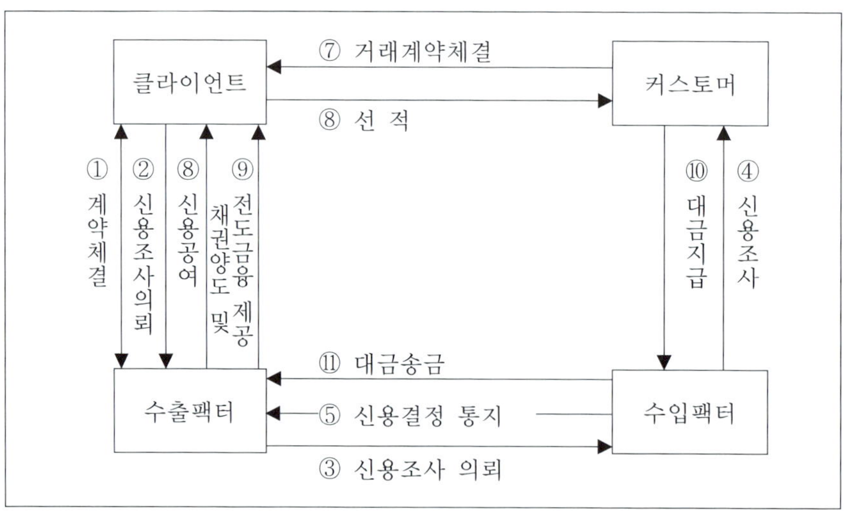

5) 녹다운 방식 수출 · 입

'녹다운'(Knock-down) 방식의 수출 · 입이란 완제품을 수출입하는 것이 아니라 조립할 수 있는 설비와 능력을 가지고 있는 거래처에 대하여 물품을 부품이나 반제품의 형태로 수출 · 입하고, 실수요지에서 제품으로 완성시키도록 하는 '현지조립방식'(現地組立方式)의 수출 · 입을 말한다. 이 때문에 달리 '현지조립방식의 수출 · 입'이라고도 하는데, 여기에는 'CKD'(Complete Knock-Down) 및 'SKD'(Semi Knock-Down) 수출 · 입 등이 있다.

이들 방식은 선진국이 고임금이나 공해문제 등을 회피하기 위하여 개발도상국 또는 후진국에 현지법인을 설립하는 형태로 이루어지고 있으며, 완제품에 대한 수입제한이나 고율의 관세가 부과되는 것을 피하여 상대방의 시장에 용이하게 침투할 수 있다는 장점이 있다.

그러나 이 방식은 수입국으로서는 부품이나 반제품을 조립하여 완제품을 만들 수 있는 능력과 시설을 갖추어야 한다는 전제조건이 부가된다.

6) OEM 방식 수출

'OEM'(Original Equipment Manufacturing) 방식의 수출이란 상대방 상표에 의한 수출방식을 말하며, 달리 '주문자상표 부착방식'(注文者商標附着方式)이라고도 한다.

이는 수입상으로부터 물품생산을 의뢰받아 물품에 상대방의 상표를 부착하여 수출하는 경우를 말한다. 수출국의 입장에서 'OEM 방식'에 의한 수출의 장점으로는 수출확대와 기술축적이 용이하고, 현지에서 제품판매에 따른 제반 경비 및 위험부담에서 벗어날 수 있으며, 수입국 소비자 계층의 내셔널리즘을 회피할 수 있다는 점 등을 들 수 있다.

반면에 단점으로는 인건비 상승의 경우 수입상이 상거래 대상을 변경할 수 있고, 자기상표 물품의 수출보다 저가로 수출되어 수출채산성 면에서 불리하며, 신규모델의 개발 등 독자적인 운영모색에 한계가 있고, 수출국 물품의 이미지 제고 및 해외시장개척의 불리함이 있다는 것 등이다.

7) 포페이팅 방식

'포페이팅'(Forfaiting)은 불어의 'Forfait'에서 유래된 말로 현금을 대가로 채권을 포기 또는 양도한다는 뜻이다. '포페이팅'은 수출환어음이나 약속어음을 받은 수출업체에게 일체의 '상환청구권'(償還請求權, Without Recourse)없이 고정이자율로 할인해 주는 무역금융기법이다.

무역어음을 '포페이팅 회사'에 매도한 수출상들은 미리 수출대금을 받고 그 후에 발생하는 수입상의 대금지급거절이나 연기에서 오는 손해는 일체를 부담하지 않아도 된다.

특히 국가 위험도가 높은 새로운 시장을 개척하려는 수출상이 널리 활용할 수 있다. 왜냐하면 '포페이팅'을 이용하면 수출물품을 선적함과 동시에 관련서류를 제출해 현금을 확보할 수 있기 때문이다. 수출상은 이로 인해 자금을 원활히 회전시켜 새로운 투자를 할 수 있는 여유를 갖게 된다.

다만 '포페이팅'을 이용하고자 하는 수출상은 '소구권 포기조건'(溯求權拋棄條件)으로 어음을 매각하므로 '포페이팅'과 관련된 모든 서류를 면밀히 점검해야 되며 수입자에게 '포페이터'가 인정하는 보증서를 제출하도록 요구해야 한다.

그리고 '포페이터'가 신용장이 아닌 별도의 지급보증서를 요구할 경우 '포페이팅' 비용이 여타 수출금융 비용보다 높을 수도 있으므로 철저한 비용분석이 선결되어야 한다.

▌포페이팅에 의한 절차▐

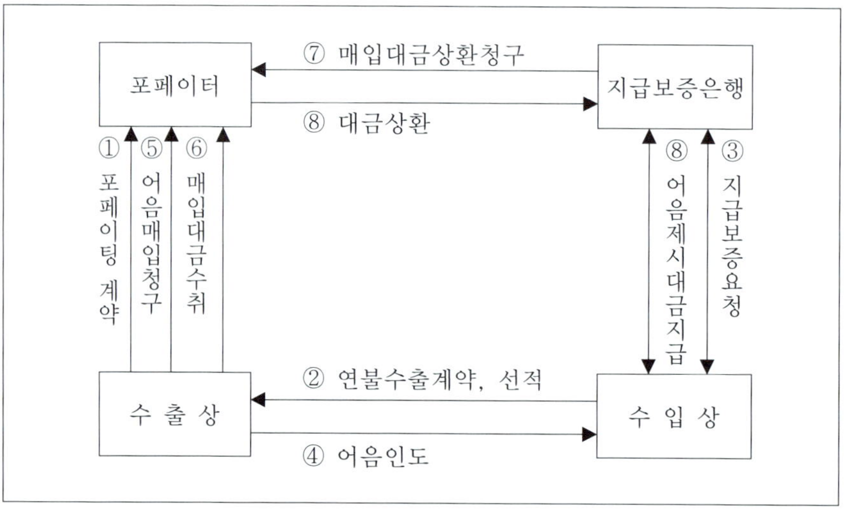

▌무역의 분류▐

<table>
<tr><th>분류의 구분</th><th colspan="3">분 류</th></tr>
<tr><td>주체</td><td>민간무역</td><td colspan="2">국영무역</td></tr>
<tr><td rowspan="2">객체</td><td>유형무역</td><td rowspan="2" colspan="2">인터넷무역</td></tr>
<tr><td>무형무역</td></tr>
<tr><td rowspan="5">거래형태</td><td rowspan="5">직접무역</td><td rowspan="5">간접무역</td><td>통과무역</td></tr>
<tr><td>중개무역</td></tr>
<tr><td>중계무역</td></tr>
<tr><td>스위치무역</td></tr>
<tr><td>우회무역</td></tr>
<tr><td rowspan="5">결제방식</td><td colspan="3">화환신용장방식 수출·입</td></tr>
<tr><td rowspan="2">추심결제방식 수출·입</td><td colspan="2">지급인도조건(D/P)</td></tr>
<tr><td colspan="2">인수인도조건(D/A)</td></tr>
<tr><td rowspan="2">송금방식에 의한 수출·입</td><td colspan="2">현물상환지급조건(COD)</td></tr>
<tr><td colspan="2">서류상환지급조건(CAD)</td></tr>
<tr><td rowspan="8">특정거래형태</td><td colspan="3">위탁판매수출, 수탁판매수입</td></tr>
<tr><td rowspan="2">가공무역에 의한 수출·입</td><td colspan="2">위탁가공무역</td></tr>
<tr><td colspan="2">수탁가공무역</td></tr>
<tr><td colspan="3">임대차 방식에 의한 수출·입</td></tr>
<tr><td rowspan="2">연계무역에 의한 수출·입</td><td colspan="2">물물교환</td></tr>
<tr><td colspan="2">구상무역</td></tr>
<tr><td colspan="3">중계무역에 의한 수출·입</td></tr>
<tr><td colspan="3">외국 인도수출과 인수수입</td></tr>
<tr><td rowspan="6">기타</td><td colspan="3">보세창고도 수출·입</td></tr>
<tr><td colspan="3">중·장기연불방식에 의한 수출·입</td></tr>
<tr><td colspan="3">팩토링 방식에 의한 수출·입</td></tr>
<tr><td colspan="3">산업설비(Industrial Plant) 수출</td></tr>
<tr><td colspan="3">OEM(주문자상표 부착) 방식</td></tr>
<tr><td colspan="3">녹다운 방식(현지조립방식 수출·입)</td></tr>
</table>

제 2 절 무역계약

1 무역계약의 의의

'무역'은 일괄하면 '물품의 국제적 이동을 수반하는 수출·입 상거래'를 말한다. 이것은 협의(俠義)의 무역을 의미하는 것으로, 곧 '국제물품매매'(國際物品賣買, International Sale of Goods)를 의미한다.

반면에 광의(廣義)의 무역은 물품의 상거래를 포함하여 대리점계약·플랜트계약·합작투자 등의 매매계약 전반을 의미한다.

무역은 앞서 언급한 바와 같이 상황에 따라 많은 변수가 존재하게 되는데, 이를테면 국제통상(國際通商)에 관한 법적 문제·정치적 이해관계·국제경제적 연계성·문화적 차별성에 따라 정형화하기에는 곤란한 문제 등을 열거할 수 있다. 뿐만 아니라 계약의 체결·이행 및 종료라는 일련의 과정과는 구별되는 행태를 보이기 때문에 이와 관련한 계약은 별도로 취급하여야 할 필요가 있다.

무역계약은 물품이 국제적으로 이동하는 수출·입 상거래를 포함하여 대리점계약·플랜트 수출계약·합작투자계약 등의 제반계약을 말한다. 그럼에도 기본적인 계약은 매도인과 매수인 간 체결되는 '국제물품매매계약'(國際物品賣買契約, Contracts for the International Sale of Goods)이라 할 수 있다. 따라서 무역계약의 범위는 앞서 본 바와 같이 '국제물품매매계약'을 '주계약'(主契約)으로 하고 이에 수반되는 '종속계약'(從屬契約), 곧 '운송'(運送)·'보험'(保險)·'환계약'(換契約)을 포함한 계약당사자의 법률관계를 중심으로 살펴보게 된다.

요컨대, 주계약으로서 '국제물품매매계약'은 '매도인이 물품대금이라는 금전적인 대가(對價)를 받고 매수인에게 물품의 소유권을 이전하거나 이전하기로 약정하는 계약'을 말한다.

한편 이 같은 매매계약을 이행하기 위한 일련의 '종속계약'으로서 물품을 매수인에게 이전하기 위한 목적에서 운송인과의 '운송계약'(運送契約)과 물품운송 중 위험을 담보하기 위해 보험자와의 '보험계약'(保險契約) 및 매도인이 물품대금을 회수하기 위하여 은행을 통한 '화환취결'(Negotiation)을 위한 '환거래계약'(換去來契約)이 수반된다.

2 무역계약의 특수성

이국(異國) 간의 당사자 간 무역계약은 다음과 같은 특수한 성격을 가지고 있다. 첫째 주권국가의 법이 복합적으로 적용되며, 통일된 기준이 존재하지 않기 때문에 법적용상의 불확실성이 있다. 따라서 당사자들은 어느 특정국가의 법을 수용하기로 합의하든지 혹은 그 밖의 준거법(準據法)을 합의해야 한다. 만약 합의가 없는 경우에는 준거법에 대한 국제사법(國際私法)의 규정에 의하여 규율될 수 있다.

둘째 상거래에 있어 당사자의 '상관습'(商慣習)이 존중된다. '국제상거래'(International Commercial Transactions)의 특성상 통일법의 적용이 곤란하기 때문에 경험적인 상관습 내지 관행을 상호 존중하게 된다.

셋째 분쟁이 발생하였을 경우 '재판관할'(裁判管轄, Jurisdiction)의 문제가 제기된다. 일방당사자국의 법정에서 재판이 이루어질 경우 타방당사자는 시간적·장소적으로 많은 곤란에 처하게 되기 때문에 국제상거래의 재판관할권의 문제는 중요한 사안이다.

넷째 통일적인 성문법이 없음으로 국제상거래를 주도하고 있는 선진국의 법원칙이 수용될 개연성이 많다.

다섯째 국제적인 정형계약의 통일화 노력이 지속되고 있다. 국제적인 통일화 노력은 국제상거래의 활성화와 분쟁해결을 위한 법적 안정성과 그 적용의 형평성에 기한 중요한 사안이다.

3 무역계약의 법적 성격

상무적(商務的)인 관점에서 무역계약은 '매도인의 물품인도의무'와 '매수인의 대금지급의무'를 그 주된 골자로 두고 있다. 이 같은 무역계약의 법적 성격을 구분하여 요약하면 다음과 같다.

무역계약은 첫째 매매당사자 간 합의에 의하여 계약이 성립하는 '낙성계약'(諾成契約, Consensual Contract) 이다.

둘째 계약의 성립과 동시에 매매계약의 당사자가 채무를 부담하는 '쌍무계약'(雙務契約, Bilateral Contract)이다. 매도인의 물품인도와 매수인의 대금결제가 교차된다[동시이행(同時履行)].

셋째 매도인의 물품인도에 대하여 매수인이 대금을 지급하는, 즉 대가적(對價的) 채무를 부담하는 '유상계약'(有償契約, Onerous Contract or Remuneration Contract)이다.

넷째 '불요식계약'(不要式契約, Informal Contract)으로 서면 등의 특정한 양식에 의하여 표시됨으로써 계약의 효력을 갖는 것이 아니라, 구두 혹은 서류 등 어느 것으로 전달되거나 표시되어도 계약이 성립하게 된다. 다만 이에 따른 법적 제한이 없어야 함은 물론이다.

다섯째 매매계약은 증인을 포함하여 어떠한 수단에 의해서도 입증이 가능하다. 그렇지만 '거증책임'(擧證責任, Burdens of proof)과 관련한 증거능력(證據能力) 및 증거력(證據力) 등 분쟁의 소지를 방지하기 위하여 일정한 형식을 구비하는 예방책이 필요하다는 점에 유의하여야 한다.

4 무역계약과 종속계약

국제물품매매계약은 '법역'(法域, Legal Territory)과 통화(通貨)를 달리하는 격지자 간 상거래이기 때문에 이를 이행하기 위하여 '종속계약'[운송계약(運送契約), 보험계약(保險契約), 환계약(換契約)]이 필요하다.

(1) 운송계약

계약에서 약정된 물품이 매도인의 '영업소'(Business Place)에서 매수인에게 인도를 위하여 장소적 이동이 이루어져야 하기 때문에 '전문운송인'(專門運送人, Common Carrier)과의 '운송계약'이 필요하다.

국제운송의 방법으로는 '해상운송'(海上運送), '항공운송'(航空運送), '육상운송'(陸上運送), 복합운송(複合運送) 등이 이용되고 있다. 이들 '운송계약'은 국제물품매매계약[주계약(主契約)]의 조건에 따라 운송계약체결의 당사자·운임의 부담자·운송계약의 내용 등이 결정된다.

(2) 보험계약

국제물품매매계약의 이행에는 필연적으로 국제운송에 따른 위험이 수반된다. 이에 따라 운송 중 제반 위험을 담보하기 위하여 보험자와 '보험계약'을 체결하게 된다. 보험계약 당사자 · 보험계약의 내용 및 조건 · 보험료의 부담자 등 또한 국제물품매매계약의 조건에 따라 결정된다.

(3) 환계약

일반적으로 무역결제대금은 은행을 경유하여 지급되므로 은행 간 '환계약'이 필요하다. 매도인이 물품대금을 회수하기 위하여 화환어음이 발행되며, 이에 은행을 통하여 첨부된 운송서류와 함께 환어음의 매입을 요청하고 대금을 회수할 수 있다.

5 무역계약과 준거법

무역은 법역(法域)을 달리하는 계약당사자 간의 '법률행위'(法律行爲, Transactions)이기 때문에 여기에 적용할 수 있는 국제적인 통일법규가 필요하다. 그럼에도 불구하고 국제적 통일법을 적용할 수 없는 경우에는 당사자의 합의에 의하여 '계약자유의 원칙' 및 '시장경제의 기본원칙'을 기반으로 제반 계약조건이 특정된다.

그럼에도 매매계약당사자가 모든 계약조건을 합의하여 계약하는 것은 사실상 불가능하다. 이에 따라 당사자 합의에 보충적인 법규가 필요하며 이는 국제상거래의 불확실성 제거, 즉 계약내용의 해석에 관한 통일 · 법적 안정성 등이 무역 활성화의 필수요건이라고 할 수 있다.

한편 무역의 활성화와 안정화에 기여할 수 있는 차원에서, 아울러 무역에서 일반적으로 당사자 간에 수용된 또는 수용될 수 있는 국제적인 준거법규범(準據法規範)을 예시하면 다음과 같다.

▌무역관련 국제적 준거법규▌

계약관련 준거법규	① '국제물품 매매계약에 관한 유엔협약'(CISG, 1980) ② '국제상사 계약에 관한 일반원칙'(UNIDROIT Principles, 1994) ③ '정형거래 조건의 해석에 관한 국제규칙'(ICC Incoterms) ④ '영국물품매매법'(SGA, 1979) ⑤ '전자상거래모델법'(UECIC, 1996)
결제관련 준거법규	① '화환신용장통일규칙'(UCP 500) ② '추심에 관한 통일규칙'(URC, 1995) ③ 미국'통일상법전'(UCC, 제5편 신용장) ④ 영국'환어음법'(Bills of Exchange Act, 1882)
국제화물 운송법규	① '헤이그 규칙'(1924), '헤이그-비스비 규칙'(1968) ② '항공운송에 관한 Warsaw Convention'(1929, 1955) ③ '복합운송에 관한 UN협약' 1980 ④ '복합운송에 관한 UNCTAD/ICC Rule' 1992 ⑤ '전자식 B/L에 관한 CMI 규칙'(1990) 등
국제해상 보험법규	영국 '해상보험법'(MIA, 1906), '협회적하약관' ICC (A), (B), (C)
국제상사 중재법규	'외국중재판정의 승인과 집행에 관한 유엔협약'(1958)

6 무역계약의 성립

'무역계약'[국제물품매매계약(國際物品賣買契約)]은 '일반거래협정서'(一般去來協定書)를 통하여 계약당사자의 '상거래조건'(商去來條件, Terms & Conditions)에 대한 확정적 의사를 특정하여 체결된다.

이러한 무역계약은 일반적으로 '청약(請約, Offer)의 의사표시(意思表示)'와 '승낙(承諾, Acceptance)의 의사표시(意思表示)'가 결합되어 법적 구속력을 담보한 일련의 매매계약으로 존재하게 된다. 그리고 무역계약은 어떤 특별한 형식에 의해 작성되는 것은 아니다[불요식계약(不要式契約)].

그러나 수많은 거래를 통하여 표준거래조건과 그 형식이 체계화되어 있는데, 예컨대 국제적 민간단체인 국제상업회의소(國際商業會議所, International Chamber of Commerce, ICC)의 '정형거래조건'(定型去來條件)으로서 'Incoterms'는 그 대표적인 것이라 할 수 있다. 이 경우 계약당사자가 반드시 국제상업회의소에서 발행한 내용에 따라 계약서를 작성하여야 하는 것은 아니다. 그러나 세계적으로 보편화되어 활용되고 있는 'Incoterms'는 무역계약의 공통언어와도 같기 때문에 이에 따라 계약서를 작성하는 것이 통례이다.

법적 측면에서 협의의 계약이란 '채권의 발생을 목적으로 하는 서로 대립하는 두 개 이상의 의사표시의 합치로 성립하는 법률행위'로 정의되는데 이 경우 '매매계약'(賣買契約, Contract of Sale)은 '당사자의 일방과 상대방과의 금전적 '약인'(約因, Consideration)과 교환으로 물품의 소유권을 상대방에게 이전하거나 또는 이전할 것을 합의하는 계약'을 말한다.

한편 '국제물품매매계약'(國際物品賣買契約)이란 일괄하면 '국적[곧, 영업소(Business Place)]이 다른 당사자로서 매도인(賣渡人)이 약정된 물품의 제공을 약속하고 매수인(買受人)이 그 물품의 대가(對價)로 물품대금을 지급할 것을 약정함으로써 성립하는 계약'을 의미한다. 이는 일정한 채권관계의 발생, 이를테면 '물품인도의무'(物品引渡義務)와 '대금지급의무'(代金支給義務)를 목적으로 계약당사자 간 서로 대립하는 복수 이상의 의사표시가 합치되어 성립되는 법률행위라고 할 수 있다.

(1) 무역계약의 성립요건

요컨대, '무역계약'이란 국적을 달리하는 당사자들 사이에 매도인이 매수인에게 물품의 소유권을 양도하여 물품을 인도할 것을 약속하고 매수인은 이를 수령하여 물품의 대가를 지급할 것을 약속함으로써 성립하는 '국제물품매매계약'을 말한다.

'물품'(物品, Goods)을 '계약의 목적물'(Subject Matter with the Contract)로 하는 '국제물품매매계약'은 매도인과 매수인의 의사표시인 '청약'(Offer)와 '승낙'(Acceptance)에 의하여 성립한다.

이 경우 청약과 승낙 중 어느 것을 결하여도 계약은 성립하지 않는다. 즉 청약이 없으면 승낙은 있을 수 없기 때문에 계약이 성립될 수 없고 승낙이 없는 청약만으로 계약은 성립하지 아니 한다.

1) 청약

'청약'(請約, Offer)이라 함은 상거래 당사자가 법률관계(法律關係)를 창설하기 위해서 일방당사자가 타방당사자에게 상거래를 제의하는 것을 말한다. 곧 일방은 대가 있는 약속을 제공하고 타방이 이러한 약속에 대해서 다른 약속을 제공하거나 어떤 행위를 기대하고 약속을 제공하거나 또는 어떤 행위를 제공함으로서 상대방으로부터 약속을 제공받는 것을 말한다.

무역계약에 있어서 '청약'과 '청약의 유인(誘引)'(Invitation to make Offer)은 명확히 구별해야 한다. 왜냐하면 의사표시가 청약인지 아닌지 또는 청약이라면 어느 단계의 의사표시가 청약인지를 명확하게 하는 것은 계약의 성립 여부를 결정하는 법적 기준이 되기 때문이다.

'청약'은 상대방의 '승낙'이 있으면 즉시 합의를 성립시키는 의사표시이다. 이에 반하여 '청약의 유인'은 상대방이 아무 조건 없이 그것에 응하여 의사표시를 하여도 그것은 승낙이 아니라 청약이 되며 이에 '청약의 유인'을 표시한 당사자의 승낙에 의하여 계약이 성립된다.

그렇지만 '청약'과 '청약의 유인'을 명확하게 구분하는 것은 쉽지 않다. 이는 대개 상거래 당사자의 의사와 상거래 관습·계약내용의 명시유무·상대방을 대상으로 하는 매매인가의 여부를 기준으로 판단하게 되는데 이 또한 판단기준으로써 확정적인 것은 아니다.

실무상 '청약의 유인'을 표시하고 있는 용어는 'Inquiry', 'Circular Letter', 'Booklet', 'Catalogue', 'Description', 'Proposal', 'Price-List', 'Estimate', 'Quotation' 등이 사용되는데, 이는 모두 '청약의 예비교섭(豫備交涉)'(Pre-Contractual Stage)으로서 '청약의 유인'으로 취급된다.

청약은 법적 효력을 기준으로 분류할 경우 '자유청약'(自由請約, Free Offer), '반대청약'(反對請約, Counter Offer), '교차청약'(交叉請約, Cross Offer), '확정청약'(確定請約, Firm Offer) 등으로 구분된다. 차례로 살피면 다음과 같다. 우선 '자유청약'은 물품의 매도의사만 표시하고 있는 자유로운 청약으로서 청약자가 최종적으로 계약체결권을 가지는 청약이다. '자유청약'은 계약체결권이 청약자에게 있는 청약이다. 따라서 청약의 내용에 청약자의 매매에 대한 확정성이 결여되어 있고 매도하겠다는 의사표시가 분명치 않은 청약이기 때문에 계약의 체결권이 청약자에게 귀속되어 있는 청약이다. 이러한 청약은 피청약자가 이를 승낙하였다고 해도 당해 승낙이 청약자에 의해 언제든지 거절 될 수 있는 조건이 부여되어있기 때문에 피청약자의 승낙을 기대한 의사표시로 보기 어렵다.

한편 일방의 청약에 대해서 타방이 조건을 변경한, 혹은 새로운 조건을 가한 청약 혹은 승낙을 '원청약'(原請約, 또는 승낙)에 대한 '반대청약'이라 한다. 청약의 내용가운데 그 어느 하나의 조건이라도 변경해서 승낙을 하게 되면 그것은 사실상 승낙이 아니라 '반대청약'이 된다. 이러한 '반대청약'은 원청약을 거절하는 성격을 지니고 있어, 곧 새로운 청약의 성질을 갖게 된다. '반대청약'이 '원청약'의 내용을 변경한 청약이라고 한다면, 청약내용은 일반적으로 변경이 되지 않은 상태로 승낙이 이루어져야 하고 따라서 청약의 내용에 확정적인 청약자의 매매의사가 존재하지 않으면 그것은 유효한 청약이 아니다.

'교차청약'을 세 가지로 구분하여 살펴본다. 우선 청약자의 청약은 피청약자에게 '통지'(通知, Notice)되어야 한다. 피청약자가 청약의 내용을 알지 못하고 계약이 체결되었을 때 이행과정을 행하였고 청약의 내용을 나중에서야 알았다면 이 경우 계약이 존재한 것으로 볼 수 없다. 왜냐하면 상거래 당사자 간 계약체결을 위한 의사표시의 합치가 존재하지 않기 때문이다. 사실 이러한 청약은 상호 동의의 사실상 존재라는 측면에서 통상 상호 동의의 존재에 대한 해석과는 달리 이에 대해 특별하게 해석되어야 할 것이다. '교차청약'의 유효성 문제는 결국 청약이 피청약자에게 전달되었느냐 여부에 의해 결정된다. '교차청약'을 하는 두 청약자가 서로 청약행위를 통해서 상대방에 대해 계약체결권을 부여한 청약일 때 유효한 청약이 될 것이다. 둘째 청약과 승낙에 의한 계약의 성립 이외에 의사표시로 인정되는 사실에 의한 계약의 성립 문제로 행위에 의한 계약의 성립을 고려할 수 있다. 곧 "청약의 성질상 또는 당사자 간 확립된 관행이나 관습에 의하여 피청약자가 청약자에게 통지함이 없이 물품의 발송이나 대금의 지급과 같은 행위를 함으로써 청약에 대한 동의를 표시할 수 있다", "청약자의 의사표시나 관습에 의하여 승낙의 통지가 필요하지 아니한 경우에는 계약은 승낙의 의사표시로 인정되는 사실이 있을 때에 성립한다"는 사실에 비추어 의사실현에 의한 계약의 성립이 인정되기도 한다. 셋째 '침묵'(沈黙, Silence)이나 '부작위'(不作爲, Inactivity)는 그 자체를 승낙으로 보지 않지만 특수한 경우에는 승낙으로 볼 수 있음에 유의하여야 한다.

'확정청약'(確定請約)은 청약 시에 물품의 매도확정의 의사표시가 있거나 단서조건으로 회답기간을 명시하고 당해 기간 후에는 청약의 효력을 상실한다는 내용이 명시되어있는 청약을 의미한다. 이러한 '확정청약'의 경우 상대방이 청약의 내용대로 승낙을 하면 계약을 체결시키는 효력을 지닌다. 상대방이 승낙을 하면 청약자는 그러한 승낙에 구속이 되는 결과를 가져온다. 이것은 청약조건 자체에 청약자가 확정적인 매매의사를 가지고 청약을 하였다는 것이다. '확정청약'은 청약의 유효기간을 명시하고 있어서 그 기간 내에는 해당 청약을 취소하지 못하는 성질을 지닌 청약이기 때문에 물품에 대한 확정적인 매매의사가 청약의 내용에 존재하는 청약이다.

한편 청약은 특정시기에 효력을 발생하여 일정기간의 유효기간을 거쳐 특정시기에 효력이 종료된다. 청약의 효력발생시기는 우리나라 및 영미법 모두 '도달주의 원칙'(Receipt Rule)을 채택하고 있다. 즉 상대방이 있는 의사표시는 그 통지가 상대방에 도달한 때로부터 그 효력이 생긴다. 도달의 시기와 장소는 상대방에게 전달된 때와 그 장소, 영업소나 우편주소에 배달된 때와 그 장소, 우편주소가 없는 경우에는 '상거소'(常居所, Habitual Residence)에 전달된 때 그 장소를 도착의 시기와 장소로 본다.

2) 승낙(Acceptance)

'승낙'(承諾)은 계약을 유효하게 성립시키는 '법률요건'(法律要件)이기 때문에 원칙적으로 '청약의 조건'에 수정 없이 무조건적으로 동의하는 '확정적 의사표시'이어야만 한다. 즉 '승낙'은 '피청약자'(승낙자)가 '청약'을 수락함으로써 계약을 성립시키겠다는 의사표시이다.

'승낙'은 '청약'의 모든 조건에 대해 전적인 동의를 표시하는 것이기 때문에 '절대적'(絶對的, Absolute), '무조건적'(無條件的, Unqualified, Unconditional)이어야 한다. 결국 물품매매는 '유효한 청약'에 대해 '유효한 승낙'이 있어야만 해당 거래에 대한 계약이 존재하게 된다.

'승낙의 요건'은 피청약자가 계약을 성립시킬 의사를 갖고 특정의 청약자에 대하여 행하여야 하며, 최종적이고 절대적이며 무조건적으로 행하여져야 하며, 청약의 조건과 엄격히 일치하여야 한다. 아울러 '승낙'은 '청약'의 효력이 존재하고 있는 동안에 행해져야 하고, '승낙'의 표시가 청약자에게 이루어져야 한다. 이의 표시는 구두 혹은 문자 등의 명시적(明示的) 혹은 묵시적(黙示的)이라도 가능하다.

여기서 논의될 수 있는 사항은 '경상(鏡像)의 원칙'(Mirror Image Rule, MIA)과 '서식전쟁'(書式戰爭, Battle of Forms)에 관한 것이다. 우선 전자는 '승낙'은 '청약'의 내용과 엄격히 일치하여야 한다는 원칙이다. 이는 상호 의사표시가 거울에 비치듯이 동일하여야 함을 의미한다. 즉 '완전일치의 원칙'이 적용되며 승낙은 '절대적', '무조건적'으로 청약의 조건과 반드시 일치하여야 한다는 원칙이다.

후자는 '서식'이란 일반적으로 특정인이 자체적으로 가지고 있는 형식과 내용이 존재하기 마련이다. 이에 따라 계약체결 시 특정서식을 적용하고자 하는 것이 일반적이다. 이 같은 충돌은 '서식전쟁'을 야기하게 된다. 이는 계약에 일방[매수인(買受人)]이 타방[매도인(賣渡人)]에게 자기의 표준거래조건을 넣은 서식에 근거해 어떤 물품을 구매를 주문하고 타방은 그 주문을 자사의 표준거래조건을 넣은 서식에 근거하여 승낙하는 경우 양 서식의 내용차이가 존재하게 된다. 이 경우 어느 당사자의 서식에 의할 것인가 혹은 어느 서식이 우선하는가에 문제가 생긴다. '서식전쟁'에 관한 일반 원칙은 '최후발포이론'(最後發砲理論, Last Shooting Rule)에 따르고 있다. 즉 최종적으로 교부된 서식이 우선한다는 원칙이다. 서식이 상호 여러 번 교부되면서 최종적으로 교부된 서식에 대한 반대서식이 존재하지 않았을 때 마지막으로 교부된 서식에 근거하여 상대방이 이의가 없는 것으로 판단할 수 있기 때문이라는 논리이다.

한편 승낙의 방법은 청약의 방법과 같이 승낙의 방법이 별도로 정하여져 있지 않는 한 구두·서면 또는 행위에 의해서도 가능하다[不要式].

대륙법계(大陸法界)는 방법에 대한 특별한 규정은 없다. 반면에 영미법계(英美法界)는 주위의 상황을 고려하여 합리적인 방법으로 행하도록 규정하고 있다. 동의의 진술에 의한 승낙방법은 전화·전보·텔렉스·팩시밀리·전자통신문·우편 등이 가능하다. 행위에 의한 승낙은 관행이나 관습에 의하여 인정되는 경우에 한하여 승낙을 인정하고 있다.

승낙의 효력발생시기와 관련된 세 가지 주장으로 '발신주의'(發信主義)·'도달주의'(到達主義) 및 '요지주의'(了知主義)가 있는데, 우선 '발신주의'는 피청약자가 승낙의 의사표시를 발송한 때 계약이 성립된다는 주장이다. '도달주의'는 피청약자의 승낙의 의사표시가 청약자에게 도달한 때 계약이 성립된다는 주장이다. '요지주의'는 단지 물리적으로 승낙의 의사표시가 청약자에게 도달할 뿐만 아니라 현실적으로 청약자가 그 내용을 인지한 때에 계약의 성립을 인정하는 주장이다.

여기서 부각될 수 있는 논점은 전자상거래 환경 하에서 의사표시의 도달 및 발신의 구분에 관한 것이다. 이는 즉시성의 신속함을 요하는 전자상거래의 특성에 따라 '발신주의'에서 추구하는 목적인 신속한 효력발생은 이미 충족하였으므로 기존의 전형법제의 틀 안에서의 해석은 '도달주의'에 준하여 해석해야 한다는 것이다. 여하한의 논쟁은 기존의 전형법제에서 기준으로 하고 있던 시간의 개념을 일(日)단위로 규정하고 있는 반면에 전자상거래는 시·분·초 단위의 성격을 가지고 있기 때문에 전자상거래의 특성과의 조화가 요구된다고 할 수 있다.

한편 승낙의 철회(撤回)는 승낙자가 승낙을 발신한 후에 그것이 도달하기 전에 승낙의 효력을 상실시키는 것이다. 다만 발신에 의하여 승낙이 이루어지는 경우에는 해당되지 않으며, 도달주의의 입법례에 의한 경우가 가능한 환경이라고 할 수 있다. 이에 따라 발신과 수신이 동시에 이루어지는 전화・텔렉스・팩시밀리・EDI 등에 의한 경우는 승낙의 철회문제가 생기지 않는다. 따라서 승낙의 철회는 일반적으로 우편이나 전보 등의 발신과 수신의 시간적 이격이 생기는 경우에 한한다.

7 무역계약의 내용과 조건

(1) 품질조건

'품질'(品質, Quality) 조건은 '품질결정방법', '품질결정시기' 등을 그 내용으로 한다. 수출상이 제공한 물품의 품질에 대해서 수입상이 이의를 제기할 수 있다. 따라서 이러한 상황을 대비하여 계약서에서는 품질의 기준을 명확히 결정해야 한다. 품질의 결정시기는 선적 시를 기준으로 하는 '선적품질조건'(船積品質條件)과 도착항의 양륙 시를 기준으로 하는 '양륙품질조건'(揚陸品質條件)으로 구분할 수 있다.

품질에 관한 제반 결정방법은 '견본매매'(見本賣買, Sales by Sample), '설명서 매매'(說明書賣買, Sales by Specification), '규격매매'(規格賣買, Sales by Type), '상표매매'(商標賣買, Sales by Brand), '표준품 매매'(標準品賣買, Sales on Standard) 등으로 구분된다.

'견본매매'는 무역에서 가장 많이 활용되는 품질결정방법이다. 상대방에게 청약(Offer)을 발송할 때 가격표(Price List)와 함께 '견본'(見本, Sample)을 발송하게 된다. 이때의 견본은 상거래 당사자 간 당해 매매대상 물품의 품질기준이 된다. 따라서 견본을 제공하는 당사자는 자신의 물품 가운데서 '평균품질'[중등품질(中等品質)]의 물품을 견본으로 제공하여야 한다. 견본을 받은 당사자는 당해 견본을 기초로 하여 역 견본을 송부하여 새로운 품질조건을 요구하기도 한다. 즉 견본 대비 정확한 품질을 요구하는 것이다.

'설명서 매매'에 관하여, 선박・기계・차량 등과 같은 물품들을 수출할 때 이러한 물품들은 그 크기와 무게 때문에 견본을 보내어 이를 기준으로 하여 매매계약을 체결할 수 없다. 따라서 이들 매매대상 물품에 대해서는 설명서나 명세서, 그 밖에 청사진・설계도면 등을 품질기준으로 하여 매매계약을 체결한다.

'규격매매'는 매매계약상으로 매매대상 물품의 규격기준을 결정하여 이러한 규격기준을 품질조건으로 하는 매매계약이다. 예컨대 'KS', 'JIS', 'UL'과 같은 규격기준 자체를 품질조건으로 하는데 예를 들어 'KS'규격을 획득한 기계공구 등과 같이 매매계약상으로 결정하는 것이다.

'상표매매'는 상표자체가 품질결정기준이 된다. 예컨대 유명패션의류의 경우 상표자체를 품질의 기준으로 한다. 예컨대 '피에르 가르뎅'(Pierre Cardin) 넥타이를 물품명에 기재한다면 '피에르 가르뎅'이라는 상표명이 하나의 품질기준이 되는 것이다.

'표준품 매매'는 일반적으로 농산물과 같은 1차 물품의 품질을 결정하는 기준으로 활용되는 방식이다. 물품가운데 일정한 표준품을 제시하고 그와 유사한 품질물품을 인도하게 되는 방식이다.

(2) 수량조건

'수량'(數量, Quantity)의 기준은 개수(Piece) · 무게(Weight) · 길이(Length) · 용적(Measurement) 등 다양하며 이들의 단위도 각각 상이하므로 그 수량의 단위사용에 주의하여야 한다. 수량의 단위는 물품의 종류에 따라서 분류되는데, 통상 물품의 수량은 개수 혹은 '도량형'(度量衡, Weights and Measures)에 의하여 계산된다.

특히 중량표시방법 중 '톤'(Ton)은 'Long Ton', 'Short Ton', 'Metric Ton' 등이 있는데, 이러한 중량단위는 같은 톤이라고 해도 그 내용이 차이가 있다. 따라서 단순하게 톤으로만 표시하면 당사자 사이에 이로 인한 오해와 분쟁이 발생할 수 있으므로 주의를 필요로 한다.

'수량과부족용인조건'(數量過不足容認條件, More or Less Terms)은 과부족 용인량의 한도와 과부족 선택권자를 표시해야 한다. 예를 들어 '3% More or Less at Buyer's Option'으로 표시되어 있으면 과부족 용인량은 전체 물량의 3%이고 과부족 선택권자는 매수인이 된다.

(3) 가격조건

'가격'(價格, Price)조건은 당사자의 이윤과 직결되기 때문에 무역계약의 기본조건 가운데 가장 중요한 요소 중의 하나이다. 가격을 구성하는 요소는 선적지 및 도착지에서의 비용으로 구분할 수 있다.

선적지에서는 제조원가 · 이윤 · 포장비 · 검사비 · '원산지증명서'(原産地證明書, Certificate

of Origin)의 발급비용, 수출승인이나 그 밖의 정부승인을 받기 위한 비용, 물품이 소재지에서 선적항까지의 내륙운송비, 수출면허를 포함한 수출통관비용, 선적·적재 및 적부비용, 해상운임이나 항공운임, 해상적하보험이나 운송보험에 소요되는 보험료 등을 들 수 있다.

한편 도착지에서는 양하비·창고료·수입국에서의 수입승인 및 그 밖의 정부승인 비용·수입통관비용과 수입관세·최종목적지까지의 내륙운송비·여타 물품의 수출입과 관련된 수수료 및 외환비용·통신비용 등이 있다.

가격조건은 화물을 인도하는 장소[위험부담분기점(危險負擔分岐點)]와 가격의 구성요소[비용부담분기점(費用負擔分岐點)]에 따라 이루어진다. 제반 요건을 효과적으로 체결하기 위하여 일반적으로 정형거래조건(Incoterms)을 이용하는 것이 상례이다. 곧 결제를 위한 화폐종류를 결정하고 국제적으로 통일된 가격결정 상관습인 Incoterms에 의하여 가격을 결정할 수 있다. 가격은 무역계약에서 가장 중요한 요소이다. 특히 거래 당사자 각국은 서로 다른 화폐단위를 가지고 있기 때문에 해당 가격결정을 위한 화폐의 종류를 명시하여야 한다.

(4) 포장조건

'포장'(包裝, Packing)도 물품의 품질에 포함된다. 왜냐하면 대부분의 물품은 포장이 되어있는 상태에서 상거래가 이루어지기 때문이다. 따라서 계약서에는 포장재료와 포장단위 당 물품의 수량 등에 대해서 명확히 정하고 있어야 한다.

가벼운 물품의 포장은 'Carton Box'이며, 해상운송 또는 국제적 운송 포장의 대부분은 'Wooden Case'이다. 그리고 이러한 포장의 표면에는 화물의 식별이 용이하도록 적절하게 '화인'(貨印, Shiping Mark)이 되어 있어야 한다. 다만 화인은 ISO인증에 근거해서 표시되고 있음은 유의하여야 한다.

(5) 결제조건

'결제'(決濟, Payment)는 그 방식에 따라서 분류하면 현금결제·환결제 및 어음결제가 있으며 결제기간을 기준으로 분류하면 선지급·동시지급·후지급 방식이 있다.

(6) 선적조건

'선적'(船積, Shipment)조건은 어느 곳에서 어떤 방법으로 어떤 시기에 선적할 것인지를 규정하는 것이다. 어느 곳에서 어떻게 선적할 것인가에 대해서는 그 내용에 따라 Incoterms에서 정하고 있다. 이러한 선적조건 이외에 '분할선적'(分割船積, Partial Shipment)이나 '환적'(換積, Transshipment) 등과 같은 선적조건들을 결정해 두어야 한다.

선적일자 지정과 관련해서는 실무상 'from', 'till', 'to' 등의 단어를 선적기간에 표시하면 표시한 지정일을 포함하게 된다. 그러나 'after'를 사용하면 지정일은 제외된다. 따라서 이러한 선적일자와 관련 일자를 구분함에 있어서는 각별한 주의가 요망된다.

(7) 보험조건

'보험'(保險, Insurance)조건은 손해보상의 범위・보험금액・부보(付保)하는 화폐단위・보험금 지급장소 등에 대한 조건이다. 뿐만 아니라 부가적인 위험 발생에도 대비하여 이에 대해서도 명확하게 규정하고 있어야 한다.

손해보상의 범위와 관련해서 협회적하약관 'ICC (A)', 'ICC (B)', 'ICC (C)' 중에서 어떤 조건으로 부보할 것인지에 대해서 보험조건에서 규정하고 있어야 하며 이에 대한 계약상의 규정이 없으면, 곧 달리 합의한 바가 없다면 'ICC (C)' 조건에 부보한 것으로 처리된다.

(8) 클레임과 중재조항

'클레임'(Claim)이 제기되었을 때 중재판정(仲裁判定)에 따라 해결할 것을 계약당사자들이 약정하는 조항이다. 그리고 중재판정이 이루어지는 장소에 대해서도 명시하는 것이 신속하고도 공정한 분쟁해결을 위하여 바람직하다.

▮무역계약서의 예시▮

KOREA
INTERNATIONAL, LTD

Telex: J00000
Answer Back Code: MAUNHARF 111
Cable: MAUNHARF

ORIGINAL

Seoul, Korea 2012/6/20
Contract No. MFC0541

Messrs. VIETHAM XYZ COMPANY
222 AN DUONG VUONG STR.,
DISTRICT 5. HOCHIMINH CITY.
VIETNAM

PURCHASE CONTRACT

This is to confirm our PURCHASE from you as Seller, and your SALE to us as Buyer, of the under-mentioned Commodity subject to the following Special Terms and Conditions:

Commodity: 100% COTTON T-SHIRTS
1. BLUE 2. YELLOW 3. WHITE 4. RED

Quality:

Quantity: 1. 1,000 PCS 2. 1,000 PCS 3. 2,000 PCS 4. 1,000 PCS

Price and Shipping Terms - Unit Price: 1. US$3.00/PC

- Total Price: US$15,000.00 FOB HOCHIMINH

Terms of Payment: BY IRREVOCABLE LETTER OF CREDIT AT SIGHT

Time of Shipment: END OF NOV.,2012

Port of Shipment: Busan, Korea
Partial Shipments: Allowed.
Shipping Documents:

Port of Destination: YOKOHAMA PORT
Transshipment: Allowed.

Packing: STANDARD EXPORT PACKING

Insurance: To be effected by the Buyer on its account.
Amount:
Risks to be covered:
Duration:

Inspection:

Marking: MAUNHARF (IN DIA)

CONT. NO.
T-SHIRT
C/NO.
MADE IN VIETNAM

Other Special Terms and Conditions:
5% MORE OR LESS IN QUANTITY ACCEPTABLE.

Subject also to the General Terms and Conditions set forth on the reverse side hereof which form an integral part of this Contract. In the event of any discrepancy or inconsistency between the above Special Terms and Conditions and the General Terms and Conditions, the above Special Terms and Conditions shall prevail.

(Seller) (Buyer)

Please sign and return duplicate.

제3절 무역거래조건

1 무역거래조건의 개요

일반적으로 무역거래의 조건은 당사자 합의를 전제로 명시조항(明示條項)·묵시조항(默示條項) 및 준거법조항(準據法條項)으로 구성된다. 대개의 경우 명시조건은 묵시조건에 우선하며 준거법 조항은 이를 보완하는 '보충적 기능'(補充的機能, Gap-Filling Role)을 한다.

'명시조항'은 계약대상에 대한 내용, 계약이행에 관한 내용 및 그 밖의 것으로 분류할 수 있다. 계약대상에 대한 내용은 대상 물품의 품질·수량·가격 등을 말한다. 계약이행에 관한 내용은 인도조건·결제조건·보험조건 등을 말한다. 이외에 명시적으로 별도로 언급하고자 하는 내용을 당해 계약서에 포함할 수 있다.

'묵시조항'은 '관행'(慣行, Practice)과 '관습'(慣習, Usage)에 의존하는 것으로 일반적으로 '상거래 관습'(商去來慣習, Commercial Usage)을 말한다. 이는 계약서에 명시적으로 개별내용을 모두 언급하기에는 국제상거래 당사자로서는 불가능한 일이다. 이에 따라 국제적인 통일관습이나 유형별 통일규칙에 의하여 당사자들을 구속하는 묵시조건에 의하는 것이 일반적이다. 이와 같은 묵시조건으로는 국제상업회의소(ICC)에서 제정한 'Incoterms 해석규칙' 및 'UCP 해석규칙' 등을 들 수 있다. 예컨대 ICC의 정형거래조건 중 '운임·보험료포함 인도조건'(CIF)에 의한다고 하면 이는 정형거래조건의 일반해석규정에 준용하여 매도인의 의무와 매수인의 의무가 계약서상에 명시적으로 언급되어 있지 않을지라도 이에 근거하여 해석하게 된다.

'준거법조항'은 이는 명시조건 및 묵시조건에서 언급되지 못하는 사항을 규율하는데, 곧 당사자의 합의를 통하여 해결하고자 하는 것이다. 이와 관련된 문제로는 유효한 계약의 성립문제, 계약불이행 내지 계약위반의 문제와 이에 대한 구제절차 및 방법 등을 규율하는 법제를 합의하는 것이다.

국제상거래에 있어 매매계약 당사자는 이와 같은 무역거래 조건의 틀을 중심으로 당해 상거래 조건을 명확히 하여 장래의 분쟁에 대비하고 이로 인한 시간적・경제적 비용손실을 예방할 수 있는 기초를 '무역계약(貿易契約)의 체결을 위한 교섭단계(交涉段階)'(Pre-Contractual Stage)로부터 충실히 고려하여야 한다.

2 정형거래조건

(1) 정형거래조건의 의의

무역에 있어서 가격을 결정하는 방법에 관하여는 상거래계(商去來界)로부터 오랜 세월에 걸쳐 형성된 상거래 조건이 있는데, 이를 소위 '정형거래조건'(定型去來條件)이라고 한다.

그러나 무역계약은 서로 다른 나라 사이에 이루어지는 것이기 때문에 이와 같은 정형거래조건에 대한 해석상의 오해와 분쟁이 야기될 가능성이 있다. 즉 각국마다 상관습 내지 관행의 차이가 존재하며 이를 이국(異國) 간 상거래에 적용할 경우 각국의 당사자는 그들에게 유리한 '관행'(慣行, Practice) 내지 '관습'(慣習, Usage)을 적용하고자 할 것이다.

예컨대 'FOB' 조건의 경우 영국수출협회가 정의하고 있는 'FOB' 조건 중에서도 '국내 공급업자와의 FOB 조건'(Supply FOB)과 '수출상으로서의 FOB 조건'(Export FOB)은 그 내용을 달리 하고 있으며, 미국 내의 'FOB' 조건에 관한 관습은 1941년과 1990년에 개정 및 채택한 '개정미국외국무역정의'(Revised American Foreign Trade Definitions, 1990)에서 'FOB Place of Destination'을 사용하여 '도착지 인도조건'(到着地引渡條件)으로서도 'FOB' 조건을 사용하고 있다. 이와는 별도로 국제사법회(國際私法協會, International Law Association, ILA)에서 'CIF 계약'의 국제성을 인식하고 이에 대한 통일초안으로 'CIF 계약에 관한 Warsaw-Oxford 규칙'(Warsaw-Oxford Rules for CIF Contract, 1932)를 채택하고 있기도 하다.

이에 따라 각국 간 상관습상의 해석상의 오해와 분쟁을 방지하고 국제거래의 안정성과 신뢰성을 구현하기 위한 여러 가지 통일된 규칙 중에 널리 사용되고 있는 것이 국제상업회의소(ICC)가 제정한 Incoterms이다.

(2) 정형거래조건의 개요

앞서 본 바와 같이, 상관습을 정형거래조건으로 국제매매계약에 채택하는데 있어서 국가나 지역별로 상관습과 법체계가 달라 그 해석상의 오해와 분쟁이 야기될 수 있는 개연성이 높다.

이에 ICC는 그 해석의 불확실성을 없애기 위하여 '정형거래조건의 해석에 관한국제규칙'(International Rules for the Interpretation of Trade Terms)을 제정해 두고 있다. 즉 무역거래조건의 해석에 관한 국제적인 표준규칙으로 'Incoterms'(INternational COmmercial TERMS)라는 표현을 사용하고 있다.

'Incoterms'는 무역환경 속에서 계약당사자들의 오해와 분쟁을 예방하고 특정 상거래 조건에 대한 서로 다른 해석으로 인한 불확실성을 제거하거나 최소화시켜 궁극적으로 무역확대를 도모하고자 위함이다. 최신 규정으로서 'Incoterms 2010'의 세부 내용을 살펴보면 다음과 같다.

3 Incoterms 2010의 개관

(1) Incoterms의 목적

'Incoterms'의 목적은 무역에 가장 보편적으로 사용되는 정형거래조건의 해석에 관한 일련의 국제규칙을 제공하는데 있다. 이를 통해 각 국가 간에 그러한 상거래 조건에 대한 상이한 해석으로 인한 불확실성이 제거되거나 또는 적어도 상당한 정도로 감소될 수 있다.

흔히 계약당사자들은 서로 다른 국가에 있어서의 상이한 무역관습에 익숙하지 않다. 이로 인하여 시간과 금전상의 낭비를 초래하는 오해·분쟁 및 소송이 야기될 수 있다.

이를 해소하기 위하여 국제상업회의소(ICC)는 1936년에 처음으로 정형거래조건의 해석에 관한 일련의 국제규칙을 공표하였다. 그 후 이 규칙을 시의적(時宜的)으로 변모하고 있는 무역의 상관습과 일치시키기 위하여 1953년, 1967년, 1980년, 1990년, 2000년 그리고 현재의 2010년 Incoterms에 이르기까지 개정(改定)과 추보(追補)를 이루어 왔다.

Incoterms는 매매계약에 따른 매도인과 매수인 간의 권리와 의무 관계만을 다루고 있다. 즉 수출상과 수입상이 국제물품매매를 이행하기 위하여 필요로 하는 다양한 계약 사이의 실제적인 관계를 고려하는 것이 필수적이지만 Incoterms는 단지 이들 계약 중의 하나, 곧 매매계약에만 관계되어 있다.

Incoterms는 매도인이 물품을 매수인의 임의처분(任意處分)하에 두거나 또는 운송을 위하여 이를 인도하거나 또는 목적지에서 이를 인도할 의무와 같은 당사자들에게 부과되는 다수의 특정된 의무를 다루고 있으며, 또 이러한 경우에 당사자 간의 위험분담을 다루고 있다.

나아가 Incoterms는 물품의 수출과 수입통관의 의무・물품의 포장・매수인의 인도수령의 의무뿐만 아니라 각각의 의무를 정히 완수하였다는 증거제공의 의무 등을 다루고 있다.

Incoterms가 매매계약의 이행을 위하여 극히 중요한 것임에도 불구하고 그러한 계약에서 발생할 수 있는 매우 많은 문제들, 예컨대 소유권과 그 밖의 재산권의 이전, 계약의 위반과 그러한 위반으로부터 야기되는 결과뿐만 아니라 일정한 사정 하에서의 의무면제 등은 다루어지고 있지 아니한 특징이 있다.

일반적으로 Incoterms는 계약위반의 결과와 다양한 장애요인으로 인한 어떠한 의무면제를 다루지 아니하고 있다. 이러한 문제들은 국제물품매매계약상의 다른 규정과 그 준거법에 의하여 해결되어야 한다. Incoterms는 항상 국가의 영역을 넘어서 물품이 인도되도록 매각되는 경우 즉 국제상거래조건에 사용되는 것을 기본으로 추구하여 왔다.

(2) Incoterms의 범위

'Incoterms'의 범위는 매각된 물품의 인도와 관련하여 매매계약당사자들의 권리・의무와 관련된 문제까지로 제한된다는 점이 강조된다. 특히 다음의 경우를 유의하여야 한다.

첫째 Incoterms가 매매계약이 아닌 운송계약에 적용되는 것으로 오인되는 경우가 있다. Incoterms는 매매계약 하에서의 매수인과 매도인 간의 권리와 의무 관계만을 다루고 있다.

둘째 Incoterms가 당사자들이 매매계약에 포함하기를 원할 수도 있는 모든 의무

를 규정하는 것으로 잘못 해석되기도 한다. 그러나 수출상과 수입상이 매매계약 뿐만 아니라 운송계약·보험계약·환계약도 국제매매거래를 이행하기 위해 요구되는 여러 가지 계약 중 오직 매매계약에만 관련이 있다고 하는 점이다. 한편 Incoterms 상의 특정조건을 사용하고자 하는 당사자들의 합의 하에 필연적으로 다른 계약에 대해 밀접한 관계를 갖게 된다. 예컨대 'CFR' 조건 또는 'CIF' 조건의 계약에 합의한 매도인은 해상운송이 아닌 다른 운송방식으로는 그러한 계약을 이행할 수 없다. 왜냐하면 이러한 조건 하에서 매도인은 선하증권 또는 그 밖의 해상운송서류를 매수인에게 제시해야만 하는데, 이는 해상운송이 아닌 다른 운송방식이 사용된다면 이행할 수 없다. 뿐만 아니라 화환신용장에서 요구되는 서류 역시 운송방식에 따라 발행되는 서류와 연관이 있다.

셋째 Incoterms는 계약의 유효성이나 계약위반에 대한 구제까지도 다루고 있다는 오해를 할 수 있다. 그렇지만 Incoterms는 물품의 수출·입 통관의무, 물품의 포장, 매수인 인도수령의무 그리고 각각의 의무가 적절하게 완료되었다는 증거를 제공할 의무를 다루고 있다. 비록 Incoterms가 매매계약의 이행을 위해 매우 중요한 것일지라도 소유권과 그 밖의 재산권의 이전, 계약위반 그리고 그러한 위반으로부터 일어나는 결과와 책임의 면제 등 계약에서 야기될 수 있는 문제들은 전혀 다루고 있지 않다.

넷째 Incoterms는 표준계약조건의 편입 또는 개별적으로 협의된 조건에 의해 완전한 매매계약을 위해 요구되는 계약조건을 대체할 것을 의도하는 것이 아님을 주지해야 하는데, 이러한 문제들은 매매계약상 다른 규정과 적용가능한 법을 통해 해결해야만 한다.

4 Incoterms의 구성과 조건

(1) Incoterms의 구성

Incoterms는 상이한 4개의 범주로 대별하여 11개의 조건으로 분류하여 두고 있다. 즉 매도인이 단지 자신의 구내에서 매수인이 물품을 사용할 수 있게 하는 조건인 'E 그룹'(EXW)으로부터 시작하여 매도인이 물품을 매수인이 지명한 운송인에게 인도할 것이 요구되는 'F 그룹'(FCA·FAS·FOB)이 있다. 매도인이 운송계약을 체결하지만 선적 또는 발송 후 일어나는 사건에 기인하는 물품에 대한 추가적인 비용 또는 물품의 멸실 또는 훼손의 위험은 부담하지 않는 'C 그룹'(CFR · CIF · CPT · CIP), 그리고 매도인이 목적장소까지 물품을 가져가기 위해 요구되는 모든 위험과 비용을 부담해야만 하는 'D 그룹'(DAP · DAT · DDP)으로 구성된다.

제반 조건별 매도인과 매수인의 상대적 의무를 규정하고 있는 Incoterms 2010의 조문구성 체계와 각 그룹별 내용을 살펴보면 다음과 같다.

Incoterms 2010의 계약당사자의 의무

A. 매도인의 의무(The Seller must ……)	B. 매수인의 의무(The Buyer must ……)
A.1 : 계약과 일치하는 물품의 제공 (Provision of goods in conformity with the contract)	B.1 : 대금의 지급 (Payment of the price)
A.2 : 허가·인가 및 통관 (Licences, Authorizations and Formalities)	B.2 : 허가·인가 및 통관 (Licences, Authorizations and Formalities)
A.3 : 운송 및 보험계약 (Contract of Carriage and Insurance)	B.3 : 운송계약 (Contract of Carriage)
A.4 : 물품의 인도 (Delivery)	B.4 : 물품의 인수 (Taking Delivery)
A.5 : 위험의 이전 (Transfer of Risks)	B.5 : 위험의 이전 (Transfer of Risks)
A.6. : 비용의 분기 (Division of Costs)	B.6 : 비용의 분기 (Division of Costs)
A.7 : 매수인에 대한 통지 (Notice to the Buyer)	B.7 : 매도인에 대한 통지 (Notice to the Seller)
A.8 : 인도증명 · 운송서류 또는 이에 상응하는 전자메시지 (Proof of delivery, transport document or equivalent electronic message)	B.8 : 인도증명 · 운송서류 또는 이에 상응하는 전자메세지 (Proof of delivery, transport document or equivalent electronic message)
A.9 : 검사·포장·화인 (Checking, Packaging, Marking)	B.9 : 물품의 검사 (Inspection of Goods)
A.10 : 그 밖의 의무 (Other Obligations)	B.10 : 그 밖의 의무 (Other Obligations)

(2) Incoterms의 조건

1) EXW [EX Works ... named place (지정장소공장인도조건)]

'EXW'는 매도인이 매도인의 영업장소 또는 그 밖의 지정된 장소, 예컨대 작업장·공장·창고 등에서 수출통관과 어떠한 수집용구에 적재되는 않은 상태에서 약정된 물품을 매수인의 임의처분 하에 둘 때, 인도하는 조건이다.

따라서 이 조건은 매도인에게 최소의 의무를 부여하고, 매수인이 매도인의 영업장에서부터 약정된 물품의 수령을 포함하여, 그 밖의 모든 위험과 비용을 부담해야 한다.

그러나 만약 당사자들이 매도인에게 출발지에서 물품을 적재할 의무를 부여하고 그 적재에 대한 모든 위험과 비용을 부담시키고자 한다면 계약의 내용에 그러한 효과를 나타내는 분명한 용어를 추가하여 이를 명백히 하여야 한다.

EXW는 매수인이 직간접적으로 수출절차를 이행할 수 없는 경우에 사용하여서는 아니 된다. 이 경우에는 매도인이 그의 위험과 비용으로 적재할 것을 동의하는 조건으로서 FCA가 사용되어야 한다.

▮EXW▮

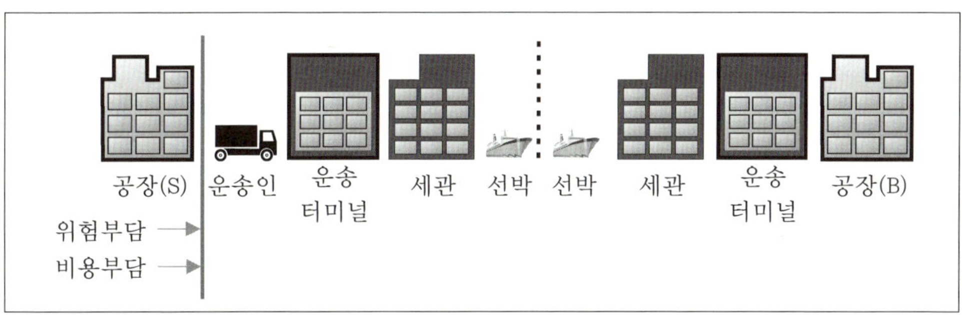

2) FCA [Free Carrier ... named place (지정장소운송인인도조건)]

'FCA'는 매도인이 수출통관된 약정물품을 지정된 장소에서 매수인이 지명한 운송인에게 인도하는 조건이다. 이 경우 인도를 위해 지정된 장소는 그 장소에서 물품의 적재와 양하의 의무에 영향을 미친다는 것에 주의해야 한다.

만약 당해 인도가 매도인의 영업장에서 이루어지는 경우 매도인은 적재에 대한 책임이 있으며 인도가 그 밖의 다른 장소에서 이루어지는 경우 매도인은 물품의 양하에 대한 책임을 지지 않는다.

이 조건은 복합운송을 포함하여 운송수단의 유형에 관계없이 사용될 수 있다. 매수인이 물품의 수령을 위해 운송인 이외의 자를 지명하였다면 매도인은 그 지명된 자에게 약정된 물품을 인도할 때, 물품인도의무를 이행하였다고 추정한다.

▮FCA▮

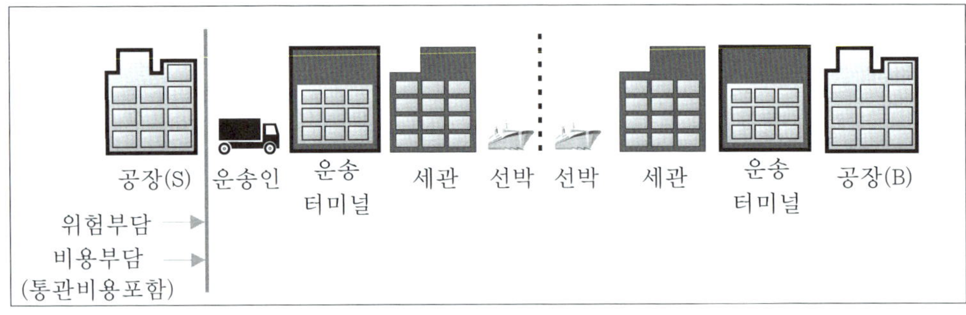

3) FAS [Free Alongside Ship ... named port of shipment (지정선적항선측인도조건)]

'FAS'에서는 매도인이 지정선적항에서 '선측'(船側)에 약정된 물품을 적치할 때에 인도가 이루어진다. 이는 매수인이 선측에 적치된 이후부터 물품의 멸실과 손상에 대한 모든 비용과 위험을 부담해야 한다는 것을 의미한다.

▮FAS▮

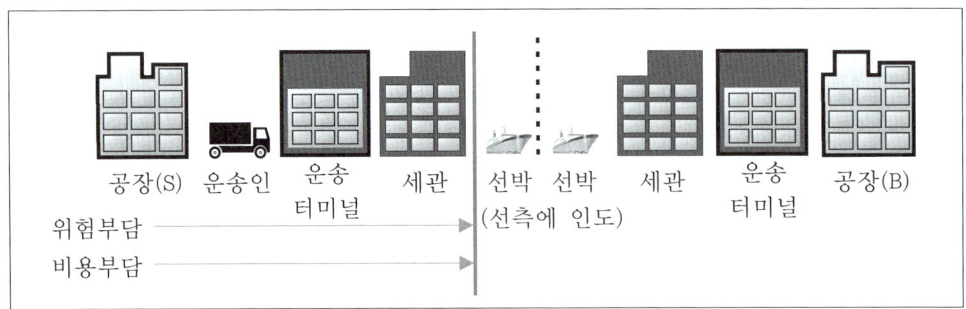

FAS는 매도인에게 물품의 수출통관 의무를 부과하고 있다. 곧 FAS에서는 물품의 수출통관을 매도인이 이행함에 따라 매도인은 이에 수반하는 관세·조세 및 그

밖에 수출국에서의 일련의 부과금 또한 지급하여야 한다.

그러나 만약 당사자의 합의에 따라 매수인에게 물품의 수출통관의 의무를 부과하고자 한다면, 계약서에 이 같은 내용에 관한 명확한 용어를 추가하여 이를 분명히 명시하여야 한다. 한편 FAS는 해상이나 내수로 운송에서만 사용된다.

4) FOB [Free On Board ... named port of shipment (지정선적항본선인도조건)]

'FOB'는 매도인이 약정된 물품을 지정된 선박의 본선에 적재(積載, on Board)한 때에 인도가 이루어지는 조건이다. 따라서 위험과 비용의 분기점은 본선상이 된다.

FOB는 매도인이 물품의 수출통관을 이행하도록 요구하고 있다. 본 조건은 해상이나 내수로 운송에서만 사용된다.

▌FOB▐

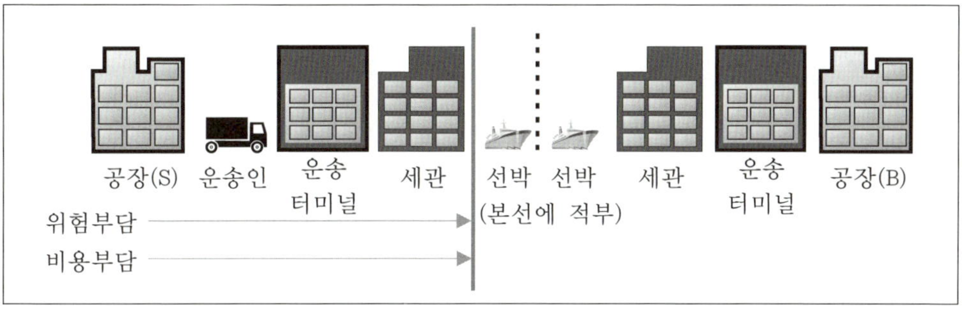

공장(S) 운송인 운송 터미널 세관 선박 선박 (본선에 적부) 세관 운송 터미널 공장(B)

위험부담 →

비용부담 →

5) CFR [Cost & Freight ...named port of destination (지정목적항운임포함인도조건)]

'CFR'은 매도인이 선적항에서 본선에 물품을 인도하거나 또는 인도된 물품을 확보해야 하는 조건이다. 매도인은 물품을 지정목적항까지 운송하는데 필요한 운임과 제반 비용을 지급하여야 한다.

물품의 멸실 또는 손상에 대한 위험은 물품이 본선에 적재된 때 매도인으로부터 매수인에게 이전하며 매수인은 이후로부터 모든 위험을 부담하여야 한다.

매도인은 지정목적항까지 물품을 운송하는데 필요한 비용과 운임을 지불하여야 하지만 물품인도 이후에 발생한 사건으로 인한 추가비용과 함께 물품에 대한 멸실과 그 밖의 손상위험은 매도인으로부터 매수인에게 이전한다. CFR은 매도인이 물품의 통관업무를 이행하도록 요구하고 있다. CFR은 해상이나 내수로 운송에 사용된다.

▌CFR▐

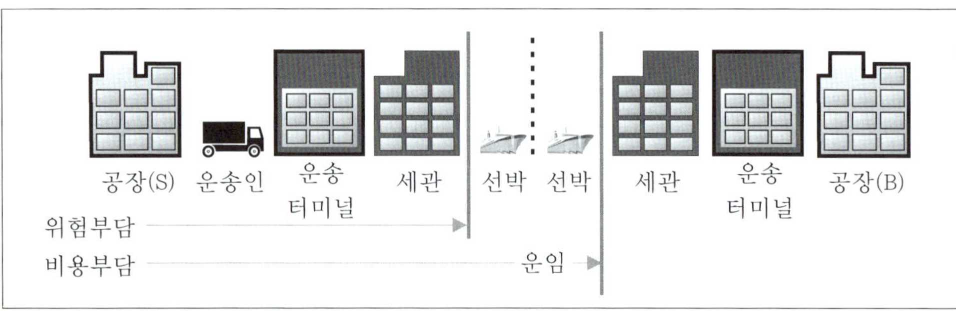

6) CIF [Cost, Insurance & Freight ... named port of destination (지정목적항운임 · 보험료포함인도조건)]

'CIF'는 기본적으로 보험과 관련한 내용을 제외하고는 앞서 본 CFR과 별반 차이는 없다. 곧 매도인은 지정목적항까지 물품을 운반하는데 필요한 비용과 운임을 지불하여야 하지만 위험의 이전시점 이후에 발생하는 사건으로 인한 추가적인 비용과 함께 물품의 멸실이나 손상에 대한 위험은 매도인으로부터 매수인에게 이전된다.

그러나 CIF에서는 매도인은 운송 중의 물품의 멸실과 손상에 관한 매수인의 위험에 대한 해상보험에 부보하여야 한다. 결과적으로 매도인은 보험에 부보하고 보험료를 지불해야 한다.

▌CIF▐

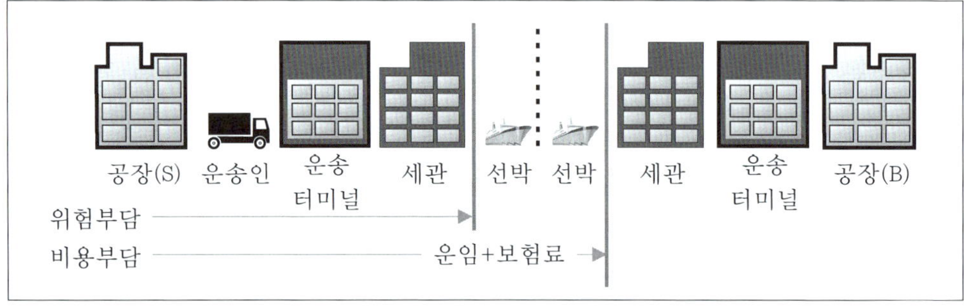

이 경우 매수인은 달리 합의한 바 없다면 매도인이 최소담보조건으로 보험계약을 체결하도록 요구되고 있다는 사실을 유념하여야 한다. 따라서 매수인이 보다 확장된 담보를 필요로 하는 경우 매수인은 매도인과 명확하게 이 같은 합의를 하거나

스스로 추가적인 보험을 체결해야 할 것이다.

CIF는 매도인에게 물품의 수출통관을 하도록 요구하고 있다. 또한, CIF는 해상과 내수로 운송에 사용된다.

7) CPT [Carriage Paid To... named place of destination (지정목적지운송비지급인도조건)]

'CPT'는 매도인이 매도인에 의해 지명된 운송인에게 약정된 물품을 인도하는 것을 의미하지만, 매도인은 지정목적지에 물품을 운반하기 위해 필요한 운송비용을 추가로 지급할 뿐이다.

이는 매수인이 물품을 정히 인수한 이후에 발생하는 모든 비용이나 위험을 부담한다는 것을 의미한다. 운송인과의 운송계약에 비추어 당해 운송인은 철도・도로・항공・해상・내수로 또는 이러한 운송의 복합된 형태에 의해 운송의 이행을 주선하거나 이행할 책임을 지는 관계당사자 모두를 의미한다.

만약 후속운송인들이 합의된 목적지로의 운송을 위해 이용된다면, 위험은 물품이 '최초운송인'(最初運送人, First Carrier)에게 인도된 때에 이전된다. CPT는 매도인이 물품의 수출통관을 이행하도록 요구하고 있고 본 조건은 복합운송을 포함하여 운송유형에 관계없이 사용할 수 있다.

▮CPT▮

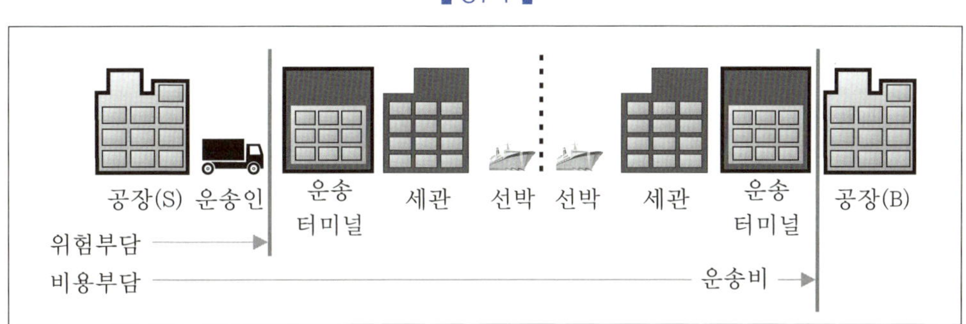

8) CIP [Carriage & Insurance Paid to ... named place of destination (지정목적지운송비・보험료지급인도조건)]

'CIP'는 보험을 제외하고는 기본적으로 CPT와 차이가 없다. 곧, 매도인은 지정된 운송인에게 약정된 물품을 인도하여야 하며, 아울러 지정목적지까지 물품을 운반하는데 필요한 운송비를 추가로 지불해야만 한다. 이는 매수인이 정히 약정물품이 인도된 이후에 발생하는 모든 추가비용과 위험을 부담하는 것을 의미한다.

그러나 CIP에서 매도인은 또한 운송 중에 물품의 멸실과 손상에 대한, 곧 매수인의 위험에 관한 보험계약을 체결해야 한다. 결과적으로 매도인은 보험계약을 체결하고 보험료를 지불하여야 한다.

매수인은 CIP에서 매도인이 최소담보조건으로 보험에 부보한다는 것에 유의하여야 한다. 만약 매수인이 더 확장된 보험담보의 보호를 필요로 하는 경우 매수인은 매도인과 명시적으로 합의를 하거나, 매수인 스스로 추가적인 보험을 체결하여야 한다.

CIP는 매도인이 물품의 수출통관을 이행하도록 요구하고 있다. 본 조건은 복합운송을 포함하여 운송유형에 관계없이 사용할 수 있다.

▮CIP▮

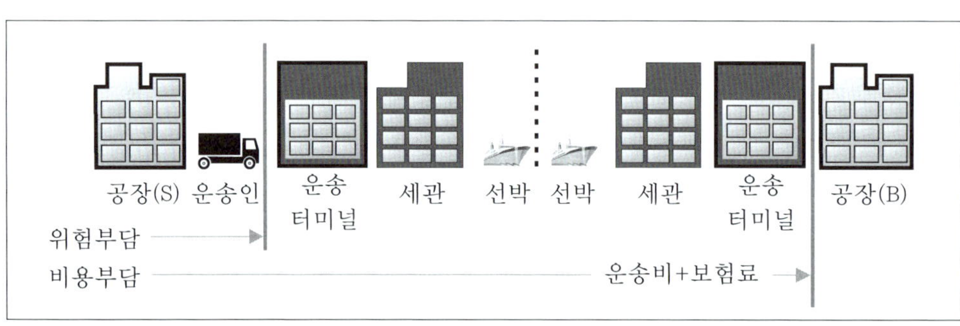

9) DAP [Delivered At Place ... named place of destination (지정목적장소인도조건)]

'DAP'는 'Incoterms(2000)' 하에서 '지정장소국경인도조건'(DAF), '지정목적항착선인도조건'(DES), '지정목적지관세미지급인도조건'(DDU)을 통합하여 'Incoterms(2010)'에서 신설한 조건이다.

그러나 DAF, DES, DDU와 비교할 때, 본질적인 내용의 변경은 없다. 다만 DAP는 물품이 지정목적장소에서 도착되는 운송수단에서 양하준비가 된 상태로 매수인의 임의처분에 놓일 때 매도인은 물품을 인도한 것이 되며 이때까지의 물품에 대한 모든 위험과 비용은 매도인이 부담한다. 합의된 목적지까지의 위험과 비용은 매도인의 부담이기 때문에 당사자들은 계약내용에 비추어 가능한 한 정확히 목적지를 명시하여야 한다.

▮DAP▮

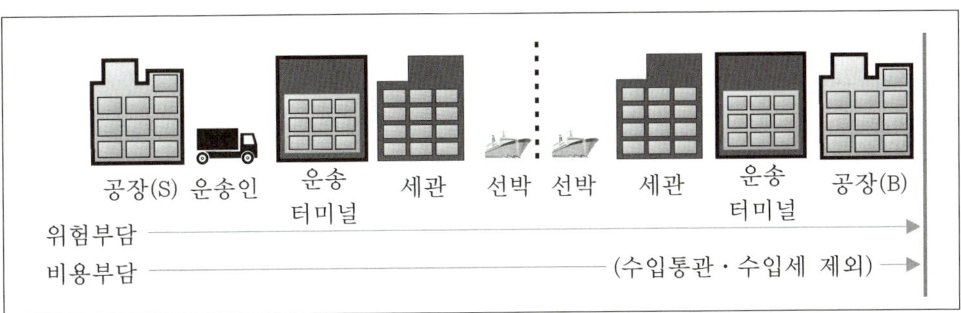

10) DAT [Delivered Atx Terminal ... named port of destination (지정목적항터미널인도조건)]

'DAT'는 매도인은 수출통관 및 수입통관의무가 없으며 지정목적항 또는 지정목적지에 있는 지정터미널에서 도착된 운송수단으로부터 일단 양하한 물품을 수입통관을 하지 않고 매수인의 임의처분상태로 인도하는 조건이다.

터미널은 위험의 여부를 불문하고 매도인은 터미널까지의 모든 운송비용과 위험을 부담한다. 매매당사자들은 합의된 항구 또는 목적지 터미널 내에 명시된 지점을 명확하게 통지해야 하며 그 지점까지 모든 위험은 매도인이 부담한다.

▮DAT▮

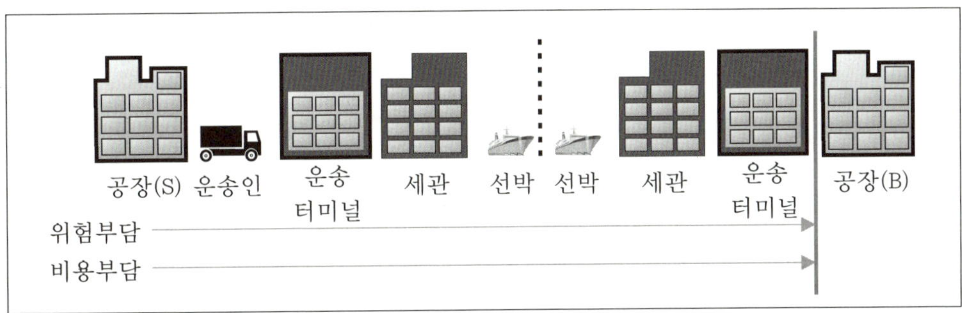

11) DDP [Delivered Duty Paid ...named place of destination (지정목적지관세지급인도조건)]

'DDP'는 매도인이 약정물품을 수입통관 하여야 하지만, 지정목적지에서 도착한 운송수단으로부터 하역하지 않고 매수인에게 인도하는 것을 의미한다. 매도인은 적용가능한 경우에 목적지 국가에서 수입을 위한 모든 관세를 포함하여 지정목적지까지 물품운반을 포함한 비용과 위험을 부담해야 한다.

매도인이 합의된 지정목적장소에서 양하와 관련된 비용이 발생한 경우 당사자간에 합의된 바가 없다면 매도인은 이러한 비용을 매수인으로부터 회수할 권리가 없다.

만약 수입통관에 따른 위험과 비용을 매수인이 부담하기를 원하는 경우에는 DAP를 사용하여야 한다. 이 경우 수입통관을 위한 제반 비용은 합의된 바가 없다면 이는 매도인의 부담이 된다.

▌DDP▐

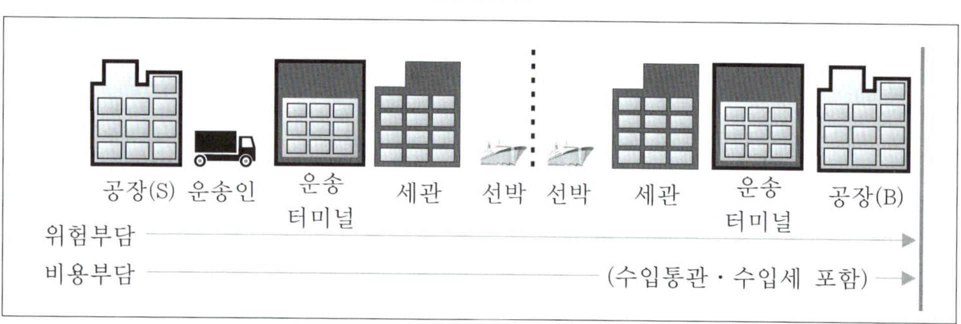

▮Incoterms 2010 제 조건의 비용구성▮

EXW

제조비	이윤
수출포장비	사무제경비

+

FOB / **FCA**

- 국내운임
- 통관제비용 · · · 창고료 · 선적비용 · 수출통관비 · 검사비용 · 통관업자수수료
- 외국환은행경비
- 직접경비 · · · 국내보험료 · 무역보험료 원산지증명비용 · 금리
- 간접비 · · · 통신비 · 견본비 · 인건비 · 관리비
- 수출자이익

+

CIF / **CIP**

해상운임 (운송비)	해상보험료

CIF / **CIP**

- FOB 가격
- 해상운임 (운송비)
- 해상보험

+

DDP

- 수입관세
- 내국소비세
- 수입제경비 · · · 육상비용 · 수입통관제경비 · 보세운송비 · 창고보관료 · 검사료

+

수입가격

- 수입업자제경비 · · · 통신비 · 은행금리 · 인건비 · 관리비 · 이윤

+

소매가격

- 소매업자제경비 · · · 국내운송경비 · 소매이윤(관리비 포함)

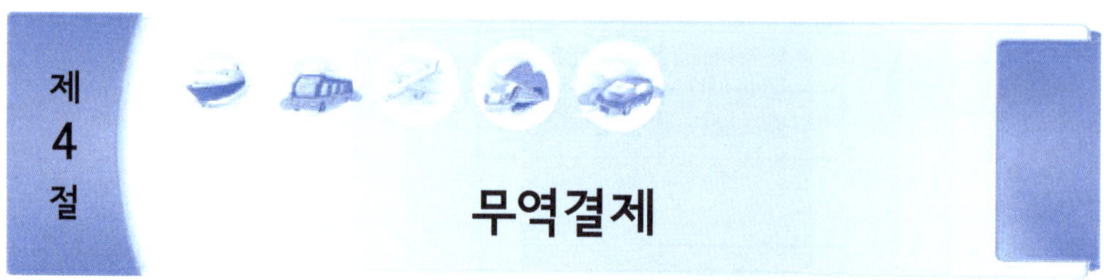

제4절 무역결제

1 무역결제의 방법

국제상거래에서 매도인의 기본적인 의무는 약정물품의 '인도'(引渡)이며 매수인의 기본적인 의무는 약정물품인도의 '대가'(對價)로서 물품대금의 '지급'(支給)이다. 따라서 무역결제는 국제상거래의 이행을 위한 중요한 부분이 된다.

(1) 결제시기에 따른 분류

수출·입 대금의 결제는 물품의 인도시점을 기준으로 '선지급'(Payment in Advance)·'후지급'(Deferred Payment)·'선적 시 지급'(Cash Shipment)으로 구분된다.

'선지급'은 주로 소액거래에서 사용되는 방식으로 매도인에게는 인도 이전에 물품에 대한 대금을 미리 확보할 수 있기 때문에 매우 유리하며, 매수인에게는 물품의 인도 이전에 대금지급이 이루어져야 하기 때문에 불리한 결제방식이다.

'후지급'은 물품인도 후 일정기간이 경과한 후 대금을 지급하는 방식으로 통상 물품을 상징하는 선적서류가 수입지에 도착할 때나 그 후 일정기간이 경과한 후 지급되는 방식으로 이와 같은 후지급 방식에는 매수인의 입장에서는 매우 유리한 결제방식이라 할 수 있다.

한편 '선지급'이나 '후지급'은 매도인 혹은 매수인에게 경제적인 불평등이 발생하기 때문에 합리적이고 공평한 방식이라고 할 수는 없다. 매도인과 매수인이 모두 만족할 수 있는 공평한 방법은 인도와 동시에 대금을 회수할 수 있는 것이다[동시이행(同時履行)]. '선적 시 지급'방식은 현물인도와 상환으로 대금을 지급하는 '현물상환지급방식'(COD)과 물품을 상징하는 서류와 상환으로 대금지급이 이루어지는 '서류상환지급방식'(CAD)이 있다.

현대의 무역결제방식은 은행을 개입시켜 무역대금의 결제가 서류와 상환으로 이루어지고 있기 때문에 서류상환도지급방식의 일종으로서 확장되어 이용되고 있다.

'COD'(Cash On Delivery)는 수출상이 물품을 선적한 후 수입상의 국가에 소재하는 수출상의 대리인이나 지사 또는 거래은행에 선적서류를 송부하여 물품이 목적지에 도착하면 수입상이 품질이나 수량을 직접 검사한 후에 물품을 인수받고 대금을 현금으로 결제하는 방식이다. 즉 계약물품이 목적지에 도착할 때 매수인이 물품을 검사한 후 물품과 상환으로 대금을 지급하는 방식이다. 이와 같은 결제방식은 수입상이 대금을 지급하기 전에 물품의 품질을 직접 검사할 수 있다는 장점이 있기 때문에 물품가격이 고가이며 동일 물품일지라도 물품의 색상·가공방법·순도 등에 따라서 가격의 차이가 있는 보석류나 귀금속 물품 및 육감에 의한 물품의 검사를 필요로 하는 경우의 소액거래에 주로 이용된다. 'COD' 방식은 수입상이 수입대금을 결제하기 전에 직접 물품의 품질을 검사할 수 있다는 이점이 있는 반면 수출상으로서는 수입상이 물품에 대하여 만족하지 못할 경우 대금을 지급하지 않을 위험을 부담해야 한다. 따라서 'COD' 방식 수출에서 매도인은 선적서류를 작성할 때 '수하인'(受荷人, Consignee)을 수입상 거래은행으로 지정하여 수입상이 대금을 지급하지 않고는 물품의 인수를 하지 못하게 함으로써 수출대금의 미회수 위험을 방지하여야 한다.

'CAD'(Cash Against Document)는 수출상이 물품을 선적한 후 이를 증명하는 선적서류를 수출상의 국가에 소재하는 수입상의 대리인이나 지사 또는 거래은행에 제시하여 선적서류와 상환으로 대금을 결제하는 방식이다. 따라서 이 방식에 의한 수출은 원칙적으로 수출국에 수입상을 대신하여 대금을 결제할 수 있는 대리인이나 은행이 있을 경우에만 가능하며 수입상이 선적서류를 고의로 찾아가지 않아 대금의 회수가 불가능한 경우도 있기 때문에 이 거래에서는 수입상의 신용이 무엇보다도 중요하다. 또한 계약 전에 상대방의 신용상태를 충분히 확인한 후 거래하는 것이 바람직하며 상대방의 신용상태를 충분히 고려해야 하는 점을 감안할 때 선하증권상에 수하인(Consignee)을 상대 은행명으로 할 필요가 있다.

'COD' 방식과 'CAD' 방식이 본래의 형태를 벗어나 외국환 은행을 통하여 이루어질 경우에는 그 구분이 불명확하나 실질적으로는 대금상환의 대상이 물품이면

'COD', 서류이면 'CAD'가 된다.

(2) 결제방식에 따른 분류

무역결제 방식은 현금결제방식(現金決濟方式)·송금환결제방식(送金換決濟方式)·어음결제방식·전자자금이체방식(電子資金移替方式, Electronic Fund Transfer, EFT) 등으로 구분할 수 있다. 차례로 살피면 다음과 같다.

1) 송금환 결제방식

이것은 주로 선지급의 경우에 이루어지는 것으로 견본 구입이나 소액거래에 사용되는 방법으로 여기에는 우편을 이용하는 '우편환 송금방식'(Mailing Transfer, M/T)과 전신을 이용하는 '전신환 방식'(Telegraphic Transfer, T/T)으로 구분할 수 있다.

① 우편환 송금방식

'우편환 송금방식'은 수입상의 요청에 따라 송금은행이 송금수표를 발행하는 대신에 지급은행에 대하여 일정한 금액을 지급하여 줄 것을 위탁하는 지급지시서에 해당하는 우편환을 발행하여 이를 송금은행이 직접 지급은행 앞으로 송부하는 방식이다.

▌수표 송금방식에 의한 절차▐

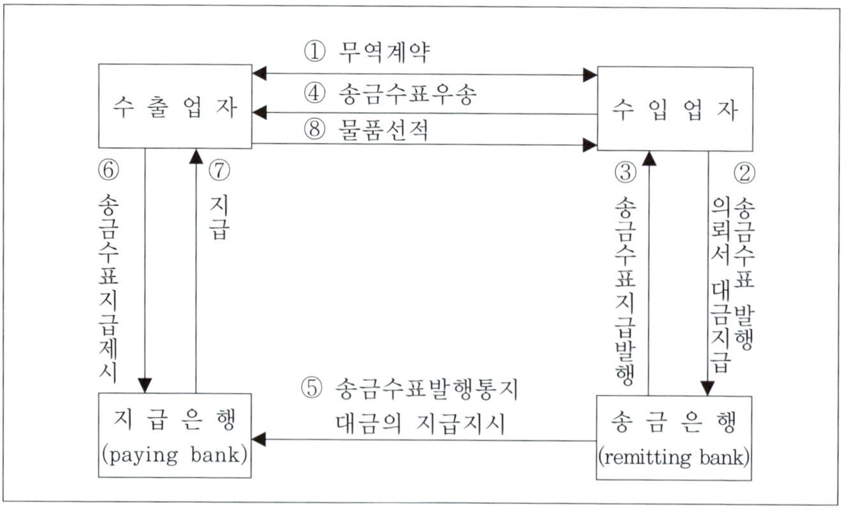

이때 송금, 곧 지급지시서의 우송에 따른 분실 또는 도난의 위험은 은행이 부담하기 때문에 수입상으로서는 단순송금방식보다는 안전한 결제방식이 된다. 그러나 은행을 통한 우편환 결제방식은 지급지시서의 송부기간이 전신보다는 길기 때문에 긴급을 요하지 않는 송금이나 소액송금 등에 주로 이용된다.

② '전신환 송금방식'(Telegraphic Transfer : T/T)

'전신환 송금방식'은 '우편환 송금방식'과 같이 수입상의 요청에 따라 송금은행이 지급은행에 대하여 일정한 금액을 지급하여 줄 것을 위탁하는 지급지시서를 우편환으로 발행하는 대신에 전신환 형식으로 발행하여 이를 송금은행이 직접 지급은행 앞으로 송금하는 방식을 말한다.

▮전신환 송금방식에 의한 절차▮

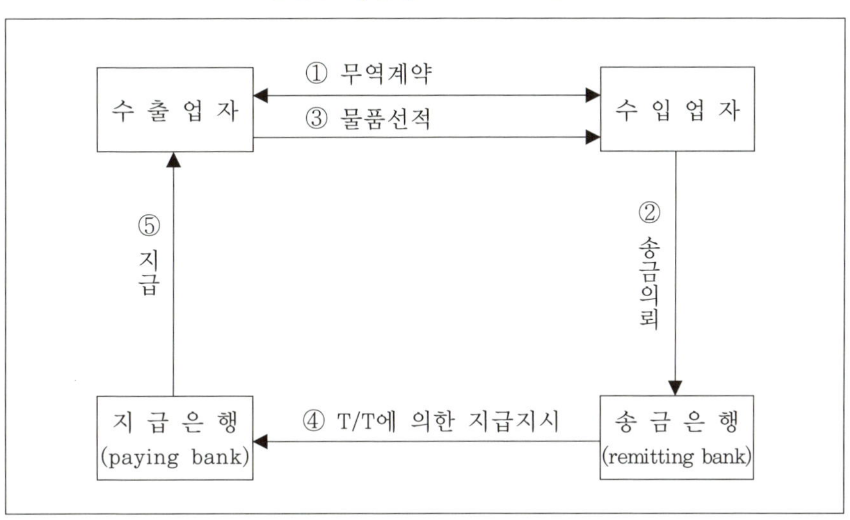

따라서 이 방식은 지급지시서를 우편환으로 발행하는 대신 전신환 형식으로 발행하여 이를 송금은행이 직접 지급은행 앞으로 송금하는 방식이다. 이때 송금과정에서의 모든 위험은 은행이 부담한다.

또한 이 방식은 우편환 송금방식 보다 송금과정이 신속하고 편리할 뿐만 아니라 송금환 분실이나 도난위험, 그리고 환율변동에 따른 위험이 거의 없기 때문에 송금방식 중에서 가장 안전한 결제방식이다.

따라서 긴급을 요하는 송금, 거액송금을 안전하게 결제하고자 할 때 주로 이용된다. 다만 이 결제방식의 단점은 우편이 아닌 전신에 의해 이루어지기 때문에 전신료의 부담이 크다는 점이다.

전신환에 의한 송금방식과정은 우편환에 의한 송금방식과 동일하나, 다만 송금되는 수단이 우편환이 아닌 전신환으로 이루어진다는 점이 다를 뿐이다.

2) 어음결제방식

'어음결제방식'에는 물품을 상징하는 운송서류·보험서류·상업송장 및 그 밖의 필요한 서류를 첨부하여 대금을 회수하는 '화환어음'(Documentary Bill)과 선적서류를 첨부하지 않는 무담보어음(Clean Bill)에 의한 방법이 있다.

화환어음에 의한 방법은 '계약서베이스'와 '신용장베이스'로 나눌 수 있다. '계약서베이스'는 주로 추심(Collection)방식으로 대금을 회수하며 신용장베이스는 인수·지급·매입(Negotiation)방식으로 결제한다.

추심에 의한 결제방식은 수출상이 전적으로 수입상을 신뢰하고 수입상에게 직접 선하증권을 송부하는 송금방식과는 달리 은행을 개입시켜 결제위험을 보완하는 수단으로 환어음을 개입시켜 이를 추심하는 방식이다.

계약서베이스는 수출상이 환어음을 발행하여 여기에 선하증권을 첨부하여 자신의 은행을 통하여 수입상 은행에게 환어음의 추심을 의뢰하고 수입상이 환어음 금액을 지급하거나, 환어음을 인수할 경우에 한하여 선하증권을 수입상에게 인도하도록 하는 결제방식이다.

이때 은행은 추심이라는 단순한 대행역할을 하도록 하는 것으로써 은행은 환어음 금액을 지급하여야 하는 책임이 없으므로 수입상이 환어음을 지급하지도 않고 선적서류를 요청하지도 않을 경우 수출상에게 환어음과 선적서류를 반송하면 되며 대금지급에 대한 책임이 없다. 따라서 매도인(수출상)에게 있어서는 물품대금의 회수에 대한 확실한 보장을 은행을 통하여 받는 것은 아니다.

'추심결제방식'에는 추심은행이 환어음대금을 지급한 후에 선적서류를 수입상에게 인도하는 '지급인도방식'(支給引渡方式, Document against Payment, D/P)과 수입상이 환어음금액에 대한 만기지급기일에 지급을 약속하는 인수를 행한 후 선적서류를 수입상에게 인도하는 '인수인도방식'(引受引渡方式, Document against Acceptance, D/A)이 있다.

'신용장베이스'는 수입상의 은행이 수출상을 위하여 수입상을 대신하여 물품대금의 지급을 확약하는 방식으로 이를 통하여 신용장의 개설은행은 일정한 조건 하에서 물품대금의 지급을 확약하는 주체가 되는 것이다. 이는 단순 추심의 대행역할로서의 은행이 아니라 지급책임의 부담자로서의 은행이 개입되는 것으로 이를 통하여 수출상은 대금결제에 대하여 은행이라는 신뢰할 만한 지급확약 당사자를 확보하게 되어 보다 안전한 상거래 이행이 가능하게 된다. 신용장베이스는 신용장 개설은행이 화환어음이 지급지에서 지급인에게 제시되었을 때 즉시 지급하는 '일람출급어음'(Sight Bill)과 어음의 지급인에게 제시된 후 또는 인수 후 일정기간 뒤 지급되는 '기한부어음'(Usance Bill)이 있다.

3) 전자자금이체

'전자자금이체'는 '현금의 이동 없이 전자적 수단을 이용하여 금융기관 계좌상의 자금을 이체하는 것'으로 정의할 수 있다. 전자자금이체의 대표적 유형으로는 'Automated Teller Machines'(ATMs), 'Point of Sale'(POS), 'Direct Deposits and Withdrawals', 'Pay-by-Phone System', 'Wholesale Electronic Funds Transfers' 등을 들 수 있다.

전자자금이체는 지급인과 수취인 사이에서 누가 자금이체를 개시하여 어떤 방향으로 자금이체가 진행되는가에 따라 '지급이체'(支給移替, Credit Transfer)와 '추심이체'(推尋移替, Debit Transfer)로 대별할 수 있다.

'지급이체'는 지급인이 지급은행에 대하여 수취인 계좌에 자금을 입금할 것을 지시하는 내용의 지급지시에 의하여 개시되는 전자자금이체이고, '추심이체'는 수취인이 수취은행에 지급인 계좌로부터 자금을 출금할 것을 지시하는 내용의 인출지시에 의하여 개시되는 전자자금이체이다. 추심이체에 있어서는 인출지시 외에 지급인의 지급은행에 대한 자금이체수권이 필요하다는 점에서 양자의 구별 실익이 있다.

2 신용장

(1) 신용장의 의의

'신용장'(信用狀, Letter of credit, L/C)이란 은행의 조건부 지급확약서이다. 이는 무역의 과정에 있어서 상거래의 물품대금지급 및 물품수입의 원활을 기하기 위하여 수출상을 수익자로 하여 수입상의 거래은행인 신용장 개설은행이 수입상의 요청과 지시에 따라 수출상 또는 그의 지시인으로 하여금 신용장에 명기된 조건과 일치하는 운송서류(Transport Documents)를 제시하면 수입상을 대신하여 지급의 이행 혹은 신용장에 의해 발행된 어음의 지급·인수를 수출상 또는 어음매입은행 및 '선의의 소지인'(*Bona Fide* Holder)에게 확약하는 증서이다.

신용장이 물품대금결제와 물품의 인수를 원활히 하기 위하여 개인적인 상업신용을 공신력이 있는 은행신용으로 전환시켜줌으로써 다음과 같은 대금결제 및 금융상의 기능과 계약이행의 확신기능을 하게 된다.

첫째, 대금결제의 기능을 수행한다. 수출입 상거래 시 수출상은 대금회수에 관하여 많은 위험이 있다. 즉 수입상은 물품을 주문해 놓고도 시세가 하락한다던가 보다 유리한 조건의 계약이 별도로 생기거나 또는 자금부족 등의 여건에 따라서 주문을 부당하게 취소하기도 하고 심지어 선적된 물품의 인수를 부당하게 거절하고 대금을 지급하지 않는 경우가 있다. 이 경우 수출상이 수입상의 계약불이행에 대한 상사중재나 소송을 제기하는 것은 복잡하며 경비와 시간도 많이 소요하게 된다. 그러나 일단 신용장이 발행되면 그 물품대금에 대한 지급을 신용장 개설은행이 확약하므로 수출대금의 회수가 확실하기 때문에 신용장은 대금결제의 확실한 수단이라고 할 수 있다.

둘째, 금융상의 기능을 한다. 수출상이 수출물품을 운송하고 선하증권 등의 운송서류를 첨부한 환어음을 발행하여 거래은행에 매입을 의뢰할 경우 신용장에 의한 수출거래가 아닌 경우 은행은 추심대행서비스에 의하므로 대금회수에 시간이 걸린다. 은행이 매입에 응하는 경우에는 은행은 수출상의 신용을 고려하고 환어음의 부도에 대한 조치를 취하게 된다.

셋째, 계약이행의 확신성을 갖게 한다. 수출 시 수입상은 확실한 물품인수에 관하여 많은 위험, 그 중에서도 수입대금만 지급하고 물품인수를 못할 위험을 느끼게 된다. 따라서 수입상은 수입대금 선급하지 않고 자기가 요구한 물품을 체화한 선하증권 등의 운송서류를 입수할 때, 즉 신용장에 의한 상거래의 경우에는 어음에 첨부된 운송서류와 상환으로 수입대금의 결제가 가능하게 되므로 수입물품의 입수를 보장하여 준다.

(2) 신용장의 효과

신용장은 수출상이 수출을 이행하면 수입상의 거래은행(신용장 개설은행)이 대금결제를 보증하는 제도로서 수출자에게는 대금회수와 관련한 위험을 제거하고 수입자에게는 화물인수에 따른 위험을 제거하는 제도로서 오늘날 무역거래의 대부분은 이 신용장을 활용한 거래가 주류를 이루고 있다.

신용장 거래의 효과로서는 우선 수출상[매도인(賣渡人)]에게는 다음과 같은 이점이 있다. 첫째, 수출상이 수입상으로부터 신용장을 일단 인수하면 신용장 개설은행의 파산이나 '불가항력'(不可抗力, Force Majeure)의 위험을 제외하고는 화물을 선적하면 반드시 물품대금결제를 받을 수 있다는 것을 확신할 수 있으므로 수출상은 안심하고 원료공급업자나 제조 하청업자에게 구매발주를 하거나 제조지시를 할 수 있어 생산이 순조롭고 활발하게 된다.

둘째, 일반적으로 수표나 어음에 의한 물품대금결제는 '추심'(推尋, Collection)에 의하여 해결되므로 시일이 걸리는데 반하여, 신용장에 의한 수출대금은 선적이 끝나는 즉시로 회수될 수 있다. 이는 일람 후 정기지급의 여부와 관계없이 가능한데, 그것은 그 기간에 해당하는 이자만 공제하여 지급 받고 당해 기간 동안은 은행이 금융을 해주는 것이다. 이 같은 금융의 회수는 신용장의 지급확약에 의한 회수의 확실성에 있다고 할 수 있다.

셋째, 신용장 없이 추심에 의해서 수출대금이 결제되는 경우에는 은행이 어음매입을 승낙하였을 경우에도 물품대금 전부를 지불하지 않고 일정 금액은 수입상이 어음대금을 완납할 때까지 은행에 일종의 담보로 예치케 하는 것이 보통이므로 물품대금회수가 일시에 이루어지지는 않는데 반하여, 신용장에 의한 결제는 그 신용장에 특별히 전액지급을 유보하는 경우를 제외하고는 수출물품의 대금을 일시에 회수할 수 있다.

넷째, 일반적으로 수출국가는 신용장을 담보로 무역금융을 해주고 있다. 우리나라에서도 신용장이 도래하면 수출승인과 무역금융의 신청이 가능하다. 수출상은 이러한 무역금융대금으로 수출물품 또는 물품제조에 필요한 원료를 확보할 수 있다.

다른 한편 수입상[매수인(買受人)]에게는 다음과 같은 이점이 있다. 첫째, 수입상은 은행의 신용을 이용하여 자기의 신용을 현저히 강화할 수 있어 물품의 가격, 인도 및 그 밖의 모든 계약조건에 있어 자기에게 유리하게 체결할 수 있는 주도권을 확보할 수 있다.

둘째, 물품대금을 선불할 필요 없이 물품이 도착한 후 지급하게 되므로 금융상 유리하다. 또한 신용장이 첨부된 정기불 일람어음은 'D/A'와 마찬가지로 어음의 인수와 더불어 선적서류를 입수하여 수입물품을 판매한 대금으로 어음기일이 도래하면 상환할 수 있다.

셋째, 수출상은 수입상이 요구한 신용장상의 조건대로 화물을 선적하지 않으면 수출대금을 받지 못하므로 수입상은 물품의 계약조건대로 선적이 이행된다고 확신할 수 있다.

넷째, 신용장에 의하지 않는 매매의 경우에는 매수인이 것이 물품의 적기공급의 불안이 상존하는 것에 반하여, 신용장에 최종선적일과 유효기일이 명시되어 있으므로 늦어도 언제까지 계약물품이 수입지에 도착하리라는 예측이 가능하다.

(3) 신용장의 성질

신용장을 기반한 상거래에서는 보통 '독립추상성의 원칙', '완전성과 정확성의 원칙', '신용자와 서류의 엄격일치의 원칙' 및 '서류거래의 원칙'이 존중되고 있다.

이는 은행으로 하여금 보다 적극적인 신용장의 기능, 즉 지급보증기능(支給保證機能)과 금융기능(金融機能)을 수행하게 함으로써 원활한 거래를 도모할 수 있도록 하기 위함이다. 그러나 무역대금결제와 관련하여 이러한 신용장의 특성과 거래관행을 악용하여 사기행위를 하는 거래당사자도 있어 세심한 주의를 하여야 한다. 이하 신용장으로부터 비롯될 수 있는 역기능(逆機能)을 살피면 다음과 같다.

첫째, 신용장은 수출상과 수입상에게 은행의 지급보증(支給保證)으로부터 비롯된 다양한 이점을 제공하고 있지만, 그렇다고 무역거래 전반에 대한 위험을 모두 제거하고 있는 것은 아니다. 또한 신용장으로 인하여 예기될 수 있는 한계가 존재함을 직시하여야 한다.

둘째, 신용장은 하나의 완전한 지급수단(支給手段)은 아니다. 신용장은 단지 계약의 성질을 지니고 있는 것이기 때문에 특정 조건에 부합하는 제반서류를 지정된 기일 내에 제시하면 신용장의 문면상 물품대금을 지급하겠다는 은행의 약속이지 그 차제가 유통될 수 있는 어음과 같이 독립된 지급수단은 아니다.

셋째, 현대의 은행신용장에서 개설은행은 매매계약의 당사자가 아니며 단지 일정한 조건을 충족시키는 경우에 한해서만 지급·인수 또는 매입을 하겠다는 개설은행의 독자적인 약속에 불과한 것으로, 즉 매수인이 물품대금을 지급하지 않으면 은행이 대신 지급한다고는 볼 수 없다.

넷째, 신용장은 반드시 계약물품이 인수된다고 보장하지도 않는다. 신용장거래는 어디까지나 서류상의 거래이기 때문에 서류상으로만 신용장의 조건을 충족시키게 되면 은행은 물품대금을 지급하게 되나, 매도인이 계약과 다른 물품을 선적하고 서류만 신용장 내용대로 작성하여 은행에 제시하고 대금결제를 받아도 이에 관련한 실질적 제반 문제로부터 은행은 면책된다는 한계가 있다.

다섯째, 신용장거래에서 금융제도나 질서가 불안정한 국가와의 거래에서 신용장의 독립·추상성의 성격을 악용하여 사소한 하자를 이유로 지급을 행하지 않는 악의적인 클레임을 통하여 대금지급을 이행하지 않는 경우가 발생할 수 있다.

여섯째, 신용장의 거래관행은 자국 내 국내법에 우선하지 않기 때문에 매도인이 신용장에 충족하는 제 조건을 이행하였을지라도 국내법정에 의한 지급금지명령에 의해 제약을 받을 수 있다.

1) 신용장의 독립성

'신용장의 독립성(獨立性)'이란, 신용장은 매매당사자 간 근거하는 매매계약이나 그 밖의 상거래와는 별개의 독립된 거래로 취급하는 신용장거래상의 기본적 관행이다. 곧 신용장은 그 성질상 매매계약 및 그 밖의 계약에 근거를 두고 있는 경우에는 이와는 아무런 관계가 없는 별도의 독립된 거래이며, 은행은 신용장에 그러한 계약과는 아무런 관계가 없으며 또한 구속되지 아니한다.

은행은 어떠한 경우에도 매도인(賣渡人, Seller)과 매수인(買受人, Buyer) 사이의 매매계약 또는 그 밖의 신용장 발행에 근거가 되는 계약상의 이유에 의한 항변으로 권리침해를 당하거나 책임과 의무를 지지 아니한다는 것이다.

매매계약으로부터 은행과 고객 간 '신용장 약정'(Credit Agreement)의 독립은 서류가 정상이라면 은행은 고객에 대하여 상환을 요구할 수 있으므로 결국 은행을 보호하게 된다.

매매계약의 당사자가 아닌 개설은행은 매매계약 내용을 이유로 대금의 지급을 거절하거나 지연을 할 수 없다. 신용장 조건변경은 관계당사자 전원의 동의가 있어야 한다. 예컨대 매매계약이 취소되더라도 수출상이 신용장 조건을 충족하면 개설은행은 물품대금을 다름없이 지급하여야 한다.

2) 신용장의 추상성

'신용장의 추상성(抽象性)'이란 매매계약서에 언급된 물품이야 어떻든 또한 실제로 매수인에게 도착된 물품이 어찌되었든 간에 은행은 신용장에서 요구하는 서류만으로 대금지급 여부를 판단한다는 것이다.

신용장은 서류에 의한 상거래이므로 은행은 신용장 조건에 일치되는 선적서류가 제시되면 서류심사만으로 대금을 지급하거나 매입한다. 즉 매매계약상의 거래내용을 확인할 의무는 없다. 그러므로 수출상이 선적한 물품이 계약물품과 상이한 물품이라고 하더라도 수출상이 제시한 선적서류가 하자가 없으면 은행은 서류를 매입하거나 대금의 지급의무가 있다.

한편 은행은 매매계약물품에 대해 요구되는 전문적인 지식이 사실상 부족하기 때문에 신용장 내용과 서류상의 서류만을 기준으로 그 일치성 또는 정당성 여부를 판단하여 지급이행을 한다는 것은 매우 합리적인 관행이라고 할 수 있다.

3) 신용장의 엄격일치성

'신용장의 엄격일치성(嚴格一致性)'이란 은행이 신용장 조건과 엄격하게 일치하지 않은 서류를 거절할 수 있는 권리를 말한다. 따라서 신용장 거래에서 은행은 모든 신용장에서의 지시사항을 엄격히 준수하여야 할 책임을 지고 있는 것이다.

이러한 관점에서 은행은 서류상 사소하거나 중요하지 않은 부분에 대해서도 신용장 조건에 엄격히 일치하지 않는 경우에는 이를 거절하여야 한다. 이 원칙은 거래은행의 서류심사 의무에서 뿐만 아니라 발행의뢰인으로부터의 신용장 발행의뢰 또는 지시의 수행과 통지은행의 신용장 통지에서도 엄격히 준수되어야 한다.

또한 신용장을 기반 한 상거래는 서류거래이므로 서류만으로 그 지급여부를 결정하여야 하기 때문에 서류는 문면상 신용장 조건과 엄격하게 일치하여야 한다.

요컨대, 신용장의 엄격일치성은 물품이 계약의 내용과 일치하더라도 제시된 서류가 문면상으로 신용장 조건과 일치하지 않으면 물품대금을 지급할 의무가 없음을 의미한다. 따라서 서류가 신용장조건과 일치하는지의 여부를 상당한 주의를 다하여 점검하여야 한다.

▮취소불능화환신용장개설신청서 예시▮

원 본

취소불능화환신용장발행신청서

(Application for Irrevocable Documentary Credit)

기업은행 부점장 앞

팀 원	팀 장	부 점 장

Please advise by
☐ airmail(registered, courier)
☐ cable(code, full)

고객번호

Applicant	Credit number Date and place of expiry
Advising Bank / Swift code ☐ INDUSTRIAL BANK OF KOREA ☐ TOKYO. Br ☐ NEW YORK. Br ☐ HONG KONG. Br ☐ TIANJIN. Br ☐ QINGDAO. Br ☐ SHENYANG. Br ☐ YANTAI. Br ☐ LONDON. Br ☐ OTHERS	Beneficiary (Tel: Fax:)
	Amount / Transferable ☐ Y ☐ N
Partial shipments ☐ allowed ☐ not allowed / Transhipment ☐ allowed ☐ not allowed Place of taking in charge/dispatch from.../place of receipt Port of loading/airport of departure not later than Port of discharge/airport of destination Place of final destination/for transportation to.../place of delivery	Credit available with by ☐ Negotiation ☐ Acceptance ☐ Sight payment ☐ Deferred payment at drawn on (Usance L/C only: ☐ banker's ☐ shipper's ☐ domestic)

Documents required
☐ Signed commercial invoice in triplicate.
☐ Full set of clean on board ocean bills of lading made out to the order of **Industrial Bank of Korea** marked "Freight: ☐ **Collect** ☐ **Prepaid**" and "Notify accountee"
☐ Full set of clean multimodal transport document made out to the order of **Industrial Bank of Korea** marked, "Freight: ☐ **Collect** ☐ **Prepaid**" and "Notify accountee"
☐ Airway bills consigned to **Idustrial Bank of Korea** marked "Freight: ☐ **Collect** ☐ **Prepaid**" and "Notify accountee"
☐ Insurance policy or certificate in duplicate, endorsed in blank for 110% of invoice value, stipulating claims to be payable in Korea in the currency of the drafts covering institute cargo clauses:
☐ Packing list in triplicate.
☐ Certificate of origin in triplicate.
☐ Other documents:

Covering

H.S No.	Description of Goods	Quantity	Unit Price	Amount
Country of origin:		Price terms:		

Special Conditions:

All banking commissions and charges outside Korea, plus reimbursing charges, are for account of ☐ Beneficiary ☐ Applicant

Confirmation instructions: ☐ May add ☐ Confirm ☐ Without / Confirmation charge is for account of ☐ Beneficiary ☐ Applicant

Documents to be presented within days after the date of shipment but within the validity of the credit.

Reimbursements under this Credit are subject to the Uniform Rules for Bank-to-Bank Reimbursements under Documentary Credits, ICC Publication No. 525.
This Documentary Credit is subject to the Uniform Customs and Practice for Documentary Credits(1993 Revision International Chamber of Commerce, Publication No. 500)

위와 같이 신용장발행을 신청함에 있어서 따로 제출한 외국환거래약정서의 해당조항에 따를 것을 확약하며 아울러 위 수입화물에 관한 모든 권리를 귀행에 양도하겠습니다.

년 월 일

지급보증	금 액	
	일 자	

신 청 인 : (인)
주 소 :

인감대조

(국용033) (210×297) (NCR지55g) (99.8) (출급번호93208) (2007. 5 대양)

IBK 기업은행

(4) 신용장 관계 당사자

1) 개설은행

신용장 개설의뢰인의 요구에 응해서 수익자 앞으로 신용장을 발행하는 은행을 '개설은행'(開設銀行, Issuing Bank, Opening Bank)이라고 한다. 곧 수입업상의 거래은행으로 수입상의 요청으로 신용장을 개설하는 은행으로서, 신용장거래를 주도하는 당사자임과 동시에 자신의 신용을 수출상에게 공여하는 주체이다.

개설은행은 보통 개설의뢰인의 주거래 은행이 되며 수익자에 대하여 지급 등을 확약하는 자로 환어음 지급에 있어서 최종적 상환의무를 부담하게 된다. 개설은행은 달리 '발행은행'(發行銀行) 또는 '신용공여은행'(信用供與銀行)라고도 한다.

2) 확인은행

개설은행으로부터 수권(授權)되었거나 요청 받은 제3은행 신용장에 의해 발행된 어음의 지급·인수 또는 매입을 추가로 확약하는 은행을 '확인은행'(確認銀行, Confirming Bank)이라고 한다. 예컨대 수출상은 수입상의 거래은행이 정치·경제적으로 결제상 위험이 있다고 판단되면 보통 수출상 소재지의 제3은행을 확인은행으로 하는 이른바 '확인신용장'(確認信用狀, Confirmed L/C) 발행을 요청하게 된다.

3) 수익자

매매계약에서 수출상을 지칭하는데 신용장 거래에서 혜택을 얻는 당사자라는 의미에서 '수익자'(受益者, Beneficiary)로 표현된다. 즉 개설은행으로부터 신용장을 수취하여 신용장 조건에 따른 권한과 이익을 얻는 수출상을 특히 수익자라고 한다. 참고로 미국 '통일상법전'(統一商法典, Uniform Commercial Code, UCC)에서는 수익자를 '신용장 조건에 의해서 어음을 발행하거나 지급을 청구할 수 있는 자'(a beneficiary of a credit is a person who is entiled under its terms to draw or demand payment)라고 정의하고 있다.

4) 개설의뢰인

'개설의뢰인'(開設依賴人, Applicant)은 매매계약에서의 수입상이다. 곧 수입상은 매매계약의 조건에 따라 자기의 거래은행에 대해서 신용장 발행을 의뢰하게 되는데, 이 경우 수입상을 개설의뢰인이라고 한다.

5) 그 밖의 당사자

① 통지은행(通知銀行, Advising Bank)

신용장 개설은행이 신용장을 발행하게 되면 그 내용을 수출상인 수익자에게 알리기 위하여 수익자 소재지에 있는 개설은행의 본·지점이나 '환거래은행'(Correspondence Bank)을 경유하여 통지하게 되는데, 이때 통지를 행하는 은행을 말한다.

② 매입은행(買入銀行, Negotiating Bank)

수익자가 신용장조건에 따라 선적을 완료한 후 화환취결을 위한 결제서류를 준비하여 수출환어음을 발행하여 자기의 거래은행에 환어음의 매입을 의뢰하게 되는데, 이때 환어음을 매입하는 은행을 말한다.

③ 지급은행(支給銀行, Paying Bank)

수익자가 발행한 환어음에 대해서 직접 대금을 지급하여 주는 은행으로서 어음금액을 지급하도록 수권받은 은행을 말한다.

④ 인수은행(引受銀行, Accepting Bank)

수익자가 발행하는 환어음이 기한부(Usance Bill)일 경우에는 은행이 지급에 앞서 인수(Acceptance)하게 된다. 이때 은행은 어음의 만기일에 그 어음을 지급하게 되는데 이처럼 기한부어음을 인수하는 은행을 말한다.

⑤ 상환은행(償還銀行, Reimbursing Bank)

신용장의 결제통화가 수출·입 양국 통화가 아니고 제3국 통화인 경우 제3국에 소재하는 은행 중 개설은행의 예치환거래은행이 신용장조건에 따라 대금을 결제하게 되는데 이 은행을 결제은행(決濟銀行, Settling Bank)이라 하고, 달리 수익자가 발행한 어음을 매입한 매입은행과도 환거래계약을 체결하고 있으므로 매입은행에 어음대금을 상환해 주는 은행이라고 해서 상환은행이라고 한다. 보통 개설은행에 대한 결제은행이 매입은행에 대해서는 상환은행이 된다.

(5) 신용장의 종류

1) 상업신용장(Commercial Letter of Credit)

① 취소불능신용장과 취소가능신용장

'취소불능신용장'(取消不能信用狀, Irrevocable Credit)이란 신용장이 일단 개설되어 수익자에게 통지되었다면 신용장의 관계 당사자를 구속하여 신용장의 유효기간 내에는 신용장거래 기본당사자 전원 합의가 없음을 전제로 신용장의 취소나 조건변경이 불가능한 신용장을 말한다.

취소불능신용장은 개설은행이 수익자와 그 신용장에 의하여 발행된 환어음 또는 제시된 선적서류의 '선의의 소지인'(*Bona Fide* Holder)에 대하여 그것이 신용장의 모든 조건에 합치되어 있는 한 신용장이 확약하는 지급·연지급·인수 또는 매입을 이행하여야 하며 어느 한 당사자에 의해서 임의로 변경이나 취소될 수 없다.

반면에 '취소가능신용장'(取消可能信用狀, Revocable Credit)은 신용장을 개설한 은행이 수익자에게 사전통지를 하지 않고도 신용장을 취소하거나 조건변경을 할 수 있는 신용장이다. 신용장상에 'Revocable'이라는 문자가 표시되어 있으면 개설은행은 수익자의 동의 없이 일방적인 의사표시로 신용장의 매입통지가 있기 전에는 아무 때나 취소권을 행사할 수 있다.

그러나 일단 수익자에게 신용장이 통지되고 그 신용장 조항의 변경이나 취소가 통지은행에 접수되기 이전에 원신용장의 조건대로 지급·연지급·인수 또는 매입을 행한 은행에 대해서는 개설은행이 신용장상의 지급책임을 부담하게 된다.

② 확인신용장과 미확인신용장

'확인신용장'(確認信用狀, Confirmed Credit)이란 개설은행 이외의 제3의 은행이 개설은행의 요청에 의하여 수익자가 발행한 어음의 지급·인수 또는 매입을 확약한 신용장을 말하며, 이러한 확약이 없는 신용장을 '미확인신용장'(未確認信用狀, Unconfirmed Credit)이라 한다.

수익자가 개설은행의 신용상태를 의심하거나 금융환경이 불안한 국가의 은행인 경우 혹은 금융결제상의 편리를 도모하기 위해 매도인이 신용장에 기인한 조건을 충족하는 조건으로 수출대금의 확실한 이행을 이중적으로 보장받고자 하는 경우가 많다. 즉 수입상 소재국의 정치·경제상태가 불안정할 때 신용장의 확인을 요구하게 되며 통상 개설은행의 요청에 따라 통지은행이 확인을 더하여 통지하게 된다. 확인은행은 개설은행과 동일하게 지급의무를 부담하게 된다.

③ 매입신용장과 지급신용장

신용장에 의해 발행되는 환어음과 선적서류의 유통 및 현금화를 위한 '화환취결'(貨換取結, Negotiation)을 허용하는 신용장을 '매입신용장'(買入信用狀, Negotiation Credit)이라고 한다. 매입신용장에서는 '어음의 발행인'(Drawer), 배서인(Endorser) 및 '선의의 소지인'에게 모두 지급을 확약하고 있다.

반면에 '지급신용장'(支給信用狀, Straight Credit)에서는 배서인이나 '선의의 소지인'에게 대한 약정은 없고 단순히 신용장 개설은행 또는 당해 은행의 특정 환거래 취결은행 앞으로 어음이 발행되어 제시되면 지급하겠다는 약정의 신용장이다.

매입신용장은 매입은행의 제한여부에 따라 '일반매입신용장'(一般買入信用狀, Open or General Credit)과 '특정매입신용장'(特定買入信用狀, Restricted or Special Credit)으로 구분할 수 있다. '일반매입신용장'이란 신용장에서 환어음의 매입을 특정은행으로 제한하지 않고 아무 은행에서나 자유롭게 매입할 수 있도록 되어 있는 신용장을 말한다.

④ 화환신용장과 무화환신용장

'화환신용장'(貨換信用狀, Documentary Credit)이란 개설은행이 수익자가 발행한 환어음에 선하증권 등의 운송서류를 첨부하는 것을 조건으로 지급・인수 또는 매입 할 것을 확약하는 신용장을 말하며, '무화환신용장'(無貨換信用狀, Clean Credit)이란 신용장에 의해 발행되는 환어음에 운송서류가 첨부되어 있지 않은 무담보어음(Clean Bill)인 경우에도 어음을 지급・인수 또는 매입할 것을 확약하는 신용장을 말한다.

⑤ 일람출급신용장과 기한부신용장

신용장에 의해 발행되는 어음이 일람출급어음인 경우 이를 '일람출급신용장'(一覽出給信用狀, Sight Credit)이라 하고 기한부어음의 발행을 요구하고 있는 신용장을 '기한부신용장'(期限附信用狀, Usance Credit)이라 한다.

'일람출급신용장'에 있어서는 환어음상 지급인을 개설은행으로 하여야 하며, '취소불능신용장'(Irrevocable L/C)인 경우에는 개설은행이 지급을 확약한 것이므로 신용장 조건에 일치하는 서류를 제시하기만 하면 개설은행은 즉시 지급을 해야 한다.

'기한부신용장'의 수익자는 'Usance' 기간 후에 어음금액의 전액을 지급 받든지 또는 'Usance' 기간의 이자를 사전에 할인하여 지급 받을 수 있으며, 수입상은 화물을 인수한 후 어음의 유예기간 동안에 수입물품을 매각하여 이후 어음의 만기기일이 도래하면 상환할 수 있게 된다.

⑥ 상환청구가능신용장과 상환청구불능신용장

화환어음이 신용장 조건과 불일치하게 발행되었을 때 어음지불인은 지불을 거절할 수 있다. '상환청구가능'(償還請求可能, with Recourse)인 경우에는 매입은행이 수출상에게 선지급 한 대금을 개설은행 등으로부터 받지 못한 경우 수출상에게 되돌려 받을 수 있다. 즉 선의의 어음소지인이 어음발행인에게 종국적으로 상환청구를 할 수 있는 신용장을 '상환청구가능신용장'(償還請求可能信用狀, with Recourse Credit)이라고 한다.

반면에 '상환청구불능신용장'(償還請求不能信用狀, without Recourse Credit)인 경우에는 일단 매입이 종료된 이상 매입은행이 수출상에게 지급한 대금을 되돌려 받지 못한다.

⑦ 양도가능신용장과 양도불능신용장

'양도가능신용장'(讓渡可能信用狀, Transferable Credit)이란 수익자가 신용장 금액의 전부 또는 일부를 제3자에게 양도할 수 있는 신용장을 말한다. 이에 반해 수익자가 신용장을 제3자에게 양도할 수 없는 신용장을 '양도불능신용장'(讓渡不能信用狀, Non-Transferable Credit)이라 한다.

원칙적으로 신용장은 그 이용이 원수익자로 한정되어 '제3자'(Third Party)에게 신용장의 권한양도가 불가능하지만, 다만 제한적으로 이를 허용하고도 있다. 그럼에도 신용장의 양도는 'Transferable'이라는 용어가 표시된 경우에 한해 양도될 수 있다.

통상 '양도가능신용장'의 발행목적은 일반적으로 수출업자의 제한과 수출실적관리 및 중개인으로서 수익자의 비밀유지 등에 있다.

⑧ 내국신용장

'원신용장'(Original Credit)의 수익자인 수출상이 수출물품 생산에 필요한 원료 공급자나 하청업자 앞으로 자기가 받은 신용장을 견질로 하여 자기 거래은행으로 하여금 제2의 신용장을 개설해 주게 하는데, 이 같은 방법으로 개설된 신용장을 '내국신용장'(內國信用狀, Local Credit)이라고 한다.

'내국신용장'을 개설하는 취지는 '양도가능신용장'의 경우와 비슷하지만, 그 차이는 ‘양도가능신용장’은 ‘원신용장’이 개설될 때 양도가능한 것에 한하여 발행이 가능하지만 ‘내국신용장’은 일정한 요건을 갖춘 신용장이면 모두 발급이 가능하다는 것이다.

‘내국신용장’은 수출상으로 하여금 수출물품 또는 수출용 원자재를 국내에서 조달할 수 있게 하는 역할을 해주는 동시에 공급업자에 대해서는 대금지급보증 및 수출지원금융을 융자・지원해 줄 뿐만 아니라 무역관리 및 세제의 측면에서 내국신용장에 의한 공급실적을 수출실적으로 인정하여 원신용장의 경우와 동일한 혜택을 부여하고 있다.

⑨ 보증신용장

‘보증신용장’(保證信用狀, Standby Credit)이란 수출・입 물품대금 결제를 목적으로 하는 ‘화환신용장’(貨換信用狀)이 아니라 금융이나 이행보증을 위해 발행되는 특수한 조건의 ‘무화환신용장’의 일종으로 주된 채무자가 계약을 불이행할 경우에 채권자는 보증인에 대하여 보증의 실행을 요구할 수 있는 신용장이다.

예컨대 한국의 해외지사가 현지 은행에서 융자를 받거나 또는 현지에서 입찰보증・계약이행보증 및 보증금 등이 필요할 경우 지사가 본사에 요청하면 본사에서 자기 주거래은행에 의뢰하여 해외지사의 거래은행을 수익자로 하는 ‘Standby L/C’를 개설해 주고 해외지사의 거래은행은 이것을 담보로 금융상의 혜택을 제공하게 된다.

‘Standby L/C’는 주로 채무보증・입찰보증・이행보증을 목적으로 한다. ‘Standby L/C’가 ‘화환신용장’과 다른 점은 ‘화환신용장’이 개설은행의 지급확약인데 반하여, ‘Standby L/C’에서 개설은행의 역할은 주된 채무자에 대한 보증의 성격이 더 강하다는 점이다.

⑩ 회전신용장

‘회전신용장’(回轉信用狀, Revolving L/C)은 동일한 거래선과 동일 물품을 지속적으로 상거래할 때 매번 신용장을 개설하는 불편을 피하고 또한 전액을 개설할 경우 과중한 보증에 따른 자금부담을 완화하기 위하여 사용하는 신용장이다. 즉 ‘회전신용장’은 처음 개설한 신용장이 이행되면 일정한 기간이 경과한 후 자동적으로 동액의 신용장이 개설되는 방식의 신용장이다.

처음 개설한 신용장이 이행되면 일정한 기간이 경과한 후 자동적으로 동액의 신용장이 갱신되는데 회전방법은 전기에 미이행한 분이 다음기로 이월되는 '누적적'(累積的, Cumulative)인 방법과 해당기에 이행되지 않는 부분은 자동적으로 취소되는 '비누적적'(非累積的, Non-Cumulative) 방법이 있다.

⑪ 동시개설신용장

'동시개설신용장'(同時開設信用狀, Back to Back Credit)은 '구상무역'(求償貿易, Compensation Trade, Barter Trade)에 이용되는 결제수단으로 원래의 뜻은 '원신용장'(Original Credit)을 견질로 하여 제2의 신용장을 개설한다는 의미이다. 연혁으로 보아 초창기 '동시개설신용장'은 제2차 대전 중 미국에서 제조업자가 수출업자에게 요구하게 된 'Local L/C'를 의미했으나, 오늘날에는 무역협정이나 지급협정이 체결되지 않은 국가 간에 수출·입 균형을 유지하기 위하여 쓰여 지는 결제수단으로 변모하였다.

실무상 '동시개설신용장'은 신용장 개설시 신용장의 '특별조건'(Special Conditions)란에 신용장 수령 후 일정기간 이내에 수익자가 개설의뢰인 앞으로 동액의 신용장을 개설하는 경우에 한하여 당해 신용장이 유효하다는 조건을 부가한 신용장을 의미한다.

⑫ 기탁신용장

'기탁신용장'(寄託信用狀, Escrow Credit)은 구상무역에 사용되는 결제수단으로 원래 'Escrow'라는 뜻은 특정물을 제3자에게 기탁하고 일정조건이 충족된 경우에 상대방에게 교부할 것을 의뢰하는 일종의 신탁행위를 말한다. 즉 '기탁신용장'은 신용장에 의하여 발행되는 어음의 매입대금을 수익자에게 지급하지 않고 수출상과 수입상이 합의한 기탁계정에 입금해 두었다가 그 수익자가 수입상을 상대로 'Counter L/C'를 개설한 경우 수입하는 물품의 대금결제용으로만 인출할 수 있도록 한 신용장을 말한다.

수익자 명의의 기탁계정은 약정에 의하여 매입은행·개설은행 또는 제3국에 있는 환거래은행 중 어느 곳에나 설치 및 운용할 수 있다. 어음의 매입을 특정은행에 한정시키는 것은 'Restricted Credit'와 비슷하나 그 목적은 'Back to Back Credit'와 마찬가지로 국제물품매매에 있어 수출·입 균형을 이루려는 데 있다.

'Escrow Credit'는 'Back to Back Credit'과는 달리 같은 금액의 신용장이 서로

발행되는 것이 아니므로 물품선택과 기일이 훨씬 자유롭고 결제에 유연한 특징이 있다는 데에 그 차이가 있다.

⑬ 'Tomas Credit'

구상무역의 결제수단으로서 광의의 'Back to Back Credit'의 일종으로서, 곧 교역방식은 '유환구상무역'(有換求償貿易)의 형식을 취한다.

'Tomas Credit'은 수출・입 당사자가 동액의 신용장을 개설하는 거래방식을 채택하는데 있어서 상거래 당사자 어느 일방에서 수출할 물품이 아직 확정되지 않음에 따라 상대방이 개설한 신용장에 대하여 일정기간 이내에 신용장을 개설하겠다는 보증서를 발행해야만 개설한 신용장이 유효하다는 조건이 부가된다. 즉 일방이 먼저 신용장을 개설하고 상대방측은 동액만큼 일정기간 후에 신용장을 개설하겠다는 보증서를 발행하는 것을 조건으로 상대방에게 발행한 신용장을 유효조건으로 하는 것이다.

⑭ 선대신용장

'선대신용장'(先貸信用狀, Red Clause, Packing Credit)은 신용장 개설의뢰인의 요청에 따라 개설은행이 수출상의 원료구입비나 물품생산 충당비용으로 통지은행 또는 확인은행에게 일정한 조건하에서 수익자에게 운송서류제시 이전에 '수출대금선불'(Advance Payment)을 허용하는 신용장을 말한다. 이 선불을 허용하는 약관이 보통 붉은색으로 표시가 되기 때문에 'Red Clause Credit'이라고 한다.

2) 신용장과 유사한 방식

① 어음매입수권서(Authority to Purchase)

'어음매입수권서'는 수입자의 의뢰에 의하여 수입상의 거래은행이 해외에 있는 자기의 본・지점이나 또는 환거래은행에 대하여 수출상이 운송서류에 수입자 앞으로 환어음을 첨부하여 제시할 경우 그 어음을 매입할 것을 지시한 통지서를 말한다.

수입상의 거래은행이 그 어음의 지급・인수・매입을 보증하고 있지 않기 때문에 취소가능하며, 어음의 지급인이 수입상이므로 그 어음이 지급거절된 경우 어음의 발행인인 수출자는 상환청구에 응하지 않으면 안 된다.

그러나 수입상의 거래은행이 취소불능 '어음매입수권서'를 발행하면 수출자가 수입자 앞으로 발행되는 어음의 지급・인수 또는 매입을 그 은행이 확약하고 있으므로 이런 경우에는 신용장과 같은 기능을 발휘한다.

② 어음지급수권서(Authority to Pay)

'어음지급수권서'는 수입자의 의뢰에 의하여 수입상의 거래은행이 해외에 있는 자기의 본・지점이나 환거래은행에 대하여 수출상이 운송서류를 첨부한 통지은행 앞으로 어음을 발행할 경우 그의 지급을 지시한 통지서를 말한다.

'어음매입수권서'의 경우 어음의 지급인이 통지은행인 점이 서로 다르며 수출상 측에서 볼 때 어음의 지급인이 통지은행이란 점에서 다소 유리한 듯 보이지만 은행의 지급약정이 없고 취소가능 형태로 발행된다는 점에서는 '어음매입수권서'와 다를 바가 없다.

③ 지급보증서(Payment Guarantee)

'지급보증서'는 수입상의 거래은행이 수입상의 지급을 보증하는 뜻으로 수출상 앞으로 발행하는 것이다. 이는 신용장의 기본적인 흐름과 다르지 않지만 보증의 성격에 있어서 '상업신용장'과 구별된다.

'상업신용장'은 신용장의 제 조건에 충족하는 것을 조건으로 신용장 개설은행의 지급확약을 의미하는 것으로 이는 매매계약의 내용 그 밖의 계약과는 별개의 독립적 계약이라는 특성이 있는 반면에, '지급보증서'는 수입상의 지급을 보증하는 부종적인 보증은행의 채무에 불과하다.

이는 주된 채무자인 수입상의 지급능력을 1차적으로 하여 지급능력이 없다는 것을 전제로 2차적인 지급채무를 부담하는 것이다. 따라서 주채무가 효력이 상실하면 자동적으로 채무가 소멸되며 주된 채무와 별개로 기능하는 것이 아님에 따라 '지급보증서'는 보증은행을 통한 수입상의 신용을 높이는 보충적인 기능을 수행한다고 할 수 있다.

④ 여행자신용장(Traveller's Letter of Credit)

'여행자신용장'이란 여행자의 의뢰에 따라 은행이 국외의 지점이나 거래은행에 대하여 그 여행자가 당해 은행이나 특정 은행 앞으로 발행하는 일람불환어음의 매입을 의뢰할 수 있는 신용장을 의미한다.

본 신용장은 여행자 자신이 지참하게 되나 개설은행이 신용장 조건대로 발행한 어음을 지급할 것을 약속하고 있다는 점에서 '상업신용장'과 다를 바 없다. 다만 거래 형식상 '상업신용장'의 경우에는 그 개설의뢰인이 일반적으로 수입상이고 수익자는 수출상이 되지만, '여행자신용장'의 경우에는 그 개설의뢰인과 수익자가 동일인, 곧 여행자본인이 된다는 점에서 다르다고 할 수 있다.

3 추심결제방식

(1) 추심결제방식의 개념

무역거래에서 결제방식은 크게 나누어 '신용장 방식'과 '무신용장 방식'에 의한 결제로 대별할 수 있다. 일반적으로 신용장이 개입되지 않는 무역결제는 '추심(推尋, Collection)에 의한 결제방식'을 의미한다. 이른바 'D/A', 'D/P'에 의한 결제방식이다. 추심에 의한 결제방식은 수입상이 대금을 지급하거나 수출상이 발행한 선적서류들에 대한 인수의사 표시를 하는 방식의 대금결제이다. 그 특성을 요약하면 다음과 같다.

첫째, 추심은 은행의 위임을 받아 상업서류・금융서류를 인수 또는 지급 받기 위하여 또는 '인수도' 또는 '지급도'로 상업서류를 인도하기 위하여 또는 그 밖의 조건으로 서류를 인도하기 위하여 취급하는 것을 의미한다.

둘째, 추심에 있어 금융서류는 환어음・약속어음・수표・영수증 등을 포함하는 의미이다. 추심에 있어서 선적서류와 같은 상업서류가 첨부되지 아니한 금융서류의 추심을 '무환추심'(無換推尋, Clean Collection)이라 한다. 곧 추심이라 함은 상업서류의 추심뿐만 아니라 금융서류의 추심인 무환추심을 포함하는 의미이다.

셋째, 이것은 종전의 무역결제에서는 '상업추심'(商業推尋)이 그 주종을 이루었으나 이제는 상업서류가 없는 금융서류에 대한 은행추심이 증가하는 추세에 있어 무역거래에서의 추심에서도 이를 포함하는 의미로 확대하게 되었다.

요컨대, 추심결제방식은 수출상이 물품을 선적하고 매수인 거래은행에 선적서류를 송부한다. 그리고 매수인 거래은행은 대금지급이 이루어지기까지(D/P), 또는 대금지급이 일정기간 후에 이루어질 것을 보장받지 못하면(D/A) 서류를 이전하지 않도록 지시 받는 방식으로 대금결제가 이루어진다.

추심결제방식의 절차는 대체로 수출상은 물품을 선적하고 선적서류를 서류송부은행에게 제시하면 이때 수출상으로부터 제시된 서류는 송부은행이 추심은행인 매수인, 곧 수입상의 거래은행으로 보내진다. 이후 매수인은 자신의 거래은행에게 상응하는 금액을 지급하고 서류를 수령하여 물품의 소유권을 갖게 된다.

(2) 추심의 형태

추심의 형태는 매수인의 대금지급방식에 따라 'D/P'(Documents against Payment), 'D/A'(Documents against Acceptance), 'Acceptance D/P'(Acceptance Documents Against Payment) 등으로 구분된다.

(3) 추심결제 방식에 관한 국제 규범

'추심결제'는 법률과 관습이 서로 다른 국가 간 결제관계이므로, 거래당사자 사이에서 분쟁이 발생할 가능성이 높을 뿐만 아니라, 분쟁이 발생하면 그 해결책을 찾는 것 또한 어렵다.

국제상업회의소(ICC)는 추심결제에 관한 분쟁의 소지를 방지하기 위하여, 1956년 '상업어음추심에 관한 통일규칙'(Uniform Rules for the Collection of Commercial Paper, Brochure No.254)을 제정하였다. 이후 1968년 미국 · 영국 · 프랑스 · 독일 · 이태리 · 일본 · 한국 등을 비롯한 41개국에 채택되어 적용되었다. 우리나라는 1968년에 채택하였다.

이후 동 규칙은 1978년에 제2차 개정을 통해 그 명칭이 '추심에 관한 통일규칙'(Uniform Rules for Collection, 'URC')으로 통일되었다. 현재 통신기술과 운송수단의 발전에 따른 무역관행의 변경에 부응하기 위하여 1993년부터 통일규칙 개정작업에 착수하여, 1995년 ICC 이사회에서 정식 채택되어 'Publication No. 522'로 1996년부터 시행되고 있다.

'추심에 관한 통일규칙'은 신용장 거래 시 준거로 삼고 있는 '신용장통일규칙'(UCP)과 같이 'D/P' · 'D/A' 거래에서 어음이나 서류의 추심사무를 통일화시킴으로써 무역대금결제를 원활히 하고자 ICC가 마련한 국제규칙이다. 이러한 추심에 관한 통일규칙은 별도로 명백한 합의가 없거나 국가 · 주(州) 또는 지방의 법률 또는 규칙의 규정에 위배되지 않는 한 'URC'의 총칙 및 정의에 정한 모든 추심업무에 적용되며 관계당사자를 구속한다.

따라서 추심에 관하여 당사자 간 별도 합의가 없으면 각 은행은 '추심의뢰서'(Collection Order)에 기재된 지시에 'This collection is subject to Uniform Rules for Collection(1993 Revision), ICC Publication No. 522'라는 문언을 삽입하여야 한다. 특히 추심지시서에도 '추심에 관한 통일규칙의 적용을 받는다'(Subject to Uniform Rules for Collections, 1995 Revision, ICC Publications No.522)는 문언이 기재되어야 본 규칙을 적용할 수 있다. 특히 본 규칙은 은행이 관여하는 추심에만 적용된다.

제5절 무역보험

1 무역보험의 의의

물품이 수출상으로부터 수입상에게 인도되기까지에는 여러 가지 위험에 직면하게 된다. 이와 같은 위험을 회피 또는 전가를 위해서는 보험(保險)을 이용할 수 있다. 곧 보험제도를 통하여 인도과정 중에 야기될 수 있는 위험들을 부보하지 않는다면 이는 국제상거래 과정에 있어 매우 불안정한 것일 뿐만 아니라 무역계약 이행과정의 불안정성으로 인해 무역거래의 활성화를 저해할 수밖에 없다. 이에 따라 무역보험은 무역거래과정에서 매우 중요한 지위를 차지하고 있다.

운송보험에 있어서 중요한 위치를 차지하는 것이 해상보험으로써 물품의 출하(出荷)·선적(船積)·항해(航海)·양륙(揚陸) 등의 인도과정에서 발생하는 위험에 대하여 해상보험에 부보(付保)하고 그 밖의 위험을 특약사항(特約事項)으로 첨부하여 위험을 관리하고 있다.

2 해상보험의 개념

해상운송에 수반되는 사고는 육상운송에 비하여 그 발생율도 높고 손해액도 크다. 이러한 손해에 대한 위험을 담보하기 위해 해상사고(海上事故)에 의하여 입은 손해의 경제적 보상을 위하여 '해상보험'(海上保險, Marine Insurance)에 부보하여야 한다.

해상보험은 항해사업(航海事業)에 부수하는 항해 및 화물의 멸실·손상 등의 위험을 보상하는, 즉 해상사업과 관련하여 발생하는 손해를 보상하는 경제적 제도이다.

이러한 해상보험은 보험자와 피보험자 사이에 체결되는 '해상보험계약'(海上保險契約, Contract of Marine Insurance)으로 존재한다. 해상보험계약에서 '보험자'(保險者)는 '피보험자'(被保險者)에게 손해가 발생할 경우 그 보상을 약속하며, 피보험자는 이러한 '손해보상'(損害報償)의 약속을 받는 대가(對價)로 '보험료'(保險料)를 지불한다.

해상보험은 해난 또는 항해에 관한 사고에 기인하여 발생하는 손해를 보상하는 손해보험제도로서 '보험자'[보험회사(保險會社)]가 물품의 해상운송 중에 발생하는 위험을 인수[담보(擔保)]하고, 당해 위험에 기인한 손해가 발생하였을 경우 '피보험자'[화주(貨主)]에게 그 손해액을 보상할 것을 보험계약에 의하여 보험자가 위험을 인수하는 것을 '위험을 담보(擔保)한다'(to Cover the Risk)라고 하고 이와 같이 인수한 위험에 기인하여 발생한 손해액의 보상을 '손해를 보상(報償)한다'라고 한다. 해상보험은 피보험 이익에 따라 '선박보험'(船舶保險) · '적하보험'(積荷保險) 그리고 보험기간에 따라 '항해보험'(航海保險) · '기간보험'(期間保險) · '혼합보험'(混合保險) 등으로 구분된다.

우선 '선박보험'은 선박의 소유자인 선주(船主, Shipowner)가 보험의 목적물인 선박에 대한 피보험 이익을 가지고 있으며 이를 보험에 부보한다. '적하보험'은 화물의 소유자인 화주가 보험의 목적물인 화물에 대한 피보험 이익을 가지고 있으며 이를 보험에 부보한다. '항해보험'은 특정구간의 항해단위를 기준으로 하여 보험에 부보하는 것으로 주로 적하보험에 이용된다. '기간보험'은 일정기간을 기준으로 약정하여 그 기간 동안에 이루어지는 항해사업 중에 부수하는 위험을 담보하는 경우로서 주로 선박보험에 이용된다. '혼합보험'은 항해보험의 항해단위와 기간보험의 일정기간 특성을 혼합하여 이용되는 보험이다.

3 해상보험의 기본용어

(1) 보험자(保險者, Insurer, Assurer, Underwriter)

보험계약을 인수하는 자로서 보험계약을 통하여 위험을 담보하고 담보위험에 의한 손해발생시 보상을 약정하는 자를 말한다. 즉, '보험회사' 또는 '보험업자'를 말한다.

(2) 보험계약자(保險契約者, Policy Holder)

보험자와 보험계약을 체결하고 보험료를 지급하기로 약속한 자를 말한다. '보험계약자'는 반드시 피보험자일 필요는 없으며 보험계약에서 자신 혹은 타인을 위하여 보험계약을 체결할 수 있다.

(3) 피보험자(被保險者, Insured, Assured)

보험계약에 의하여 보호되는 자, 즉 보험계약상의 부보위험으로 인한 손해에 대하여 보험자로부터 보상을 받는 자를 말한다.

(4) 보험증권(保險證券, Insurance Policy)

보험계약내용을 증명하기 위하여 보험자가 작성하여 보험계약자에게 교부하는 증서를 말한다.

(5) 약관(約款, Clause)

보험계약상의 일련의 조항을 말한다. 보험계약은 부합계약으로서 일반적으로 증권상에 '인쇄문언'으로 삽입되어 있다. 뿐만 아니라 특약으로서 첨부되기도 하는데 이를 특별약관이라고 한다.

(6) 피보험목적물(被保險目的物, Subject-Matter Insured)

보험사고의 대상이 되는 객체를 말한다. 적하보험의 경우는 화물이 피보험목적물이 되며 선박보험의 경우에는 선박자체가 피보험목적물이 된다.

(7) 피보험이익(被保險利益, Insurable Interest)

피보험목적물과 특정인(피보험자)과의 금전적인 이해관계를 말한다. 해상보험이 보호하는 것은 피보험목적물이 아니라 피보험 이익이며 해상보험은 이와 같은 피보험 이익의 회복을 목적으로 하고 있다.

(8) 보험료(保險料, Insurance Premium)

보험자의 위험부담에 대한 보험계약자가 지급해야하는 금전적 대가를 말한다.

(9) **보험금**(保險金, Claim Amount)

담보위험에 의한 손해발생시 보험자가 피보험자에게 지급하는 손해보상금액을 말한다. 손해보상은 '실손보상(實損報償)의 원칙'에 따라 보험금액을 한도로 보상이 이루어진다.

(10) **보험가액**(保險價額, Insurable Value)

피보험목적물에 대한 시장의 평가가치를 말한다. 보험계약자가 보험금액으로 부보할 수 있는 최고한도액을 의미한다.

(11) **보험금액**(保險金額, Amount Insured)

보험증권상에 나타난 보험계약금액이다. 보험계약상 최고로 보상가능한 보상한도액을 의미한다.

(12) **보험기간**(保險期間, Duration of the Risk)

피보험목적물에 대하여 보험자의 책임이 존속되는 기간을 말한다. 피보험자가 보험으로부터 보호받는 시간적・공간적인 한계를 의미한다.

(13) **보험계약기간**(保險契約期間, Duration of the Policy)

보험계약이 유효하게 존속되는 기간을 말한다. 일반적으로 보험기간과 일치하지만 소급약관을 통하여 보험계약이 체결되는 시점보다 이전기간에 대하여 보험기간은 확장되며 이 경우에는 양자가 불일치한다.

(14) **위험**(危險, Risk, Perils)

해상보험에서 해상운항에 기인하거나 부수하는 위험으로 손해의 원인을 말한다.

(15) **담보위험**(擔保危險, Risk Covered)

보험계약에서 보험자가 보상책임이 있는 위험을 말한다. 해상보험에서는 협회적하약관 ICC (A)조건은 포괄담보주의이며 ICC (B)와 ICC (C)는 열거담보주의에 의한다.

(16) 손해(損害, Loss or Damage)

위험의 발생으로 피보험목적물의 일부 또는 전부가 소멸되거나 훼손되는 것을 말한다.

4 해상보험의 기본원리

(1) 고지의무

보험자는 보험계약 체결 시 보험목적물의 손해발생 가능성을 측정하고 이를 토대로 합리적인 보험료를 산출한다. 그러나 보험자는 수많은 계약자를 상대로 이를 해야 하기 때문에 모든 보험목적물의 성질이나 특성을 파악하기가 어렵고 또 일일이 실사를 통해 확인하기란 거의 불가능하다. 따라서 보험자의 보험계약 체결 및 보험료 산출을 위해 피보험자 자신의 보험목적물에 대한 구체적인 사항을 보험자에게 알려주어야 하는데 이를 '고지의무'(告知義務, Duty of Disclosure)라 한다.

고지의무의 당사자는 '피보험자', '보험계약자' 또는 '그들의 대리인'이며 '모든 사항'을 알리는 것이 아니라 '중요한 사항'을 알려주는 것이다. 여기서 '중요한 사항'이란 '보험자가 보험계약을 체결할 당시 보험료를 확정하거나 계약의 인수여부에 영향을 미치는 모든 사항'을 말한다. 이러한 사항들은 피보험자가 정상적인 사업과정에서 당연히 알고 있는 것으로 간주되기 때문에 피보험자가 이를 몰랐다고 항변할 수 없다.

그러나 실제로 개별보험에 따라 그 중요사항이 다르고 또한 이를 피보험자가 일일이 아는 것이란 거의 불가능하므로 보험자는 피보험자가 알려야 하는 고지사항을 청약서(請約書)에 적어 피보험자가 이에 대해 답변하도록 하고 있다. 우리나라의 상법에서도 보험자가 서면으로 질문한 사항을 중요사항으로 추정하고 있다.

고지의 시기는 보험계약 체결 전이며 계약이 성립되는 시점에서 피보험자의 고지의무는 종결된다. 고지의 방법엔 별도의 제한이 없으나 정확하게 표시되어야 하므로 서면이나 구두를 통해 명확히 하여야 한다.

고지의무를 위반할 경우 상대방에 의해서 해당 보험계약은 취소된다. 여기에서 '고지의무위반'이라 함은 고지사항을 허위로 고지하거나 부실하게 고지한 경우를 의미한다. 해상보험은 '최대선의(最大善意)의 계약'이다. 따라서 만약 쌍방 중 일방이 이를 준수치 않으면 그 계약은 상대방에 의해 취소될 수 있다.

'고지의무위반'으로 계약이 취소되면 보험자는 보험료를 반환하며 지급된 보험금은 즉각 회수할 수 있다. 따라서 '고지의무위반'이 있으면 사고발생 유무를 불문하고 그 계약은 취소되며 보험금을 받을 수 없다.

한편 우리 상법 제651조는 보험사고 발생을 불문하고 '고지의무위반'으로 계약을 해지할 수 있도록 규정하고 있다. 해지는 소급되어 적용되지 아니하고 해지이후에 대해서만 효력이 생기므로 결국 그 이전 사고는 담보된다.

(2) 피보험이익

1) 피보험이익의 개념

보험목적물과 이해관계가 있는 자는 보험목적물이 위험에 노출될 경우 손해를 입을 수 있기 때문에 이에 대비하여 보험에 가입하게 된다. 즉 보험목적물과 이해관계가 있으므로 불확실한 미래의 사고로 인한 손해를 자신이 입을 가능성이 있게 되며, 따라서 이에 대비하여 보험에 드는 것이다.

이와 같이 보험계약에 의해서 불확실한 미래의 사고로부터 재산상의 손해를 보상받을 수 있는 이익을 '피보험이익'(被保險利益, Insurable Interest, 'No Interest, No Insurance')이라 한다. 여기서의 이해관계는 반드시 재산상의 이해관계나 금전으로 환산 가능한 이해관계를 의미하며 정신적인 이해관계를 의미하지 않는다.

2) 피보험 이익의 부정

보험은 특정 경제주체가 보험목적물에 대해 갖는 경제적 이해관계인 피보험이익을 보호한다. 따라서 보험에 가입하기 위해선 그 목적물에 대한 피보험이익을 가져야 한다. 만약 피보험자에게 피보험이익이 없거나 이를 취득할 가망이 없는데도 보험에 가입한 경우 그 계약은 무효로 간주된다. 이와 같은 피보험이익에 대한 개념은 도박보험과 같은 불법한 보험행위를 방지하기 위해서도 필요하다.

보험이나 도박 모두 우연성(偶然性)을 전제로 하는 것이지만 보험은 아무런 이해관계가 없는 보험계약은 존재할 수 없다. 만약 누구나 모든 보험목적물을 대상으로 보험계약을 체결할 수 있다면 이때 보험은 도박과 같아지게 된다. 피보험 이익의 요건으로는 경제성(經濟性, 피보험이익은 객관적으로 재산상의 가치를 가지고 있어야 하며 또한 금전적으로 평가될 수 있어야 한다), 확실성(確實性, 피보험이익은 금전적으로 확정되고 그것이 누구에게 귀속될 것인가가 확실해야 한다) 및 합법성(合法性, 모든 보험계약은 합법적이어야 하며, 피보험이익 역시 법률상 인정되는 합법성이 있어야 한다) 등을 들 수 있다.

3) 피보험이익의 존재시기

일반적으로 피보험이익은 피보험자가 보험계약 체결시 가지고 있어야 한다. 그러나 해상보험에서는 예외가 있다. 예를 들어 'FOB' 조건으로 수입자가 보험에 드는 경우 수입자는 수출자의 선적통지를 받고 보험에 부보한다.

그러나 그 순간에는 수입업자에겐 피보험 이익이 없다. 즉 수입업자는 계약체결 시점에는 그 화물에 대한 피보험 이익이 없는 것이다. 요컨대, 보험계약을 체결할 당시에는 이해관계를 가질 필요는 없지만 보험사고가 발생한 시점에서 이해관계를 가지고 있어야 한다. 따라서 해상보험에서는 사고발생 시점에 피보험 이익을 가져야 하며, 통상적으로 보험회사는 선하증권을 가진 자를 피보험 이익이 있는 자로 본다.

5 공동해손

공동의 안전을 위해 취해진 행위를 '공동해손행위'(共同海損行爲, General Average Act)라 하며, 공동해손행위로 인하여 발생한 손해를 '공동해손'(共同海損, General Average)이라 한다. 즉 선박 · 화물 및 그 밖의 해상사업과 관련된 단체에 공동의 위험이 발생했을 경우 그러한 위험을 제거하거나 경감시키기 위해 선체나 장비 · 화물 등의 일부를 희생시키거나 혹은 필요한 경비를 지출했을 때 이러한 손해와 경비를 공동해손이라 한다.

공동해손은 크게 두 가지로 구분되는데, 우선 '공동해손희생손해'(共同海損犧牲損害, General Average Sacrifice)는 선체 · 장비 · 화물 등의 전부 또는 일부가 물리적으로 희생되는 경우를 의미하고, 다른 하나는 '공동해손비용손해'(共同海損費用損害, General Average Expenditure)로서 이는 비용이 지출되었을 경우를 의미한다. 이러한 공동해손 성립을 위한 필수요건은 다음과 같다. 첫째, 공동의 해상사업이 존재해야 하며 상징적이 아닌 실제적인 위험이어야 한다. 둘째, 공동해손 행위는 임의적이고 의도적이어야 한다. 셋째, 희생이나 비용은 신중한 무보험소유자가 자기 재산보호를 위해 취하는 행동과 같은 합리성이 있어야 한다. 넷째, 희생이나 비용은 그 성질상 이례적이어야 한다. 다섯째, 공동해손행위의 목적은 오로지 전체재산의 보존을 위해서 이며 선박 또는 적하만을 위한 것은 아니다. 여섯째, 손해는 공동해손 행위의 직접적인 결과, 합리적인 결과이어야 한다.

6 해상위험

해상보험에서 보험자가 담보하는 항해에 관한 우연한 사고로서의 '해상위험'(海上危險)을 말한다. 해상보험계약에 있어서 실제로 보험자가 담보하는 해상위험의 범위에 관하여는 계약의 내용을 이루는 보험약관에서 정하고 있다. 해상위험은 위험발생의 기회를 '항해'(航海)로 하거나 위험발생의 장소를 '해상'(海上)으로 함을 원칙으로 하기 때문에 해상보험계약에 있어서 보험자가 부담할 수 있는 위험은 다양하다.

해상위험은 자연적인 위험과 인위적인 위험으로 구별할 수 있으며 자연적인 위험의 대표적인 것으로 '해상고유의 위험'이 있다. '해상고유의 위험'이란 바다에서의 우연한 사고 또는 재난으로 침몰·좌초·교사·충돌·악천후 등을 의미한다. 이와 함께 육상에서 일어나는 위험과 달리 해상에서 일어나 유사한 위험에 대한 특수한 위험형태로서 해상위험을 들 수 있다. 이에는 화재·해적·강도·투하·억지 및 선원의 악행 등을 들 수 있다.

7 해상손해

(1) 해상손해의 개념

해상보험에 있어 손해란 보험의 목적물에 대한 해상위험이 발생함으로써 보험의 목적이 멸실·손상되거나 점유를 상실함으로써 생기는 피보험자의 재산상의 불이익을 말한다. 그러므로 손해액은 그 손해를 야기한 보험의 목적의 멸실 또는 손상을 원상으로 회복시키는 데에 소요되는 비용으로 결정된다.

(2) 해상손해의 종류

1) 직접손해와 간접손해

① 직접손해

'직접손해'(直接損害)란 보험사고로 말미암아 보험의 목적 그 자체에 발생한 손해를 말한다. 적하보험의 경우는 피보험 목적물의 멸실 또는 손상으로 인한 손해를 말하며, 선박보험의 경우는 피보험 선박에 직접 발생된 선체손상을 말한다.

② 간접손해

보험사고로 인하여 당해 피보험자가 입은 직접손해 이외의 손해를 '간접손해'(間接損害)라 한다. 적하보험의 경우 피보험 화물의 손해로 인한 희망이익의 상실 손해 또는 항해지연으로 인한 화물의 성질 손해나 시장상실로 인한 손해를 말하며 선박보험의 경우 동일사고로 인하여 피보험 선주가 입은 운임에 관한 손해 등을 말한다.

2) 물적손해와 비용손해

① 물적손해

'물적손해'(物的損害)는 '실체적 손해'(實體的損害)라고도 하며, 보험의 목적의 멸실 또는 손상으로 인한 직접손해를 말한다. '물적손해'는 '전손'(全損, Total Loss)과 '분손'(分損, Partial Loss)으로 구분할 수 있다.

'전손'은 보험의 목적물이 실체적으로 멸실되었거나 본래의 성질이 상실되었을 경우의 현실전손과 보험의 목적이 현실전손으로 될 것이 불가피하다고 인정되거나 보험의 목적물에 대한 회복비용이 회복되었을 때의 화물의 가액을 초과할 것으로 예상되는 경우 등 피보험자가 보험의 목적물을 보험자에게 정당하게 '위부'(委付, Abandonment, 해상보험의 피보험자가 보험목적물의 전손 여부가 분명하지 않은 경우에, 보험금 전액을 지급받기 위하여 그 목적물을 보험자에게 이전하는 행위를 말한다. 위부를 한 경우에는 위부권자의 일방적 의사표시에 의하여 일정한 권리 이전이 생기고, 이에 따라 일정한 법적 효과가 생기므로 그 법률상의 성질은 형성권이다)함으로써 '추정전손'(推定全損, Constructive Total Loss, 보험목적물의 수리가 불가능하거나 또는 행방불명으로 위부에 의하여 전손으로 간주하는 경우의 손해이다)으로 인정되는 경우가 있다.

'분손'은 피보험 이익의 일부 멸실이나 손상으로 이는 단독해손(單獨海損, Particular

Average)과 공동해손(共同海損, General Average)으로 분류된다.

이 경우 '단독해손'은 모험의 목적물이 일부 멸실되거나 손상되어 그 손해를 피보험자가 단독으로 부담하는 손해를 말한다. '공동해손'은 선박(船舶) 및 적하(積荷) 등이 공동의 위험에 처하여 이로부터 벗어나기 위하여 취하여진 공동해손행위로 인하여 발생한 손해 또는 공동해손행위의 직접적인 결과로 발생하는 비용 등을 이해관계자가 공동으로 부담하는 손해를 말한다.

② 비용손해

'비용손해'(費用損害)라 함은 위험발생의 결과로 피보험자에 의하여 또는 그를 위하여 지출되는 경비손해를 말한다. 이에는 '구조료'(救助料, Salvage Charge), '특별비용'(特別費用, Particular Charge), '손해방지비용'(損害防止費用, Sue and Labour Charge) 및 '부대비용'(附帶費用, Extra Charge)으로 구분할 수 있다.

이 경우 '구조료'란 해난에 봉착한 재산에 발생할 가능성이 있는 손해를 방지하기 위하여 계약에 기하지 아니하고 구조한 자에게 해상법(海商法)에 의하여 지불하는 보수를 말한다. 피보험위험으로 인하여 발생하는 손해를 방지하기 위하여 지출한 구조료는 피보험위험으로 인한 손해로서 회수할 수 있다.

'특별비용'은 보험의 목적의 안전 또는 보존을 위하여 피보험자에 의해서 또는 피보험자를 위하여 소요된 비용으로 공동해손비용과 구조료 이외의 비용을 말한다.

'손해방지비용'은 피보험위험이 발생하였을 경우에 이로 인한 보험의 목적의 손해를 방지 또는 경감하기 위하여 피보험자 또는 그의 사용인 및 대리인이 지출한 비용을 말한다. 손해방지비용은 피보험자 또는 그 대리인에 의하여 보험의 목적물의 이익을 위하여 소요된 비용이어야 한다.

8 해상위험과 손해의 인과관계

보험자는 담보위험으로 인하여 생긴 손해에 대하여서만 보상책임을 부담하며, 면책위험으로 인하여 생긴 손해에 대해서는 보상할 책임이 없다. 이러한 위험과 손해 사이의 관계를 인과관계라고 한다.

항해상의 사고로 인한 손해는 반드시 단일의 해상위험으로만 발생하는 것이 아니며, 다중의 위험 혹은 연속되는 위험으로 발생한 손해에 대하여 보험에서 담보하는 위험인가의 여부를 판단하는 것은 매우 중요한 일이다.

인과관계에 따른 학설을 대별하면 '근인설'(近因說, Principle of *Causa Proxima*), '상당인과관계설'(相當因果關係說), '자연성행설'(自然性行說, Caused in Natural Course), '최후조건설'(最後條件說), '최유력조건설'(最有力條件說) 등으로 구분된다.

'근인설'은 손해발생에 관한 여러 가지 조건 중에서 손해발생에 직접적인 효력을 갖는 단 하나의 조건을 인정하고 이에 따라 보험자의 책임유무를 결정하는 것이다. 근대 영국에서는 '효과적 근인'(*Causa Proxima* in Efficiency)을 의미한다는 견해를 보였으며, 이 학설은 세계 각국의 해상보험법의 중심학설로서 자리매김 되었다.

'상당인과관계설'은 어떤 결과를 발생시키는 불가피한 조건들 가운데 그 원인이 이 경우에서 뿐만 아니라 다른 일반적인 경우에 있어서도 같은 결과를 초래하는 조건인가의 여부로서 손해의 원인을 결정하는 것이다. 즉 경험상으로 같은 결과를 일으킬 가능성이 있다고 인정될 경우에 그 손해와의 인과관계를 결정하는 견해이다.

'자연성행설'은 어떤 손해가 어떤 위험의 불가피한 결과일 때에는 그 전 위험에 소급하여 자연의 경과가 끊어질 때에 그 최초의 것만을 원인으로 결정하는 견해이다.

'최후조건설'은 손해발생에 불가피한 여러 원인 중에서 시간적 전후관계로 해석하여 손해에 최후로 작용한 위험조건을 손해의 원인으로 보고 그 밖의 원인을 고려하지 않는 것이다.

'최유력조건설'은 손해의 발생에 불가피한 조건들 중 그 효과 면에서 가장 영향이 큰 조건을 원인으로 인정하는 것이다.

9 적하보험

(1) 적하보험의 대상

'적하보험'의 대상으로는 '화물'[貨物, Goods, 일반물품・수하물・가재・금은・통화・유가증권・산동물(生動物) 등 운송대상이 되는 유체물], '해상운임'(海上運賃, Freight), '제비용'(諸費用, Charges, 화주가 지불한 운송하물에 대한 적하보험료 뿐만 아니라 매입수수료・포장비・창고료・검사료・하역비・선적양륙・부선비・수출세・영사증명료 등 화물에 부수해서 지불되는 모든 비용), '희망이익'(希望利益, Anticipated Profit, 화물이 목적지에 무사히 도착하는 것에 의해 얻어지는 이익을 희망이익이라 한다. 화물이 항해의 도중에 멸실 또는 손상을 입은 경우 매수인은 희망이익의 전부 또는 일부를 잃게 되기 때문에 통상 화물의 원가에 상기 제비용과 함께 희망

이익을 합산해서 적하보험으로 부보한다. 통상적으로 송장가액의 10%를 추가로 부보 하는 것이 일반적이다), '관세'(關稅, Customs Duty, 화주가 손상 또는 멸실 된 화물[輸入]에 대하여 관세를 지불하였을 경우 화주는 화물자체의 손해 뿐만 아니라 관세까지도 손해를 보게 되므로 이를 화물가액에 가산해서 부보 할 수도 있는데, 대개 별개로 부보 하는 것이 일반적이다), '증액'(增額, Increased Value, 적하의 시장가액이 항해 중에 현저하게 증가할 경우 그 적하가 멸실되거나 손상된 상태로 목적지에 도착하게 되면, 수하인은 적하 증가액에 대한 손실을 입게 된다. 이러한 손실에 대해 피보험자를 보호하기 위해 송장가액 150%까지 부보할 수 있다) 등이다.

(2) 보험기간

'보험기간'(保險期間)이라는 것은 보험회사가 위험을 담보하는 기간을 의미한다. 일반적으로 생명보험이나 화재보험은 일정한 기간을 정해 놓고 그 기간 동안에 생긴 사고를 담보하지만 적하보험은 일정한 항해를 기준으로 보험기간을 정하고 있기 때문에 특정기간을 의미하는 것은 아니다.

해상보험증권 본문에서는 보험기간이 '화물이 출발항에서 외항선에 선적될 때에 개시하고 도착항에 안전하게 양하된 때에 종료한다.'라고 되어 있으나 오늘날에 있어서 수출・입 화물의 실제 거래에서 이 조건은 너무 제한적이기 때문에 '창고 간 약관'[倉庫間約款, Warehouse to Warehouse Clause, 달리 양창약관(兩倉約款)]라고 하여, 화물이 증권에 명시된 화물 출발지의 창고 혹은 보관장소 반출로부터 도착지의 창고 혹은 보관장소 반입까지의 전 운송구간으로 확장하고 있다.

본 약관에 의하면 화물이 보험증권 기재 출발지의 창고 혹은 보관장소를 떠날 때를 '위험의 시기(始期)'로 하고 통상의 운송 과정을 거쳐 보험증권상 도착지에 있는 하수인의 최종창고 또는 보관장소에 인도될 때까지 유효하며 통상적 운송과정이 아닌 화물의 보관장소, 혹은 화물의 할당・배분을 위하여 사용되는 장소에 인도될 때를 '위험의 종기(終期)'로 하고 있다. 그러나 본선 양륙 후 도착지 최종창고까지 무한정으로 부보되는 폐단을 막기 위해 60일 기한으로 제한을 가하고 있다. 즉 최종 양하항에서 하역 후 60일 간을 최고 한도로 그 담보기간을 제한하고 있으므로 화물인도전이라 해도 60일이 지나면 담보는 종료된다.

보통 실무상으로 적하보험을 가입하는 경우 거래하는 보험회사에 Fax 등을 이용하여 'Invoice'나 'L/C'를 송부하고 그 서류대로 증권을 발행해 줄 것을 요구하는 경우가 많다.

그러나 이러한 경우 무역서류에는 출발지와 도착지가 보통 항구나 공항으로 되어 있어 창고에서 항구 간 또는 항구에서 창고간은 무보험 상태가 된다. 즉 보험증권에 명기된 출발지와 도착지까지가 보험약관상 담보되는 구간인데, 무역서류상엔 항구이름만 나와 있어 그대로 보험에 가입되면 창고와 항구간은 담보가 되지 않는다. 그러므로 적하보험에 가입할 때는 반드시 출발지와 도착지를 창고가 있는 행정구역명으로 기재할 것을 요구해야 한다.

(3) 적하보험료

1) 적하보험 보험료의 결정

적하보험의 보험료에 영향을 미치는 사항은 화물의 종류・포장・출발지・도착지・운송용구・보험조건・할증사항 해당여부 등이다.

2) 적하보험 요율체계

적하보험의 보험료는 위의 여러 사항에 의해 결정된 보험요율을 토대로 '보험료 = 송장가액 × 110%(희망이익) × 보험요율 × 할인할증'과 같이 계산한다. 이렇게 계산된 보험료가 만약 미화 10달러 미만이면 최저 보험료인 10달러가 적용보험료가 된다. 이 보험료에 부보 당일의 외환은행고시 제1차 대고객 '전신환매도율'(TTS)을 적용하여 원화보험료를 책정하게 된다.

참고로 할증조건은 선박할증(船舶割增), 보험가입금액할증(保險加入金額割增), 수출지역할증(輸出地域割增) 등으로 구분된다. '선박할증'은 화물 운송선박의 정기선・비정기선 여부・선령・선급(船級)유무・선박의 재질・화물의 종류・선박의 총톤수・선박의 종류에 따라 소정의 선박 할증료를 부과한다. '보험가입금액할증'은 보험가입금액이 'CIF' 상당 송장가액의 130%~150%까지는 일정 할증율을 적용한다. '수출지역할증'은 사고가 많은 수출지역에 대해 할증된다.

(4) 전쟁보험요율

'전쟁보험요율'은 'London Scale'(London의 War Committee)에서 세계 각국의 정황에 따라 수시로 변동되어 결정된다. 실무적으로 '적하포괄보험'(Open Policy)은 일정금액 이상의 보험료를 납부하는 계약자에 대해 보험료의 인하 등의 혜택을 부여하는 제도이다.

'적하포괄보험제도'를 이용하면 보험료가 종전보다 20%이상 절약되고 사고 발생 시에도 소액사고는 별 다른 절차 없이 처리되며 그 외에도 많은 혜택이 있다. 다만 실무상 적하포괄보험은 1년을 기간으로 하기 때문에 1년간은 반드시 그 보험회사에만 적하보험을 부보하여야 한다.

(5) 적하보험약관

적하보험에서 사용되는 기본약관은 크게 두 가지로 구분된다. 구 약관과 신 약관이 그것이다. 구 약관은 오랜 역사를 가지고 지금도 널리 사용되는 약관으로 'F.P.A.', 'W.A.', 'A/R' 등의 조건이 있다.

신 약관은 구 약관의 애매한 문구와 고어체(古語體) 문장을 현대적이고 명확한 문장으로 바꾼 것으로 1980년대에 만들어 진 것이다. 신 약관에는 'ICC (A)', 'ICC (B)', 'ICC (C)' 등의 조건이 있으며 구 약관보다는 쓰임의 빈도는 적지만 영국 등에서 많이 쓰이고 있다.

1) 적하보험 구약관

① 분손부담보조건

'분손부담보조건'(FPA, Free from Particular Average)은 원칙적으로 단독해손은 보상하지 않지만 화물을 적재한 선박이나 부선이 침몰(沈沒)·좌초(坐礁)·화재(火災)를 당했을 경우의 단독해손에 대해서는 인과관계와 상관없이 보험자로부터 보상받을 수 있다.

아울러 화재·폭발·선박 등 운송용구와 타 물체와의 충돌 또는 접촉에 의해 생긴 손해 및 피난항에서 화물의 하역에 의해 생긴 손해를 보상받을 수 있다. 그리고 화물의 선적(船積)·환적(換積)·하역(荷役) 중에 생긴 매 포장 당 전손을 보상한다. 또한 중간의 기항지 또는 피난항에서 양하(揚荷)·보관(保管)·계반(繼般)을 위한 '특별비용'(Special Charge)을 지출했을 경우 그것이 'W.A.'에서 보상되는 것이면 보상 받을 수 있다.

② 분손담보약관

'분손담보조건'(WA, With Average)은 상기 '분손부담보조건'(FPA)에서 보상되는 손해에 추가해서 동 조건에서는 보상의 대상이 되지 않는 단독해손, 즉 '화물을 적재한 선박이나 부선이 침몰・좌초・화재를 당하지 않은 경우의 증권본문의 담보위험에 따른 분손'가운데 증권기재의 면책율을 초과하는 손해를 보상한다.

침몰・좌초・화재가 발생하지 않은 경우의 단독해손으로서는 현실적으로 악천우(Heavy Weather)에 의한 적하의 풍랑손해가 있다. 일반적으로 'WA'와 'FPA'와의 차이는 풍랑에 의한 단독해손을 보상하는지의 여부로 구분할 수 있다.

이 경우의 단독해손보상의 조건이 되고 있는 면책율에 대해서는 보험계약시 보험증권에 'Average payable if amounting to 3% on the whole or on each hold'로 명시해 놓는 것이 보통이다. 또한 화물에 따라서 면책율 없이 단독해손을 모두 보상하는 경우에는 'Average payable irrespective of percentage'라고 증권상에 표시한다.

③ 전위험담보조건

'전위험담보조건'(A/R, All Risks)은 보험목적물의 멸실이나 손상의 모든 위험을 담보한다. 그러나 지연(遲延) 또는 화물의 고유의 하자 혹은 성질에 근인(近因)해서 생긴 멸실・손상 또는 비용은 보상하지 않는다. 다만 보험금은 면책율 없이 지불된다. 즉 '전위험담보조건'에 있어서는 보험기간 내에 생긴 모든 위험, 즉 외래적 또는 우연한 사고에 의해 생긴 모든 손해는 면책율 없이 보상된다.

이 조건에 있어서의 보험금 청구에 대해서는 피보험자는 손해가 구체적으로 어느 위험에 의해 발생했다는 것을 입증하면 그것으로 충분하다. 그러나 '전위험담보조건'이라 해도 그 밖의 조건의 경우와 마찬가지로 지연에 따른 손해, 화물의 고유의 하자나 성질에 따른 손해의 경우 보험자는 면책된다.

2) 적하보험 신약관

런던시장에서 1982년 1월부터 간결한 내용으로 모습을 바꾼 신증권과 신협회약관이 새로이 제정되어 현재에 이르고 있다. 신 증권에는 보험계약의 존재를 증명하기 위한 최소한의 관련조항으로 피보험 이익의 상세를 명시하는 계약내용이 'Schedule Form'으로 기재되어 있으며, 적용될 표준약관으로서 신협회약관은 세 종류의 '적하약관'(積荷約款)과 '전쟁약관'(戰爭約款), '동맹파업약관'(同盟罷業約款)으로 구성되어 있다.

종래 적하약관의 기본조항은 'F.P.A.', 'W.A.', 'ALL Risks'의 세 종류이지만, 신적하약관은 'ALL Risks' 약관에 대응하는 것으로 작성된 '(A) 약관'과 새로이 작성된 '(B) 약관', '(C) 약관'의 세 종류로 되어 있다.

① ICC (A)

구약관 'All Risks' 약관에 상응되는 약관으로 'All Risks of Loss or Damage'를 담보하는 약관이다. 구 'All Risks' 약관과는 달리 면책위험을 열거하여 명기하고 있다.

② ICC (B)

구약관 'WA 약관'에 상응하는 약관으로 화재(火災)·폭발(爆發)·좌초(坐礁)·지진(地震)·분화(噴火)·낙뢰(落雷)·해수(海水)의 침입 등 열거된 주요위험에 의해 생긴 손해를 보상하는 '열거책임주의'(列擧責任主義)를 취하고 있다. 면책위험도 열거하여 명기하고, 클레임은 분손·전손의 구분 없이 보상하며 면책율의 적용도 없다.

③ ICC (C)

구약관 'FPA 약관'에 상응하는 약관으로, '(B) 조건'과 마찬가지로 열거된 위험에 의한 손해를 분손·전손의 구분 및 면책율 없이 보상한다.

그러나 '(B) 약관'에서 보상되는 위험 가운데 지진(地震)·분화(噴火)·낙뢰(落雷)·해수(海水)·호수(湖水) 등의 침입·갑판유실(甲板遺失)·추락한 매 포장당의 전손 등은 이 '(C) 약관'에서는 보상되지 않는다. 면책위험을 열거하고 있는 점은 '(A) 약관' 및 '(B) 약관'과 같다.

무역운송의 역사와 개념

제1절 들어가기 전에

사전적(辭典的) 의미에서 '운송'(運送)은 '사람이나 물건을 운반하여 보내는 일'로 풀이된다. 이 경우 '운반'(運搬)은 마찬가지로 '옮기거나 나르는 일'로 설명되는데, 결국 이 모두를 종합하여 그 의미를 추론해 보면, 운송은 '사람이나 물건을 옮겨 나르거나 보내는 일'로 이해할 수 있다.

한편 운송에 해당하는 영어 'Transport'는 '횡단, 관통, 건너편'이라는 의미를 가진 'Trans'라는 단어와, '항구, (배의) 피난처, 휴식처' 등의 의미를 가진 'Port'가 결합된 합성어이다. 따라서 'Transport'는 '배를 이용하여 사람과 물건을 항구에서 다른 항구로 옮기거나 나르는 일'로 앞선 이해와 같은 맥락에서 그 의미가 특정된다.

유사한 의미로서 '해운'(海運, Carriage by Sea, Shipping, Ocean Shipping, Sea Transportation, Marine Transportation)이라 함은 '해상운송'(海上運送)의 약어(略語)이다. 그런데 해상운송이란 운송의 하나로서 바다를 통로로 하고 선박을 운반구(運搬具)로 하여 선박기관(船舶機關)을 동력하는 운송을 말한다.

이 같은 해상운송이 통로로 하는 바다[해상(海上)]란 호천(湖川)과 같은 내수(內水) 및 항만을 제외한 수면(水面)을 의미한다. 호천이나 항만에서 이루어지는 운송은 우리 상법 상 육상운송에 속한다.

그러나 해상운송을 주체로 하는 기업을 포괄적으로 해운업(海運業)이라고도 하는데, 이에는 선박소유자(船舶所有者), 선박임차인(船舶賃借人), 정기용선자(定期傭船者)는 물론, 항해용선자(航海傭船者), 재운송인(再運送人), 운송주선인(運送周旋人) 등이 해상운송의 주체가 될 수 있는 바, 이들을 통틀어 '해상운송인'(海商運送人)이라고 지칭한다. 이 경우 '해상운송인'이란 해운업자(海運業者)라는 뜻이기 보다는 송화인(送貨人)이나 용선자(傭船者)와 운송계약(運送契約)을 체결하는 당사자를 뜻한다.

'해상운송계약'(海上運送契約)이 영업으로 영위될 때에는 상행위(商行爲)가 된다(商, 제

46조 제13항). 해상운송계약은 당사자의 한쪽이 상대방에 대하여 물건[물품(物品)]이나 여객(旅客)의 장소적 이전을 약정하는 것인 바, 그 근본은 용역 급부의 약속이며 그 용역의 결과인 장소적 이전의 완성에 대하여 보수를 지급하는 것이므로 도급계약(都給契約)에 속한다.

'해운'이란 기 언급한 바와 같이 해상운송이라는 말의 약어임에 틀림없으나, 실무상 막연히 해운이라고 하면 일반적으로 단순한 해상운송만이 아니라, 그에 부수되는 여러 가지 업무를 포괄하는 개념으로 사용되는 경우가 많다. 주지해야 될 일반적 사실이라 하겠다.

다만 영문의 경우 운송수단이 굳이 배[선박(船泊)]로 특정되어 풀이되고 있는 까닭은, 이하 국제운송의 역사에서 살펴보는 바와 같이 그 역사가 장구(長久)하고, 또한 현재까지 해상법(海商法)의 원류(原流)가 되고 있는 이를테면 한때 해가 지지 않은 영화를 누렸던 영국의 사회·문화적 행태가 고스란히 반영되어 있는 결과라고 여겨진다.

대개 무역학 또는 법학분야에서 국제운송 관련 상관습(商慣習) 및/또는 운송법규(運送法規)를 학습함에 있어 모름지기 모든 운송에 우선하여 해상운송이 그 주된 영역을 차지하고 있는 근본적인 이유는, 외견상 그 구간(區間)과 기간(期間)이 길다고 하는 이유와, 이로부터 발생될 수 있는 운송계약 관계당사자의 이해가 매우 복잡다단하게 얽혀 있다고 하는 사실, 그리고 일반 사법(私法)과는 달리 해상법(海商法) 분야는 고유하고도 독특한 법체계를 갖고 오랜 세월 법사학적(法史學的) 발전을 거듭해 왔다고 하는 사실 등으로 요약할 수 있다.

이와 같은 배경 하에서 되짚어 보면 'Transport'라는 의미는 '운송'이라는 의미보다 그 어원(語源)과 기원(起源)이 보다 오래고 함축적인 의미를 간직하고 있다고 말할 수 있다. 요컨대, 운송은 '공간적[물리적(物理的)]인 거리(Distance)의 차원(Dimension)을 시간(Time)의 함수로 바꾸어 그 이해(利害)와 추구하는 효용에 따라 이를 극복하기 위한 일련의 경제활동(經濟活動)'으로 넓게 인식할 수 있을 것이다.

본장은 본서의 서론에 해당하는 도입부분으로서 이하 '운송(運送)의 역사(歷史)와 개념(概念)'이라는 주제 하에서 운송의 역사와 운송의 정의 그리고 그 기능과 연구분야 및 범위를 다루고자 한다.

특별히 서두에서 운송의 역사를 살펴보고자 하는 이유는 그 운송역사 속에서 경제적 필요와 효용추구의 본질을 파악하는 중에 운송의 정체성(正體性)을 분명히 특정해 두고자 함에 있다.

요컨대, 본 장은 복잡다단한 현대 무역운송 또는 해상법 분야의 구체적 현상과 이해관계를 연구함에 있어 그 원천으로 자리매김 해 두고자 하는 바에 기술의 목적을 두고 있다. 또한 모든 학문분야가 그러하듯이 국제운송의 정의를 명확히 특정하고 이로부터 이 책이 다루고자 하는 내용의 연구분야 및 범위를 명확히 하고자 함이 당해 목적에 부수하는 또 다른 의도이기도 하다.

아울러 이 장은 본 서 전편의 울타리로서 타 영역, 이를테면 경우에 따라 같은 의미로 혼용되거나 의제(擬制)되어 사용되고 있기도 한 '물류(物流)', '유통(流通)' 및 '배송(配送)' 등 유사개념과의 명쾌한 개념적 분기(分岐)를 더불어 다루어 보고자 하는 바, 이로부터 국제운송 본류의 모습을 바르게 정립할 수 있는 계기가 있었으면 한다.

제 2 절 무역운송의 역사

1 고대

(이하 기술(記述)의 편의상 그 범위를 B.C.3000~A.D.500로 특정한다)

(1) 페니키아의 항해술과 상선대

저명한 경제·역사학자 론도 케머런(R. Cameron) 교수는 '고대 오리엔트'(Ancient Orient) 해상주역으로서 페니키아(Phoenicia) 문명과 경제력에 관해 다음과 같이 피력하고 있다.

"B.C.800~A.D.200년에 걸친 약 1000년의 기간은 고대 오리엔트의 황금시대로서 이 기간에 이룩된 문명수준은 최소한 A.D.12~13세기 유럽의 그 어떠한 문명보다도 월등하였다."

"그 내용은 거대한 도시국가[都市國家, City-State, 도시국가를 구분함에 있어서는 다양한 학설이 존재하나, 통설은 중심신전(中心神殿)이나 성벽(城壁)의 존재, 시가시설(市街施設)의 존재, 그리 넓지 않은 특별한 영역을 중심으로 하는 비교적 큰 취락의 병존 등을 그 근거로 삼고 있다. 다른 한편의 시각[설(說)]은 성직자 계급에 의한 사원(寺院)의 존재 유무와 관개(灌漑) 및 농경 전반에 걸친 관리감독의 수행을 위한 정치·경제적 조직의 유무를 그 기준으로 두고 있기도 한데, 달리 도시국가를 사원도시(寺院都市)로도 통칭하는 것은 이 때문이다] 및 제국, 대단위의 원정대(遠征隊), 고도로 발달된 무역 및 시장 네트워크, 외연적(外延的) 분업, 항해술(航海術)과 문명 간 교류, 건축술과 예술 등에 있어 그 수준이 비교우위에 있었다. 그 중심에 가장 영향력 있게 활동한 민족이 다름 아닌 페니키아인이다."

이 경우 '고대 오리엔트'(Ancient Orient)의 무대는 '사막'과 '강'이다. 동쪽은 이란

(Iran)에서부터 서쪽으로 소아시아(Asia Minor, Anatolia, 현재의 터키)를 거쳐 이집트(Egypt)에 이르는 반경 약 1,600km의 지역이 이에 포함된다.

'오리엔트'(Orient)의 일반적인 의미는 아시아의 동쪽 끝, 즉 한반도와 일본을 포함하는 극동(極東)으로 이해되고 있지만, 이에 '고대'라고 하는 한정사(限定詞)를 붙여 '고대 오리엔트'(Ancient Orient, Ancient Near East)라고 지칭하는 경우에는 지리학적인 용어가 아닌 역사학상의 개념으로 수용된다. 따라서 고대 오리엔트를 이해함에 있어서는 시간적으로나 공간적으로 역사상 최초의 문명을 강조하고 있다는 점을 우선 분별하여야 하고, 또한 이 같은 최초문명이 시작된 사회의 넓이를 고대 오리엔트라는 지역적 범위와 동일시하여야 한다[고대 오리엔트의 문명사적 중심은 메소포타미아(Mesopotamia)이다. 메소포타미아는 서아시아 티그리스강(Tigris R., 1,900km)과 유프라테스강(Euphrates R., 2,700km) 사이의 지역일대를 가리키는 명칭이다. 그 의미는 그리스어로 사이[간(間)]의 의미인 메소(Meso)와, 강(江)의 의미인 포타모스(Potamos)라는 단어의 조합에서 비롯된다. 이 지역은 소위 '비옥한 초승달 지대'(Fertile Crescent)로도 명명되는데, 이는 미국의 고고학자 '브레이드 우드'(R. Braidwood)가 처음으로 사용한 바에 기인하고 있다].

B.C.3000년경 지중해(Mediterranean Sea) 동단을 중심으로 발달한 '고대 메소포타미아'(Ancient Mesopotamia) 문명과 나일강(Nail R.) 유역의 이집트 문명 간에는 무역을 포함하여 문화적 교류가 상당하였다. 그 중심에서 전업적인 상인과 선원으로써 활동한 대표적인 민족이 있었는데 그들이 다름 아닌 페니키아인들이다.

▌자줏빛 염료의 열매 ▌

페니키아인들은 본래 페르시아만[the Gulf, 전통적 명칭은 '페르시아만'(Persian Gulf)이다. 현재 공식 명칭으로 '걸프만'[the Gulf]으로 불리운다. 이 경우 '걸프만'은 지명분쟁[페르시아만, 호메이니만, 아랍만 등]에 따라 'Gulf'의 어의가 변용된 결과임을 참고한다]이나 홍해(Red Sea)로부터 지중해로 이동하여 정착하였는데, 그들은 오랫동안 고도로 발달한 항해술[航海術, Navigation, 항해 또는 항해술을 뜻하는 영어 'Navigation'의 어원은 라틴어의 'Navigere' 로서 'Navis'(배)와 'Agere'(움직이다, 인도하다, 이끌다)에서 유래되었다]을 기반으로 당대 세계 최강국의 하나였던 이집트 상업을 사실상 독점하기도 하였다. 때문에 시각에 따라서는 이집트 파라오(Pharaoh)의 대리인(Agent) 또는 계약상인(契約商人)으로서 역할을 수행한 것으로 간주되고도 있다.

당시 지중해를 중심으로 초창기 페니키아의 교역상품 중 가장 대표적인 물품으로는 키프로스(Kypros, 키프로스는 전략적 위치 때문에 이 섬의 역사가 시작된 초기부터 시대가 바뀔 때마다 당대 세계를 지배한 국가들에 의해 점령당해 왔다. 이렇게 여러 이민족들이 이 섬을 지배하게 되면서 각각의 민족특성이 이 섬에 고스란히 남게 되는데, 특히 B.C.1300년경부터 이 섬에 정착한 것으로 알려진 그리스계 주민들이 키프로스의 언어·종교 및 문화에 있어서 절대적인 비중을 차지하게 되었으며, 마지막 식민통치국 이었던 영국은 법·행정·상관습·통신 등 많은 분야에 걸쳐 영국과 아주 유사한 자취를 남겨 놓았다. 참고할 것은 국제운송의 시각에서 현재 키프로스는 세계를 주도하는 3개의 선박 운영 중심지 중 하나이며, 또한 키프로스의 선박으로 등록되려면 선박 소유권의 50% 이상이 키프로스의 소유이어야 한다)의 구리[동(銅)]와 레바논의 전설적인 삼나무(柏香木, Cedar)가 있었다.

이후 고도로 발달한 항해술을 기반으로 페니키아의 활동영역이 점차 확대되면서 상업과의 연계 하에서 페니키아인은 위 그림에서와 같은 그 유명한 '자줏빛 염료'의 제조를 포함한 수많은 가공산업들을 발달시켰다. 이는 페니키아라는 단어가 '자줏빛 염료의 땅' 이라는 의미의 그리스어에서 파생된 것으로부터도 알 수 있는 사실이다. 참고로 당시 자줏빛 염료는 무역에 있어 경제적으로 가장 규모가 큰 대단위 교역상품이었다.

페니키아인은 정치적으로 독자적인 도시국가(都市國家, City-State)를 형성하였는데, 현재 국가별 기준으로 이태리, 스페인, 알제리를 포함하여 약 10개국에 그리고 도시별로는 약 40개 지역을 주도적으로 관장하였다.

그 배경에는 페니키아의 막대한 경제적 부(富)에 어쩔 수 없이 의존할 수밖에 없었던 강력한 인접국들의 호의(好意)와 관용(寬容)이 작용하였다. 그렇지만 페니키아는 고대 오리엔트의 역사적·지리적 특성상 제국의 명멸에 휩싸여 수차례 운명의 변동을 경험하기도 했다.

요컨대, 페니키아인은 마케도니아(Macedonia)의 알렉산더대왕(Alexandros the Great, B.C.356~B.C.323)에 의해 정복당할 때까지 거의 3천년 동안 고대문명에서 가장 우수한 상업민족(商業民族)이었다.

그렇지만 역사적으로 페니키아인은 정치적으로 전혀 통일된 적이 없었다. 그럼에도 불구하고 이처럼 지중해 및 지중해 연안을 지배할 수 있었던 원천은 각각의 독립된 도시국가들에서 나오는 잉여산물(剩餘産物)과 지적인 노력의 결과에 있었다. 훌륭한 장인(匠人)들이었던 그들은 이로부터 월등히 발전된 배[상선(商船)]와 항해기술을 통해 국제운송의 효시가 되었던 것이다.

페니키아인들은 무역에 있어 그리스와 로마인의 여러 가지 상업기법을 도입하였을 뿐만 아니라 당시까지 사용되고 있었던 상형문자(象形文字)나 설형문자[楔形文字, Cuneiform, B.C.3000년경부터 이후 3,000년간 고대 메소포타미아를 중심으로 고대 오리엔트에서 광범하게 사용된 문자이다. 설형문자(楔形文字)는 한자(漢字)와 마찬가지로 회화문자[그림문자]에서 생긴 문자이다. 점토 위에 갈대나 금속으로 만든 날카로운 펜으로 새겨 썼기 때문에 문자의 선이 쐐기모양 같다고 하여 설형문자라고 한다. 설형문자를 발명한 것은 수메르(Sumer)인이며, 수메르에 있어서 가장 오래된 문자는 B.C.4500년경 우루크(Uruk) 신역(神域)에서 발견된 회화문자였다. 참고로 현재 알려진 당시 문자의 수는 약 1,000자에 달한다)보다 더욱 실용적인 대체어로서 알파벳(Alphabet)을 개발하기도 하였다.

▌페니키아에 의해 건조된 2단식 상선(商船)▐

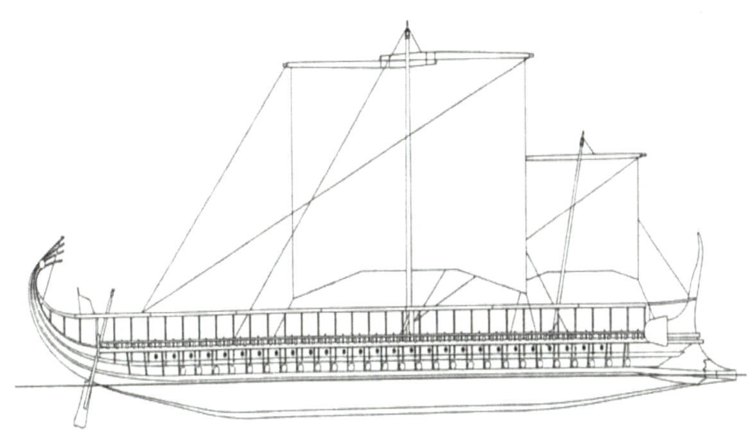

페니키아의 2단식 상선은 후일 그리스, 로마의 실전 함대의 모체가 되었을 뿐만 아니라 범선의 효시가 되었다. 이를 소위 갤리(Galley)선이라고 한다. 갤리선은 평소 2단식 노(Oar)를 장착하여 배의 기동력과 속도를 높일 수 있게 하였고, 전쟁 시에는 외부로 노출이 되지 않게 하여 아군을 보호할 수 있게 하였다. 따라서 페니키아 함선의 특징은 운송과 전쟁시에 공히 또한 그들은 좁은 영토에서 인구팽창을 완화하고 그들 삶의 기반이 되었던 무역을 촉진하기 위해 북아프리카 해안과 시실리아(Sicilia, 이탈리아 남서부에 있는 지중해 최대의 섬으로 면적은 25,708km2에 상당한다), 사르데냐[Sardegna, 이탈리아 반도 서쪽 해상에 있는 지중해 제2의 섬으로 면적은 24,089km2이다. 영어로는 사르디니아(Sardinia)라고 한다. 대지상(臺地狀)의 섬으로 페니키아인의 식민지 개척 시작 전부터 각지에 누라게(Nuraghe)라는 성채취락(城砦聚落)을 건설하기도 하였다. 이후 로마제국을 거쳐 사라센(Saracen)제국의 지배에 예속되게 된다), 발레아릭(Balearic, 스페인 북부 '발레아릭 군도'(Balearic Archipelago)에 포함된 주 섬이다]을 포함한 현재 스페인의 섬과 해안에 식민지를 개척하였다(지중해를 둘러싼 인근 연안들은 모두 페니키아의 영토였다고 볼 수 있다. 학설에 따르면·인도·오스트레일리아·남아메리카에까지 진출한 사실이 증명되고 있기도 하다).

일례로 페니키아 식민지의 하나였던 카르타고[Carthage, 고대 페니키아인이 북아프리카의 튀니지만(Tunisia Pen.) 북 연안(沿岸)에 건설한 도시 및 도시국가를 말한다. 로마인은 카르타고 주민을 포에니인(곧 페니키아인)이라 불렀으며, 건립은 대개 B.C.720년경으로 추정한다. B.C.3세기 전반까지 서지중해에서 최대의 세력을 떨쳤으며, 무역으로 번영하였는데 특히 상업귀족의 세력이 매우 강대하였다. 카르타고라는 이름은 고대 로마인들이 명명한 것이다. 카르타고는 땅이 비옥하고 지중해 통상의 요충지로 해상무역을 통해 발전하였다. 특히 스페인과 아프리카를 잇는 통상로에 위치하여 B.C.600년경 서지중해의 무역권을 완전히 장악하기도 하였다]는 독립제국을 건설하기도 하였고, 후일 지중해 서부의 주도권을 놓고 로마와 전쟁을 벌이기도 한다.

(2) 근동의 육상운송과 무역

'근동'(近東), 곧 '고대 메소포타미아'(Ancient Mesopotamia)에서 유사 이래 가장 괄목할 만한 역사적 사실은 페르시아[Persia, 메디아(Media)가 그 기원이 되며 고대 오리엔트 최후의 주역이 된 민족이다. 현재 이란(Iran)민족의 기원을 이룬다. '키루스 대제'(Cyrus II, B.C.599~B.C.531)는 페르시아를 대표하는 희대(稀代)의 성군(聖君)으로서 그는 페르시아인의 자유와 독립을 회복하였을 뿐만 아니라 이집트를 제외한 고대 오리엔트 전 지역을 정복·통일함으로써 고대 오리엔트사에 있어 최후·최대제국의 기틀을 마련한 제왕으로서 역사적 지위를 점한다]에 의한 제국의 통일이라 할 수 있다.

그 역사적 시사점은 무엇보다도 동·서방의 문화와 문명이 자연스럽게 어우러질 수 있는 계기를 마련할 수 있었다는 것인데, 그 중심에는 무엇보다도 페르시아에 의한 제국의 통일이 결정적 기반이 되었다.

'고대 메소포타미아'에서는 B.C.2000년경 이후부터 도시국가로부터 정치적·군사적 역량을 키워 일대 제국으로서의 면모를 갖추고 근동의 주인이 되고자 힘써왔던, 예를 들면 '힛타이트'[Hitite, 힛타이트 왕국은 B.C.2000년경 시리아(Syria) 북부를 중심으로 그 주변 민족을 정복한 뒤, 몇 개의 소국을 병합하여 탄생한 민족이다. B.C.1900년경 소아시아 중부를 지배하였고, 초기에 형성한 소국의 세를 결집하는 과정을 통해 점차 영토를 넓혀,

B.C.1700~B.C.1600년경에는 후방 북시리아(현재의 터키)까지 진출하게 된다. 전성기에는 세계최초 문명의 발생지인 수메르(Sumer)에 인접한 바벨론(Babylon)까지 원정(遠征)하기도 하였다. B.C.1400년경 힛타이트는 외부적으로 동북방 미탄니(Mitanni)와 남방 시리아에 있던 여러 소국들을 정복하고, 내부적으로는 강력한 왕권을 확립하였다. 또한 당대 유일의 철제련(鐵製鍊) 기술을 바탕으로 전략적 요충지에 견고한 성벽을 쌓는 등 일대 제국으로 발돋움하게 된다. 힛타이트의 정립(鼎立)배경에는 당시까지 전무하였던 철제무기(鐵製武器)와 전차(戰車)에 의한 새로운 군사전술의 활용이 크게 공헌하였는데, 이는 후일 강력한 군사력으로 최초의 통일국가를 건설한 앗시리아(Assyria)에 의해 더욱 계승・발전된다], 앗시리아[Assyria, 티그리스강 상류를 중심으로 발현한 민족이다. 앗시리아는 도시국가로 B.C.2300년경 우리에게 바벨탑(Babel Tower) 이야기로 잘 알려진 티그리스강 상류 시날(Shinar) 지방에서 발원하였다. 이후 앗시리아가 역사의 무대에 본격적으로 나타나기 시작한 때는 B.C.2100년경부터인데, 그 근거지는 현재 이라크의 남부지방을 중심으로 하였다. 앗시리아는 지정학적으로 티그리스강 상류에 위치해 있어서 농경하기에 적합한 비옥한 충적토(沖積土)를 배경으로 성장하였다. 앗시리아는 바벨론의 함무라비(Hammurabi, B.C.?~1750)와 동시대인 B.C.1900년경 전성기를 맞아 인근 주변 민족을 대부분 점령하기도 했다. 그러나 이후 쇠퇴기를 거쳐 그 명맥만 유지하다가 B.C.1400년경 재차 부흥하게 되는데, 이 당시 제국의 위상을 지니고 있었던 바벨론과 일대 격전에서 승리하여 메소포타미아의 신흥세력으로 급부상하였다. 이로부터 고대 메소포타미아 문명의 주체로써 바벨론의 문화적・종교적 영향을 직접적으로 계수하게 되었다. 이후 앗시리아는 본격적 정복사업을 펼쳐 B.C.800년 중반 최대의 전성기를 구가하게 된다], '바벨론'(Babylon, 바벨론이 역사의 무대에 등장하게 된 시점은 B.C.1900년경부터이다. 익히 잘 알려진 함무라비와 재위 시에 대제국의 중심지로 그 전성기를 구가하게 된다. 이후 B.C.400년경까지 근동의 경제・정치・군사의 중심지로서 황금기를 구가하다가 점차 소멸하게 된다. 참고로 학설에 의하면 그 유명한 바벨탑의 최초 건립의 당사자가 함무라비 대왕이라는 설이 있는데, 이는 현재까지 역사적 정설로 수용되고 있다) 등이 있었으나, 실제로 통일제국의 기초를 마련하고 실질적인 제국으로서의 면모를 갖추었던 민족은 응당 '페르시아'였다.

'페르시아'는 본래 기마술(騎馬術)에 능통한 메소포타미아 북부 인도-유럽인(Indo-European)들이었던 메디아[Media, 역사학적으로는 티그리스강 동부지역에 거주하였던 민족을 메디아인이라고 부르고 그 북부지역[파르스(Fars)]에 거주했던 민족들을 페르시아인이라고 칭한다]인을 중심으로 형성된 민족이었는데, 그들은 이 같은 탁월한 기마술을 바탕으로 치밀한 군사전략과 체계적인 전술에 의하여 고대 메소포타미아를 통일하고, 후일 로마제국의 기초를 다진 민족으로서 역사적 의의를 점한다.

페르시아의 최대 영토는 다리우스왕(Darius Ⅰ, B.C.522~486) 재위 시에 이룩되었는데, 그 범위는 북서쪽은 발칸반도(Balkan Pen.)의 남동부, 남서쪽은 이집트 남부, 남쪽은 걸프에서 시리아(Syria) 사막 북변을 거쳐 홍해까지, 동쪽은 인더스강(Indus R.)에 이르는 광대한 지역에 걸쳐있었다.

그렇지만 이와 같이 3대륙에 걸친 광대한 영역을 통치한다는 것은 결코 용이한 일이 아니었는데, 이 같은 문제점은 페르시아 제국의 초기에는 키루스 대제의 선정정치(善政政治)에 의존하다가, 후기에는 다리우스왕의 칙령에 따라 건설되어진 그 유명한 '왕의 길'(Royal Road)에 의하여 극복되었다.

▌'왕의 길'(Royal Road) 지도▐

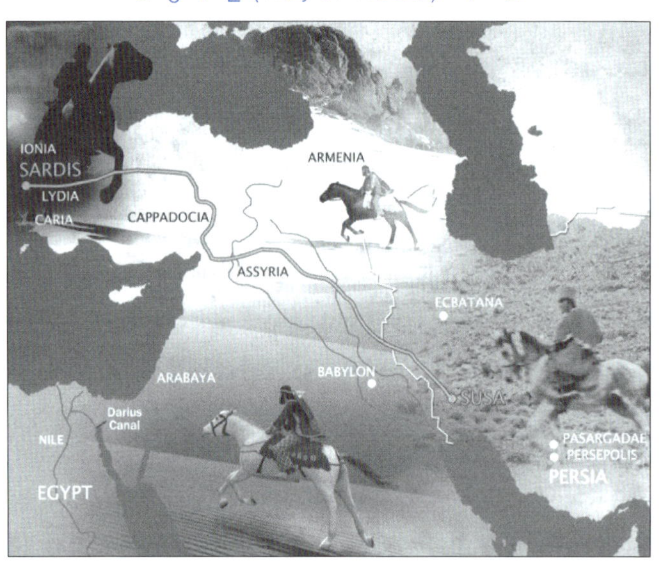

이는 이전에 제국의 명멸에서와 같이 각지로부터 소요되는 반란과 민족별 세력확장이 선정정치에 의하여 잠재워 질 수 있었다는 것과, 설령 반란과 민족별 세력 확장이 일어났을 경우 왕의 길에 의한 신속한 적시적기의 응대가 광대한 제국을 유지할 수 있었던 배경이 되었음을 의미한다. 국제운송의 시각에서 왕의 길은 그 시사하는 바가 지대한데, 건립배경과 기능을 구체적으로 살피면 다음과 같다.

우선 건립배경은 언급하였던 바와 같이 앗시리아, 바벨론에 이르는 시기에 제국멸망의 화근이 되었던 각지의 반란과 민족독립의 저항을 사전에 방지하고자 했던 의도에서 비롯되었는데, 따지고 보면 페르시아 또한 그 기회에 편승하여 제국으로서 발돋움했던 경험이 있었기 때문에 이에 비롯된 당연한 결과적 산물이었다고 볼 수 있다. 또한 제국내부의 '경제적 잉여'(剩餘, Surplus Value)를 적절히 분배할 필요가 있었던 것이 부차적 이유이기도 했다.

페르시아 제국이 겨우 재위 3대에 걸친 70여년의 단기간에 3대륙에 걸친 대제국을 건설할 수 있었던 배경은, 막강한 군사력 및 전략전술 외에도 앗시리아 이전부터 정비되어 있었던 무역 및 군용도로를 유효 적절히 활용할 수 있었던 바에 있었다.

왕의 길은 소아시아[터키(Turkey)]의 사르디스(Sardis)와 에페소스(Ephesos)에서 시작하여 타르서스(Tarsus), 하란(Haran)을 거쳐, 티그리스강을 건너 페르시아 왕의 겨울 수도였던 수사(Susa, Sushi)를 연결하는 것이었는데, 이것이 그 유명한 왕의 길의 실체이다.

▮살라미스해전의 페르시아전함▮

왕의 길에는 총 111개의 역관(驛館)이 설치되어 왕의 칙령을 전하기 위한 역마(役馬)가 항상 준비되어 있었는데, 그 총 길이는 2,698km에 달하였다. 무역상들은 이 길을 지남에 있어 90일을 소요하였으나, 왕의 칙령은 불과 7일 만에 주파할 수 있었다. 따라서 언제 어느 지역에서 반란이나 소요가 발생한다고 하더라도 신속히 이를 제압할 수 있는 기반이 확충되었던 것이다. 왕의 길은 현재까지 그 유적이 고스란히 남아 있다.

한편 다리우스왕은 해상교통에도 관심을 기울여 예컨대 200~300톤급의 대형선박도 건조하였다고 한다. 이 선박은 그 유명한 페르시아와 그리스 간 '마라톤(Marathon) 전쟁', '살라미스(Salamis) 해전', '플라타에아(Plataea) 전쟁' 등에 투입된 페르시아의 주력 전함으로도 기능하게 된다.

(3) 그리스 · 로마시대의 운송

그리스는 경제적으로나 군사적으로 월등히 앞서 있었던 당대 세계 최고의 강성대국 페르시아와의 일대 격전을 모두 승리로 이끌고, 본격적으로 새로운 통일제국으로서의 면모를 일신하게 된다.

그리스는 그 유명한 마케도니아의 알렉산더대왕에 의해 통일되고 이후 페르시아의 영토를 거침없이 정복하여 그야말로 세계 최대제국으로서 발돋움하게 된다. 이 시기로부터 세계문명은 비약적으로 발전하게 되고, 해상을 중심으로 활발한 통상과 교역이 일어나게 된다.

▌그리스의 전함▌

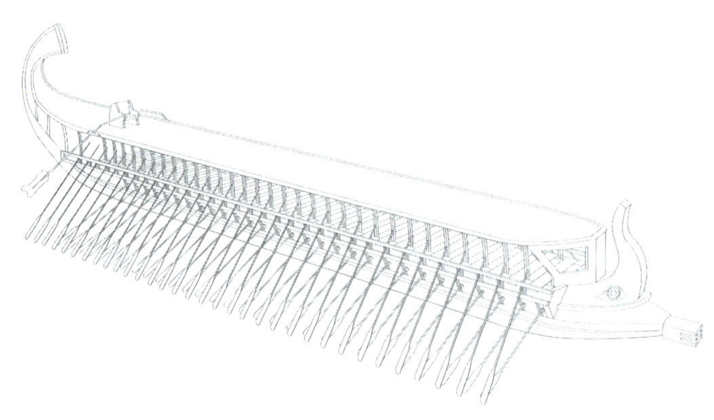

한편 그리스는 페르시아의 전함과 상선을 더욱 발전시켜 원거리 해상운송[항양(航洋)]이 가능한 범선(帆船)을 새로이 개량하게 되는데, 물론 그 효시는 앞서 설명한 바 있는 페니키아의 상선대로부터 비롯된다.

다른 한편 내륙에서의 육상운송(陸上運送)은 그간의 장구한 세월동안 페르시아가 구축해 놓은 인프라를 기반으로 더욱 활발한 교역을 부추기는 계기가 되었을 뿐만 아니라 이로부터 적정한 조세를 징수하여 국부증진을 도모할 수 있게 하였다.

이 당시 그리스는 멀리 인도양까지 본격적으로 진출하게 되는데, 당시 교역에 있어 가장 규모가 크고 거래량이 많았던 물품은 다름 아닌 향료[香料, 후추(Pepper)]였다. 향료의 교역은 이후 중세에 이르기까지 국제통상의 주력물품으로서 그 지위를 점하게 된다.

그리스·로마시대의 국제운송의 가장 큰 특징은 운송수단의 발전에 앞서 법과 제도의 정비에 있다. 이는 이민족 간 통상·교역에 있어 서로 다른 문화와 관습으로부터 비롯된 이해를 적절히 균분(均分)하고 이로부터 파생될 수 있는 문제점을 사전에 예방하기 위한 결과적 산물이었다. 그 중심에서 가장 강조되고 또한 일반원칙(一般原則)으로서 수용된 법리가, 곧 현대 계약법의 모체가 되고 있는 '신의성실의 원칙'[신의칙(信義則), the Principle of Good Faith]이었다.

특별히 로마법(*ius gentium*)상 신의칙은 계약 또는 법의 해석에 있어 특정문구 또는 규정에 구애되지 않고 객관적 사정과 합의의 내용을 고려하여 이에 상당한 적정한 기준이 적용되었는데, 로마인은 이 과정에서 신의칙에 관한 해석·절차·사고방식 등을 통상 '합의는 반드시 지켜져야 한다'(*pacta sunt servanda*)는 원칙하에서 법적 당위성을 확보하였다. 다만 이 같은 신의칙은 앞서 기술한 바와 같이 이민족 간 상거래에 관한 특정영역에서 기능한 특성이 있다.

(4) 육상운송수단의 발전과 비단 길

고대 육상운송의 대부분은 이륜(二輪)과 사륜(四輪)의 우마차(牛馬車)에 의존한다. 그 시초는 세계 최초문명의 발상지인 수메르[Sumer, 수메르인에 의한 인류최초의 문명은 티그리스(Tigris R.) 및 유프라테스(Euphrates R.) 두 강이 걸프(페르시아만)로 유입되면서 형성된 비옥한 충적토를 기반으로 B.C.3500년경 발현하였다. 그 문명은 지구라트(Ziggurat), 설형문자(Cuneiform) 등으로 대표된다] 지역에서 출현하였는데, 당시 우마차의 차륜(車輪)은 극히 원시적인 것이어서 그림에서와 보는 바와 마찬가지로 대개 180°의 두꺼운 판자를 원판형(圓板型)으로 결속하여 만든 조잡한 것이었다.

그렇지만 이와 같이 조잡한 원판형 우마차라고 하더라도 당대에는 그 효용성이 상당한 것이어서, 이를테면 전쟁의 보조적 역할, 곧 군량 및 무기를 싣고 이동하는 역할뿐만 아니라 평상시에는 이민족 간 통상을 위한 주요 운송수단으로써 기능하였다.

이와 같은 우마차는 미탄니[Mitanni, Naharin, 현재 터키지방을 포함한 아르메니아 지역을 기반으로 B.C.3000년경부터 북메소포타미아에 등장하게 되는데, B.C.1500년경 전성기를 구가한다. 전성기에는 소아시아 남동부・북시리아・티그리스강 동부까지 세력을 확장하였다. 초기 철제련 기술을 전수해 준 힛타이트(Hittite)에 의해 멸망하였다]의 철제련(鐵製鍊) 기술을 계승하여 더욱 발전시킨 힛타이트(Hittite)에 의하여 고도화되게 되는데, 이것이 곧 철제차륜(鐵製車輪)을 탄생시킨 역사적 배경이 된다.

▌수메르의 우마차▌

실제로 철제차륜이 전차나 우마차에 결속되었다고 하는 사실은 그 이동의 안전성과 장거리 육상운송의 적합성을 담보할 수 있었음을 시사하는데, 이로부터 고대 오리엔트의 통상과 교역은 일대 전기를 맞게 된다.

역사적으로 힛타이트의 철기문화를 더욱 계승・발전시켜 고대 오리엔트 철기문화의 이끌었을 뿐만 아니라 그 보편화를 주도한 민족은 다름 아닌 앗시리아(Assyria)였다. 요컨대, 앗시리아의 철제련 기술과 철기문화의 보급은 철제무기의 제련으로부터 비롯되는데, 이후 바벨론, 페르시아, 그리스 및 로마시대를 거치는 동안 당해 기술은 더욱 발전되고 확산되어 르네상스 시대의 전막(前幕)으로서 그 시대적 지위를 점하게 된다.

한편 철기차륜(鐵器車輪)에 의한 육상운송 범위의 확장은 급기야 동방문화와도 접점을 찾게 되는데, 그 가교(架橋)가 곧 '비단 길'(Silk Road)이다. 그 명칭은 동방에서 서방으로 간 대표적 상품이 중국산 비단이었던 데에서 유래한다. 이에 반하여 서방으로부터도 보석·옥·직물 등의 산물이나 불교·이슬람교 등도 이 길을 통해 동방에 전해지게 된다.

▮비단길의 여정(旅程)▮

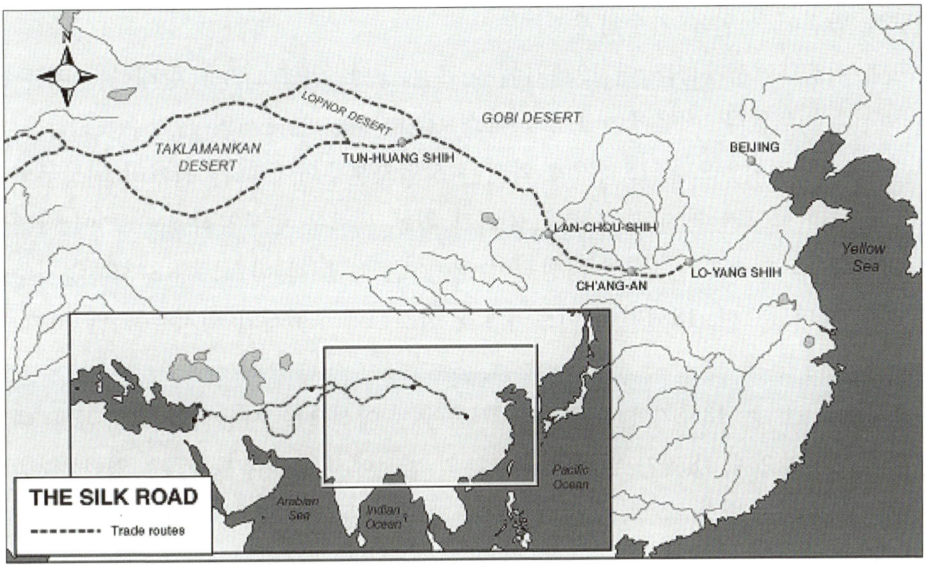

이 무역로는 '타클라마칸 사막'(Takla Makan Des.) 북변을 통과하는 '서역북도'(西域北道)와 남변을 경유하는 '서역남도'(西域南道)가 있다. 공히 '파미르 고원'(Pamir Plat.)을 넘어 서투르키스탄(W. Turkistan)의 시장에 이르며, 또한 동방으로는 간쑤성(甘肅省) 둔황(敦煌)에서 합해져 외길로 되어 황허강(黃河) 유역까지 이르렀다.

그러나 3세기경부터 비단길 일대의 건조화(乾燥化)가 진행되면서, 북도는 둔황에서 북행하여 톈산산맥(天山山脈)의 동단, 투루판분지(吐魯蕃盆地)를 경유하여, 카라샤르(焉耆)·쿠차(龜玆)·카슈가르(疏勒)에 이르게 되었다.

비단길은 타클라마칸 사막의 주변에 산재한 다수의 오아시스 민족들의 대상활동(隊商活動)으로 유지되었으며, 그 무역의 이익은 동방에서 중국인을, 북방에서 유목민을, 또 남방에서는 티베트인을 끌어들여 그들에 의해 강화되기도 하였다(역사적 사실로 신라(新羅)의 수도였던 경주(慶州)에서 교역에 임하였던 이슬람교도, 즉 근동의 상인들 또한 이 비단길을 주된 통상로로 이용하였다).

2 중 · 근세

(앞선 기술과 마찬가지로 A.D.1300~A.D.1900로 특정한다)

중세(中世)에 이르러 유럽 대다수의 국가들은 끊임없는 전쟁, 식민지 쟁탈, 무역활동 등을 거치는 가운데 13세기 중엽 이후로 19세기 이르기까지 목조범선(木造帆船)의 개량과 발전에 심혈을 기울이게 된다.

고대 이집트에서 시작되어 19세기에 이르는 동안, 외양(外洋)을 항해하는 배는 모두 범선(帆船)이었다. 처음에는 1개의 마스트(支柱, Mast)에 1개의 횡지주(横支柱)를 설치한 간단한 것이었으나, 15세기에 와서는 상업자본주의에 따른 원거리 해상무역의 필요에 따라 규모가 커지고, 속력을 높이기 위한 새로운 범장양식(帆檣様式)이 나타나게 되었다. 곧 마스트가 3개인 횡범선이 생기고, 그 후 각 마스트에 3개의 횡지주를 단 것이 나타났으며, 18세기에 이르러 1개 마스트에 5~6개의 횡지주를 단 것이 나타나기도 하였다.

종지주(終支柱)는 18세기에 도입되어 처음에는 어선으로 사용되었으나 점차 대형선에 채용되었으며, 18세기 미국의 대부분의 범선에서 종지주를 볼 수 있다. 횡범선(横帆船)에 비해 종범선(従帆船)은 항해하기가 쉽기 때문에 기동성이 요구되는 원양 무역선에 주로 사용되었다.

아울러 항해술 면에서도 비약적인 발전을 이루게 되는데, 곧 당시까지의 항해술은 대개 지형 · 별 · 풍향 등 경험에 의존하는 것이 일반적이었으며, 항해기구 또한 수심을 측정하기 위한 측심기(測深器, Depth Sounder) 정도가 고작이었다.

이후 13세기 중엽, 아라비아 상인들이 일찍이 중국에서 발명한 나침반(羅針盤, Compass) 및 해도(海圖)와 모래시계를 지중해에 전파함으로서 해운 및 항해술에 일대 변혁을 가져오게 된다. 이는 14세기 초에 이르러 이탈리아에서 항해용 나침반을 제작하여 비로소 중세 대양항해(大洋航海)의 황금기를 구가하게 되는 초석으로서 작용한다.

나아가 15, 16세기에 이르러 유럽에서 '십자군원정'[十字軍遠征, Crusades Expedition, 11세기 말에서 13세기 말 사이에 서유럽의 그리스도교도들이 성지 팔레스티나와 성도(聖都) 예루살렘을 이슬람교도들로부터 탈환하기 위해 전후 8회에 걸쳐 감행한 대원정(大遠征)]과 르네상스[Renaissance, 중세와 근세 사이(14~16세기)에 고대 그리스 · 로마 문화를 이상으로 하여 이들을 부흥시킴으로써 새 문화를 창출해내려는 운동으로, 그 범위는 사상 · 문학 · 미술 · 건축 등 다방면에 걸친 것이었다]를 거치는 동안 상공업과 무역이 활발히 일어나고, 그 결과 문화와 경제가 향상 발전하는 등 활기에 넘쳐 있었으며 새로운 세계를 탐색하여 재화와 상품을 획득하려는 열기가 고조되었다.

이 같은 시대적 조류는 원양항로(遠洋航路)의 개척에도 관심을 갖게 하였는데, 네덜란드·영국·프랑스 등의 주요 해운국들은 전 세계를 대상으로 활발한 식민지 개척과 무역활동을 전개하기에 이른다.

이는 본격적인 해상활동이 강화되고 중상주의[重商主義, Mercantilism, 15세기부터 18세기 후반까지 서유럽 제국에서 채택한 경제정책과 경제이론을 말한다. 곧 근대자본주의가 산업혁명에 의해 확립하기까지 초기단계에서 원시적 축적을 수행하는 데 사용된 여러 정책과 이를 뒷받침한 이론체계이다. 경제정책으로서 중상주의의 핵심은 초기 산업자본을 위해 국내시장을 확보하고, 국외시장을 개척할 목적으로 수행되는 보호주의 제도로서 외국제 완제품 수입금지와 제한, 외국산 원료의 수입 장려, 국내 상품의 수출장려, 국내 원료 수출금지 등의 조치를 직접 입법 및 관세정책으로 실행하였다. 이것은 절대왕정이 타도되어 산업자본이 국정을 지배하게 되는 명예혁명(1688) 때부터 약 100년 사이에 걸쳐 원시적 축적의 체제로서 추진되어 온 정책이다. 경제이론으로서 중상주의의 핵심은 근대자본주의는 아직 생산부문까지를 완전히 지배하지는 못하였으므로 이윤이 기본적으로 생산과정이 아닌 유통과정에서 발생된다는 것이다. 이와 같이 중상주의 사상의 주류는 단순히 무역차액이나 산업보호라는 관점에만 그친 것이 아니라, 국내시장 확대와 자본축적이라는 관점에서 유효수요의 분석에도 진전을 보여 마침내는 화폐경제이론의 초기적 체계를 완성시키는 계기가 된다. 그러나 중상주의는 시민혁명(市民革命)과 더불어 해체되고, 이론적으로는 1776년 아담 스미스의 국부론(國富論) 출판과 함께 의미를 상실하게 된다] 시대(16~18세기)에 돌입하게 되는 결정적 계기로 작용한다.

특히 인도나 중국 등 극동(極東)을 목표로 한 항해루트 탐색을 계획하게 되었고, 천문학의 발달과 자기 나침반, 조타기를 위시한 항해기구 및 부속장치의 발달로 항해술이 크게 진보하였으며, 선체와 돛의 규모도 커지기 시작했다. 18세기에 이르러 유럽 열강의 식민지 쟁탈은 해운업을 물론 배도 견고해지고 대형화 되는 계기로 작용한다.

이 시기에 특별히 영국은 1568년 이미 왕립거래소[王立去來所, Royal Exchange, 1500년대 초에서 중반까지 영국은 절대왕권 확립과 중상주의 정책 추진으로 국가의 경제적 기반이 서서히 강대해 갔다. 항해법(航海法)을 공포하여 영국 해군의 보호·육성을 꾀하는 한편 금융제도를 정비하여 외국인의 금융지배를 배제하고 외국과의 자유무역을 보증하는 한편, 종래 런던의 스틸야드(Steelyard)를 근거지로 하여 영국 무역을 지배하고 있었던 한스(Hanse) 상인과 베니스(Venice) 상인에 대해서는 강경수단으로 자주권 획득에 노력한다. 그 결과 16세기중반 이후부터는 영국은 중상주의적 부국강병책으로 강력한 해운력과 광대한 식민지를 보유하게 된다. 한편 해상보험거래는 1568년 그레샴(Gresham)에 의해서 런던 중심지에 설립한 '왕립거래소'를 중심으로 하여 이루어지게 된다)를 설립하고 뒤이어 스페인의 무적함대[無敵艦隊, Invincible Armada,

스페인은 아메리카 대륙을 발견함과 동시에 전성기를 구가하게 되나, 이후 해외무역에서 영국이 대두함에 따라 점차 쇠퇴일로를 걷는다. 스페인은 결국 영국을 원정(遠征)하기 위하여 전함 127척, 수병 8,000명, 육군 19,000명, 대포 2,000문을 가진 대함대를 편성하여 네덜란드 육군 18,000명과 함께 영국 본토상륙을 계획한다. 이에 영국은 전함 80척, 병력 8,000명으로 대항하는데, 영국함대는 이 같은 수적 열세에도 불구하고 뛰어난 기동력과 잘 훈련된 수병의 화공(火攻)에 의한 야습(夜襲)으로 승리하게 된다. 결국 패전한 스페인은 고작 54척만 본국으로 회항(回航)하는 참담한 운명을 맞게 된다. 무적함대의 패배는 제해권을 영국에 넘겨주는 결정적 계기로 적용한다] 격파(1588년), 동인도회사[東印度會社, East India Company, 17세기 초 영국・프랑스・네덜란드 등이 동양에 대한 독점 무역권을 확보하기 위해 동인도에 설립한 각양의 회사를 총칭한다. 각국의 동인도회사는 동인도의 특산품인 후추, 커피, 사탕, 면포 등 무역독점권을 둘러싸고 대립하게 되는데, 이는 중상주의를 내세운 유럽 각국의 상업전(商業戰) 성격을 띠고 있었다. 1602년 설립된 네덜란드 동인도회사는 동인도의 여러 섬을 정복하고 직접지배 혹은 토후(土侯)를 통한 간접지배로써 특산품의 강제 재배・매입을 행하여 이 땅의 향신료(香辛料) 무역을 독점하였다. 그러나 1652년부터 장기간에 걸친 영국・네덜란드전쟁의 패배 등을 통하여 네덜란드가 영국과의 상업전쟁에서도 패배하게 되고 또 18세기 이후 향신료 무역이 부진하게 되자 네덜란드 동인도회사는 식민지 경영을 주로 하게 되었으며, 1799년에는 영토를 본국정부에 이양하고 해산하였다. 한편 쪽・면포를 중심으로 하는 인도무역에 주력을 쏟아온 영국 동인도회사(1600년 설립)는 18세기 유럽에서 영국과 프랑스 항쟁에 규제되면서, 인도에서 프랑스 동인도회사(1604년 설립, 1664년 재건)와 격렬히 다투게 되었다. 영국은 이에 주도권을 쥐게 되고, 결국 인도의 영국 동인도회사는 무역을 거의 독점함과 동시에 인도의 식민지화를 추진하기 시작하였다. 요컨대, 동인도회사는 중상주의 시대 전근대적 독점상업조직으로 자본주의의 세계적 확산과 산업자본의 지배가 확립되면서 그 역할은 끝을 맺게 되었다. 그러나 독점무역에 따른 이윤은 유럽 여러 나라에서의 자본의 '본원적 축적'(本源的蓄積)에 크게 공헌하였다] 설립(1600년), 항해조례[航海條例, Navigation Act, 광의로는 1381년법에서 1849년법에 이르기까지 영국 및 그 식민지의 재화수송(財貨輸送)은 영국선 및 영국선원에 의해서만 행할 수 있다는 것을 규정한 조례를 말한다. 협의로는 1651년 및 1660년의 '항해조례', 1663년 '무역촉진조례'를 묶어 '항해조례'라 총칭한다. 그 이전의 법들은 절대주의적 중상주의 정책의 일환으로 특권적 무역회사를 지주로 하는 수출무역체제의 유지・강화의 관점에서 해운력의 강화와 해운의 보호유지를 추구한 것이었다. 이에 반하여 협의의 항해조례는 산업자본의 이해에 입각하여 당시의 중개무역(仲介貿易) 국가의 하나인 네덜란드의 패권을 타도하고 영국의 해운업・조선업・무역업의 보호, 육성과 미국 등 그 밖의 식민지 시장과 무역의 독점을 목적으로 한 것으로서 고유의 중상주의기에 있어서의 영국의 대표적 경제정책의 하나였다. 그러나 19세기 중엽이 되면서 영국 자본주의 세계시장제패가 가져온 다각적 무역관계로 이러한 조례는 불필요하고 오히려 유해한 존재로 치부되었다. 결국 1849년에 전면적 재검토를 거쳐 그 핵심부분은 폐지되었다. 일반적으로 항해조례로 통칭되는 1651년 항해조례(Navigation Act)의 주된 내용은 다음과 같다. 서인도제도(西印度諸島)로부터 생산되는 식민지 산물은 영국적 선박이나 영국인이 2/3 이상 승선한 선박에 의하여 수송되어야 한다. 외국적 선박은 수송할 수 없다. 영국 영해 어업이나 연안무역(沿岸貿易)은 영국선박을 이용하여야 한다. 다만 외국적 선박에 의하여 영국에 수송되는 경우에는 이중관세를 부과한다]를 발표하여(1651년) 실질적으로 세계 제해권(制海權)을 장악하게 된다. 앞서 언급하였던 바 소위 '해가 지지 않는 영국'의 배경은 이로부터 기원하는데, 그 결과 오늘날 해운을 규율하는 일련의 해상법(海商法), 해상보험(海上保險), 해운관습(海運慣習) 등이 영국을 중심으로 규정되어진 것도 바로 이 역사적 배경에 기인한다.

18세기 말에 일어난 산업혁명(産業革命, Industrial Revolution)은 원료인 자원과 생산제품 수송을 위한 해운업의 발전을 촉진시켰을 뿐만 아니라 배의 진보에도 큰 영향을 끼쳤다. 이 시기부터 해운업의 경쟁이 두드러지게 일어났으며, 화물을 보다 많이 적재하고 안전하며 빠르게 항해하는 배가 필요하게 되었다.

특히 해상운송에서는 '상인(商人) 겸 선주(船主)' 시대의 부정기선(不定期船) 운항이 점차 정기선 운항의 형태로 발전·변모되는데, 이로부터 공중운송인[公衆運送人, Common Carrier or Public Carrier, 해상운송 초창기의 운송형태는 상인이 자기화물을 자기 소유선박에 적재하고 운항하는 '사적운송'(私的運送, Private Carrier)이었다. 즉 기업적인 측면에서 무역업과 해운업이 아직 분화되지 못한 상태의 사적 운송만이 이루어졌는데, 시장의 확대와 더불어 해운업이 무역으로부터 기업적으로 독립함으로써, '일반운송인'(一般運送人, Common Carrier)에 의한 '공공운송'(公共運送, Public Carrier)이 일반화되었다. 영어로는 '운송'이나 '운송인' 모두가 'Carrier'라는 말로 표현되고 있는데 미국의 일반법(Common Law)에 의한 '공공운송'이란, '공중(公衆)의 합리적(Reasonable)인 요구에 대하여 합리적인 운임을 받고, 합리적인 서비스를 제공하는 운송을 말한다. 다만 미국의 경우 부정기선 운송은 공급자와 수요자 쌍방 간의 계약에 의한 것'이라는 점에서 이를 공공운송으로는 보지 않고 있다]이 출현하여 그 중심적 역할을 담당하게 된다.

▌최초 증기선(蒸氣船)▐

클레어몬트호(1807)

▌최초 프로펠러 기선(汽船)▐

그레이트 브리튼호(1845)

▮ 범선(帆船)의 형태와 종류 ▮

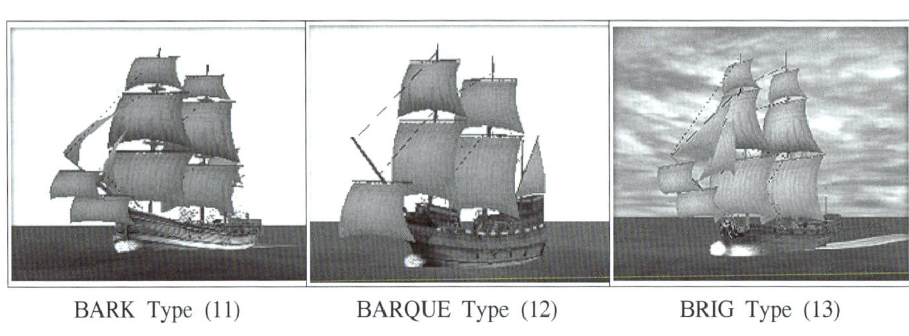

BARK Type (11) BARQUE Type (12) BRIG Type (13)

CARAVEL Type (14) CORVETTE Type (15) FRIGATE Type (16)

GALLEON Type (17) SHIP OF THE LINE (18) LUGGER Type (19)

MAN 'O' WAR Type (20) PINNACE Type (21) BATTLESHIP Type (22)

3 현대

(앞선 기술과 마찬가지로 A.D.1900 이후로 특정한다)

20세기 전반에 대서양(Atlantic Ocean) 항로의 고속대형객선 건조 경쟁이 시작되어 1935년 최초의 8만톤급 객선인 '노르망디(Normandie)호'가 건조되기에 이르고, 1952년에는 미국의 객선 '유나이티드 스테이츠(United State)호'가 대서양 횡단기록을 갱신하면서 35.59knot의 속력을 자랑하기에 이른다[선박 · 조류(潮流) · 항공기 · 바람 등의 속력(速力)을 나타내는 실용단위로서 기호는 'kt' 또는 'kn'이다. 1시간에 1해리(海里, 해상의 거리를 나타내는 단위. 위도 1°의 60분의 1로 약 1,852m)의 속력이 1kn이다. 16세기경부터 항해용 단위로 쓰였으며, 그 명칭은 당시 선미(船尾)에 삼각형의 널조각을 끈에 매달아 흘려보내면서 그 끈에 28ft(약 8.5m)마다 매듭(knot)을 짓고, 28초 동안 풀려나간 끈의 매듭을 세어 배의 속력을 재었던 데서 유래한다].

▮고속대형객선 (8만톤급)▮

▮최초의 원자력 잠수함▮

노르망디호(1935)

노틸러스호(1954)

한편 최초의 원자력선인 잠수함 '노틸러스(Nautilus)호'가 미국에서 1954년 건조된 이래 많은 원자력 잠수함이 미국과 소련 등의 강대국에서 건조되어 원자력선 시대가 개막되었으나, 원자력 상선(商船) 건조는 현재까지 아직 정착되지 못한 실정이다.

20세기 후반, 또 다른 진전은 대마력(大馬力), 고성능 박용기관(高性能舶用機關)의 개발과 1955년경에 시작된 LPG 전용운반선을 위시해서 LNG 전용운반선, 화학제품 탱커 등 액체화물전용운반선의 출현, 각종 고속정의 출현, 광석운반선, 곡물선, 시멘트운반선 등 전용선의 다량 건조와 1960년대에 시작된 거대 유조선의 건조를 들 수 있다.

이 기간 중에 주로 재화중량(載貨重量) 20만톤 내·외의 거대형 유조선이 일본과 우리나라에서 대량 건조되었으며, 최대 50만톤급까지 건조한 기록이 있다[세계에서 가장 큰 배는 기록상으로 1975년 일본의 오파마(Opama) 조선소에서 만들어진 '자르 바이킹'(Jahre Viking)호이다. 건조 당시의 선명(船名)은 '해피 자이언트'(Happy Giant)이고 용도는 유조선(油槽船)이다. 이 배는 564,763톤으로 길이가 458.5m에 이른다. 프랑스의 에펠탑(306m)보다 152.5m가 더 긴 것이다].

■ 현재 세계에서 가장 큰 배 ■

자르 바이킹(Jahre Viking)호

근래의 이르러서는 공기부양선(空氣浮揚船) 같은 고속정(高速艇)의 등장으로 단시간에 화물과 여객의 운송할 수 있는 선박도 증가되고 있는 추세이다.

이와 같이 인류의 역사에 발맞추어 문화가 발달하고 경제가 신장됨에 따라 자연히 무역도 확대되어 배의 고성능화·대형화·전용화가 이루어져 왔으며, 미래에 있어서도 진전은 계속되어 새로운 종류의 배가 탄생할 것으로 기대된다.

■ 이중선체구조 방식 유조선 ■

현재까지 배의 주력을 이루는 상선을 중심으로 발전 및 전개방향을 예측해보면 우선 경제적 요구에 편승하여 선박의 대형화·고속화·자동화가 추진되어 일반화물선은 점차 감소되고, 많은 종류의 전용선 또는 겸용선이 증가하게 되리라 예상된다.

현재 전용선은 유조선(Oil-Tanker)·광석운반선(Ore Carrier)·액화가스선(Liquid Multi Ship)·자동차운반선(Pure Car Carrier)·목재운반선(Lumber Carrier)·화학제품운반선(Chemical Tanker)·각종 산적선(散積船)이 있다.

겸용선에는 '기름·광석', '기름·건화(乾貨)', '광석·산적하물', '자동차·산적하물' 등이 있는데, 이 경향은 더욱 심화될 것으로 보인다.

1960년 이래 초대형화가 두드러진 유조선은 1973년 석유파동의 영향으로 선복[船腹, Ship's Space, Freight Space, 화물을 적치(積置)할 수 있는 선박 내의 모든 공간을 말한다. 그러므로 선복량(船腹量)이라고 하면 선박이 지닌 운송서비스의 생산능력을 말하는 것이므로, 단순히 물리적인 선내 공간의 양이 아니라 의장(艤裝)을 갖추고 선원을 승선시킨 상태의 선내공간을 말한다. 그러므로 진정한 의미에서 선복량을 나타내려면 선박 생산능력의 다른 요소인 속력이 가미된 단위가 사용되어야 할 것이다. 그러나 현실적으로 모든 선박의 속력이 같지 않고 그 항로도 제각각이어서, 해운 통계상 선복량은 현재 가동 중인 총톤수로 표시되고 있다]의 과잉상태를 초래하였지만, 1990년대에 이르러 대부분의 유조선이 노후하여 대체수요가 많으며, 해상오염방지를 위한 이중선체구조(二重船體構造) 방식의 유조선[油槽船, 유조선의 바닥은 일반적으로 홑바닥 구조였으나, 1983년 10월 2일부터 발효되고 있는 '선박으로부터의해양오염을 방지하기위한국제협약'[International Convention for the Prevention of Pollution from Ships, 통칭 MALPOL(1973)]과 이에 관한 'MALPOL 1978년의정서'(Modified by the Protocol of 1978)에 따라 화물탱크의 보호적 배치가 취해지면서 바닥과 외판의 구조가 변하여 왔다. 또한 1989년 알래스카 연안에서 발생한 초대형 유조선 '엑슨 발데즈'(Exxon Valdez)호의 좌초사고에 의한 다량의 기름 유출 이후, 1990년 미국 연안을 항해하는 유조선에 대해 이중선체화를 의무화시키는 법안 'Oil Polution Act of 1990'(통상 'OPA 90')이 제정되자 국제해사기구(國際海事機構, IMO)에서도 신조되는 유조선의 경우 이중선체구조방식(二重船體構造方式)을 의무화하였다. 유조선은 대부분 단층갑판(單層甲板)이고, 탱크 구역이 배치된 선체 중앙부는 종늑골구조(縱肋骨構造)이며, 선체의 전후부는 횡늑골구조(橫肋骨構造)의 방식을 취하고 있다. 유조선은 원유나 가솔린을 적재하기 때문에 선체가 빨리 부식하므로 보통선박의 수명이 약 20년인데 반하여 대개 그 수명이 12년 정도로 대단히 짧은 특성이 있다] 건조가 의무화되어 신조선(新造船)의 수요가 계속 증가할 것으로 보인다.

한편 컨테이너선은 신속하고도 안전한 수송이 높이 평가되어, 당해 건조비가 고가임에도 불구하고 계속 증가될 것으로 보인다. 또한 앞서 언급한 바 있는 '원자력상선'(原子力商船)은 핵연료의 안전사용이라는 점에서 문제를 남기고 있어 아직 실현되지 못하고 있지만, 금후의 중대한 관심사가 아닐 수 없다.

다른 한편으로 선내기기(船內機器)의 자동화는 컴퓨터의 도입에 의해 그 위력을 발휘하고 있는데, 일례로 배의 승무원 수의 감소, 대형 일반화물선, 거대 유조선, 대형 컨테이너선 등의 자동항속 및 운항, 항만관리와의 연계, 선박운항의 안전성 제고 등의 측면에서 돋보이는 역할을 감당하고 있다.

제3절 무역운송의 정의와 연구범위

1 무역운송의 정의

'무역'(Foreign Trade)과 '국제운송'(國際運送, Int'l Transportation)은 상호 밀접한 연관성을 갖는다. 이 경우 '국제'(國際, International)라고 하는 의미는 일괄하면 '국가 간'(國家間)이라고 볼 수 있는데, 다만 이는 두 당사국 간이 아니라 서로 다른 복수 이상의 '이국 간'(異國間)으로 해석되어야 한다. 왜냐하면 두 당사국 간으로 해석하는 경우 이를테면 '중개무역'(仲介貿易, Intermediary Trade, 간접무역의 한 형태로 수출국과 수입국 중간에 제3국 상인이 개입하여 이루어지는 무역을 말한다. 달리 3국 간 무역이라고도 한다. 제3국의 중개업자가 거래의 주체가 되어 자기의 위험과 부담으로써, 수입업자에게는 매도인(賣渡人)의 입장에서 그리고 수출업자에게는 매수인(買受人)의 입장에 서서 매도가격과 매입가격의 차이를 중개업자가 취득하는 거래의 형식을 취한다. 중개무역은 중개무역항(仲介貿易港, Intermediary Port)을 거쳐야 하는 까닭에, 중개무역이 이루어지기 위해서는 중개무역항이 관세가 부과되지 않는 자유항(Free Port)이어야 하며, 화물(貨物)의 집산지(集散地)이어야 하고, 외화의 교환이 자유로워야 한다는 점 등이다]과 '중계무역'[中繼貿易, Transit Trade, 한 나라에 '영업소'(營業所, Place of Business)를 둔 무역업자가 제3국인 물품수요국과 공급국 사이에서 상거래에 관여하는 무역활동이다. 즉 수출할 것을 목적으로 물품을 수입한 후, 가공하지 않고 원형 그대로 수출하여 일정한 중계수수료 수취를 목적으로 하는 거래방식이다. 이때 중계화물이 일단 중계국을 경유하여 운송될 때에는 '통과무역'(通過貿易)이 겸해진다. 또 자국에서 중계화물을 제품화하여 수요국에 수출하게 되면 '중계가공무역'(中繼加工貿易)이 된다. 한국무역제도에서의 중계무역은 기별공고상의 품목별 제한을 전혀 받지 않기 때문에 어떤 물품이라도 거래가 가능하다. 대상물품이 국내항(國內港)을 경유하게 될 때에는 '보세구역'(保稅區域, Bonded Area) 이외의 국내 반입을 금지하고 있으며, 본 거래를 장려하기 위한 방편으로 수출입허가를 득할 때 외환거래담보금의 적립 및 수입담보금의 납부를 면제하고 있기도 하다], '통과무역'[通過貿易, Transit Trade, 이를테면 A국과 B

국 간에 거래되는 무역상품이 제3국인 C국을 경유하는 경우, C국의 입장에서 본 무역 형태를 의미한다. 이와 비슷한 형식으로 전술한 바, '중개무역' · '중계무역'이 있는데, 이들은 공히 C국 업자의 채산(採算)에 의해 화물이 수입되고, 그것을 다시 재수출하는 일련의 과정을 포함하고 있다. 이에 대하여 '통과무역'에서는 A국에서 B국으로 보내지는 화물이 C국을 통과함으로써 발생하는 '상적 노무'(商的勞務) 곧 서비스에 대한 보수 · 각종 대리행위의 수수료 · 운임 · 보험료 · 보관료 · 개장비(改裝費) 등을 C국 업자가 수취하는데 불과하다. 국경과 국토가 육지로 이어진 유럽에서 흔히 볼 수 있는 형태이다] 등에 대한 범위가 무역 또는 국제운송의 범주에서 이탈될 수 있기 때문이다. 따라서 국제성의 의미를 명확히 이해하는 가운데, 국제운송의 개념과 정의를 명확히 구분하기 위해서는 몇 가지 고려해야 될 요건이 있는데, 상술하면 다음과 같다.

우선 국제운송이 '국제 간'(Internationality), '상인 간'(Business to Business), '상거래'(International Commercial Transactions)의 특성을 내재하고 있어야 한다는 사실을 명확히 전제해 두어야 한다. 이 논점은 상거래(商去來, Commerce)와 거래[去來, Transaction, 참고로 'Transaction' 은 일반적으로 '거래' 라고 번역되나 법률용어로서는 '법률행위'(法律行爲)로 번역된다. 이 경우 법률행위는 일정한 일을 하거나 또는 성취하는 등 내용은 여러 가지이지만 대개 타인의 권리에 영향을 미치게 하고 그 행위의 결과 소(訴)로써 이를 추구할 수 있는 경우는 모두 'Transaction'에 포함된다. 따라서 'Transaction'은 계약(契約), 곧 'Contract'보다 넓은 의미로 해석하여야 한다]의 구분으로부터 특정할 수 있다.

우선 국제운송 또는 국제운송계약의 당사자는 여하의 경우를 불문하고 그 영업소가 서로 다른 국가에 소재하고 있어야 한다. 이는 곧 '국제성'(Internationality)의 충족요건에 해당된다.

다음으로 '상인 간'(Business to Business, B2B), 상거래(Commerce)라고 하는 요건은, 요컨대, 상인(商人) 이외의 주체로서 소비자[개인(個人), Consumer], 정부기관[政府機關, 개별공공기관(個別公共機關), Government] 등은 국제운송 또는 국제운송계약의 당사자로서 그 지위를 보유할 수 없음을 의미한다. 제반 국제상사계약규범(國際商事契約規範)하에서 위 요건들로부터 구할 수 있는 법적 실익을 도출하면 이하 다음과 같다.

'상거래'는 국제법규범과 각국의 실정법 어느 경우에서나 당해 법률명과 규정의 내용을 참조할 때 '거래'라는 용어와 별도의 구분 없이 혼용되고 있다. 이는 상거래의 주체를 상인 뿐만 아니라 소비자, 정부 및 이에 참여하는 공공기관 등을 포함하고 있는 것으로 해석할 수 있다.

그러나 국제매매계약에 관한, 곧 '국제상사계약규범'하에서는 상거래의 의미를 명확히 규정하지는 않고 있으나, 다만 그 적용범위를 규정 내에서 한정하고 있음이 일반적이다. 예를 들면 다음과 같다.

'국제물품매매계약에 관한 UN협약'[United Nations Convention on Contracts for the International Sale of Goods(1980), CISG] 제2조 (a)에서는 '개인용(個人用), 가족용(家族用) 또는 가사용(家事用)으로 구입되는 물품의 매매에 대하여는 동 협약이 적용되지 아니한다.'고 규정하고 있다. 이는 동 협약이 소비자 보호를 위한 법규를 침해해서는 아니 된다고 하는 합의로부터 강행적 국내법규나 공공정책을 집행하는 법규에 우선하지 않는다는 취지에서 소비용의 거래를 적용범위에서 배제하고 있다.

'국제상사계약에 관한 UNIDROIT원칙'[UNIDROIT Principle of International Commercial Contracts(2010), PICC]에서는 전문(前文, Preamble)에서 동 원칙은 상사계약에만 적용되며 여러 강행규정 등을 포함한 소비자 보호를 위한 소비자거래와 구별되는 영역을 적용범위로 다루고 있다. 곧 '소비를 위한 목적에서의 소비자거래, 즉 상거래 또는 직업적으로 활동하지 않는 일방 당사자를 포함하는 거래'를 적용범위에서 제외하고 있는데, 결국 CISG와 같은 취지에서 국제상거래에 대한 적용범위를 특정하고 있다.

한편 '유가증권의 전자화'[Dematerialization]의 시각에서 국제상사법위원회(UNCITRAL)의 '전자상거래에 관한 UNCITRAL모델법'(UNCITRAL Model Law on Electronic Commerce)에서도 제1조에서 원칙적으로 소비자 보호 또는 정부기관의 관여가 문제되지 않는 순수한 상사거래에 한하여 적용된다고 규정하고 있다. 이는 CISG의 규정취지를 그대로 이어받고 있는 결과이다.

참고로 미국의 국내법인 통일상법전[統一商法典, Uniform Commercial Code (UCC)]에서는 '상인'(Merchant)이라는 개념을 특별히 도입하고 있다[이 경우 상인(商人, Merchant)은 UCC, §2-104, (1)에서 '동종의 물품을 취급하거나 그 밖의 그의 직업에 의하여 그 자신이 그 상거래에 관한 관행이나 물품에 특유한 지식이나 기술을 갖추고 있는 것으로 표시한 자 또는 직업에 의하여 그러한 지식이나 기술을 갖추고 있는 것으로 표시한 대리인, 중개인 그 밖의 매개자를 고용함으로써 그러한 지식이나 기술을 갖춘 것으로 볼 수 있는 자'로 정의하고 있다]. 이에 따라 상인 간 계약과 소비자와의 계약에 다른 법원칙이 적용되고 있다.

국제상거래에 있어 '법적 안정성'(Legal Stability) 및 예견가능성(Foreseeability)을 제고하고 법적용에 따른 합목적성 을 제고할 수 있는 방편으로써 상거래와 거래의 개념과 범위는 달리 사용되고 구분되어야 함이 바람직 할 것으로 보인다.

따라서 상기의 제반 국제상사규범의 적용범위를 참조할 경우 국제상거래에 있어서 상인 간의 거래는 이를 상거래의 범위로 포함하고, 상거래를 포함하여 주체를 제한하지 않고 있는 경우에는 거래로 구분하여야 할 것이다.

결론적으로 국제운송은 상무적(商務的)·법리적(法理的) 시각에서 "서로 영업소(營業所)를 달리하는 '국제 간'(國際間), '이국 간'(異國間), '상인 간'(商人間) 이루어지는 매매계약(賣買契約)의 이행과정'이라고 포괄적[광의적(廣義的)]으로 정의할 수 있을 것이다.

2 무역운송의 연구범위

(1) 상무적 연구범위

상무적(商務的) 시각에서 무역운송과 무역의 상관관계를 개략하면, 우선 이국 간의 상인에 의하여 이루어지는 물품거래에 있어서 상거래 당사자 간의 공간적인 한계를 극복하기 위하여 필연적으로 수반되어야 하는 것이 운송이다. 즉 물품운송(物品運送)은 국가 간의 매매계약(賣買契約)에서 수출상[매도인(賣渡人), Seller]과 수입상[매수인(買受人), Buyer] 사이에 계약을 이행하기 위하여 수반되는 필수적인 계약의 이행절차이다.

무역운송을 통하여 국제물품거래의 장소의 제약을 극복할 수 있다. 따라서 무역은 이국 간의 매도인과 매수인 사이에 체결되는 매매계약을 통하여 출발하지만 이를 이행하기 위한 후속계약[종속계약(從屬契約)]으로서 운송계약(運送契約)이 수반된다.

운송계약의 주체는 매수인 혹은 매도인이 될 수 있으며 이의 결정은 매매계약[주계약(主契約)]의 내용에 따라 당사자가 결정된다. 즉 운송계약에 있어 송화인(送貨人)으로서의 부담주체가 결정됨을 뜻한다. 예컨대 '본선인도조건'(FOB)인 경우에는 매수인이 원칙적으로 운송계약의 당사자가 된다. 반면 '운임·보험료포함인도조건'(CIF)인 경우에는 매도인이 운송계약의 당사자가 된다.

매매계약의 이행을 위한 운송계약의 체결을 위하여 먼저 송화인으로서 당사자가 염두에 두어야 할 것은 계약이행을 위한 시간적인 측면과 비용의 측면이다. 적기에 운송을 이행하기 위하여 필요한 운송수단을 선별하여야 한다. 이는 운송수단의 특성에 따라 여러 가지 장단점이 존재하므로 선택에 있어서의 신중함이 요구된다.

비용 측면에 있어서는 운송비용, 즉 운임의 부담에 관한 것이다. 국제상거래를 통하여 궁극적으로 이루고자하는 이윤추구는 '물적 유통'[물류(物流), Logistic]을 위한 물류비를 무시할 수 없기 때문에 여하한의 운송수단에 맞는 적합한 물류비용이 산정되고 적의 부담되어야 할 것이다.

이 같은 조건하에서 선정된 운송수단을 통하여 운송계약이 체결되면 운송계약을 구현하는 운송서류(運送書類)가 무역담당자[국제기업(國際企業)]에게는 중요한 서류가 된다. 운송서류는 운송계약의 증빙일 뿐 아니라 운송인에 대한 물품의 인도를 증명하는 서류로서 중요한 자료가 된다.

운송서류는 그 규율하는 '국제협약'(國際協約) 혹은 '준거법'(準據法)을 면밀히 살펴보아야 한다. 또한 책임부담과 함께 운송서류가 갖고 있는 법적 성격을 살펴보는 것이 무역거래의 당사자로서 매우 중요한 사안이다.

(2) 법리적 연구범위

'해상운송'(海上運送)에서 일어나는 대부분의 법적 현상은 '해상운송계약관계'(海上運送契約關係), 그 중에서도 특히 '운송기업(運送企業)의 책임문제'에 귀착된다.

이는 앞서 살핀 바와 같이 매매계약[주계약(主契約)]의 종속계약(從屬契約)으로서 운송계약(運送契約) 관계당사자의 법률관계(法律關係)와 이에 따른 법률효과(法律效果)를 규율함에 있어 그 중심된 당사자가 곧 '운송인'[운송기업(運送企業)]이라는 의미로 바꾸어 말 할 수 있다.

이 같은 이유에서 대부분의 국가에서는 해상법(海商法)을 각양의 국내법 체계에 수용하여, 해상기업(海商企業)의 책임소재와 관련된 제반 문제를 해결할 수 있는 법원(法源)을 보유하고 있다.

그러나 해상법의 규율대상인 해상기업의 법률관계, 특히 그 주축이 되고 있는 해상운송계약관계[법률관계(法律關係)]는 고도의 국제성(國際性)을 내재한 '섭외적 법률관계'(涉外的法律關係)라 할 수 있는 까닭에, 이러한 법률관계를 처리하기 위해서는 각국 국제사법(國際私法)의 통일성이 강조된다. 이는 곧 해상운송 내지 해상기업은 그 자체 특유의 수단[선박(船舶)]과 무대[해양(海洋)] 및 전개방법[해운경영(海運經營)]이 세계적으로 거의 공통적인 기술적 성격을 가진 것이므로 이를 규율하는 각국의 해상법도 다분히 동일한 내용의 통일적 규정을 가질 수 있어야만 한다는 법적 당위로부터 비롯된 결과라 할 수 있다.

이 같은 맥락에서 해상법 분야에는 일찍부터 공·사의 국제기구(國際機構) 또는 단체를 통하여 수많은 통일법(統一法)이 마련되어 있다. 이 해상법에 관한 통일법은 크게 국가 간의 명시적 합의의 형식을 취하는 '국제조약'(國際條約, International

Convention, 조약에는 여러 명칭['조약'(條約, Treaty), '협약'(協約, Convention), '협정'(協定, Agreement, Arrangement), '약정'(約定, Pact), '의정서'(議定書, Act, Protocol), '선언'(宣言, Declaration), '규정'(規程, Statute), '규약'(規約, Covenant), '헌장'(憲章, Charter), '각서'(覺書, Memorandum), '잠정협정'(暫定協定, Modus Vivendi), '공동선언'(共同宣言, Joint Declaration) 등]이 있는데, 어떠한 명칭이 어떠한 합의에 사용되는가에 대해 국제법상 원칙은 없다. 다만 합의에 따라 적당한 명칭이 부여되는데 불과하다. 그러나 어떤 명칭을 사용하든지 국제법 주체 간의 합의를 내용으로 하고 있는 한 모두 광의의 조약이며, 효력에는 차이가 없고 모두 공히 당사자를 구속한다]과 상거래 당사자 간의 계약상 원용에 의하여 그 효력이 인정되는 '통일약관'(統一約款, Uniform Rules)의 두 가지 유형으로 구분된다.

우선 전자의 경우 국제운송의 법리적 연구대상으로서 관심을 두어야 할 규범은 '선하증권에 관한 법규의 통일을 위한 국제협약'[International Convention for the Unification of Certain Rules of Law Relating to Bills of Lading, Hague Rules (1924)] 및 '선하증권에 관한 법규의 통일을 위한 국제협약의 개정의정서'[Protocol to Amend the International Convention for the Unification of Certain Rules of Law Relating to Bills of Lading, Visby Protocol (1968), 'Hague Rules'와 'Visby Protocol'을 합체하여 공식적으로 'Hague-Visby Rules'이라 한다], '해상화물 운송에 관한 UN협약'[United Nations Convention on the Carriage of Goods by Sea, Hamburg Rules (1978)], '복합운송서류에 관한 UNCTAD/ICC규칙'[UNCTAD/ICC Rules for Multimodal Transport Documents (1992)], '해상화물운송장 · 전자식 선하증권에 관한 CMI규칙'[Uniform Rules for Sea Waybills · Rules for Electronic Bills of Lading (1990)] 등이다[종래 해상법에 관한 국제적 통일법의 분야는 국제적인 민간기구인 국제해사위원회[國際海事委員會, Comité Maritime International (CMI)]의 주도로 당사자 간 사적 이익의 조정이라는 순수한 사법적 법기술론에 바탕을 두고 형성되어 왔다. 그것도 주로 선진 해상법, 특히 영국법의 강한 영향을 받아 왔다].

후자의 경우, 해상법 분야의 대표적인 통일약관으로서 '공동해손에 관한 요오크 앤트워프규칙'[York-Antwerp Rules (1994)]이 있고, 그 밖에 정기용선계약(定期傭船契約)에 관한 '발트국제해운동맹'(the Baltic and International Maritime Conference, BIMCO)이 제정한 약관서식[Baltime Form] 및 항해용선계약에 관한 약관서식[Gencon Form, '발틱해운동맹'(The Baltic and International Mairitime Conference)의 전신인 '발틱백해동맹'(The Baltic and White Sea Conference)이 제정한 일반 화물용 항해용선계약의 표준서식으로 1922년과 1976년에 개정되었다. 이 서식은 계약의 대상으로 특정화물이 항로를 예정한 것이 아니어서 어떠한 화물이나 항로에도 이용될 수 있도록 만들어져 있고, 서식의 내용이 다른 서식에 비하여 운송인에게 상당히 유리하게 되어 있어, 많은 선주들이 이 서식을 선호하고 있다], 해양사고구조계약에 관한 '로이즈위원회의 표준계약서식'(Lloyd's Open Form of Salvage Agreement) 등이 있다.

결국 국제운송의 법리적 연구범위는 운송계약의 당사자 특별히 운송인(運送人)과 화주(貨主)의 계약관계[종속계약(從屬契約)]를 중심으로 위 국제조약(國際條約) 및 통일약관(統一約款)을 그 대상으로 하여야 한다.

물론 종속계약(從屬契約)으로서의 운송계약은 주계약[매매계약(賣買契約)]과 상호 밀접한 연계성을 갖고 있는 까닭에, 국제상거래에 임한 관계당사자는 현행 국제상사계약(國際商事契約)에 있어 통일법으로서 주도적 지위를 점하고 있는, 예컨대 '국제물품매매계약에 관한 UN 협약'[United Nations Convention on Contracts for the International Sales of Goods, CISG (1980)], '국제상사계약에 관한 UNIDROIT 원칙'[UNIDROIT Principles of International Commercial Contracts (2010)]을 포함하여 '유럽계약법원칙'[Principles of European Contract Law (1998)], '정형거래조건의 해석에 관한 국제규칙'[International Rules for the Interpretation of Trade Terms (2000)], UN 무역법위원회(UNCITRAL)의 'UNCITRAL 전자상거래 모델법'[UNCITRAL Model Law on Electronic Commerce (1996)] 등과의 상호 비교법적 연구도 병행되어야 할 것이다.

3 유사개념과의 구분

(1) 물류

기실 현재 국제운송과 별다른 구분 없이 같은 의미로 사용되고 있는 '물류'(物流)라고 하는 용어는 1960년대 초 미국에서 사용하던 'Physical Distribution'을 일본에서 '물적 유통'(物的流通)으로 의역(意譯)하여 사용한 것이 그 시초이다. 이를 1970년대부터 우리가 차용하여 현재까지 간략히 물류라고 총칭하고 있다.

물류는 특정한 시각이나 시대의 변천에 따라 실로 다양하게 정의되고 있음이 사실인데, 일반적인 통념상 그 의미를 일괄하면 '수송(輸送)·보관(保管)·하역(荷役)·포장(包裝)·유통가공(流通加工)·정보(情報) 등의 개별적 활동관리'를 말한다[이를 달리 물류의 6대 요소라고도 하는데, 이 가운데 핵심적 동인(動因)으로서 기능하는 것이, 곧 수송(輸送)과 보관(保管)이다]. 다만 이 경우 정보(情報)를 중심축으로 그 밖의 활동을 통합화 한 시각에서 그 효율성에 중점을 두고 있는 개념을 달리 '로지스틱'(Logistic)이라고 하여 그 범위를 특정하고 있다.

본래 '물류'라는 개념이 특히 강조되고 주목받기 시작한 배경은 1960년대 이후 대량생산 · 대량판매 · 대량소비의 시대적 추세에 편승하여 그 사이를 잇는 재화의 흐름을 효율화 할 필요성으로부터 기인한다.

요컨대, 물류는 상적 유통활동, 곧 상거래 부분뿐만 아니라, 제품을 소비자의 손에까지[Door to Door] 정확하고 신속하게 배달할 물적 유통활동이 중요한 부분으로서 부각되면서, 이를테면 생산비용의 절감만을 추구하다가는 격심한 기업경쟁에서 생존할 수가 없으며, 이에 부수적으로 물류비도 가능한 한 절감되도록 해야 한다는 인식이 부각되면서부터 그 중요성이 부각된 개념이다.

결국 '물류'는 경영학적인 시각에서 경영 · 생산 · 재고관리 등과 밀접한 연관성을 갖고 이에 연구범위를 설정하고 있는 개념으로서, 달리 매매계약에 근거하여 그 이행의 과정으로서 운송계약에 기한 권리 · 의무를 특정하고 있는 '무역운송'의 정체성과는 다소 거리가 있는 개념이라 할 수 있다.

(2) 유통 · 배송

본래 '유통'은 일반적으로 '생산과 소비를 연결하기 위한 기능'으로 이해할 수 있는 까닭에, 앞서 살핀 '물적 유통'(物流)은 그 일부라고 할 수 있다. 왜냐하면 유통에는 상거래와 관련된 '상적(商的) 유통활동'과, 제품 자체를 물리적으로 이동하여 생산지로부터 소비지까지 운반하기 위한 '물적(物的) 유통활동'으로 구분할 수 있기 때문이다.

사전적 의미에서 '유통'은 '상품(商品) · 화폐(貨幣) · 유가증권(有價證券) 등이 경제주체 사이에서 사회적으로 이전(移轉)하는 상태'로 설명되는데, 여기에는 증여(贈與)나 공과(公課)와 같은 '일방적(一方的) 유통'과 매매(賣買) · 교환(交換)과 같은 '쌍방적(雙方的) 유통'으로 대별된다.

'쌍방적 유통'은 다시 '상품유통'(商品流通)과 '자본유통'(資本流通)의 두 가지로 구분된다. 여기서 단순히 유통이라 하면 '상품유통'을 뜻하는 경우가 보통인데, 이는 역사적으로나 논리적인 입장에서 보더라도 자본유통에 앞서 이루어졌다고 볼 수 있다.

'상품유통'은 생산자로부터 소비자로의 소유권 이전과 실체물(實體物) 이동으로 나누어지는데, 좁은 뜻으로는 전자만을 '상적 유통' 또는 '거래 유통'이라 하고, 후자는 '물적 유통'이라 하여 구별한다. 이 경우 '물적 유통'을 '배송'으로 구분하기도 한다. 결국 '배송'은 유통의 한 부분으로서 다만 실체물의 이동에 주안점을 두고 있는 협의의 개념으로 간주할 수 있다.

이와 같이 '유통'이란 생산자에 의해 생산된 재화가 판매되어 소비자·수요자에 의하여 구매되기까지의 계속적인 여러 단계에서 수행되는 여러 활동을 말하는데, 전자는 매매를 중심으로 하는 활동이고, 후자는 재화의 보관·수송 및 하역 등을 중심으로 하는 활동이다. 유통활동을 담당하는 기업을 '유통기업'(流通企業)이라고 하며 이를 총칭하여 '유통산업'(流通産業)이라 한다.

상적 유통업으로는 도매업(都賣業)·소매업(小賣業)·중개업(仲介業)·대리업(代理業)·무역업(貿易業) 등이 있으며, 물적 유통업으로는 운송업(運送業)·창고업(倉庫業) 및 하역업(荷役業) 등이 있다.

이러한 '유통업체'를 '유통기관'(流通機關)이라고도 하는데, 이 유통기관이 구성요소가 되어 일정한 지역을 전제로 유·무형의 상품이 시중에서 유통될 수 있도록 수직적·수평적 분업관계에 의해 형성되는 사회적 구조체를 '유통기구'(流通機構) 또는 '유통조직'(流通組織)이라 한다. 아울러 재화가 생산되어 사용 또는 소비되기까지 유통되는 수직적 유통기관의 연결을 '유통경로'(流通經路)라고 한다. 유통기구는 상품생산 및 소비의 양식이 어떠한가에 따라 그 존재양식이 규정된다고 하겠다.

제3장

무역운송수단의 형태와 기능

제1절 해상운송

1 무역운송수단의 선택

'물품'[物品, Goods, 법률용어로서 물건(物件)은 '관리할 수 있는 자연물'을 의미한다. 다만, 이 경우 '물품'은 상학적(商學的) 용어로서 물건에 의제(擬制)될 수 있는 용어이다. 달리 표현하지 않은 경우 이하 편의상 '물품'으로 특정한다. 일반적으로 '물품'은 유체물(有體物)에 한하지 않고 자연력과 같은 무체물(無體物)도 포함한다. 유체물은 형체가 있는 것을 말하며 토지・건물・자동차 등이 그 예이다. 무체물은 형체가 없는 것을 말하며, 전기・열・빛・향기 등이 그 예이다. '물건'은 사람의 관리 곧 지배를 통한 사용・수익・가능한 것이어야 한다. 따라서 관리가 불가능한 것은 '물건'이 아니다. 해와 달 등이 그 예이다. 다만 해양(海洋)이나 공기와 같은 것도 일정한 범위를 정하여 지배할 수 있으면 '물건'으로 된다. 어업권(漁業權)의 대상이 되는 연안구역(沿岸區域), 용기에 담긴 산소(酸素) 등이 그 예이다]의 운송은 수입자[매수인(買受人), Buyer]와 수출자[매도인(賣渡人), Seller]의 '계약조건'(契約條件, Trade Terms, 일반적으로 'Terms & Conditions'이라는 문구는 '계약조건' 또는 '계약내용' 등으로 해석되거나 또는 이에 상당한 표현으로서 사용된다. 그렇지만 엄밀하게 바로 구분하자면 'Terms'는 국제상관습으로서 정형거래조건(Incoterms)에 대한 특정조건을 의미하며, 달리 'Conditions'는 제반 계약내용 이를테면 물품(Product), 수량(Quantity), 가격(Price), 품질(Quality), 납기(Delivery), 적용법(Applicable Law), 포장(Packing) 등의 세부 계약내용을 의미한다. 따라서 'Terms & Conditions'의 총체적인 의미는 계약관계에 있어서의 약정(約定), 협정(協定) 등으로 일괄할 수 있다]에 따라 육상운송(陸上運送), 해상운송(海上運送), 항공운송(航空運送) 및 복수 이상의 운송방법[수단(手段)]이 조합된 복합운송(複合運送) 등으로 이행된다.

'운송계약'(運送契約)의 당사자인 송화인[送貨人, 달리 송하인(送荷人)으로 사용되기도 한다. 운송계약 당사자의 계약적 의무를 고려하여 이하 송화인(送貨人)으로 특정한다. 수화인(受貨人) 또한 이에 준한다. 다만 선화증권(船貨證券)은 운송인의 의무 및 법률적 성질을 고려하여 이하 선하증권(船荷證券)으로 통일하여 사용한다]은 최적의 운송수단을 선택하여 계약내용에 따라 적기에 운송이 이행될 수 있도록 조치해야 하는데[다만 이 경우 매매계약(賣買契約, 主契約)에서 정한 바에 따라 운송인과의 운송계약 당사자가 특정된다. 예컨대 'FOB'와 같이 '적출지 인도조건'(積出地引渡條件, ~ Named Port of Shipment)의 경우에는 매수인(買受人)이, 달리 '양륙지 인도조건'(揚陸地引渡條件, ~ Named Port of Destination)의 경우에는 매도인(賣渡人)이 계약이행, 곧 운송계약의 주체가 된다], 송화인의 입장에서 운송수단의 선택은 저마다의 다양한 이해(利害)가 고려되어 적용된다.

이를 대별하면 크게 '경제적 요인', '서비스 요인' 및 '그 밖의 요인' 등으로 구분할 수 있는데, 우선 '경제적 요인'으로는 운송비용과 관련하여 물품의 특성 · 수량 · 운송물품의 가격 · 운송거리 · 운송소요일수 · 운임 등이며, '서비스 요인'으로는 수입지의 시장요인 · 신속성 · 정확성 · 신뢰성 등 고객욕구를 충족시키기 위한 비경제적 요인이 고려되어야 한다. '그 밖의 요인'으로는 정치적인 이해관계와 자국의 자국선(自國船) 우선주의 · 외환문제 · 운송서비스 업체와의 이해관계 등이 고려의 대상이다.

이하 계약조건에 따른 세 가지 운송수단을 중심으로 그 내용 · 기능 · 요건 · 특성 등에 관하여 살피기로 한다.

2 해상운송의 개념과 특성

'해상운송'(海上運送)은 선박(船舶)에 의해서 타인의 화물이나 사람을 운송하고 그 '대가'[對價, 법률용어로서 '대가'(對價)는 광의적으로 자기의 재산 · 노무 등을 타인에게 이용시키거나 제공함에 있어 보수로서 수취하는 재산상의 이익을 말한다. 이를테면 물품의 매도에 대한 대금, 대금의 이자, 가옥의 임대료, 노무의 제공에 대한 노임 등이 그 예이다. 이러한 대가의 유무에 따라 '유상계약'(有償契約), '무상계약'(無償契約), '유상행위'(有償行爲), '무상행위'(無償行爲)로 구분된다. 협의적으로는 광의의 대가 중에서 당사자 간에 자기의 것을 제공할 의무가 법률적으로 서로 대응하여 이행[동시이행(同時履行)]되어야 할 관계에 서는 것을 말한다. 때로는 '대가'(代價)라고 표현되고 있음을 흔히 볼 수 있으나 이는 잘못된 표현으로 '대가'(對價)로 바로 잡아야 한다]로 운임을 수수하는 상행위이다. 이때 선박이란 '수상(水上)에서 사람 또는 물품을 싣고, 이를 운반하는데 쓰이는 구조물(構造物)' 로써 '부양성'(浮揚性) · '적재성'(積載性) · '이동성'(移動性)을 갖추어야 하는데, 무역에서의 선박은 선박법에 의한 '상선'(商船,

Merchant Ship)중 '화물선'만을 대상으로 한다.

'해상운송'은 원거리·대량운송으로 운임이 다른 운송수단보다 저렴하다는 특징 이외에도 이하 살펴볼 내용과도 같이 선박을 통하여 전 세계 각국의 '영해'[領海, 연안의 기선(基線)에 따라 일정한 폭(幅)을 가진 해역(海域)으로 정의된다. 달리 연안해(沿岸海)라고도 한다. 광의로는 국가영역(國家領域)에 속하는 모든 해면(海面)을 총칭한 것이었으나, 1930년 국제법전편찬회의(國際法典編纂會議, Conference on the Progressive Codification of International Law)에서 협의(狹義)로 규정한 이래 일반적으로 영해라고 함은 내수(內水)를 제외한 연안해를 지칭하게 되었다]와 항구(港口)를 자유롭게 입·출항할 수 있기 때문에 국제기업경영의 시각[해운경영(海運經營)]에서나 국제사법적 시각[국제통상법무(國際通商法務)]에서 매우 중요한 의의를 갖고 있다.

한편 오늘날의 해상운송은 조선기술의 발달, 정보통신의 발전 등으로 계속적인 기술혁신에 의하여 선박에 의한 해상운송의 안정성이 크게 향상되었을 뿐만 아니라 선박의 대형화(大型化)·고속화(高速化)·전용선화(專用船化) 등으로 운송의존도가 크게 심화되었다.

나아가 표준화된 컨테이너 운송용구를 통하여 해상운송과 연계한 육상 및 항공운송에 이르는 전 수송을 연계하여 화물의 신속하고 효율적인 운송이 이루어지고 있다. 이하 선박을 기본기능·운항기능·동력발생기능·거주 및 인명안전기능 등을 기준으로 구분하면 다음과 같이 도식화할 수 있다.

▮선박의 정의와 기능요건▮

구 분	내 용
기본 기능	□ 부양기능(浮揚機能, Floatation Capability) 선박은 무거운 짐을 싣고 물에 뜨는 기능을 가져야 한다.
	□ 추진기능(推進機能, Self Propulsion Performance) 선박은 물에 떠서 갈 수 있어야 한다.
	□ 구조기능(構造機能, Vessel Structural Strength) 선박은 튼튼한 그릇으로서의 역할을 해야 한다.
	□ 물품적재, 복원능력(物品積載, 復原能力, Loading and Statical Stability) 선박은 짐을 싣고도 안전하여야 한다.
	□ 운동능력(運動性能, Ship Motion Characteristics) 선박은 항만이나 해협에서 안전하게 조종할 수 있어야 한다.
	□ 조종성능(操縱性能, Maneuverability) 선박은 희망 진행방향을 향하여 운항할 수 있어야 한다.

운항 기능	□ 조선장치(操船裝置, Steering System) 선박은 방향타와 조타기를 장착, 희망하는 진행방향을 향하도록 한다.
	□ 적하 및 양·하역(Cargo Stowage, Loading and Unloading) 선박은 화물을 싣고 갈무리하고 내릴 수 있어야 한다.
	□ 계선·계류설비(繫船繫留設備, Mooring Facility) 선박은 항만의 부두 안벽에 묶어 둘 수 있어야 하고, 항만 내·외에서 닻을 내리고 정지해 있을 수 있어야 한다.
	□ 항해 및 통신설비(Navigation and Communication) 선박은 속력제어, 위치파악이나 방향유지, 장애물 예지, 그리고 통신기능 등 항행에 필요한 모든 설비를 갖추어야 한다.
동력 발생기능	□ 주기(Main propulsion Engine) 선박은 주 추진 동력발생 기관이 장착되고 구동되어야 한다.
	□ 기관실 보조기기(Engine Room Auxiliary Equipment) 선박은 전력, 증기, 압축공기, 유압, 증류수 등 동력과 기타 에너지원을 만드는 발생장치를 설비한다. 또한 연료유와 윤활유의 순환 및 세정장치와 냉각수 순환장치와 열교환기를 설비한다.
거주 및 인명안전	□ 선원 거주구 설비(Crew Accommodation Facility) 선박은 선원이 일할 수 있도록 취사와 취침용 선실을 갖추어야 한다.
	□ 소화장치 및 구명장치(Fire Extinguishing and Saving Equipments) 선박은 해난시의 인명구조 설비와 화재시의 재산의 안전을 위하여 화재예방과 소화장치를 각각 갖추어야 한다.

3 선박의 유형

'선박'(船舶)은 광의적으로 물[水] 위의 교통기관을 총칭하지만, 그 의미에 있어서는 길이가 짧은 소형선을 일반적으로 '주(舟) · 정(艇) · 단정(端艇)'으로, 그보다 큰 것을 '배 · 선박(船舶)'으로 구분한다. 이 경우 '박(舶)'은 일반적으로 거선(巨船)을 통칭한다. 이를테면 군사용 배를 군함(軍艦), 크고 작은 군함을 총칭하는 경우는 함정(艦艇)이라고 구분하는데, 이 경우 함(艦)은 박(舶)과 같은 의미이다.

한편 영어의 'Ship'은 대형선을 의미하는데, 본래 'Ship'은 범선(帆船) 시대의 항양선(航洋船)을 대표하는, 곧 3~4개 돛대를 가진 횡범선(橫帆船)을 지칭하는 의미로 사용되다가 이후 그 어의가 전용되어 명사화 된 경우이다.

달리 'Vessel'은 본래 용기(容器)라는 뜻인데, 선박규모의 대・소에 관계없이 모든 배의 총칭으로 사용된다. 요컨대, 'Ship', 'Vessel'등은 각국의 해상관련 입법 시에 구별되어 사용되고 있음이 일반적이다.

우리나라에서는 현재 법규상 총톤수(Gross Tonnage) 5톤 이상의 것을 선박으로 취급하고 있으나, 세계적으로는 영국 '로이드 선급협회'[Lloyd's Register of Shipping, 1692년 영국의 로이드가 선박의 매매 또는 적하거래(積荷去來)의 주선 등을 한 것이 이 협회의 시초가 된다. 세계의 선박을 망라한 로이드 선명록(船名錄)을 최초로 발행한 1760년을 협회 창립의 해로 정하고 있으며, 1834년 현재의 조직으로 개편되었다. 로이드 선급협회는 세계의 대표적인 선급협회이며, 전 세계에 걸쳐 3,900명의 직원들이 260개의 사무실을 갖추고 활동하고 있다. 전 세계 상선의 약 1/4 가량이 이 협회 자체의 규정에 따라 선박의 건조와 수리 등의 검사를 받고 있다. 곧 로이드 선급협회는 135개국 정부를 대신하여 각 선박이 국가별 및 국제적 안전규정에 부응하는지의 여부를 검사하고 있다. 로이드 선급협회의 항만부서는 고정 구조물이나 이동 구조물을 막론하고 모든 종류의 구조물을 검증하며, 안전기술, 환경처리 및 품질에 대한 보증 등 육상 산업시설에 대해서도 광범위한 서비스를 제공하고 있다]가 배의 통계자료로 채택하고 있는 총톤수 100톤 이상의 강선(鋼船)만을 선박으로 취급하고 있다. 참고로 우리나라 '선박법'(법률 제5972호)에서는 선박을 '수상 또는 수중에서 항행용으로 사용하거나 사용될 수 있는 배의 종류'로 규정하고 이를 세 가지로 대별하고 있다. 기선(機船)은 기관을 사용하여 추진하는 선박(기관과 돛을 모두 사용하는 경우로서 주로 기관을 사용하는 것을 포함한다), 범선(帆船)은 돛을 사용하여 추진하는 선박(기관과 돛을 모두 사용하는 경우로서 주로 돛을 사용하는 것을 포함한다), 부선(艀船)은 자력항행능력이 없어 다른 선박에 의하여 끌리거나 밀려서 항행되는 선박 등이다.

배는 육상의 기차・전차・자동차, 공중의 항공기에 비해 속력이 느린 단점은 있지만, 대량의 화물을 일시에 수송할 수 있고, 운임이 상대적으로 저렴하다는 이점을 가지고 있다. 세계 물자수송의 절반이 해상수송에 의존하고 있는 것은 이 같은 이유 때문이다.

선박을 구분하는 기준은 대개 용도(用度)・추진동력(推進動力)・선형(船型)・기능(機能) 등 다양하지만 이하에서는 용도와 선형을 중심으로 살펴보기로 한다.

(1) 용도에 의한 분류

선박은 사용목적에 따라 크게 '상선'(商船)・'함정'(艦艇)・'어선'(漁船)・'특수작업선'(特殊作業船)으로 구분할 수 있다. 이 경우 '상선'은 여객 또는 화물을 운반하여 운임수입을 얻는 것을 목적으로 하는 선박을 의미하는데, 이는 다시 '화물선'(貨物船)·'화객선'(貨客船)·'여객선'(旅客船) 등으로 구분된다.

'화물선'은 화물의 운송을 목적으로 하는 선박으로 거주설비를 간소화하고 선창(船艙)을 크게 하여 하역설비에 중점을 두어 일시에 대량의 화물을 안전하고 신속하게 운반할 수 있도록 설계되어 있다. 또한 화물선은 운송화물의 종류에 따라 크게는 '습화물'(濕貨物, Wet Cargo)을 운송하는 '탱커류'와 '건화물'(乾貨物, Dry Cargo)를 운송하는 '건화물선'(乾貨物船) 그리고 이 모두를 동시에 운송할 수 있는 '겸용선'(兼用船)으로 분류할 수 있다.

'건화물선'은 원료화물이나 완제품 등 여러 종류의 화물을 함께 운반하는 것과 한 종류의 특수화물을 운송하는 '전용선'(專用船)이 있으며 일반화물선은 시장이나 집화의 관계로 선박의 크기가 비교적 작은 편이나 현재 전용선의 경우에는 점차 대형화되고 있는 추세에 있다.

세계 해상화물은 원유·석유제품·철광석·석탄·곡물, 그 밖의 건화물로 크게 분류할 수 있는데, 이를테면 건화물을 제외한 5대 주요 품목이 세계 전체 교역량의 약 60%를 점유하고 있다. 이중에서 원유를 운송하는 'Crude Oil Tanker', 정유한 석유제품을 운송하는 'Product Carrier', 특정 화학제품을 운송하는 'Chemical Tanker', LPG와 LNG선과 같이 가스류를 액화(液化)시켜 운송하는 'Gas Carrier'를 광의의 탱커로 분류할 수 있다.

한편 곡물·석탄·광석 등의 비 포장된 건화물을 운송하는 선박을 '산적화물선'(散積貨物船, Bulk Carrier), 여러 가지 물품을 함께 운송할 수 있는 선박을 '일반화물선'(一般貨物船, General Cargo Carrier)라고 하는데, 특별히 하역작업을 보다 편리하고 신속하게 하기 위하여 화물을 '컨테이너'(Container)에 적입(積入, Vanning, Stuffing)하여 운송하는 추세여서 컨테이너선이 점차 증가하고 있다. 이외에도 해운시황에 따라 유류와 건화물을 선택적으로 운송할 수 있는 선박을 겸용선이라 하며 달리 'Combined Carrier'라고도 한다.

'객선'(客船)은 주로 여객만을 운송하는 상선으로 여객 이외에 부수적으로 우편물과 신속한 운송을 요하는 소량의 고급화물을 적재할 수 있는 설비도 갖추고 있다. 객선은 주로 '정기선'(定期船, 일반적으로 '정기선'이란 해상의 특정항로에서 정해진 운항계획에 따라 예정된 항구를 규칙적으로 반복운항하면서 공표된 운임률(Tariff Rate)에 따라 화물의 많고 적음에 관계없이 운임이 부과되는 화물선을 지칭한다. 한편 '부정기선'(不定期船)은 정기선이 정해진 항로를 정기적으로 운항하는데 반해 일정한 항로나 화주를 한정하지 않고 화물수요에 따라 화주가 요구하는 시가와 항로에 따라 화물을 운송하는 선박을 말한다. 부정기선의 대상화물은 대체로 원재료와 원료, 곡물 등 운임부담능력이 상대적으로 약한 '산화물'(酸化物)이 주류를 이룬다이며, 여객의 안전과 신속한 운송에 중점을 두고 있으므로 여객 설비 이외에 선체의 안전과 인명구조를 위하여 '비여객선'(非旅客船)에 비하여 높은 기준의 선체구조와 설비를 요구하고 있다. 또한 '화객선'(貨客船)은 여객과 화물을 함께 운송하는 선박으로 '선내'(船內, Cargo Hold)의 대부분은 화물을 적재하고 수선 이상의 갑판간이나 상갑판상에 증설한 '선루'(船樓, Superstructure)에는 선실 또는 접객설비를 하여 여객을 운송한다.

'순객선'(順客船)은 여객설비에 비용이 크게 소요되며 고속이어야 하는 반면, 여객이 항상 만원이 될 수는 없으므로 화물선만큼 확실한 운임수입을 기대하기 어렵다. 이는 화객선이 등장하게 되는 배경으로 작용한다.

이와 같이 선박의 종류는 선박이 수행하는 목적 등에 따라 다양하며 앞으로도 더욱 그 종류가 증가할 것이다. 제반 통계적 지표를 결부하여 선박의 특성 및 기능을 구분하여 살펴보면 다음과 같다.

1) 일반 컨테이너선

일반 컨테이너선은 컨테이너를 전문으로 수송하는 특수한 구조의 '풀(Full) 컨테이너선'과 선창의 일부를 컨테이너 전용으로 만든 '세미(Semi) 컨테이너선'의 두 종류가 있다.

컨테이너를 싣는 방법에 따라서 적재한 차량이 선박의 측면 또는 선미에 설치한 현문(舷門)을 통해서 선내로 들어와 짐을 부리는 '롤-온'(Roll-on) · '롤-오프'(Roll-off) 방식의 선박과, 컨테이너를 선박 또는 안벽에 장치한 기중기(起重機, Derrick, Crane)로 들어서 배에 싣는 '리프트-온'(Lift-on) · '리프트-오프'(Lift-off) 방식의 선박으로 나뉜다.

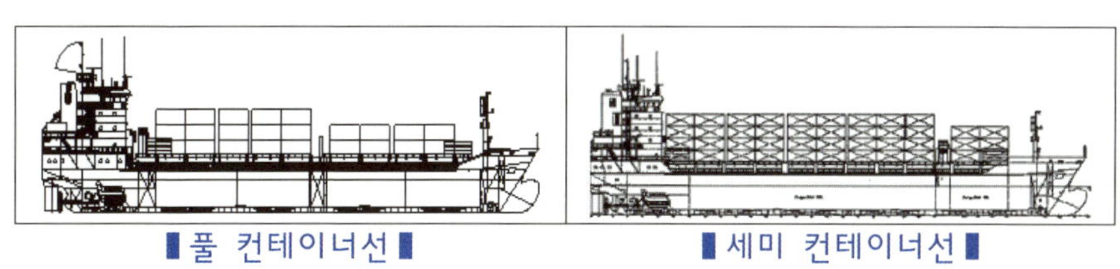

▌풀 컨테이너선▐ ▌세미 컨테이너선▐

여기서 '롤-온'·'롤-오프' 방식은 '카페리'(Car Ferry)가 발달한 형태이다. 본선의 선수(船首, 이물)와 선미(船尾, 고물) 또는 선측(船側)에 설비된 개구(開口)를 통하여 트럭이나 지게차 등으로 컨테이너를 적재하거나 양륙할 수 있도록 설계 된 선박을 말한다. 또 선박에 따라서는 선내에 연결되는 '램프 웨이'(Ramp way)를 설비하여 2층 이상의 갑판으로 굴려 올리거나 갑판에서 굴려 내리는 방식의 하역을 적용하는 선박도 있다. 이 경우 '카페리'는 자동차의 항송(航送)을 목적으로 하는 선박으로, 차량갑판과 램프웨이를 설비하고, 자동차를 배에 싣고 내리는 것은 운전자가 한다. 자동차 교통의 발달로 보급된 것으로, 미국·유럽에서는 해협·만구(灣口)·하천 등의 도선에 일찍부터 도입되었다.

연혁에 비추어 해상 컨테이너 수송은 1957년 미국의 시랜드(Sea-Land)사가 푸에르토리코 항로에 풀 컨테이너선을 취항시킨 것이 최초이며, 정기선 운항의 경우 1958년 미국의 '매트슨 네비게이션사'(Matteson Navigation)에 의한 미국 본토와 하와이 항로운항이 최초로 인정되고 있다.

'컨테이너화'(Containerization)는 하역능률을 높이고, 비용을 절감시키며, 선박의 정박시간을 단축시켜 가동률을 상승시키는 등 장점이 있다. 국제적으로 1966년 시랜드 사가 북대서양항로에 진출한 이래 컨테이너는 전 세계 주요 정기항로에서 운용되고 있다.

2) 원유, 정유, 화학제품운반선

'원유운반선'은 액체를 용기에 담지 않고 선박의 화물창에 운반하도록 설계된 선박으로서 일반적으로 '탱커'(Tanker)선 중에서 원유를 운반을 주목적으로 하는 선박을 총칭한다. 유전지역에서 선적하여 정유공장으로 운송하는 역할을 하고 있다.

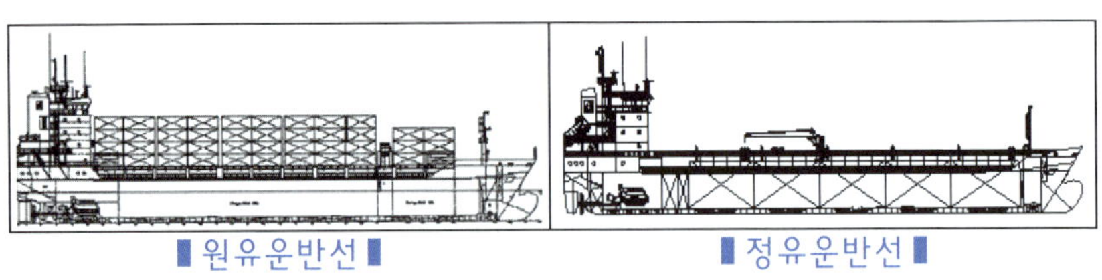

▌원유운반선▌ ▌정유운반선▌

'원유운반선' 중에서 특히 해저유전(海底油田)의 원유를 생산하고, 해상에서 원유를 전달받아 육지의 터미널로 운반하는 선박을 '셔틀탱커'(Shuttle Tanker)라고 한다.

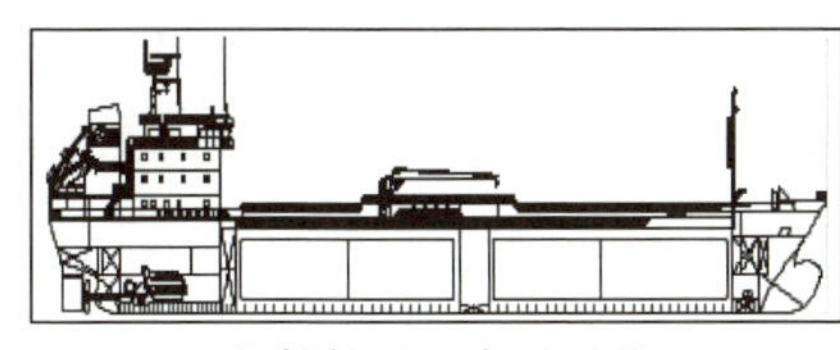
▌화학제품운반선▐

'원유운반선'은 운송효율을 높이기 위하여 1950년대부터 크기가 대형화 되는데, 1960~1970년대에는 20만 DWT(積荷重量 Tonnage)를 상회하는 '대형원유운반선'(大型原油運搬船, Very Large Crude Oil Carrier, VLCOC) 같이 큰 선박들이 많이 건조되었다.

이 경우 'VLCOC'는 20~30만 '재화중량톤'(DWT)에 이르는 초대형 원유운반 전용선을 말한다. 한편 'ULOCC'(Ultra Large Crude Oil Carrier)는 공식적인 것은 아니지만 35만~50만 중량톤에 이르는 초대형 유조선을 가리키는 해운계의 관용어이다

이러한 큰 선박의 접안이 어려운 곳에서는 해상에서 적은 크기의 선박에 원유를 옮겨 실어 육지의 터미널로 전달하는데 이를 '라이터링'(Lightering)이라고 한다.

'원유운반선'은 거의 단일종의 화물을 운송하므로 여러 종류의 화물을 운반할 목적으로 화물창을 여러 개로 분리하는 정유운반선(Product Carrier)이나 화학제품운반선(Chemical Tanker)과는 달리 몇 개의 커다란 탱크만으로 화물창을 구성하고 있다.

3) 자동차전용운반선

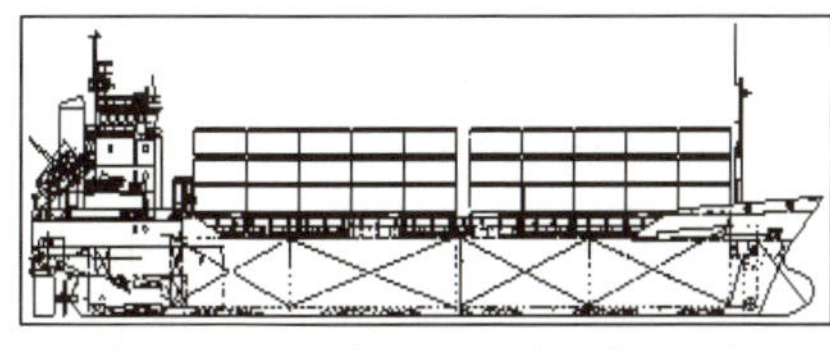
▌자동차전용운반선(겸용선)▐

'자동차 전용운반선'은 종래 특수목적선(特殊目的船)으로 분류되어 자동차 운반에 관한 특수하고도 고유한 기능을 수행하였다.

현재는 선복(船腹)에 일반 컨테이너를 적재하고 선창(船艙) 하부에 자동차를 적재한 형태의 겸용선이 주류를 이루고 있는데, 이는 특수목적선이 다기능의 용도로 특화되어 국제항로에 투입되고 있음을 의미한다.

이는 한편으로 정기선과 부정기선이 결합된 또 다른 특수한 형태의 운송으로 구분되기도 하는데, 이에 부수하여 항만체계 또한 자동차 전용부두가 건립되어 운용되고도 있다.

4) 벌크선

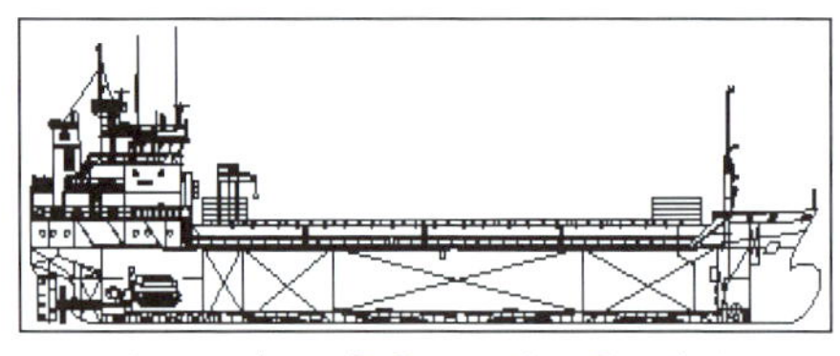
▌자동차전용운반선(겸용선)▐

'벌크선'[산화물선(酸化物船), Bulk Ship)]은 곡물·광석·석탄 등의 벌크화물을 포장하지 않고 그대로 선창(船艙)에 싣고 수송하는 화물선을 말한다.

적재화물의 형태에 따라 마찬가지로 곡물 운반선·광석 운반선·석탄 운반선 등이 이에 해당되며, 기름만을 싣는 배는 '유조선'(油槽船, Oil Tanker)이라고 한다.

화물의 특성에 따라 설계되어 있음이 일반적이며, 싣고 내리는 장치 등이 특수한 형태이다. 보통 배에서는 하층의 화물이 짓눌리지 않도록 중갑판(中甲板)으로 그 사이를 지지하지만, '벌크선'에는 층갑판(層甲板)이 없는 대신, 몇 개의 종갑판(縱甲板)을 두어 물품을 구분하기도 한다.

일반적으로 '벌크선'은 건조가격이 상대적으로 저렴한 특징이 있다. 또한 원료운반이 주된 역할이기 때문에 운임·비용을 낮추기 위해 경제속력으로 항행하며, 선체가 점차 대형화되고 있는 추세에 있다.

5) 광탄전용선

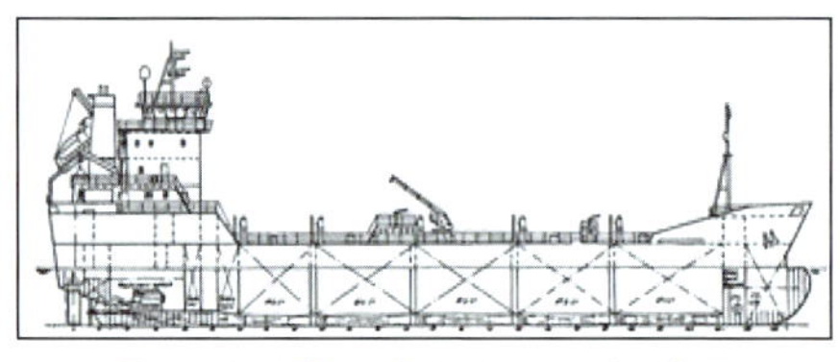
▌광탄전용선(다기능목적선)▐

'광탄전용선'(鑛炭專用船)은 광석[철광석(鐵鑛石)]을 운반하는 전용 화물선을 말한다. 달리 '광석선'이라고도 한다. 선형(船型)은 탱커와 비슷한 선미기관실형(船尾機關室型)으로, 광석창(鑛石艙)은 배 중심선을 따라 구획 설치되어 있다.

선측(船側)은 '밸러스트'(Ballast) 탱크로 둘러싸여 있다. 이 경우 밸러스트는 선박에서 적당한 복원성을 유지하고 흘수[吃水, 수면(水面)이 선체와 만나는 부분을 '흘수선'(吃水線)이라고 한다. 예컨대 '만재흘수선'(滿載吃水線, Load Draught)이라 함은 화물을 만재하였을 때의 흘수선을 말한다]와 트림(Trim, 배의 앞뒤 경사)을 조절하기 위해 배의 하부(下部)에 싣는 중량물을 말한다. 안전한 항해를 위해서는 충분한 복원력과 적당한 흘수가 필요한데, 만재상태(滿載狀態)에서 이와 같은 조건을 충족시키도록 설계되어 있으나, 공선상태(空船狀態)에는 흘수가 얕아지고, 거기에 트림이 부적당하고 또 복원력이 부족하기 때문에, 항해가 가능한 상태로 하기 위해 해수(海水)·청수(清水) 등을 밸러스트 탱크에 넣고 조정한다. 밸러스트 탱크는 이중저(二重底)탱크·선수미(船首尾)탱크·심수(深水)탱크 등이 이용된다. 개조로 인해서 복원력·트림 등이 부적당하게 되었을 경우에는 고정적인 밸러스트로 '고체 밸러스트'(모래·자갈·코크스 등)를 싣기도 한다. 한편 항해에 적당한 흘수와 트림을 얻기 위해 밸러스트만을 싣고 항해하는 것을 '밸러스트 항해'라고 한다.

한편 광석수송은 편도운송일 경우가 많으므로, 화물이 없을 때는 밸러스트 탱크에 물을 넣어 흘수(吃水)를 깊게 한다. 만재 시에는 비중이 큰 광석을 싣기 때문에 배의 중심이 너무 내려가 롤링(Rolling) 주기가 짧아지므로 이중바닥[이중저(二重底)]을 높게 만든다. 양륙(揚陸)은 '버킷'[Bucket, 버킷은 석탄·자갈·등 야적(野積)되어 있는 비 포장물을 담아 올려 운반하는 기구이다. 일반적으로 크레인에 매달아 사용한다]을 사용함으로 선창 내에는 장애물을 없애고, 밑부분 주위는 경사진 구조로 만든다. 오늘날 광석선은 경비절약을 위하여 6~8만 톤급의 대형선이 주류를 이루고 있다.

6) 예인선

▌예인선▌

'예인선'(曳引船, Tugboat)은 주로 다른 선박을 예항(曳航) 또는 압항(押航)하는 선박을 지칭한다. 운항수면에 따라 '항양용'(航洋用), '연안용'(沿岸用), '항내용'(港內用), '하천용'(河川用)으로 구분한다.

이중 가장 일반적인 예인선은 항내·하천용인데, 이는 대형선의 착안(着岸)·이안(離岸)이나 예항 등에 사용되며, 일반적으로 100~300톤급이다. 항양용에는 1,000톤 가까운 것도 있고, 하천용에는 20톤 정도의 것도 있다.

선박의 형태는 선폭이 넓은 것이 많은데, 그 구조적 특징은 복원성(復元性)이 크고 '건현'(乾舷, Free Board)은 일반적으로 낮다. 톤수에 비해서 강력한 기관을 보유하고 있으며, 기관의 사용을 신속히 할 수 있고, 조타성능도 좋은 것이 특징이다.

이 경우 '건현'은 배의 중앙에서 측정한 '만재흘수선'[滿載吃水線, 만재흘수선은 선박의 만재흘수선 규정에 의하여 선종별로, 또 같은 선박일지라도 최대 만재흘수가 각각 개별적으로 지정되어 있다. 이 지정위치를 명확히 하고, 만재흘수선을 넘어서 적재하고 있지 않다는 것을 나타내기 위해서 선박의 중앙부 양현(兩舷)에 건현표(乾舷標 : Free Board Mark)를 표시하도록 되어 있다]에서 상갑판 위까지의 수직거리를 지칭한다. 곧 배의 깊이에서 흘수 부분을 뺀 길이가 되는데, 이것이 크면 예비부력(豫備浮力)이 커져 배의 안정성이 커지게 된다.

'건현'은 선박 중앙부에서 물 위에 노출된 측면 높이를 말한다. 이것이 크면 예비부력이 커져 배의 안정성이 커진다. 만재흘수선의 건현은 선박 중앙부 현측에서 측정되며 갑판의 윗면으로부터 만재흘수선 상선까지의 수직거리를 의미한다. 만재흘수선은 해상에서 선박과 화물 및 인명의 안전을 위하여 매우 중요하게 다루어지고 있는데, 이를테면 선박이 만재할 수 있는 화물의 양을 법적으로 제한하기 위하여 대부분의 국가에서 최소 건현을 지정하고 있음이 일반적이다.

7) 바지선

▌바지선▐

'바지선'(艀船, Barge)은 항내(港內)·내해(內海)·호수·하천·운하 등에서 화물을 운반하는 소형선박을 총칭한다.

'바지'는 용도에 따라 '바지'와 '라이터'(Lighter)로 구별되는데, 곧 두 지점 사이에서 화물을 운반하는 배를 '바지', 항내에 대형선이 접안할 수 없는 경우 등에 화물을 싣고 내리기 위해 본선 옆에 대는 배를 '라이터'라고 한다.

선체는 너비가 넓고 바닥이 평평하며, 구조는 서양형·한국형·절충형·상자형 등이고, 소형은 목제(木製), 대형은 강제(鋼製)로 되어 있다. 추진기가 장치된 것도 있으나, 대부분은 예인선(曳引船)에 의해 인도되며, 또 '밀 배'(Push Boat)에 밀려서 항행하는 푸셔(Pusher) 바지도 있다. 이 경우 '밀 배'는 항내에서 배를 안벽에 이착(離着)시킬 때 미는(Push) 배를 말한다. 일반적으로 항내의 예인선(曳引船)은 선수에 큰 방현재(防舷材)를 붙이고, 대형선을 미는 작업도 겸하는 경우가 많다. 하천 및 내해에서는 바지를 미는 것을 임무로 하는 배가 있는데, 이것은 전용 밀 배로서 위의 것과는 구별된다. 수로가 좁아서 보통의 예인선을 이용하기 어려운 경우 '밀 배'를 사용하여 바지와 결합해서 일체로 한다. 이와 같은 수송방식을 바지라인 시스템이라고 한다. 배로서의 성능은 예인선과 거의 같다.

크기는 화물의 적재량으로 표시된다. 한편 화물을 실은 바지선을 탑재하여 운반

하는 배를 '바지캐리어'(Barge Carrier)라고도 한다.

8) 래시선

▌래시선▐

'래시선'(Lash Ship)은 화물을 적재한 라이터[거룻배(居刀船), Lighter]를 그대로 선창에 싣고 운반하는 선박을 말한다. 미국 '라이터 어보드 십'(Lighter Aboard Ship)사가 개발한 데서 유래되었다.

일반적으로 래시선은 상자형의 라이터에 화물을 적재하고 예인선으로 끌어 본선의 선미에서 주행식 '갠트리 크레인'[Gantry Crane, 컨테이너 터미널에서 컨테이너선으로부터 컨테이너를 내리거나 적재하는데 사용되는 기중기로서 일반적으로 35톤 정도의 능력을 가지고 있다. 컨테이너 하역용으로 설계된 크레인으로서 부두의 '에이프런'(Apron)에 놓여 진 레일 위를 이동하며 작업한다]으로 상갑판에 매달아 올린 다음, 갑판 위를 이동시켜 선창에 격납시키는 장치가 있다.

특징은 안벽을 사용하지 않으며, 항구 내·외에 있는 다른 배의 영향을 받지 않고 하역할 수 있고, 항내의 혼잡에 관계없이 하역할 수 있다. 또한 거룻배를 싣고 내리는 것만으로 하역이 끝나기 때문에 하역시간이 짧으며, 체항(滯港)을 줄여 운항능률을 향상시킬 수 있으며, 하천·운하 등을 이용하여 오지(奧地)까지 라이터를 이동시켜 직접 화물을 보낼 수 있을 뿐만 아니라 화물의 분류를 라이터 단위로 하기 때문에 창고의 분류작업이 용이하고 능률을 제고할 수 있는 등의 장점이 있다.

9) 크레인선

▌크레인 선▐

'크레인선'(Crane Ship)은 선체에 기중기를 장비하고 수상을 이동하는 배를 지칭하는데, 일반적으로 항만에서 중량화물을 싣고 내릴 때, 조선소에서는 진수 후 배에 기관이나 그 밖의 중량물을 설비할 때 사용한다. 권양능력(捲揚能力)은 보통 50~250톤이고, 주 기관에는 증기기관·내연기관·전동기관이 사용된다.

추진기관을 갖추고 자항(自航)하는 것, 크레인이 센터포스트[주축(主軸)]를 중심으로 하여 회전하는 회전식인 것, 회전운동을 하지 않는 고정식인 것, 지브[경사진 보]가 상하운동을 하는 것과 하지 않는 것 등이 있다. 고정식은 배로부터 유효거리 및 수면상의 높이가 큰 것에 적합하고, 회전식은 비교적 경량화물을 계속적으로 이동시키는 데 적합하다.

10) 냉동운반선

'냉동운반선'(Refrigerated Cargo Carrier)은 일정한 저온이나 빙점 이하의 낮은 온도를 유지할 수 있는 특수장치를 장비한 선박을 총칭한다. 곧 평상온도에서는 변질되거나 부패하기 쉬운 화물의 운반에 사용된다.

'냉동운반선'은 상선과 어선으로 구분되는데, '냉동상선'은 주로 과일·육류 등을 운반하는데 이용되고, '냉동어선'은 어항·어장으로부터 어획물을 해상 수송하는데 이용된다.

'냉동선'은 냉동선창(冷凍船艙)에 적재한 화물의 선도(鮮度)를 유지하기 위하여 외부로부터 전달되는 열을 차단해야 한다. 방열재로서 과거 탄화코르크판[炭化Cork板, 코르크 입자를 접착제와 섞어서 열압(熱壓)하여 판상으로 재생한 것과 접착제를 사용하지 않고 가열하여 판상으로 한 것이 있다. 앞의 것을 '압착코르크판'이라고 하며, 접착제를 사용하지 않고 가열시에 코르크 자체에서 분비되는 수지(樹脂)에 의하여 굳어 성형한 것을 탄화(炭化)코르크판이라고 한다. 탄화코르크판은 냉동실의 열절연재(熱絶緣材), 저온용의 보온재(保溫材)로 사용된다]이 사용되었으나, 현재에는 열전도(熱傳度)·비중·흡수성이 낮은 아세틸셀룰로오스(Acetylcellulose)·합성화학물질 등이 사용된다. 단기간의 냉동에는 얼음을 사용할 수도 있으나, 장기간의 냉동에는 선창에 냉동배관 하여 냉동기계를 사용한다.

▌냉동 운반선▐

냉매(冷媒)는 초기 암모니아[NH3]를 사용하였으나, 제2차 세계대전 후에는 '프레온가스'[Freon-12, 22, 화학적으로 각각 '트리클로로플루오르메탄'(CCl3F), '클로로디플루오르메탄'(CHClF2)으로 표기된다. 공히 냉매로 사용되는데, 화학적으로 안정하고 폭발성이 없으며, 불연성의 무독이므로 냉장고, 에어컨 및 각종 냉동기의 냉각재로 사용된다. 그러나 화학적으로 안정하므로 사용 후 성층권까지 도달하게 되는데, 이때 자외선에 의해 염소원자가 분해되어 오존층 파괴의 원인이 된다. 1987년 채택되어 1989년 1월부 발효된 '몬트리올 의정서'(Montreal Protocol, 오존층 파괴물질의 규제에 관한 국제협약으로서 정식 명칭은 '오존층을 파괴시키는 물질에 대한 몬트리올 의정서'이다)는 96개 특정물질에 대한 감축 일정을 담고 있으며, 프레온 가스의 경우 선진국에 대해 각각 94년과 96년부터 사용이 금지된데 이어 2010년에는 개도국에서도 사용할 수 없게 된다. 우리나라는 1992년 5월에 가입국이 되었다]가 사용되고 있다.

냉동방법에는 냉매를 직접 냉동배관에 순환시키는 직접팽창식과, 냉매로서 대량의 브라인(Brine, 브라인은 바닷물을 농축하여 식염농도를 높인 불포화 용액을 말한다)을 냉각하여 동결실(凍結室) 선창에 유입시키는 간접식의 두 가지가 있다. 냉동어선에는 어획물을 장기간 보존하기 위해 -30℃ 정도로 급속 동결하는 장치를 장비한 것도 있다.

(2) 선형 및 추진형태에 의한 분류

1) 선형에 의한 분류

배는 그 상부구조에 따라, '평갑판선'(平甲板船, Flush Deck)·'선루선'(船樓船)·'삼루형선'(三樓型船, Three Islander)·'웰갑판선'·'파도막이갑판선'·'저선미루선'(低船尾樓船)·'후부선교선'(後部船橋船) 등으로 구별한다.

'평갑판선'은 상갑판상에 선루 같은 것이 없는 배로서 악천후일 경우, 갑판이 파도에 씻기기 때문에 항양선(航洋船)에는 부적합하며, 이하 각 선형의 원형을 이루는 것이라고 말할 수 있다.

'선루선'은 상갑판상에 선수루(船首樓, Fore Castle)·선교루(船橋樓, Bridge)·선미루(船尾樓, Poop)의 어느 것인가를 가진 배, '삼루형선'은 이 세 선루를 함께 갖춘 배, '웰갑판선'은 선교루가 선수루 또는 선미루와 연속되어 있는 배를 말한다.

'파도막이갑판선'은 상갑판상에 또다시 전통의 파도막이갑판을 설치해서 세 선루를 연결시킨 '전통(全通)선루선', '저선미루선'은 선수루 외에 저선미루를 가진 배, '후부선교선'은 유조선·광석운반선에서 많이 볼 수 있는 선미에 선교가 있는 배이다.

선박의 구분점이 되고 있는 '갑판'(甲板, Deck)의 기능과 형태를 살피면 다음과 같다. 우선 '갑판의 기능'은 선체(船體)의 수직방향에 대응하여, 수평으로 설치된 판자 모양의 구조물로서 선체에 수밀성(水密性)·강도(强度)·강성(剛性)을 보강함과 동시에 승객·선원의 주거, 물의 적재(積載), 선체의 각종 기계장치 설치에 필요한 마루(Floor)와 구획(區劃)을 제공한다.

일반적으로 여러 개의 갑판이 층을 이루며 설치되지만, 가장 주요한 것은 맨 위층의 '전통갑판'(全通甲板)이며 달리 '상갑판'(上甲板)이라고도 한다. 또한 건현(乾舷)을 측정하는 기준이 되는 갑판을 '건현갑판'(乾舷甲板)이라 하는데 보통 상갑판이 이에 해당한다.

일반 상선에서 상갑판 위에 선루(船樓)가 있을 경우에는 '선루갑판'(船樓甲板)이 설치되고, 위치에 따라 '선수루갑판'(船首樓甲板), '선미루갑판'(船尾樓甲板)이라 한다. 이들 선루는 선체의 '측면형상'(側面形狀)에 특징을 주어, 선루가 없는 경우를 '평갑판선'(平甲板船), 선수루만 있는 경우에는 '선수루부평갑판선'(船首樓附平甲板船), 양쪽 모두 있을 경우에는 '요갑판선'(凹甲板船), 배 전후 이외에 선체 중앙 부근에도 선루를 가지는 것을 '삼도형선'(三島型船)이라 한다.

▮대표적 선박 선형의 예▮

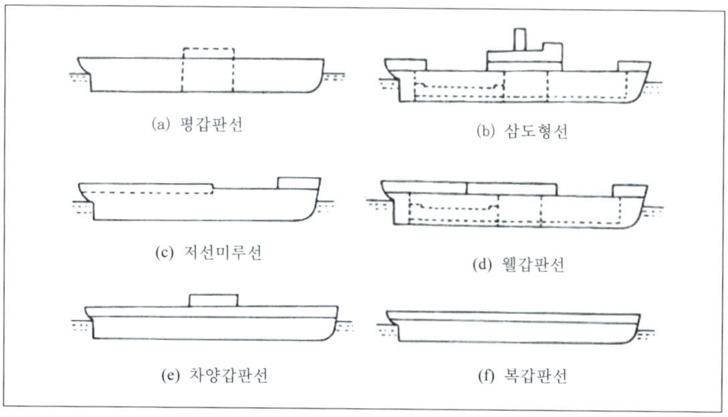

(a) 평갑판선
(b) 삼도형선
(c) 저선미루선
(d) 웰갑판선
(e) 차양갑판선
(f) 복갑판선

상갑판 위 또는 선루갑판 위에는 갑판실 때문에 여러 개의 갑판이 설치되는데, 이 중 맨 위층의 조타실(操舵室)이 있는 갑판을 항해선교갑판(航海船橋甲板), 그 지붕을 컴퍼스갑판(Compass 甲板)이라 한다. 상갑판 밑에 갑판이 설치되는 경우에는 보통 아래쪽에 있는 것을 차례로 제2, 3갑판 등으로 명명한다.

맨 위층에 설치되어, 외부의 공기나 바다에 노출되는 갑판은 '노천갑판'(露天甲板)이라 하며, 물의 압력에 견딜 수 있게 한다. 갑판의 구조는 횡목(横木)으로 지탱된 대들보 위에 강판이나 나무 등을 보강한 것으로, 갑판 위에 가해지는 무게나 힘에 대해서 필요한 강도와 강성을 갖춘 것이어야 한다. 다만 다른 판자와 결합하는 갑판은 상·하 강도를 분담하여 지탱하기 때문에, 그 중 맨 위층의 갑판을 강력갑판(强力甲板)이라 하고, 선체강도상 중요한 구조가 된다. 일반적으로 상갑판이 강력갑판이

되지만 아주 긴 선루갑판이 있는 경우 선루갑판이 강력갑판이 된다.

2) 추진형태에 의한 분류

배는 그것을 움직이게 하는 원동력에 의해, '인력선' · '범선'[풍력(風力)] · '기선'(機船, 석탄 · 석유를 연료로 하는 기계력) · '원자력선'(핵연료에 의한 기계력)으로 구분한다.

광의적으로 '기선'(機船)이라고 하는 명칭은 종류 여하를 불문하고 모두 기계력에 의해 추진되는 동력선의 뜻으로 사용되지만, 협의적인 의미에서의 '기선'(汽船)은 증기력으로 작동하는 왕복동기관이나 증기터빈기관을 가지는 배를 지칭한다. 한편 가솔린기관 · 흡입가스기관 · 호트밸브기관 · 디젤기관을 가지는 내연기선은 달리 '기선'(機船)이라고 하여 구분하기도 한다.

이 두 가지 외에 전기추진선이 있고, 그 발전기의 구별에 의해, '디젤전기추진선' · '터빈전기추진선의' 두 종류가 있다. '원자력선'은 현재 핵연료를 사용해서 만들어진 증기를 통해 증기터빈을 회전시키는 기선(汽船)이다.

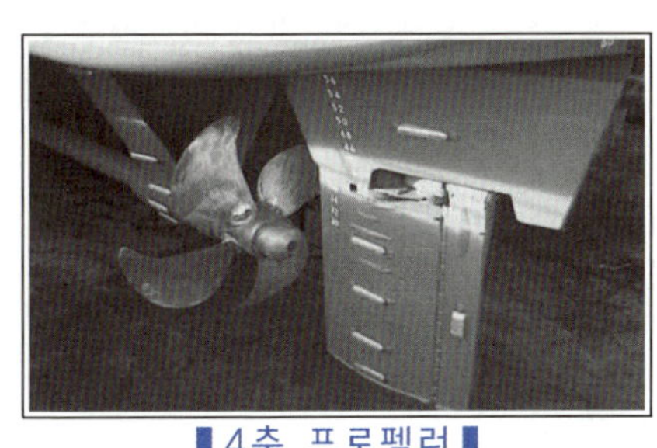
▌4축 프로펠러▐

증기 대신으로 고온고압가스를 사용하는 가스터빈선은 일부 고속특수선을 제외하고는 아직 보급단계에 이르지 못하고 있다.

추진기별로는 기선의 초기는 수차식(水車式)의 외륜선(外輪船)이었지만, 현대는 '스크루 프로펠러'(Screw Propeller)선이 주류를 이루고 있다.

스크루(Screw)는 소형선에는 날개가 3개, 일반선에는 4개가 일반적이었지만, 최근의 대형 1축선에서는 효율이 좋은 날개가 5개인 프로펠러가 많이 사용된다. 프로펠러축[Axle] 수에 따라서, 1~4축선의 4종류가 있다. 과거에는 1기 1축이 원칙이었지만, 2기 1축의 배도 있다.

또한 추진기의 회전을 한 방향으로 정하고, 날개의 각도를 변화시킴으로써 프로펠러의 피치(Pitch)를 변화시켜 배의 전진 · 정지 · 후진을 간단히 할 수 있는 '가변피치 프로펠러'(Variable Pitch Propeller)선도 소형선에서 자주 볼 수 있다. 다만 스크루 프로펠러선 외에, 벤 프로펠러선 · 제트 프로펠러선 · 공중 프로펠러선 · 임펠러[Impeller, 터보형 펌프 · 송풍기 또는 압축기의 주요 부분으로, 원주상(圓周上)에 같은 간격으로 배치된 수십 개의 깃(또는 날개)을 가지고 회전하는 원판 또는 원통을 말한다] 추진선 등이 있지만, 이것들은 특수한 소형선에 이용된다.

▮선박의 분류▮

<table>
<tr><th colspan="3">구 분</th><th>세 분류</th></tr>
<tr><td rowspan="3">상선</td><td>탱커</td><td>원유운반선
(Crude Oil Tanker)
정유운반선
(Product Carrier)
화학제품운반선
(Chemical Carrier)
가스운반선(Gas Carrier)</td><td>원유
휘발유, 경유, 중유 등
유황, 나프타
LPG, LNG</td></tr>
<tr><td>겸용선</td><td>컴바인드
(Combined, Multi Carrier)</td><td>광석·벌크·원유, 광석·원유 등 겸용</td></tr>
<tr><td>건화물선</td><td>벌크선(Bulk Carrier)
일반화물선
(General Carge Carrier)
풀 컨테이너선
(Full Container Ship)
자동차 전용선
(Pure Car Carrier)
냉동컨테이너 전용선(Reefer)</td><td>광석, 석탄, 곡물, 원목 등
컨테이너 이외 포장화물
컨테이너
각종 차량 등
냉장 및 냉동화물</td></tr>
<tr><td>어선</td><td colspan="3">어로선, 공선(工船), 포경선, 어업지도선, 조사선, 운반어선, 각종 트롤어선 등</td></tr>
<tr><td>특수작업선</td><td colspan="3">수로측량선, 해양관측선, 해저부설선, 기중기선, 예인선, 소방선, 오염방제선, 병원선 등</td></tr>
<tr><td>함정</td><td colspan="3">전투함, 순양함, 구축함, 원자력함, 항공모함, 전차양륙함(LST), 상륙함정(LSM) 등</td></tr>
</table>

이상 선박의 구조와 특성을 구분하면 표와 같다. 곧 대분류체계로서 선박은 '상선', '어선', '특수작업선', '함정' 등으로 구분할 수 있고, '상선'의 경우에는 다시 '탱커'(Tanker), '겸용선'(兼用船, Combined, Multi Cargo Ship), '건화물선'(乾貨物船, General Cargo Ship)으로 구분된다.

4 선박의 건조공정

일반적으로 선박은 일반 건축물보다도 규모가 훨씬 크고 공정면에서도 복잡하며, 수많은 부재와 기자재를 조립하여 하나의 움직일 수 있는 제품을 만드는 과정을 거친다. 또 선박은 계획생산이 아닌 선주(船主)로부터 주문을 받아 건조하게 되는 주문생산 방식을 취한다.

선주는 발주 전에 건조할 선박의 종류와 크기, 항로와 속도, 국적 및 선급과 같은 기본적인 사항을 사전에 정해놓고 여러 조선소에 납기와 가격을 의뢰하게 되며, 조선소는 자사의 생산능력과 수주잔량 등을 신중히 검토하여 구체적인 사양서・납기 및 가격을 선주 측에 제시해 상담에 응하게 된다. 이어 선주와 조선소간의 건조계약이 체결되면 조선소로서는 건조계획을 수립하는 한편 기본설계에 착수하게 된다.

선박의 견적을 제시할 때부터 건조를 완료하여 선주에게 인도할 때까지의 건조공정을 도해하면 아래와 같다.

▮선박의 건조공정▮

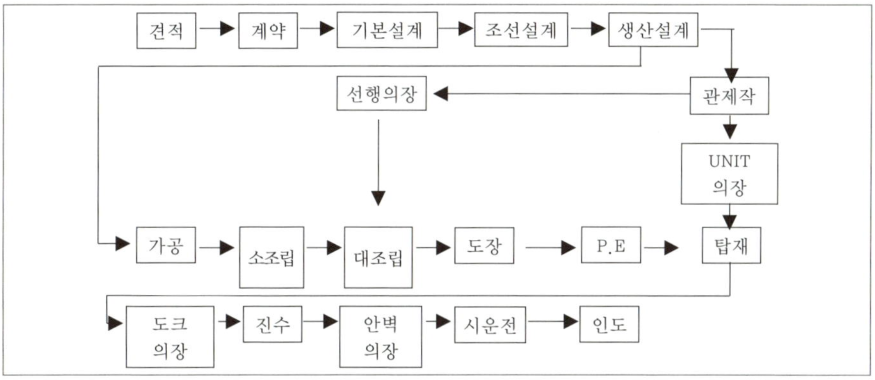

견적 → 계약 → 기본설계 → 조선설계 → 생산설계
생산설계 → 관제작 → 선행의장
관제작 → UNIT 의장 → 탑재
선행의장 → 대조립
생산설계 → 가공 → 소조립 → 대조립 → 도장 → P.E → 탑재
탑재 → 도크 의장 → 진수 → 안벽 의장 → 시운전 → 인도

선박 한 척을 건조하기 위해서는 대체적으로 설계기간 7~8개월을 포함하여 1.5년 정도가 소요된다. 건조계획은 인도일부터 역으로 계산하여 설계와 자재의 구매기간 등을 고려하고 '착공'(着工, Work Commence), '기공'(起工, Keel Laying), '진수'(進水, Launching), '인도'(引渡, Delivery)일자를 정해 기본선표를 결정한다.

'기본설계'(基本設計)는 크게 '선체설계'(船體設計)와 '의장설계'(意匠設計)로 분류할 수 있으며, '선체설계'는 선도(Lines), 중앙단면도(Mid Ship Section), 강재배치도, 외판전개도 등 선체구조를 결정하는 기본도면을 작성하고 이를 기초로 선수구조도, 중앙부구조도, 기관실구조도, 선미구조도 등을 완성해 선체구조를 명확하게 한다. 이 설계도들은 선주와 선급협회의 승인을 얻어 선박성능과 안정성을 보장받아야 하며 동시에 경제성에 합당해야 한다.

한편 '의장설계'는 주요 의장설비의 성능과 제원을 결정하고 시스템 체계를 표시하는 다이어그램(Diagram)과 상호배치를 표시하는 배치도(Arrange)를 작성하여 계약시의 기본사양을 충족시켜야 한다.

주요 의장설비는 '선체의장'(船體意匠, 하역장치 · 소화장치 · 교통장치 · 안전설비 · 통풍장치), '기관실의장'(汽罐室意匠, 주기관 · 추진장치 · 보기장치 · 배관장치 · 교통장치 · 통풍장치), '전기의장'(電氣意匠, 전원장치 · 배전장치 · 항해장치 · 무선장치), '선실의장'(船室意匠, 거주구설비 · 오락설비) 등이다.

선박의 구조와 의장품 배치가 결정되면 현장작업용 도면을 작성하는 생산설계단계로 들어간다. 생산설계는 기본도면을 근거로 효율적이고 능률적인 작업수행방안을 연구하면서 부재 하나하나 만드는데 필요한 공작상의 문제점을 검토해 세부구조를 면밀히 설계하며, 특히 작업성과 경제성을 중시한다. 생산설계도 역시 선각 생산설계는 선각기본설계에서 만든 구조도를 근거로 강재발주계획과 작업도면을 완성한다.

의장생산설계도, 기본설계도를 근간으로 하여 제작도(製作圖)와 설치도(設置圖)를 완성한다. 설계도면이 완성되고 자재계획에 의해 발주한 강재와 기자재들이 도착하면 작업을 시작한다.

최초의 작업은 가공공장에서 시작되는 강재전처리작업(鋼材前處理作業), 강재절단(鋼材絶斷), 성형작업(成形作業)이다. 철판을 잘라서 선체 일부의 모양에 맞도록 접고 굽혀 도면과 같이 만든다.

다음은 소조립으로 소조립 공장에서는 크기가 작은 몇 개의 부재를 서로 결합시키는 작업을 하며 이것들은 대조립 공장으로 넘어가 높이가 16m까지 되는 블럭의 일부가 된다. 이와 같이 선박 한척은 300개 내외로 잘게 잘라 40ton 정도의 무게가 되는 블럭단위로 만든 다음 도크 안에서 탑재 · 조립해 완성되는 것이다.

블럭의 형상에 따라 가장 적합한 공장에서 가장 효율적인 공법으로 만들어서 완성된 블럭은 도장공장에서 도장을 하고 탑재기간을 줄이기 위하여 크레인이 들어올릴 수 있는 범위까지 2~3개의 블럭을 결합하게 되며, 이 작업을 'PE'(Pre-Erection)라 한다.

이렇게 해서 각 블럭이 도크에서 한 척의 선박모양을 갖추게 되며 도크에 첫 번째 블럭을 배치하는 것을 '기공'(Keel Laying)이라 한다. 도크 속에서 블럭을 탑재하고 용접하여 선체가 완성되면 도크속에 바닷물을 넣어 배를 띄우고 바다로 나가게 되는데 이것이 '진수'(Launching)이다.

한편 '의장공사'(意匠工事)는 '선각공사'(船殼工事)와 병행해서 진행된다. 제작기간이 8개월 정도가 소요되는 엔진을 포함한 수많은 기계류들이 공정상 필요한 때에 들어오게 되며, 의장공장은 공정에 맞춰서 파이프와 철의장(鐵意匠) 제품들을 만든다. 선체의 블럭이 만들어지는 동안에 대조립 공장에서는 블럭 내부에 의장품과 파이프들을 설치하는 블럭선행의장공사가 실시된다.

블럭이 완성되면 선행공장에 적치되고, 이때 파이프나 전선과 관련된 많은 공사들을 수행하게 된다. 또 한편에서는 기계류와 파이프류, 교통장치, 통풍장치 등에 대한 '유니트(Unit) 선행의장공사'를 진행하며 이 유니트는 PE장 또는 도크에서 일체 탑재·설치한다.

진수 후에는 안벽에 계류된 선체에서 마무리 안벽의장공사를 하게 되며, 이어 기계 및 전기의 시운전을 마치고 외항에 나가 선박의 운항종합 시운전을 거쳐 여기에서 이상이 없으면 한 척의 선박이 비로소 완성된다.

5 선박의 표시

(1) 용적표시 톤수

톤(Tonne)은 무게의 단위로서 곧 국제단위(SI System)로 측정된 1,000kg을 의미하는데 경우에 따라 이하 개별 의미로 사용되기도 한다.

보통 'Tonnage'는 포괄적인 의미로, 그리고 'Ton'은 측정된 양을 표현하는 단위로 많이 쓰이고 있으며 표기 시 반드시 어떠한 종류의 'Ton'인지 명기해야만 정확한 의미를 갖는다. 다만 'Tonne'은 선박의 크기를 나타내는 용도로는 잘 쓰이지 않는다.

1) 총톤수

'총톤수'(Gross Tonnage : G/T)는 용적(容積)을 중심한 톤수이며 측정갑판 하의 적재량(積載量)과 상갑판의 밀폐된 장소의 적량의 합으로서 100ft^3[또는 2.83m^3]을 1톤으로 나타낸 것이다. 다만 이 총적재량에는 선박의 안전과 위생항해 등에 이용되는 장소는 제외된다.

보통 탱커(Tanker)를 제외한 상선이나 어선의 크기는 이 '총톤수'(G/T)로 표시되므로 각국의 '해운력'(海運力, Shipping Power)의 비교에 이용된다. 또한 총톤수는 수익능력을 나타내므로 '관세'(關稅) · '등록세'(登錄稅) · '소득세'(所得稅) · '계선료'[繫船料, Mooring Charges, 부두(埠頭)나 잔교(棧橋)에 선박을 접안함에 따라 배가 운항치 않았을 경우 부담하는 비용] · '도선료'[導船料, Pilotage, 도선(導船)은 연해를 통과하는 선박이나 항만에 접안하고자 하는 선박을 안전하게 인도하여 통과 · 접안할 수 있게 하는 일로서 이를 위해 소요되는 비용을 도선료(導船料)라고 한다] · '검사수수료'(檢査手數料) · '적량측정수수료'(積量測定手數料) 등 제반 세금과 수수료 그리고 선박요원 및 설비관계법규의 기준이 되는 '순톤수'(Net Tonnage, N/T)와 함께 선박법에 의하여 톤수의 명시가 강제되며 이 경우 톤수의 측정은 '선박적량측정법'(船舶積量測定法)에 따라 엄격히 행하여진다.

여기서 선박톤수의 측정은 국제적으로 '선박톤수 측정에 관한 국제협약'(International Convention on Tonnage Measurement, 1969)에 따라 그 기준이 정해지는데, 이는 UN 산하기구인 국제해사기구[國際海事機構, International Maritime Organization (IMO)]에 의해 채택되어 1982년 7월 18일부터 적용되고 있다.

동 협약이 발효되기 이전에는 그 측정기준 · 측정단위 · 산정방식이 상당히 복잡하였는데 동 협약으로부터 선박 전체의 폐쇄공간을 총톤수, 적재공간을 순톤수로 하고 선박 용적의 측정단위 또한 입방미터로 간략히 하여 선박톤수 계산의 적용기준을 명확히 하고 있다.

2) 순톤수

'순톤수'(Net Tonnage, N/T)란 '총톤수'에서 선원실(船員室), 기관실(汽罐室), 해도실(海圖室), 선용품창고(船用品倉庫) 등 선박의 운항에 필요한 장소의 용적을 제외한 용적톤수의 일종으로서 단위 톤수는 역시 100ft^{3}를 1톤으로 표시한다.

이 같은 '순톤수'는 '총톤수'와 같이 선박원부(船舶原簿)에 등록되거나 선박국적증서(船舶國籍證書)에 기재되는 중요한 톤수인데 화물이나 여객을 적재하여 직접 상행위를 하는 용적의 크기를 표시하므로 항세(港稅), 톤세, 운하통과료(運河通過料), 등대사용료, 항만시설사용료(港灣施設使用料) 등 제반 세금의 부과기준이 된다.

3) 재화용적톤수

'재화용적톤'(Measurement Tonnage : M/T)은 선박의 각 선창(船艙, Hold)의 용적과 특수화물의 창고 등 전 선박의 용적을 관습상 $40ft^3$($1,133m^3$)로 1톤을 나타낸 것이다.

$40ft^3$를 1톤으로 하는 단위는 경량화물과 중량화물의 중간인 석탄(石炭)을 표준으로 한 규약으로서 그 단위는 ft^3 또는 m^3로 나타내며, '산화물적재가능용적'(散貨物積載可能容積, Grain Capacity)과 '포장적재가능용적'(包裝積載可能容積, Bale Capacity)으로 구분된다. 일반적으로 'Bale Capacity'는 일반화물선의 경우 'Grain Capacity'의 약 90~93% 정도이다.

(2) 중량톤수

'중량톤수'에는 '배수톤수'(排水, Displacement Tonnage)와 '적하중량톤수'(積荷重量, Dead Weight Tonnage)가 있다. '중량톤'의 단위는 'Metric Ton', 'Long Ton', 'Short Ton'이 쓰이고 있는데, 국제적으로는 'Long Ton'이 가장 많이 사용된다['Long Ton'(영국)=2,240lbs=1,016.05kg, 'Short Ton'(미국)=2,000lbs=907.18kg, 'Kilogram Ton'=2,204.021lbs=1,000kg].

1) 배수톤수

'배수톤수'(Displacement Tonnage)는 선박의 전체 중량을 말하는 것으로, 곧 배의 무게는 선체 수면하의 부분인 '배수용적'(排水容積)에 상당하는 물의 중량과 같으며, 이 물의 중량을 '배수량'(排水量) 또는 '배수톤수'라고 한다.

물체가 액체에 떠 있을 경우, 물체는 물체가 배제하는 액체의 중량과 같은 크기의 부양력(浮揚力)을 받는다. 따라서 배가 물에 뜬다는 것은 배가 배제한 물의 중량에 맞먹는 부양력과 배 자체의 중량이 균형을 이루는 것이 된다. 배제된 물의 중량을 '배수량'이라고 하며, 이것을 톤으로 나타내면 배의 중량으로 '배수톤수'라고 한다. 따라서 배의 중량을 측정하기 위해서는 역으로 배제한 물의 중량을 계산하면 된다. 선체의 수면 밑부분의 용적, 즉 배수용적에 상당하는 물의 중량을 배수량 또는 배수톤수라고 하는데, 이 경우 배수용적은 m^3로 표시하고, 이것에 1.025(바닷물의 비중)를 곱하면 '배수톤수'가 얻어진다. 군함의 톤수는 배수량이 사용되나, 상선에서 배수량을 사용하는 것은 설계할 때 또는 화물의 적재량 등의 경우에 한한다.

'배수량'은 화물의 적재상태에 따라 각각 다르므로 어떤 선박의 배수톤수를 명기할 경우에는 만재상태에 있어서의 선체의 중량을 특정하는 것이 일반적이다.

2) 재화중량톤수

'재화중량톤'(Dead Weight Tonnage, DWT)이란 선박이 적재할 수 있는 화물의 최대 중량을 말하며, 이는 '만재배수량'(滿載排水量, Full Load Displacement)과 '경화배수량'(輕貨排水量, Light Displacment)의 차이로서 산출된다. 따라서 재화중량톤은 선박의 매매나 '용선료'(傭船料, Charterage) 등의 기준이 된다.

'만재배수량'은 선박이 여름철 만재흘수선(滿載吃水線)까지 수면 밑으로 내려갈 때의 선박의 무게를 말하는데, 이 무게에는 선체 자체 · 기계류 · 제반 기구 · 선용품 · 화물 · 연료 · 청수(清水) 및 선원의 무게가 포함 되어 있다.

'경화배수량'은 선박 자체와 기계류, 제반 기구 및 여러 가지 부속품의 무게, 즉 경화상태에 있는 선박의 무게를 말한다. 경화배수량은 선박을 해체하기 위하여 매각하는 경우 지급되는 선가(船價)의 기본 단위가 된다.

'용선료'의 지급방식은 일반적으로 일정기간(대개 30일 기준)마다 현금으로 선지급(先支給, Advanced Payment)하는 것이 통상이다. 여기서 현금(現金)이란 정기용선계약서(定期傭船契約書)에서 약정된 국가의 법적 통화나, 상사관행(商事慣行, Commercial Usage)에 따른 현금과 동등한 지급수단을 말한다. 그리고 선지급을 원칙으로 하고 있는 것은 정기용선계약의 특질, 즉 선박소유자가 제공한 용선선박과 선원의 용역을 배타적으로 사용 · 수익하는 정기용선자의 용익권(用益權)에 대한 반대급부를 미리 확보하도록 하기 위해 인정되고 있는 것이다. 다만 정기용선계약에 명시적 특약이 있는 경우 정기용선자는 선박소유자에 대한 자신의 채권과 관련하여 용선료를 공제하거나 상계(相計, Set-Off)하고 지급할 권리를 갖는다.

3) 순재화중량

'순재화중량'(Net / Useful Dead Weigh, Carrying Capacity)이란 실제로 선박에 적재 가능한 화물의 최대중량을 의미하며, 이것은 곧 재화중량톤에서 연료 · 청수(清水) · 밸러스트(Ballast) · 식량 · 선용품 ·'화물 밑 깔개'[Dunnage, 벌크[산화물(散貨物)]화물 적재 시 선창 밑에 깔아두는 용구를 말한다] · 선원과 여객 및 소지품 그리고 건조 후에 부가된 불명중량(Unknown Constants)을 제외한 중량을 말한다.

'불명중량'은 화물을 중량으로서 만재할 경우나 용선 시에 문제가 야기될 수 있으므로 비운항시 이를 정확하게 측정하여 둘 필요가 있다. '순재화중량'은 대개 근해 항로에 있어서는 재화중량의 90%, 원양항로에 있어서는 85%~90% 정도로 간주된다.

'순재화중량'은 다시 만재배수톤수(Full Load Displacement)와 경화배수톤수(Light Load Displacement)로 구분되는데, 우선 전자는 하기 만재흘수선[滿載吃水線, Loadline, 해수면이 선체와 만나는 부분을 흘수선이라고 하는데, 만재흘수선(滿載吃水線)은 화물을 만재하였을 때의 흘수선을 말한다. 이와는 달리 만재배수량(滿載排水量)은 선박이 여름철 만재흘수선까지 해수면 밑으로 내려갈 때의 선박의 무게를 말하는데 이 무게에는 선체 자체・기계류・제반 기구・선용품・화물・연료・청수(淸水) 및 선원의 무게가 포함되어 있다. 이 '만재배수량'과 '경화(輕貨)배수량'의 차이가 바로 선박의 재화중량톤수(Deadweight Tonnage)가 된다]에 있어서 해수의 표준밀도 1.025에 대한 배수톤수를 말하며, 후자는 선박을 신조하여 의장을 완성하고 법정 속구와 비품을 갖춘 후에 보일러와 그 부속 파이프 및 콘덴서 등에만 물을 넣은 상태를 '경화상태'(Light Condition)라고 하는데, 이 경화상태에 있어서의 흘수(吃水)에 대한 배수톤수를 말하며 이때는 화물・연료・예비급수・선원과 그 휴대품 및 식량 등을 일체 적재하지 아니한 상태에서 배수량이다. 이 경우 경화배수량(輕貨排水量, Light Displacment)은 선박 자체와 기계류, 제반 기구 및 여러 가지 부속품의 무게, 즉 경화상태에 있는 선박의 무게를 말한다. 이 경화배수량은 선박을 해체하기 위하여 매각하는 경우 지급되는 선가(船價)의 기본단위가 된다. 화물을 만재하였을 때의 만재배수량과 이 경화배수량의 차이가 곧 '적재중량톤수'가 된다.

3) 운하톤수

세계 양대 운하인 '수에즈 운하'(Suez Canal)와 '파나마 운하'(Panama Canal)에서는 특유의 적량측도법(積量測度法)에 따라서 적량을 측정하여 운하통과료의 기준으로 삼고 있다.

우선 '수에즈 운하 톤수'(Suez Canal Tonnage)에는 차량갑판선(Shelter Deckship) 아래의 용적이 산입되는 차이가 있다. 반면에 '파나마 운하 톤수'(Panama Canal Tonnage)는 '수에즈 운하 톤수'와 큰 차는 없으나, 측정방법에 있어서 차량갑판선의 차량갑판을 측정갑판(Tonnage Deck)으로 하는 등의 차이가 있다. 이 밖에도 제외적량(除外積量)과 공제적량(控除積量)을 인정하지 않는 장소가 많아 총톤수와 순톤수가 훨씬 커지게 된다.

6 컨테이너와 팔레트

(1) 컨테이너의 도입

해상운송의 상당부분은 '컨테이너'(Container)에 의해서 이루어지고 있다. 국제표준화기구[國際標準化機構, International Organization for Standardization (ISO)]의 컨테이너 정의에 따르면 "'컨테이너'란 내구성 및 반복사용에 견딜 만한 강도를 갖고 있고, 상품수송을 하나 이상의 수송방식에 연계할 수 있으며, 도중에 재차 채워 넣음 없이 상품수송을 하도록 특별히 설계되어진 것을 말한다"라고 되어 있는데 세부적으로는 취급내용이 특히 한 운송방식에서 다른 운송방식으로 바뀔 경우 용이한 취급이 가능한 장치가 부착되고 상품을 채워 넣고 빼내는 데 용이하게 설계되었으며, 35.3m^3 이상의 용적을 가진 수송설비를 요건으로 한다.

'컨테이너'를 이용한 해상운송은 제2차 세계대전 중에 미군이 군수물자의 수송에 사용하기 시작한 이래 1950년대 말 상업적으로 도입되기 시작하면서 1966년에 미국 시랜드 사가 북대서양 항로에 처음으로 '풀 컨테이너선'(Full Container Ship)을 투입함으로써 재래식 해상운송의 '컨테이너화'(Containerization)가 본격적으로 시작되었다.

이러한 '컨테이너'에 의한 해상운송방식은 운송의 신속화, 안정성과 함께 비용절감이라는 장점을 가지고 있다. 현재는 국제 간 화물수송의 주종을 이루고 있다.

'컨테이너'는 포장・보관・하역・운송 등 화물유통의 전 과정을 일관 수송할 수 있는 혁신적인 수송도구로 현대 화물수송의 주종을 이루고 있다.

'컨테이너 운송'의 장점으로는 신속성・안전성・경제성을 들 수 있다. 하역 및 운송기간의 단축 및 화물의 관리를 신속・용이하게 할 수 있으며, '컨테이너' 자체가 운송용구로서 멸실 및 손상의 위험을 줄일 수 있을 뿐만 아니라 이는 해상운송에 있어 위험요소의 감소를 통한 보험료의 절감을 이룰 수 있다. 또한 포장비의 절감 및 보관비의 절감 등 경제적인 효율성을 증진시킬 수 있다.

그러나 '컨테이너' 운송의 단점은 이용할 수 있는 화물이 제한되어 있고, 컨테이너 전용시설확보에 따른 경비부담, 그리고 컨테이너 및 제반 설비의 관리문제 등과 관련한 한계점을 가지고 있어서 모든 수출・입 화물 운송이 컨테이너화 되기에는 많은 어려움이 있다.

컨테이너 운송의 최적상품으로는 고부가가치 상품인 전자제품, 피복류, 의약품이 해당되며, 적합상품으로는 철제류・피혁제품・일반 소비재 등이 되고 부적합상품으로는 중량물・장척물(長尺物) 등을 포함하여 단가가 낮고 일시 대량수송이 경제적으로 유리한 물품인 예컨대 양곡・광석 등을 들 수 있다.

(2) 컨테이너의 종류

'컨테이너'(Container)는 화물의 종류・주된 수송기관・구조・재질・적재량・모양 등에 따라 여러 가지가 있는데, 용적 $3m^3$이하의 것을 소형, 그 이상을 대형이라고 부른다.

▮컨테이너 규격 (ISO 규격)▮

구분(피트)	길이(m)	폭(m)	높이(m)
10'	3.048(10피트)	2.438(8피트)	2.62(8.6피트)
20'	6.096(20피트)	2.438(8피트)	2.62(8.6피트)
40'	12.192(40피트)	2.438(8피트)	2.62(8.6피트)
45'	13.716(45피트)	2.438(8피트)	2.62(8.6피트)

※ 1피트 = 30.48cm

국제표준화기구(ISO) 규격에 의하면 컨테이너를 길이에 따라 '20ft', '40ft', '45ft'로 구분하고 있는데, 이중 '20ft' 컨테이너를 TEU(Twenty-Foot Equivalent Unit)라 하여 화물을 산출하기 위한 표준단위로 삼고 있다. 이 단위는 컨테이너 선박의 최대적재용적의 표시와 운임지급의 기준이 된다.

컨테이너 수송이 갖고 있는 장점으로서는 하역의 기계화・포장비 절감・도난방지 등을 들 수 있다. 일단 적입(積入, Vanning, Stuffing)하면 재작업 없이 '문전에서 문전'(Door to Door)까지 화물은 수송할 수 있다는 점이다.

'컨테이너'는 일반적으로 액체화물의 운송을 위한 탱크 컨테이너, 온도 조절을 요하는 화물운송용 냉동컨테이너를 포함한 '일반[건(乾), Dry] 컨테이너', '탑개방[Open-Top] 컨테이너' 등 여러 가지 종류가 있다.

1) 일반 컨테이너

'일반 컨테이너'[건(乾), Dry Container]는 액체화물을 제외하고 온도조절을 필요로 하지 않는 일반잡화를 수송하는 가장 보편적인 컨테이너로 컨테이너의 대부분을 차지하고 있다.

전후 방향의 한쪽 끝에 2개 개구부(開口部, Door)가 있고 각각의 개구부는 약 270°

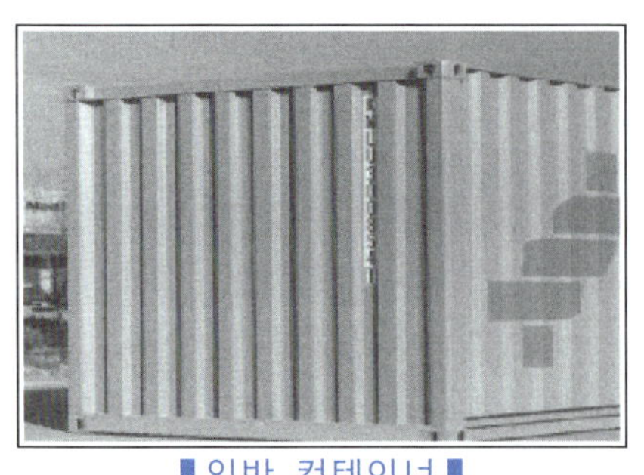

▮일반 컨테이너▮

개폐가 가능하다. 대상화물이 건화물(乾貨物, Dry Cargo)이므로 개구부 주위에는 네오프렌 [Neoprene, 클로로프렌(Chloroprene) 고무 또는 이것에 소량의 다른 단위체를 중합시킨 합성고무의 일종이다. 용도는 전선(電線)의 피복·호스·패킹·개스킷·구두창 등 광범위하다. 때로는 강력한 접착성을 띠므로 접착제로도 대량 사용된다] 등으로 포장되어 있어 내장화물(內藏貨物)을 악천후로부터 보호할 수 있다.

2) 배고 컨테이너

보통 ISO 규격 컨테이너는 그 높이가 '8ft 6in'이지만 그보다 높이가 1ft 높은 '9ft 6in'인 컨테이너를 '배고 컨테이너'(High Cube Container)라고 하는데, 일반적으로 '20ft'형 보다는 '40ft'의 컨테이너에 많으며, 달리 'Jumbo Container'라고 부르기도 한다. '배고 컨테이너'는 그 키가 높기 때문에 국가별 내륙운송에 있어서는 통행을 제한하기도 한다.

▮배고 컨테이너▮ ▮냉동 컨테이너▮

3) 냉동 컨테이너

국제 대형 컨테이너의 경우에는 보통 냉동기(冷凍機)를 사용하여 적하에 대한 소정의 온도를 유지하는데, 보존하는 냉각장치의 설비방식에 따라 '별치식(別置式) 냉동 컨테이너'와 '내장식(內裝式) 냉동컨테이너'의 두 종류로 분류된다.

컨테이너 선박에 적재하는 '냉동 컨테이너'(Reefer Container, Frozen Products Container)는 냉동설비를 작동시켜 '-28℃~26℃'까지 온도를 조절할 수 있으나, 수송

중에 냉각을 계속하기 위해서는 별도의 전원공급이 필요하다.

냉각방식에는 '수냉식'(水冷式)과 '공랭식'(空冷式)이 있다. 갑판적(甲板積)인 경우에는 공냉식에 의하여 열을 대기 중에 발산하고 있으며, 창내적(艙內積)인 경우에는 창내의 풍량이 부족하므로 수냉식에 의하여 열을 냉각수에 발산하고 있는 것도 있다. 이처럼 '냉동 컨테이너'는 특별한 장치가 필요하며 규정된 공간 이외에는 적치할 수가 없다.

4) 천장 개방형 컨테이너

▌천장 개방형 컨테이너▐

'천장 개방형 컨테이너'(Open Top Container)는 기계류·철강제품·판유리 등 중량화물 수송에 적합한 컨테이너로서 천장을 개방할 수 있도록 캔버스 덮개로 되어 있으며 적입·적출 시 크레인을 사용, 컨테이너 상부에서 하역을 할 수 있는 것이 특징이다. 천장이 없어 강도가 감소되지 않도록 '스프레더 바'(Spreader Bow)가 설치되어 있는 것이 일반적이다.

5) 측면 개방형 컨테이너

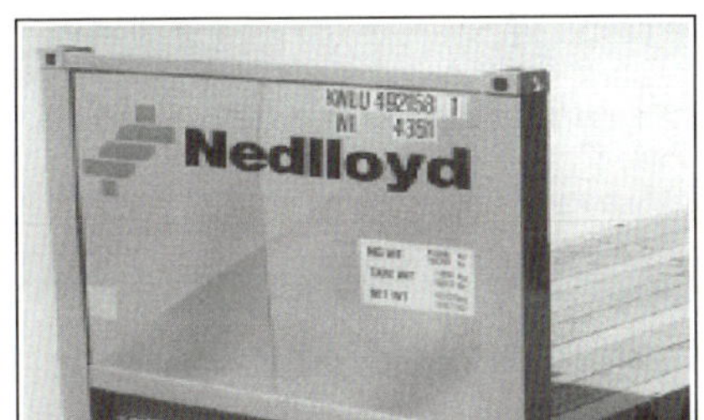

▌측면 개방형 컨테이너▐

'측면 개방형 컨테이너'(Flat Rack Container)는 달리 '플랫폼 컨테이너'(Platform Container)라고도 하는데 '일반 컨테이너'(Dry Container)의 천장과 좌·우 측벽을 제거한 모양으로서 양단 벽까지도 탈부착이 가능하여 바닥과 네 구석의 기둥 형태가 된다. 전후좌우 및 위로부터 하역할 수 있는 것이 특징이다. 기계류·강재·목재 등 비교적 무겁고 흔들리더라도 지장이 없는 화물수송에 적합하며 지게차로도 하역할 수 있어 이용도가 높다.

6) 탱크 컨테이너

▮탱크 컨테이너▮

'탱크 컨테이너'(Tank Container)는 액체화물 해상수송용 용기로서 '일반 컨테이너'(Dry Container)와 같은 방식으로 하역작업을 하기 위해 같은 사양의 용기 내에 원주형(圓周型) 용기를 설치한 컨테이너이다.

이는 술·유류·화학품 등의 액체상태 화물을 수송하기 위해 특별히 고안해 만든 컨테이너로 위험 및 비위험 액체화물 운송에 사용되며 특별히 가열을 위한 장비가 부착된 종류도 있다.

7) 개방식 컨테이너

▮개방식 컨테이너▮

'개방식 컨테이너'(Open Sided Container)는 선적과 하역을 위해 컨테이너 측면 접근이 가능하도록 측면을 개방한 컨테이너를 말한다.

'개방식 컨테이너' 취급 시에는 해상운임에 할증료가 부과됨이 일반적이다. 측면은 대개 두꺼운 마포로 덮을 수 있도록 설계되어 있는 까닭에, 철도·도로·내수로 운송 시에도 무리 없이 운송이 가능하다.

8) 통기 컨테이너

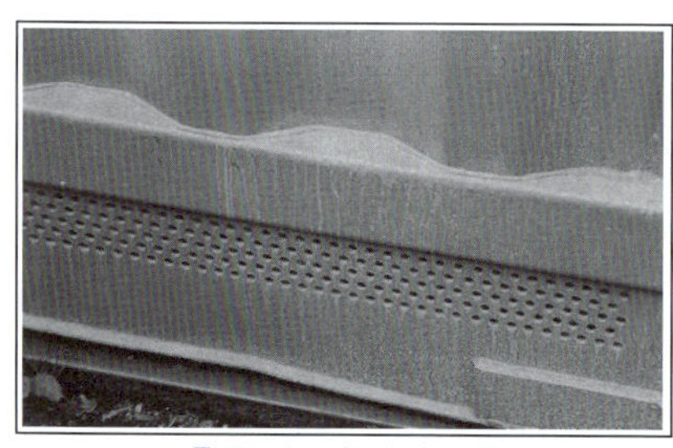
▮통기 컨테이너▮

'통기 컨테이너'(Ventilated Container)는 통풍을 요하는 화물을 컨테이너로 운송할 때 사용되는 컨테이너로 일반적인 컨테이너와 외견상 비슷하나, 그림에서 보는 바와 마찬가지로 컨테이너 위쪽과 아래쪽에 구멍이 있어 환기가 될 수 있도록 고안되어 있다. 주로 커피·곡물·농산물 등 주로 1차 산품을 수송할 때 이용된다.

(3) 팔레트의 표준화

'컨테이너'와 '팔레트'(Pallet)의 규격화는 운송효율의 증대에 있어 매우 중요한 요인이 아닐 수 없다. 곧 단위제품을 컨테이너에 적입·적출 시 규격화된 팔레트에 의한 작업이 이루어지게 되면 운송 시의 안전성은 물론 작업 시의 효율성을 증대시킬 수 있을 뿐만 아니라 이로부터 발생되는 인력 및 시간을 줄일 수 있어 그 결과 그 밖의 부대비용을 줄일 수 있는 효과를 얻을 수 있다.

▌표준화된 팔레트▌

팔레트에 의한 적입·출은 대개 낱 포장된 물품 중에서도 파손의 우려가 없는 것에 한하여 작업됨이 일반적이며, 또한 단위포장의 무게가 무거운 경우 하층에 적재된 물품의 파손이 발생할 수 있다.

따라서 대개 팔레트에 의한 컨테이너의 활용은 이러한 관점에서 개별단위의 낱포장이 전제된 경우, 경중량의 물품인 경우, 공산품 위주로 작업효율을 증대할 필요가 있는 경우에 한하며 일반적으로 컨테이너 운송에 있어 가장 보편화된 적입방식이라고 할 수 있다.

▌세계 3대 동·서 기간항로의 컨테이너 물동량 추이 및 전망▌

단위 : 천 TEU

구분		'03	'04	'05	'06	'07
아시아-북미	동향(E/B)	10,775	12,401	13,896	15,129	16,569
	서향(W/B)	4,075	4,248	4,462	4,755	4,979
	계	14,850	16,649	18,358	19,884	21,548
아시아-유럽	동향(E/B)	4,828	5,131	5,504	5,857	6,196
	서향(W/B)	7,621	8,873	9,914	10,870	11,960
	계	12,449	14,004	15,418	16,727	19,156
북미-유럽	동향(E/B)	1,650	1,758	1,808	1,867	1,925
	서향(W/B)	2,993	3,177	3,311	3,384	3,467
	계	4,643	4,935	5,119	5,251	5,392
합계	동향(E/B)	17,253	19,290	21,208	22,853	24,690
	서향(W/B)	14,689	16,298	17,687	19,009	20,406
	계	31,942	35,888	38,895	41,862	45,096

제 2 절 항공운송

1 항공기의 유형

'항공기'(航空機)는 비행기 · 글라이더 · 헬리콥터 · 비행선(飛行船) · 기구(氣球) 등 사람이 탑승하거나, 물품을 적재시킬 수 있는 모든 비행체를 가리킨다. 그러나 우주로켓과 비행기 등의 부양원리(浮揚原理)를 이용한 비상체[Missile] 등은 항공기에 포함되지 않는다.

우리나라 '항공법'[법률 제7691호] 제2조 제1항에서는 항공기를 "비행기 · 비행선 · 활공기 · 회전익항공기(回轉翼航空機) 그 밖에 대통령령이 정하는 것으로서 항공에 사용할 수 있는 기기를 말한다"라고 규정하고 있다. 동법은 '국제민간항공조약'(國際民間航空條約, Convention of International Civil Aviation)의 규정과 동 조약의 부속서로서 채택된 표준과 방식에 따라 항공기 항행의 안전을 도모하기 위한 방법을 정하고 항공시설설치 · 관리의 효율화를 기하며 항공운송사업의 질서를 확립함으로써 항공발전과 공공복리 증진에 이바지함을 목적으로 하고 있다.

'항공기'는 '경항공기'(輕航空機, Lighter-than-air Aircraft)와 '중항공기'(重航空機, Heavier-than-air Aircraft)로 대별되는데, 전자는 공기보다 가벼운 항공기로 공기보다 비중이 가벼운 기체, 예컨대 수소가스 · 헬륨가스 · 가열공기를 기밀성(氣密性) 주머니에 밀봉하여, 그 주머니가 배제한 부피의 공기와의 무게의 차, 즉 '정적(靜的)인 부력(浮力)'을 이용하여 공중으로 부양한다. 이것에 동력을 장비하고 조종하는 것이 비행선이고, 동력이 없이 자유로이 부양하는 것을 기구(氣球)라고 하며, 이를 달리 경항공기 'Aerostat'라고도 한다.

후자는 공기보다 무거운 항공기로서, 곧 공기에 대해서 상대적인 운동을 하는 날개에서 발생하는 양력을 이용하여 비행하는 모든 항공기를 가리킨다. 중항공기는 비행하기 위한 날개의 상태가 고정된 것[고정익(固定翼)]과 회전하는 것[회전익(回轉翼)]으로 분류된다.

▮항공기의 유형▮

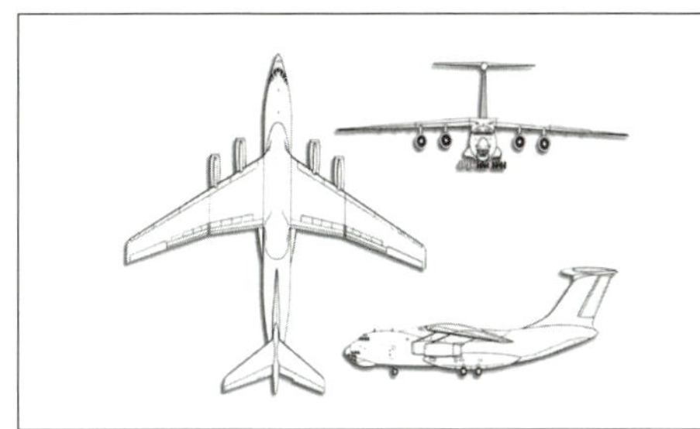

수송기 (러시아 : IL-76T Candid)

수송기 (DHL / Fedex)

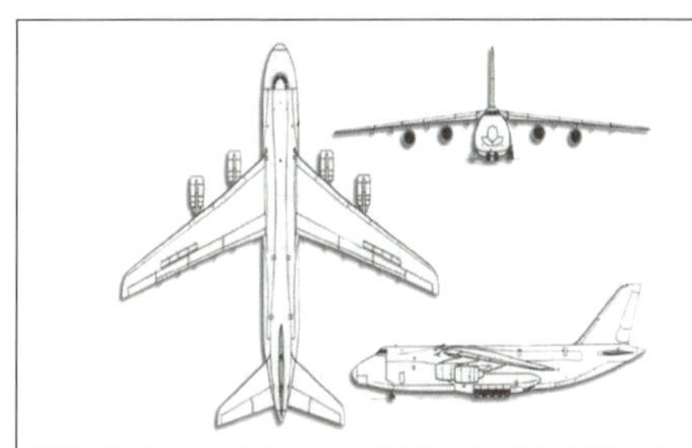

대형수송기 (러시아 : An-124)

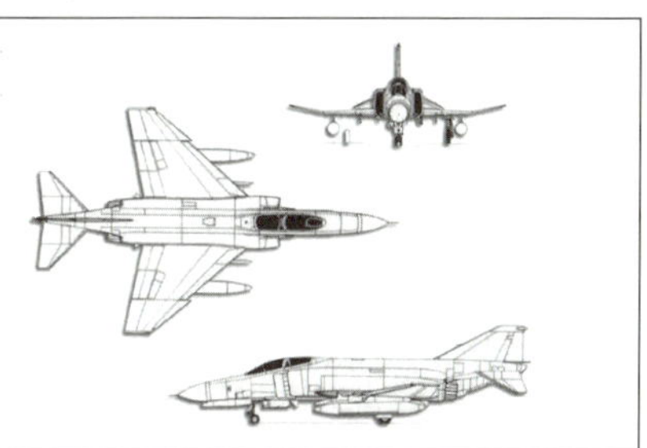

전투기 (미국 : F-4 Phantom)

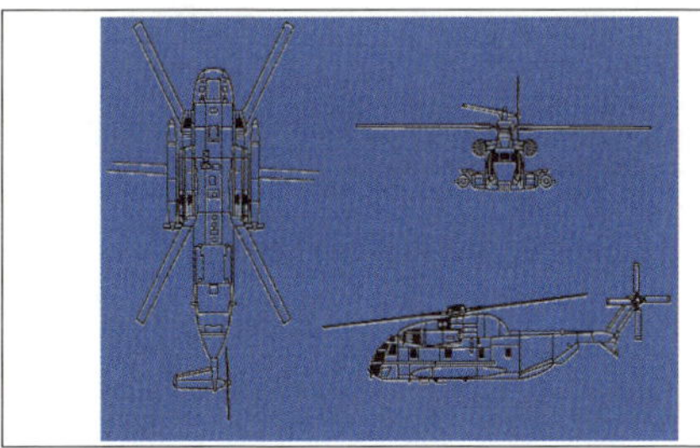

수송헬기 (미국 : CH-53 Super Stallion)

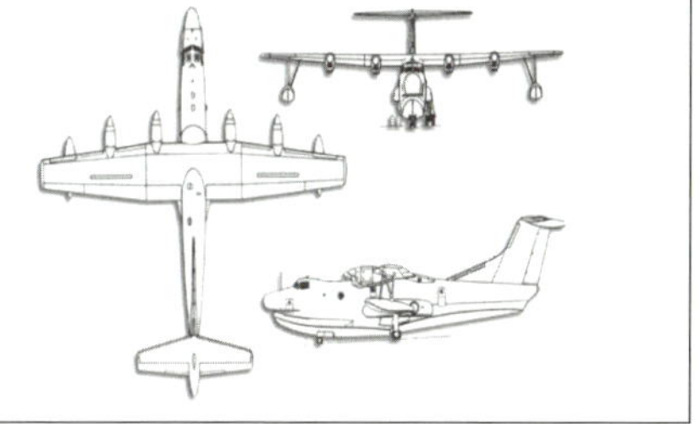

해난구조기 (일본 : US-1)

고정날개를 가진 항공기에서 동력장치를 가진 것이 비행기, 동력장치가 없는 것이 글라이더[滑空機]이다. 동력장치가 있는 중항공기 중에서 회전날개를 가진 것에는 헬리콥터와 오토자이로(Autogyro)가 있다. 수직이착륙기[垂直離着陸機, Vertical Takeoff and Landing Aircraft (VTOL)]는 비행기와 헬리콥터의 양쪽 성격을 가진 항공기로서 여러 가지 형식이 있으며, 군용기 등에 실용화하고 있다.

2 화물수송 항공기의 구조

(1) 전체구조

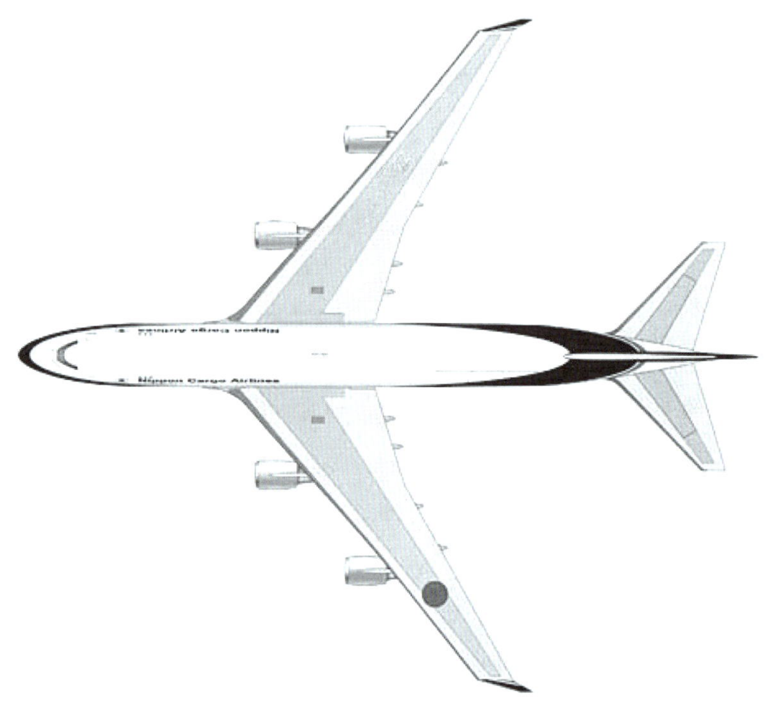

(2) 상단구조

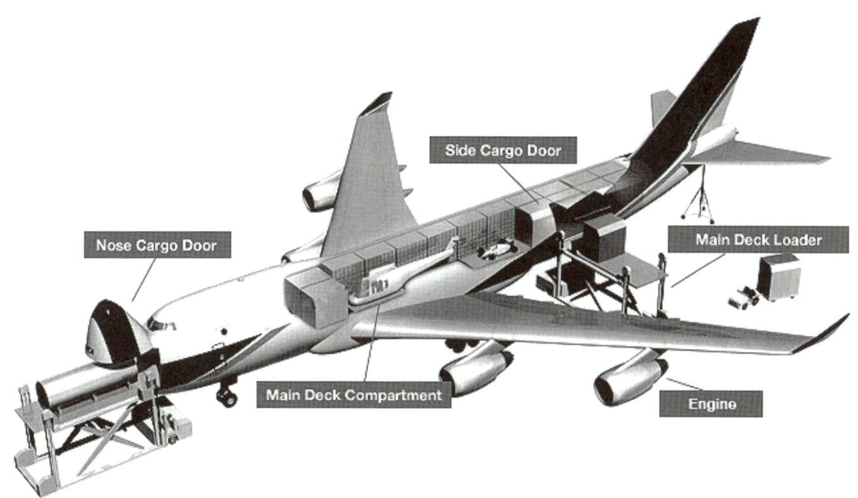
Side Cargo Door
Nose Cargo Door
Main Deck Loader
Main Deck Compartment
Engine

(3) 하단구조

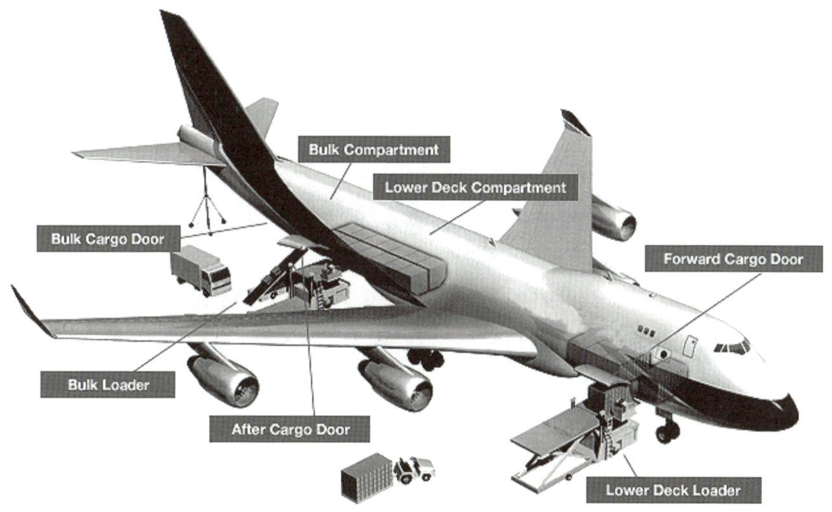
Bulk Compartment
Lower Deck Compartment
Bulk Cargo Door
Forward Cargo Door
Bulk Loader
After Cargo Door
Lower Deck Loader

3 항공운송의 보조수단

(1) 항공 컨테이너

'국제항공운송협회'[國際航空運送協會, International Air Transport Association (IATA)]는 '항공 컨테이너'(Air Cargo Container)를 '알루미늄과 같은 가벼운 두 가지 이상의 조립 또는 적당한 재료로 제작된 상자로써 일반화물이나 특정화물을 운송하기 위해 만들어진 것'으로 정의하고 있다.

참고로 '국제항공운송협회'(IATA)는 총회 · 집행위원회 이외에 재정 · 기술 · 법무 · 운수 · 보건 등 5개 상설위원회가 있고 해마다 연차 총회가 열린다. 항공운송 발전과 제반 항공문제의 연구, 안전하고 경제적인 항공운송, 회원사 간 우호증진 등을 목적으로 한다. '국제민간항공기구'[國際民間航空機構, International Civil Aviation Organization (ICAO)] 등 관련기관과 협력한다. 주로 국제항공운임을 결정하고 항공기 양식통일, 연대운임 청산, 특정 서비스 제공 등과 관련된 역할을 수행한다. 현재 130여 개국에서 276개사가 회원으로 가입하고 있다.

여기서 '국제민간항공기구'(ICAO)는 민간항공의 안전과 발전을 주목적으로 하는 정부차원의 국제협력기구이다. 국제민간항공 운송의 발전과 안전의 확보, 능률적이고 경제적인 운송의 실현, 항공기 설계 · 운항기술 발전 등을 주요 목표로 삼고 있다. 주요 업무는 항공기 · 승무원 · 통신 · 공항시설 · 항법 등 그 기술면에서의 표준화와 통일을 위해 연구하며 그 결과를 회원국에 제공함에 두고 있다. ICAO의 주요 기관으로는 총회, 이사회, 사무국이 있다. 우리나라는 1952년에 가입하였으며 2001년 10월 상임이사국이 되었다. 현재 가입국은 188개국이며 본부는 캐나다 몬트리올에 있다.

한편 항공운송용 컨테이너는 가벼운 것이 중요한 요건이므로 가능한 경량화한 컨테이너가 사용된다. 종래는 화물실의 크기에 맞는 특수한 사이즈가 사용되기도 했으나, 최근에는 대형기용으로 '8X8X20ft' 또는 '8X8X40ft'의 컨테이너가 개발되어 상용화 되고 있다.

'항공 컨테이너'는 항공기의 특성상 이하 그림에서와 같은 기내 면적에 적재되어야 하는 까닭에, 일반적으로 그 형상에 맞는 단위 컨테이너의 조합으로 적하가 이루어진다.

■ 항공기내 적하면적과 적하차원(Loading Dimension)의 예 ■

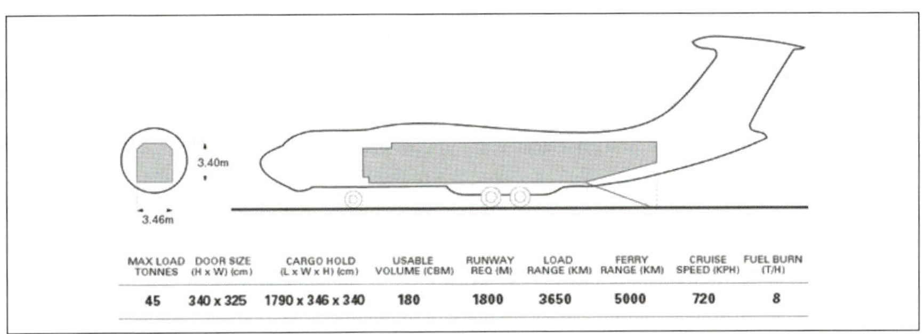

MAX LOAD TONNES	DOOR SIZE (H x W) (cm)	CARGO HOLD (L x W x H) (cm)	USABLE VOLUME (CBM)	RUNWAY REQ (M)	LOAD RANGE (KM)	FERRY RANGE (KM)	CRUISE SPEED (KPH)	FUEL BURN (T/H)
45	340 x 325	1790 x 346 x 340	180	1800	3650	5000	720	8

■ 주요 항공 컨테이너의 규격과 용도 ■

	□ 중량※ : 1,588(105) □ 규격※※ : 60.4x61.5x64 □ 용도 : 일반화물		□ 중량 : 1,588(270) □ 규격 : 60.4x61.5x64 □ 용도 : 냉동(장)화물
'LD3 Garment Container'(AKE)※※※		'LD3 Refrigerated Container'(RKE)	
	□ 중량 : 1,588(260) □ 규격 : 60.4x61.5x64 □ 용도 : 냉동(장)물품		□ 중량 : 3,175(175) □ 규격 : 60.4x125x64 □ 용도 : 일반화물
'LD3 Refrigerated Container'(RKN)		'LD6 Container'(ALF)	
	□ 중량 : 6,804(465) □ 규격 : 96x125x96 □ 용도 : 일반화물		□ 중량 : 6,033(527) □ 규격 : 88x125x64 □ 용도 : 냉동(장)화물
'GM1 Container'(AMA)		'LD9 Refrigerated Container'(RAP)	

※ 이하 'kg', ( )은 컨테이너 자체중량.

※※ 이하 'inch' 단위임.

※※※ 이하 IATA Code

(2) 항공 팔레트

위에서 살펴 본 '항공 컨테이너'는 국제항공운송협회(IATA)에 의한 규격화 및 표준화가 이루어져 정기항로에 투입되어 그 활용성을 제고하고 있다. 컨테이너와 마찬가지로 '항공 팔레트'(Air Cargo Pallet) 또한 표준화가 이루어져 단위화물의 항공운송 효율성을 증진하고 있는데, 그 규격과 기능을 살피면 이하 그림과 같다.

▌주요 항공 팔레트의 규격과 용도▐

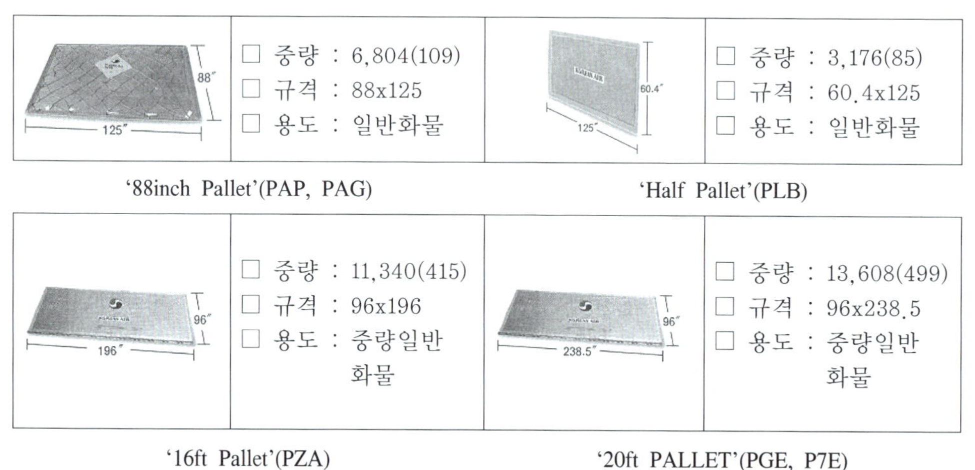

88″ / 125″	□ 중량 : 6,804(109) □ 규격 : 88x125 □ 용도 : 일반화물	60.4″ / 125″	□ 중량 : 3,176(85) □ 규격 : 60.4x125 □ 용도 : 일반화물
'88inch Pallet'(PAP, PAG)		'Half Pallet'(PLB)	
96″ / 196″	□ 중량 : 11,340(415) □ 규격 : 96x196 □ 용도 : 중량일반 화물	96″ / 238.5″	□ 중량 : 13,608(499) □ 규격 : 96x238.5 □ 용도 : 중량일반 화물
'16ft Pallet'(PZA)		'20ft PALLET'(PGE, P7E)	

4 항공화물의 수출·입 과정

항공화물의 수출·입 과정은 당사자 간 매매계약[주계약(主契約)]에 의하여 합의되었던 바, 정형거래조건[Incoterms]에 의해서 수행된다. 해상운송에 비하여 항공운송은 그 특성상 긴급물품·견본물품·고가물품 등이 주로 이용되고 있는데, 현재는 정보처리능력을 가진 컴퓨터 등 운용시스템과의 결합으로 그 운용범위가 더욱 확장되어 가고 있는 추세에 있다. 항공운송에 의한 수출·입 절차와 과정은 이하 그림에서와 같다.

▮항공운송에 의한 수출·입 과정▮

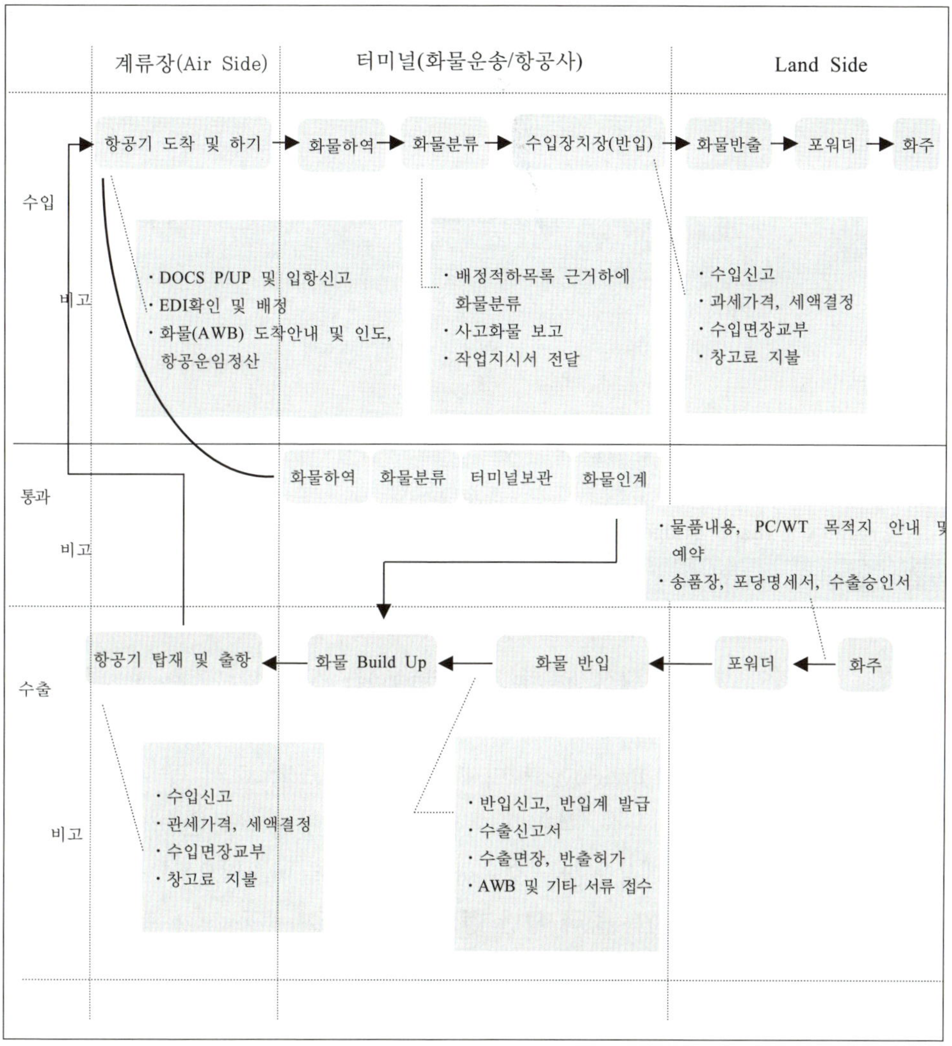

	계류장(Air Side)	터미널(화물운송/항공사)	Land Side
수입	항공기 도착 및 하기 →	화물하역 → 화물분류 → 수입장치장(반입) →	화물반출 → 포워더 → 화주
비고	·DOCS P/UP 및 입항신고 ·EDI확인 및 배정 ·화물(AWB) 도착안내 및 인도, 항공운임정산	·배정적하목록 근거하에 화물분류 ·사고화물 보고 ·작업지시서 전달	·수입신고 ·과세가격, 세액결정 ·수입면장교부 ·창고료 지불
통과		화물하역 화물분류 터미널보관 화물인계	
비고			·물품내용, PC/WT 목적지 안내 및 예약 ·송품장, 포당명세서, 수출승인서
수출	항공기 탑재 및 출항 ←	화물 Build Up ← 화물 반입 ←	포워더 ← 화주
비고	·수입신고 ·관세가격, 세액결정 ·수입면장교부 ·창고료 지불	·반입신고, 반입계 발급 ·수출신고서 ·수출면장, 반출허가 ·AWB 및 기타 서류 접수	

제3절 육상운송

1 트럭 및 철도운송 : '랜드 브리지'의 역할

'랜드 브리지'(Land Bridge)는 일례로 시베리아 또는 북미대륙을 육로운송으로 통과하여 운임을 절감하고 운송기간을 단축하기 위해 개발된 것이다. '랜드 브리지'를 이용한 주요 운송 경로는 세 가지로 구분하여 볼 수 있다.

첫째, '시베리아 랜드 브리지'(Siberia Land Bridge)는 시베리아 통과 운송경로로서 시베리아 대륙횡단 철도를 이용하여 극동과 유럽을 연결하고 있고, 둘째 '아메리카 랜드 브리지'(America Land Bridge)는 북미대륙 통과 운송경로로서 곧 우리나라에서 미국의 서해안까지는 해상운송, 북미 대륙의 동해안까지는 육로운송, 미국의 동해안에서 유럽까지는 다시 해상운송을 경유하는 경로이다. 마지막으로 '중국 통과 운송경로'(Chinese Land Bridge)는 중국 횡단 철도를 이용하여 중동 및 유럽을 연결하고 있는 경로이다.

그 밖에 그 범위가 축소된 랜드 브리지도 있는데, 이를테면 '아메리카 미니 브리지'(America Mini Land Bridge)는 극동지역, 미국의 태평양 연안, 미국의 대서양 연안의 제 항구, 유럽과 미국 간의 대서양 연안, 미국의 태평양 연안의 항구를 연결한다. 한편 '마이크로 브리지'(Micro Bridge) 서비스는 극동지역, 미국의 태평양 연안, 미국 내의 특정 지점, 유럽과 미국 간의 대서양 연안, 미국 내의 특정 지점 등을 연결한다.

▮주요 랜드 브리지 네트워크▮

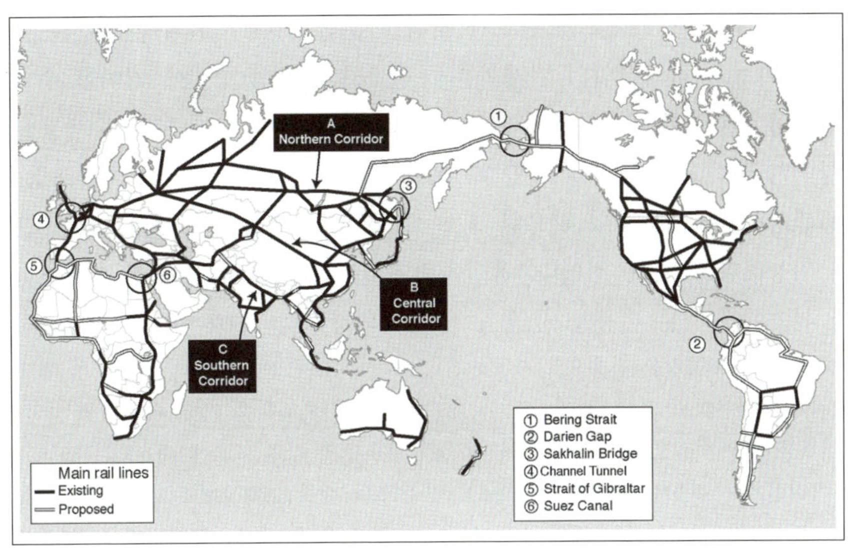

2 국내 내륙운송기지

‘내륙운송기지’(Inland Container Depot, ICD)는 항만 또는 공항이 아닌 내륙시설로서, 화물에 대한 고정설비를 갖추고 여러 내륙운송수단에 의해 통관 보류된 상태에서 이송된 여러 종류의 일시적인 저장과 취급에 대한 서비스를 제공하고, 세관의 통제하에 수출 및 연계운송을 위하여 일시적 장치·창고보관·재수출·일시상륙 등을 담당하는 단체들이 있는 장소를 말한다. 달리 ‘내륙 데포’(Inland Depot)라고도 한다.

여기서 ‘데포’(Depot)란 화물의 집배(集配)가 이루어지는 장소나 역(驛), 보관소 및 병참부(兵站部) 등을 말한다. 생산지로부터 소비지까지 화물을 배송(配送)할 경우 화물을 각지의 ‘데포’까지 운송하여 집하한 뒤 ‘데포’에서 소정의 작업을 부가하여 최종 소비자에게 전달한다. 따라서 ‘데포’는 운송비용절감과 서비스의 향상에 크게 기여한다. 특히 컨테이너 운송의 경우에는 ‘내륙 데포’에서 컨테이너에 화물의 적입작업이 이루어지고 통관작업도 이루어진다.

‘ICD’는 실무상 주로 항만과 내륙 운송수단과의 연계가 편리한 산업지역에 위치한 컨테이너의 집화·혼재를 위한 하치장을 의미하기도 하는데, 그 주된 기능은 장치보관 기능, 집화·분류 기능, 통관기능 등이다.

내륙 'ICD'의 장점은 창고·보관시설용 토지 취득이 용이하고 이로부터 시설비용을 절감할 수 있으며, 창고보관료가 저렴할 뿐만 아니라 하역측면에서는 노동력의 안정적 확보와 하역작업의 기계화를 통한 노동생산성 향상에 기여할 수 있다고 하는 장점이 있다. 아울러 수송측면으로는 화물의 대단위화에 따른 수송효율의 향상과 항만지역의 교통 혼잡을 피할 수 있어 수송비를 줄일 수 있으며, 포장측면에서는 통관검사 후 재포장이 필요한 경우 'ICD' 자체에서 보유하고 있는 포장시설 이용이 가능하다고 하는 점이다. 통관측면에서는 항만에서의 통관 혼잡을 피하고 통관의 신속화에 따른 비용을 줄일 수 있다. '의왕'(의왕 ICD는 경기도 의왕시에 위치한 경인 ICD 내 18,500여평을 전용으로 사용하고 있으며 수도권 및 강원권의 수출·입 컨테이너의 물류 거점으로 활용하고 있다. 공로운송 및 철도와 연계된 보세운송 면허, 통관대행 서비스 등의 일관서비스를 제공하고 있다), '양산'(양산 ICD는 수도권의 경인 ICD에 대응되는 영남·부산권의 물류거점인 양산 ICD에 27,700여평의 CY 및 CFS와 각종 하역장비를 갖추고 부산항을 통해 수출·입 되는 컨테이너화물에 대한 일시장치는 물론 보세운송면허, 통관대행 등 일관서비스를 제공하고 있다) 등이 국내의 대표적인 ICD로 꼽힌다.

▌내륙운송기지(Inland Container Depot, ICD)의 기능▐

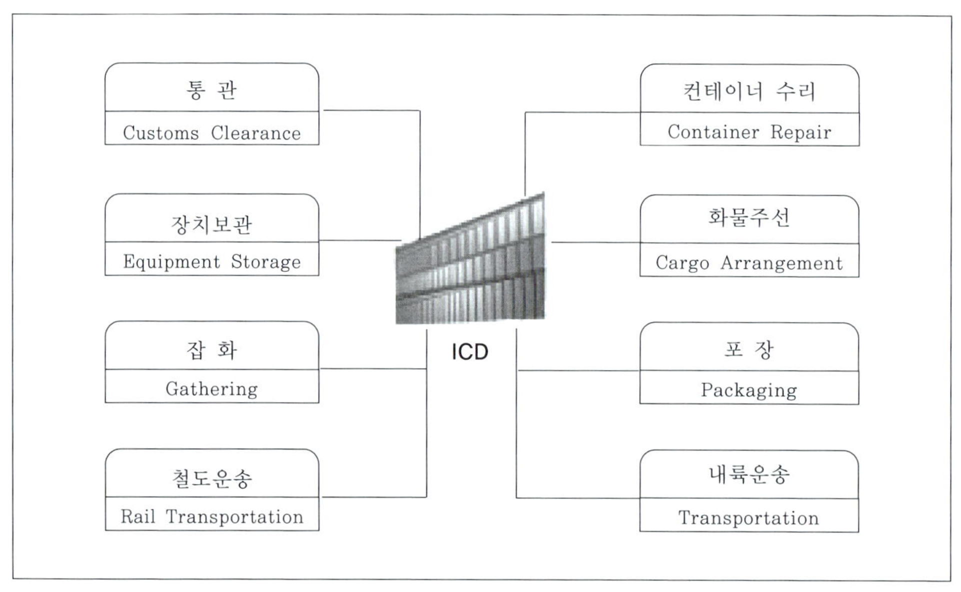

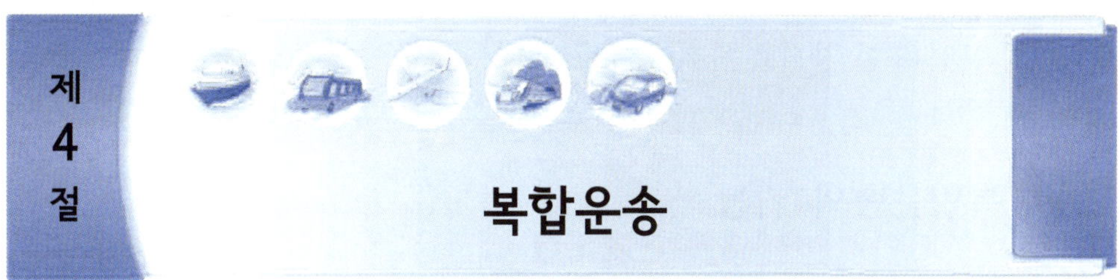

제4절 복합운송

1 복합운송의 개념

'복합운송'(複合運送)은 달리 '통운송'(通運送, through Carriage) 또는 '협동일관운송'(協同一貫運送, Inter-modal Carriage)이라고도 한다. 선박과 선박, 선박과 철도, 선박과 항공기와 같이 복수 이상의 운송수단으로 화물이 목적지에 운반되는 것을 의미하는데, 다만 '이종(異種)의 운송수단'이 결부된 경우를 특별히 '복합운송'으로 지칭하여 이를 구분하기도 한다. 이는 1929년 '항공운송에 관한 바르샤바 조약'(Warsaw Convention)에서 처음 규정한 것으로 1980년대 이후 본격적으로 활용되기 시작하였다.

여기서 '항공운송에 관한 바르샤바 조약'은 1929년 폴란드의 바르샤바(Warsaw)에서 서명된 것으로 지명이름을 차용하여 달리 '와르소 협약', '와르소 조약' 또는 지역이름 그대로 '바르샤바 협약', '바르샤바 조약' 등으로도 불리운다. 동 조약에서는 항공운송과 관련한 '법률적 성격'·'운송인의 책임범위'·'배상한도'·'송화인'·'수화인'·'항공회사의 권리와 의무' 등을 규정하고 있다. 동 협약은 1955년 9월 28일 헤이그에서 개정이 된 바 있는데, 이를 구분하기 위하여 '개정 바르샤바 협약' 또는 '헤이그 의정서'(Hague Protocol)라고도 지칭한다.

한편 처음에는 복합의 표기를 'Combined' 또는 'Inter-modal'로도 하였으나 '국제연합무역개발회의(國際聯合貿易開發會議, United Nations Conference on Trade and Development, UNCTAD)에서 영문표기를 통일하여 1990년 이후부터는 'Multi-modal'로 일원화 하였다. 이에 '통운송'은 일관된 운송책임과 통일된 운임의 설정, 복합운송증권의 발행이라는 원칙을 필요로 한다.

복합운송인이 전 구간에 걸쳐 책임을 지고 이에 대한 증거서류로 복합운송증권을 발행하는데, 운송수단을 중간에 바꿔야 하므로 환적이 불가피하며 환적 할 때 편의를 위해 화물형태가 단위화 되는 특징을 지닌다. 또한 도착점이 기존의 항구에서 수화인의 문전 또는 창고로 바뀌어 운송된다.

2 복합운송의 기능

컨테이너를 두 개 이상의 상이한 운송수단을 이용하여 '복합운송인'(複合運送人, Combined, Multimodal Transport Operator, CTO, MTO)이 '복합운송증권'(複合運送證券, Combined, Multimodal Transport Documents, CTD, MTD)을 발행하여 물품을 인수한 시점부터 인도할 시점까지 전 운송구간에 대해서 일관책임을 지면서 단일의 '복합운송운임률'(Multimodal through Rate)에 의해서 운송되는 형태를 말한다.

복합운송은 반드시 컨테이너 운송에 의하여 제한되는 것은 아니나, 다만 복합일관운송이 되기 위한 네 가지 요건은 '복합운송증권'(through B/L), '단일운송운임률'(through Rate), '단일운송인책임'(Single Carrier's Liability), 이용 운송수단의 '이종복수성'(異種複數性) 등 이다.

복합운송은 적어도 법적 개념으로서 문제가 되는 한, 원래부터 단일계약에 의해 연속되는 운송을 내용으로 하여 성립되는 것이므로, 송화인 스스로가 아니면 여러 운송인을 자신의 대리인으로 하여, 각 구간별 운송계약을 체결하는 경우[부분운송(部分運送)], 특정 운송수단의 운송인이 다른 종류의 운송 수단에 의한 하도급 운송으로 하여 이용하는 경우[하청운송(下請運送)], 다른 운송수단에 의한 운송인도 동시에 운송을 인수하는 경우[동일운송(同一運送)] 및 후속하는 다른 운송수단에 의한 운송인이 연이어 최초의 운송계약 관계에 참가하는 경우[연대운송(連帶運送)] 등으로 구분할 수 있다.

이 가운데 부분운송을 복합운송에 포함시킬 수 있는지의 여부와 관련하여 문제가 없지 않은데, 왜냐하면 복합운송이라고 하는 발상에는 이미 각 운송수단이 유기적으로 결합되어 있다고 하는 실질적인 요건이 전제되기 때문이다. 이 같은 시각에서 하도급 운송에 의한 복합운송의 형태가 가장 전형적인 경우라 할 수 있다. 이는 국제 대형 컨테이너를 중심으로 한 국제복합운송의 장점을 단일의 계약주체에 의하여 일관적으로 처리되고 있다는 의미로 볼 수 있다.

3 복합운송의 장점

복합운송은 다음과 같은 장점을 수반한다. 통관절차의 간소화, 인도지연의 회피, 화물혼재의 가능으로 화물유통의 신속성 도모, 물품매입가격의 인하, 포장비 절감, 서류작성 및 화인(貨印, Shipping Mark) 등의 서류비용 감소, 자금 회전의 신속화, 화물혼재로 인한 비용절감, 보험료의 저렴성 등의 화물유통에 따른 경제성을 확보할 수 있다.

아울러 서류작성 및 화인(貨印)의 감소에 따른 서류작업을 간소화할 수 있고, 물품인도 시 상품가격의 견적을 용이하게 제시할 수 있으며, 재고의 감소, 자금회전의 원활화, 상품의 적부작업지역 및 환적지점의 분산가능 등에 기하여 당해 상거래를 촉진할 수 있다. 나아가 운송 중 화물손상의 감소, 밀수품의 감소, 인도불능으로 인한 클레임을 줄일 수 있다고 하는 화물유통의 안전성을 담보할 수 있으며, 운송비 감소 및 하역의 신속화 도모할 수 있다고 하는 장점을 수반한다.

이 경우 '화인'(貨印)은 수출화물의 포장에 다른 화물과 쉽게 구별할 수 있도록 하는 표시를 말한다. 특정의 기호·번호·목적지·취급주의문구 등으로 표시하는데, 주화인과 부화인, 품질표시, 중량표시, 목적항 표시, 화물의 일련번호, 원산지 표시, 주의사항과 그 밖의 사항 등이 있다.

화인은 선하증권과 상업송장 등에 표시된 내용과 일치해야 하며, 만약 잘못된 표시로 인하여 사고가 발생하면 매도인의 책임으로 취급된다. '주화인'(主貨印)은 화물을 쉽게 구별하기 위한 기호로서 삼각형과 마름모꼴·타원형 등의 도형 안에 수입상호의 약자 등을 써 넣는다. 문자나 숫자만으로 된 경우도 있다.

'부화인'(副貨印)은 주화인의 보조마크로 보통 수출업자를 표시한다. 품질표시는 내용물의 품질이나 등급을 기호로 표시하며, 수출검사를 받았을 경우에는 합격표시를 한다.

중량표시는 운임계산과 하역작업에 도움이 되도록 총중량과 순중량을 나누어 표시한다. 때로는 용적을 표시하기도 한다. 목적항 표시는 화물의 선적과 양하작업을 용이하게 하고 화물이 타장소로 운송되는 것을 막기 위한 표시이다.

화물의 일련번호는 포장물이 여러 개일 경우 포장에 표시한 고유번호이다. 원산지 표시는 화물의 원산지를 나타내며, 주의사항은 화물의 선적이나 운반에 주의할 점을 나타낸 것이다. 보통 포장의 측면에 표시하기 때문에 달리 '사이드마크'(Side

Mark)라고도 한다. 그 밖의 수입상이 화물의 분류나 통관 등의 편의를 위하여 주문번호・송장번호 등을 삽입하기도 한다.

4 복합운송의 형태

일반적으로 복합운송은 구간별로 각각의 독립된 운송인들로 구성되어 전체구간을 이루고 있는 까닭에, 운송 중 발생한 손해에 대해서 어떤 운송인에게 그 책임을 귀속시킬 수 있는가 하는 문제와 각 운송인의 책임영역 문제가 주요한 법률문제로 제기된다. 복합운송은 화주와의 계약관계에 따라 다음과 같은 형태로 구분할 수 있다.

(1) 부분운송

'부분운송'(部分運送)은 송화인이 여러 명의 운송인에 대하여 직접 혹은 자신의 대리인으로 하여금 각 구간에서 각각 개별 운송계약을 체결하는 형식을 의미하며, 각 운송인은 자기의 담당 운송구간에 대해서만 책임을 진다.

(2) 하청운송

'하청운송'(下請運送)은 특정의 운송인이 전 구간의 운송을 인수하고 그 운송의 일부 또는 전부를 다른 운송인이게 하청(下請) 또는 도급(都給)을 준 경우이다. 이때 '하청운송인'(下請運送人)들은 '원청운송인'(原請運送人)의 '이행보조자'(履行補助者)에 불과하므로 각 하청운송인은 자신이 인수한 운송구간에 대해서만 원청운송인과의 계약관계가 성립되고 화주와의 계약관계는 발생하지 않는다.

원청운송인은 화주에게 발행한 '복합운송서류'(複合運送書類)에 따라서 책임을 부담하게 되는데, 실무에서는 선하증권 문면에 자신이 현실적으로 담당하고 있는 운송구간에만 자신의 책임을 한정시키는 취지의 약관을 삽입하는 경우가 보통이다. 따라서 복합운송서류의 소지인은 하청운송인에게 손해배상을 청구하는 경우, 최초운송인으로부터 중간운송서류를 배서 등에 의해 그 권리를 수리하는 방법 이외에는 직접 청구할 방법이 없다. 결국 하청운송인과 송화인 사이에는 직접적인 법률관계는 존재하지 않게 된다.

(3) 공동운송

'공동운송'(共同運送)은 전 구간의 운송서비스에 대해 다수의 운송인이 처음부터 공동으로 참여하는 경우이다. 이 경우 각 운송인은 현실적으로 각 구간에 운송을 담당하고 있지만 이것은 운송인 상호간 내부적 결정에 불과하며 실정법상 상행위에 의한 연대채무관계가 성립하기 때문에 운송인은 당연히 연대책임을 부담해야 한다.

이로 인해 각 부분의 운송에 대해 성실히 임해야 하는 당위성이 생기고 서비스 품질도 상향되게 된다. 따라서 선하증권도 운송인이 함께 서명한 공동 일관 선하증권이 발행된다.

(4) 연대운송

'연대운송'(連帶運送)은 '통운송장'(通運送狀)과 함께 다수의 운송인이 계약을 인수한 경우의 운송으로서 복수 이하 운송인이 순차적으로 '최초운송인'(最初運送人)과 송화인 사이의 운송계약에 개입하고 어느 운송단계에서든 전체 운송을 인수했음을 인정하는 운송형태이다.

송화인에게는 최초운송인과의 위탁계약만으로 다른 운송 서비스도 함께 이용할 수 있는 형식이 된다. 각 운송인은 운송과정에 있어 상호 간 연락관계를 유지하기 때문에 중계지(中繼地)에서의 운송품의 인도는 직접적으로 수행된다.

5 복합운송인

'국제화물복합운송에 관한 UN협약'(United Nations Convention on International Multimodal Transport of Goods, 1980)에서는 '복합운송인'(複合運送人, Multimodal Transport Operator)을 '스스로 또는 자신을 대신하여 행동하는 타인을 통하여 복합운송계약을 체결하고, 송화인이나 복합운송업에 참여하는 운송인의 대리인으로서 또는 그를 대신하여서가 아니라 본인으로서 행동하고, 또 계약의 이행에 관한 책임을 지는 모든 자'로 정의하고 있으나, 당해 복합운송인의 개념은 이론적인 정의에 불과하고 실무에서는 실제로 복합운송을 수행하는 자, 곧 복합운송회사[복합운송인(複合運送人)]로 취급된다.

따라서 복합운송회사의 자격이나 요건은 일률적으로 결정할 수 없고, 각 국가의 입법정책, 운송산업환경, 복합운송의 발달정도에 따라 각국별로 약간씩 다르다고 하는 특징이 있다. 다만 이론적으로는 복합운송인을 다음과 같은 두 가지 유형으로 구분할 수 있다.

(1) 계약운송인, 포워더

선박·기차·항공기 등의 운송수단을 자신이 직접 보유하지 않고 자기는 다만 '계약운송인'(契約運送人, Contracting Carrier)으로서 실제운송인처럼 운송주체자로서의 기능과 책임을 다하는 운송형태이다. 곧 계약운송인은 실제운송인에게는 화주의 입장에서, 화주에게는 운송인의 입장에서 책임과 의무 등을 수행한다.

계약운송인이라는 용어에는 두 가지 개념이 포함되어 있다. 우선 그 첫째는 '함부르크규칙'(Hamburg Rules)이 성립된 이후에 확립된 개념으로서, 운송계약에 의해 운송물의 운송이행책임을 인수한 운송인을 말한다.

'함부르크규칙' 제1조 제1항에서는 "'운송인'(Carrier)이라 함은 스스로 또는 자기의 이름으로 송화인과 운송 계약을 체결 하는 자를 말한다"라고 규정하고 있다. 제2항에서는 "'실제운송인'(實際運送人, Actual Carrier)이라 함은 운송인으로 부터 물건 운송의 전부나 일부의 이행을 위탁받은 자를 말하며, 그러한 이행의 위탁을 받은 그 밖의 자를 포함한다"라고 규정하고 있다. 요컨대, '함부르크 규칙'에서는 계약운송인이라는 용어를 사용하고 있지는 않지만, '실제운송인'이라는 용어에 비추어 운송계약을 화주와 직접 체결한 운송인이라는 개념으로 계약운송인이라는 용어가 쓰이게 되었다.

본래 해상운송의 당사자로서 운송인은 원칙적으로 해상기업의 주체인 선박소유자 및 선박임차인인 나용선[裸傭船, Bareboat, '나용선'이란 선주가 일정기간 용선자에게 대여한 선박을 말한다. 이 '나용선'에는 다른 용선계약에 의한 경우와 달리 선원이 승선하고 있지 않은 바, 임차인인 용선자가 선장 이하 전 선원(船員)을 임면(任免)·지휘·감독하고 선박을 점유하는 선박임대차계약에 의해 임대된 선박을 말한다]자이지만, '정기용선자'(定期傭船者) 및 '재용선계약'[再傭船契約, Sub-Charter Party, 선주와 용선계약을 체결한 용선자가 다시 제3자와 운송계약을 체결하여 운송을 인수한 경우 이 운송계약을 '원운송계약'(Original Party)에 대하여 '재용선계약'(再傭船契約) 또는 '재운송계약'(再運送契約)이라고 한다. 이 때 용선자와 그 상대방과의 관계는 운송계약에 의해 규정되며, 재운송인[용선자(傭船者)]이 부담하는 운송계약상의 의무에 관하여서는 원래 재운송인이 책임을 부담한다. 다만 우리 상법 제806조는 재 운송 계약상의 선박의 선원이 선주의 사용인이라는 점을 고려하여 재운송계약의 이행이 선장의 직무에 속한 범위 내에서는 선박소유자만이 그 제3자에 대하여 책임을 진다라고 규정하고 있다]에 의한 '항해용선자'(航海傭船者)도 운송인이 되고, 선박의 소유·관리 및 운항과 전혀 무관한 자들도 이른바 계약운송인으로서 운송인이 되는 경우가 점차 확대되고 있다.

여기에는 미국의 '비선박운항업자'(非船舶運航業者, Non-Vessel Operator, NVO) 등은 물론이고 복합운송인은 어느 한 구간에서는 실제운송인이라 하더라도 전 구간에 대해서는 계약운송인일 수밖에 없다.

한편 미국 보통법(Common Law) 상의 계약운송인은 일반적으로 해운은 '자가운송'[Merchant Carrier]에서 '일반운송'[Common Carrier], 즉 '상인운송인'(商人運送人)에서 '공공운송인'(公共運送人)으로 발전하여 왔다는 것이 통설이지만, 미국의 보통법은 정기선만을 일반운송 내지 공공운송인으로 간주할 뿐, 당사자 간의 계약을 원칙으로 하는 부정기선의 운항이나 그 운송인에 대해서는 계약운송 내지 계약운송인으로 취급하고 있다.

계약운송인의 유형으로는 '해상운송주선업자'(Ocean Freight Forwarder), '항공운송주선업자'(Air Freight Forwarder), '통관업자' 등이 있는데 가장 대표적인 것이 '해상운송주선인'(海上運送周旋人)이다. 이에 따라 일반적으로 계약운송인형 복합운송인을 'Freight Forwarder'형 복합운송인이라 한다. 참고로 미국 '무선박운송인'(無船舶運送人, Non-Vessel Operating Common Carrier, NVOCC)은 포워더형 복합운송인을 법제화시킨 개념이다.

여기서 'NVOCC'는 곧 선박을 갖추지 않은 운송인을 말한다. 1963년 미국의 '연방해사위원회'[FMC, Federal Maritime Committee, '연방해사위원회'는 미국 연방 정부의 운수감독 행정기관의 하나, 각종 선박법, 1916년 및 1984년 '신해운법', 1920년 및 1936년 '상선법'(商船法, Merchant Marine Act) 등 광범위한 규제 조항을 관할하기 위해 1961년에 설치되었다]가 처음으로 규정하고 1984년 미국 '신해운법'(Shipping Act of 1984)에서 기존의 포워더형 복합운송인을 법적으로 확립하였다. 직접 선박을 소유하지는 않으나 화주에 대해 일반적인 운송인으로서 운송계약을 맺으며 선박회사를 하도급인으로 하여 이용운송업을 한다.

미국 '연방해사위원회'의 규정에는, 'NVOCC'를 '해운업에 규정된 외항 및 내항의 해운을 이용하여 물품을 운송하기 위해 광고·권유 및 그 밖의 방법으로 운임요율을 설정하여 공시하는 자, 물품의 운송에 관해 책임을 인수하거나 법적 책임을 지는 자, 선박의 소유나 지배 유무에 관계없이 수상운송인을 하도급인으로 이용하여 자신의 이름으로 운송하는 자'라고 규정하고 있다(참고로 우리나라는 1992년 '화물유통촉진법'을 제정하면서 해상화물운송주선업과 항공화물운송주선업을 복합운송주선업으로 통일시키며 법적으로 규정하였다).

한편 미국 '신해운법'에 의하면 운송중개인은 '포워더'(Forwarder)와 'NVOCC'로 구분하고 있는데, 이 경우 포워더란 화주[수출상(輸出商)]의 대리인으로서 선적 및 선적서류 작성 등의 업무를 취하는 자를 말하고, 'NVOCC'는 선박을 소유하고 있지 않은 운송인으로서 주로 소량화물을 만재화(滿載化)시키는 '집하대리인'(集荷代理人, Consolidator)을 지칭하고 있다. 따라서 'NVOCC'는 선주의 대리인으로 활동한다는 점에서 '포워더'와 구분되며 자체 '운임률'(Tariff Rate)를 가지고 'House B/L'(또는 'Groupage B/L')을 발급하고 있다.

(2) 실제운송인, 캐리어

'실제운송인'(實際運送人, Actual Crrier)은 '복합운송에 관한 UNCTAD/ICC규칙'(UNCTAD/ICC Rules for Multimodal Transport Documents, 1992)에서 '복합운송인과 동일인이거나 아니거나 상관없이 실제로 운송의 전부 또는 일부를 이행하거나 또는 이행을 인수하는 자'라고 정의하고 있는데, 곧 '실제운송인'이란 자신이 직접 운송수단, 이를테면 선박·트럭·항공기 등을 보유하면서 복합운송인의 역할을 수행하는 형태를 말한다.

'실제운송인'의 유형으로는 선박회사·철도회사·트럭회사 및 항공사 등을 들 수 있는데, 복합운송구간 중 해상구간이 차지하는 비중에 비추어 볼 때 선사가 가장 대표적인 실제운송인형 복합운송인이라 할 수 있다.

6 복합운송인의 손해배상책임

복합운송계약에 의한 당사자 간의 주된 급부(운송급부·운임급부 등)에 관한 법률관계는 다른 운송계약의 경우와 근본적인 차이가 없다. 따라서 '복합운송계약관계'(複合運送契約關係)의 문제점은 운송물의 손해에 관한 책임관계에 집중되어 왔다.

복합운송계약상의 책임관계는 종래의 단독운송 내지 단일운송의 경우보다 복잡하다. 이는 '복합운송계약'(複合運送契約)의 경우 그 계약의 이행에 여러 종류의 운송수단과 여러 사람의 운송인이 관계되고 또한 종래 운송법규를 달리하는 운송구간 간의 결합에 의하여 운송의 목적이 달성되기 때문이다.

따라서 운송인의 손해배상책임에 관한 법률관계는 아주 복잡하여, 이를테면 운송물의 손해에 대한 피해자인 화주는 관여운송인 중에서 누구를 상대로 배상청구를 할 것인가 또는 어느 구간 또 어느 운송수단에 관한 법규에 의하여 운송인의 책임원칙 내지 내용을 결정할 것인가 하는 것 등이 문제가 된다. 이 문제에 관한 운송법상의 해석론을 살피면 다음과 같다.

우선 피해자인 화주는 어느 운송인을 상대로 손해배상책임을 물을 것인가 하는 책임의 주체 문제에 관하여는 종래 '단순통운송'(單純通運送)의 경우의 법규 또는 해석론의 유추적용 등에 의하여 이를 해결할 수밖에 없을 것이다. 따라서 1인의 운송인이 복합운송인으로서 전 구간의 운송을 인수하고 그 운송의 전부 또는 일부를 다른 운송인을 사용하여 실행시키는 '하수운송'(下受運送)인 복합운송의 경우 '하수운송인'은 '원운송인'인 '복합운송인'의 '이행보조자'(履行補助者)에 불과하므로 복합운송계약의 당사자인 운송인이 원칙적인 책임의 주체가 된다.

그리고 여러 운송인이 공동으로 전 구간의 복합운송을 인수하고 각 운송인의 실제의 운송구간은 내부관계로 정하는 동일운송의 경우 운송계약은 하나이지만 다수당사자의 상사채무의 연대성에 의하여 모든 관여운송인이 연대하여 손해배상책임을 부담하여야 한다.

또한 여러 운송인이 서로 운송의 연락관계 내지 업무제휴, 즉 운송구간과 화물의 교환 또는 운임의 분배에 관한 협정을 포함한 이해의 공통관계를 가지고 송화인으로서는 최초의 운송인에게 운송을 위탁함으로써 다른 운송인도 동시에 복합운송의 일부를 담당할 수 있는 '순차운송'(順次運送) 또는 '연대운송'(連帶運送)의 경우 육상 또는 해상의 순차운송에 관한 상법규정(제138조, 제812조)을 유추적용하여 모든 운송인의 연대책임을 인정하여야 할 것이다.

한편 복합운송관계에서 책임주체가 된 운송인의 손해배상책임 내용을 결정할 책임법규의 문제는 복합운송계약의 당사자로서 복합운송을 인수한 경우와 그렇지 않은 운송인의 경우를 나누어 생각할 수 있다.

참고로 우리 상법에 의거하면 이들이 육상운송인인가 또는 해상운송인인가에 따라 각각 준거가 되는 책임원칙이 다를 수 있을 것이다. 그리고 손해가 발생한 운송구간이 판명된 경우와 그렇지 않은 경우에 따라서도 각 운송인에 대하여 적용되는 운송법의 차이를 가져올 수 있다.

먼저, 운송물의 손해가 어느 운송구간에서 또는 어느 운송수단에 의한 운송 중에 발생하였는가가 판명된 경우 각 운송인이 운송계약의 당사자인지의 여부 또는 육상운송인인가 해상운송인인가 등의 여부에 관계없이 당해 운송구간의 운송관계에 적용되는 법규에 의하여 그 책임을 결정하여야 한다. 따라서 육상구간에서 손해가 발생한 경우 복합운송계약 당사자인 운송인 또는 다른 운송인이 해상운송인이더라도 해상운송법의 규정을 원용할 수 없다.

반면에 해상운송구간의 손해에 관하여는 육상운송인인 계약당사자 또는 다른 운송인도 해상운송법상의 면책사유를 원용할 수 있다(상법, 제88조 제2항, 제789조 제2항). 왜냐하면 운송인 간에는 서로 보조적 상행위(상법, 제47조) 또는 이에 유사한 이해공통관계를 인정할 수 있기 때문이다.

그리고 어느 운송구간에서 손해가 발생하였는지 불명확한 경우 각 운송인은 자기에게 유리한 규정을 원용할 수 없음은 물론이다. 이 경우 운송인의 채무불이행책임의 통칙 규정이라고 할 수 있는 육상운송에 관한 상법규정이 적용될 수 있다(상법 제135조 내지 제137조). 각 운송인은 연대책임을 부담하는 한, 자기 또는 이행보조자의 무과실을 증명하더라도 하주 측에 대한 손해배상책임을 면할 수 없게 되는데, 다만 이 경우 운송인 간의 구상관계(求償關係)에서 손해분담의 책임만이 면제될 뿐이다(상법, 제138조 제3항 단서).

컨테이너 복합운송에 있어서 운송물에 관한 손해의 특성은 컨테이너 자체에는 손상이 없음에도 불구하고 그 내용에 대해서만 손상이 발생하여 그 손해발생구간이 불명한 경우가 많다고 하는 점에 있다. 따라서 입법론적으로는 손해발생구간의 판명여부를 묻지 않고 복합운송에 관한 합리적인 별도의 강행법적 책임원칙을 확립하여야 하는 것이 이상적인 해결방안이라 할 것이다.

참고로 'UN 국제물품복합운송조약'(United Nations Convention on International Multimodal Transport of Goods, 1980)의 경우를 살피면 다음과 같다. 동 조약은 복합운송에 관한 계약관계, 즉 복합운송인과 상대방인 하주 간 권리의무와 '복합운송증권'(複合運送證券, Multimodal Transport Document) 등에 관한 법률관계를 규율하고 있는데, 그 중심은 역시 복합운송인의 손해배상책임에 있다.

본조약에 의하면, 복합운송을 인수한 계약당사자로서 '복합운송인'(Multimodal Transport Operator, MTO)이 '전 운송구간'(全運送區間)에 대한 책임의 주체가 된다(제16조). 그리고 그 책임원칙에 관하여는 종래 복합운송이 운송인의 책임에 관한 법규

또는 법원칙을 달리하는 다른 종류의 여러 운송의 결합으로 이루어지는 운송이기 때문에 복합운송의 과정에서 생긴 운송물의 손해 또는 그 원인인 사고의 발생구간이 판명된 경우 그 운송구간에 대한 기존의 책임원칙의 존중여부를 둘러싸고 종래 크게 다음과 같은 양분된 시각이 대립하여 왔다.

그 하나는 손해 내지 손해사고의 발생구간의 판명여부를 가리지 않고 전 운송구간에 일관하여 적용할 책임원칙을 조약에서 결정하도록 하는, 이른바 전 운송구간 '동일책임의 원칙'(Uniform Liability System)이며, 다른 하나는 손해 내지 손해사고의 발생구간이 판명된 경우 당해 운송구간에 적용되는 기존의 책임원칙(예컨대, 해상운송에 관한 '헤이그 규칙' 내지 '비스비 규칙' 또는 '함부르크 규칙', 항공운송에 관한 1929년 '바르샤바 조약', 도로운송에 관한 'C.M.R. 조약', 철도운송에 관한 'C.I.M. 조약' 등)을 적용하고, 다만 손해[사고(事故)]발생구간이 불명인 경우에는 조약에서 별도로 정하는 책임원칙을 적용하기로 하는, 이른바 각 운송구간별 '이종책임의 원칙'(Network, or Tie-up Liability System)이 그것이다. 이와 관련하여 복합운송조약은 전 운송구간 '동일책임주의'를 원칙으로 하고, 다만 일정한 경우 각 구간별 이종책임의 예외를 인정하고 있다. 즉 'MTO'는 이른바 '과실추정주의'(Principle of Presumed Fault and Neglect)의 기본원칙에 따라 자신 또는 그 이행보조자가 손해의 원인인 사고 또는 그 결과를 회피하기 위하여 요구되는 합리적인 모든 조치를 취하였다는 것을 증명하지 못하면 운송물의 멸실・훼손・인도지연으로 인한 손해의 배상책임을 면하지 못한다.

그리고 복합운송인의 손해배상책임은 그 고의적 행위를 제외하고 원칙적으로 운송물의 멸실・훼손에 관하여는 운송물 개별단위의 적재단위에 대하여 920SDR과 운송물 총중량 1kg에 대한 2.75SDR의 총액 중에서 많은 금액으로 제한된다(제18조 1항). 해상운송이나 내수운송이 포함되지 않은 복합운송의 경우에는 복합운송인의 책임은 운송물 1kg에 대한 8.33SDR의 총액을 한도로 제한되며 이 경우에도 손해발생구간이 판명된 때에는 그 운송구간의 운송인 책임법규에 의한 책임한도액(예컨대, 항공운송에 관한 '바르샤바 조약'상의 매 kg당 16.66SDR, 철도운송에 관한 '베른 조약'상의 매 kg당 16.66SDR의 총액 등)이 조약상의 한도액보다 많으면 그 많은 금액이 'MTO'의 책임한도액이 된다(제18조 3항). 그리고 연착 내지 인도지연으로 인한 손해에 관한 'MTO'의 책임한도는 복합운송계약상의 운임총액을 상한으로 하는 지연운송물에 대한 운임의 2.5배의 금액이며(제18조 4항), 운송물의 일부 멸실과 훼손 및 인도지연이 동시에 발생한 경우 복합운송인이 책임한도의 총액은 운송물의 전부멸실, 곧 '전손'(全損, Total Loss)에 관한 한도액을 초과하지 못한다(제18조 5항).

제 5 절 무역운송과 항만관리

1 항만의 개념과 기능

'항만'(港灣)은 강학상 '선박이 안전하게 출입하고 정박할 수 있도록 자연적·인공적으로 보호되어 여객 또는 물품을 운송하고 화물·우편물 등을 적양(積揚)하는 장소'로 정의된다.

곧 해상교통과 육상교통의 접속지로서의 항만은 해륙(海陸) 양면으로 입지조건이 좋고 필요한 시설을 갖추어야 하는데, 이를테면 선박이 안전하게 정박하고 여객과 화물을 내리고 실을 수 있게 하기 위해 항만시설·교통시설·보관시설·공장시설·수륙연락시설 등이 필요하다.

'항만'은 인간이 바다로 진출하면서 인간과 역사를 같이해 왔는데, 고대의 항만은 주로 자연적 입지조건에 기반 한 '자연항'(自然港)이 대부분이었으며, '인공항'(人工港)이 있더라도 그 규모나 사용이 작았다. 따라서 항만시설의 유지와 관리의 필요성이 없거나 부담이 작고 공권력의 개입도 없었다.

그러나 18세기 중엽 산업혁명 이후 교역량의 급격한 증가로 인공항만(人工港灣) 또는 항만시설(港灣施設)이 필요하게 되고 그 규모나 사용이 거대해지면서 항만시설의 유지와 관리 및 보수·확장에 대한 부담이 급증하게 되었다.

2 항만의 입지조건

일반적으로 항만은 큰 배후 도시와의 연계성을 갖고 발달한다. 왜냐하면 항만에서 필요로 하는 많은 노동력을 도시로부터 얻을 수 있고, 도시는 소비도시이든 생산도시이든 가까운 곳에 항만과의 유기적 연대를 필요로 하기 때문이다.

항만에는 '선박운항업'(船舶運航業) · '예선업'(曳船業) · '부선업'(浮船業) · '육상운수업'(陸上運輸業) · '창고업'(倉庫業) · '수출입업'(輸出入業) · '통관업'(通關業) · '대리점업'(代理店業) · '중개업'(仲介業) · '선박수리업'(船舶修理業) · '연료공급업'(燃料供給業) · '선용품업'(船用品業) · '선식업'(船食業) · '검수업'(檢水業) · '감정업'(鑑定業) · '검량업'(檢量業) · 은행 등 유관사업이 번창하고, 영사관 · 항만청 · 세관 · 검역소 · 부두운영공사 등의 관공서가 있다.

생산공장들은 대부분 항만을 끼고 있어서 항만을 통하여 생산원료를 수입하고 제품을 수출한다. 항만을 거쳐 가는 교통량과 물동량을 신속하고 효과적으로 소화시킬 수 있도록 운영되어야 한다. 즉 선박이 안전하게 출입할 수 있는 충분한 수심과 안전하게 묘박[錨泊, 배가 닻만으로 정박하는 경우를 '묘박'이라 하며, 부표(浮標) · 안벽(岸壁)에 매어둘 경우라도 항구의 선박출입 통제 편의상 닻을 사용하는 경우가 많다. '묘박'에는 하나의 닻으로 정박시키는 '단묘박'과 2개의 닻으로 정박시키는 '쌍묘박'이 있다. 정박하는 장소가 넓을 경우는 '단묘박'이 좁은 경우에는 '쌍묘박'이 채택된다]할 수 있는 저질(底質)이 갖추어지고, 외부로부터 바람과 조류를 막을 수 있도록 보호되며, 계류(繫留)설비 · 하역설비 · 보관설비 등 제반 부두시설의 능력이 모든 취급화물을 처리할 수 있어야 한다. 또한 육상운송과 접속이 원활하도록 편리한 교통시설이 갖추어져 선박이 지체 없이 입항하여 신속하고 능률적으로 하역한 후 곧 출항할 수 있어야 한다.

항만을 정박지로서의 지형적 조건과 해상과 육상의 연결지로서의 환경조건으로 분류하여 살피면 다음과 같다.

(1) 지형조건

대개 항내(港內)는 외해(外海)로부터 보호되고 입항하는 최대선의 출입이 용이하도록 출입구는 충분히 넓고 수심은 깊어야 하며, 넓은 묘박장소와 묘박하기 적당한 저질이고, 지반은 부두시설을 축조할 수 있을 정도로 단단해야 하며, 기후가 좋은 곳이면 더욱 좋다.

그렇지만 이런 모든 조건이 천연적으로 갖추어진 곳은 드물고, 대개는 인위적으로 방파제를 만들고 준설을 하여 이상적으로 만든다.

(2) 환경조건

항만은 해륙 접속지로 배후도시 및 해양에서 적절한 거리에 있어야 한다. 해상운송은 육상운송에 비해 경제적이므로 가능한 한 해상운송구간을 늘리고 육상운송구간을 줄여야 한다.

서양에서와 같이 항구가 내륙 깊숙이 있는 경우에는 좁은 수로를 이용해야 하므로 해양에서 멀수록, 대형선에 의한 대량운송의 이점도 추구하기 어려운 점이 있다. 내륙항만은 수심을 깊게 하기 위하여 준설을 하고 '항로표지'(航路標識, Aids to Navigation, 선박이 안전한 항해를 하기 위해서는 기회가 있을 때마다 항상 선위(船位)를 확인할 필요가 있다. 연안을 항해할 때나 출입할 때에는 육상의 뚜렷한 목표, 예컨대 섬·곶·산봉우리 등을 이용하지만 뚜렷한 목표가 없는 곳이거나 야간에 항행할 때에는 이들 자연목표만으로는 만족스런 선위 확인이 곤란하다. 그래서 선박의 교통량이 많은 항로·항구·만(灣)·해협, 그리고 암초(暗礁)가 많은 곳에서는 등광·형상·색채·음향·전파 등의 수단에 의하여 선박의 항행을 돕기 위한 인위적인 시설이 필요한데, 이를 '항로표지'라 한다]를 설치·유지하는 등의 항만 유지비용이 든다.

근래에는 선박의 대형화·운송의 신속화 경향으로 인해 재래의 내륙항만은 기능이 저하되어 가고 현대식 항만이 넓고 수심이 깊은 해안 가까이에 새로이 축조되고 있는 경향이 있다.

3 항만의 분류

항만은 용도(用度)·위치(位置)·행정(行政)·성인(成因)·기능(機能) 등에 따라 분류할 수 있는데, 차례로 대별하여 살피면 다음과 같다.

(1) 용도에 따른 분류

'상업항'(商業港)·'공업항'(工業港)·'어항'(漁港)·'군항'(軍港)·'피난항'(避難港, 피난항의 조건은 항로 가까운 곳에 있어야 하며 정박지가 넓고 적당한 수심이 확보되어야 하며 어떤 방향에서도 풍랑을 모면할 수 있는 지점이라야 한다. 일반적으로 천연의 양항이라고 하는 것이 이에 해당한다. 참고로 우리나라 남해안의 대표항으로 진해·마산·충무·여수·목포 등을 들 수 있다)·'항공항'(航空港) 등으로 나눈다.

‘상업항’은 상선에 의한 수출입 화물과 연안화물 및 여객을 주로 취급하는 항으로 보통 항만이라 하면 상업항을 가리킨다.

‘공업항’은 임해 공업지역에 있는 공장의 생산원료·연료 등을 공급하고, 제품을 적출하는 항이다. 어항은 어업의 근거지로서 어선의 정박, 어획물의 양륙, 어선에 필요한 선용품 ·식료품 등을 보급하는 항이다.

‘군항’은 군사적 목적으로 군에서 사용·관리하는 항으로 해군함정의 기지로 사용하는 것, 육군의 수송기지로 사용하는 것 등이 있다.

‘피난항’은 항해하는 선박이 폭풍우를 피하기 위하여 가박(假泊)하는 데 이용되는 항이다.

‘항공항’은 수상비행기가 발착하는 곳으로 상업항의 일부를 구분해서 사용되는 명칭이다.

(2) 위치에 따른 분류

‘연안항’(沿岸港)·‘하항’(河港)·‘하구항’(河口港)·‘호항’(湖港)·‘운하항’(運河港) 등이 있다. ‘연안항’은 해안에 있는 항구로 흘수(吃水)가 깊은 대형선이 출입하기 좋다. ‘하항·하구항’은 강의 하구 또는 중류에 있는 항으로 특히 하항은 큰 강이 있는 대륙에 많다. 내륙 깊숙이 있으므로 대형선의 출입은 어려우나, 대형선이 출현하기 이전에는 해상교통을 최대한으로 이용하기 위한 것이었다. ‘호항’은 북아메리카 대륙의 오대호와 같은 큰 호숫가에 있는 항구를, ‘운하항’은 수에즈·파나마 운하 등에 있는 항구를 말한다.

(3) 성인에 따른 분류

‘천연항’(天然港)과 ‘인공항’(人工港)이 있다. ‘천연항’은 항만으로서 지형적 조건이 천연적으로 갖추어진 항구이고, ‘인공항’은 방파제를 축조하고 준설을 하는 등 인공적인 방법으로 지형적인 조건을 갖춘 항구를 말한다.

(4) 행정상의 분류

‘개항’(開港)과 ‘불개항’(不開港)이 있다. 이것은 관세법에 따라서 외국 무역화물의 취급이 인정된 곳을 ‘개항’이라 하고, 그 밖의 항을 ‘불개항’이라 한다. 참고로 우리나라의 ‘개항’은 인천항·장항항·군산항·목포항·여수항·삼일항·삼천포항·충무항·장승포항·옥포항·마산항·부산항·울산항·포항항·북평항·묵호항·제주항 등의 17개 항이 있다.

(5) 기능에 따른 분류

'적출항'(積出港)·'연락항'(連絡港)·'중계항'(中繼港)·'자유항'(自由港)·'검역항'(檢疫港) 등이 있다. '적출항'은 석탄·광석 등을 실어내는 항, '연락항'은 바다를 사이에 둔 두 지점을 연락하는 항, '중계항'은 중계무역 화물을 취급하는 항, '자유항'은 항의 구역 내에서는 관세를 부과하지 않도록 정해진 항, 검역항은 검역만을 시행하는 항구를 말한다.

여기서 '자유항'은 달리 '자유무역항'(自由貿易港)이라고도 한다. '자유항제도'는 본래 국제조약에 의해 설정되며, 영유국(領有國)의 관세권 밖에 위치하는 '경제적 국제지역'(經濟的國際地域)의 일종으로 설치되었다. 자유항은 중세 이탈리아의 자유도시에서 유래한 것으로 알려져 있는데, 대개는 인접 국가간에 항구의 귀속문제를 둘러싸고 분쟁한 결과 자유항으로 개방된 경우가 많았다. 1919년 '베르사이유 조약'에 의한 독일의 함부르크(Hamburg), 1948년 미국과 라이베리아와의 협정에 의한 라이베리아의 먼로비아(Monrovia) 등의 예가 있다.

이와 같은 조약에 의한 자유항 외에 중계무역이나 가공무역의 이익을 확보하기 위하여 자발적으로 자유항제도를 취하는 경우가 있다. 항구를 관세행정의 구역 밖에 두어 관세를 면제함으로써 외국화물의 출입의 자유와 개장(改裝)·가공(加工)·제조(製造) 등의 자유가 허용된다.

그러나 자유항에서 일반시민의 거주생활을 허용하고 있는 자유항시는 홍콩·싱가포르뿐이며, 대개는 항구의 전부 또는 일부를 관세구역 외로 하여 화물의 수출입·보관·가공을 자유롭게 한 자유항구나 이를 더욱 축소하여 화물의 적하와 창고보관만 허용하는 자유지구 형태를 취하고 있다.

4 항만구역과 시설

'항만구역'(港灣區域)은 항만의 기능상 필요한 범위의 수역(水域)과 육역(陸域)을 포함하며 그 범위는 항만마다 각기 다르다. 대개 항만시설이란 '항만의 정박지·부두 및 이들에 수반되는 공작물·설비 등을 포함한 항만의 기능을 충족시키기 위해 필요한 모든 시설'을 말한다.

여기에는 항로·정박지 등의 '수역시설'(水域施設), 방파제·수문·갑문·호안(護岸) 등의 '외곽시설'(外廓施設), 안벽·잔교·부잔교(浮棧橋)·계선부표[繫船浮標, 강판제의 원통형·원뿔형의 속이 빈 부체(浮體)이다. 부체를 고정시키기 위하여 쇠사슬에 매달아 바다 밑에 가라앉힌 콘크리트로 만든 추나 2~3개의 닻에 연결시킨다. 부표의 상부에는 닻줄을 매기 위한 고리가 달려 있다] 등의 '계류시설'(繫留施設), 도로·철도·교량·궤도·운하 등의 '임항교통시설'(臨港交通施設), 항로표지·통항신호시설·조명시설·통신시설 등의 '항로보조시설'(航路補助施設), 하역용 크레인 등의 '하역시설'(荷役施設), 창고·저탄장(貯炭場)·저목장(貯木場)·위험물 저치장 등의 '보관시설'(保管施設), 선박을 위한 급수(給水)·급유(給油)·급탄(給炭) 등의 '보급시설'(補給施設), 여객의 승강·대기 등을 위한 '여객시설'(旅客施設) 등이 있다.

5 항만 하역시설

(1) 컨테이너 크레인

'하역시설'(荷役施設)중 적·양하에 이용되는 크레인을 중심으로 구분하면 다음과 같다. '컨테이너 전용 크레인'(Container Crane)은 'Spreader'가 달려 있어 유압으로 20ft나 40ft 컨테이너를 전용으로 옮길 때 사용된다. '갠트리 크레인'(Gantry Crane)은 항만에서 뿐만 아니라 모든 생산공장에서 쓰는 크레인으로 총칭된다. 항만에서는 주로 벌크화물이나 석탄·코일 등 운반할 때 부로 사용한다. '이동 크레인'(Transfer Crane, Rubber Tyre Gantry Crane)은 항만전용으로 컨테이너 야적장에서 이동시키거나 컨테이너 트레일러에 실을 때 사용한다. 야적장 공간 내에서 전후·좌우·회전·대각선 주행 등이 가능한 특징이 있다. '레일 이동 크레인'(Rail Mounted Gantry Crane)은 이 역시 항만 전용으로 컨테이너 야적장에서 기차로 실을 때 사용한다. 다만 레일이 깔려 있는 곳에서만 주행이 가능하다. '리치 스택커'(Reach Stacker)는 차량에 컨테이너를 운반할 수 있는 기중기와 'Spreader'가 붙어 있는 크레인이다. 야적장에서 컨테이너 정리나 차량에 실을 때 주로 사용한다. '언로더 크레인'(Unloader Crane, Ship Loader)는 산적화물(散積貨物) 등을 배에 싣고 내릴 때 사용한다.

(2) 항만과 하역시설

컨테이너선의 입·출항

[부산항 3부두 컨테이너 야드] [인천항 컨테이너 야드 ①]

[인천항 컨테이너 야드 ②]

[부산항 하역시설]

[부산 감만부두 컨테이너 야드]

[부산 감만부두 하역시설]

[포항 하역시설]

[인천항 하역시설]

[광양항 하역시설]

■부산 신항 전경■

■부산 북항 전경■

▌주요 하역시설▌

컨테이너 크레인

갠트리 크레인

이동 크레인

레일 이동 크레인

리치 스택커

언로더

▌갠트리 크레인 ①▌

■ 갠트리 크레인 ② ■

40.6 t
HYUNDAI
252
251
40.6 t
HYUNDAI
251
HYUNDAI
HYUNDAI
HYUNDAI
MOL
251

HYUNDAI

■ 갠트리 크레인 ③ ■

▌컨테이너선의 입・출항▐

▮마샬링야드의 전경▮

▌CY의 구조와 선적과정 ①▐

▮CY의 구조와 선적과정 ②▮

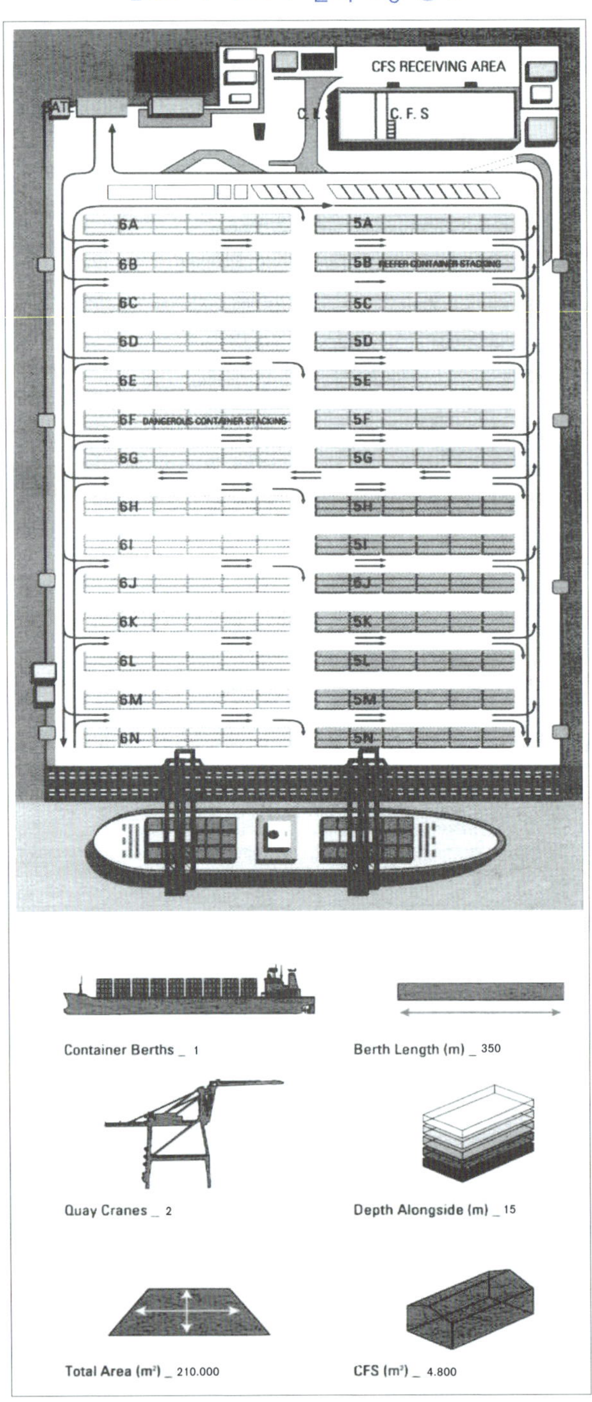

▌컨테이너 전용터미널▌

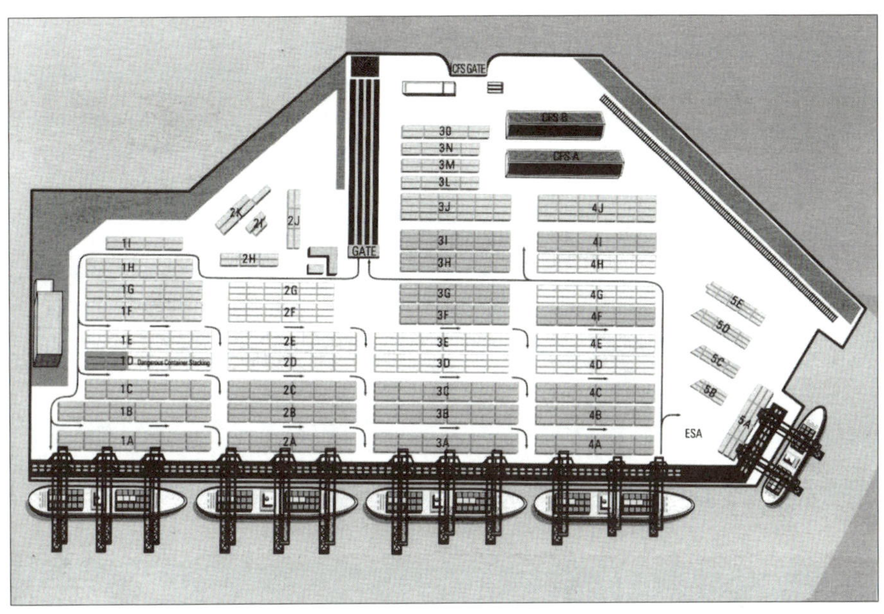

▌롱비치(Long Beach, L/A, U.S.A) 항만▌

▮로테르담(Rotterdam, Netherlands) 항만▮

▮시애틀(Seattle, U.S.A) 항만▮

해상운송과 운송계약

제1절 선박의 개념과 법적 성질

앞서 살핀 바와 같이 사회통념상의 '선박'(船舶, Vessel, Ship)이란 '물에 떠서 항행할 수 있는 운송수단'을 의미한다. 다만 '항행장치'(航行裝置)를 가지고 있지 않는 '준설선'(浚渫船)이나 해상 크레인과 같은 것은 선박으로 간주되지 않는다. 이를테면 우리 상법에서 말하는 선박이란 '상행위(商行爲) 그 밖의 영리를 목적으로 항행의 용도에 제공되는 것'에 한정되어 있으므로, 군함(軍艦)이나 조각배 그 밖의 노(櫓)나 삿대 같은 것으로 운항되는 것은 해상법(海商法)에 규정된 선박에서 제외된다.

아울러 법률상 선박은 동산(動産)이나 부동산(不動産)과 비슷한 점을 지니고 있어서 민사소송법(民事訴訟法)에 의한 강제집행(强制執行)의 대상이 되고(민사소송법상 강제집행의 목적물로서 동산은 민법에서 말하는 유체물에 한하지 않고 널리 선박·부동산 또는 이에 준하는 권리 이외의 물건 또는 재산권을 포함한다. 따라서 강제집행의 대상에는 민법상 동산 뿐만 아니라 채권 그 밖의 재산권도 포함한다), 경매(競賣)의 경우에는 부동산에 관한 규정의 적용을 받는다[민법상 토지 및 그 정착물을 부동산이라고 하고 그 밖의 물건을 동산이라고 한다. 선박·자동차·항공기 등은 본래는 동산이나 부동산에 준하는 취급을 받는다. 양자 구별의 근거는 사회경제상의 가치에 차이가 있는 것, 물건의 공시방법을 달리하는 것(부동산은 등기, 동산은 인도) 등에 있다. 즉 부동산은 동산에 비해 그 가치가 크고 소재가 한정되어 있으므로 권리관계를 등기로써 공시할 수 있다는 이유에서 법률상, 특히 물권법상 여러 점에서 그 취급을 달리 한다]. 특히 등록선의 경우에는 상법상의 등기(登記), 저당권(抵當權), 대차권(貸借權) 등에 관하여 부동산에 관한 규정의 적용을 받는다[채무자 또는 제3자[물상보증인(物上保證人)]가 채무의 담보로서 제공한 부동산 또는 부동산물권[지상권(地上權)·전세권(傳貰權)]을 채권자가 그 제공자로부터 인도받지 않고서 다만 관념상으로만 지배하여 채무의 변제가 없는 경우에 그 목적물로부터 우선변제를 받는 담보물권을 말한다(민법 제356조). 목적물을 설정자의 수중에 남겨 두어 계속 이용할 수 있게 하는 점에서 질권(質權)과 근본적인 차이가 있다. 저당권은 생산설비를 생산에 이용하면서도 한편으로는 담보화 할 수 있게 하며, 자본주의 경제사회에 있어서의 융자의 매개수단으로서의 중요한 역할을 맡고 있다. 그러나 저당권의 존재를 공시하기 위해서는 등기 또는 등록이라는 특수한 방법을 필요로 하기 때문에, 그러한 공시제도가 갖추어져 있지 않은 것은 저당권의 목적이 되지 못한다. 참고로 민법은 저당권의 목적이 될 수 있는 것을 부동산과 부동산물권에 한정하고 있으나, 광업권・어업권・공장재단・광업재단・선박・항공기・자동차・일정한 중기 등도 특별법에 의해 저당권의 목적이 될 수 있다].

참고로 선박의 저당권은 우리 상법상 등기된 선박을 목적으로 계약에 의하여 설정하는 특수한 저당권을 말한다(상법 제871조 제1항). 달리 민법상의 동산에는 저당권의 설정을 인정하지 않으나, 상법에서는 상선이 동산임에도 불구하고 이것을 부동산으로 간주하여 부동산의 등기와 마찬가지로 선박의 등기를 공시하는 제도가 있기 때문에 '선박저당권제도'(船舶抵當權制度)가 인정되고 있다.

이에 상법상 선박의 저당권에는 민법의 부동산 저당권에 관한 규정이 전용된다(상법 제871조 제3항). 따라서 저당권의 순위・공시방법・효력 및 소멸은 그 특질에 반하지 않는 한 민법의 규정에 따른다. 등기를 하지 아니한 선박, 즉 총톤수 20ton 미만의 소형 선박(상법 제745조)은 저당권의 목적이 될 수 없고 민법 동산질의규정에 따라 질권을 설정할 수 있다. 그러나 등기한 선박은 질권의 목적으로 하지 못한다(상법 제873조).

해상기업을 경영하기 위해서는 거대자본이 필요한데, 자본이 부족한 선주는 그 목적을 달성하기 위하여 선박을 담보로 하여 해사금융을 일으키는 것이 불가피한 경우가 많다. 그런데 선박저당권의 목적물인 선박은 그 자체가 멸실되는 경우가 있으며 항해할수록 자연히 선체와 그 속구가 손상되고 구형의 것이 될 뿐만 아니라, '선박우선특권'(船舶優先特權)이 인정되어 있기 때문에(상법 제872조), 그 담보가치가 감소되는 약점을 지니고 있다.

선박은 물건이지만 명칭, 국적 및 선적항을 보유한다. 따라서 총톤수 20ton 이상의 선박은 반드시 관할 법원에 등기됨과 동시에 관할 관청의 선박 원부(原簿)에 등록된다. 이러한 선박을 '등록선'(登錄船)이라 하며, 당해 선박은 '선박국적증서'(船舶國籍證書)를 보유한다.

이와 반대로 20ton 미만의 선박은 등기나 등록이 없으므로 이들을 '부등기선'(不登記船)이라고도 한다. 부등기선 가운데 어선과 총톤수 5ton 미만의 선박 및 주로 노나 삿대로 운항되는 배를 제외하고는 행정상 단속의 필요에서 선적항을 정하여 선적표(船籍標)를 교부받아야 한다.

'선박등록제도'(船舶登錄制度)는 해운관청에 비치된 공부(公簿)인 '선박원부'(船舶原簿)에 선박에 대한 표시사항과 소유자를 기재하도록 하는 제도를 말한다. 이러한 제도를 두고 있는 목적은 선박의 국적을 명확히 하고, 또 해운관청의 행정상 감독에 도움을 주기 위한 것이다.

'선박원부'에는 선박번호·호출부호·선박의 종류·선박명·선적항·선질(船質) 그리고 범선의 경우에는 그 범장(帆裝)·치수·총톤수·기관의 종류와 수·추진기의 종류와 수·조선지(造船地)·조선소(造船所)·진수일(進水日) 및 소유자 등이 기재된다.

이 밖에도 일정한 선급협회(船級協會)의 검사증명에 의한 선급(船級, Classification, Ship's Class)을 가지는 것이 보통인데, 이 경우 선급의 유무는 용선(傭船)·그 밖의 해사거래(海事去來) 및 해상보험(海上保險, Marine Insurance)에서 매우 중요시된다. 여기서 '선급'과 '해상보험'에 관하여 따로 살피면 다음과 같다.

우선 '선급'은 '선급협회'가 정한 선박의 구조 및 의장규격에 적합한 선박에 대하여 선급협회가 부여하는 등급을 말한다. 예컨대 '로이즈 선급협회'의 경우에는 적합한 선급의 표시로서 '100A1'이라는 부호를 부여한다. 설계 및 시행에 있어서 선급협회의 감독을 받아 건조된 선박에 대해서는 이들 부호 앞이나 뒤에 특정의 부호를 붙여 그 뜻을 표시하는 것이 보통이다.

'선급협회'는 '선급'을 부여한 선박을 정기적으로 검사하고 만족스럽지 못한 상태에 있다고 판정되는 경우에는 선급을 취소한다. 선급을 갖지 않은 선박의 경우에도 훌륭한 선박이 없지는 않겠지만, 일반적으로 선박이 선급을 갖지 않은 것은 어느 선급협회도 선급을 부여하지 않은 것이므로 보험에 부보(付保)하기 어렵다.

한편 '해상보험'은 선박의 운항, 선박에 의한 화물의 운송 등 이른바 해상모험(海上冒險)에 수반되는 위험에 대한 보험이다. 사람의 생활의 본거(本據)는 육상에 있는 관계로 해상보험의 비중은 육상보험 전체[화재보험(火災保險), 특종보험(特種保險) 등]에는 미칠 수 없으나, 14세기 전반에 그 전신이 모험대차(冒險貸借)의 형태를 벗어나 근대적 해상보험이 되었다고 보고 있으며, 생명보험과 손해보험을 통틀어 가장 오랜 역사를 지니고 있는 것이 해상보험이다.

'해상보험'에 수반하는 위험이 육상의 위험보다 크며, 또 위험에 노출되는 단위가 육상에서는 차량과 화물인데 대하여 해상에서는 선박과 그 화물이며, 무역업자 스스로가 선박을 운항하고 있었던 지난날에는 해상보험이 절대적으로 필요하였다. 해상보험은 대개 기업활동으로 행하여지므로 해상보험료는 기업회계에 의해 분담된다고 하는 점에서 해상보험은 기업보험(企業保險)이다. 또한 '보험계약자'(保險契約者, Policy Holder)나 '피보험자'(被保險者, the Insured, the Assured)가 일반적으로 '해상보험계약'(海上保險契約)에 대한 상당한 지식을 가지고 있는 해운업자나 무역업자이므로 '해상보험'은 일종의 '상인 간의 보험'이라고 볼 수도 있다. 그리고 다른 종목의 보험에 비하여 국제적 경쟁이 심한 것도 해상보험의 특징의 하나이다. '해상보험'은 보험의 목적이 선박인가 또는 화물인가에 따라서 '선박보험'(船舶保險)과 '화물보험'[貨物保險, 적화보험(積貨保險)]으로 분류된다.

'해상보험'은 항해에 수반하여 발생하는 위험, 즉 해상위험이 원인이 되어 발생한 손해를 '보험자'[보험업자(保險業者), Insurer or Underwriter]가 보상해주고 '피보험자'는 그 대가로써 '보험료'(保險料, Premium)를 지불할 것을 약속하는 손해보험의 일종이다.

그러므로 보험자는 생명보험과 같이 계약한 '보험금액'(保險金額, Insured Amount)의 전액을 지불하는 것이 아니라 피보험자가 입은 손해액에 한정하여 지불하게 된다. 그리고 해상보험에서의 사고는 항해의 결과 발생하고 또한 아무도 예지할 수 없는 우발적이고 불확실한 사고(Accident)를 말한다.

해상보험계약의 당사자는 손해를 보상하는 '보험자', 보험료를 지불하는 '보험계약자' 및 보험금을 받을 '피보험자'이다. 'CIF'에서는 매도인이 보험계약자가 되고 매수인이 피보험자가 되나 실제로는 매도인이 자신을 피보험자로 하여 계약하고 입수한 보험증권에 배서하여 매수인에게 양도한다.

'FOB'나 'CFR'에서는 매수인이 자신을 피보험자로 하여 계약하게 되므로 매수인 자신이 보험계약자인 동시에 피보험자가 된다. 해상보험은 '보험의 목적물'(the Subject-Matter Insured), 즉 '피보험이익'(被保險利益, Insurable Interest)에 따라서 '화물보험'(Cargo Insurance), '선박보험'(Hull Insurance), '운임보험'(運賃保險, Freight Insurance), '예상이익보험'(豫想利益保險, Expected Profit Insurance) 등이 있다.

또한 손해발생시 보상되는 보험금액은 피보험이익의 가액, 즉 '보험가액'(保險價額, Insurable Value)을 초과하지 못하나, 초과하는 경우를 '초과보험'(超過保險, over Insurance), 반대로 부족한 경우를 '일부보험'(一部保險, under or Partial Insurance)이라 하고 보험금액이 보험가액과 같은 경우를 '전부보험'(全部保險, Full Insurance)이라 하는데 실제에 있어서는 보험자와 보험계약자간에 보험가액을 협정한다. 대개 'CIF' 가격에 희망이익[예상이익(豫想利益)] 10%를 가미한 금액을 보험금액으로 하는 것이 보통이다.

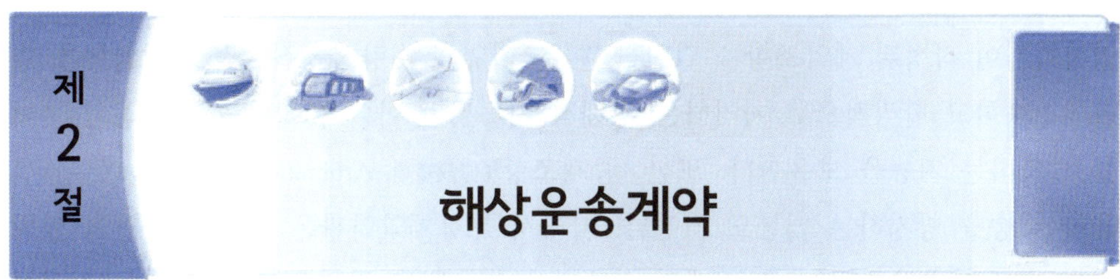

제 2 절 해상운송계약

1 해상운송과 해상운송계약

'해상운송'(海上運送)이란 호천(湖川), 항만(港灣)을 제외한 해양(海洋)에서의 운송이며 호천 및 항만 내의 운송은 육상운송에 속한다(상법 제125조). '해상물품운송계약'(海上物品運送契約, Contract of Carriage of Goods by Sea)은 '용선계약'(傭船契約)과 '개품운송계약'(個品運送契約)으로 구분된다.

'해상물품운송계약'은 당사자 일방이 선박에 의한 화물의 해상운송을 인수하고 상대방이 이에 보수[해상운임(海上運賃)]를 지급하기로 약정하는 계약을 말한다.

'운송인'은 선주 · 선박임차인[賃借人, 나용선자(裸傭船者)]이나 용선자[정기용선자(定期傭船者), 재운송인(再運送人)]이며, '운송위탁자'(運送委託者)는 '용선계약'의 경우에는 '용선자'(傭船者), '개품운송계약'의 경우에는 '송화인'(送貨人)이다. 우리나라의 경우 해상물품운송계약에 관하여서는 상법 제5편 '해상편'(海商編) 제3장 제1절의 물건운송에 관한 규정이 적용되는데, 화물의 손해에 대한 운송인의 책임에 관하여는 대체로 1924년 '헤이그 규칙'이 적용된다.

이 경우 '해상법'(海商法)은 형식적으로 상법 제5편의 규정을 말하고 실질적으로는 해상기업에 관한 법을 가리키며 해법(海法)의 중심적인 내용이 된다. 육상법에 대하여 해양을 무대로 하고 선박이라는 용구에 의하는데서 전체적으로 나타나는 이른바 바다의 색채에 기한 특이성을 가진다. 연혁적으로 해상법은 상법의 기원이 되며 상법상의 제도로서, 이를테면 운송 · 보험 등과 같이 해상에서 비롯되어 발달한 것이 적지 않다. 그 성질상 국제통일법적 경향이 강하며 이미 통일조약(統一條約)과 국제적인 '보통계약약관'(普通契約約款, General Conditions)이 성립한 것이 적지 않으며 그 대부분이 각국에서 채용되고 있는데, 이는 우리 상법의 처지에서도 마찬가지이다.

'보통계약약관'은 계속적·대량적인 기업거래에 획일적으로 적용하기 위해 미리 정형화하여 작성된 계약조항을 말한다. 이는 기업의 대량적·집단적 거래활동을 민활·신속하고 합리적으로 처리하는 경제적 기능뿐만 아니라 성문법의 규정의 부비를 보충하는 기능을 보유한다. 또한 '중재조항'(仲裁條項, Arbitration Clause)을 두어 무용한 소송을 방지하는 기능도 가진다. 따라서 보통계약약관은 대체로 기업이 일방적으로 그 내용을 작성하고 거래의 상대방은 그 계약조항에 대해 절충할 여지없이 그에 부종(附從)해야 한다. 따라서 이 약관은 거래의 상대방을 해할 염려가 있으므로 입법적으로 규제하기도 하고 행정적으로 규제하여 거래의 상대방의 보호를 기하고 있다. 다만 국제상거래에 있어서는 '계약당사자 자치의 원칙'에 따라 보호의 객체가 제한되므로 각별한 주의가 요망된다.

2 해상운송계약의 의의

'해상물품운송계약'(海上物品運送契約)은 '해상운송인'(海上運送人)이 해상에서의 선박에 의한 물품의 운송을 인수하고 '상대방'[용선자(傭船者) 또는 송화인(送貨人)]이 이에 대하여 일정한 '보수'[용선료(傭船料) 또는 운임(運賃)]을 지급하기로 약속하는 계약을 의미한다.

법리적으로 해상운송계약은 물품의 장소적 이동이라는 일의 완성을 목적으로 하는 도급계약[都給契約, 당사자의 일방[수급인(受給人)]이 어느 일을 완성할 것을 약정하고 상대방[도급인(都給人)]이 그 일의 결과에 대한 보수지급을 약정하는 계약을 일컬어 '도급계약'이라 한다]의 일종인 까닭에, 운임은 운송물의 도착지에서 수화인에게 인도할 때 지급하는 것을 원칙으로 한다. 이를 소위 '운임착급(運送着給)의 원칙'이라 한다.

그러나 실무에 있어 선하증권(船荷證券, Bill of Lading, 법률용어로서 '선하증권'(船荷證券)은 무역상무(貿易商務)의 학문적 범위 내에서는 달리 '선화증권'(船貨證券)이라고 특정된다. 이는 곧 운송계약의 주체로서 운송인(運送人)과 화주(貨主) 그 누구에게 상무적 주안점을 두고 있느냐에 따른 시각차라 판단된다. 본고에서는 법률관계(法律關係), 곧 계약책임에 주안점을 두고 이하 '선하증권'으로 총칭한다. 다만 특별한 경우를 제외하고 이하 화주(貨主), 송화인(送貨人), 수화인(受貨人) 등의 표기는 무역상무의 시각에 따른다]에는 운송물의 발송지에서 운임을 지급하기로 하는 운임선급조항(運賃先給條項), 더 나아가 이미 지급한 운임을 운송물이 운송도중에 운송인의 책임 없는 사유로 멸실한 경우에도 반환하지 않는다는 취지의 소위 '기지급운임불반환조항'(旣支給運賃不返還條項)이 삽입되고 있다.

'해상물품운송계약'은 당사자 간의 합의만으로 성립하고 그 합의의 형성에 서면의 작성 그 밖의 특정형식 또는 방식을 요하지 않는 불요식(不要式)의 낙성계약[諾成契約, 당사자의 합의, 곧 '청약'(Offer)과 '승낙'(Acceptance)에 의하여 성립하는 계약으로서 합의 이외에 일방당사자가 물품의 인도 그 밖의 급부를 하는 것을 성립요건으로 두고 있는 '요물계약'(要物契約)에 대립하는 개념이다. '계약자유의 원칙'을 취하고 있는 현대계약법에서는 대개 '낙성계약'이 기본원칙이다]이다.

그러나 증거의 보존 그 밖의 실무상 편의에 따라 각종의 서면이 계약체결 전후 또는 운송물 수령이나 선적 전후에 작성된다. 그 중에서 운송계약서, 곧 '용선계약서'[傭船契約書, 선주와 용선자 간 합의된 선박 내지 선복(船腹)의 임대차(賃貸借) 계약의 조건이 명기된 문서를 말한다. 이 문서는 당사자 양방이나 그 대리인에 의해 서명된다. 대부분의 용선계약은 모든 계약조건이 미리 인쇄되어 있는 표준서식에 의해 이루어진다. 이러한 서식에는 운임, 정박기간, 체선료(滯船料), 선박의 구조 및 속력, 그리고 연료 소모량 등의 기재공란이 있다]의 작성은 계약의 상대방으로부터, 또한 선하증권의 발행은 용선자·송화인으로부터 청구가 있을 경우 이를 거부할 수가 없다.

이 '용선계약서'와 선하증권의 문면에 당사자 간 합의가 구체화된다. 즉 당해 서류 문면상 해상운송계약의 요소 및 그 밖의 중요한 운송관계가 구현되고, 또한 운송계약의 구체적 내용과 그 조건으로서 운송약관이 전면(前面) 또는 이면(裏面)에 기재되거나 첨부된다.

'해상물품운송계약'은 그 법적 구조 또는 경제적 기능에 따라 '개품운송계약'(個品運送契約)과 '용선계약'(傭船契約, Charter Party, C/P)으로 대별된다. 우선 '개품운송계약'은 운송인이 개개의 운송물품의 운송을 인수하고 상대방인 송화인은 그 대가로서 운임을 지급할 것을 약속하는 운송계약을 말하며, '용선계약'은 운송인인 선주가 선박의 전부 또는 일부의 선복을 제공하여 이에 선적된 물품을 운송할 것을 약속하고 상대방인 용선자(傭船者)는 이에 대하여 보수인 운임 곧 용선료(傭船料)를 지급할 것을 약속하는 해상운송계약을 말한다.

'용선계약'에 있어, 용선자가 용선계약에 의하여 용선한 선박의 전부 또는 일부의 선복에 자기의 물건을 싣지 않고 그 선복을 이용하여 다시 제3자와 운송계약을 체결하는 경우 이 제2의 운송계약을 '재운송계약'(再運送契約, Sub Charter Party)이라고 한다. 이에 대하여, 용선자가 선주와 체결한 그 기본이 되는 제1의 운송계약인 용선계약을 '주운송계약'(主運送契約)이라고 한다.

'재운송계약'은 주운송계약이 임대차(賃貸借)가 아니므로 임차인이 목적물[선박(船舶)]을 다시 다른 사람[용선자(傭船者) 또는 송화인(送貨人)]에게 임차하는 전대차(轉貸借)가 아니며, 또 재운송계약으로 인하여 선주에 대한 용선자인 재운송인의 주운송계약상의 채권이 소멸하는 것도 아니기 때문에 주운송채권(主運送債權)의 양도가 아닌 독립된 운송계약이다.

이 경우 '용선료 지급방법'(Payment Method of Charterage)은 일반적으로 30일마다 현금으로 선지급(Advanced Payment)하는 것이 관행이다. 여기에서 현금이란 정기용선계약서에서 약정된 국가의 법적 통화나 '상사적 관행'(Commercial Usage)에 따른 현금에 동등한 지급 수단을 말한다. 그리고 '선지급'을 원칙으로 하고 있는 것은 정기용선계약의 특질, 즉 선박소유자가 제공한 용선 선박과 선원의 용역을 배타적으로 사용·수익하는 정기용선자의 용익권에 대한 반대급부를 미리 확보하도록 하기 위해 인정되고 있는 것이다. 다만 정기용선계약에 명시적 특약이 있는 경우 정기용선자는 선박소유자에 대한 자신의 채권과 관련하여 용선료를 공제하거나 상계하고 지급할 권리를 갖는다.

▮개품운송계약과 용선계약의 구분▮

구 분	개 품 운 송 계 약	용 선 계 약
의 의	□ 운송인이 개개의 물건의 운송을 인수하고, 상대방이 운임을 지급할 것을 약속하는 운송계약.	□ 운송인인 선주가 선복의 전부 또는 일부를 제공하여, 그것에 선적된 물건을 운송할 것을 약속하고, 상대방이 용선료를 지급할 것을 약속하는 운송계약
중시점	□ 운송물의 개성, 예컨대 종류·수량·중량·용적·기호 등.	□ 선박의 개성, 예컨대 선종·톤수·속력·선형·선급 등.
당사자	□ 운송인과 송화인	□ 운송인과 용선자
계약체결 방식	□ 선하증권의 약관에 의한 부합계약식(附合契約式)으로 체결.	□ 당사자 간 개별적 교섭에 의한 체결
법규의 성질	□ 적하 이해관계인을 위한 상대적 강행법규(相對的强行法規)	□ 사적자치의 존중
경제적 특색	□ 비교적 대형·고속·신조의 선박에 의한 정기해운(定期海運)에 이용	□ 비교적 소형·저속·중고의 선박에 의한 부정기해운(不定期海運)에 이용

한편 '해상물품운송계약'에 있어 적용법규는 국제적 통일성을 중요한 속성으로 하는 해상법의 중핵이 되고 있는 것과 관련하여 그 운송관계, 특히 운송인의 손해배상책임에 관하여는 1924년 '선하증권조약'(統一船荷證券條約), 소위 '헤이그 규칙'(Hague Rules)과 그 개정에 관한 1968년 '헤이그 의정서'(Hague Protocol), 이른바 '비스비 규칙'(Visby Rules) 및 이를 근본적으로 개편한 1978년 'UN해상물품운송조약' 곧 통칭 '함부르크 규칙'(Hamburg Rules) 등이 있다.

3 해상운송계약의 성립

해상물품운송계약도 그 밖의 모든 계약과 마찬가지로 당사자 간 합의, 즉 '청약'에 대한 '승낙'으로 성립하며[낙성계약(諾成契約)], 당사자는 '운송인'과 '송화인'(送貨人, 개품운송계약의 경우) 또는 '용선자'(傭船者, 용선계약의 경우)이다. 이 중에서 운송인은 '선박소유자'와 '선박임차인'은 물론, '용선자'도 재운송의 인수인으로서 운송인이 될 수 있고 또 '운송주선인'(運送周旋人)도 개입권(介入權)을 행사하거나, 또는 이른바 '확정운임운송주선'(確定運賃運送周旋)을 인수한 경우에는 운송인의 지위를 취득할 수 있다.

그리고 운송계약의 경우에는 장소적 이동을 수반하는 운송관계의 특수성에 비추어, 운송인의 상대방 당사자인 용선자 또는 송화인 외에, 수화인이라는 별도의 운송관계자가 규정되고 있다. 수화인은 용선자 또는 송화인의 지명 또는 선하증권상의 지정이나 지시에 의하여 도착지에서 자기명의로 운송물의 인도를 청구하고 운송물을 수령할 수 있는 자를 말한다. 따라서 선하증권의 소지인도 수화인이며, 송화인이 수화인을 겸하는 것도 상관없다.

수화인은 선하증권이 발행된 경우 선하증권의 취득에 의하여 증권 상의 '운송급부청구권'(運送給付請求權)을 취득하며, 이 청구권의 행사·처분 또한 수화인으로서의 의무 등은 선하증권의 성질과 채권적(債權的)·물권적(物權的) 효력에 의하여 정하여진다.

선하증권이 발행되지 않은 경우 운송물이 도착한 때는 수화인도 송화인과 함께 운송계약상의 권리·의무가 있다. 특히 운송물이 도착한 후에 수화인이 운송물의 인도를 청구한 때에는 수화인의 권리가 송화인의 권리에 우선하며, 수화인도 송화인과 함께 운송인에 대하여 운임 그 밖의 비용을 지급할 의무가 있다.

한편 운송계약의 성립에는 운송물・선박・운송구간 또는 운송기간・용선료 또는 운임 그 밖의 운송계약의 요소에 관한 합의, 곧 '청약'(請約, Offer)과 '승낙'(承諾, Acceptance)이 있어야 한다. 이 중에서 용선료는 당사자가 운송계약을 체결할 때마다 자유로이 결정할 수 있는데 대하여 '외항정기선해운'(外航定期船海運)의 경우 개품운송계약상의 운임(運賃)은 '정기선운임동맹'(定期船運賃同盟 : Liner Conference, Freight Conference) 또는 '해운동맹'(海運同盟 : Shipping Conference)으로 인하여 해상운송인 또는 계약당사자가 운임을 자주적으로 결정하는 데 여러 가지 제한을 받는 일이 적지 않다.

여기서 '정기선운임동맹'은 해운경쟁을 회피함으로써 독점적 지위를 누리기 위해 조직된 정기선 해운업자들의 결합체를 의미한다. '정기선운임동맹'은 일반적으로 경쟁을 조절하거나 제한하는 조직과 새로운 경쟁자의 출현을 방지하는 수단을 갖고 있다. 경쟁을 조절하거나 제한하는 조직은 경쟁관계에 있는 해운업자 상호 간의 기한부(期限付) 계약을 기초로 성립되는데, 이는 문서에 의한 계약일 수도 있고 또 구두계약일 수도 있으며, 때로는 양해에 그치는 것일 수도 있다. 그렇지만 어느 경우이든 가맹자는 계약기간의 만료와 함께 동맹관계에서 벗어날 수 있고 일정기간의 예고로 탈퇴할 수도 있다. 경쟁의 제한도 제조공장의 '카르텔'[Cartel, 카르텔은 기업 상호 간의 경쟁의 제한이나 완화를 목적으로 동종 또는 유사산업 분야의 기업 간에 결성되는 기업결합 형태를 말하며, 달리 기업연합(企業聯合)이라고도 한다]과는 달리, 가맹자 경영전반에 걸친 것이 아니고, 다만 동맹이 목적으로 하는 특정 항로에만 국한되어 있는 것이 일반적이다. 정기선 동맹은 가맹자 상호 간의 경쟁 제한에 대하여 협정하는 데에 그치는 것과 그러한 제한에 따른 효력을 한층 더 높이기 위해 경쟁자 상호 간의 이해관계를 조절하는 조직까지 갖춘 것이 있다. 즉 정기선 동맹은 항로의 사정에 따라 또 각 가맹자의 처지를 참작하여 상호 간의 경쟁을 제한하는 여러 가지 방법을 취하고 있는 까닭에, 그 구체적인 내용은 동맹마다 다르다. 그러므로 동맹의 경쟁제한방법을 일률적으로 설명하기는 어렵지만 추상적으로 관찰되는 결과로서 분류한다면 '운임률 협정'・'지역 협정' 및 '운수 협정'으로 구분할 있다.

'해운동맹'은 특정한 정기항로의 해상운송업에 종사하는 선주 간의 경쟁관계를 자율적으로 규제하기 위한 국제적인 카르텔 조직을 가리킨다. 이는 그 회원인 선주 간에 '배선회수'(配船回數)・'적취율'(積取率)・'운임공동계산'(運賃共同計算) 등의 협정과 함께 운임율에 관한 협정이 이루어져 회원 선주를 구속하는 것이다.

최근에 이러한 해운동맹의 독점조직체로서의 폐해를 방지하고, 나아가 개발도상국의 경제적 이익을 확보하려는 취지에서, 1974년 'UN정기선동맹행동규범조약'(定期船同盟行動規範條約, Convention on a Code of Conduct for Liner Conferences)이 발효되어 있다(제정배경은 선진국들에 의해 정기선동맹이 지배당함으로써 정기선 해운에서의 선진국과 후진국의 차별이 심해지자 이를 개선하기 위해 개발도상국들을 중심으로 정기선 해운에 있어서의 동맹헌장을 택하게 되었다). 우리나라도 이 조약의 체약국(締約國, Contracting State)이다.

4 해상운송계약의 효과

(1) 운송인의 의무

해상물품운송계약의 효과로서 운송인은 운송계약의 내용에 따라 그 인수한 운송물의 해상운송을 행할 의무가 있다. 곧 운송인은 직접 또는 이행보조자를 통하여 운송계약의 상대방인 용선자 또는 송화인으로부터 운송계약이 목적물인 운송물을 수령하여 목적항에서 상대방에게 인도할 의무가 있는 것이다. 이를 널리 운송계약상의 채무인 '운송급부의무'(運送給付義務)라고 할 수 있고, 아울러 이에 대응하여 용선자 또는 송화인 측의 권리를 '운송급부청구권'(運送給付請求權)이라고 할 수 있다.

운송급부의무는 운송인이 운송계약의 당사자인 용선자 또는 송화인에 대하여 부담하는 것이 원칙이지만 운송인은 선하증권이 발행된 경우에는 선하증권의 정당한 소지인 또는 운송물이 목적항에 도착한 후에는 수화인에 대하여도 당해 의무를 부담한다. 해상운송인의 운송급부의무의 구체적인 내용을 살피면 다음과 같다.

1) 운송개시 단계의 의무

운송인은 운송의 개시 내지 항해의 준비단계에서 운송계약의 취지에 적합한 선박을 약정한 일시까지 제공할 선박제공의무가 있으며, 선박이 운송급부의 이행을 위한 항해를 안정하게 수행할 만한 능력을 구비하도록 할 '선박감항능력 주의의무'(船舶堪航能力注意義務)가 있다.

여기서 '감항능력'(堪航能力, Seaworthiness)이란 선박이 특정한 운송계약을 이행함에 있어서 그 항해를 안전하게 감당할 수 있는 능력을 말하는데, 일반적으로는 선체의 물리적 감항성과 선박의 항해능력 및 선박의 적재능력이 확보되어 있는 상태를 말한다. 우리 상법 제787조는 "선박소유자는 자기 또는 선원 그 밖의 선박사용인이 발항 당시 다음의 사항에 관하여 주의를 해태하지 아니하였음을 증명하지 아니하면, 운송물의 멸실・훼손 또는 지연으로 인한 손해를 배상할 책임을 면하지 못한다"고 규정하고, 선박이 안전하게 항해할 수 있게 할 것, 필요한 선원의 승선, 선박의장(艤裝)과 필요품의 보급, 선창・냉장실・그 밖의 운송물을 적재할 선박의 부분을 운송물의 수령・운송과 보존을 위하여 적합한 상태에 두도록 하고 있다. 과거에는 감항능력을 좁은 의미로 해석하여 선박 자체의 항해능력에 국한하였으나, 이 개념이 점차 확장되어 현재에는 화물의 적재능력(Cargoworthiness)까지 포함하고 있다.

또한 선박을 약정한 일시까지 회항시켜서 선적장소에 정박시킬 '선박회항의무'(船舶回航義務), 화주측이 선적을 하는 이른바 '자가선적'(自家船籍)의 경우 운송물품의 선적에 관한 '선적준비정돈통지의무'(船積準備整頓通知義務, Notice of Readiness, N/R), 또는 운송인이 운송물을 선적하는 이른바 일괄선적의 경우 송화인이 제공한 '운송물의 수령의무'가 있다.

이 중에서 '자가선적'의 경우 운송인은 계약으로 정한 선적기간에 용선자가 선적할 동안 선박을 대기시켜야 할 정박의무(碇泊義務) 또는 대박의무(待泊義務)가 있는데, 그 약정한 선적기간을 경과한 후에까지 선적한 경우에는 그 초과 '정박기간'(碇泊期間, Laydays)에 대하여 운송인은 상당한 보수, 곧 '정박료'(碇泊料) 또는 '체선료'(滯船料 : Demurrage)를 청구할 수 있다.

'정박기간'은 일반적으로는 '정박시간'이라는 말과 동의어로 쓰이는데, 공히 적하를 위해 용선계약서에 허용된 날짜[일수(日數)]를 말한다. 그러나 '정박기간'이라는 말은 '정기용선계약'의 경우에 그리고 '정박시간'이라는 말은 '항해용선계약'의 경우에 자주 사용된다.

'정박일수'(Days of Anchoring)는 '정박기간'이나 '정박시간'이 계약상 허용된 정박기간인데 반하여, '정박일수'란 그러한 계약상의 개념이 아닌 실제로 항구에 머문 물리적인 시간을 말한다. 예컨대 정기선사 등이 자선(自船)을 운항하는 경우 여러 가지 사정에 따른 정박시간이 길고 짧음은 영업상의 문제는 되지만, 계약상의 문제가 되는 것은 아니다.

물론 정기선 운항의 경우 공표된 일정표 상의 발항일(發航日)이나 도착일이 지나치게 지연되는 경우에는 계약상의 문제가 생기지 않는 것은 아니지만 그러한 사정이 장기화하는 경우에는 일정표 자체를 조정하면 된다.

그러나 영업상으로도 정박일수가 지나치게 길어지는 경우 선박의 운항효율이라는 면에서 문제를 유발하게 마련이다. 컨테이너선이 등장하기 이전 정기선의 운항에서는 이 같은 정박일수의 장기화가 커다란 문제로 대두되었다.

한편 '체선료'란 용선계약서에 허용된 정박기간 내에 물품의 적화(積貨)가 완료되지 않은 경우에 대한 '보상'(報償, Compensation)으로서 용선자가 선주에게 지급하는 금액을 말한다. 즉 이러한 체선이 용선계약서에 열거된 불가항력(不可抗力)으로 인한 경우가 아니라면, 선주는 협정기간 이상의 지연에 대하여 보상받을 수 있다.

'체선료'는 협정한 정박기간이나 적정한 적화시간을 초과한 하역의 연장에 대하여 본선이 수령하는 보상이다. 동시에 협정한 정박기간이 만료되고 다시 '체선일'(滯船日, Days on Demurrage)이 인정되어 있지 않은 경우 또는 협정된 체선일수를 경과한 경우에는 체박(滯泊)으로 인한 손해를 보상해야 한다. 이는 관련 약관에 따라 결정된다.

'체선료'는 용선계약서의 규정에 따라 당연히 하역이 완료되었어야 할 날로부터 적화가 실제로 완료된 때까지의 시간에 대하여 지급되어야 한다. 예컨대 어떤 선박이 일단 체선되면 용선계약서에 특약이 없는 한, 체선료는 연속하여 발생하며 정박기간을 경과한 후에는 일요일이나 휴일을 포함하여 '연속하는 모든 일수'(All Conscutive Days)가 체선일로 간주된다.

다른 한편 선적기간의 만료 전에 선적작업이 완료하여 선적기간이 절약된 경우에는 특약에 의하여 용선자에게 '조출료'(早出料 : Dispatched Money)를 지급하는 것이 보통이다. 이 조출료는 일반적으로 체선료의 반액[50%]이 된다.

'조출료'는 하역이 용선계약서에 의한 허용시간 내에 완료된 경우 용선계약서상의 규정에 따라 용선자에 지급되는 보수로서 '체선료'(滯船料)에 대립하는 개념이다.

그러나 이러한 조출료가 사실상 음성적인 운임률의 할인으로 이용되는 경우도 적지 않다. 즉 용선자가 특별한 비용을 지출하지 아니하고 그가 이용하는 시설로서 적화할 수 있는 실제의 수량에 비하여 균형이 맞지 않는 낮은 하역률에 의하여 조출료가 결정되는 경우가 바로 그러한 경우이다. 용선자가 본선을 보다 빨리 출항시키기 위하여 실제로 특별한 비용을 지출하였다면 절약된 하역시간에 대하여 조출료를 청구함은 지극히 당연한 일이고 본선의 회전이 빨라지면 선주에게도 분명한 이익이 따르기 때문이다.

더욱이 운임시황이 높은 때에는 한층 더 선주에게 유리하다. 그러나 문제는 용선자가 보증한 적화률이 당해 항구에서의 통상적인 하역능력에 합치하는 것인가의 여부이다. 만일 적화률이 그 항구의 통상적인 하역능력과 동떨어져 비현실적인 낮은 율로 정해긴 경우에는 용선자가 여분의 조출료를 벌기 위한 수단으로 활용한 것이라고 볼 수밖에 없다.

용선계약서에서 '조출료'를 '절약된 모든 하역시간'에 대하여 지급하기로 할 것인가, 혹은 '절약된 모든 시간'에 대하여 지급하기로 할 것인가는 매우 중요한 문제인데 그 차이는 매우 중대하다. 예컨대 절약된 모든 시간에 대하여 지급한다고 할 경우에는 적화속도를 빨리함으로써 일요일이나 휴일이 절약되어 용선자는 상당한 특별비용을 지급함이 없이 상당히 많은 조출료를 청구할 수 있다. 항구가 폭주하지 않기 때문에 조출료를 충분히 기대할 수 있는 한, 선주는 관습적인 신속 하역에 따르면 조출료를 지급하지 않아도 되지만, 오늘날의 실정에서 선주는 체선료 및 조출료와 관련하여 보증된 하역률을 정하는 것이 훨씬 안전하다고 할 것이다.

운송인의 운송준비단계별 의무 중에서 '선박감항능력 주의의무'는 발항당시 선박이 운송계약상의 운송을 위한 항해를 감당할 수 있도록 확보할 의무이다. 이는 이른바 '주관주의'(主觀主義) 또는 '과실책임주의'(過失責任主義, Principle of Liability with Fault, 자기의 고의·과실에 의한 행위에 대하여만 책임을 진다는 원칙을 말한다. 달리 '자기책임의 원칙'이라고도 한다. 법률관계는 개인의 자유로운 의사를 바탕으로 이루어지므로 법률관계에 대한 책임도 그의 의사에 의한 것이어야 하고, 따라서 각자는 자기의 행동에 충분한 주의만 하면 책임을 질 필요가 없다는 것이다. 근대의 민법은 재산권의 절대성 및 사적 자치의 원칙과 더불어 과실책임주의를 그 기본원리로 한다. 우리나라 민법의 경우 채무불이행책임이나 불법행위책임 등에서 고의·과실을 요건으로 하고 있는 것은 과실책임주의의 표현이다. 근대의 민법이 과실책임주의를 기본원리로 채택하는 것은 자유주의와 자본주의에 입각하여 개인의 자유로운 경제활동을 보장하려는 데에 그 취지가 있다)에 입각하여 해상운송인이 선박의 감항능력을 확보하기 위하여 자기 또는 이행보조자가 상당한 주의를 다하면 되는 의무이며 또한 예정된 항해 등의 특수성을 참작하여 당해 운송계약상의 항해를 감당할 수 있게 하면 되는 이른바 '상대주의 처지의 의무'이다.

이 의무는 선박의 선체·기관이 물리적으로 예정된 항해를 감당할 수 있도록 할 이른바 협의의 감항능력은 물론, 운송계약상의 항해를 수행하는 데 필요한 인적·물적 설비를 갖추어야 하는 운항능력 및 선박의 부분이 당해 운송계약상 운송물의 보관과 운송에 적합한 설비와 상태를 유지하여야 하는 감화능력 또는 '적화적합성'(積貨適合性)을 포함한다. 이 의무의 이행시기는 발항당시, 즉 운송물의 선적개시 시부터 선박의 출항 직전까지이다. 그리고 '선박감항능력 주의의무'의 위반으로 인한 운송물의 손해에 대하여는 운송인의 강행법적인 배상책임이 인정되며, 운송물에 관한 보험이익을 운송인에게 양도하는 등의 약정은 그 효력이 없다.

2) 운송실행 단계의 의무

운송의 실행 또는 항해의 단계에서는, 운송인은 위에서 말한 항해의 준비가 완료된 때에는 지체 없이 발항하여야 할 발항의무(發航義務) 및 선적항을 발항한 후 목적항에 도착하기까지 예정항해를 신속하게 실시하여야 할 의무, 더불어 정당한 이유 없이 중도에 예정항로를 변경하거나 벗어나는 '이로'(離路 : Deviation)와 운송물의 '환적'(換積 : Transshipment)을 하지 않을 '직항의무'(直航義務)가 있다.

여기서 '이로'란 '항로의 변경'(Change of Route)을 가리킨다. 다만 선박이 출발항·도착항을 변경하는 것을 의미하는 것은 아니고 해상보험증권에 정해진 또는 관습상의 항로를 이탈하는 것과 마찬가지로 해상보험증권에 정해진 기항순서와 다르게 기항하는 것을 가리킨다. 이에 대하여 보험증권에 정해진 도착항을 위험개시 후 선주 또는 선장이 임의로 변경하는 것을 '항해의 변경'(航海變更, Change of Voyage)이라고 한다. '이로' 또는 '항해변경'이 되면 보험회사는 담보책임에서 벗어난다.

'환적'은 무역운송에 있어 화물을 옮겨 적재하는 것을 말한다. 곧 신용장에 규정된 선적지로부터 목적지까지 화물을 운송하는 과정 중에 한 운송수단으로부터 다른 운송수단으로 양하 및 적재하는 것으로 해상과 육상을 함께 이용하는 복합운송에서는 일반적이다.

그러나 화물이 손상을 입거나 도난당할 염려가 있으므로 대개의 수입업자는 원하지 않는다. 이때는 신용장에 금지조항을 미리 약정해야 하며, 만약 금지조항이 없으면 가능한 것으로 취급된다.

또한 운송인은 운송 중에 선량한 관리자의 주의로써 운송물을 보존·관리하여야 하며, 용선자 또는 송화인이나 선하증권의 소지인이 운송중지·운송물의 반환 그 밖의 처분을 청구한 때에는 그 지시에 따를 의무가 있다.

3) 운송종료 단계의 의무

운송종료의 단계에서는 개품운송의 경우 스스로 정한 일시 또는 용선계약의 경우 운송인은 계약내용에서 정한 소정의 일시까지 선박을 양륙항에 입항시켜 소정의 양륙장소에 정박시켜야 한다.

이후 선박 내에 있는 운송물을 육상으로 반출하는 작업, 곧 양륙을 화주 측이 하는 이른바 '자가양륙운송인'은 수화인에 대한 '양륙준비정돈통지의무'(揚陸準備整頓通知義務)가 있고, 양륙기간에 수화인이 양륙할 동안 선박을 대기시켜야 할 '정박의무'(碇泊義務) 또는 '대박의무'(待泊義務)가 있으며, 약정한 양륙기간을 경과한 후에까지 운송물을 양륙한 경우 그 '초과정박기간'에 대하여 운송인은 선적기간 경과 후의 선적의 경우에 준하여 '정박료' 또는 '체선료'를 청구할 수 있다.

'개품운송계약'에 있어 운송인 측에서 운송물을 양륙하는 이른바 '일괄양륙'(一括揚陸)의 경우 운송인은 수화인 또는 선하증권상의 통지수령인에 대하여 수령하도록 할 '운송물도착통지의무'(運送物到着通知義務)가 있다.

이와 같이 목적항에 도착하여 양륙된 운송물의 점유이전, 곧 인도로써 운송계약은 그 목적을 달성한다. 이에 관한 운송인의 운송물 인도의무는 선하증권이 발행되지 않는 경우 운송계약에서 정한 수화인에 대하여 이행하여야 하고 선하증권이 발행된 경우에는 선하증권의 정당한 소지인에게 하여야 한다. 다만 선하증권이 발행된 경우에도 선하증권과의 상환 없이 하는 운송물의 인도로 상관습상 '화물선취보증장'(貨物先取保證狀, L/G : Letter of Guarantee)에 의한 인도, 곧 이른바 '보증인도'(保證引渡)와 '화물인도지시서'(貨物引渡指示書, Delivery Order, D/O)에 의한 인도가 인정되고 있다.

'화물선취보증장'에 관하여, 해상운송계약의 경우 선하증권이 발급되었을 때, 그 운송품은 선하증권과 상환되지 않으면 인도되지 않는다. 그런데 화물이 도착하였음에도 불구하고 선하증권을 포함한 선적 서류가 미처 도착되지 않는 경우가 있다.

이러한 경우에 수입상[매수인(買受人)]이 선박회사에 대하여 후일 선적서류를 제출하겠다는 서약을 하고 그 서약서에 은행의 보증을 받아 선사에 제출하고 화물을 인도받는 일이 관행으로 이루어지고 있다. 이에 따른 선박회사의 화물인도 행위를 '보증도'(保證渡)라 하고 수화인에 의하여 선사에 제시된 서류를 화물선취보증장이라고 한다. 은행이 보증한 당해 보증장은 선박회사에 대한 보증채무가 되어 화물이 인도되는 것이다.

수화인은 선적서류가 도착하면 선하증권을 선박회사에 제시하여 보증장을 반환받아 그것을 은행에 제시하여 보증을 해제하게 된다. 형식적으로 화물선취보증장은 수입상인 수화인이 선박회사에 발행하는 것으로서 인도받을 화물의 명세를 기재하여 화물의 선취에 관한 일정한 조건을 약정하고 은행은 보증인으로서 서명하는데 불과하나, 이러한 보증장의 특징은 다른 일반약정서와 마찬가지로 보증인의 의무가 그 증서의 성질을 좌우하는 정도가 아니라 오리혀 보증인의 존재가 본질적 효력발생의 요건으로 된다는 점이다. 환언하면 실질적으로 은행이 발행하는 증서로 취급된다는 점에 있다. 그러나 이러한 보증장에 의한 인도는 선량한 선하증권 소지인 [*bona fide* Holder]의 화물인도 청구에 대하여는 여하히 대항할 수 없다.

한편 '화물인도지시서'란 선주나 그 대리점으로부터 선장 앞으로 발행된 화물의 인도지시서를 말하는데, 컨테이너선의 경우에는 선사가 화물을 보관하고 있는 'CY'나 'CFS' 운영자 앞으로 인도지시서를 지참한 자에게 화물을 인도하도록 지시하는 '비유통(非流通) 서류'를 말한다.

본래 화물의 인도는 선하증권과의 상환으로 이루어지는 것이나, 실무적으로는 선하증권과의 상환으로 화물인도지시서를 발행하고 수화인은 이를 선장(재래선의 경우)이나 'CY' 및 'CFS' 운영자에게 제시하고 비로소 화물을 인도받는다.

선사가 화물인도지시서를 발급할 때에는 수화인이나 그 대리인에 의해 제시된 선하증권이 정당하게 발행되어 유통되고 있는 것인가를 확인하기 위하여 선하증권 발행자의 서명·배서의 연속성 등을 살핀 다음, 징수하여야 할 운임이 있는 경우 그것을 징수한 다음에 화물의 확인에 필요한 기재항목이 기재된 인도지시서에 서명하여 발급해야 한다.

이처럼 선사는 선하증권의 정당한 소지자에 대해서 인도지시서를 발급해야 하는데, '공동해손'(共同海損)·'양륙지의 변경'·'배서의 불연속성' 등의 특별한 경우에는 필요한 서류·분담금 및 선하증권의 전통을 회수할 수 있을 때까지 화물에 대하여 '유치권'(留置權, Lien)을 행사할 수 있다. 인도지시서는 단순히 인도를 약속하는 문서에 지나지 않을 뿐만 아니라 유통성이 없는 서류이다.

(2) 운송인의 권리

운송인은 운송계약 상대방인 용선자·송화인 또는 수화인에 대하여 용선료(傭船料) 내지 운임·정박료(碇泊料) 또는 체선료(滯船料)·체당금(替當金) 그 밖의 비용 등에 관한 청구권이 있다.

이러한 권리를 확보하기 위하여 운송인은 운송물에 대한 유치권(留置權)과 경매권(競賣權)·우선변제권(優先辨濟權) 등을 행사할 수 있다. 그리고 운송인의 용선자·송화인 또는 수화인에 대한 권리는 수화인에게 운송물을 인도한 날부터 1년 내에 재판상의 청구를 하지 않으면 소멸한다.

5 운송계약의 종료

'해상물품운송계약'은 운송의 완료에 의하여 종료한다. 즉 해상운송인이 목적항 또는 양륙항에서 수화인 또는 선하증권의 정당한 소지인에게 운송물을 인도하고 운임 그 밖의 부수비용 등의 지급을 받은 때 운송계약 내지 그 법률관계가 종료된다.

그리고 운송물의 전부 또는 일부가 멸실 또는 훼손을 당하였거나 연착 또는 인도가 지연된 경우 운송인의 화주에 대한 책임관계와 운임 등의 청구에 관한 법률관계의 처리가 종결된 때 운송계약은 종료한다. 송화인이 운송 중에 운송물의 처분권을 행사하는 것은 운송계약의 해지[解止, 계속적 채권관계를 장래에 향하여 소멸시키는 것을 해지라고 한다. 이것은 장래에 한하여 법률관계를 소멸시키는 점에서 해제(解除)의 소급적 효력과는 구별해야 한다]로서의 종료이며, 이 경우 운송인은 비율운임(比率運賃)을 청구할 수 있다.

제3절 해상운송화물의 운송형태

1 해상화물의 운송절차 : 재래선 운송절차

(1) 선적절차

① 송화인(Shipper)은 선사에게 선적항의 대리인(Agent) 또는 선사나 영업소에 '선적요청서'(船積要請書, Shipping Request, S/R)와 '선복예약서'(船腹豫約書, Booking Note, B/O), 선사가 해상운송계약에 의한 운송을 인수하고 그 증거로서 선사가 발급하는 서류를 말한다)를 제시하고 '선적지시서'(船積指示書, Shipping Order, S/O)를 기재한다.

그 구체적인 절차는, 곧 선적에 관한 기본합의가 끝나면 화주는 '송화인'(Shipper, 수출상), '수화인'(Consignee, 수입상), '선적항'(Port of Loading), '양하항'(Port of Discharge), '화물명세'(Description of Cargo) 등 선하증권상에 표기되어야 할 주요 운송정보를 기재하여 해당화물의 '상업송장'(Invoice) 및 '포장명세서'(Packing List)와 함께 선박회사에 정식으로 '선적요청서'(Shipping Request, S/R)를 제출하게 된다. 이는 운송에 관한 일종의 청약행위이며 '선적요청서'상에 기재된 제반 정보의 정확성에 대해서는 화주 자신이 이를 보증하여야 하며, 만일 사실과 다른 불실기재나 허위가 있을 시에는 화주 자신이 그로 인한 손해를 배상하여야 한다. 컨테이너화물의 경우 '화물의 인수지'(Place of Receipt)와 '인도지'(Place of Delivery)가 명확히 기재되어야 한다.

화주의 선적요청서에 따라 선사가 화물을 확인한 다음, 운송할 선박의 책임자, 곧 '일등항해사'(Chief Officer, C/O) 앞으로 발행하는 화물에 대한 '적재지시서'(積載指示書)를 말한다. 본선의 선적 책임자는 이에 따라 선적지시서 목록을 작성하여 본선 내의 적치(積置)계획을 수립하여 적재한 후 '본선수취증'(Mate's Receipt, M/R)을 작성하여 화주에게 교부한다.

이 경우 '항해사'(航海士)는 선박의 항해도중 항로를 결정하고 배의 위치를 파악하는 등 선박의 운항에 관련된 제반업무를 수행하는데 그 직책은 '일등항해사'(Chief Officer)와 '이등항해사'(Second Officer), '삼등항해사'(Third Officer)로 구분된다. 개별적인 고유한 업무는 우선 '일등항해사'의 경우 갑판부의 책임자로서 선장의 보좌와 승무원의 지휘 · 감독, 선내 규율확립과 승무원의 교육, 선박의 안전관리, 갑판부의 보수 · 정비 관리, 화물적재와 하선의 계획 및 감독, 'GPS'(Global Positioning System)와 해도를 이용한 배의 좌표확인, 선장의 부재 시 선장의 권한을 대행한 선박의 지휘 등이다.

'이등항해사'는 선박의 운항에 필요한 각종 계기의 관리 및 점검, 해도 및 항해 관련도서의 관리, 입 · 출항하는 국가의 국기 및 신호기 관리, 승 · 하선 시 안전관리 및 정박 시 당직업무 등이다.

'삼등항해사'는 선장과 일등 · 이등항해사의 업무 보조, 선박의 위생관리와 의무활동에 대한 관리 및 관련물품의 점검, 국제시간규약에 의거한 선내 시간변경, 항해중 선교(船橋)에서 각종 계기에 나타난 수치를 선장에게 보고하고 각 기관부서로 선장의 명령을 전달하는 임무 등이다.

② 선사는 선적항의 대리인의 동의를 얻은 후, '선명'(船名, Vessel Name)을 지정하고 '선적지시서'와 '선적요청서'의 내용을 검토한 후, '선적지시서'에 서명하고 이를 송화인에게 교부한 후, 송화인으로 하여금 화물이 정해진 시간에 지정된 부두창고에 반입될 수 있도록 통지한다.

③ 송화인은 '선적지시서와 관련 선적서류를 가지고 세관에서 수출신고를 하게 되고 이에 세관은 화물을 검사하여 그 적합여부가 결정되면 '선적지시서'상에 수출확인필 날인을 한다.

④ 선사는 선적항에서 그 대리인이 화물 적재목록 복사본을 본선 및 검수회사, 하역회사에 전달한다.

⑤ 본선의 '일등항해사'는 '화물적화목록'(貨物積貨目錄, Manifest)에 따라 선적계획(Load Plan, 통상 Stowage, Bay Plan)에 따라 선적한다.

⑥ 송화인은 검사 및 검량을 거쳐 화물을 지정된 부두창고에 보내 선적을 준비한다.

⑦ 화물 선적 후에 '검수인'(Chief Tally)은 '선적지시서'를 '일등항해사'에게 건네주고 '일등항해사'는 이를 검토 후 '선적지시서'를 남기고 본선수취증(本船收取證,

Mate's Receipt, M/R)을 교부한다.

여기서 '검수'(檢數, Tally)는 화물을 선적 혹은 양륙할 때 본선의 창구 혹은 선창에서 실시되는 화물의 수량, 손상의 유무를 점검하는 것을 말한다. 이를 담당하는 책임자를 '검수인'이라고 하고 그 임무는 해상운송법의 규제하에 일정한 등록을 필한 자로서 화물의 정확한 인수·인계 및 책임한계를 위해 화물의 인도자 측과 인수자 측의 쌍방에서 내는 것이 원칙이다. 검수결과의 기록을 '검수표'(Tally Sheet)라 한다.

한편 '본선수취증'은 재래선의 경우 선적이 완료되면 본선의 '일등항해사'가 화물수취의 증거로서 서명하고 화주 측에 교부하는 증서이다. 이 '본선수취증'을 선박회사에 제출하면 이와 상환으로 선하증권이 발행된다. 적재할 때 본선 측 및 화주 측 쌍방의 '검수인'이 입회하는데 이때 수량이나 포장 등에 고장이 있으면 그 고장문언이 '본선수취증'의 '적요란'(Remarks)에 기재된다. 이와 같이 고장문언이 기재된 '본선수취증'이 '고장본선수취증'(故障本船收取證, Foul M/R)이고 양호한 상태로 적재되어 '본선수취증'의 '적요란'에 고장문언이 기재되지 않은 '본선수취증'이 '무고장본선수취증'(Clean M/R)이다.

⑧ 검수인은 '일등항해사'가 서명한 '본선수취증'을 송화인에게 교부한다.

⑨ 송화인은 '본선수취증'을 가지고 선사에 가서 선적항의 대리인에게 운임을 정산(Prepaid인 경우)하고 '무사고선적선하증권'(Original Clean On-Board B/L)로 교환한다.

⑩ 선사는 '본선수취증'을 남기고 동 선하증권에 서명하여 송화인에게 교부한다.

⑪ 송화인은 동 선하증권 및 그 밖의 선적서류를 취합하여 '화환취결'(貨換取結, Negotiation, 실무에서 소위 'Nego'라 한다)에 임한다.

(2) 양륙절차

① 선적항에서 대리인이 선하증권(또는 M/R) 복사본[등본(謄本), Duplicate]에 의거한 '수출적하목록'(輸出積荷目錄, Export Manifest)에 따라 선하증권의 복사본 및 '본선수취증'을 선사에 보내어 운임을 정산하고 선사는 양하항에서 필요한 서류를 양하항의 도착지 대리인에게 발송한다.

'적하목록'(Manifest, M/F)이란 운송수단에 적재된 화물의 총괄목록으로서 수출·입 물품을 집하·운송하는 선사 또는 항공사, 공동 배선한 경우에는 선박 또는 항공기의 선복을 용선한 선사 또는 항공사, 혼재화물은 화물운송주선업자가 작성하여 발행한다.

이는 화물의 하선 · 운송 · 보관 · 통관의 각 단계별로 화물을 총괄관리하기 위하여 최초로 생성된 화물정보이다. 또한 화물정보의 생성에서부터 소멸에 이르기까지 화물의 총량적 재고관리를 위한 필요서류이다.

'적하목록'은 수입화물을 적재하고 있는 선박이 입항하기 24시간 이내에 세관에 제출하여야 한다.

이 경우 '수출적하목록' 작성의무자는 'Master B/L'[만재화물(滿載貨物)]일 경우 선사 또는 항공사가 작성하며, 'House B/L'[혼재화물(混載貨物)]일 경우 화물운송주선업자[포워더(Forwarder)]가 작성한다. '수출적하목록'은 선사 또는 항공사가 자신이 작성한 'Master B/L'과 포워더가 작성한 'House B/L'을 취합하여 출항 익일까지 통상 세관에 전자문서로 제출한다. '수출적하목록'은 선박 또는 항공기에 적재된 화물의 총괄목록으로서 이는 선사 · 항공사 또는 포워더가 작성한다.

② 선사는 양하항의 대리인이 '항해보고서'(Sailing Report)를 수령한 후에 수화인(Consignee)에게 '선박도착예정일'(ETA, Estimate Time of Arrival)을 통보하여(이를 실무에서는 'Arrival Notice'라고 한다) 적시에 화물을 수취할 수 있게 한다.

③ 수화인은 신용장 개설은행(Issuing Bank, Opening Bank)에 대금을 정산하고 선하증권을 회수한다.

④ 양하항에서 선사의 대리인은 선적항 선사의 대리인이 송부한 선적서류에 따라 '수입적하목록'(輸入積荷目錄, Import Manifest) 및 관련 선박 입항수속과 양하 시 필요한 모든 서류를 작성하여 계약된 하역회사, 검수회사에 통보한 후 부두를 배정 받아 선박의 접안 및 양하작업이 이루어 질 수 있도록 조치한다.

⑤ 선박 출항 후에 선사는 양하항의 대리인이 선박입항수속을 처리하고 선박의 접안 후에 양하작업을 하게 된다.

⑥ 수화인은 세관에 수입신고를 하고 수입관세(輸入關稅)를 납부한다.

⑦ 수화인은 선하증권을 가지고 선사의 양하항에서의 그 대리인에게 화물수취수속을 처리하고 모든 비용을 지불한 후에 대리인이 발행한 '화물인도지시서'(D/O)로 바꾼다.

⑧ 수화인(Consignee)은 '화물인도지시서'와 상환으로 부두창고나 본선에서 화물을 수취한다.

▌재래선 화물의 하역 절차▌

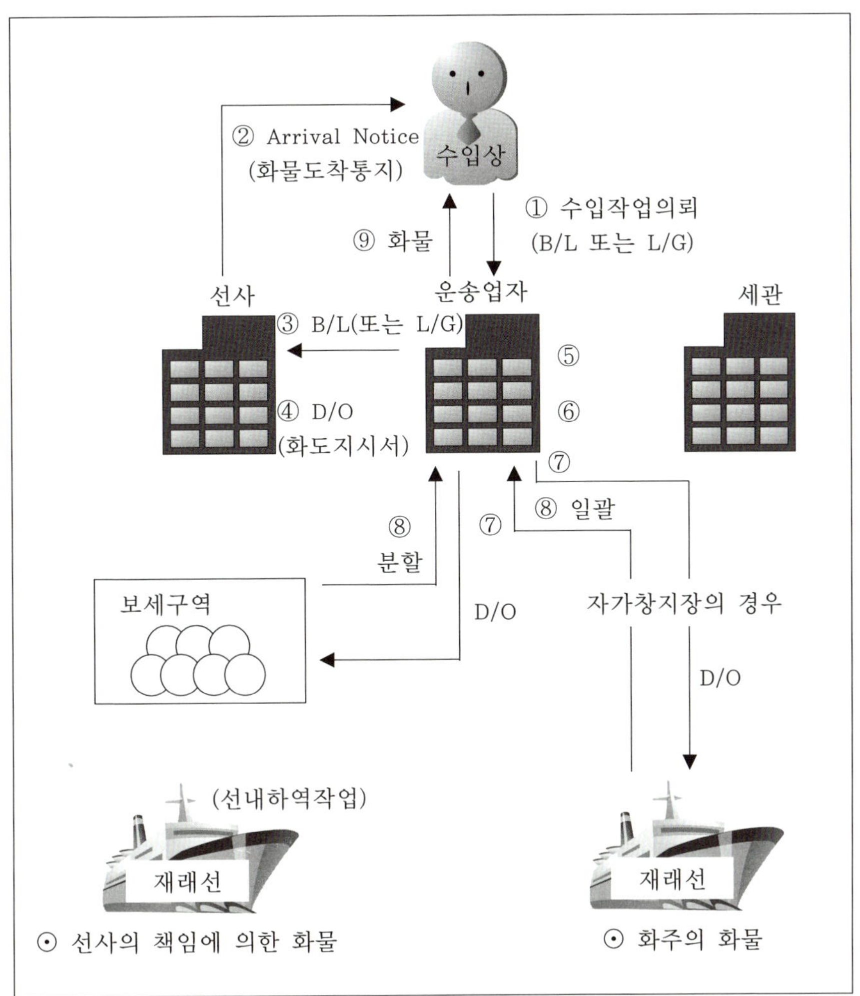

2 컨테이너 화물의 운송형태

컨테이너 화물은 컨테이너 한 단위당 화물의 적입량에 따라 '만재화물'(滿載貨物, Full Container Load, 'FCL 화물')과 '혼재화물'(混載貨物, Less than Container Load, 'LCL 화물')로 구분된다.

우선 'FCL 화물'은 단일화주의 화물이 컨테이너에 '적입'(積入, Stuffing, Vanning)된 경우로 이는 화주의 공장 또는 창고에서 적입 · 완료되어 내륙운송을 통해 '컨테이너 야적장'(Container Yard, CY)에 반입되게 된다.

'CY'(Container Yard)는 선박회사가 화물이 적입되어 있는 컨테이너를 본선에 선적하기 위하여 화주로부터 인수하거나 본선에서 양륙된 컨테이너를 화주에게 인도하기 위하여 지정된 장소를 말한다. 이 CY는 컨테이너를 집결하여 장치·보관하는 장소와 동일하여야 하므로 선적항내에 위치하고 또한 보세장치장을 겸하여야 한다.

참고로 보세장치장은 통관을 하고자 하는 물품을 장치하기 위한 구역을 말하는데, 이는 통관목적이 아닌 물품은 원칙적으로 장치되지 않는 곳으로서 그 장치기간이 비교적 짧다. 또한 보세장치장은 창고시설을 갖춘 곳에 설치, 운영되는 것이나 물품의 성질상 창고시설이 아닌 곳, 예컨대 산물의 야적을 위한 부두가의 지면·CY·고철야적장·해상의 저목장 등도 일종의 보세장치장으로 특허되고 있다.

그렇지만 'LCL 화물'의 경우에는 'FCL 화물'과는 달리, 다수의 화주가 존재하는 소량의 화물을 집하해야 하는, 곧 '혼적'(混積, Consolidation)작업을 거쳐야 하는데, 이 작업이 수행되는 장소를 일컬어 컨테이너 화물집하소(Container Freight Station, CFS)라고 한다.

'CFS'는 선박회사나 그 대리점이 선적할 화물을 화주로부터 인수하거나 양하된 화물을 화주에게 인도하기 위하여 지정한 장소를 말한다. 이 지정 장소는 반드시 항내에 위치해야 하며, 보세화물처리허가가 전제되어야 한다. 즉 한 개의 컨테이너를 채울 수 없는 양의 화물('LCL 화물')을 여러 화주로부터 인수하여 목적항별로 선별하여 컨테이너에 적재하거나 한 컨테이너로부터 반출된 여러 화주의 화물을 각 화주에게 인도해 주는 장소를 말한다.

화물을 컨테이너에 적입하여 컨테이너 전용선에 의하여 선적·운송하는 경우 화주 스스로가 선사에 컨테이너를 요청하여 당해 운송화물을 적입하여야 한다. 즉 선사에서는 단위 컨테이너를 기준으로 운임을 산정하게 되는데, 이 경우 소량의 화물을 수출하고자 하는 화주로서는 비싼 운임을 부담하면서까지 단위 컨테이너를 사용할 필요는 없다. 따라서 선적 시 자신의 화물량을 선사(또는 운송주선인)에 통지하게 되면 단위 컨테이너를 사용해도 좋은지 또는 동일 목적지로 가는 소량화물과 '혼적'하는 것이 경제적인지를 안내받게 된다.

컨테이너 화물의 운송방법은 우선 'F.C.L. 화물'인 경우에는 화주의 공장·창고에서 화물을 컨테이너에 적입 후 'CY'로 운반되며, 'LCL 화물'은 대개 '내륙데포'(ICD)에서 집하하여 최종 목적지 및/또는 혼적 적부를 고려, 그 밖의 다른 화물과 혼재되어 마찬가지로 'CY'에 반입되게 된다.

▮컨테이너선 화물의 하역 절차▮

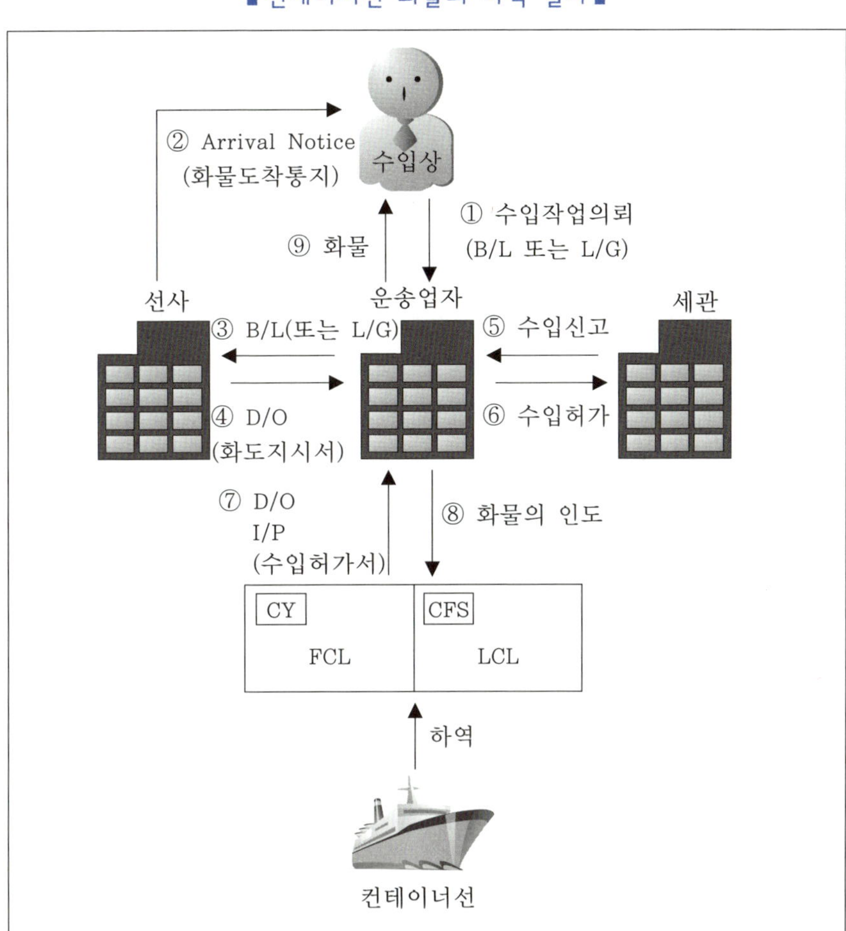

(1) Door to Door

'화주'(Shipper, 수출상)가 운송의뢰한 화물이 'FCL' 조건하에 이루어지는 것으로 화주가 공장이나 창고에서 그의 책임하에 수출통관수속을 한 후, '실'[봉인(封印), Seal]을 채운 컨테이너를 선사가 검사 후 수령하여, 이를 선사가 책임지고 수화인의 공장이나 창고까지 운송하는 방식을 말한다.

(2) Door to CY

이 경우 또한 마찬가지로 화주가 운송의뢰한 화물이 'FCL' 조건하에 이루어지는 것으로 선사는 화주가 공장 또는 창고에서 화물을 적입하고 세관에 수출통관수속을 한 후 '실'(Seal)을 채운 컨테이너를 수취하여 목적항 'CY'까지 책임지고 운송하며 수화인(Consignee, 수입상)에게 컨테이너를 인계하는 방식을 말한다.

(3) Door to CFS

선사가 화주의 공장이나 창고에서 화주가 화물을 적입하고 세관에 수출통관수속을 한 후 '실'(Seal)을 채운 컨테이너['FCL화물']를 수취하여 목적항의 'CFS'까지 책임지고 운송하여 '적출'(積出, De-vanning) 후, 서로 다른 수화인(Consignee, 수입상)에게 인계하는 방식으로 이는 한명의 송화인(Shipper, 수출상)이 둘 또는 둘 이상의 수화인의 화물을 한 컨테이너에 혼적한 경우 이용된다.

(4) CY to Door

선사가 발항지 'CY'에서 화주(Shipper, 수출상)가 화물을 적입하고 세관에 수출통관수속을 한 후 '실'(Seal)을 채운 컨테이너['FCL 화물']를 수취하여 그의 책임하에 목적항 수화인의 공장이나 창고까지 운송하는 방식이다. 다만 이 조건하에서 선사는 화주의 공장이나 창고에서 'CY'까지의 운송은 책임지지 않는다.

(5) CY to CY [FCL → FCL]

단일 송화인의 화물을 단일 수화인에게 보내는 경우이다. 컨테이너 운송의 이점이 최대한 반영된 진정한 의미에서의 컨테이너 단일운송이다. 곧 화주의 공장·창고 또는 화주와 운송인 사이에 약정한 특정지점에서 컨테이너에 만재한 화물을 그대로 선적항 및 양륙항을 거쳐 최종목적지의 수화인 창고 또는 운송인과 합의한 지정장소까지 컨테이너의 개폐 없이 일관되게 수송하는 방법이다. 따라서 당해 운송형식은 신속·민활한 경제적 효율성을 담보할 수 있는 운송형태로서 일반적으로 특정의 한 수출업자가 자기 물품을 전량 컨테이너에 적입하여 그대로 수입업자 창고까지 상품을 인도하고자 하는 경우에 이용된다.

이 경우 화주는 'CY' 간 운송에 따른 전 구간의 운임을 지불하여야 하며, 이 운송을 위탁받은 운송인의 책임은 선적항 'CY'로부터 양륙항 'CY'까지가 된다. 화주와 운송인 간 특정운송계약이 전제된 경우라면 실무적으로 해상구간운임에 있어 약 5% 상당한 '운임할려제'(Fidelity Rebate System, 일정기간 동안 자기 화물을 모두 동맹선에만 선적한 화주에 대해 운임이 선불이든 후불이든 관계없이 그 기간 내에 선박회사가 받은 운임의 일정비율을 일정기간 경과 후에 환급하는 제도이다)가 적용된다.

(6) CY to CFS [FCL → LCL]

이 운송방법은 단일 송화인의 화물을 다수 수화인에게 보내는 경우를 의미한다. 곧 'CFS'와 'CY' 간 운송형태의 적재·하역지를 서로 뒤바꾼 형태가 되는 'CY'와 'CFS' 간 운송은 선적지의 지정 'CY'로부터 목적항의 지정 'CFS'까지 컨테이너에 의한 화물운송 방식으로서 특정 송화인과 다수 수화인 간의 운송구조를 갖고 있다. 즉 선적지에서 수출업자가 'FCL 화물'로써 컨테이너로 운송하여 수입항의 'CFS'에서 화물을 양하하여 각각의 수화인들에게 인수토록 하는 운송방법이다.

이 방법은 특정 수출업자가 수입국의 여러 수입업자에게 일시에 화물운송을 하고자 할 때 주로 이용되며, 화주는 선적국의 지정 'CY'로부터 수입항의 지정 'CFS'까지의 운임을 지불하게 되며 운송인의 책임도 당해 구간에 한정된다.

(7) CFS to Door

선사는 발항지 'CFS'에서 둘 또는 둘 이상의 화주의 화물을 한 컨테이너에 혼적하여 세관검사 후 '실'(Seal)을 채운 컨테이너 화물을 하나의 수화인의 공장이나 창고까지 인계하는 방식을 말한다.

(8) CFS to CY [LCL → FCL]

이 운송방법은 운송인이 지정한 선적항의 'CFS'로부터 목적지의 'CY'까지 컨테이너에 의한 화물운송 형태로서 운송인이 여러 송화인들로부터 선적항의 'CFS'에서 집하하여 컨테이너에 적입한 후 최종 목적지의 수화인 공장·창고까지 화물을 운송한다.

이 형태는 'CFS' 간 운송에서 한 단계 발전한 운송방법으로서 일반적으로 수입업자가 여러 사람의 송화인들로부터 개별 'LCL 화물'들을 인수하여 일시에 지정 목적지까지 운송하고자 하는 경우에 이용된다.

다수 송화인과 특정 수화인 간의 운송형태라 할 수 있는 이 방법은 선적시에는 'CFS'에서 여러 사람들로부터의 'LCL 화물'을 컨테이너에 혼재하여 수화인이 지정한 최종 목적지까지 운송되어 양하(揚荷)되는데, 이러한 경우 화주는 선적항의 'CFS'로부터의 해상운임과 도착항으로부터 최종 목적지 'CY'까지의 운임을 지불하게 되며, 운송인의 운송책임은 선적항 'CFS'로부터 최종 목적지의 'CY'까지이다. 같은 경우로 운임하려는 경우 해상운임 구간의 약 2.5% 상당의 할인 혜택을 제공받게 된다.

(9) CFS to CFS [LCL → LCL]

이 운송형태는 다수 송화인의 화물을 혼재하여 다수의 수화인에게 보내는 경우이다. 따라서 수출지의 'CFS'에서 혼재된 화물은 목적지에 도착하여 다시 분류작업을 거쳐 각 수화인에게 보내지게 된다.

이는 선적항의 'CFS'로부터 목적항의 'CFS'까지 컨테이너에 의한 화물운송 형태로서 이 운송방법은 단지 재래선에 의한 화물의 해상운송 구간을 컨테이너를 통해 수송한다는 의미만을 내재할 뿐, 실제로 컨테이너 운송의 가장 초보적인 이용방법이라 할 수 있다.

▌복합운송주선인에 의한 컨테이너 화물의 유통경로▐

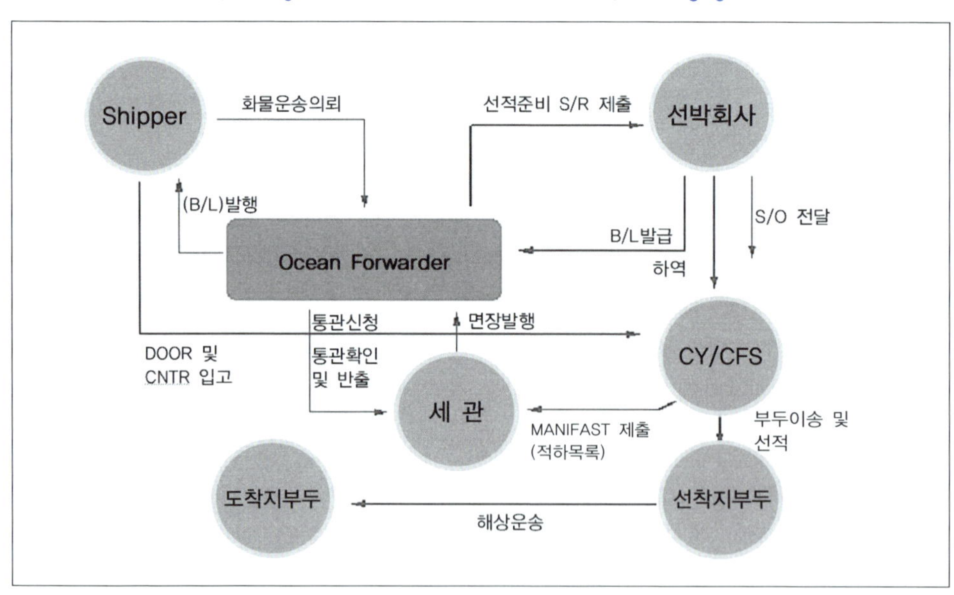

'CFS' 간 운송은 달리 '문전 간(門前間, Door to Door) 운송'이라고도 지칭되는데, 기언급한 바와 같이 운송인이 여러 화주들로부터 컨테이너에 만재할 수 없는 소량화물들을 집하하여 지정 선적항 'CFS'에서 개별화물 목적지별로 분류한 후, 한 컨테이너에 혼재 운송하여 목적항의 'CFS'에서 여러 수화인에게 화물을 인도하는 운송방법이다.

결국 'LCL 화물'의 수송을 위해 이용되는 이 같은 운송형태는 자연히 송화인 및 수화인이 각각 여러 사람으로 구성되며, 운송인은 선적항과 목적항간의 해당 해상운임만을 징수하고 이에 따른 운송책임도 선적항 'CFS'에서 목적항 'CFS'까지로 한정된다.

3 수출입 컨테이너 화물의 흐름

일반적으로 수출 컨테이너 화물의 흐름은 특정 화물로만 한 컨테이너 분을 채울 수 있는 '만재화물'(FCL)인 경우와 달리 '혼재화물'(LCL)인 경우에 따라 이동경로 및 방법이 달라진다.

우선 'FCL 화물'의 경우 수출자가 선사에 선적을 의뢰할 경우 선사는 화주가 별도로 지정하지 않는 한, 자신과 계약된 컨테이너 운송회사에 연락하여 선적기일에 맞추어 수출자의 공장 혹은 창고에 빈 컨테이너를 반입하게 된다. 이 때 운송업체로부터 받은 빈[공(空)] 컨테이너 용기는 화물적재[Stuffing] 담당직원이 직접 컨테이너 이상 유무를 확인하여야 한다. 만약 도착한 컨테이너에 하자가 있음에도 불구하고 그대로 화물 적입작업['Door 작업']을 시행한 후 선적하여 혹여 항해 중 컨테이너의 부식으로 화물이 손상을 입었을 경우 수출상은 선사나 보험회사로부터 보상받을 수 없게 된다.

이것은 각 선사에서 발행하는 선하증권의 약관에 'Shipper's Load & Count, said to Contain'이라고 하는 소위 '부지약관'(不知約款, Unknown Clause) 조항을 삽입하여 화주(수출상 또는 수입상)의 공장이나 창고에서 화물을 컨테이너에 적입(Stuffing) 시에 일련의 과정은 화주의 책임으로 명시하고 있기 때문이다.

여기서 '부지약관'이란 재래선 운송의 경우는 선적할 때 선적물품의 포장 및 수량 등 화물의 상태를 엄격하게 '선적지시서'(S/O)와 대조하지만, 컨테이너 운송의 경우는 화물이 운송용기 혹은 포장용기 등에 들어 있는 경우에는 하역 실무상 'S/O'

와 화물의 대조는 불가능하다. 따라서 B/L상에서 '화물의 외관상 양호한 상태'로 선적하고, '외관상 이것과 유사한 양호한 상태'로 화물을 인도한다고 기재하고 선적 화물의 내용・중량・용적・내용물의 수량・물품・종류 및 가격에 대해서는 선박회사는 책임을 지지 않는다는 취지를 약관에 삽입하게 된다.

도어작업이 끝난 컨테이너는 만일 수출자의 공장이나 창고가 관세법상의 '자가보세구역'으로 지정받고 있을 경우 즉시 통관이 이루어지고, 컨테이너는 '봉인'(Sealing)된 채 선적항의 '컨테이너 장치장'(Off-dock Container Yard, ODCY) 혹은 부두로 보세운송 된다. 그렇지 않은 경우 도어작업 후 주로 선적항의 'ODCY'로 운송된 후 통관을 마치고 컨테이너 부두로 셔틀(Shuttle) 운송되어 반입된다.

'LCL 화물'의 경우는 제품생산 완료 후 빈 컨테이너를 일반트럭에 적재한 후, 'ODCY' 혹은 부두 내에 있는 'CFS'로 운송해온 후, 동일 선박에 의해 동일 목적항까지 운송되어질 타사의 화물과 함께 혼적되어 'FCL'로 변환된다.

대개 'CFS'는 일종의 창고로서 사방이 벽으로 둘러 싸여 있고 지붕이 있으며 내부에는 특별한 설비가 있지 않고 화물이 적재될 수 있는 평평한 공간으로 되어 있다. 다만 'CFS'의 화물 출입구는 컨테이너 차량의 높이와 같은 높이로 되어 있어 컨테이너 차량에서 컨테이너가 들어있는 채로 화물을 빼내거나 컨테이너에 적입하기 용이하도록 되어 있는 것이 일반 창고와 다른 점이라고 할 수 있다.

한편 컨테이너 전용부두 내로 들어온 컨테이너 화물의 경우 통상 부두 내의 'ODCY'에 계류되어 있다가 선적 시 부두 내의 '마샬링 야드'(Marshalling Yard)에서 적치되게 된다. 이후 '에이프런'(Apron)에서 '갠트리 크레인'(Gantry Crane) 등의 하역기기에 의해 선박에 적재된다.

'FCL 화물'의 경우 수출상이 선사에 선적을 의뢰할 경우 선사는 화주가 별도로 지정하지 않는 한 자신과 계약된 컨테이너 운송회사에 연락, 선적기일에 맞추어 수출자의 공장 혹은 창고에 빈 컨테이너를 실어온다. 예컨대 'CIF'로 수출계약을 체결했을 경우 완제품의 조달이 완료되면 납기일 내에 현지에 도착할 수 있는 선박을 수배해야 한다.

선박수배를 위해서는 출항일 전후에 선적항에 기항하는 선박스케줄을 확인해야 하는데, 실무상 기본적으로 국내에 기항하는 모든 선사의 입출항 스케줄이 게재되는 운송전문 주간지인 'Korea Shipping Gazette', 'Korea Shippers Journal' 등에서 선박 스케줄을 확인하는 것이 통례이나 달리 고정거래선인 경우 해당 항로에 취항하는 선사의 인터넷 홈페이지 방문하거나 직접 방문 또는 유선상담 등을 통하여 확인할 수도 있다.

만약 'FOB'인 경우에는 수출지의 운송인[선사 또는 포워더]은 이미 신용장이 개설될 시점에 선박이 지정된 사실을 통보 받아서 알고 있는 경우가 많다. 지정된 사실을 안 운송인은 먼저 수출상[송화인(送貨人)]에게 연락하여 운송화물의 선적가능시점 등을 문의하게 된다. 이 경우 만약 운송인에게 연락이 오지 않아 적기선적에 차질이 우려될 경우 수출상은 지체 없이 운송인에게 통지하고 선적일정을 협의해야 한다. 왜냐하면 'FOB' 조건이라도 화물을 선적항에 도착시켜 적기에 선적되도록 하는 것은 수출자의 책임이기 때문이다.

▮해상운송화물의 양륙절차▮

← 1단계 : 컨테이너 적재를 위해 본선 입항.

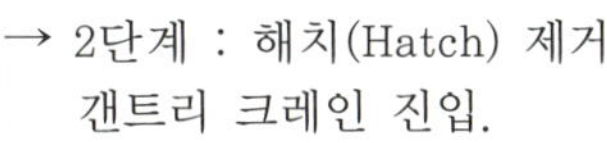

→ 2단계 : 해치(Hatch) 제거 갠트리 크레인 진입.

← 3단계 : 갠트리 크레인 본선에서 해치를 제거.

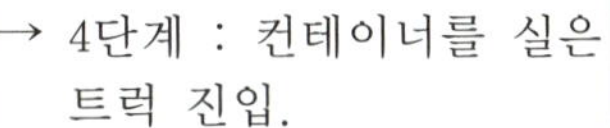

→ 4단계 : 컨테이너를 실은 트럭 진입.

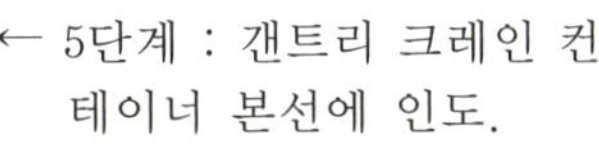

← 5단계 : 갠트리 크레인 컨테이너 본선에 인도.

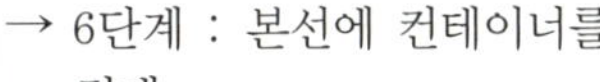

→ 6단계 : 본선에 컨테이너를 적재.

그렇지만 FOB 조건이라고 해서 모두 L/C상으로 운송인을 지정되는 것은 아니며 때로는 수출자가 수화인을 대신해서 운송인을 선정해야 하는 경우도 있고[이를 일컬어 '추가의무부(追加義務附) FOB 조건'이라고 한다], L/C에 명시하지는 않았지만 별도의 전언통신으로 수화인이 지정하는 운송인을 이용하도록 요청하는 경우[Shipping Instruction]도 많다.

선박스케줄 확인 시에는 선박의 입·출항일자, 운송기일, 직항 혹은 환적항 기항

여부, 선박의 ‘출항예정시간’(Estimated Time of Departure, ETD)과 ‘도착예정일자’(Estimated Time of Departure, ETA), 해당 선적항의 ‘화물수취마감시간’(Closing Time) 등을 확인해 한다.

여기서 주의할 점은 선박운항스케줄을 보면 반드시 ‘Schedules are subject to change with or without notice’라고 되어 있어 사전통지 없이 운항스케줄의 변경가능성을 예고하고 있다. 따라서 스케줄을 확정한 뒤라도 재차 예정대로 출항하게 되는지 반드시 확인해 보아야 한다.

아울러 선박스케줄에는 ‘수출항로’(Outbound Schedule)와 ‘수입항로’(Inbound Schedule)가 있다. 그런데 같은 수출이라도 우리나라를 기점으로 해서 유럽으로 나가는 것은 서쪽으로 가는 것이기 때문에(미국을 경유해서 가는 것은 예외) ‘서향’(West-Bound), 반대로 유럽에서 수입하는 것은 ‘동향’(East-Bound)라고 한다. 이에 비해 우리나라를 기점으로 해서 미국으로 수출되는 것은 ‘East-Bound’, 미국에서 수입되는 것은 ‘West-Bound’ 라고 한다. 선박스케줄 확인 시 선박의 입 · 출항일과 시간, ‘운송기일’(Transit Time, T/T), ‘CY 화물’인 경우 ‘화물수취마감시간’ 등을 확인하여야 하는데, 특히 ‘ETD’과 ETA는 항상 가변적이므로 선적되어 선박이 출항한 후에도 예정대로 운송되었는지의 여부를 수시로 확인해야 한다.

제4절 해상운임제도

1 해상운임의 산정기준

'해상운임'은 선사가 선박을 이용하여 사람이나 화물을 운송한 대가(對價)인데, 운임의 수준은 시장경제의 원칙인 수요와 공급의 원리에 의해 결정되어지는 것이지만, 정기항로에 있어서는 일종의 카르텔(Cartel)인 '해운동맹'(海運同盟) 및 '협의'(協議)·'협정'(協定) 등이 있어 시장경쟁이 크게 제약받고 있다.

참고로 '해운시장'(海運市場, Shipping Market)이란 해운업이 생산하는 각종 용역이 거래되는 시장을 말하는데, 이에는 '구체적(具體的)인 시장'과 '추상적(抽象的)인 시장'이 있다. '해운시장'은 일반적으로 전자의 의미로 사용되지만, 이론적 분석에는 후자가 보다 중요하다.

'구체적인 해운시장'이란 선박의 매매 및 용선거래가 이루어지는 장소를 말한다. 이 같은 거래는 주로 상항(商港)에서 이루어진다. 선박의 매매 및 용선의 수급자[수요자(需給者)]는 다수로서 변동적이며 그 상거래조건도 복잡하기 때문에, 그의 결합에는 특별한 시설이 필요한 바, 그 전형적인 예가 런던의 '발틱상업 및 해운거래소'(The Baltic Mercantile and Shipping Exchage Ltd.)와 같은 해운거래소이다. 다만 정기선(定期船) 항로의 경우에는 소수의 운임동맹 회원사들만이 공급을 담당하고 있는 경우가 많기 때문에, 해운거래소와 같은 시설은 존재하지 않는다.

다음으로 '추상적 해운시장'이란 해상 운송용역의 유통영역을 말한다. 해상운송 용역의 생산은 생산수단인 선박의 이동에 의해서 이루어지는데, 그 자체가 동시에 유통과정으로서 존재한다. 따라서 시장은 선박의 이동가능성이나 운송대상을 적재할 수 있는 범위에 의해 한계가 지워진다. 이 가능성은 이를테면 내항선과 외항선,

특수선과 화물선 등 선박구조의 상이 및 기업결합[운임동맹(運賃同盟)]의 존재 등에 의해서도 제한된다.

이와 같이 해운시장은 지역적으로는 '내항시장'과 '외항시장', 그 운송대상의 적재가능성에 따라 '유조선 시장', '광석선 시장', '곡물운반선 시장', 각 항로에 따라 '정기선 시장'과 '부정기선 시장' 등으로 구성되어 일정한 범위에서 상호 교섭한다. 각 시장 내부에서 일어나는 경쟁관계·수급사정 등 각 시장의 구조는 현저하게 다르다. '정기선 시장'과 '부정기선 시장'은 완전히 대조적이나, '전용선 시장'은 '정기선 시장'과 비슷한 성격을 지니고 있다.

'정기선 운송'에 있어서는 항로별로 해운동맹이 결성되어 있어 '협정운임'(協定運賃, Tarriff Rate)을 책정하고 있으나, 동맹 외 선사와의 경쟁으로 인해 실제로 선사가 징수하는 '시장운임'(市場運賃, Market Rate)은 '협정운임'보다 훨씬 낮은 경우가 대부분이며 시황에 따라 그 변동 폭도 크다. 이는 운송서비스의 성격이 해운동맹 등 선사단체에 의해서 결정되고 선복공급이 비탄력적인데 기인한다.

'기본운임률'(Base Rate)은 항로별, 화물별로 서로 다르게 정해지고 기본운임의 계산은 '중량톤'(Weight Ton) 또는 '용적톤'(Measurement Ton) 가운데 높은 쪽을 '운임톤'(Revenue Ton : R/T)으로 하여 '기본운임률'을 곱하여 산출된다.

'중량톤'이라는 의미는 '선박 자체의 적재능력'으로서의 '중량톤'과 '운임산정기준'으로서의 '중량톤'이 있다. 선박 자체의 적재능력으로서의 중량톤이란 '만재 중량톤수'[배수톤수]와 '경화 중량톤수'의 차, 즉 선박에 화물 및 그 밖의 물건을 적재할 수 있는 최대량의 무게를 말한다. 그러므로 '중량톤'은 화물선의 최대 적재능력을 표시하는 기준으로서 영업상 가장 중시되는 톤수이다. 운임 산정기준으로서의 중량톤이란 적재화물 무게를 기준으로 한 톤수를 말한다. 어느 경우이든 그 무게는 2,240lb[1,016kg]를 1ton으로 하는 'Long-Ton', 2,000lb[907.178kg]을 1ton으로 하는 'Short-Ton', 1,000kg을 1톤으로 하는 'Meter-Ton' 등이 사용된다.

일반적으로 '복합운송'(複合運送, Combined, Multimodal, Intermodal Transport)은 정기선 해운에 다른 운송수단을 결합한 '일관운송'(一貫運送)이기 때문에 이 경우 복합운송의 운임체계는 정기선 운임체계를 기본으로 하고 있다.

'정기선 운송'의 운임은 용적 또는 중량을 기준으로 하여 산출하고 있으며, 귀금속 등의 고가품(高價品)인 경우에는 가격이나 개수를 기준으로 하고 있다. 중량보다 부피, 즉 용적이 큰 화물은 용적을 기준으로 하여 운임을 산출하며, 이러한 화물을

'용적화물'(容積貨物, Measurement Cargo)라 하고, 중량을 기준으로 하는 화물을 '중량화물'(重量貨物, Weight Cargo)이라고 한다.

'할증료'(割增料)는 일반화물보다 무거울 때 부과하는 '중량할증운임'(重量割增運賃, Heavy Lift Surcharge), 부피가 크거나 길이가 길 때는 '용적 및 장척할증료'(長尺割增料, Bulky, Lengthy Surcharge), 도착항의 항만사정이 선박으로 혼잡할 때는 '선박혼잡할증료'(船舶混雜割增料, Congestion Surcharge), 선적 시에 목적항을 2개로 정했다가 본선 출항 후 1개항에 기항할 때의 '선택비용'(選擇費用, Optional Charge) 등이 부과된다.

또한 환율의 변동에 따른 환차손(換差損)을 화주에게 부담시키는 '통화할증료'(通貨割增料, Currency Adjustment Factor, CAF), 유류가격의 인상으로 발생하는 손실을 보전하기 위한 '유가할증료'(油價割增料, Bunker Adjustment Factor, BAF) 등이 있다.

'CAF'란 일반적으로 해상운임이 미화 달러(US$)로 징수되므로 달러화 가치 하락에 따른 손실을 보전하기 위해 도입한 할증료로서 일정기간 동안 당해국가 통화가치 변동률을 감안하여 기본운임 외에 일정비율 또는 일정액을 부과하고 있는데, 항로별로 산출공식 및 부과액이 차이가 있다.

'BAF'란 선박의 연료인 벙커유의 가격변동에 따른 손실을 보전하기 위해 부과하는 할증료로서 'CAF'와 마찬가지로 기본운임에 대해 일정비율 또는 일정액을 부과하고 있다. 특별히 북미항로의 경우 이를 달리 '연료할증료'(Fuel Adjustment Factor, FAF)라고도 한다.

2 운임의 지급시기

운임은 지급시기에 따라 '운임선불'(Freight Prepaid)과 '운임후불'(Freight Collect)의 두 가지로 구분할 수 있다.

'운임선불'은 선적자[수출상]가 선적 현지에서 지불하는 조건이다. 이는 선주나 화주의 합의로 결정된다기 보다는 매매계약조건[주계약(主契約)]에 따르게 되는데, 예컨대 수출 'CIF'인 경우 이는 수출상 주운임 부담 조건이므로 운임은 선적지에서 지급된다.

'운임후불'은 '운임선불'과는 반대로 화물을 선적하여 목적지에 도착한 때에 수화인 또는 그 대리인이 지급하는 것으로서 달리 '착불운임'(着拂運賃)이라고도 한다. 이 경우 운임을 지급받지 못할 경우를 고려하여 '운임보험'(運賃保險)에 들기도 한다.

그 밖의 경우로 운임 완성도에 따른 지급조건의 종류는 운송의 완성 여부와 상관없는 '전액운임'(全額運賃)과 그 완성도에 따라 지급되는 '비율운임'(比率運賃), '공적운임'(空積運賃, Dead Freight) 등이 있다.

이 경우 '공적운임'은 달리 '부적운임'이라고도 하는데, 부정기선인 경우 용선자가 운송계약에 따라 선적하기로 약정한 수량의 화물을 실제로 선적하지 않은 경우나, 정기선의 선복(船腹)을 예약하였으나 계약한 전체화물을 다 싣지 못하였을 때 그 선적부족량에 대해서도 지급하여야 하는 운임을 말한다.

한편 하역비 부담에 따라 운임을 결정하거나 운송계약을 체결함에 있어서는 화물의 적하・양하비용을 누가 부담하느냐에 따라 'Berth Term'(B/T) 조건 등으로 분류하는데 언제나 이 조건은 선주 입장에서 지칭된다. 이는 'Liner Term'이라고도 한다. 즉 화주가 선측까지 운송하여 선주에게 인도하면 선주가 화물을 양하기에 걸어서 선적하면서 생기는 '선내인부임'(船內人負賃)과 하역 시의 선내인부임을 부담하는 조건이다. 곧 'F.I.O'(Free In and Out)은 선내 하역인부임을 적하 및 양하 시 모두 화주가 부담하는 조건이고, 'F.I'(Free In)는 적하 시의 선내 하역인부임은 화주가 부담하고 양하시는 선주가 부담하는 조건, 그리고 'F.O'(Free Out)는 'FI'와는 반대로 적하 시의 선내 하역인부임은 선주, 양하시는 화주가 부담하는 조건이다.

정기선 운임의 종류는 화물의 중량・가격・형태에 따라 구분되는데 해상운임을 부과함에 있어 기준은 중량부터 가격・형태 등에 따라 각각 다르게 부과된다.

(1) 종가운임

고가품목은 운송과정에서 특별한 관리와 주의를 요하며 손상이 발생한 경우 그 배상액도 크게 되므로 보통 운임도 그 가격을 기준으로 결정하게 된다. 이에 적용되는 운임을 일컬어 '종가운임'(終價運賃, Ad-Valorem Value)이라고 한다.

(2) 할증운임

일정한도 이상의 중량품・장척화물 등은 적재 시 특별한 장비가 필요할 뿐만 아니라 적재기술 및 수송관리 상 어려운 점이 많아 기본운임의 일정률을 할증하여 부과하게 되는데, 일반적으로 이를 '할증운임'(割增運賃, Additional Freight or Surcharge)이라고 한다.

(3) 특별운임

운송조건과는 별개로 해운동맹측이 비동맹선과 화물의 적취경쟁을 하게 되면 일정조건하에서 정상요율을 인하한 특별요율을 적용하는 경우가 있다. 이를 일컬어 '특별운임'(特別運賃, Special Rate)이라고 한다.

(4) 최저운임

'최저운임'(最低運賃, Minimum Freight)은 해상운임의 징구 시 그 최저 기준은 톤으로 되어 있는데, 이를테면 어떤 화물이 1ton 미만일 경우에도 운임은 최저 1ton에 해당하는 운임을 부과하게 된다. 달리 '상당운임'(相當運賃) 또는 '인정운임'(認定運賃)이라고도 한다.

(5) 경쟁운임

'경쟁운임'(競爭運賃, Open Rate)은 선적단위가 큰 화물이거나 '운임부담력'(運賃負擔力)이 특히 낮은 품목은 품목별 요율을 별도로 정하지 않고 그 회원사가 임의로 적용케 할 수 있게 함으로써 비동맹 선사와의 경쟁을 용이하게 하고 있다. 선사별 경영전략상 마련되어 제시되는 운임형태이다.

'운임부담력'은 운송서비스 제공을 받는 여객 또는 화물의 대가부담(對價負擔) 능력을 말한다. 이는 서로 다른 운송대상 부담력의 상대적인 크기에 대해서, 예컨대 여객의 소득수준·화물의 중량·용적당 단가 등의 요소로부터 추론할 수 있다.

참고로 '운임부담력설'(運賃負擔力說)이란, 곧 운임은 운송용역의 가치와 수요자의 운임부담능력에 의하여 결정된다는 학설로써 운송되는 상품이 어느 정도 운임을 부담할 수 있는지의 능력을 말한다. 수출화물의 경우 통상 'FOB' 가격에 대한 운임비율로 평가되며, 운임수준이 설정되는 하나의 기준이 된다. 'FOB' 가격이 높은 물품일수록 일반적으로 '운임부담력이 있다'고 한다.

(6) 접적운임

북미대륙 내에는 육송운송절차의 종착지(終着地) 또는 정거장에 속하는 'Overland Common Point'(OCP)가 있으며 각 'OCP'에 대한 일관수송요금표가 정해져 있다. 이를테면 미국 서해안에서 남·북 다코타(South, North Dakota)와 네브래스카(Nebraska),

콜로라도(Colorado), 뉴멕시코(New Mexico)주 등 록키산맥 동쪽의 멀리 떨어진 여러 지역으로 운송되는 복합운송화물의 해상운임을 특별히 할인하는 것을 '접적운임'(接績運賃, O.C.P Rate)이라고 한다.

이들 지역으로 해상과 철도를 이용하여 운송할 경우 대서양 및 걸프지역보다 운임이 많이 들 수 있으므로 경쟁력을 위해 할인요금을 적용하는 것이다. 각기의 해당지역을 'OCP Area' 또는 'OCP Territory' 라고 한다.

우리나라에서 이 지역으로 화물을 운송하는 것을 실무상 '오버랜드 수송'(Over Land Transportation)이라고 하며, 북아메리카 서해안에서 양하되어 철도로 운송되는 화물의 운임률을 'OCP Rate', 이 같은 화물을 'OCP Cargo' 라고 한다.

(7) 연락운임

이것은 화주가 화물운송을 의뢰함에 있어서 그 항로의 사정상 어느 지점에서 환적할 수밖에 없는 선사는 최종 목적지까지의 환적수송을 책임지는 조건으로 전 구간에 대한 운임을 모두 받게 되는데, 이를 '연락운임'(連絡運賃, Through Peight)이라고 한다.

(8) 지역운임

'지역운임'(地域運賃, Local Freight)은 주된 항구 간의 해상운임 이외에 항구 이외의 지역으로 이송되어야 할 경우에 발생되는 운임이다. 이 같은 정기선 운임의 특색은 자유경쟁원칙에 따라 결정되기는 하나, 부정기선 운임과는 달리 운임동맹에 의해서 인위적으로 결정되는 경향이 있다. 그러므로 항로에 따라서 정도의 차이는 있으나 그 결정은 독점가격원리에 따라 이루어진다고 할 수 있다. 일반 상품의 가격은 원가와 적정이윤이 가산된 금액으로 결정되며, 또한 수요공급에 따라 부단히 움직이는 것이 그 본질이나 정기선의 운임은 이와는 달리 결정되는 특성이 있다.

3 운임 이외 해상운송 관련 부대비용

최초 화주와 선박회사 사이에 체결된 운송계약과 다른 운송조건이 요구될 경우 운임이외에 화주는 별도의 '부과료'(Additional Charge)를 부담해야 한다. 이를테면 최종 양륙항을 여러 개로 선정하고 최종항구를 나중에 결정한 경우[Optional Charge], 중간항에서 환적이 불가피한 경우 환적료(Transhipment Charge), 연료비의 상승으로 인한 부과료[BAF], 환율변동에 의한 부과료[CAF], 일정량의 중량이나 용적을 초과한 경우 부과되는 할증운임, 길이를 초과한 화물에 대한 할증운임, 위험화물인 경우 그에 따른 할증운임 등이 이에 해당된다.

또한 선박이 화물적재를 위하여 정박기간을 초과하여 정박한 경우 초과기간에 대해서 '체선료'(滯船料, Demurrage)를 지불하여야 한다. 반대로 예상정박기간보다 빠르게 화물의 적재가 완료되어 정박기간이 단축된 경우 선주는 화주에게 '조출료'(早出料, Despatch Money)를 지불한다.

그 밖의 부대비용으로 '컨테이너 취급비용'(Terminal Handling Charge, T.H.C.)이 있다. 'T.H.C.'는 화물이 'CY'에 입고된 순간부터 본선 선측까지 혹은 본선 선측에서 'CY'를 통과할 때까지의 화물이동에 따른 모든 비용을 말한다. 현재 실무상 해상구간 운임과 구별되는 개념으로 쓰인다.

본래 'T.H.C.'는 정기선운송에서 해상운임에 포함되는 부분이었으나 선사들이 해운동맹・운임동맹 등으로 운임을 변동하기가 용이하지 않아서 부수적인 부대비용을 추가로 청구함으로써 운임인상효과에 상당한 실효를 담보하기 위하여 징구하는 수익보전조치라 할 수 있다.

▌적재・양하비용의 구분▐

구 분	내 용
F.I. (Free In)	선주는 물품이 선박 내로 적재되는 비용을 부담하지 않는 조건이다. 따라서 화주가 화물의 선내 적재비용을 부담하는 조건으로 양하비용은 선주가 부담하는 조건이다
F.O. (Free Out)	선주는 물품이 선박에서부터 화물이 양하되는 비용에 대해서 부담하지 않는 조건이다. 따라서 양하비용은 화주가 부담하는 조건으로 적재비용은 선주가 부담하는 조건이다.
F.I.O. (Free In & Out)	선주가 화물의 선박 내 적재와 선박으로부터 양하비용 모두를 부담하지 않는 조건이다. 따라서 화물의 적재와 양하비용은 모두 화주의 부담이 되는 조건이다.
Liner Term (Berth Term)	선주가 화물적재와 양하비용을 모두 부담하는 조건이다. 이는 정기선(Liner)운송에 해당되기 때문에 달리 'Liner Term' 이라고 한다.

적재와 양하 관련 비용도 경우에 따라서는 화주가 부담하여야 한다. 정기선 운송의 경우에는 적재와 양하비용을 선사가 모두 부담하게 되지만 부정기선 운송인 용선계약의 경우에는 적재와 양하비용은 선주와 화주 간 별도로 합의하여야 한다.

제 5 절 해운동맹과 편의치적

1 해운동맹의 개념

'해운동맹'(海運同盟, Shipping Conference, Shipping Ring, Freight Conference)이란 특정항로에 정기선을 취항시키고 있는 선사들이 상호 간의 경쟁을 억제하여 동맹 각사의 이익보존 및 증진을 도모함과 동시에, 다른 한편으로 운송능력 및 운임의 안정, 서비스의 향상 등을 목적으로 하여, 운임이나 영업형태를 상호 협정하는 국내적이거나 국제적인 카르텔의 일종이라 할 수 있다.

원래 카르텔은 경쟁을 제한함으로써 독점(獨占) 내지 과점(寡占)을 목적으로 하는 것이기 때문에, 이를테면 국내법상 독점금지법(獨占禁止法)이나 그 밖의 여러 가지 제약을 받는 것이 일반적이지만 해운동맹에 관해서는 독점금지법의 적용이 제외되는 경우가 많다.

'해운동맹'에는 화물의 등급 · 운임률 · 최저운임 · 할인 등에 관한 협정을 결정하는 것, 적취량 · 운송구역의 분할(分割) · 발착일시(發着日時) · 항해빈도(航海頻度), 사용선박의 척수를 협정하는 것[Traffic Conference] 및 운임수입을 합동으로 계산하는 것[Pool Account Conference] 등이 있다.

또 이러한 동맹은 용이하게 가입할 수 있는 '개방형 동맹'(Open Conference)과 신규가입에 엄격한 조건을 부여하는 '폐쇄형 동맹'(Closed Conference)으로 분류된다.

주요 항로별 해운동맹의 현황을 살피면, 북미항로의 경우 '태평양운임안정화협정'(Trans Pacific Stabilization Agreement, TSA, www.tsacarriers.org), 유럽항로의 경우 '유럽운임동맹'(Far Eastern Freight Conference, www.fefclondon.com), 동남아항로의 경우 '동남아정기선사협의회'(Intra Asia Discussion Agreement, IADA, www.hkshippers.org.), 한 · 일항로의

경우 '한국근해수송협의회'(Korea Nearsea Freight Conference, KNFC, www.knfc.or.kr), 중동 항로의 경우 '중동선사협의회'(Informal Rate Agreement, IRA, www.apl.com) 등이 있다.

▮전세계 해운기업 합종연횡▮

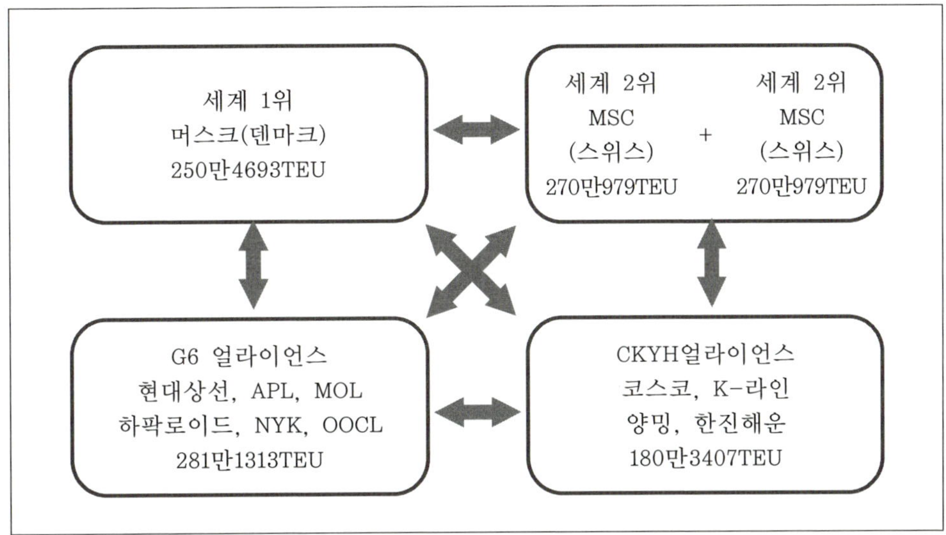

2 편의치적의 개념

'편의치적제도'(便宜置籍制度, Flag of Convenience System)는 본래 '조세피난처'(租稅避難處, Tax Haven)를 통해 절세[탈세(脫稅)]효과를 구하기 위한 선주의 욕구에서 비롯되었다.

그러나 선주에게 있어서 편의치적은 단순한 세금의 도피처로서가 아니라 값싼 노동력을 고용하는데 매우 효과적이라는 것이 명확해지게 되었고, 한편 그 공여국들에 대해서는 등록비의 징수만으로도 당해국가의 재정수입을 크게 늘릴 수 있다는 이해가 반영되어 점차 '편의치적선'(便宜置籍船)은 크게 늘어나게 되었다.

그렇지만 무엇보다도 편의치적이 세계적으로 크게 확산된 가장 큰 원인은 선원노동수용의 자유였는데, 가장 큰 이해는 곧 선원비(船員費) 지출의 감소였다. 또한 자국의 여러 가지 정책적 규제에서 벗어나 국제금융을 이용하여 선박을 신조(新造)하거나, 경우에 따라 그 선박을 매각하는데도 훨씬 자유롭다는 인식이 보편화되기에 이르렀다.

요컨대, 편의치적을 통하여 세계에서 가장 싼 국제금융을 이용 선박을 획득하여,

가장 싸게 운항할 수 있다는 사실이 보편화됨에 따라 편의치적선은 해운 경영상 경쟁력을 확보하는 가장 확실한 방법이라는 사실이 세계 해운업계에 인식됨으로써, 편의치적은 해운의 국제화 내지 세계화를 선도하는 최선의 방편으로 그 지위를 점할 수 있었다. 이 같은 사실에 근거하여 확립된 제도를 일컬어 편의치적제도라고 요약할 수 있다.

3 역외치적

한편, 최근 편의치적을 대신해 등장한 제도가 '제2의 치적', '역외치적'(域外置籍, Flagging out) 또는 '국제개방치적'(國際開放置籍, International Open Registry)이다. 이는 1980년대에 해운경쟁이 격화되면서 선진국의 선대가 대량으로 편의치적을 하자, 자국선대의 '해외이적'(海外移籍)을 방지하기 위해 자국의 자치령(自治領) 또는 속령(屬領)에 치적할 경우 선원고용의 융통성과 세제혜택을 허용하기 시작한 것에서 비롯된다.

이를테면 영국령 버뮤다(Bermuda Is.), 케이맨 제도(Cayman Is.), 지브롤터(Gibraltar), 네덜란드의 안틸레스(Antilles) 등이 치적지로 이용되었는데, 당해 국가들은 공히 '조세피난처'(Tax Haven)라고 하는 공통점을 갖는다. 특히 네덜란드령 안틸레스는 네덜란드 선박뿐만 아니라 영국 선박도 치적할 수 있는 '개방치적제'(開放置籍制)를 채택하였다. 국제적으로 1986년 'UN 선박등록조건협약'(United Nations Convention on Conditions for Registration of Ships)은 이를 더욱 가속화시킨 배경으로 작용하였다.

'제2의 치적제도'는 자국령이면서도 자국 선원노조의 영향을 받지 않는 일정지역을 치적지로 삼는 것이다. 요컨대, '제2의 치적제도'는 기존의 등록지와 다른 곳에 등록을 하고 명목상의 본사를 확보하여 자국기를 게양하면서 외국선원의 고용을 허용하고 각종 세금을 경감해 주고 있을 뿐만 아니라 선박안전 등에 관한 사항은 자국적선과 동일하게 적용하며 등록선박에 대한 관리체제가 잘 정비되어 있다.

한편 프랑스, 스페인, 덴마크, 벨지움, 포르투갈 등 현재 많은 나라가 개방치적을 허용하고 있어 머지않아 선박의 국적은 의미가 없게 될 것으로 전망된다. 따라서 국제해사기구(IMO)는 앞으로 선박의 국적보다는 선박에 고유번호를 부여하여 관리할 계획을 추진중이다. 이른바 '국제치적제도'로 선박의 모든 검사 및 관리 · 선급 · 유지보수 · 운항 · 선원충원 · 항해 · 오염통제 등에 대한 국제적 기준을 설정하여 관리하려는 것이다.

해상운송계약과 운송서류

제1절 해상운송 및 해상운송계약의 형태

1 해상운송의 형태

(1) 정기선 운송

'해상운송'은 '정기선'(定期船, Liner)과 '부정기선'(不定期船, Tramper)에 의해서 이루어진다. '정기선'은 '정해진 기항항 사이를 정해진 운항일정(Shipping Schedule)에 따라 정해진 항로로 항해하여 주로 완제품이나 반제품 등의 일반화물(General Cargo)을 운송하는 선박'을 말한다.

'부정기선'은 정해진 항로와 운임으로 정기적으로 운항하는 정기선과는 달리 '일정한 항로나 화주에 한정되지 않고 화물운송의 수요에 따라 화주가 원하는 시기와 항로에 선박의 선복(船腹, Ship's Space, Freight Space)을 제공하여 운송하는 형태'이다.

여기서 '선복'이란 화물을 적치(積置)할 수 있는 선박 내의 모든 공간을 말한다. 따라서 '선복량'(船腹量)이라고 하면 선박이 지닌 운송서비스의 생산능력을 말하는 것이므로, 단순히 물리적인 선내공간을 의미하는 것이 아니라, 의장(艤裝)을 갖추고 선원을 승선시킨 상태의 선내공간을 말한다. 요컨대, 진정한 의미에서 '선복량'을 나타내려면 선박의 생산능력의 다른 요소인 속력이 가미된 단위가 사용되어야 할 것이다. 그러나 현실적으로 모든 선박의 속력이 같지 아니하고 그 항로도 천차만별이기 때문에, 해운통계상의 '선복량'은 현재 가동 중인 '선박의 총톤수'로 표시되고 있음이 일반적이다.

'정기선'을 선형(船型)의 측면에서 보면 '컨테이너선'과 'RO/RO선'(Roll on, Roll off)의 형태가 있다. 먼저 컨테이너선은 '풀 컨테이너선'(Full Container Ship)선과 '세미 컨테이너선'(Semi-Container)으로 구분되며 '풀 컨테이너선'은 선박 내에 컨테이너를 하역할 수 있는 장비가 없지만, '세미 컨테이너선'은 선박 내에 '크레인'(Crane)이 설치되어 있는 것이 특징이다(일반적으로 20~30톤의 양하능력을 보유하고 있다).

▌풀 컨테이너선(Full Container Ship)의 예시▐

한편 정기선은 '개품운송계약'(個品運送契約, Contract of Affreightment)에 의함이 일반적이다. '개품운송계약'은 다수의 화주로부터 위탁된 개개화물의 운송을 인수하는 계약으로서 주로 정기해운업에 있어서의 계약형식이다.

이 계약은 사실상 서면으로써 작성되는 것은 아니지만, 그 내용이 선하증권 상에 기재되므로 그것으로써 대용된다. 그리고 이 계약에 있어서는 선박의 개성이 중요시되지 않고 화물의 종류나 성질·용적·중량 등의 사항이 계약의 핵심이 된다.

계약의 성립과정은 송화인 또는 그 대리인이 운송인인 선박회사 혹은 대리점 등에 '운송을 신청'(Shipping Request)하고, 운송인이 이것을 승낙하면 곧 화물을 그에게 인수시킴으로써 계약이 성립된다.

이러한 개품운송계약에 의할 경우에는 보통 여러 화주로부터 여러 화물을 인수하여 혼적하므로 주로 정기선이 활용된다. 정기선은 예정된 발착이 '정기일정'(Regular Schedule)에 따라서 특정그룹의 항구 간을 취항하는 선박, 즉 정기선에 의하여 운영되는 것으로서 불특정 다수의 화주에 대하여 서비스를 제공하고 화물이 선박을 채우지 않더라도 예정된 일정에 따라 운항하게 된다.

▮세미 컨테이너선(Semi-Container)의 예시▮

한편 정기선의 목적물인 화물은 다종다양하여 부정기선의 경우와 같은 한 단위의 화물이 아니고 여러 화주의 소유에 속하는 소량화물인 잡화로 되어 있는 것이 특징이다. 그렇기 때문에 운송계약도 개개의 화주를 상대로 하는 '개품운송계약'의 형식을 취할 뿐더러 계약내용도 극도로 정형화되어 B/L기재의 '보통계약약관'에 의하여 일률적으로 결정되며, 운임은 선내하역비용이 포함되는 'Liner Term'인 것이 보통이고, 운임요율은 미리 '운임요율표'(Freight Tariff)에 의하여 공시되는데, 많은 항로에서는 정기선 해운업자간에 해운동맹이 결성되어 운임 및 그 밖의 조건이 협정되어 있는 것이 특징이다.

정기선을 이용하는 경우 화주[송화인(送貨人) 또는 대리인(代理人)]가 선박회사에 화물운송을 신청하면[선적요청서(船積要請書, S/R)] 운송인은 이를 승낙하여 화물을 예약

(Booking)하고 '선적지시서'(S/O)를 발급하여 주는 것으로 화주와 선사 간 운송계약이 성립된다. 이러한 운송계약의 증거로서 선적이 완료되면 선주는 화주에게 선하증권(B/L)을 발급한다.

'RO/RO선'은 하역기기에 의해 화물이 난간을 지나지 않고 선내에서 육지로 마련된 '경사로'(Ramp Way)를 따라 화물이 선적・양륙될 수 있는 선박을 말하는데, 대표적 예가 '자동차전용선'과 '훼리선'이다. 수출되는 승용차의 경우 자동차 전용부두 야적장에 계류되어 있다가 차량들을 직접 자동차 전용선으로 운전하여 적재한다.

▌RO/RO선의 예시▐

(2) 부정기선 운송

'부정기선'(Tramper)은 원목・철강석과 같은 원자재[산화물(酸化物), Bulk Cargo]와 자동차의 수출・입과 같은 특수한 상품의 수출・입 운송에 이용된다. '부정기선 운송계약'은 '정기선의 개품운송계약'과는 달리 통상 화주가 필요로 하는 선박에 대해 선적지와 양하지, 운송시기와 운임조건을 감안하여 '용선계약서'(Charter Party)를 작성, 해당 선박의 '임대차계약'(賃貸借契約)을 맺는 형태를 취한다.

▮부정기선(Tramper)의 예시▮

2 해상운송계약의 형태

'해상운송계약'(海上運送契約, Contract of Carriage of Goods by Sea)은 운송인(Carrier)이 해상에 있어서 선박에 의하여 행하는 물품운송을 인수하는 계약이다. 통상 송화인이 화물을 해상으로 운송하는 경우 화물의 수량이나 항로사정을 감안하여 운송형태를 정하는데 그 운송형태에는 정기선에 의한 운송 및 부정기선에 의한 운송이 있는바, 정기선으로 화물을 운송하는 경우 개품운송계약을 체결하고, 부정기선으로 화물을 운송하는 경우 용선운송계약을 체결하는 것이 일반적이다.

(1) 개품운송계약

일반적으로 정기선로에 취항하는 '정기선'(Liner)에 의한 운송은 대부분 개별화물을 운송하는 계약 하에 여러 화주로부터 화물을 모아 혼재하여 운송하는 방식을 취하고 있다. 곧 정기선에 의한 개별화물운송계약을 일컬어 '개품운송계약'(Contract of Affreightment in a General Ship)이라 한다.

따라서 '개품운송계약'은 운송인인 선박회사가 다수 송화인의 개별화물을 운송하는 것을 인수하는 계약이다. 이 운송계약에 의한 운송형태는 통상 선박회사가 불특정 다수의 송화인으로부터 화물운송을 위탁받아 이들 화물을 혼재하여 운송하는 형태이다.

요컨대, '개품운송계약'은 '불요식계약'(不要式契約)이므로 별도의 계약서 작성은 필요 없다. 따라서 개품운송계약은 송화인(Shipper) 또는 그 대리인인 운송인이 선박회사, 대리점, 복합운송주선업자(Freight Forwarder) 등이 발행하는 운항일정(Shipping Schedule)을 검토하여 적당한 선박을 선정한 다음 운송을 신청(Shipping Request)하여 운송인이 이를 승낙[Booking]함으로써 체결된다.

'개품운송계약'의 경우 주계약[매매계약(賣買契約)]상의 상거래 조건에 따라 선복을 확보하여야 할 책임이 수출상(Seller)에 있는지 또는 수입상(Buyer)에 있는지가 결정된다. 가령 'FAS' 또는 'FOB'의 경우에는 원칙적으로 수입상이 선복을 확보할 책임이 있으며, 반면에 'CFR' 또는 'CIF'에 의한 경우에는 원칙적으로 수출상이 선복을 확보해야할 책임이 있다.

실무상 '개품운송계약'의 절차와 내용은 다음과 같다. '개품운송계약'은 정기선 선사와 화주 간에 체결되는 운송계약으로서 당해 계약의 과정은 우선 화주는 정기선의 일정표가 공표되면 선박명세 · 목적항 · 기항지 · 출항일자 및 화물의 운송조건 등을 열람한다.

대체로 화주들은 이를 통해 잡화(General Cargo)의 운송을 의뢰하게 되는데[청약(請約), Offer], 재래선의 경우 화물은 실제로 선적 당시로부터 비로소 운송계약이 성립됨이 원칙이나 달리 컨테이너선의 경우에는 반드시 부두가 아니더라도 운송인이나 그 대리인이 운송물을 수령하였을 때에도 계약은 유효하게 성립된다. 특수한 선복, 예컨대 고가품의 보관실 · 냉장실 등은 별도로 운송계약[특약(特約)]을 확인하여야 한다.

앞서 본 바와 같이 송화인이나 그 대리인이 선사나 그 대리점에 화물의 운송을 의뢰하고 이를 선박회사가 인수하는 것을 선적예약(Booking)이라고 한다. 이와 같은 선적예약이 완료된 뒤 수출검사 및 통관절차를 거쳐 수출허가(Export Permit)를 받은 다음, 필요에 따라 검량(檢量) 및 검수(檢數)를 받고 당해 증명서를 발급받아 선박회사에 제출하게 되면, 선사는 본선 앞으로 보내는 '선적지시서'(Shipping Oder)를 화주에게 발급한다.

'선적지시서'와 함께 화물을 선사가 지정한 특정장소까지 운반하여 선사나 그 대리점에 인계하고, '선적지시서'를 '일등항해사'에게 제출하고 선적을 대기한다.

화물이 선적되면 '본선수령증'(Mate's Receipt)에 '일등항해사'의 서명을 받게 되는데, 이로써 본선의 운송책임이 비로소 발생한다. 이 '본선수령증'을 운임과 함께 선사에 제출하면 선사는 그와 상환으로 선하증권을 발급한다.

(2) 용선운송계약

'용선운송계약'(傭船運送契約, Contract of Affreightment by Charter Party, Contract of Sea Carriage by Charter Party)이란 타인소유의 선박을 일정한 조건을 정하여 차용할 때의 계약을 말한다. 즉 선주가 제공한 선박의 전부나 일부의 선복에 의하여 화물을 운송할 것을 약정하고 이에 대하여 보수를 지급할 것을 약속하는 해상운송방법을 말한다.

일반적으로 '용선계약'에 이용되는 화물은 주로 특수한 화물로서 곡물·석탄·원목·광석 등 단일의 적하가 대량일 때에 이용되며, 부정기선을 사용하는 것이 일반적이다.

'용선운송'은 '일부용선계약'(一部傭船契約, Partial Charter)과 '전부용선계약'(全部傭船契約, Whole Charter)으로 구별되고, '전부용선계약'은 다시 어느 일정한 계약기간을 정하고 계약하는 '기간용선계약'(期間傭船契約, Time Charter)과 특정의 항구로부터 특정의 항구까지의 항해를 정해 계약하는 '항해용선계약'(航海傭船契約, Voyage Charter)으로 구분되며, 이외에 특수한 형태의 '나용선계약'(裸傭船契約, Bareboat Charter)이 있다.

1) 일부용선계약

'일부용선계약'(一部傭船契約, Partial Charter)이란 용선운송계약 시에 선복의 전부를 빌리는 것이 아니고 일부만 차용하는 경우 체결되는 계약을 말한다.

2) 전부용선계약

'전부용선계약'(全部傭船契約, Whole Charter)이란 용선계약 시에 선복의 전부를 빌리는 경우에 체결되는 계약을 말하는데 여기에는 다음 구분한 바에 따라 '항해용선계약'(航海傭船契約), '기간용선계약'(期間傭船契約), '나용선계약'(裸傭船契約) 등이 있다.

① 항해용선계약

'항해용선계약'(航海傭船契約, Voyage Charter, Trip Charter)이란 일정한 항구에서 항구까지 화물의 운송을 의뢰하는 화주(용선자)와 선주인 선박회사 간의 용선계약을 말하는데, 달리 '항로용선계약'(航路傭船契約)이라고도 한다.

‘항해용선계약’의 경우 적하의 수량에 따라 운임을 계산하는 방식을 ‘운임용선계약’(運賃傭船契約, Contract of Affreightment)이라고 하며, 적량과는 관계없이 본선의 선복을 대상으로 하여 단일 항해에 대한 운임을 포괄적으로 약정하는 ‘선복운임’(Lump-Sum Freight)에 의한 방식을 ‘선복용선계약’(船腹傭船契約, Lump-sum Charter)이라고 한다.

② 기간용선계약

‘기간용선계약’(期間傭船契約, Time Charter)이란 선박을 일정한 기간을 정하여 용선하는 계약으로, 이 경우 선주는 일체의 ‘선박부속용구’(船舶附屬用具)를 갖추고 선원을 승선시키는 등 선박의 운항상태를 갖추고 선박을 소정의 항구에서 용선자에게 인도하여야 하므로 전부용선이 된다.

③ 나용선계약

일반적으로 ‘용선계약’을 체결하면 선주가 선박과 함께 선원을 제공하도록 되어 있으며, ‘항해용선계약’인 경우에는 선주가 수선비 및 보험료 등도 부담하도록 되어 있으나, 용선자가 일종의 대차방식에 의하여 선원의 수배는 물론 운행에 관한 일체의 모든 감독 및 관리권한까지 행사하도록 하는 것이 ‘나용선계약’(裸傭船契約, Bareboat Charter)이다.

▮ 개품운송계약과 용선운송계약의 비교 ▮

구분	개품운송계약	용선운송계약
운송형태	불특정다수의 화주로부터 개별적으로 운송요청을 받아 개개 화물 형태로 운송	특정의 단일화주의 특정 화물을 선적하기 위해 선박의 선복을 빌려주는 형태로 운송
선박	정기선(定期船, Liner)	부정기선(不定期船, Tramper)
화물	주로 컨테이너 화물 및 그 밖의 단위화물	원유·철광석·석탄·곡물 등 대량 산화물(Bulk Cargo)
계약서	선하증권(B/L)이 발급됨으로써 최종적으로 확실한 계약서 역할	화주가 직접 여러 가지 조건을 운송인과 협의하여 용선계약서(C/P)를 교환
운임	‘Tariff Rate’ (공표된 운임)	‘Open Rate’ (수요공급에 따라 변동)
운임조건 (선내하역비)	‘Berth Term’ = ‘Liner Term’	‘F.I.O.’, ‘F.I.’, ‘F.O.’

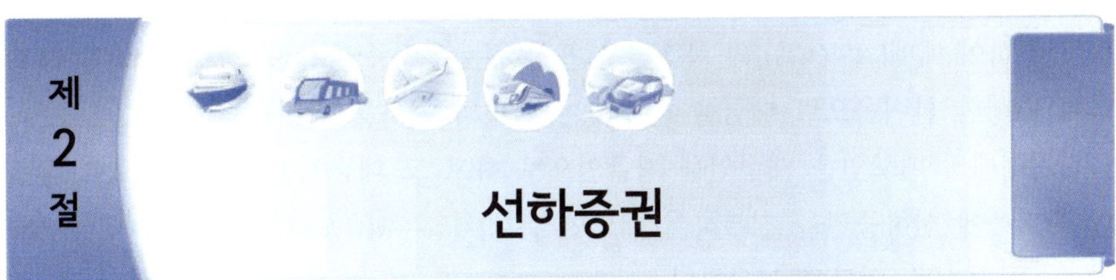

제2절 선하증권

1 선하증권의 기능

(1) 선하증권의 순기능

'선하증권'[船荷證券, Bill of Lading, 법률용어로써 '선하증권'(船荷證券)은 '무역상무'(貿易商務)의 학문적 범위 내에서는 달리 '선화증권'(船貨證券)이라고 특정된다. 곧 운송인과 화주 그 누구에게 주안점을 두고 있느냐에 따른 시각차라 판단된다. 여기서는 이하 '선하증권'(船荷證券)으로 통일하여 사용한다]은 강학상 해상운송인이 물품을 수령(Receipt) 또는 선적(on Board)하였음을 증명하고 이를 운송하여, 양륙항에서 증권의 '정당한 소지인'(*bona fide* Holder)에게 당해 물품을 인도할 것을 약정하는 유가증권(有價證券, Securities)으로 설명된다. 곧 선하증권은 '운송물품인도청구권'(運送物品引渡請求權) 또는 널리 '운송급부청구권'(運送給付請求權)을 표창하는 증권으로써의 법적 지위를 점한다.

이 경우 선하증권에 화체된(Embodied) 유가증권성의 핵심은 권리와 증권을 결합시켜 이로부터 권리의 행사를 원활하게 하고, 또한 그 '유통성'(流通性, Negotiability)을 도모하는 역할로부터 구할 수 있는데, 이 결합관계를 일컬어 소위 '증권(證券)에 화체(化體)된 권리(權利)'라고도 한다. 다만 '해상물품운송계약'은 불요식계약(不要式契約)이므로 그 성립에 선하증권의 발행을 요하지 않으며, 운송계약 성립 후 그 효과로써 송화인(送貨人) 또는 용선자(傭船者)의 청구에 의하여 발행한다.

'선하증권'은 '화환취결'(貨換取結, Negotiation) 시 가장 중심적인 지위를 보유한 구비서류라고 할 수 있는데, 그 이유는 무엇보다도 선하증권의 양도가 곧 '매매계약의 목적물'(Subject-Matter of Sales Contract)의 인도와 동일한 법적 효력을 표창하고 있기 때문이다.

이 경우 '화환취결'은 격지매매(隔地賣買)에 있어서 매도인이 대금채권을 추심(推尋)하기 위하여 매매[계약(契約)]의 목적물을 표창하는 운송증권[선하증권(船荷證券)]을 첨부하여 발행한 환어음으로 대금을 회수하는 일련의 절차를 말한다.

격지매매의 매도인은 매수인을 지급인으로 하고 그 대금액을 어음금액으로 발행한 환어음에 선하증권을 첨부하여 매도인 은행[매입은행(買入銀行)]에 추심위임배서를 하여, 곧 추심을 위하여 교부한다.

은행은 매수인의 주소에 있는 자기의 지점 또는 거래은행에 어음과 선하증권을 송부하여 매수인에게 어음을 제시하게 한다. 매수인이 지급에 응하였을 경우 그 지급과 상환하여 은행으로부터 선하증권의 교부를 받아 운송인으로부터 '매매[운송(運送)]의 목적물'을 수취하고 은행은 매수인이 지급한 금액을 매도인에게 교부한다. 만약 매수인이 지급하지 않은 때에는 은행은 어음과 선하증권을 매도인에게 반환하게 된다.

'환어음'(Bill of Exchange)은 발행인이 기명날인 또는 서명을 하고 지급인에 대하여 일정한 금액을 수취인에게 지급할 것을 의뢰하는 형식의 어음이다. 예를 들어 'A'가 'B'에게 어음으로 매매대금을 지급하는 경우와 'A'가 어음을 담보로 하여 'B'로부터 금전을 차용하는 경우에 보통 이용되고 있는 것은 약속어음이지만, 지급인 'C'의 신용을 이용하려고 하는 경우에는 환어음을 사용한다. 최근에는 인지세의 부담을 발행인에게 전환하기 위하여 백지인수로 환어음을 발행하는 경향이 많아졌고 또한 환어음의 이용도도 높아지고 있다. 여기서 'C'가 인수를 하면 'C'는 주된 채무자로서 지급의무를 부담하게 되고 'A'는 'C'가 인수나 지급을 거절한 경우에 한하여 어음금을 상환하여야 할 담보책임을 부담하게 된다. 지급인 'C'는 원래 'A'에 대하여 무엇인가 지급채무가 있어서 'A'를 대신하여 인수하는 경우도 있고 'A'가 자금을 제공하고 'C'에게 지급을 위탁하는 경우도 있다. 그러나 환어음의 이용에 있어서 가장 중요한 것은 위와 같은 무역에 있어서의 기능이라 할 것이다.

한편 '국제물품매매계약'(Contract for the International Sales of Goods)의 당사자에게 있어서는 이 같은 선하증권을 중심으로 한 '해상운송계약'(Contract of Carriage by Sea)의 '상거래조건'(Trade Terms)에 따라 '정형화된 거래조건'[Incoterms], 곧 국제상관습(國際商慣習)으로 널리 수용되어 있다.

1) 선하증권의 경제적 기능

살피기에 선하증권의 경제적 기능은 국제물품매매계약의 당사자로써 매도인이 매매계약목적물을 해상운송인에게 운송을 위탁하고 동시에 매수인을 지급인으로 하여 발행한 '환어음'(Bill of Exchange)을 어음매입의 방법에 의하여 물품대금을 회수하게 되는 이른바 '역환'(逆換, Reimbursement)의 과정을 거치게 되는데, 이 경우 운송물품에 대해 발행된 선하증권을 어음상 권리의 담보로써 '매입은행'(Negotiating Bank)에 신탁적 양도 또는 입질의 목적으로 처분할 수 있는 기능으로부터 구할 수 있다.

2) 선하증권의 법률적 기능

한편 유가증권으로써 선하증권의 법률적 기능은 우선 물품의 '인도청구권'(引渡請求權)을 표창하는 '물품증권'[物品證券, 권원증권(權原證券), Document of Title], 곧 '물권적 효력'이 인정되는 '처분증권'(處分證券)이며, 증권상의 권리가 발행에 의하여 발생하는 것이 아닌 '요인증권'(要因證券)임과 동시에, 한편으로 선하증권상 당사자 간 권리의무의 내용은 문면상 기재라 아니라 실제 운송계약에 의하여 결정되는 '비문언증권'(非文言證券)이지만, 다른 한편으로 운송인과 선의의 소지인간의 관계에서는 선하증권의 기재문안에 의하여 결정되는 예외적 문언증권의 지위를 점하는 것으로 요약된다.

이외에도 법리상 선하증권은 '제시증권'(提示證券, 증권상의 권리를 내세우기 위해서는 증권을 가진 이가 의무이행자에게 그 증권을 제시하여야 하는 유가증권), '상환증권'(相換證券, 어음과 상환으로 지급하여 주도록 지시한 증권), '면책증권'[자격증권(資格證券), 면책증권(免責證券)], '지시증권'(指示證券, 증권상에 지정하여 놓은 특정인, 또는 그 사람이 지정한 제3자를 권리자로 하는 유가증권)으로서의 법적 지위를 갖는다.

이 경우 '면책증권'은 채무자를 위한 면책적 효력이 인정되는 증권으로서 동종의 채권자가 다수인 경우에 한편으로는 채무자에게 채권자를 개별적으로 식별하지 않고도 채무이행을 원활하게 할 수 있도록 하고 다른 한편으로는 채권자에게 증권의 소지에 의하여 권리를 행사할 수 있는 자격을 갖게 한다. 달리 '자격증권'이라고도 한다.

(2) 선하증권의 역기능

그렇지만 '선하증권'은 권리의 행사 또는 이전에 '수권은행'(Issuing Bank, Openning Bank)의 지급보증으로부터 유통성을 확보하여, 이로부터 '현실적 인도'(現實的引渡, Actual Delivery)의 제한을 극복하고 '추상적 인도'(推想的引渡, Constructive Delivery)에 따른 경제적 실익을 표창하고는 있으나, 반면에 '화환취결'(貨換取結)을 위한 서류의 작성과 수수(授受)에 적잖은 시간과 비용부담을 장애로 두고 있다.

여기서 '현실적 인도'는 매도인으로부터 매수인 또는 그 대리인[운송인(運送人)]에게 현실적으로 물품의 점유를 이전시키는 것을 말한다. 달리 '추상적 인도'는 실제로 물품의 인도인수를 행함이 없이 인도가 이루어진 것으로 추정[해석(解釋)]하는 것으로서 여기에는 '양도승인(讓渡承認)에 의한 인도'(Delivery by Attornment)와 '상징적 인도'(象徵的引渡, Symbolic Delivery)가 있다. 차례로 보면 다음과 같다.

'양도승인에 의한 인도'에는 매도인이 물품을 점유하고 있다가 매매 후에도 점유권의 양도인인 매도인이 매수인의 대리인으로서 계속 물품을 점유하는 경우[점유개정(占有改正)], 매매가 이루어지기 전에 물품은 이미 매수인(점유권의 양수인)에 의해 점유되고, 매매 후 실제의 인도인수는 행하지 않고 당사자의 의사표시로서 인도가 이루어진 것으로 추정하는 경우[간이인도(簡易引渡)], 물품은 매도인의 수탁자인 제3자에 의해 점유되고 있고, 매매 후 매수인에게 물품을 양도하였다는 취지를 매도인이 제3자에게 통지하면 그 이후 제3자는 매수인의 권리를 승인하고 그의 수탁자로서 계속 물품을 보유하는 경우[목적물(目的物) 반환청구권(返還請求權)의 양도(讓渡)] 등이 있다.

'상징적 인도'는 'CIF'에서와 같이 물품은 수탁자가 점유하고 있고, 매도인은 물품을 상징하는 선하증권(B/L), 화물상환증[Waybill]과 같은 권리증권[Document of Title]을 매수인에게 인도함으로써 물품의 인도가 이루어지는 것으로 추정한다. 이때 선하증권 등 권리증권의 양도는 물품의 인도와 동일한 효과를 갖는다.

'상징적 인도'는 이와 같이 서류에 의하여 인도가 이루어지므로 '서류인도'라고도 한다. 'FOB' 조건은 상거래관습상 현실적 인도조건이지만, 현행의 수출계약에서 일반적으로 행해지는 화환어음 결제와 더불어 당사자 간의 합의로 '상징적 인도'가 이루어지는 예가 오히려 많다.

'물리적 인도'와 '법률적 인도'에 관하여 보건대, 물품이 물리적[실질적(實質的)]으로 매도인에서 매수인의 수중으로 넘어간 것을 '물리적 인도'라고 한다. 그러나 매매계약의 이행상 물품의 물리적 이동 없이도 매도인이 물품을 언제라도 인도가능 한 상태에 두었을 때, 곧 매수인이 인도를 수리해야만 하는 상태로 두었을 때도 인도하였다고 하는데, 이를 '법률적 인도'라고 한다.

그러므로 인도할 수 있는 상태로 급부되었다면 물품이 계속하여 매도인의 점유하에 있다고 하더라도 이는 매도인이 매수인의 수탁자로서 점유를 계속하는 것이므로 매수인은 그 물품에 대한 사실상의 지배력을 갖게 된 것을 의미한다.

이와 같이 인도라는 동일한 용어를 사용하더라도 '물리적 인도'와 '법률적 인도'의 구분이 필요하게 되며, 특히 '법률적 인도'는 위험과 비용의 분기점을 나타내는 매우 중요한 의미를 갖는다.

'직접인도'(直接引渡)와 '간접인도'(間接引渡)에 관하여 보면, '직접인도'란 매도인이 물품을 매수인 또는 그 대리인에게 직접 인도하는 것을 말하고, '간접인도'란 계약이나 관습상 제3자인 운송인이나 운송주선인을 통해 인도하는 것을 말한다. 예컨대 'FOB' 계약은 '현실적 인도'로서 운송인은 매수인의 이행보조자로서 행동하기 때문에 매도인은 매수인이 지정한 운송인에게 인도하면 매수인에게 인도한 것으로 간주되어 계약에 적합한 이상 매수인이 인도를 수리한 것이 되어 즉시 대금지급의무를 이행해야 한다. 물론 특약에 따라 서류를 인수하고 대금을 지급하는 경우도 있다. 또한 'CIF' 계약의 운송인은 매도인의 이행보조자로서 행동하기 때문에 운송계약상 물품운송의 수탁자로서 화물을 수취한 것으로 취급되기 때문에 'FOB' 계약의 경우와 법적 의미가 다르다.

이를 극복하기 위한 일련의 방편으로 수입화물선취보증장[輸入貨物先取保證狀, Letter of Guarantee, L/G]과 양도 및 유통성을 전제하지 않은 해상화물운송장(海上貨物運送狀, Sea Waybill, SWB) 등이 고안되어 적의 활용되고는 있으나, 공히 이 같은 장애를 극복하기 위한 근본적 해결책으로써는 기능하지 못하고 있다. 그 주된 이유는 비교적 단거리 해상운송의 경우에 있어서의 유용성과 무역금융(貿易金融)의 담보기능적 차원에서 경제적 효용성이 결여되어 있는 바에 기인한다[이 같은 선하증권 한계상황을 일컬어 소위 '선하증권의 위기'(the Crisis of B/L)라고 한다].

해상운송계약의 경우 선하증권이 발급되었을 때, 당해 운송물품은 선하증권과 상환되지 않으면 인도되지 않는다. 그런데 화물이 도착하였음에도 불구하고 선하증권을 포함한 선적서류가 미처 도착되지 않는 경우가 있다.

이러한 경우에 수입상이 선사에 대하여 뒷날 선적서류를 제출하겠다는 서약을 하고, 그 서약서에 은행의 보증을 받아 선사에 제출하고 화물을 인도받는 일이 관행

▌수입화물선취보증장의 예시▐

LETTER OF GUARANTEE

Date .

To
[Shipping Company]

L/G No.

Vessel Name/Voyage No.		Letter of Credit No.	Date of Issue
Port of Loading		Invoice Value	
Port of Discharge(or Place of Delivery)		Description of Cargo	
Bill of Lading No.	Date of Issue		
Shipper		No. of Packages	Marks & Nos.
Consignee			
Party to be delivered			

Whereas you have issued a Bill of Lading covering the above shipment and the above cargo has been arrived at the above port of discharge(or the above place of delivery), we hereby request you to give delivery of the said cargo to the above mentioned party without production of the original Bill of Lading.

In consideration of your complying with our above request, we hereby agree as follows:

1. To indemnify you, your servants and agents and to hold all of you harmless in respect of liability, loss, damage or expenses which you may sustain by reason of delivering the cargo in accordance with our request, provided that the undersigned Bank shall be exempt from liability for freight, demurrage or expenses in respect of the contract of carriage.
2. As soon as the original Bill of Lading corresponding to the above cargo comes into our possession, we shall surrender the same to you, whereupon our liability hereunder shall cease.
3. The liability of each and every person under this guarantee shall be joint and several and shall not be conditional upon your proceeding first against any person, whether or not such person is party to or liable under this guarantee.
4. This guarantee shall be governed by and construed in accordance with Korean law and the jurisdiction of the competent court in Korea.

Should the Bill of Lading holder file a claim or bring a lawsuit against you, you shall notify the undersigned Bank as soon as possible.

Yours faithfully,

For and on behalf of [Name of Requestor]	For and on behalf of [Name of Bank]
Authorized Signature	Authorized Signature

L/G 발급은행명: 기업은행 지점 전화번호: FAX 번호: 담당자 직위 : 성명 : (인)	**L/G 발급사실 확인 방법** 당행 홈페이지 (www.ibk.co.kr) → 기업인터넷뱅킹 → L/G발급조회에서 조회 및 확인서 출력가능 합니다.

23.42 002454904cf3 2013-04-24 11:12:42 24079/177 소중한 고객정보 지킴이, 바로 당신 입니다

으로 이루어지고 있다. 이에 따른 선사의 화물인도행위를 '보증도'(保證渡)라 하고, 수화인에 의하여 선사에 제시된 서류를 화물선취보증장이라고 한다. 은행이 보증한 이 보증장은 선박회사에 대한 보증채무가 되어, 화물이 인도되는 것이다.

수화인은 선적서류가 도착하면 선하증권을 선사에 제시하여 보증장을 반환받아, 그것을 은행에 제시하여 보증을 해제하게 된다. 형식적으로는 수입상인 수화인이 선사에 발행하는 것으로서, 인도받을 화물의 명세를 기재하여, 화물의 선취에 관한 일정한 조건을 약정하고, 은행은 보증인으로서 서명하는 데에 불과하나, 이러한 보증장의 특징은 다른 일반 약정서와 마찬가지로 보증인의 의무가 그 증서의 성질을 좌우하는 정도가 아니라, 오리혀 보증인의 존재가 본질적 효력발생의 요건으로 된다는 점이다. 즉 실질적으로 은행이 발행하는 증서로 취급된다는 점에 있다. 그러나 이러한 '보증장'에 의한 인도는 선량한 선하증권의 소지인의 화물인도청구에 대하여 대항할 수 없다.

나아가 선하증권의 이 같은 기능적 장애는 현재 물류시스템과 운송시스템의 급속한 발전에 따라 더욱 심화되고 있는 처지에 있는데, 이에 부합할 수 있는 요건으로는 예를 들면 '운송수단의 고속화', '항만체계의 자동화', '하역의 신속화', '전자문서의 상용화' 등을 거론할 수 있다.

이 경우 특별히 전자문서의 상용화에 따른 다양한 '플랫폼'[Platform, 여기서 지칭하는 플랫폼이라 함은 컴퓨터 응용프로그램이 실행될 수 있는 기초를 이루는 시스템을 말한다. 연혁적으로 대부분의 응용프로그램들은 특정 플랫폼 상에서만 운영되도록 개발되어 왔는데, 다만 이러한 플랫폼 운영체계의 차이는 계속 존재하고 그들 상호 간의 독점기술에 관한 차이 또한 존재하고 있으나, 점진적으로 새로운 개방형 인터페이스(Interface)의 표준화를 통해 서로 다른 플랫폼에서나마 상호 운영의 호환을 가능하게 하고 있는 추세에 있다]의 등장은 선하증권의 기능적 장애를 여실히 극복할 수 있는 최선의 방편을 제시하고 있는데, 곧 선하증권을 비롯한 무역서류의 전자화는 당해 정보의 일원화 및 공유화를 통하여 '계약체결을 위한 교섭단계'(Pre-Contractual Stage)로부터 결제에 이르는 전 과정을 보다 신속하게 유도하고 있을 뿐만 아니라 앞서 기술한 바와 같이 무역서류의 유통전전(流通轉轉)에 따른 위험성을 감소하고도 저비용·고효율의 실익을 제공하고 있다.

다만 전자문서의 법적 효력에 기한 선하증권의 전자화에는 당해 증권으로부터 '문서성'(文書性, Documentation)의 이탈이 당연시 되는데, 이는 달리 '정보통신망의 연계'[Networking]를 통해 교환되는 전자식 선하증권이 사실상 종이문서에 기초한 원본서류가 아님에도 불구하고 '등기능적 접근방식'(等機能的接近方式, the Functional-Equivalent

Approach)의 법리적 배경에 기초하여 이에 상당한 법적 지위를 부여받고, 선하증권의 전자화로부터 발생할 수 있는 법적 장애와 불명확성을 극복하고 있음을 의미한다.

요컨대, 전자식 선하증권은 당해 증권에 '전통서면에 기초한 문서성'(Traditional Paper-Based Documentation)을 확보하여 이 같은 문제점들을 극복하고 있다.

살피기에 전자문서 및/또는 전자식 선하증권에 대한 법적 배경은 국제적으로 '전자상거래에 관한 UNCITRAL 모델법'(UNCITRAL Model Law on Electronic Commerce, 1996), '전자식 선하증권에 관한 CMI규칙'(CMI Rules for Electronic Bills of Lading, 1990)을 비롯하여, 각국의 국내 실정법체계하에서 그 지위 및 효력이 기 인정되어 있을 뿐만 아니라 인터넷을 매개로 한 다양한 제도상 플랫폼(예를 들면 'Bolero Project', 'Trade Card System', 'TrustAct(Identrus)', 'BeXcom Project', 'EDEN Project', 등을 제시할 수 있다)의 등장으로부터 전자식 선하증권의 상용화에 따른 여하의 문제점들을 일소하고 있다.

2 선하증권의 법적 성질

앞서 살핀 바와 같이 '선하증권'(船荷證券, Bill of Lading, B/L)은 운송인이 운송물을 수령하였거나 선적하였다는 것을 증명하고, 이를 양륙항에서 그 정당한 소지인에게 인도할 것을 약정한 유가증권(有價證券, 유가증권이란 재산적 가치가 있는 재산권이 표창된 증권으로서, 그 권리의 발생·행사·이전의 전부 또는 일부를 증권에 의해서만 행사할 수 있는 것을 말한다. 곧 권리와 증권을 결합시켜 권리의 행사를 원활하게 하여 그 유통을 도모하는 제도인데, 이 결합관계를 일컬어 소위 '증권에 화체된 권리'라고 한다)을 말한다.

'선하증권'은 운송계약이 성립된 뒤 송화인(送貨人)이나 용선자의 청구에 의하여 발행되는 증권인 까닭에, 엄밀한 의미에서 운송계약서는 아니다. 다만 운송계약의 내용이 당해 선하증권에 상세히 기재되어 있는 이유에서 운송계약서처럼 이용되고 있을 따름이다. 곧 선하증권은 송화인에 교부되는 상세한 내용의 '화물수취증'(貨物收取證, Receipt of Goods)일 뿐이지만, 개품운송과 관련해서는 매우 중요한 서류이다.

참고로 우리 상법은 선하증권과 관련하여 화물수취증과 공통되는 사항에 대해서는 편의상 육상운송의 규정을 준용하도록 하고 있는데, 그 가운데 중요한 내용을 발췌하면 다음과 같다.

첫째 '선하증권'은 해상운송계약에 따라 운송물의 인도청구권(引渡請求權)을 표창하고 있는 유가증권으로서 그 기재사항이 법정되어 있으나, 어음이나 수표의 경우와 같이 그 요건이 엄격하지 아니한 까닭에, 혹여 기재사항 가운데 중요하지 않은 사항이 일부 누락되어 있다고 하더라도 증권 자체가 무효가 되는 것은 아니므로, 상대적 '요식증권'(要式證券)의 성격을 갖는다. 여기서 요식증권은 곧 증권의 기재사항이 법률에 의하여 엄격히 정하여져 있는 유가증권을 말한다. 어음·수표·화물상환증(貨物相換證)·선하증권·창고증권(倉庫證券) 등이 이에 속한다. 이러한 요식증권은 요식의 엄격성 여하에 따라 '엄격한 요식증권'과 '엄격하지 않은 요식증권'으로 구분되는데, 전자에는 소정의 법정 기재사항 중 하나라도 흠결이 있으면 원칙적으로 증권 자체가 무효로 되는 어음·수표 등이 해당되며, 후자에는 필요적 기재사항 이외의 법정사항을 결한 것과 같은 형식상의 하자가 있더라도 증권이 무효로 되지 않는 선하증권·화물상환증 등이 있다. 협의로는 전자만을 요식증권이라 하는데, 이 경우는 요식성이 강하게 요구됨으로 소정의 기재사항 이상을 기재한 경우 그 사항은 효력이 없을 뿐만 아니라, 어떤 경우에는 증권 자체의 효력이 무효로 되는 경우도 있다. 이와 같은 요식증권에는 법정요건 이외의 사항을 기재하면 증권의 전체를 무효로 하는 '유해적(有害的) 기재사항'과 법정요건 이외의 사항을 기재하여도 무방한 '무해적(無害的) 기재사항'이 있다.

둘째 선하증권은 채권(債券)의 원인이 증권에 기재되어 있다는 점에서 '요인증권'(要因證券)이다. '요인증권'이란 증권을 발행하게 된 법률관계가 유효함을 전제로 하기 때문에, 그 원인관계가 무효이면 증권 자체도 효력을 발생하지 않는 유가증권을 말한다. 달리 '유인증권'(有因證券)이라고도 하며 '무인증권'(無因證券)에 대한다. 어음·수표 이외의 거의 모든 유가증권이 이에 해당한다. '요인증권'이 표시하는 권리는 원인관계의 실질적 존재 여부에 따라 좌우되므로, 예컨대 운송물을 받지 않고 발행한 화물상환증·선하증권은 무효이고 운송인은 당해 증권에 기재된 물품의 반환채무를 부담하지 않으며, 다만 불법행위에 의한 손해배상책임을 지는데 그친다. 그러나 이 같은 통설에 의하면 운송인을 보호할 수는 있으나, 증권의 유통을 심히 해치게 되므로 유력한 반대설이 대두되고 있다. 즉 요인증권은 증권에 기재함으로써 책임이 생기는 것이며, 그 원인관계에 의하여 책임이 생기는 것이 아니므로 증권발행자는 그 기재문언에 따라서 응당 책임을 져야 한다고 주장한다. 이 요인증권의 실질(實質)에 대해서는 문언증권(文言證券)성과 관련하여 선하증권의 효력에 차이가 생기게 되므로, 이에 따라 학설이 대립되어 있었다. 즉 종래에는 선하증권의 요인증권성 자체에 대한 이견은 없었으나, '요인증권이란 무엇인가'에 대한 견해에 대립이 있었다. 이를테면 요인증권이란 증권 외에 원인이 실재하여야 비로소 증권상의 채권이 성립되는 것이므로, 선하증권상의 채권은 운송계약에 따른 운송물의 수령 및 선적을 원인으로 하여 발생한다는 것이다[요인설(要因說)]. 이러한 요인설에 따르면 운송계약이 무효인 경우나 운송물의 수령이나 선적이 없는 경우에 증권은 무효가 되고, 해상운송인의 운송물의 인도책임도 소멸된다, 그러므로 요인설에 따르게 되면, 선의의 선하증권 소지인에게 손해를 끼치게 되어, 결국 선하증권의 유통에 장애가 되므로, 유통을 확보하기 위해서 근래에는 선하증권의 요인성이란 증권 상의 기재가 채권의 원인이 된다는 '증권권리설'(證券權利說)이 통설로 되어 있다. 이 설에 따르면 운송계약이 무효로 되는 경우나, 운송물이 수령되지 않거나 선적되지 않은 경우에도 수령하였거나 선적하였다는 원인의 기재만 있으면, 요인성의 요건은 충족되므로 해상운송인은 선하증권상의 책임을 부담할 수밖에 없다.

셋째 선하증권은 이와 상환(相換)하지 아니하면 운송물의 인도를 청구할 수 없으므로 '상환증권'(相換證券)이다.

넷째 선하증권은 배서금지가 기재되어 있지 않는 한 기명식(記名式)의 경우에도 배서에 의하여 양도할 수 있으므로 당연한 '지시증권'(指示證券)이다.

다섯째 선하증권을 발행한 경우 운송인과 소지인 사이의 운송에 관한 사항은 선하증권에 기재된 바에 따르므로 '문언증권'(文言證券)이다. 문언증권성과 관련하여 참고해야 할 사항은 '선하증권통일협약'[Hague Rules (1924)]의 규정이다. 동 협약에서는 선하증권의 기재에 '추정적(推定的) 증거력'(*prima facie* Evidence)만을 인정하고 있는데, 대부분의 국가는 이를 당해 국가의 국내법으로 수용하고 있다. 그러나 선하증권의 기재에 관하여 분쟁이 생기면 '금반언의 원칙'(禁反言, estoppel)에 의하여 선의의 증권 소지인은 보호받을 수 있다.

여기서 '금반언의 원칙'이란 행위자가 일단 특정한 표시를 한 이상 나중에 그 표시를 부정하는 주장을 하여서는 안된다는 원칙을 말한다. 동 원칙은 영미법상(英美法上)의 원칙으로서 '기록에 의한 금반언', '날인증서에 의한 금반언', '행위에 의한 금반언' 등이 있다. '기록이나 날인증서에 의한 금반언'을 '법적 금반언', '행위에 의한 금반언'을 '형평적 금반언'이라고 한다. '금반언'은 실체법상의 원칙이며, 법의 일반원칙으로 인정된다. '금반언'이 주장될 수 있기 위해서는 일방당사자의 표현이 애매하지 않고 명백하여야 하며, 표현이 자의적이고 무조건적이며 권한 있는 자에

의한 것이고, 그에 대하여 타방당사자가 선의(善意)의 신뢰를 가졌어야 한다.

한편 각국이 선하증권의 기재에 대하여 추정적 증거력만을 인정한다는 것은 선하증권의 유통을 불안하게 하는 것이기 때문에, 이러한 이유를 수용하여 '개정선하증권통일협약'[Hague-Visby Rules (1968)]에서는 선하증권의 추정적 증거력 원칙을 유지한 채, 증권이 선의의 제3자에게 이전되었을 때에는 운송인의 반증을 불허하여, 증권의 유통성(Negotiability)을 도모토록 하였다.

여섯째 선하증권이 발행된 경우 운송물에 대한 처분은 선하증권에 따라야 하므로 '처분증권'(處分證券)이다.

일곱째 선하증권은 운송물의 인도채권을 표창하기는 하나, 정당하게 운송물을 수령할 수 있는 자에게 선하증권을 교부한 때에는 동일한 효력을 갖기 때문에 선하증권은 '인도증권'(引渡證券)이다. 인도증권은 증권 상의 유자격자에 증권을 인도하면 그 인도가 증권에 기재된 물품 자체를 인도한 것과 동일한 효력을 가지는 유가증권을 말한다. 화물상환증 · 선하증권 · 창고증권은 그것에 기재된 물건을 양도 또는 입질할 때에 증권을 인도하면 물품 자체를 인도하지 않더라도 소유권 이전의 효력요건 또는 질권의 성립요건으로 필요한 물품의 인도가 있는 것으로 취급된다. 인도증권은 물건의 인도청구권을 표시하는 채권증권이지만 이와 같이 물권적 효력을 가지기 때문에, 달리 '물권적 유가증권'이라고도 불린다. 그러나 '물권증권'(物權證券)과 혼동해서는 안 된다.

이와 같이 선하증권은 선적화물을 수령하였음을 증명하고, 양륙항에서 이와 상환하여 선적된 화물을 인도할 것을 약속하는 유가증권임과 동시에 유통증권으로서의 지위를 보유한다.

3 선하증권의 법적 효력

(1) 물권적 효력

선하증권의 '물권적 효력'은 일반적으로 운송물품의 처분(處分), 즉 양도(讓渡) 또는 입질(入質) 그 밖의 담보권(擔保權)의 설정에 관한 선하증권 수수에 있어 당사자 간의 물권관계를 정하는 효력이라고 정의된다. 이는 곧 선하증권의 인도증권성으로 요약되는데, 환언하면 선하증권의 인도가 운송물품 자체의 인도와 동일한 효력을 가진다는 것을 뜻한다.

다만 선하증권의 물권적 효력의 내용은 법계 간 일정한 시각차가 존재하는데, 그 핵심은 우선 대륙법계 하에서 선하증권은 증권의 인도가 물품의 인도와 동일한 효력을 발생시키는 유가증권으로써의 지위를 점하는 반면, 영미법계하에서는 법률적 또는 사실적 행위를 정당화 할 수 있는 법률상의 원인으로써 달리 '권원증권'(權原證券, Document of Title)으로 칭하고 있음에 있다. 이 경우 '권원'(權原)이라 함은 어떤 법률적 또는 사실적 행위를 하는 것을 정당하게 하는 법률상의 원인을 일컫는다. 예컨대 타인의 토지에 물건을 부속시키는 권원은 지상권·임차권이다. 그러나 점유에 관하여는 점유를 정당하게 하는가의 여부를 불문에 붙이고 점유하게 된 모든 원인을 포함한다.

그렇지만 대륙법계나 영미법계 공히 선하증권의 점유이전(占有移轉)은 운송물품의 인도청구권 및 운송물품의 지배·처분권을 이전하는 것으로 간주되어, 곧 운송물품을 현실적으로 점유이전[인도(引渡)]하는 것과 동일한 효력을 발생한다. 그 결과 운송물품의 소유권 이전 및 질권설정으로부터 제3자에 대한 대항요건이 부차적으로 발생한다.

선하증권의 물권적 효력이 인정되고 있는 배경은 운송 중에 송화인 등이 운송물품의 양도·입질 등의 처분을 위한 편의[실익(實益)]에 있다. 따라서 증권의 점유가 곧 운송물의 간접점유를 표창하고 있는 까닭에, 증권의 인도는 당연히 운송물의 '간접점유'(間接占有)를 이전하는 것이고, 또한 이에 따른 효력이 생기기 위해서는 운송인이 운송물을 '직접점유'(直接占有)하고 있는 것을 전제로 한다(법리상 타인이 개입됨이 없이 물건을 직접으로 지배하거나 점유보조자를 통하여 지배하는 것을 직접점유라고 한다). 이는 달리 선하증권은 '처분증권'(處分證券)으로서의 법적 성질을 갖고 있기 때문에 선하증권이 발행된 경우 운송물에 대한 처분은 선하증권으로 행사하여야 함을 의미한다.

그러나 처분증권으로써 선하증권이 발행된 경우 당해 선하증권은 단지 물품의 처분권을 제한하는 기능이 있을 뿐이고, 예컨대 선하증권으로 운송물품을 인도받은 당사자가 다시 다른 당사자에게 직접 당해 운송물품을 양도한 경우 운송물품의 인도를 받은 당사자가 선하증권이 발행되어 있다는 사실에 대해 선의·무과실인 한, 선하증권의 인도를 받은 당사자보다 우선의 권리를 취득한다. 이는 운송물품 자체의 선의취득(善意取得, 무권리자로부터 동산을 '원시취득'하는 제도로서 '즉시취득'이라고도 한다)과 선하증권에 의한 선의취득이 경합하는 경우에 전자가 우선함을 의미한다.

(2) 채권적 효력

선하증권의 '채권적 효력'은 선하증권 소지인이 운송인에 대하여 해상운송계약상의 권리의무, 곧 채권채무를 주된 내용으로 하여 운송인과의 계약당사자가 아닌 선하증권의 소지인 사이의 채권적인 법률관계를 정하는 효력이다. 이 같은 선하증권의 채권적 효력은 대개 선하증권의 '요식증권성'(要式證券性)에 기하여 당해 증권의 기재사항(記載事項)과 관련한 문제로 귀착된다.

이 경우 운송계약관계에 따라 선하증권이 일정한 법정요건을 갖추어 발행된 경우에는 당해 증권이 우선 운송관계를 상징하고, 그 취득자나 소지인은 당해 증권의 문면상 기재된 바에 따라 매도인 내지 매수인의 지위를 승계하는 것으로 간주된다. 곧 선하증권 소지인과 운송인의 관계에 있어 선하증권은 '운송계약의 증거'(Evidence of Contract)로써 기능하고 있음에 따라 선하증권이 운송계약의 내용을 표창하고 있는 이상, 일차적으로 선하증권 그 자체 내지 문면상 기재사항에 의하여 결정된다.

그런데 선하증권은 '무인증권'[無因證券, 불요인증권(不要因證券) 또는 추상증권(抽象證券)이라고도 하며, 요인증권(要因證券)에 대응하는 개념이다. 어음・수표가 이에 속한다] 또는 '설권증권'[設權證券, 어음・수표와 같이 증권의 작성에 의하여 비로소 그 증권상의 권리가 발생하는 유가증권을 말한다]인 수표나 어음과는 달리, 운송인과 송화인 간의 운송계약 또는 운송인에 의한 운송물품의 인수를 전제로 하여 발행되는 '요인증권'(要因證券) 내지 '비설권증권'(非設權證券)인 까닭에, 선하증권의 기재사항에 대하여 어느 정도의 효력을 인정할 것인가가 문제시 될 수 있는데, 이는 곧 선하증권의 발행인인 운송인과 소지인간 운송증권의 채권적 효력의 문제로 귀결된다.

요컨대, 선하증권의 채권적 효력에 기하여 선하증권 문면상 기재사항의 효력을 합리적으로 강화하여 선하증권의 발행인의 책임을 엄격히 인정하고 있는 취지는 선의의 소지인을 보호하려는데 그 궁극적인 목적이 있다. 살피기에 이는 계약법상 '문서작성자 불이익의 원칙'(文書作成者不利益原則, *contra proferentem*)의 법리와도 그 취지를 같이 한다고 볼 것이다.

4 선하증권의 종류

(1) 발행시기에 의한 구분

1) 선적식 선하증권

'선적식(船積式) 선하증권'(Shipped B/L, On Board B/L)이란 선박회사가 화주로부터 수령한 운송화물을 선적한 후에 발행하는 선하증권으로서, 보통 선하증권 앞면 하단부분에 선적완료 사실을 'Shipped' 또는 'Shipped on Board'란 표시와 함께 선적일자 등을 기재하여 나타낸다. 이를테면 FOB 또는 CIF 같은 상거래 조건은 본선인도[해상운송(海上運送)]를 전제로 한 것이기 때문에 이 경우 당연히 'Shipped B/L'이 발행되어야 한다.

'선적식 선하증권'은 적재선박이 이미 확정되어 있으므로 '선적지체'(船積遲滯, Delayed Shipment)에 기인한 손해를 입을 우려가 없어, 신용장에 의한 대금결제에 있어서는 '선적식 선하증권'을 화환어음과 같이 매입은행(Negotiating Bank)에 제시해야 한다.

국제상업회의소[國際商業會議所, International Chamber of Commerce (ICC)]의 '신용장통일규칙'[Uniform Customs and Practice for Documentary Credits (ICC Publication No. 600)] 제23조에는 신용장이 해상운송을 전제한 선하증권을 요구한 경우 은행은 신용장에 별도의 규정이 없는 한 그 명칭에 관계없이 다음과 같은 서류를 수리하여야 한다고 정하고 있는데, 곧 물품이 지정선박에 본선적재 또는 선적되었음을 명시한 것으로 지정선박에의 본선적재 또는 선적은 선하증권상에 물품이 지정선박에 본선적재 또는 지정선박에 선적되었다는 미리 인쇄된 문언에 의하여 명시될 수 있으며, 이러한 경우에는 선하증권의 발행일은 본선적재일 및 선적일로 본다.

그 밖의 모든 경우에는 지정선박에의 본선적재는 반드시 물품의 본선적재일을 표시하는 선하증권상의 표기에 의하여 증명되어 있어야 하며, 이러한 경우에는 본선적재의 표기일은 선적일로 본다고 하고 있다. 아울러 선하증권이 선박에 관련하여 '예정된 선박' 또는 이와 유사한 단서의 명시를 포함하고 있는 경우에는, 비록 물품이 '예정된 선박'으로 지정된 선박에 적재되었다 하더라도 지정된 선박의 본선적재는 반드시 선하증권상에 물품이 적재된 일자와 함께 물품이 적재된 선박명을 포함하는 본선적재의 표기에 의하여 입증되어 있어야 한다고 규정하고 있다.

한편 선하증권이 적재항과 다른 수령지 또는 수탁지를 명시하고 있는 경우 비록 물품이 선하증권상에 지정된 선박에 적재되었다 하더라도 본선적재의 표기에는 반드시 신용장에 규정된 양륙항과 그 물품이 적재된 선박명도 포함하고 있어야 한다고 하고, 또한 본선적재가 선하증권상에 미리 인쇄된 문언에 의하여 명시된 경우에도 역시 적용한다고 규정하고 있다.

참고로 용어의 사용에 있어 'Shipment'나 'On Board'의 개념해석에 있어서는 미국과 영국의 경우가 각각 상이하므로 상거래시 특히 주의해야 한다. 왜냐하면 'On Board'나 'Shipment'라고 하면 미국에서는 선박 · 기차 · 자동차 등에 적재한다는 뜻으로 해석되지만, 영국에서는 반드시 '선박'(Vessel)에 적재된다는 뜻으로 해석되기 때문이다.

2) 수취식 선하증권

'수취식(受取式) 선하증권'(Received B/L)은 화물을 선적할 선박이 화물을 적재하기 위하여 항내에 정박 중이거나 아직 입항되지는 아니하였음에도 이미 선박이 지정된 경우 선박회사가 주로 화물을 CY에서 수령하고 선적 전에 발행하는 선하증권이다.

'수취식 선하증권'에는 나중에 실제로 선적이 이루어진 후 선적일을 기입하고 선박회사가 서명[선적일부(船積日附), on Board Notaion]하면, '선적식 선하증권'과 동일한 효력을 가지게 된다. 신용장통일규칙에서도 신용장이 특별한 선적운송서류를 요구하지 않는 한 '수취식 선하증권'도 은행에서 수리를 하도록 규정하고 있다. 한편, 미국의 해운관습은 화주의 청구가 있을 때는 선적전이라도 운송인이 지정한 창고에 화물이 입고되면 일단 선하증권을 발행해주고 선적이 끝난 후에 선적일부를 명기한 후 서명함으로써 '선적식 선하증권'으로서의 효력을 갖도록 하는 것이 보편화되어 있으며, 1992년부터 'Hamburg Rule'이 발효됨으로써 국제적으로 '수취식 선하증권'은 자동적으로 그 효력이 보장되고 있다.

'수취식 선하증권'은 선박회사가 화주와의 운송계약에 의하여 화물을 특정화물 인수장소, 예컨대 선박회사의 부두창고 또는 부두장치장 등에서 인수하고 현실적으로 본선에 적재하기 전에 발행되는 것이며, 그 취지가 선하증권 문면에 기재되어 있다. 예컨대 '(특정) 선박으로 운송하기 위하여 (특정) 화주로부터 외관상 양호한 상태로 수취하였음'이라는 문언이 기재된다.

선박회사가 '수취식 선하증권'을 발행한 후 그 화물을 실제로 선적하였을 때에는 선하증권 이면에 '화물이 (특정일) 본선에 적재되었음을 증명함(We certify shipment has been loaded on board, date)'이라는 문언을 기재하고 책임자가 이에 서명한다. 이와 같이 수취 후 선적하였다는 취지를 기재한 '선적일부'(on Board Notation, on Board Endorsement)가 있는 것을 '배서식 선하증권'이라고 하는데, 실질적으로 '선적식 선하증권'과 동일한 효력을 발생한다.

요컨대, '수취식 선하증권'은 지정된 선박이 아직 부두에 정박하지 않았거나 입항하지 않았을 경우 선박회사의 부두창고에 우선 입고되어 발행되는 일종의 '부두수취증'(Dock Receipt) 또는 '창고수취증'(倉庫收取證, Warehouse Receipt)이다. 따라서 '수취식 선하증권'을 가진 화주는 금융[담보(擔保)]의 융통을 받는데 어려움이 있었다.

그러나 '신용장통일규칙'(UCP 600)에서는 신용장에 별도의 명시가 없는 한 '선적식 선하증권'이 아니더라도 지정 선박에의 적재일자가 기재된 선적부기 조항이 표시된 선하증권을 수리한다고 규정하고 있다. 실무상 영국에서는 '수취식 선하증권'(Received B/L)을 인정하지 않고 있으나, 미국에서는 원면(原綿)을 수출할 때 'Received B/L'의 일종인 'Custody B/L'과 'Port B/L'을 사용하고 있다.

(2) 유통성 보유 여부에 따른 구분

1) 유통가능 선하증권

'유통가능(流通可能) 선하증권'(Negotiable B/L)이란 선하증권을 전매(轉賣)·양도(讓渡)할 수 있다는 의미이다. 따라서 '유통가능 선하증권'은 지시식[指示式, 참고로 지시채권(指示債權)은 특정인 또는 그가 지시한 자에게 변제하여야 하는 증권적 채권이다. 어음·수표·창고증권·화물상환증·선하증권·기명주식은 원칙적으로 지시채권이다]·지참식(持參式)·선택지참식(選擇持參式)·무기명식(無記名式)·선택무기명식(選擇無記名式) 등의 선하증권을 말하며 선하증권에 유통가능(Negotiable)이라는 문구 또는 수화인(Consignee)란에 'to Order', 또는 'to Bearer' 등의 표시가 있어야 한다.

선하증권은 화물을 표창하는 유가증권으로서 물권적 효력을 보유하고 있는 까닭에, 해상운송중인 화물을 선하증권으로 매매[전매(轉賣)]하여 당사자가 신속하게 자금을 융통할 수 있는 기능을 갖고 있으므로 대부분의 선하증권은 '유통가능[지시식(指示式)] 선하증권'으로 발행되어 유통전전(流通輾轉)할 수 있게 된다.

2) 유통불능 선하증권

반면에 '유통불능(流通不能) 선하증권'(Non-Negotiable B/L)은 전매·양도가 허용되지 않는 선하증권으로서 문면에 '유통불능'(Non-Negotiable)이라는 문언이 기재되어 발행된다. 해상운송에 의한 대부분의 선하증권은 이와 같은 '유통불능 선하증권'으로 발행되는 경우는 극히 드물고, 다만 특수 관계자 간, 본·지사 간 거래, 이삿짐 등의 운송에 제한적으로 이용된다.

항공운송의 경우 운송기간이 불과 2~3일 밖에 소요되지 않아 항공운송에서의 운송증권인 '항공운송장'(Airway Bill)은 모두 유통불능증권[기명식(記名式)]으로 발행되며, 마찬가지로 '해상운송장'(Seaway Bill)도 유통불능증권에 해당한다.

(3) 수화인의 표시방법에 의한 구분

1) 기명식 선하증권

'기명식(記名式) 선하증권'(Straight, Non-negotiable, Consigned B/L)은 B/L의 수화인(Consignee)란에 당해 수입상[매수인(買受人)]의 이름이 기재된 선하증권이다. '기명식 선하증권'은 앞서 언급하였던 바와 같이 국제해상운송화물에는 거의 이용되지 않고, 이삿짐 또는 개인의 물품을 발송하는 경우에 많이 이용되며, 유통이 불가하므로 송화인의 배서(背書)는 필요가 없다. 그러나 '기명식 선하증권'도 발행인 배서양도(背書讓渡)를 금지하고 있지 않는 한, 배서에 의해서 양도될 수 있는 여지가 있음을 주지하여야 한다. 화물상환증은 기명식인 경우에도 배서에 의하여 양도할 수 있다. 그러나 화물상환증에 배서를 금지하는 뜻을 기재한 때에는 그러하지 아니하다.

결국 '기명식 선하증권'은 수화인란에 특정인이 명시되어 있어, 그 특정인이 양도하지 않는 이상 제3자에게는 여하의 효력이 없게 된다. 실무상 '기명식 선하증권'은 당해 증권의 제시가 없더라도 그 특정인의 신원이 확인된 경우라면 화물의 인도가 가능하다.

'기명식 선하증권'의 발행은 수권은행(Issuing Bank)의 지급담보[질권(質權)]를 행사할 수 없는 까닭에, 특별한 약정이 없는 이상 은행은 신용장 개설신청 시 '기명식 선하증권'의 발행을 허용하지 않는다.

2) 지시식 선하증권

'지시식(指示式) 선하증권'(Order B/L)은 수화인란에 특정의 수화인명이 기재되지 않고, 단순히 'to Order', 'to Order of Shipper', 'to Order of ... Bank'와 같이 지시인[Order]만 기재하여 발행된다. 곧 '지시식 선하증권'은 통상의 선하증권 기능이라 할 수 있는 유통성(Negotiability)을 담보하고 있어 실무상 'Order B/L'로 약칭된다. 통상의 국제상거래에서는 '지시식 선하증권'이 사용되는데, 수입상[매수인(買受人)]의 이름과 주소는 수화인란이 아니라 '착화통지처'(Notify Party)란에 기재된다.

수입상이 화물 또는 '화물인도지시서'(貨物引渡指示書, D/O)를 선사의 대리인으로부터 수취하기 위해서는 이와 상환으로 정당하게 배서된 선하증권 원본을 제출하여야 한다. 따라서 송화인의 지시인 앞으로 되어 있으면 송화인은 전통(傳通)에 백지배서(in Blank) 또는 특정의 하수인 혹은 그 지시인[Named Consignee or Order] 앞으로 배서(Endorse)하여야 된다. 최초의 원본 1통이 선박회사에 제출되면 나머지 2통은 무효가 된다.

그런데 신용장이 'to Order of Shipper'로 기재된 선하증권을 요구한 경우 'to Order'라고 기재된 선하증권을 제공하였다면 신용장의 '엄격일치의 원칙'(the Doctrine of Strict Compliance)에 따라 지불을 거절당할 수도 있다. 이는 반대로 신용장이 'to Order' 선하증권을 요구한 경우 'to Order of Shipper' 선하증권을 제시하였다면 마찬가지로 대금지급을 거절할 수 있다. 이로부터의 시사점은 신용장을 기반한 거래에서는 신용장의 요구에 따라 문면상 적합한 선하증권이 발행되어야 한다는 것이다.

그리고 '지시식 선하증권'에서는 통상 착화통지처(Notify Party)가 기재되는데, 이것은 선하증권의 유통성을 제한하는 것이 아니며, 아울러 선사가 반드시 통지처에 통지를 해야 할 의무를 부담하는 것이 아님을 유의하여야 한다. 이 경우 통지처는 다만 수입상·통관업자 또는 수입지의 수출상의 대리인이 될 수 있음을 의미한다.

3) 지참식 선하증권

'지참식(持參式) 선하증권'(Bearer B/L) 또는 '무기명식 선하증권'은 수화인란에 'Bearer' 또는 'to Bearer'라고 기재되어진 선하증권을 말한다. 지참식은 누구라도 그 선하증권을 소지하고 있으면 수화인의 자격을 보유한다.

실무상으로는 'to (특정회사) or Bearer'로 되어 있는 선택지참식(選擇持參式)도 있다. 이 경우에는 특정회사가 스스로 수화인이 되어도 무방하나 '지참식 선하증권'이 배서해야 함을 요건으로 두고 있음과 달리 단지 교부만으로 유통시킬 수 있다고 하는 차이점이 있다. 다만 국가별 그 인정정도가 상이한 까닭에 선하증권의 발행 전 이를 확인해야 한다.

(4) 사고 유무의 표시방법에 따른 구분

1) 무사고 선하증권

운송화물이 본선에 양호한 상태로 또한 신청 수량대로 적재되어 선하증권의 '적요란'(Remarks)에 화물의 사고문언이 기재되지 않고 깨끗한[Clean] 채로 발행된 선하증권을 말한다. '무사고(無事故) 선하증권'(Clean B/L)에는 양호한 상태로 수량이 일치함을 명시하기 위해서 'Shipped on Board in Apparent Good Order and Condition' 이란 문언이 기재된다. 참고로 '사고 본선수령증'[事故本船受領證, 사고본선수취증(事故本船收取證), Foul Mate's Receipt]은 본선에서 화물을 수령하였음을 증명하는 수령증의 '적요란'에 화물의 상태에 이상이 있음이 기재된 화물의 수령증을 말한다. 이 같은 사고 본선수령증에 의해 이하 '사고부 선하증권'이 발행되기 때문에 화주의 처지에서는 무역 금융상 장애에 직면하게 된다.

참고로 '신용장통일규칙'(UCP 600)에는 "'무사고 운송서류'란 화물 또는 그 포장에 관하여 불완전한 상태임을 명백히 표시하는 부가조항이나 단서가 포함되어 있지 않는 운송서류를 말한다"라고 규정되어 있다. 그리고 은행은 신용장에서 수리될 수 있는 조항이나 단서가 명시되어 있지 않는 한 화물 및/또는 그 포장에 하자가 있는 상태를 명시하는 조항이나 단서가 있는 운송서류를 거절하도록 규정되어 있다.

2) 사고부 선하증권

본선에 화물을 선적할 때 화물의 포장 · 수량 등에 어떤 사고 또는 하자(瑕疵), 예컨대 파손 · 수량부족 · 유손(濡損) 등이 발생할 경우 화물을 인수한 일등항해사는 이러한 사고를 '본선수취증'(Mates Receipt, M/R)의 적요란(Remarks)에 기재된 '사고본선수취증'(Foul M/R)을 발급하게 되는데, 이에 따라 화주가 선사에 이를 제출하는 경우 선사는 선하증권의 비고란에 사고문언이 기재된 '사고부 선하증권'(Foul or Dirty B/L)

을 발행하게 된다. 예컨대 'rain work some wet', '6 cases broken' 등은 '사고부 선하증권'의 문면상 기재될 수 있는 사고문언의 유형이다.

한편 이에 결부하여 알아두어야 할 것이 '파손화물보상장'(Letter of Indemnity)이다. 선적 시 검수인(Tally Man)은 매화물마다 화물의 수량 및 포장상태를 점검하여 그 결과를 검수집계표(Tally Report)로 작성, 일등항해사에게 제출하게 된다. 일등항해사는 이를 기초로 본선수취증(M/R)을 작성, 송화인에게 교부한다. 이때 화물에 이상이 있으면 본선수취증(M/R)의 적요란(Remarks)에 그 사실을 사고문구로 기재하게 된다.

선하증권은 본선수취증(M/R)에 근거하여 작성되는 바, 본선수취증(M/R)의 비고란에 사고문구가 있게 되면 역시 선하증권의 문면상에도 당해 사고문구가 기재되어 이른바 '사고부 선하증권'(Dirty B/L)이 되고 이 '사고부 선하증권'은 은행이 화환취결(Negotiation)을 하지 않으므로 송화인은 선사에 이를테면 '본 화물로부터 발생되는 모든 클레임에 대해서는 송화인이 전적으로 책임 질 것을 확약하는 바, 만약 이로부터 선사에 클레임이 제기되는 경우에는 그 일체를 배상하겠다.'라는 취지의 각서[Letter of Indemnity, L/I]를 제출하여 '무사고 선하증권'을 발급받는 관행이 있다.

그런데 법리상 이 같은 '파손화물보상장'(L/I)는 선하증권의 진실성을 해하는 허위표시(Misrepresentation)로서 수화인 등 선의의 증권소지인[*Bona Fide* Holder]을 속이는 결과가 되어 법리상 명백한 불법서류로 간주된다. 왜냐하면 이는 상거래의 안전을 담보로 하고 있는 '금반언(Estoppel)의 원칙'에 대한 명백한 위반이기 때문이다.

만약 '무사고 선하증권'의 소지인이 선사를 상대로 클레임을 제기하는 경우 선사는 일차적인 책임을 면할 수 없게 되는데, 이와 같은 경우라면 선사는 소지인에게 일차로 배상한 후 송화인에게 당해 배상을 전가하게 된다. 따라서 선사는 파손화물보상장(L/I)의 처리에 신중을 기하여야 한다.

한편 '파손화물보상장'(L/I)은 신속·민활한 상거래를 유도할 수 있다고 하는 경제적 실익에 있는데, 예컨대 경미한 파손의 경우 이를 관계당사자에게 통지하고, 그 이해에 따라 향후 발생할 수 있는 과다비용을 사전에 방지할 수 있다고 하는 점이다.

파손화물보상장(L/I)은 통상 수통이 작성되며, 정본은 '무사고 선하증권'을 발행한 선적지의 선사 또는 대리점이 보관하고, 부본은 본선과 양륙지 선사의 대리인이 보관하여 장래 발생할 수 있는 클레임에 대비하게 된다.

또한 파손화물보상장(L/I)을 발행하게 되는 경우라면 이 사실을 반드시 보험회사에 통지해야 하는데, 만약 그렇지 않게 되면 사기로 간주되어 사고가 발생한 경우라고 하더라도 보험금 청구를 할 수 없게 된다. 통지 후에는 적하목록(Manifest)에 본선수취증(M/R)이 비고내용을 그대로 기재하고 당해 화물에 대해 '무사고 선하증권'이 발행되었음을 명시하여야 한다.

▌파손화물보상장(L/I)의 예시▐

LETTER OF INDEMNITY

Date :

To : Shinhan Bank

Dear Sirs,

We refer to the Receivables Purchase Agreement entered into with your Bank dated, 2011 with respect to our rights and benefits to receive payments under the Supply Contract (or Purchase Orders) entered into with (the " Buyer") dated 2011.

We shall be liable for, and shall indemnify your Bank against any losses that your Bank may incur as a result of the Buyer' s failure to make full payments of any Receivables (which amount shall be specified in the relevant invoice), if such failure was caused in whole and in part by a reason or reasons of the illegality or invalidity of the assignment to your Bank of our rights and claims over the Receivables in accordance with the above Receivables Purchase Agreement.

Yours faithfully,

수출자 영문명

명판(법인인감) 등

----

(5) 그 밖의 선하증권

1) 통선하증권

'통(通)선하증권'(Through B/L)은 운송화물이 목적지에 도착할 때까지 서로 다른 둘 이상[이종(異種)]의 운송기관, 즉 해상·육상 또는 항공을 교대로 이용하여 운송되는 경우 환적할 때마다 운송계약을 맺는 절차 및 비용을 절약하기 위하여 첫 번째의 운송업자가 당해 '전 운송구간'(全運送區間)에 대해서 발행하는 선하증권이다.

'통선하증권'이 발행됨에 있어 해상운송인은 육상운송을 수배하여 운송서비스에 충당하게 되는데, 이 경우 해상운송인은 송화인의 대리인으로서 행동할 뿐 당해 구간운송에 책임을 부담하는 것은 아니며, 다만 '통선하증권'의 발행인으로서 해상운송의 이행과 해상구간의 손실만을 책임진다.

'통선하증권'은 일반적으로 해상 및 육상을 겸하여 발행되는 선하증권이라고 하는 특징을 보유하는데, 곧 '통선하증권'은 보통의 선하증권인 동시에 철도의 '화물상환증'(Railway Bill of Lading)의 기능을 겸하고 있는 특징이 있다. 미국에서는 해상 및 육상운송을 겸하는 선하증권을 달리 'Overland(Overland Common Point) B/L'이라고 부른다.

2) 약식 선하증권

선하증권의 발행 등의 절차를 간소화하기 위하여 선하증권 이면에 기재된 장문의 약관을 생략한 것을 '약식(略式) 선하증권'(Short From B/L)이라 한다. 다만 '약식 선하증권'은 분쟁이 발생하면 원래 선하증권의 이면에 기재된 약관에 따른다고 하는 문언이 기재되어 있음이 보통이다.

3) 컨테이너 선하증권

컨테이너 적재설비를 갖추고 있는 선박에 화물을 선적한 경우 발행되는 선하증권을 '컨테이너 선하증권'(Container B/L)이라 한다. 컨테이너에 의한 운송의 경우 화주는 생산공장 또는 창고에서 컨테이너를 선박회사의 'CY'까지 자기 책임 하에 운송하여 선박회사에 인도한다. 따라서 선박회사는 인수받은 화물이 화주가 포장하고 봉인한 것이기 때문에 그 내용을 알 수 없다는 뜻으로 '부지약관'(不知約款, Unknown Clause) 곧 'shipper's load and count' 또는 'said by shipper to contain'이라는 문언을 '컨테이너 선하증권'의 문면에 기재하고 있다.

'컨테이너 선하증권'에는 운송품이 송화인에 의하여 적입된 컨테이너이므로, 특히 이 선하증권은 그 표면에 기재된 컨테이너의 수만을 수령하였다는 증거로서 그 내장품의 상태 및 명세는 운송인이 알지 못하므로 운송인은 그에 대한 어떠한 책임도 지지 않는다고 하는 약관이 기재되어 있다. 이를 부지약관이라 한다.

이 경우 운송인은 증권 상에 기재된 운송품을 수령한 것으로 추정되어 증권소지인에 대하여 그러한 운송품을 인도할 의무를 진다고 하는 증권 책임을 배제하기 위한 것이다. 더욱이 그러한 부지약관에 대신 하여 선하증권의 표면에 '송화인의 적재 및 검수'(Shipper's Load and Count)라거나 '본인 적입'[said to Contain]이라는 따위의 '부지문언'(不知文言)이 기재되는 경우도 있다.

4) 집단 선하증권

'집단(集團) 선하증권'(Groupage B/L)은 '무선박공중운송인'(Non-Vessel Operating Common Carrier, NVOCC)이 같은 목적지로 가는 LCL 화물을 모아 하나의 단위화물[Group]로 구성하여 선적할 때 발행하는 것을 말한다.

영미법에서는 운송인을 '공중운송인'(公衆運送人, Common Carrier, Public Carrier)과 '사적운송인'(私的運送人, Private Carrier)으로 구별한다. 따라서 어떤 운송인이 특정 화주와 선하증권이 아닌 별도의 운송계약을 체결하고 운송서비스를 제공할 경우에는 '사적운송인'이 되고, 달리 불특정 다수의 화주를 대상으로 '운임요율'(Tariff Rate)과 선하증권에 기초하여 운송서비스를 제공할 경우에는 '공중운송인'이 된다.

요컨대, '공중운송인'은 불특정 다수의 화주를 대상으로 운임요율을 공시하고 그 운임요율 범위 내에서 화주 및 화물에 차별을 두지 않고 공평하게 운송서비스를 제공하는 자이다. 이를테면 시내버스·철도·고속버스와 같은 대중교통으로 보면 된다. 주로 정기선이 이에 해당되며 컨테이너 선사가 대표적인 공중운송인이라 할 수 있다.

한편 '공중운송인'은 '유선박공중운송인'(Vessel Operating Common Carrier, VOCC)과 '무선박공중운송인'(Non-vessel Operating Common Carrier, NVOCC)으로 분류되는데, 전자는 선박을 직접 운항하는 정기선사를 지칭하고, 후자는 선박을 직접 운항하지 않으면서 운송주체가 되어 자기의 운임요율을 보유하고 자기의 명의로 운송증권을 발행하여 운송서비스를 제공하는 자이다. 즉 '무선박공중운송인'(NVOCC)은 유선박공중운송인(VOCC)에게 운송을 의뢰하므로 '유선박공중운송인'(VOCC)에게는 화주의 지위이면서 동시에 화주에게는 운송인의 지위를 갖게 된다.

이 경우 '무선박공중운송인'(NVOCC) 또는 '운송주선인'(Freight Forwarder)이 화주와 선박회사 간 운송서비스에 관계하게 되는데, 선박회사로부터는 '집단 선하증권'을 받고 화주에게는 '개별 선하증권'(House B/L)을 교부한다. 이 '집단 선하증권'은 소량의 화물을 운송하는 경우 개별적으로 운송하는 것보다 포장비 및 운송비를 절감시키는 이점이 있어 소량화물의 국제운송 특히 실무상 항공운송에 주로 이용된다. 이 경우 '운송주선인'(Freight Forwarder)이 발행한 B/L을 '운송주선인 선하증권'(Forwarder's B/L)이라고 한다.

5) 시효경과 선하증권

'시효경과(時效經過) 선하증권'(Stale B/L)이란 물품이 선적된 후 상당한 기간이 경과된 선하증권, 곧 선하증권의 제시기간이 필요 이상으로 지연된 선하증권을 말한다. 이를테면 '신용장통일규칙'에서는 모든 신용장은 최종선적일 및 유효기간의 규정 이외에 운송증권의 발행일자 이후 선하증권 또는 운송서류를 지급·인수 또는 매입은행 앞으로 제시하여야 할 기간도 명시하도록 규정하고 있는데, 달리 기간을 명시하지 않는 경우 선하증권 또는 그 밖의 운송서류 발행일자 이후 21일 이상 경과한 후에 제시되는 서류는 은행은 거절하는 것으로 규정하고 있다.

따라서 선하증권 발행일자 이후 21일이 지나 매입은행에 제시하면 은행은 특별히 신용장 상에 'Stale B/L Acceptable'이란 조항이 없이는 수리를 거절할 수 있다. 수출상은 하루 속히 수출대금을 회수하기 위하여 B/L이 발행되는 즉시 화환어음을 발행하여 운송서류와 함께 21일 이내에 은행에 제시하여 그 화환어음을 매입하게 된다. 그러나 혹여 21일이 지난 후 B/L을 은행에 제시하면 은행은 수리를 거절할 수 있다.

'시효경과 선하증권'이 수출상과 수입상이 서로 합의하여 이루어지는 경우는 신용장 상에 'Stale B/L Acceptable'이란 조항이 기재되어 은행이 수리하지만, 수출상과 수입상 사이에 사전 양해 없이 야기되는 '시효경과 선하증권'은 통상 은행이 수리를 거절한다.

6) 환적 선하증권

'환적 선하증권'(換積船荷證券, Transshipment B/L)은 운송경로의 표시에 있어 도중의 '환적'(換積)을 증권 문면에 기재한 선하증권을 말한다. '환적'은 화물의 손상을 초래케 하고 화물운송 지연의 원인이 될 뿐만 아니라 환적비용이 발생할 우려가 있기 때문에, 실무상 이를 방지하기 위해서는 특별조건으로서 신용장 문면상에 'Transshipment Prohibited'라는 문언을 기재하여야 한다.

5 선하증권의 기재사항

선하증권의 전면에 표시되는 필수 기재사항으로는 '선하증권 및 운송인의 표시'·'선박의 국적'·'선박의 명칭과 톤수'·'운송품의 종류 및 중량과 용적'·'포장의 종류'·'개수와 기호'·'송화인 및 수화인의 성명' 혹은 '상호'·'선적항과 양륙항'·'운송구간' 및 '운임의 표시'·'선하증권의 작성지'와 '작성일자'·'선하증권의 발행부수'·'선하증권 서명권자의 기명날인' 등이다.

이에 반해 '본선항해번호'(Voyage No.)·'운임지불지'·'운임지불조건'·'선하증권번호'(B/L No.)·'컨테이너 번호' 및 '봉인번호'(Sealing No.) 등은 임의 기재사항이다.

특히 임의 기재사항 중 가장 중요한 것이 선주의 책임면책에 관해 명시하고 있는 각종 면책약관(免責約款)이라고 할 수 있다. 면책약관은 보통 선하증권의 이면에 명백히 인쇄되어 있는 일반약관(General Clause)과 선하증권의 여백에 기입하거나 고무인·스탬프(Stamp) 등으로 기입되는 특별약관(Special Clause)이 있다.

선하증권의 이면약관 중 선주가 항상 면책이 되는 사항을 '통상 면책약관'이라 하는데, 선박이 불가피한 위험에 직면하여 사고를 당했을 때 선주가 책임을 면하게 된다는 내용을 담고 있다. 예를 들어, 선박회사가 예견하고 방지할 수 없는 '해난'(海難, Perils of Sea) 및 순수한 자연력에 의한 '천재'(天災, Act of God) 등에 의한 사고에 대하여 선사는 자동적으로 면책된다.

또한 이 같은 자연적 재해이외에도 전쟁위험 등에 기인한 손해와 제3자의 행위에 기인하는 위험에 대하여도 선사는 책임을 지지 않는다.

운송인의 책임에 관한 주요 면책조항을 요약하여 정리하면 다음과 같다. 첫째 '과실조항'(過失條項, Negligence Clause)이다. '과실'에는 '항해과실'(航海過失)과 '상업과실'(商業過失)이 있는데, 항해과실이란 선장·선원·도선사·선박회사의 사용인에 의한 선박의 조종 등 일체의 기술상의 행위에 관한 과실을 말한다. 반면에 화물의 선적·적부·보관·하역·인도 등에 관한 과실에 기인하는 손해는 상업과실이라 부르는데, 이에 대해선 선사는 면책을 주장하지 못하고 손해발생시 화주는 배상받을 수 있다.

둘째 '잠재하자조항'(潛在瑕疵條項, Latent Defect Clause)이다. 선박의 '감항능력'(Seaworthiness)의 담보의무에 대해서는 각국의 법규상 해상운송인에게 상당한 책임을 부과하고 있으나, 복잡한 선체나 기관 및 장비 등에는 기술적 결함이 잠재하여 출항 전 '상당한 주의의무'(Due Diligence)를 다하였음에도 발견할 수 없는 것도 있어 이로 인한 손해에 대해서는 선사의 면책을 인정하고 있다.

셋째 '이로조항'(離路條項, Deviation Clause)이다. 항해 중에 인명 및 재산의 구조·피난 및 그 밖의 상당한 이유가 있는 경우에 예정항로외의 지역으로의 선박운항이나 기항에 의해 발생한 손해에 대하여도 선사는 면책된다.

넷째 '부지조항'(不知條項, Unknown Clause)이다. 선박회사는 선적 시 화물의 내용까지는 검사하지 않으며, 선하증권에 "외관상 양호한 상태로 선적하고 이것과 유사하게 양호한 상태로 인도한다"고 기재하여 화물의 내용·중량·용적 및 내용물의 수량·품질·종류·가격 등에 대하여는 선사가 책임 없음을 정하는 조항이다. 이는 특히 수출입화물의 컨테이너화로 인해 그 특성상 컨테이너 내에 적입된 화물에 대해 이를 운송할 선박회사가 일일이 그 내용물을 확인할 수 없는 상황에서 부가된 조항이다.

다섯째 '화물고유의 성질'(Inherent Defect)이다. 생동물(生動物)·갑판적 화물·어패류·육류·과실류·부패성화물·도자기 등은 화물자체의 성격상 파손·누손·부패·사망 등이 발생할 수 있으므로 이에 대해서도 면책된다.

여섯째 '고가품'(高價品)에 관한 조항이다. 송화인이 선적 시에 화물의 종류·품질·가격 등을 명시하지 아니하였고, 또한 운임이 '종가율'(從價率, Ad Valorem Rate)에 의하지 않았을 때는 혹 발생될지 모르는 손해에 대하여 선주는 일정 금액을 한도로 배상책임을 부담한다.

6 선하증권의 약관 해설

[해상 선하증권(ocean B/L) 견본 [전면]]

Consignor/Shipper

B/L No.

Consignee

HYUNDAI LOGISTICS CO.,LTD.

Notify Party

For delivery of goods please apply to :

ISO 9001 REGISTERED　ISO 14001 REGISTERED

Pre-carriage by	Place of Receipt		
Vessel / Voyage No.			
Port of Loading	Port of Discharge	Place of Delivery	Final Destination(For the Merchant Ref.)

PARTICULARS FURNISHED BY CONSIGNOR/SHIPPER

Container No. & Seal No. Marks and No.	No. & Kinds of Containers or P'kgs	Description of Goods	Gross Weight	Measurement

Total Number of Containers or Packages(in words)	Freight Payable at

Freight & Charges	Prepaid	Collect
Place and Date of Issue		No. of Original B/L

Received by the Carrier, the Goods specified herein in apparent good order and condition unless otherwise stated, to be transported to such place as agreed, authorized or permitted herein and subject to all the terms and conditions appearing on the front and reverse of this Multimodal Transport Bill of Lading (hereinafter called the 'K B/L') to which the Merchant agrees by accepting this K B/L, notwithstanding any local privileges, customs or any other agreements between the parties. The particulars of the goods provided herein were stated by the shipper and the weight, measurements, quantity, condition, contents and value of the Goods are unknown to the Carrier. In witness whereof three(3) original K B/L(s) have been signed unless otherwise stated herein. If two(2) or more original K B/L(s) have been issued and either one(1) has been surrendered, all the other(s) shall be null and void. If required by the Carrier one(1) duly endorsed original K B/L must be surrendered in exchange for the Goods or delivery order.

Signature

HYUNDAI LOGISTICS CO., LTD.
ACTING AS A CARRIER

[해상 선하증권(ocean B/L) 견본 [이면] - ①]

Authorized by KIFFA 1997

Standard Conditions (1997) governing KIFFA Multimodal Transport Bill of Lading

I. General Clauses

I -1. Definitions

1) "Carrier" means the person who is named on the front of this KIFFA Multimodal Transport Bill of Lading(hereinafter called 'K B/L') as a carrier, concludes a multimodal transport contract with the Merchant and assumes responsibility for the performance thereunder.
2) "Actual Carrier" means the person to whom the performance of the carriage of the Goods, or of part of the carriage, has been entrusted by the Carrier, or any other person to whom such performance has been entrusted by the Carrier.
3) "Merchant" means the actual or previous holder of this K B/L, and shall includes consignor(shipper), consignee, owner and receiver of the Goods, and their agents.
4) "Multimodal Transport Contract" means a single contract for the carriage of Goods by at least two different modes of transport.
5) "Goods" Means the property, including live animals as well as containers, pallets or similar articles of transport or packaging, not supplied by the Carrier, irrespective of whether such property is to be or is carried on or under deck.
6) "Received" and "Taken in Charge" means that the Goods have been handed over to and accepted for carriage by the Carrier at the place of receipt evidenced in this K B/L.
7) "SDR" means the unit of calculation as defined by International Monetary Fund(IMF).
8) "Hague Rules" means the provisions of the International Convention for Unification of certain Rules relating to Bills of Lading singed at Brussels on 25th August 1924.
9) "Hague-Visby Rules" means the Hague Rules as amended by the Protocol singed at Brussels on 23rd February 1968.
10) "COGSA" means the Carriage of Goods by Sea Act of the United States of America approved on 16th April 1936.

I -2. Applicability and Issuance of this K B/L

1) Notwithstanding the heading "Multimodal Transport Bill of Lading" the provisions set out and referred to herein shall also apply when the carriage is performed by one mode of transport only.
2) The Carrier, by the issuance of this K B/L, undertakes to perform and/or, in his own name, to procure the performance of the carriage from the place at which the Goods are taken in charge to the place designated for delivery on the face hereof.
3) This K B/L is only able to be issued by members of Korea International Freight Forwarders Association(KIFFA).

I -3. Negotiability and Title to the Goods

1) By accepting this K B/L, the Merchant and his transferee agree with the Carrier that, unless it is marked "non-negotiable" on the face of this K B/L, it shall be deemed to constitute the title to the Goods and the holder, by endorsement of this K B/L, shall be entitled to receive or to transfer the Goods mentioned on the face hereof.
2) This K B/L shall be negotiable, unless marked "non-negotiable" on the face thereof. This K B/L, when negotiable, shall be transferable by endorsement when issued "to order", and without endorsement when issued "to bearer".
3) This K B/L shall be prima facie evidence of the taking in charge by the Carrier of the Goods as described on the face hereof. However, proof to the contrary shall not be admissible when this K B/L has been negotiated or transferred for valuable consideration to a third party acting in good faith.

I -4. Methods and Routes of Carriage

1) The Carrier may at any time and without notice to the Merchant :
ⓐ use any means of transport or storage whatsoever ;
ⓑ transfer the Goods from one conveyance to another including transshipping or carrying the same on another vessel than that named on the face hereof ;
ⓒ unpack and remove the Goods which have been packed into a container and forward them in a container or otherwise ;
ⓓ load and unload the Goods at any place or port(whether or not being the port named as the port of loading or port of discharge on the face hereof) and store the Goods at any such place or port ; or
ⓔ comply with any orders, direction or recommendation given by any government or authority, or any person or body acting or purporting to act as or on behalf of such government or authority, or having under the terms of any insurance on any conveyance employed by the Carrier the right to give orders or directions.
2) The liberties set out in the preceding paragraph may be invoked by the Carrier for any purpose whatsoever whether or not connected with the carriage of the Goods.
3) Anything done in accordance with the §I -4. 1) or any delay arising therefrom shall be deemed to be within the contractual carriage and shall not be a deviation of whatsoever nature or degree.

II. Carrier

II -1. Role of the Carrier

The Carrier shall provide multimodal transport service diligently under the contract.

II -2. Optional Stowage and Deck Cargo

1) The Goods may be stuffed by the Carrier in any container and consolidated with Goods of other Merchants for carriage.
2) The Carrier has the right to carry the Goods, whether packed in container or not, under deck or on deck.
3) When the Goods are carried on deck, the Carrier shall not be required to specially note, mard or stamp any statement of "on deck stowage" on the face hereof.

II -3. Liability of the Carrier

1) The responsibility of the Carrier for the Goods under these conditions covers the period from te time he takes the Goods in his charge to the time of their delivery.
2) Subject to the terms and conditions of this K B/L, the Carrier shall be responsible for the acts and omissions of his servants or agents, when any such servant or agent is acting within the scope of his employment, or of any other person of whose services he makes use for the performance of the contract, as if such acts and omissions were his own.
3) The Carrier shall be liable for loss of or damage to the Goods, as well as for delay in delivery, unless it is proved that fault or neglect of the Carrier himself, his servants or agents or any other person referred to in §II -3. 2) has caused or contributed to such loss, damage or delay in delivery. However, the Carrier shall not be liable for any loss following from a delay in delivery unless the consignor has made a declaration of interest in timely delivery which has been accepted by the Carrier and stated on this K B/L.
4) Delay in delivery occurs when the Goods have not been delivered within the time expressly agreed upon or, in the absence of such agreement, within the time which would be reasonable to require of a diligent Carrier, having regard to the circumstances of the case.
5) If the Goods have not been delivered within ninety(90) consecutive days following the date of delivery determined according to above §2-3. 4, the person entitled to make a claim for the loss of Goods may, in the absence of evidence to the contrary, treat the Goods as lost.
6) The Carrier shall be relieved of liability for any loss or damage, if such loss, damage or delay in delivery was caused by :
ⓐ the wrongful act or neglect or omission of the Merchant,
ⓑ compliance with the instructions of the person entitled to give them,
ⓒ inherent vice or nature of the Goods,
ⓓ insufficiency of packing or inadequacy of marks and/or numbers,
ⓔ handling, loading, stowage into or discharge from container by the Merchant,
ⓕ war, warlike operations, riots, civil commotions and strikes or lockouts or stoppage or restraint of labor from whatever cause, whether partial or general, or
ⓖ any cause or event which Carrier himself could not avoid and the consequence whereof the Carrier could not prevent by the exercise of due diligence.
7) Notwithstanding §II - 3. 3) the Carrier shall not be liable for loss, damage or delay in delivery with respect to Goods carried by sea or inland waterways when such loss, damage or delay during such carriage has been caused by :
ⓐ act, neglect or default of the master, mariner, pilot or the servants of the Actual Carrier in the navigation or in the management of the ship.
ⓑ fire, unless caused by the actual fault or privity of the Actual Carrier.
ⓒ unseaworthiness of the ship, unless it is proved that due diligence has not been exercised to make the ship seaworthy at the commencement of the voyage.

[해상 선하증권(ocean B/L) 견본 [이면] – ②]

8) Notwithstanding any other conditions to the contrary under this K B/L, if the shipment is on the basis of "Shipper's Weight, Load and Count" or "Shipper Packed Container" or a similar expression has been made on the face hereof, then the Carrie should have no liability whatsoever as to any loss or damage of the Goods inside the container unless such is caused by the fault, mistake of negligence of the Carrier or of any person of whose services the Carrier makes use for the performance of the contract.

II –4. Limitation of Liability of the Carrier

1) Assessment of compensation for loss of or damage to the Goods shall be made by reference to the value of such Goods at the place and time they are delivered to the consignee or at the place and time when, in accordance with the multimodal transport contract, they should have been so delivered.
2) The value of the Goods shall be determined according to the current commodity exchange price or, if there is no such price, according to the current market price or, if there is no commodity exchange price or current market price, by reference to the normal value of Goods of the same kind and quality.
3) The Carrier shall in no event be or become liable for any loss, misdirection, misdelivery of or damage to the Goods or otherwise liable in respect of the Goods howsoever caused in an amount exceeding the equivalent of 2SDR per kilogramme of gross weight of such Goods, provided that, if the nature and value of the Goods shall gave been declared by the consignor and accepted by the Carrier before the Goods have been taken in his charge, and the ad valorm freight rate paid, and such value is stated in this K B/L by him, then such declared value shall be deemed as the limitation amount.
4) Notwithstanding the above mentioned provisions, if the multimodal transport does not, according to the contract, include carriage of Goods by sea or by inland waterways, an amount not exceeding 8.33DR per kilogramme of gross weight of the Goods shall be deemed as the limitation amount for the purpose of this Article.
5) When the loss, misdirection, misdelivery of or damage to the Goods occurred during one particular stage of the multimodal transport, in respect of which any mandatory applicable international convention or national law would have provided for another limit of liability if a separate contract of carriage had been made for that particular stage of transport, then the limit of the Carrier's liability therefor shall be determined by reference to the provisions of such convention or national law.
6) Unless the nature and value of the Goods shall have been declared by the Merchant before the Carrier receives the Goods and is inserted in this K B/L, and the ad valorem freight rate paid, the liability of the Carrier under COGSA, where applicable, shall not exceed US$500 per package or, in the case of Goods not shipped in packages, per customary freight unit.
7) If the carrier is held liable for delay in delivery, or consequential loss or damage other than loss of or damage to the Goods, the liability of the Carrier shall be limited to an amount not exceeding the equivalent of the freight under the multimodal contract for the multimodal transport under this K B/L.
8) The aggregate liability of the Carrier shall not exceed the limits of liability for total loss of the Goods.
9) The Merchant and the Carrier specifically agree that the exemption, exclusion and limitation of the Carrier liability in the K B/L are additional to those provided for under the applicable international convention or legislation to this K B/L and that no terms and conditions in this K B/L shall be interpreted or construed to deprive the Carrier of such exception, exclusion or limitation. The Carrier may be exempted from his liability or may exclude or limit his liability under the terms and conditions in this K B/L or under the international convention or applicable law, whichever is the more favorable to him, regardless of whether the cause of such liability is based upon the breach of the terms and conditions of this K B/L or tort, or upon any other cause of whatsoever kind.

II –5. Liability of Servants and other Persons of Carrier

1) The terms and conditions of this K B/L apply whenever claims in relation to the performance of the contract evidenced by this K B/L are made against any servant, agent or other person(including any independent contractor) whose services have been used in order to performance the contract, whether such claims are founded in contract or in tort, and the aggregate liability of the Carrie and of such servants, agents or other persons shall not exceed the limits set forth in § II–4.
2) IN entering into this contract as evidenced by this K B/L, the Carrier, to the extent of this Article shall apply does not only act on his own behalf, but also as the agent of trustee for such persons, and such persons shall, to such extent, be or be deemed to be parties to this contract.
3) The aggregate of the amounts recoverable from the Carrier, servants, agents and other persons shall not exceed the limits provided for herein.

II –6. Applicability of the Conditions to Actions in Tort

The terms and conditions of this K B/L apply to all claims against the Carrier relating to the performance of the multimodal transport contract, whether the claim be founded in contract or in tort.

II –7. Delivery of Goods

1) Any mention herein of parties to be notified of the arrival of the Goods is solely for the information of the Carrier, and failure to give such notification shall not involve the Carrier in any liability and shall not relieve the Merchant of any obligation hereunder.
2) The Carrier shall have the right to deliver the Goods at any time at any place designated by the Carrier within the geographic limits of the place of delivery.
3) In any case, the Carrier's responsibility shall cease when the Goods have been delivered to the Merchant, its gent or subcontractors or otherwise according to the law at the place designated by the Carrier. Delivery of the Goods to the custody of Customs or any other authorities shall always constitute final discharge of the Carrier's responsibility hereunder.
4) For Goods received by the Carrier in containers, the Carrier shall only be responsible for delivery of the total number of containers shown on the face of the K B/L, and shall not be required to unpack the containers.
5) Where the Goods have been packed into containers by the Carrier, the Carrier shall unpack the containers and deliver the contents thereof and shall not be required to deliver the Goods in containers.
6) The Carrier shall not be liable for failure to deliver in accordance with marks unless the Goods or packages shall have been clearly, legibly and permanently marked.
7) whether at the destination or elsewhere. The Carrier may refuse to deliver the Goods unless this K B/L or one original thereof, when two(2) or more originals have been issued, has been surrendered. When the Carrier delivers the Goods to the holder of this K B/L(s) have been issued, the Carrier shall be relived from any responsibility for delivery to any other who may hold other original K B/L(s) or otherwise have any title to the Goods.
8) Notwithstanding §II–7. 7) above, when this K B/L is marked "non–negotiable" on its face, the Carrier shall be discharged from his obligation to deliver the Goods if he delivers the Goods to the consignee named in this K B/L even if he does not surrender this K B/L.

II –8. Lien

1) The Carrier shall have a lien on the Goods and any documents relating thereto for all sums payable to the Carrier under this contract and/or any other contract and for general average contributions to whomsoever due and for the cost of recovering the same. The Carrier shall also have the right to sell the Goods and documents by public auction or private treaty, without notice to the Merchant, all the Merchant's expense, and without any liability towards the Merchant.
2) If the Goods are unclaimed within a reasonable time, or whenever, in the Carrier's option, the Goods will become deteriorated, decayed or worthless, the Carrie may, at his discretion and subject to his lien and without any responsibility attaching to him, sell, abandon or otherwise dispose of such Goods solely at the risk and expense of the Merchant.
3) If the proceeds from the auction, private treaty or sale of the Goods fail to cover the amount due and the cost and expenses incurred, the Carrier shall be entitled to recover the deficit sum from the Merchant.

III. Merchant

III –1. Dangerous Goods and Indemnity

1) The Merchant must mark or label dangerous Goods as dangerous in accordance with all applicable laws, regulations and requirements.
2) Where the Merchant hands over dangerous Goods to the Carrier, as the case may be, the Merchant must inform the Carrier in writing of the dangerous nature and character of the Goods and, if necessary, of the precautions to be taken. If the Merchant fails to do so and such Carrier does not otherwise have knowledge of their dangerous nature and character :

ⓐ the Merchant is liable to the Carrier for all loss, damage, delay, or personal injury or death resulting from the shipment of such Goods ; and

ⓑ the Goods may at any time be unloaded, destroyed or rendered innocuous, as the circumstances may require, without compensation to the Merchant.

3) If any Goods shipped with the knowledge of the Carrier as to their dangerous nature shall become a danger to the vehicle or other cargo, they

[해상 선하증권(ocean B/L) 견본 [이면] – ③]

may in like manner be unloaded or loaded at any place or destroyed or rendered innocuous by the Carrier, without liability on the part
of the Carrier, except General Average, if any.

III –2. Liability of the Merchant

1) At the time the Goods were taken in charge by the Carrier, the Merchant shall be deemed to have guaranteed to the Carrier the accuracy, of all particulars relating to the general nature of the Goods, their marks, number, weight, volume and quantity and, if applicable, the dangerous character of the Goods, as furnished by him or on his behalf for insertion in this K B/L
2) The Merchant shall indemnify the Carrier against any loss resulting from inaccuracies in or inadequacies of the particulars referred to above.
3) The Merchant shall remain liable even if the this K B/L has been transferred by him.
4) The right of the Carrier to such indemnity shall in no way limit his liability under the multimodal transport contract to any person other than the consignor.

III –3. Freight and Charge

1) Freight shall be paid in cash, without any reduction or deferment on account of any claim, counterclaim or set-off, whether prepaid or payable at destination. Freight shall be considered as earned by the Carrier at the moment when the Goods have been taken in his charge, and not to be returned in any event.
2) Even if, for any reason, the freight, demurrage, disbursement, general average contribution, salvage charge or other charges of similar nature payable to the Carrier under this K B/L or the applicable law should become payable at the destination or elsewhere or collectable from the consignee, the consignee, the shipper shall not be released from the obligation for payment thereof.
3) Freight and other amounts payable as mentioned in this K B/L are to be paid in the currency named in this K B/L or, at the Carrier's option, in the currency of the country of despatch or destination at the highest current rate of exchange for banker's sight bills on the date of dispatch for the freight be payable or on the date when the Merchant is notified of arrival of the Goods there or on the date of withdrawal of the delivery order, whichever rate is the higher, or at the option of the Carrier, on the date of his K B/L for the freight payable at destination.
4) All dues, taxes and charges or other expenses in connection with the Goods shall be paid by the Merchant. Where equipment is supplied by the Carrier, the Merchant shall pay all demurrage and charges in connection with the equipment which are not attributable to a fault or neglect of the Carrier.
5) The Merchant shall reimburse the Carrier in proportion to the amount of freight for any costs for deviation or delay or any other increase of costs of whatever nature caused by war, warlike operations epidemics, strikes, government directions or force majeure.
6) The Merchant warrants the correctness of the declaration of contents, insurance, weight, measurement or value of the Goods but the Carrier has the liberty to have the contents inspected and the weight, measurement or value verified. If on such inspection it is found that the declaration is not correct, it is agreed that a sum equal either to five times the difference between the correct freight less the freight actually charged, whichever sum is the smaller, shall be payable as liquidated damages to the Carrier for his inspection costs and losses of freight on other Goods notwithstanding any other sum having been stated on the K B/L as freight payable.
7) Despite the acceptance by the Carrier of instructions to collect freight, charges or other expenses from any other person in respect of the transport under his K B/L, the Merchant shall remain responsible for such monies on receipt of evidence of demand and the absence of payment for whatever reason.

III –4. General Average

1) General Average shall be adjusted at any port or place at the option of the Carrier in accordance with the York-Antwerp Rules 1974, as amended 1990.
2) Notwithstanding §III-4. 1) the Merchant shall defend, indemnify and hold harmless the Carrier in respect of any claim(and any expense arising therefrom) of a General Average nature which may be made on the Carrier and shall provide such security as may be required by the Carrier in this connection.
3) The Carrier shall be under no obligation to take any steps whatsoever to collect security forGeneral Average contributions due to the Merchant.

III –5. Notice of loss of or damage to the Goods

1) Unless notice of loss of or damage to the Goods, specifying the general nature of such loss or damage, is given in writing by the consignee to the Carrier when the Goods are handed over to the consignee, such handing over is prima facie evidence of the delivery by the Carrier of the Goods as descrbed in this K B/L.
2) Where the loss or damage is not apparent, the same prima facie effect shall apply if notice in writing is not given within three(3) consecutive days after the day when the Goods were handed over to the consignee.

IV. Supplementary Provisions

IV –1. Paramount Clauses

1) The terms and conditions shall only take effect to the extent that they are not contrary to the mandatory provisions of international conventions or national law applicable to te contract evidenced by this K B/L.
2) As far as this K B/L covers the carriage of the Goods by sea or inland waterways from the time when the Goods are loaded onto the vessel to the time they are discharged therefrom, this K B/L shall be subject to the Hague Rules or the Hague-Visby Rules but only to the extent that those Rules are compulsorily applicable any legislation and the provisions of those Rules shall apply to all Goods whether carried on or under deck.
3) The COGSA shall apply to the carriage of Goods by sea, whether on or under deck, but only to such extent it is compulsorily applicable to this K B/L.

IV –2. Time-bar

The Carrier shall be discharged of all liability whatsoever in respect of all claims howsoever caused unless suit is brought within nine months after the delivery of the Goods, or the date when the Goods should have been delivered, or the date when in accordance with the §II –3. 5) failure to deliver the Goods would give the consignee the right to treat the Goods as lost or the date of the event giving rese to the claim, whichever is occurs first.

IV –3. Partial Invalidity

1) The terms and conditions of this K B/L are severalable, and if a part or a term is declared invalid or unenforceable, the validity or enforceability of any other part or term shall not be affected thereof.
2) In particular, if any term of his K B/L is held to be repugnant to the applicable international conventions or national law or to any tariff to any extent, such term shall be void to that extent but no further.

IV –4. Jurisdiction and Applicable Law

Actions against the Carrier must be instituted only in the courts in the Republic of Korea and shall be decided according to the law of the Republic of Korea.

(1) 표면약관

본 증권에 별도의 기재사항이 없는 한, 화물을 포함하고 있다고 이 증권에 언급되어 있는 물품이나 컨테이너 또는 포장물은 운송인에 의해서 양호한 상태로 수령했으며, 본 선하증권의 전면(前面)이나 이면(裏面)에 나와 있는 조건에 따라 지정된 선박 또는 운송인의 선택권에 의한 대체선(對替船) 또는 다른 운송수단에 의해 운송되며, 증권에 명시된 수령지 또는 선적항으로부터 양하항 또는 인도지까지 운송하여 그 장소에서 지시인이나 또는 양수인에게 인도되어 진다. 만약 운송인이 요구하는 경우에는 정히 배서된 선하증권이 물품 또는 인도지시서와 상환으로 제출되어야 한다.

본 선하증권을 수령하면서 화주는 반대되는 지역적 관습이나 특권에도 불구하고 화주가 서명한 것과 같이 수기 또는 타이핑・스탬프・인쇄 어느 것이든지 관계없이 본 증권의 전면이나 이면에 있는 규정(規定)・면책(免責)・조건(條件)에 구속된다는 것에 동의한다. 그리고 물품의 운송에 대한 그리고 물품의 운송과 관련하여 모든 합의 또는 약정은 본 선하증권에 의해서 폐기되어진다는데 동의한다.

여기에 그 증거로서 선사를 대리하여 서명한 선장과 선주는 수통의 선하증권에 기재된 취지와 일자에 서명한다. 이들 중에 하나가 이용되고 나면 나머지는 무효가 된다.

(2) 운송경로

물품은 단일 또는 수개의 물품으로서, 그리고 본선 및 또는 육상 또는 항공의 그 밖의 운송수단에 의해서 그 항로가 직항로이든 또는 관습적인 항로이든 관계없이 운송인의 절대적 재량에 따라서 운송된다.

본선(本船)은 공고된 직항로 또는 관습적인 항로 내・외의 어떤 항구나 장소에 한 번 또는 그 이상을 후진 또는 전진의 어떤 순서로든 기항하거나 정박할 수 있는 자유를 가지며, 항해일정에 관계없이 어떤 항구나 장소를 결항(缺航)할 수 있는 자유를 가진다.

본선은 물품의 선적여부와 관계없이 양륙항을 향하여 출항하기 전・후에 나침반과 그 밖의 항해기구를 조정하고 시험항해 또는 시운전을 하며, 수리장소에 들어가고 정박지를 변경하고 연료나 선용품을 적입하고 특정인을 승・하선시키고 수출금지품・폭발물・군수품・전쟁물자・위험물을 운송하며, 도선사의 채용여부와 견인여부를 불문하고 그리고 인명이나 재산을 구조하거나 구조를 시도할 자유를 가진다.

본조항 하에서 운송인에 의해서 취해진 모든 활동은 운송계약의 범주에 포함되는 것으로 간주되며, 그러한 활동 또는 그로 인하여 야기된 지연은 이로(離路)로 간주되지 않는다. 만약 그러한 활동에 관해서 운송인이 책임이 있다면 운송인은 본 선하증권에 포함된 모든 특혜와 권리 그리고 면책의 완전한 이익을 누릴 권리를 가진다.

(3) 책임

운송인은 수령지 또는 선적항에서 물품을 수령하기 이전에, 또는 양하항 또는 인도장소에서 인도 이후에 발생된 물품의 손상에 대해서 책임을 지지 아니한다.

화주가 운송인에 의해 수령지 또는 선적항에서 수령된 때로부터 양하항 또는 인도지에서 운송인에 의해 인도될 때까지의 기간에 물품에 또는 물품과 관련한 손상을 화주가 입증한 경우에 운송인은 본 선하증권의 조항에 따라서 다음의 범위까지 그러한 손상에 대해서 책임을 지지만 그 이상은 지지 않는다.

물품이 선적항의 항구 터미널에 도착한 시간부터 양하항의 항구터미널을 떠날 때까지의 기간 사이에 발생한 손상, 그리고 해상 또는 내수로 운송의 전 또는 이후에 발생한 손상에 대해서는 위에서 규정한대로 적용가능한 '헤이그 규칙'[이하 'Hague Rules'(1924)]에서 정한 범위까지 그리고 본 조항에서 담보[Cover]되는 경우를 제외하고, 운송인의 하도급자 또는 대리인에 의한 물품의 취급·보관·운송 중에 발생된 손상에 대해서는 만약에 그러한 자들이 물품의 취급·보관·운송에 관하여 직접적으로 그리고 별도의 계약을 화주와 체결했을 경우에 책임을 부담해야하는 범위까지 직접적인 그리고 별도의 계약내용은 화주가 요청하는 경우에 운송인의 사무소에서 입수될 수 있다.

물품이 어디에서 언제 손상이 발생했는지 증명될 수 없는 경우에 손상은 수상운송의 과정에서 발생한 것으로 간주된다. 그리고 운송인은 적용가능한 '헤이그 규칙'에 따라서 책임을 진다.

그럼에도 불구하고 운송인은 물품이 어떤 특정시장이나 용도에 맞추기 위해서 어떤 특정시간에 또는 시간 내에 양하항이나 인도장소에 도착할 것이라는 것을 보증하지 않는다. 그리고 지연으로 야기된 어떤 직접적인 또는 간접적인 손상에 대해서 책임이 없다.

본 증권전면의 최종목적지는 단지 화주의 참고를 목적으로 한 것이며, 물품에 대한 운송인의 모든 책임은 양하항 또는 인도장소에서 물품의 인도시에 종료된다.

(4) 자유

운송이 개시되기 전, 또는 운송 중에 현존하는 것이든 아니든 또는 예견여부를 불문하고 어떤 상황에서도 운송인(물품의 운송 또는 보관을 책임진 자를 포함한다)의 판단에 따라서 본선·자동차·운송인·특정인·물품 또는 재산에 대하여 어떤 성질의 것이든 위험·상해·손실·지연이나 불이익이 발생되었거나 발생될 것 같은 경우 운송의 개시 또는 계속 또는 운송인에 의해서 본래 의도된 경로와 방법으로 양하항에서 물품을 양하하거나 인도장소에서 물품을 인도하는 것이 위험할 뿐만 아니라 실행불가능하며, 또는 불법이 되거나 운송인이나 화주의 이익에 반하거나 반하게 될 것 같은 경우에 운송인은 언제든지 화주의 위험과 비용으로 컨테이너를 개봉하든지 운송인이 합당하다고 여겨지는 방법대로 물품을 처분할 권리를 가진다.

수령지 또는 선적항에서 본선이나 차량 또는 그 밖의 운송수단에 물품이 적재되기 전에는 운송인은 보상 없이 운송계약을 취소하고 화주에게 물품을 인수해갈 것을 요구할 수 있으며, 인수하지 않으면 화주의 위험과 비용으로 창고 또는 어떤 곳이든지 놓아둘 수 있으며, 만약에 물품이 환적대기 중에 있으면 운송을 그 곳에서 종료하고 운송인에 의해서 선정된 어떤 장소에 화주의 위험과 비용으로 물품을 보관할 수 있다.

물품이 본선이나 차량 또는 그 밖의 운송수단에 적재되어 있을 경우에는 양하항에 접근·진입·진입시도 또는 인도장소에 들어가기를 시도하거나 또는 양하를 시도하거나 개시하거나에 관계없이 운송인은 자신이 선택한 어떤 항구나 장소에서 물품 또는 그 일부를 양하할 수 있고, 그들을 선적항이나 수령지로 반환하여 그곳에서 양하할 수 있다.

이 모든 행위는 완전하고 최종적인 인도가 되며 본 계약의 완전한 이행을 구성한다. 그리고 운송인은 그 이후에 본 증권하의 어떤 책임으로부터도 면책된다.

전항에 따라서 보관·양하 또는 어떤 행위 후에 만약에 운송인이 물품을 보관 또는 환적 또는 발송하는 약정을 한다면 그것은 단지 화주를 위하여 화주의 위험과 비용으로 한 것이며 그러한 대리의 측면에 있어서 어떠한 책임도 지지 않는다. 그리고 화주는 그로 인해 발생된 모든 추가운임·수수료·추가비용을 운송인이 청구하는 즉시 보상한다.

위에서 언급된 상황은 선포여부를 불문하고 전쟁 중이거나 전쟁의 공포·적대행위·호전적 또는 교전행위·폭동·시민소요 또는 그 밖의 소동·운하의 봉쇄·장해・위험・항구나 장소의 봉쇄 또는 상거래에 대한 금지나 제한・검역・위생 또는 그 밖의 유사한 규제나 제한・파업이나 직장폐쇄 또는 그 밖의 운송인이나 그의 하도급자의 고용인이 포함되었는지의 여부와 관계없이 그리고 전반적이든 부분적이든 관계없이 노동분쟁・항구・부두・항구터미널 그 밖의 어떤 장소의 적체・물품의 적재・양하・인도 그 밖의 취급을 위한 노동력이나 장비의 부족・부재 또는 장해・전염병이나 질병・악천후・여울・얼음・산사태 또는 그 밖의 항해나 운반에 있어서의 장해를 포함한다.

운송인은 본 조항에서 규정한 모든 자유에 추가로 출항・도착경로・기항항구・정지・적재・양하・취급・목적지・인도・검역 또는 그 밖의 사항에 대하여 어떻게 주어지든지 간에 어떤 정부, 공공기관이나 또는 그러한 정부의 통치를 행하거나 지원하는 어떤 사람, 본선의 보험조건하에서 그러한 명령・지시・규제・권고・제안을 할 권리를 가진 공공기관 또는 어떤 위원회나 사람의 명령이나 지시・규제・권고・제안에 따를 자유를 가진다. 만약에 그러한 명령이나 지시・규제・권고・제안사항에 따르는 것으로 인하여 어떤 것이 행해지거나 행해지지 않는 것은 계약운송에 포함되는 것으로 간주되고, 그것은 이로로 간주되지 않는다.

(5) 부지약관

이 증권 전면에 명시된 기호・번호・명세・품질・수량・치수・중량・부피・성질・종류・가액 및 그 밖의 물품의 명세는 화주가 신고한 대로이며, 운송인은 그것의 정확성에 대해서 책임을 지지 않는다.

화주는 그가 신고한 상세명세가 정확하다는 것을 운송인에게 담보하며, 그것의 부정확성으로 인하여 발생하는 모든 멸실・손해・비용・책임・벌과금・과태료에 대해서 운송인에게 보상한다.

(6) 컨테이너의 이용

선하증권 문면상에 수령으로 확인된 물품이 수령 시에 컨테이너에 적입되어 있지 않은 경우에 운송인은 어떤 형태의 컨테이너에 적입하여 운송할 자유를 가진다.

(7) 운송인의 컨테이너

화주는 화주 또는 화주에 의해 고용되거나 화주를 대신하여 고용된 대리인이나

육상운송인의 점유 또는 통제하에 있는 동안에 운송인의 컨테이너 및 그 밖의 장비의 어떤 손상에 대하여 전적으로 책임을 지고 운송인에게 보상한다.

운송인은 화주, 그의 대리인 또는 그에 의해 또는 그를 대신하여 고용된 육상운송인에 의해 취급되거나 점유하에 있는 동안에 그 밖의 다른 사람의 재산 또는 내용물에 대한 모든 손상에 대해서 어떤 경우에도 책임이 없으며 화주는 보상하고 운송인에게 피해를 입히지 않아야 한다.

(8) 화주적입 컨테이너

만약 운송인이 수령한 화물이 화주에 의하여 또는 화주를 대신하여 내용물이 적입된 컨테이너인 경우에 선하증권은 본 증권면상에 기재된 대로 단지 컨테이너 수량의 수령과 그리고 증권면상에 기재된 대로 컨테이너의 배열과 상태에 대한 추정적인 증거가 되며 내용물의 상태나 배열 및 그 밖의 모든 명세(기호·번호·포장 또는 단위의 수와 종류·물품명세·품질·수량·치수·중량·부피·성질·종류 및 가액을 포함한다)는 운송인에게 알려져 있지 않으며 운송인은 그기에 관한 책임을 지지 않는다.

화주는 컨테이너의 내용물과 컨테이너의 봉인이 안전하고 적합한 것에 대하여 담보하며 또한 본 증권의 조건에 따라서 컨테이너와 그 내용물이 취급과 운송에 적합할 것을 담보한다.

화주가 위 담보를 위반하게 되면 운송인은 그러한 위반으로부터 야기되는 물품에 또는 물품과 관련하여 손상에 대하여 책임을 지지 않는다. 그리고 화주는 그 밖의 모든 재산에 대한 손상 또는 상해 또는 그 밖의 모든 사고, 사건의 결과에 대해서 책임을 져야 한다. 언급한 사건 및 사고로 인하여 운송인이 피해를 받은 또는 운송인에 의해서 야기된 모든 종류의 멸실(滅失)이나 책임에 대해서 운송인에게 보상한다.

화주는 운송인이 또는 그 대리인이 컨테이너를 제공했을 때 컨테이너를 검사한다. 그리고 운송인에게 문서로 반대의 의사를 통지하지 않는 한 본 계약운송의 목적에 적합한 상태로 있는 것으로 화주에 의해서 인정된 것으로 취급된다.

만약에 컨테이너가 봉인에 이상 없이 운송인에 의해 인도된 경우에 그러한 인도는 본 증권 하에서 운송인의무의 완전한 이행으로 간주되어진다. 그리고 운송인은 컨테이너의 내용물의 어떤 손상에 대해서 책임을 지지 않는다.

운송인은 필요하다고 여겨지는 그러한 시간과 장소에서 화주에게 통지 없이 컨테이너를 개봉하여 내용물을 검사할 수 있다. 그리고 이로 인해서 발생된 모든 비용은 화주가 부담한다. 언급된 컨테이너가 세관 또는 당국에 의해서 컨테이너의 봉인이 파손된 경우에는 운송인은 그로부터 야기된 모든 멸실·손상·비용 그 밖의 일체의 결과에 대해서 책임을 지지 않는다.

(9) 특수 컨테이너

운송인은 물품을 냉동용·보온용·절연용·환기용 또는 그 밖의 '특수 컨테이너'에 적입운송을 약정하지 않는다. 그리고 화주 또는 그 대리인이 적입한 '특수 컨테이너'를 운송할 것을 약정하지 않는다.

그러나 운송인은 운송인과 화주 사이에 문서로 그러한 물품이나 컨테이너의 운송을 위한 특별약정이 되지 않는 한, 그리고 그러한 약정이 선하증권 문면상 기재되고 청구된 특별운임이 지급되지 않는 한, 일반적인 물품과 '일반 컨테이너'로 각각 취급한다. 운송인은 화주 또는 그 대리인에 의해서 제공된 '특수 컨테이너'의 기능에 대하여 책임을 지지 않는다.

'특수 컨테이너'에 운송하기로 합의된 물품에 대해서는 운송인은 자신의 실제적인 관리 통제 하에 있는 동안에 특수컨테이너의 장비를 유지하기 위해서 상당한 주의를 기울여야 한다. 그리고 잠재적 하자나 컨테이너 장비의 부조화 또는 파손으로 야기된 물품의 손상에 대해서는 운송인은 책임을 지지 않는다.

만약에 물품이 운송인에 의해서 '냉동 컨테이너'에 적입되는 경우, 그리고 특정 온도범위가 화주에 의해서 요청되어 선하증권 문면에 삽입된 경우에는 운송인은 요청된 온도범위내의 자동온도조절기를 맞춘다. 그러나 컨테이너 내부의 그러한 온도의 유지를 보증하지 않는다.

운송인이 수령한 화물이 화주 또는 그 대리인에 의하여 적입된 '냉동 컨테이너'이면 내용물을 적절히 적부하고 자동온도조절기를 맞추는 것은 화주의 의무이다. 그러한 의무의 불이행으로부터 발생하는 물품에 대한 모든 손상에 대해서 운송인은 책임지지 않는다. 그리고 또한 컨테이너 내부의 의도된 온도유지에 대해서 보증을 하지 않는다.

(10) 위험물, 금수품

운송인은 폭발성·인화성·방사성·부식성·가해성·유해성·독성·위해성 또는 위험성이 있는 물품은 화주가 그러한 물품을 운송하기 위하여 사전에 서면으로 작성한 신청서를 승낙한 경우에만 운송할 것을 약정하며 그러한 신청서는 물품의 성질과 품명·라벨 그리고 분류 및 안전하게 하는 방법이 송화인과 수화인의 상호 및 주소와 함께 정확하게 기재되어야 한다.

화주는 전항에서 언급된 물품의 성질이 포장이나 컨테이너의 겉면에 영구적인 표시가 되고 증명되도록 보증하며 또한 모든 적용가능한 법률이나 규제 또는 운송인에 의해서 요구되는 서류나 증명서를 제출할 것을 보증한다.

물품이 일치하지 않게 운송인에 의해서 수령되었다는 것이 발견되거나 또는 적재항·양하항·기항항 또는 운송중의 모든 장소나 수상에서의 어떤 법이나 규제에 의하여 금수품인 것으로 확인되면 운송인은 그러한 물품을 갑판 밖이나 양하항으로 투하(投荷)하거나 운송인의 재량에 따라서 보상 없이 처분하여 피해가 없도록 할 수 있으며, 화주는 그러한 물품으로부터 발생하는 운임의 손실을 포함하여 모든 종류의 멸실과 책임 그리고 직·간접의 비용에 책임이 있으며 운송인에게 보상한다.

운송인은 일치하게 수령된 물품이 운송인·본선·화물·사람 및 그 밖의 재산에 위험하게 되는 경우에는 언제나 전항에서 운송에게 부여된 권리와 이익을 행사하거나 향유할 수 있다.

운송인은 위험에 처했을 때 화주의 동의 없이 언제 어디에서든지 포장이나 컨테이너의 내용물을 검사할 권리를 가지며 그 비용은 화주가 부담한다.

(11) 갑판적 화물

운송인은 물품을 갑판적(甲板積) 또는 선창적(船艙積) 운송할 권리를 가진다. 물품이 갑판적 운송될 때 운송인은 반대되는 관습에도 불구하고 본 증권면상에 갑판적재의 기재나 표시·스탬프 등 어떤 기술도 할 것이 요구되지 않는다. 그렇게 운송된 물품은 적용가능한 '헤이그 규칙'에 따른다. 그리고 그러한 물품의 적재는 공동해손을 포함하여 모든 목적을 위하여 선창적(船艙積)을 구성한다.

갑판적으로 운송된다고 본증권상에 특별히 기재된 물품의 불착(不着)·착오인도(錯誤引渡)·지연(遲延) 또는 멸실 및 손상의 그 무엇에 대해서도 그것이 운송인의 부주의 또는 선박의 불감항 여부에 관계없이 운송인은 책임을 지지 않는다.

(12) 산 동물과 식물

운송인은 자신의 부주의 또는 선박의 불감항으로부터 야기되는 산동물[생동물(生動

物)]·조류·파충류 그리고 물고기 및 식물의 모든 사고·질병·사망·멸실이나 손상에 대해서 책임을 지지 않는다. 그리고 본 조항에 불일치하는 경우를 제외하고 선하증권 문면에 모든 조항에 따른 이익을 향유한다.

(13) 고가품

운송인은 백금·금·은·보석·귀금속·방사성물질·고가의 화학약품·금괴·정금·통화·유통증권·증권·문서·서류·그림·자수품·예술품·골동품·법정상속동산·화주에게 특별한 가치를 가지는 물품을 포함하여 그 밖의 모든 종류의 수집품 또는 고가품에 또는 관련하여 발생하는 멸실이나 손상에 대해서 책임을 지지 않는다.

다만 운송인이 물품을 수령하기 전에 화주에 의해 문서로 물품의 성질과 가액이 신고 되고, 그러한 내용이 선하증권에 삽입되었으며 그에 따른 종가운임(從價運賃)이 지급된 경우에는 책임을 진다.

(14) 중량물

1개 또는 단위 포장당 총 2,240(1bs)를 초과하는 중량은 운송인이 수령하기 전에 화주가 문서로 신고하여야 한다. 그리고 그 중량은 문자로 개품이나 포장의 겉면에 명확하게 지워지지 않도록 표시되어야 하며 숫자의 크기는 2(inches) 이상이어야 한다.

화주가 전항의 의무를 불이행한 경우에 운송인은 물품에 또는 물품과 관련한 어떤 멸실에 대해서 책임을 지지 않는다. 그리고 동시에 화주는 위 의무의 불이행의 결과로서 야기되는 모든 재산에 대한 멸실과 손상 또는 인적 상해에 대해서 책임을 지고, 그리고 그러한 불이행의 결과 운송인이 피해를 입었거나 야기한 모든 종류의 멸실이나 책임에 대해서 운송인에게 보상한다.

(15) 기호에 의한 인도

운송인이 물품을 수령하기 전에 양하항의 명칭과 인도장소와 함께 2(inches) 이상의 문자와 숫자로 기호가 물품이나 포장·컨테이너에 명확하게 지워지지 않도록 스탬프하거나 표시되어 있지 않는 한 운송인은 기호에 일치하게 행한 불인도 또는 인도지연에 책임을 지지 않는다. 주기호(主記號) 이외의 다른 기호에 따라 행한 인도에 대해서는 운송인은 어떠한 경우에도 책임을 진다.

화주는 물품·포장·컨테이너상의 기호가 본 선하증권상의 기호와 일치할 것과 양하항 또는 인도장소에서의 강행법이나 규제에 합치될 것을 보증하며 그것의 부정확 또는 불완전성으로부터 야기되는 모든 멸실·손상·비용·벌과금 및 수수료에 대해서 운송인에게 보상한다.

기호나 숫자에 의해서 구분될 수 없는 물품·화물잔해·액체잔액 그리고 그 밖의 달리 설명될 수 없는 신고 되지 않은 물품은 같은 성질의 물품의 여러 화주에게 인도를 완성할 목적으로 어떤 명백한 중량의 부족량 또는 손상의 비율로 할당되어진다. 그리고 그러한 물품 또는 그 일부는 완전한 인도로 받아들여진다.

(16) 인도

운송인은 선측·세관·창고·부두·안벽 또는 본 증권면상에 나타난 양하항이나 인도장소의 지리적 범위 내에서 운송인에 의해서 지정된 그 밖의 모든 장소에서 언제든지 물품을 인도할 권리를 가진다.

물품이 운송인에 의해서 지정된 장소에서 화주나 육상운송인 또는 화주를 대리하여 물품을 인수할 권리를 가진 어떤 자에게 인도되었을 때, 운송인의 책임은 종료된다.

운송인이 수령한 물품의 내용물이 '화주 또는 화주의 대리인에 의해 적입된 경우'[Shipper's Pack] 운송인은 본 선하증권면상에 기재된 컨테이너의 전체수량에 대해서 책임을 지며 컨테이너를 개봉하여 상표·수량·크기 또는 낱개·포장형태에 일치하는 내용물을 인도할 것이 요구되지 않는다.

그러나 운송인의 절대적인 재량으로 본선이 도착항에 도착하기 3일전에 문서에 의한 화주의 요구에 따라서 컨테이너는 개봉될 수도 있으며 그 내용물은 문서에 의한 지시에 따라 1인 또는 수인의 수령인에게 인도될 수 있다.

이 경우 컨테이너 개봉당시에 컨테이너 봉인에 이상이 없으면 운송인의 의무는 종료된 것으로 간주되며 운송인은 그러한 인도로부터 생기는 내용물의 멸실이나 손상에 대해서 책임이 없다. 그리고 화주는 운임과 발생된 추가수수료의 적절한 정산에 대해서 책임을 진다.

물품이 '운송인에 의해서 채워진 경우'[Carrier's Pack] 운송인은 컨테이너를 개봉하고 그 내용물은 인도하며 컨테이너를 인도할 것이 요구되지 않는다. 단 운송인의 재량과 화주와 운송인의 사전약정에 따라서 물품은 화주에게 컨테이너상태로 인도될 수도 있다.

그러한 경우에 컨테이너의 봉인이 손상되지 않고 화주에게 인도되었다면 그러한 인도는 완전하게 운송인의 의무가 이행된 것으로 간주된다. 그리고 운송인은 컨테이너의 내용물의 멸실 또는 손상에 대한 책임이 없다.

양륙지 선택인도는 물품의 수령 전에 그리고 본 증권에 명시적으로 정한 경우에 인정된다. 그렇게 기재된 선택권을 이용하고자 하는 화주는 본선의 첫 번째 기항항에서 본선이 도착하기 48시간 전에 운송인에 대해서 서면으로 통지해야 한다. 그렇지 않으면 물품은 운송인이 선택한 어떤 항구에서든지 양륙될 수 있다. 그리고 운송인의 책임은 그 장소에서 종료된다.

(17) 환적과 운송주선

운송인은 사전 약정여부를 불문하고 통지 없이 물품의 전부 또는 일부를 지정된 선박 또는 다른 선박·부선 또는 운송인이 소유하든지 또는 운영되는 수상·육상 또는 항공운송수단에 운송될 수 있다.

운송인은 어떤 상황 하에서도 물품 또는 그 일부를 어떤 항구 또는 장소에서 환적을 위해 양륙하고 그리고 당해 선박 또는 해안에 저장할 수 있고 그리고 어떠한 운송수단에 의해 당해 물품을 운송할 수 있다.

본 증권상에 명시된 물품이 양륙항 또는 인도장소에서 발견되지 않거나 잘못 운송된 경우에 발견되었을 시에 목적항구나 인도장소로 운송인의 비용으로 운송될 수 있다. 그러나 운송인은 그러한 계반으로 인한 어떤 멸실이나 손상·지연·감가에 대해서는 책임지지 않는다.

(18) 화재

운송인은 언제 발생하더라도 비록 본선에 물품을 적재하기 전 또는 양륙후에 발생된 화재로부터 야기된 물품에 대한 멸실이나 손상에 대해서 책임을 지지 않는다. 다만 화재가 운송인의 실제적인 과실 또는 인지에 의해서 야기된 경우에는 제외한다.

(19) 유치권

운송인은 본 선하증권과 그리고 여기에 따른 사전계약 하에서 화주가 지불해야 하거나 화주의 계정으로 부과되는 운임·공적운임·체선료·손상·멸실·수수료·

경비 그 밖의 금액과 당해 물품을 회수하기 위한 비용과 경비를 마련하기 위하여 물품에 대한 유치권(留置權, 통상적으로 타인의 물건 또는 유가증권을 점유하고 있는 자가 그 물건에 관해서 발생한 채권의 변제를 받을 때까지 그 물건을 유치할 수 있는 권리를 말한다. 예컨대 시계수리상은 수리대금의 지급을 받을 때까지는 수리한 시계를 유치해서 그 반환을 거절할 수 있다. 채무자는 수리대금을 지급하지 않는 한 유치권은 간접적으로 수리대금의 지급을 강제하는 역할을 하게 되는 것이다. 이와 같은 유치권의 역할을 '유치적 작용'이라 한다. 유치권은 그 물건에 관해서 생기게 된 채권에 대해서 법률상 당연히 생기는 법정담보물권인데, '그 물건에 관해서 생긴 채권'이라는 데는 위의 시계의 수리대금의 경우 외에도 생활관계에서 서로 모자를 바꾸어 가졌을 경우의 모자의 반환청구권에도 인정된다. 또 상인 간에는 채권이 그 물건에 관해서 생긴 것이 아니더라도 유치권을 생기게 하는 수가 있다)을 가지며 그 유치권은 물품의 인도 후에도 존속된다.

그리고 운송인은 화주에게 통지 없이 개인적으로 또는 공공경매를 통하여 물품을 판매할 수 있다. 만약에 물품의 경매결과가 지불되어야 하는 금액 또는 발생된 비용과 경비를 커버하지 못하면 운송인은 화주로부터 부족액을 회수할 권리를 가진다.

물품이 상당한 기간 동안 청구가 되지 않는다면 또는 물품이 악화되거나, 부패하거나 그 가치가 상실된다고 운송인이 판단하면 언제라도 운송인은 자신의 재량으로 그리고 자신의 유치권에 따라서 그에게 아무런 책임 없이 단지 화주의 위험과 비용으로 판매하거나 포기하거나 그 밖의 처분을 할 수 있다.

(20) 운임과 수수료

운임은 운송인에 의해 물품의 수령 시에 화주에 의해 제공된 대로 내용물·중량·용적 또는 가액의 정확성을 운송인에게 보증한 화주에 의해 신고한 물품의 명세에 기초하여 산정될 수 있다.

그러나 운송인은 언제든지 실제 내용물을 확인하기 위하여 컨테이너 또는 포장을 개봉할 수 있으며 화주의 위험과 비용으로 물품의 내용물·중량·용적 그리고 가액을 검사할 수 있다.

물품의 내용물·중량·용적 또는 가액의 부정확한 신고의 경우에는 화주는 운송인에게 정확한 명세가 주어졌더라면 지급했어야 하는 운임과 부과된 운임의 차액과 이미 확정되어 있는 손해배상액으로서 정당운임에 상당하는 금액을 지불해야 한다.

본 증권상에 지정된 양륙항 또는 인도장소까지의 전체운임은 운임이 선불 또는 착불로 기재되어 있을지라도 운송인에 의해 물품의 수령시에 완전히 수령되는 것으로 취급된다.

운송인은 본 증권 하에서의 모든 운임과 그 밖의 수수료에 대하여 실제 지급여부를 불문하고 수령할 권리가 있으며 어떠한 상황하에서도, 즉 선박이나 물품이 멸실되었거나 아니거나 또는 전체운송의 어떤 단계에서 항해가 이행불능(履行不能)되거나 포기되거나에 관계없이 취소불능(取消不能)적인 권리를 보유한다. 전체운임은 손상물품이나 불량물품에 대해서도 지급된다.

운임 또는 수수료의 지급은 상쇄나 반대청구 또는 감액 없이 전액 현금으로 이루어진다. 운임이 양륙항 또는 인도장소에서 지급되는 경우에는 본 선하증권상의 통화나 또는 운송인의 선택으로 지급지에서 관련 운임협정이나 관습에 따라서 다른 통화로 지급되어진다.

일단 운송인에 의해 수령된 물품은 운송인의 동의와 전체운임의 지급 그리고 그러한 회수 또는 처분에 의해 야기된 모든 멸실에 대하여 보상하지 않고는 화주에 의하여 회수 또는 처분될 수 없다.

만약 본선이 물품을 적재하기 위하여 준비되었을 때 물품이 준비되지 않는다면 운송인은 그러한 물품을 적재하기 위한 모든 의무로부터 해지되며 본선은 더 이상의 통지 없이 출항할 수 있다. 그리고 공적운임(空積運賃)은 화주에 의해 지급되어진다.

화주는 물품에 부과된 영사수수료(領事手數料)를 포함하여 모든 요금·관세·수수료 또는 화주가 물품과 관련하여 물품과 관련하여 정부의 법이나 규제 또는 영사, 위생당국 또는 물품에 수반되는 그 밖의 증명서를 포함하여 어떤 이유에서든지 운송인에 의해 초래된 벌금 또는 손실에 대해서 책임을 지며 운송인에게 보상한다.

화주는 정부 또는 공공기관에 의해 수출 또는 수입이 거절된 물품에 대한 반송운임과 수수료에 대해서 책임을 진다. 만약 운송인이 물품이 분류·검사·수선·수리 또는 재조정 등 그 밖의 보호나 운송을 위해 필요하다고 생각하는 경우 운송인은 화주의 비용과 경비로 그러한 작업을 수행할 수 있다.

화주는 운송인에게 그러한 모든 수수료와 비용을 지급하고 부담하도록 수권하며, 화주 또는 화주의 비용으로서 그리고 화주의 대리인으로서 위에서 언급한 모든 일을 행하도록 수권하며, 그리고 물품의 소유를 회복하기 위하여 제3자를 고용하거나 또는 물품의 소유를 회복하기 위하여, 그리고 물품의 이익을 위하여 받아들여질 수 있는 모든 일을 행할 수 있도록 수권한다.

송화인, 수화인, 물품의 소유인 그리고 선하증권의 소지인은 연대하여 또는 개별적으로 운송인에게 모든 운임과 수수료의 지급에 대해서 그리고 본 증권하에서 그들 각자의 의무에 대해서 책임을 진다.

(21) 클레임의 통지와 제소기간

멸실 또는 손상 그리고 그러한 멸실 또는 손상의 개략적인 상황이 양륙항 또는 인도장소에서 운송인에게 물품의 인도 전 또는 인도 시에 또는 만약에 멸실이나 손상이 외견상 나타나지 않는 경우라면 인도 후 3일 이내에 서면으로 주어지지 않는 한 물품은 선하증권상에 기재된 대로 인도된 것으로 취급된다.

어떠한 경우에도 운송인은 소송이 물품의 인도일 또는 인도되었어야 하는 날로부터 1년 이내에 제기되지 않는 한 불인도·착오인도·지연·멸실이나 손상의 책임으로부터 면책된다.

(22) 책임제한

운송인의 모든 클레임은 화주의 송장가액(送狀價額)과 만약에 지급되었다면 운임과 보험료를 더하여 조정·결정된다. 운송인은 어떤 경우에도 이익의 상실분과 간접손해에 대해서는 책임지지 않는다.

'헤이그 규칙'이 적용되는 운송구간 중에 물품에 또는 물품과 관련하여 발생한 멸실 또는 손상인 경우에 운송인은 물품의 가액이 물품의 수령 전에 포장당 100 파운드 이상으로 화주에 의해서 서면으로 신고되고, 그러한 내용이 선하증권상에 삽입되었으며, 요구된 대로 추가운임이 지급되지 않는 한 포장당 또는 단위당 100 스탈링 파운드 또는 그에 상응하는 그 밖의 통화단위 이상의 멸실이나 손상에 대해서 책임을 지지 않는다.

만약에 포장당 또는 단위당 물품의 실제가액이 그러한 신고가액을 초과하는 경우의 가액은 그럼에도 불구하고 신고된 가액으로 취급되며, 운송이의 책임이 있는 경우에 신고가액을 초과하지 않는다. 어떤 분손(分損)이나 손상은 신고가액을 기준으로 한 비율로 조정된다.

신고가액이 실제가액보다 현저히 높은 경우에 운송인은 어떤 경우에도 보상할 책임이 없다. 그리고 화물이 화주에 의해서 또는 화주를 위해서 컨테이너에 장입되거나 운송용구와 같은 것에 단위화 된 경우에는 본증권상에 기재되어 있는 그러한 운송 컨테이너의 수는 본 조항에서 규정한 책임제한의 적용을 위한 포장 또는 단위의 수로 취급된다는 것이 명시적인 합의다.

(23) 공동해손, 뉴제이슨조항

공동해손[共同海損, 선박과 적하에 공동의 위험이 발생하였을 경우에 그러한 위험을 제거·경감시키기 위해 선체나 적하를 희생시키거나 필요한 경비를 지출하는 행위를 공동해손행위라고 하며, 그에 의한 손해와 경비를 공동해손이라고 한다. 이러한 공동해손을 분담하도록 하는 것은 공동의 안전을 위한 손해를 공동위험단체를 구성하는 모든 당사자들이 적정한 비율에 따라서 상호 분담하는 것이 합리적이라는 데에 그 의의가 있다. 공동해손에 관한 국제규칙으로는 '요크-앤트워프규칙'(York-Antwerp Rules)이 있다. 그러나 이 규칙은 법규가 아니므로 계약서에 '요크-앤트워프규칙'에 따른다는 내용이 삽입되어 있어야만 효력이 발생한다. 공동해손이 성립하려면 선박과 적하에 공통된 위험이 현실적·객관적으로 존재하고 그 위험을 면하기 위한 소극적인 목적이 있어야 한다. 선박 또는 적하만에 대한 위험은 단독해손이 되며, 단지 비현실적·주관적 위험이나 공동이익을 도모하기 위한 적극적 목적은 인정되지 않는다. 선박 또는 적하에 대하여 선장의 정당한 고의적인 비상처분이 있어야 한다. 불가항력에 의한 손해나 선장 이외의 자에 의한 처분은 해당되지 않으며, 비상처분은 작위·부작위, 사실행위·법률행위를 불문하나 이해관계인의 이익에 가장 적합한 방법이어야 한다. 선장의 비상적 처분과 상당인과관계(相當因果關係)가 있는 선박 또는 적하에 발생한 일체의 손해나 비용을 포함한다. 또한 처분이 주효하였는가의 여부는 불문하고 처분 후 선박이나 적하가 잔존하여야 한다. 공동해손이 발생하게 되면 공동해손채무자들이 공동해손을 균등하게 분담하게 되는데 이러한 절차를 '공동해손의 정산(精算)'이라 한다]은 '요크-앤트워프 규칙'[York-Antwerp Rules (1974)]에 따라서 서울 또는 운송인이 선택한 그 밖의 항구 또는 장소에서 정산되고 이 규칙에서 정하고 있지 않은 문제에 대해서는 정산지 항구 또는 장소의 법과 관습에 따라서 그리고 운송인이 선택한 통화단위로 정산된다.

공동해손정산서(共同海損精算書)는 운송인이 지정한 정산인에 의해서 준비된다. 화주는 운송인이 화물의 추정분담액과 구조비·특별비용 그리고 그 밖의 추가담보로 충분하다고 간주하여 운송인이 요구하는 대로 해손약정서와 그러한 각 공탁금을 물품의 인도전에 운송인에게 제공하여야 한다.

운송인이 법률이나 계약에 의해 책임이 없는 부주의로 인한 것이든 아니든 또는 부주의의 결과로 인해 발생한 것으로 항해의 개시 전 또는 개시 후의 사고·위험·재앙의 경우에 발생할 수 있는 공동해손의 성격을 가지는 모든 희생·멸실 또는 비용의 지급에 대하여 공동해손으로 물품과 화주는 연대하여 그리고 개별적으로 운송인과 분담하며, 물품에 대하여 발생된 구조비와 특별비용을 지불한다.

만약 구조선박이 운송인의 소유이거나 운송인에 의해 운용되는 경우에 구조비는 마치 그러한 구조선박이 제3자에 속한 것과 같은 방법으로 전액이 지불된다[본래 공동해손을 발생시킨 해난사고가 선원의 과실에 기인하는 것일 경우 그러한 '항해과실'(航海過失)에 대해서는 운송인이 면책되므로 공동해손은 유효하게 성립된다. 따라서 적하의 관계자는 그 공동해손을 분담해야 한다. 그러나 미국에서는 이를 인정하지 않았다. 미국의 법률에는 운송인(또는 사용인)의 책임으로 공동해손이 초래된 경우 책임을 져야 할 당사자는 그 항해에 관계되는 다른 이해 관계자로부터 공동해손 분담금을 징수할 수 없다는 공동해손에 대한 기본원칙이 있다. 따라서 선장이나 해원의 항해상의 과실로 인하여 공동해손이 생긴 경우 선주는 항해에 관계되는 다른 당사자로부터 공동해손 분담금을 회수할 수 없고, 선주 이외의 당사자가 손해를 입은 때에는 선주는 자기 사용인의 부주의를 이유로 그 손해를 배상해야 한다. 그런데 미국 '하터법'[Harter Act (1893)] 제3조는 선주가 '감항성'(堪航性)을 지닌 선박을 제공하기 위해 상당한 주의를 다하였다면 선주는 항해상이나 관리상의 과실로 인한 멸실이나 손상에 대해 면책되는 것으로 규정하고 있다. 이 규정에 따라 선주는 선주의 면책을 규정하고 있는 '하터법' 제3조는 곧 선주가 공동해손 분담금을 화주측으로부터 수령 하는 것을 허용하는 것이라고 주장하였다. 그러나 연방법원은 1897년의 이라와디(Irrawaddy)호 사건에서 선주는 자기 사용인의 부주의로 인한 손해에 대하여 책임을 지지는 않지만 그렇다고 선주가 자기의 손해를 적하에 분담시킬 수는 없다고 판결하였다. 이러한 판결은 1900년에 발생한 스트라돈(Stragdone)호의 사건에서도 재차 확인되었다. 이에 대하여 각국의 선주는 이러한 경우에도 공동해손을 구성한다는 취지의 약관을 선하증권에 삽입하여 대항하였다. 이 약관은 1912년의 제이슨(Jason)호 사건에서 그 합법성이 인정되었다. 이를 계기로 이를 '제이슨 약관'이라 부르게 되었다. 그 뒤 이 약관은 1936년의 미국 '해상물품운송법'[The Carriage of Goods by Sea Act (COGSA)]의 개정으로 면책요건으로 인정되었다. 이후 자매선(姉妹船, Sister Ship)에 의해 구조(救助)된 경우의 구조비도 공동해손으로 인정한다는 취지의 약관을 추가하게 되었는데 이를 '뉴제이슨 약관'이라 한다].

(24) 쌍방과실조항

만약에 본선이 타선의 과실의 결과로 그리고 항해 또는 선박의 관리에 있어서 선장·도선사·항해사 또는 선주의 사용인의 어떤 행위나 과실 또는 태만의 결과 타 선박과 충돌하게 된 경우에 화주는 타선 즉 비적재선 또는 그 소유자에게 직접적으로 또는 간접적으로 발생시킨 모든 멸실이나 책임에 대해서 운송인에게 보상한다[해상보험에서 충돌한 선박 쌍방에 과실이 인정될 때 그에 따른 손해를 부담하는 약관을 일컬어 '쌍방과실충돌약관'(雙方過失衝突約款, Both to Blame Collision Clause)이라고 칭한다. '일방과실충돌약관'(一方過失衝突約款, One to Blame Collision Clause)에 상대되는 개념이다. 일반적으로 쌍방과실로 선박이 충돌하면 각 선박회사가 과실의 정도에 따라 손해를 부담하는 것이 관례이다. 그러나 미국에서는 그 책임을 양 선박회사에 균등하게 부담시키도록 하고 있다. 선하증권에서는 자선의 적하손해를 부담하지 않고 하주가 충돌상대 선박회사에서 회수한 손해배상금액의 50%를 자선의 선박회사에 돌려주어야 한다고 규정하고 있음이 일반적이다. 이에 대하여 협회적하약관에서는 하주가 선박회사에 지급하는 손해배상금이 보험자가 보상해야 될 손해인 경우 보험자가 이것을 피보험자에게 지급한다고 규정하고 있다].

다만 그러한 멸실이나 책임이 그[화주(貨主)]의 화물에 대한 멸실이나 손상 또는 타선 또는 비적재선 또는 그 선주가 화주에게 지급했거나 지급해야할 청구금을 나타내고 타선 또는 비적재선 또는 그 선주에 의해 적재선 또는 그 선주에 대한 청구금의 일부로서 상쇄·보상·회수되는 범위까지이다. 이는 충돌선박 또는 충돌물 이외의 선박의 선주·운영자 또는 책임자에게 충돌 또는 접촉에 과실이 있는 경우에도 공히 적용한다.

(25) 특수지역조항

본 선하증권이 미국으로 향하거나 또는 미국으로부터의 물품운송을 담보하고 있는 경우(만약에 한국 상법이 본 선하증권을 규율하지 않는다고 판시한 경우를 포함) 본 증권은 다음의 조항으로 대체된다. 곧 '산동물[생동물(生動物)]과 조류·파충류 그리고 어류 및 식물 그리고 갑판적 운송된다고 기재되고 그렇게 운송되는 물품은 그러한 운송과 관련하여 또는 그러한 운송으로 인한 위험에 의한 멸실과 손상의 모든 위험은 화주가 부담한다.

그러나 그러한 물품의 관리와 운송에 관련된 그 밖의 모든 면에 있어서 운송인은 미국 '해상물품운송법'(COGSA) 제1조 C항에도 불구하고 동법의 이익을 향유하며 그리고 본 조항에 불일치하는 경우를 제외하고 본 선하증권의 전체조항의 이익을 향유한다.

이에 본 증권은 다음의 조항으로 대체된다. 위항의 경우를 제외하고, 하청운송인 또는 운송인의 대리인에 의한 물품의 운송·보관·취급동안에 발생된 멸실이나 손상에 대하여 그러한 하청운송인 또는 운송인의 대리인이 화주와 직접 그리고 독립적인 계약을 체결했을 경우에 책임을 부담해야하는 범위까지, 그러나 만약에 그러한 취급·보관·운송을 위임받은 운송인에 대한 어떤 적용가능한 법·규칙·규제하에서 인정 또는 승인되지 않는다면 운송인은 권한 있는 정부기관에 의해 거기에 종사하는 것을 승인받은 운송인 또는 특정인에 의한 그러한 취급·보관·운송을 단지 주선하는 데에만 책임이 있고, 그들의 계약과 운임표하에서 그러한 운송인 또는 어떤 자에 의한 그것의 이행을 보증하는 것만 책임이 있다.

제 3 절 해상화물운송장

1 해상화물운송장의 개념

‘해상화물운송장’(海上貨物運送狀, Seaway Bill)은 수화인이 물품을 수령할 때 운송인에게 제출할 필요가 없는, 즉 채권적 효력이 없는 증권이기 때문에 선하증권의 입수가 화물의 도착보다 지연됨으로써 발생하는 물품의 인도지연을 해소할 수 있고, 그 결과 화주의 입장에서 보관료나 이자의 절감이 가능하다.

실무상 운송기술의 발달로 물품이 운송서류 보다 먼저 도착지에 도착하는 경우가 빈번히 발생하고 있는 까닭에, 현행 상관습에서는 선하증권 대신에 소위 ‘수입화물선취보증서’(L/G)를 이용하고 있으나, ‘L/G’의 발급을 위한 까다로운 절차와 비용 그리고 ‘L/G’ 위조 등으로 그 사용에 대한 문제가 제기되는 등의 법적 문제점이 발생하고 있다.

이러한 문제점을 해결하기 위해, 아울러 물품의 신속한 인도를 위해 유통선하증권 대신에 도착지에서 서류의 제시가 필요 없는 비유통성인 서류의 사용이 증가하고 있는데, 그 대표적인 것이 해상화물운송장이다.

연혁에 비추어 해상화물운송장이 세계 해상운송에 등장한 것은 1977년 영국의 11개 선사들이 영국선주협회[The General Council of British Shipping (GCBS)]의 권고로 사용한 것이 그 시초이다.

해상화물운송장은 해상운송의 경우 발행되는데, 이는 운송계약의 증빙서류이며 물품에 대한 수령증이라는 점에서 선하증권과 공통점이 있으나, 앞서 언급하였던 바와 같이 운송물품의 인도청구시 해상운송인에게 제시할 필요가 없다는 점이 차이점이다. 즉 해상화물운송장은 선하증권과 달리 물품에 대한 청구권이 없는 ‘비유통증권'(非流通證券)이다.

요컨대, 해상화물운송장은 선사가 화주에게 발행하는 것으로서, 화물의 수령증(受領證)과 운송계약의 증빙으로 쓰이는 서류를 말한다. 이 같은 점에서 일반 선하증권과 같으나, 화물을 인도받기 위해서는 수화인의 신분을 증명할 수 있는 수화인의 이름이 명기되어 있다는 점에서 선하증권과는 구별된다. 아울러 해상화물운송장은 은행에서 화환취결(Negotiation)이 불가하다고 하는 점에서도 선하증권과는 그 상무적 성격이 다르다. 곧 해상화물운송장은 오로지 선하증권의 도착이 지연되어 화물의 인도가 지연되는 것을 방지하기 위한 목적에서 활용됨이 일반적이다.

2 해상화물운송장의 장점

첫째 해상화물운송장은 수화인이 물품을 수령할 때 운송인에게 제출할 필요가 없는 서류이기 때문에 선하증권의 입수가 화물의 도착보다 지연됨으로써 발생하는 물품의 인도지연을 해소할 수 있고, 그 결과 보관료나 이자의 절감이 가능하다.

둘째 해상화물운송장은 유가증권(有價證券)이 아니기 때문에 분실할 경우 선하증권과 같은 위험이 존재하지 않는다.

셋째 해상화물운송장은 물품수취(物品受取)에 필요로 하는 서류가 아니기 때문에 송화인은 해상화물운송장의 발행을 기다리지 않고 상업송장·보험증권 등의 서류를 구비한 다음 이것을 수화인에게 송부하고 물품의 통관·수령의 신속화를 꾀할 수 있으며, 해상화물운송장의 서식을 표준화[전자화(電子化)]함으로써 사무처리의 합리화를 촉진하는 것이 가능하다는 점이다.

3 해상화물운송장의 단점

첫째 해상화물운송장은 선하증권과 같은 권리증권이 아니기 때문에 운송 중에 있는 화물의 유통에 제한을 받는다. 이와 함께 화물자체를 표창하는 선하증권과 같은 권리증권이 아니므로 담보가치가 없어 은행이 수리하기를 꺼리고, 매도인의 입장에서도 매수인이 대금을 지급할 때까지 화물에 대한 소유권을 유보할 수 없다.

둘째 다만 송화인은 화물이 목적지에 도착하고 수화인이 화물의 인도청구를 할 때까지 자유롭게 수화인을 변경할 수 있는 화물처분권을 가진다. 이 처분권 때문에 수화인의 지위가 불안정하고 이것이 해상화물운송장의 보급을 저해하는 가장 큰 요인이 되고 있다.

셋째 또한 선하증권은 통상 '선적식'(船積式)인데 비해 해상화물운송장은 '수취식'(受取式)으로 발행되므로 'FOB'나 'CIF'와 같이 본선인도를 전제로 하는 조건에서는 부적합하다.

▮해상화물운송장과 선하증권의 비교▮

구 분	해상화물운송장(SWB)	선하증권(B/L)
증빙적 기능	운송계약의 증빙, 물품의 수령증	
권리증권 기능	권리증권으로 기능이 없으며 화물인도청구권을 행사하기 위해 SWB을 제시할 필요가 없다.	권리증권으로서 물품의 인도를 위하여 B/L의 제시가 필요
유통성	비유통성증권(non-negotiable)으로만 발행	일반적으로 유통증권(negotiable)으로 발행. 운송 중에 전매가능.
화물의 처분권	화물 처분권을 주장할 수 없다.	B/L소지로 송화인 지위를 승계 (운송계약자의 지위)
증권발행 형식	기명식(straight), 수취식(received)으로 발행.	일반적으로 지시식(to order), 선적식(shipped)으로 발행

4 해상화물운송장에 관한 CMI 통일규칙

(1) 해상화물운송장에 관한 CMI 통일규칙의 의의

전통적으로 무역거래에서는 선하증권이 사용되어 왔다. 선하증권의 주된 효용은 화주가 그 증권에 화체된(Embodied) 권리증권성(權利證券性)을 이용하여 해상운송중에 있는 화물을 신속하게 양도하거나 담보로 제공하여 금융을 얻을 수 있도록 하는데 있다.

그런데 지난 날 해상운송은 장기간이 소요되었으므로 그에 따른 대금의 신속한 회수를 위하여 선하증권이 유통성 권리증권일 필요가 있었다. 그러나 이러한 금융의 필요가 없는 단기간의 운송의 경우 선하증권의 그러한 기능은 적의 발휘될 수 없다.

▮해상화물운송장의 예시▮

PIONEER SHIPPING LOGISTICS INC. **SEAWAY BILL (NON NEGOTIABLE COPY)**

SHIPPER EXPORTER	BILL OF LADING NO.	EXPORT REFERENCES
KLARA HOBZA C/O SIBONY 63 FLUSHING AVE, UNIT 200STE 323A BROOKLYN NY 11205	NYCHAM10054	LOT #:OE-10054

CONSIGNEE	
KLARA HOBZA C/O TILL KRAUSE LORNSENPIATZ 4 22767 HAMBURG TEL: 40-3861-9754 FAX: 4037503069 Contact: KLARA HOBZA C/O TILL KRAUS	IN WITHNESS WHEREOF, THE UNDERSIGNED SIGNING OF BEHALF OF PIONEERSHIPPING INC. HAS SIGNED THREE(3) BILLS OF LADING. ALL OF THE SAME TENOR AND DATE. ONE OF WHICH BEING ACCOMPLISHED. THE OTHERS TO STAND VOID.
NOTIFY PARTY	ATTENTION OF SHIPPER. THE TERMS AND CONDITIONS OF THE ORDER BILL OF LADING UNDER WHICH THIS SHIPMENT IS ACCEPTED ARE PRINTED ON THE BACK HEREOF. NOTE:UNLESS OTHERWISE SPECIFIED THE CHARGES LISTED ABOVE DO NOT INCLUDE CUSTOMS CLEARANCE AND SIMILARY NON TRANSPORTATION CHARGES WHICH ARE FOR THE ACCOUNT OF THE CARGO.

PLACE OF RECEIPT	CARGO INSURANCE	
NEW YORK		B/L EXPRESS RELEASED FREIGHT PREPAID
EXPORTING CARRIER DUBLIN EXPRESS	**PORT OF LOADING** NEW YORK	**ONWARD INLAND ROUTING**
PORT OF DISCHARGE DUBLIN	**PLACE OF DELIVERY** HAMBURG	**BOOKING NO.** 384732NYHAM

MARKS AND NUMBERS	NO OF PKGS	DESCRIPTION GOODS	GROSS WT	MEASUREMENT
KLARA HOBZA	7 CTN	7 CARTONS STC: PERSONAL EFFECTS AES ITN:X20090914033918	109.43 KGS	1.30 CBM
CONTAINER NO. NYKU5724883	SEAL#			
				CFS/CFS

THESE COMMODITIES TECHNOLOGY OR SOFTWARE WERE EXPORTED FROM THE U.S. IN ACCORDACNE WITH THE EXPORT ADMINISTRATION REGULATIONS.
THESE COMMODITIES LICENSED BY TH U.S. FOR ULTIMATE DESTINATION DIVERSION CONTRARY TO U.S. LAW PROHIBITED.
THE SURRENDER OF THE O/B PROPERLY ENDORSED SHALL BE REQUIRED OF THE PROPERTY. INSPECTION OF PROPERTY COVERED BY THIS B/L WILL NOT BE PERMITTED UNLESS PERMISSION IS ENDORSED ON THIS ORIGINAL BILL OF LADING OR GIVEN IN WRITING BY THE SHIPPER.

To Obtain Delivery Contact	ON BOARD DATE	SHIPPER REFERENCE
WORLD NET LOGISTICS(GERMANY) DIEPENAU 28195 BREMEN, GERMANY TEL: 49-421333088-12 FAX: 49-42133308	09/26/09 **B/L ISSUED IN** NEW YORK	 **EXCESS VALUE**

오늘날 컨테이너 운송은 운송기간의 단축화(短縮化) 현상이 두드러지게 나타나고 있어, 운송증권이 반드시 유통성 권리증권이어야 하는가에 대하여 많은 의문이 제기되었다. 더욱이 운송기술의 혁신에 의하여 화물의 흐름은 신속하게 되었으나, 서류의 흐름은 그렇게 되지 못하여 화물이 서류보다 먼저 도착하는 경우가 많아졌으며 이 경우 선하증권의 권리증권성 때문에 많은 문제점이 발생하게 된다.

해상화물운송장은 운송계약의 증거 및 화물수령증의 기능을 한다는 점에서는 선하증권과 같으나, 권리증권이 아니며 유통될 수도 없다. 이러한 비권리증권의 특성을 가지는 해상화물운송장을 이용하면 서류의 흐름을 신속하게 함으로써 서류가 화물보다 늦게 도착하는 경우에 일어나는 여러 가지 문제를 해결할 수 있다. 뿐만 아니라 해상화물운송장은 유통성이 없으므로 이것이 도난 또는 분실되더라도 유통성 선하증권의 경우와 같이 위험이 따르지 않는다.

이와 같은 효용을 가지는 해상화물운송장이 상거래와 무역금융에 얼마나 많이 사용될 것인가 하는 문제는 전적으로 송화인과 수화인 및 당해 무역거래방식에 달려 있다. 다국적기업내에 관계회사나 본·지사 상호 간에 이루어지는 '기업 내 무역'(Intra-Firm Trade)이나 거래당사자 간에 절대적인 신뢰가 있어 일정기간마다 결제되는 '청산계정거래'(Open Account Trade)에서는 당연히 해상화물운송장이 사용될 수 있다.

그런데 실제 우리나라의 경우 해상화물운송장은 화물이 서류보다 빨리 도착하여 문제가 되는 무역거래와 신용장 이외 그 밖의 방법으로 금융을 얻을 수 있는 경우에 한정되어 사용되고 있는 것으로 알려지고 있다.

그 주된 원인은 해상화물운송장은 매매대금결제의 담보로는 부적합하다는 인식 때문이다. 화환신용장(貨換信用狀) 결제의 경우 화환취결 시에 제시된 서류가 전부 갖추어지고 또한 신용장조건과 내용이 합치되어야 한다.

그리고 은행은 선하증권이라는 서류에 추상화된 물품을 담보로 하여 선적서류를 매입하게 된다. 즉 은행은 선하증권이라는 권리증권 자체의 원본이 필요하고, '비권리·비유통증권'인 해상화물운송장은 담보가 되지 않는다고 해석한다.

매매대금에 대한 선하증권의 담보기능이라는 것은 권리증권이 가지는 구실로서, 이러한 구실을 비유통증권인 해상화물운송장을 이용하여 실현할 수는 없는가 하는 것이 실무가나 학자들이 풀기 위해 노력한 과제이었다. 이것이 이른바 '화환신용장 결제의 무서류화'(Paperless Documentary Credits)에 관한 검토이다.

한편 송화인의 처분권 제한과 수화인의 보호문제는 모든 운송장의 과제로 '철도화물탁송장' · '도로화물운송장' · '항공화물운송장'의 경우에는 각각 그와 관련된 국제조약에서 수화인보호규정을 두고 있다. 그럼에도 불구하고 해상화물운송장과 관련해서는 이러한 보호규정이 없었기 때문에 수화인의 지위가 매우 불안정하였다. 이에 1983년 국제해사위원회(CMI)에서 해상화물운송장에 관한 통일규칙의 제정을 결의하여, 1990년 '해상화물운송장에 관한 CMI통일규칙'(CMI Rules for Sea Waybill)이 채택되었다.

'CMI 통일규칙'에서는 제6조에 송화인의 처분권을 제한하는 규정을 두고 있는데, 곧 송화인은 운송인에게 화물을 인도하기 전에 화물처분권을 수화인에게 양도하는 선택권을 가진다. 만일 송화인이 수화인에게 처분권을 양도하기로 하였다면 그러한 사실을 해상화물운송장에 기재하여야 하며, 그 반대의 경우에는 수화인이 목적지에서 운송인에게 화물의 인도를 청구할 때까지 화물처분권을 유보하게 된다. 다만 'CMI 통일규칙'은 조약이 아니므로 당사자의 합의에 의해서만 적용가능하다. 그 주요한 특성을 개략하면 다음과 같다.

1) 해상화물운송장의 특성

화물인도 시에 해상화물운송장의 경우에는 명기된 수화인에게 화물이 인도되는데, 이 때 본인이 수화인이라는 것을 증명할 수 있으면 되고, 해상화물운송장을 제시할 필요는 없다(제7조). 한편 선하증권의 경우에는 정당하게 배서된 선하증권의 소지인에게 화물이 인도된다.

동 규칙은 양도성에 관하여, 해상화물운송장의 경우에는 운송인과 송화인 사이의 계약(제6조 제1항), 즉 송화인을 운송인과의 관계에서 유일한 계약의 당사자로 하는 양도불능의 계약이나, 선하증권의 경우에는 양도가 가능하고 양도받는 선하증권의 정당한 소지인은 물품에 대한 인도청구권 등 선하증권상의 권리와 의무를 갖는다.

한편 강행법규에 관하여, 해상화물운송장의 경우에는 계약자유의 원칙이 적용되며 대다수의 국가의 경우 이를 규율하는 강행법규가 존재하지 않는다. 반면에 선하증권의 경우에는 대다수의 나라가 '헤이그 규칙'이나 '헤이그-비스비 규칙' 및 이들을 국내법화한 관련 국내법규가 강행적으로 적용된다. 따라서 여러 나라에서 정기선운송의 경우 물품에 대한 손해에 대하여 운송인의 책임을 다루는 강행법규를 기피하는 수단으로 해상화물운송장이 이용될 위험이 있다. 따라서 운송인의 책임을

합리적으로 규정하는 것이 해상화물운송장 활성화의 전제조건이 될 수 있다. 이에 'CMI 통일규칙' 제4조에서는 이와 같은 권리와 책임을 규정하고 있다.

요컨대, 해상화물운송장은 선하증권과 같은 권리증권이 아니며 또 유통성을 가지고 있지 않다는 점이 가장 큰 차이점이고, 물품의 수령증 및 운송계약의 증거가 된다는 점에서 선하증권과 동일한 기능을 보유한다.

2) 운송물처분권금지조항

선하증권의 경우에는 선하증권이 발행되어 수화인에게 송부된 때, 송화인은 운송인에게 수화인 변경에 대한 지시를 할 수 없다. 그런데 해상화물운송장은 'CMI 통일규칙' 제6조 제1항에서 송화인을 운송인과의 관계에서 유일한 계약의 당사자로 하는 양도불능의 운송계약으로 규정하고 있다. 따라서 수화인은 송화인의 대리인인 경우를 제외하고는 결코 운송계약의 당사자가 될 수 없다.

그러므로 송화인은 물품의 인도에 의하여 운송계약이 완료되기 전까지는 전 운송기간 중 '물품에 대한 통제권'(the Control of the Goods)을 가지는 것이다. 결국 송화인은 선하증권의 경우와 같이 수화인이 지급불능이 되었을 때만 '운송유치권'(運送留置權)을 행사하는 것이 아니라, 언제나 수화인의 변경 등 물품의 인도에 대한 지시를 운송인에게 다시 할 수 있는 것이다.

그런데 매입은행은 수익자로부터 제시된 서류가 신용장의 모든 조건과 일치하면 발행은행[개설은행(開設銀行), Opening Bank]으로부터 보상을 받을 수 있으므로 안심하고 그 서류를 매입할 수 있으나, 문제는 발행은행이 과연 유통성 권리증권이 아닌 해상화물운송장을 담보로 신용장 발행을 허여(許與)할 수 있는가 하는 점이다.

해상화물운송장의 경우 송화인은 화물의 운송도중 어느 때나 운송인에게 화물의 인도에 대하여 재지시를 할 수 있으므로 송화인인 매도인[受益者]이 어음할인을 받고 난 뒤에 운송인에게 수화인의 변경을 지시할 우려가 있다. 이 경우 발행은행은 제출된 서류가 신용장의 모든 조건과 일치한다면 '신용장의 독립추상성(獨立抽象性)'에 의하여 발행의뢰인[매수인(買受人)]에게 대금의 지급을 요구할 수 있다.

그러나 송화인이 일방적으로 수화인을 변경한 때, 발행의뢰인[매수인(買受人)]은 화물을 인수하지 못하였으므로 대금을 지급하지 않으려 할 것이고 발행은행과 발행의뢰인 사이에는 분쟁이 발생할 위험이 있다. 그러므로 은행은 신용장결제에 해상화물운송장의 사용·승인을 꺼릴 것이다.

이러한 장애를 제거할 목적으로 송화인의 '운송물처분권'(運送物處分權, Right of Control and Transfer)을 제약하기 위해 고안된 것이 '운송물처분권금지조항'(運送物處分權禁止條項, No Right of Disposal Clause)이다.

이 규정은 송화인이 해상운송인에게 의사표시를 함으로써 운송물처분권을 수화인에게 이전하는 조항으로서 해상화물운송장에 명시된다. 동 규칙 제6조 제2항은 운송물처분권이 송화인에게 있지만, 수화인에게 이전하는 경우에는 그 명확을 기하기 위하여 해상화물운송장상에 그러한 내용이 명시되어 있어야 하며 이를 위하여 운송물처분권 이전의 선택권은 해상화물운송장 발행이전에 행사해야 한다는 취지를 규정하고 있다.

3) 해상화물운송장의 담보력 문제와 그 해결책

은행이 운송계약의 당사자가 되지 않고 신용장결제에서 담보력을 해상화물운송장에 부여하는 방법으로는 다음과 같은 두 가지를 생각할 수 있다.

우선 신용장 발행은행을 해상화물운송장의 수화인으로 하고 화물인도지시서를 실제 수화인[매수인(買受人)]에게 발행하는 방법이다. 해상화물운송장은 권리증권이 아니므로 수화인은 운송증권이 없어도 화물을 인도 받을 수 있다. 따라서 수화인인 매수인은 발행은행에 대금을 지급하지 않고 화물을 인출할 우려가 있으며, 이 경우에도 발행은행은 제출된 서류가 신용장조건과 일치하면 매입은행이나 수익자에게 보상하여야 한다. 그러므로 발행은행은 이러한 해상화물운송장의 담보력에 대하여 불안을 느껴 신용장의 발행을 주저할 것이다. 이 문제는 위와 같이 신용장 발행은행을 해상화물운송장의 수화인으로 하고 화물인도지시서를 실제 수화인[買受人]에게 발행하는 것으로 해결할 수 있다.

그러나 이 경우에 은행이 수화인으로 지명되어도 그로 인한 책임을 부담하지 않는다는 약정을 하여야 한다. 왜냐하면 해상화물운송장의 경우 수화인은 운송인과의 관계에서 운송계약의 당사자가 될 수 없고 송화인만이 유일한 계약의 당사자가 되기 때문에 운송인은 송화인의 과실에 의한 불법행위에 대해서는 수화인에게 배상을 청구할 수 없으나, 수화인의 과실에 의한 불법행위에 대해서는 수화인인 은행에게 배상을 청구할 수 있기 때문이다.

다른 한편 해상화물운송장상의 수화인을 실제 수화인으로 하고 은행에 대한 선취특권(先取特權)을 부여하는 조항을 해상화물운송장상에 설정하는 방법이다. 선취특권조항으로는 '해상화물운송장에 표시된 물품의 인도는 물품에 대한 선취특권을 보유하고 있는 은행으로부터의 서류에 의한 지시에 따를 것'이라는 문언을 사용하면 된다. 이렇게 하면 해상화물운송장은 송화인만의 사적계약으로 간주되어 운송인에게 손해배상을 청구할 수 있는 유일한 당사자는 송화인이 되고 수화인인 은행에게는 일체 책임이 발생하지 않게 된다.

(2) 해상화물운송장에 관한 CMI 통일규칙의 내용

1) 적용범위

'해상화물운송장에 관한 CMI 통일규칙'은 문면에 의한 계약여부를 불문하고 선하증권이나 이와 유사한 권리증권에 의하지 아니하는 운송계약에 의하여 채택된 경우에 적용한다(이하 '해상화물운송장에 관한 CMI 통일규칙'의 원문 비교).

2) 용어의 정의

'운송계약'(Contract of Carriage)은 이 규칙에 따라 화물운송의 전부 또는 일부가 해상으로 전제된 경우의 모든 운송계약을 말한다.

'화물'(Goods)은 운송계약에 따라 운송되거나 또는 운송을 위하여 수령된 무든 화물을 말한다.

'운송인'(Carrier) 및 '송화인'(Shipper)이라 함은 운송계약에서 지정되었거나 또는 이를 통하여 확인될 수 있는 당사자를 지칭한다.

'수화인'(Consignee)이란 운송계약에서 지정되었거나 또는 이를 통하여 확인될 수 있는 당사자 또는 이 규칙 제6조 1항에 따라 수화인으로서 대체되는 모든 자를 말한다.

'운송물의 지배권'(Right of Control)은 이 규칙 제6조에 규정된 권리 및 의무를 말한다.

3) 대리권

운송계약을 체결함에 있어 송화인은 자신의 명의로 또는 수화인의 대리인 또는 그를 대신하여 이를 체결하는 것이며, 아울러 송화인은 그가 운송계약을 체결할 권한이 있다는 것을 운송인에게 담보하는 것이다.

이 규칙은 수화인이 운송계약에 관한 반소를 제기하거나 또는 소송을 받을 수 있도록 운송계약에 적용되는 법률에 의하여 필요한 경우에만 적용된다. 수화인은 선하증권 또는 이와 유사한 권리증권에 의하여 담보된 운송계약에 있어서 부담하는 그 이상의 책임을 부담하지 아니한다.

4) 권리와 책임

운송계약은 이에 강행적으로 적용될 수 있는, 또는 운송계약이 선하증권이나 이와 유사한 권리증권에 의하여 담보된 경우에 적용될 수 있는 어떠한 국제협약 또는 국내법의 적용을 받는다. 그러한 국제협약 또는 국내법은 운송계약에 이와 일치하지 아니한 어떠한 것이 있더라도 이에 적용된다.

어떠한 경우에도 위 규정에 따라 운송계약은 다음에 의하여 규율된다. 곧 동 규칙, 당사자 간에 별도의 합의가 없는 한, 해상운송 이외의 구간에 관한 어떠한 조건이 있는 경우에는 이를 포함하여 무역상의 운송인의 표준조건, 그 밖의 당사자 간에 합의된 모든 조건, 위 각 조건과 이 규칙 간에 어떠한 불일치가 있는 경우 이 규칙이 우선한다.

5) 화물의 명세

송화인은 운송화물과 관련하여 자신이 제공한 명세의 정확성을 담보하고 또한 어떠한 부정확으로 인하여 발생하는 모든 멸실·손상 또는 비용에 대하여 운송인에게 배상하여야 한다.

운송인에 의한 유보조항이 없는 한, 화물의 수량 또는 상태에 관하여 해상화물운송장 또는 이와 유사한 서류상에 있는 모든 기재는 다음과 같은 증거가 된다. 곧 운송인과 송화인 간에 있어서는 이것은 기재된 대로 화물을 수령한 추정적 증거가 된다.

운송인과 수화인 간에 있어서는 이것은 수화인이 선의로 행동하는 한 기재된 대로 화물을 수령한 결정적인 증거가 되며, 또 이에 반증은 허용되지 아니한다.

6) 운송물의 지배권

송화인이 아래의 내용에 따른 선택권을 행사하지 아니하는 한, 송화인은 운송인에게 운송계약에 관한 지시를 행할 권리가 있는 유일한 당사자이다.

적용되는 법률에 의하여 금지되지 아니하는 한, 송화인은 목적지에 화물이 도착

한 후 수화인의 화물의 인도를 청구하기 전까지는 언제라도 그 수화인의 명칭을 변경할 권리가 있다. 다만 송화인은 이로 인하여 발생되는 모든 추가적인 비용에 대하여 운송인에게 배상한다는 약정으로서 서면이나 그 밖의 운송인이 인수할 수 있는 어떠한 수단에 의하여 운송인에게 상당한 통지를 하여야 한다.

송화인은 운송인이 화물을 수령할 때까지 행사한다는 조건으로 하여 운송물의 지배권을 수화인에게 이전하는 선택권을 갖는다. 이러한 선택권의 행사는 해상화물운송장 또는 해당되는 경우에 이와 유사한 서류상에 명기되어 있어야 한다. 이러한 선택권이 행사된 경우에는 수화인은 위에서 규정한 권리를 보유하게 되며 또한 송화인은 더 이상 그러한 권리를 보유하지 못한다.

7) 인도

운송인은 합당한 동일성을 증명하는 제시가 있는 때 수화인에게 화물을 인도하여야 한다. 운송인은 수화인임을 주장하는 당사자가 정당한 당사자인가를 확인하기 위하여 상당한 주의를 다하였다는 것을 입증하는 경우에는 인도착오에 대하여 아무런 책임을 지지 아니한다.

8) 효력

이 규칙 또는 위 규정에 의하여 운송계약에 삽입되어 있는 그 밖의 모든 규정에 포함되어 있는 어떠한 내용이 어떠한 국제협약 또는 운송계약에 강행적으로 적용되는 국내법의 규정과 불일치하는 경우에는 위의 규칙 및 규정은 그 범위내에서 더 이상의 효력을 발생하지 아니한다.

제 4 절 운송서류의 수리조건

1 해상선하증권

복합운송이 보편화되어 있는 가운데 해상운송에 국한한 순수한 의미의 해상선하증권은 오로지 항구 간 해상운송을 나타내는 선하증권이라 할 수 있다. 곧 항구 간 선하증권은 해상운송을 위해 부수적으로 육상운송이 이루어지고, 이에 따라 발행되는 다양한 형태의 복합운송의 성격이 있는 선하증권과는 분명히 구분된다.

앞서 언급한 바와 같이 순수 해상선하증권에는 'on Board'표시는 반드시 있어야 하고 나아가 이러한 '선적 필' 표시는 선하증권에 인쇄되어 있거나, 수취식 선하증권의 경우에는 실제 선적완료 후 'on Board'표시를 하고 그 날짜를 명기하기도 한다.

'on Board' 표시가 인쇄되어 있는 경우에는 'on Board'란에 선적일자를 기입하고 발행일 난에도 같은 날짜를 기입하는 것이 관례이다. 예컨대 선하증권의 발행 당시 선적할 선박이 결정되어 있지 않고 단지 예정만 되어 있는 경우 예정된 선박에 그 후에 실제로 물품이 선적되었다면, 반드시 선적된 선박명과 선적일자가 명기되어 있어야 한다. 따라서 어떤 경우이든 본선에 선적된 선박명칭 · 선적일자 · 선적항의 표시는 'on Board'표시와 함께 명기되어 있을 때 은행에서 '수리가능한'[Negotiability] 해상선하증권이 될 수 있다.

본선 선적표시와 함께 해상선하증권에서 중요한 것은 선적항과 양륙항의 표시이다. 그러므로 신용장상에 명기된 선적항과 양륙항의 표시만 있으면 '항 대 항 선하증권'(Port-to-Port B/L)상으로 선적지에서 물품의 인수장소와 선적항이 달리 표시되거나, 도착지에서 양륙항과 도착지점이 달리 표시되어 있어도 은행은 이러한 선하증권을 수용한다. 또한 선적항과 양륙항 앞에 예정된 표시가 있다고 해도 신용장에서 규정된 실제 양륙항과 선적항으로 표시되어 있으면 이 또한 마찬가지로 수리가능하다.

선하증권의 발행통수와 관련해서는 여러 통의 원본으로 발행될 경우 '전통'(全通)으로 발행되어야 하고, 그 운송조건이 별도로 규정되어 있는 약식 선하증권이나 백지위임된 선하증권의 경우에도 그 기재내용에만 적합하면 첨부된 운송약관과 상관없는 은행은 이러한 선하증권을 수리한다. 다만 해상선하증권이기 때문에 범선이나 용선계약의 경우는 인정되지 아니한다.

순수한 해상운송의 경우라고 해도 현대 해상운송에서는 제반 이유로 해서 환적은 불가피하다. 이러한 환적은 화물의 분실이나 위험 그리고 이에 따른 추가비용이 소요된다. 따라서 만약 거래 당사자가 운송과정 중에서 환적을 원하지 아니하면 선하증권에 '환적금지조항'(換積禁止條項)을 반드시 기재하여야 한다. 만약 신용장 문면상으로 환적금지표시['Transshipment Prohibit']를 분명하게 명시하지 않으면 환적을 허용하는 것으로 취급한다.

'신용장통일규칙'상 환적의 의미는 '신용장에 명시된 선적항에서 양륙항까지 해상운송 도중에 한 선박으로부터 다른 선박으로 하역과 재 적재하는 것'을 의미한다.

그러나 신용장에서 환적을 금지하고 있어도 '컨테이너' · '트레일러' · 'LASH선'에 적재된 화물로서 '단일 선하증권'으로 발행된 경우 선하증권에 환적 표시가 있어도 은행은 이러한 선하증권을 수리하여야 한다. 왜냐하면 이러한 형태의 운송은 환적 없이는 그 효용이 없을 뿐만 아니라 표준화된 운송보조수단에 의한 해상운송의 효율성을 제고할 수 없는 때문이다. 아울러 선사들이 자신들의 필요에 따라 임의로 환적할 수 있게 하기 위해서는 '필요한 경우 환적할 수 있다.'는 유보문언을 선하증권에 둘 수 있는 바 이는 앞서 본 바와 같다.

마찬가지로 이러한 환적에 관한 유보문언을 둔 선하증권에 대해서도 은행은 수리하여야 한다. 이는 곧 운송과정 중 선사가 자신의 책임하에 운송을 원활히 하기 위해서 필요에 의해 환적을 할 수 있도록 환적을 유도하고 있는 조항이 선하증권에 들어 있다고 해서 은행이 이의 수리를 거절하는 것은 원활한 국제물품운송을 저해하는 결과를 가져올 수 있다고 하는 실무계의 상관습이 반영된 결과라 할 수 있다.

해상운송에서 비유통성 운송서류는 이른바 'Non-negotiable Sea Waybill'이다. 신용장에서 항구 간 운송의 비유통성 운송서류를 요구하면 해당서류가 유통성 선하증권인 'Marine / Ocean Bill of Lading'의 수리요건에 적합한 비유통성 운송서류이면 은행은 이를 수리한다. 다만 이러한 비유통성 운송서류들은 송화인이 해당 물품을 수화인에게 송부하였다는 증거서류일 뿐이다. 따라서 선하증권과는 달리 운송증권의 유무와 상관없이 수화인이 화물을 수령하려고 하면, 운송인은 수화인 본인 여부만 확인하고 수화인에게 물품을 인도하여야 한다.

한편 운송수단의 발달로 서류보다 화물이 더 빨리 도착하는 경우도 많아지고 있으며, 전자식으로 운송서류를 주고받는 상관습이 정착되어가고 있어서 유통성 운송장이 비유통성 운송장으로 대체되어가고 있는 것이 현재의 추세라 할 수 있다.

특히 '전자문서교환'(電子文書交換, Electronic Document Interchange, EDI)의 형태로 운송서류를 송부할 경우 유통성 서류는 종이식 선하증권의 발행에 따른 위조와 사기의 우려를 제거할 수 있다. 이러한 전자식 서류송부는 인터넷을 매개로 하여 그 이용이 급속도로 증가되고 있어서 각 무역규칙은 비유통성 운송서류를 인정하지 않을 수 없게 되었다.

앞서 살핀 바와 같이 1990년 'CMI Uniform Rules for Sea Waybills'이라는 명칭의 비유통성 해상운송서류에 대한 통일규칙의 제정을 통해서 비유통성 운송서류를 이용하는 데 따른 모든 법적 불확실성을 제거할 수 있는 토대를 마련하게 되었다.

동 규칙에 의하면 운송인(Carrier) 또는 송화인(Shipper)은 운송계약상 기재된 당사자이어야 하고, 수화인(Consignee)도 운송계약상 인식될 수 있는 당사자이거나, 또는 송화인에 의해 운송인에게 통지되어 운송인에게 추후 해당운송으로 인한 부가적인 책임을 부담하도록 약정하는 다른 당사자가 수화인으로 될 수 있다.

송화인은 자신이 제시한 물품과 관련된 사항과 정확히 일치되도록 물품을 제공하여야 하고, 불일치의 결과 발생되는 손상·손실·비용에 대해서는 운송인에게 보상하여야 한다.

운송인의 유보가 없으면 운송인과 송화인 사이에 약정된 물품의 수량 또는 조건에 관한 운송장상의 내용은 작성된 내용에 합치되는 물품을 수령한 증거가 된다. 이러한 관계는 송화인과 운송인 그리고 운송인과 수화인 사이에 모두 적용된다.

운송물품을 수령하는 수화인은 송화인이 운송인에게 통지하여 운송인이 인식한 또 다른 당사자를 수화인으로 할 수도 있고, 운송장 상에 기재되어 있는 수화인으로서 물품을 인도 할 때 운송인이 수화인으로 확인되면 그러한 당사자가 수화인이 된다. 만약 운송인이 잘못 인도하였을 경우라고 해도 운송인이 인도 당시 운송증권상의 수화인으로 확인함에 있어서 상당한 주의를 다하였음을 입증하면 그에 따른 책임은 면책된다.

2 복합운송증권

복합운송의 경우 종전에는 해당 서류의 명칭이 다양하게 규정되어 있었다. 즉 'Combined Transport Bill of Lading', 'Combined Transport Document', 'Port-to-Port Bill of Lading'등 이외에도 비슷한 이름을 가진 서류는 모두 포괄적으로 복합운송으로 인정하여 해상운송의 요소가 강한 운송형태의 경우 혼돈을 가져올 수도 있었다.

그러나 현재는 'Multimodal Transport Document'로 규정하여 복합운송에 'Bill of Lading'의 용어사용을 통일하고 있다. 즉 해상운송을 'Port-to-Port Shipment'로 분명히 하면서 복합운송의 경우는 'Multimodal Transport Document'로 명시하고 있다.

이는 해상운송이라는 한 가지의 운송형태로 운송을 이행하는 경우와 여러 운송수단이 모두 이용되어 물품수령지에서 물품인도지까지의 운송을 의미하는 복합운송형태를 분명하게 구분하고 있는 것이라 할 수 있다.

특히 'Multimodal Transport Documant'이라는 명칭은 국제연합무역개발회의[United Nations Conference on Trade and Development (UNCTAD)]의 복합운송에 대한 내용과 일치 되도록 하기 위한 의도가 전제되어 있다.

복합운송서류의 경우 이미 1980년 'United Nations Convention on International Multimodal Transport of Goods'나 1975년 ICC가 제정한 'Uniform Rules for a Combined Transport Document'에서 그 법적 성격에 대해서 규정하고 있다. 복합운송서류의 주된 문제점은 이러한 복합운송서류가 유통성 서류인가 하는 것이다.

선하증권은 전통적으로 유통성 있는 운송서류로서 환어음 결제의 담보로서 역할을 할 수 있도록 법적으로 보장받고 있다. 그러나 복합운송서류의 경우 유통성 문제에 대해서는 국내법에서는 아직 보장하고 있지 아니하다. 즉 환어음 결제의 담보로서 이용되기에는 다소 간의 무리가 있다고 할 것이다.

그러나 실무적으로 'Sea Waybill'과 같이 비유통성 서류의 사용이 더욱 보편화되고 있고, 아울러 그 이용이 점차 확대되고 있어서 복합운송서류도 유통성 문제와는 별개로 은행이 이를 수리해 주고 있는 것이 현실이다.

또한 운송서류의 발행인 문제의 경우에는 선하증권의 경우는 선박회사라는 운송주체가 발행인의 역할을 분명하게 할 수 있지만, 복합운송의 경우는 여러 가지의 운송수단이 개입되기 때문에 운송주체가 복수이다.

물론 이 중에서 하나의 어떤 운송주체가 발행할 수도 있지만, 이보다는 전체 운송을 책임지는 당사자가 운송증권을 발행할 수밖에 없다. 따라서 실제 운송수단을 가지지 아니하고 여러 가지 운송의 주선만 하는 운송주선인이 전체 운송인이 되고 복합운송서류를 발행하게 되는 경우가 실무에서는 흔한 일이다.

이 경우 운송주선인은 선박회사 보다 통상적으로 그 규모가 작고 영세하기 때문에 이들이 발행한 운송서류에 대해서 은행이 화환취결(貨換取結, Negotiation)하는 데는 문제가 발생할 수 있다.

'항공화물운송장'(Air Waybill, AWB)은 전통적인 운송서류인 해상선하증권과는 여러 가지 측면에서 상이한 점이 많다. 곧 항공화물운송장은 '국제항공운송협회'(International Air Transport Association, IATA)에서 그 양식을 규정하여 그에 따라 운송장이 발행되고 있는데, 항공운송장은 단순히 운송계약체결의 증거이며, 운송인이 물품을 수취하였다는 수취증서일 뿐이다. 따라서 운송증권 소지의 여부와 상관없이 수화인임이 입증되면 곧바로 항공운송인은 해당물품을 수화인에게 인도하여 준다.

요컨대, 항공운송의 기본서류는 '항공화물운송장'(Air Waybill, AWB) 또는 '항공화물탁송장'(Air Consignment Note)이다. 항공화물운송장은 원본 3부와 부본으로 구성되는데 원본은 '운송인용'·'수화인용'·'송화인용'으로 된다. 수화인용은 운송화물과 함께 수화인에게 송부된다.

항공화물운송장의 발급은 운송인이 화물을 수령했다는 것과 운송계약이 체결되었다는 문서상의 증빙이 된다. AWB는 B/L과 같이 송화인과 운송인 사이에 운송계약이 체결되었다는 증거증권이 된다.

그러나 AWB는 'Non-Negotiable'이라고 표시하여 비유통성으로 발행되며 유가증권이 아니다. AWB에 유통성을 부여하지 않는 것은 신속하게 운송되기 때문에 유통성을 부여하는 것이 오히려 비효율적이기 때문이다. 하지만 선하증권은 통상 선적식인 데 반하여 AWB는 수취식이다. 따라서 화물이 공항의 창고에 반입되면 AWB이 발행된다. 또한 AWB는 기명식인 것이 특징인데 이는 유통의 필요가 없기 때문이다. 또 다른 특징으로 선하증권과는 달리 송화인이 작성하여 항공사에서 교부하도록 규정되어 있다.

항공운송장은 전술한 대로 유통성 운송서류가 아니기 때문에 '지시식'으로 발행될 수 없고 항공회사가 인정하는 수화인만이 물품을 수령할 수 있다. 따라서 송화인에게 발행된 원본서류는 수리가능하다.

'환적'의 경우는 항공운송도 복합운송의 경우와 같이 신용장상에 환적 금지조항이 있어도 하나의 운송장에 의한 운송이면 환적표시가 있는 항공운송장은 수리가능하다. 항공화물운송장에서 환적을 허용하고 있는 것은 항공회사들의 운송환경을 반영한 것이다.

항공회사들이 전 세계 모든 국가에 항공운송망을 구축하여 둘 수는 없다. 따라서 출발지에서 도착지까지 화물이 운송되는 동안 세계 각국의 항공운송회사를 구간별로 필요에 따라 개입시켜 화물을 도착시키지 않을 수 없다. 그러나 신용장에서 특별하게 환적을 금지한다는 표시를 명기하고 있으면 환적을 표시한 항공화물운송장은 수리될 수 없다.

3 도로, 철도 및 내수로 운송서류

유럽대륙이나 미주대륙 그리고 시베리아·중국 등과 같은 대륙국가들은 물품운송의 상당부분이 철도나 도로를 운송수단으로 하여 운송이 이루어지고 있다. 특히 컨테이너 운송이 보편화되면서 물품이 적재된 컨테이너를 철도나 도로를 이용하여 육상으로 운송하는 물동량이 과거에 비해서 점점 증가되고 있다.

이러한 육상운송은 '국제도로물품운송조약'(Convention on the Contract for the International Carriage of Goods by Road : CMR)을 기초로 하여 운송인 및 당사자의 책임문제, 손해보상한도액 그리고 운송서류의 발행 등의 문제를 규율하고 있다. 이러한 육상운송증권은 주로 'CMR International Consignment Note'의 명칭으로 발행되어 왔다.

요컨대 'CMR'은 국제 간 육로로 화물을 운송할 때 적용되는 운송조약이다. 주로 운송인의 책임에 관하여 규정한 조약으로, 원래의 명칭은 '국제도로 물품운송 계약에 관한 협약'(Convention Relative au Contract de Transport International de Marchandise Par Route)이며 간략히 'CMR'이라고 약칭한다. 1956년 5월 제네바에서 유럽 국가들이 서명하여 채택하였으며 1961년에 발효되었고 1978년에 개정되었다.

국제운송에 있어서 해상운송의 '헤이그 규칙'(Hague Rule), 철도운송의 '국제철도물품운송조약'(International Convention Concerning the Carriage of Goods by Rail, CIM), 항공운송의 '바르샤바조약'(Warsaw convention)과 함께 중요한 역할을 하는 조약으로, 적용범위와 운송인의 손해배상책임을 주된 내용으로 하고 있다.

적용범위는 '국제육로운송'으로, 화물을 운송할 때 해당되는 국가 중 어느 한 쪽이라도 가입되어 있으면 적용된다. 운송인의 배상책임은 '엄격책임주의'(Strict Liability)를 원칙으로 한다. 즉 면책사유 이외의 사유로 인한 화물 전체나 일부의 멸실·훼손·인도지연에 대해 책임을 진다.

이 같은 육상운송서류들은 '국제철도물품운송조약'[International Convention Concerning the Carriage of Goods by Rail, 'CIM', 1961년 채택된 '국제철도운송조약'(International Convention Concerning the Carriage of Goods by Rail)의 약칭으로서 그 이후 이 조약은 1980년 스위스 베른에서 채택된 조약(the Convention Concerning International Carriage by Rail, 'COTIF')에 부속된 규칙으로 흡수되어 'Uniform Rules concerning the Contract for International Carriage of Goods by Rail'이 되었다. 'COTIF'는 1985년 발효되었고 'CMR'과 더불어 국제복합운송에 있어서 이종책임체계(Network Liability System)을 채택하고 있다]과 'CMR' 자체에서도 비유통성 운송서류로 규정하고 있다. 뿐만 아니라 이들 서류는 반드시 선적·발송·운송을 위해 물품을 수취하였음을 나타내는 서류가 아니기 때문에 신용장 거래에서 수리되는 서류가 되려면 선적·발송·운송을 위해 물품을 수취하였다는 표시가 있는 서류일 필요성이 있었다.

그리고 'CMI', 'CMR'에서는 이들 운송에 관한 모든 권리, 의무관계가 분명하게 규정되어 있기 때문에 '신용장통일규칙'에 충족되는 'CMI', 'CMR' 서류는 제시된 그대로 수리하도록 규정하였다.

4 특사수령증 및 우편수령증

(1) 특사수령증

'특사수령증'(特使受領證, Courier Receipt)은 중요서류나 견본품 그리고 긴급을 요하는 소량화물의 경우 국내에서 이미 택배운송을 통하여 상당히 보편화되어 가고 있다. 국제상거래에서도 'DHL', 'FeDex' 등과 같은 특급운송 배달이나 속달수단을 이용한 거래가 계속해서 증가하고 있는 추세에 있다.

특히 우편을 이용한 소포배달과 같이 수취인에게 반드시 수취증명을 획득하고 물품을 신속하게 인도하기 때문에, 중요물품이나 서류인도시 이러한 방식의 운송이 매우 폭 넓게 이용되고 있다.

▮특사수령증의 예시▮

COURIER SERVICE TRACKING FORM

DELIVERY INFORMATION

TICKET NUMBER:		☐ STANDARD DELIVERY (4HOURS) ☐ EXPRESS DELIVERY (2HOURS)
DATE RECEIVED:		
TIME RECEIVED:		
QTY:	WEIGHT:	
DELIVERED BY:		
EMAIL:	PH:	FAX:
PACKAGE FOR:		

RECIPIENT INFORMATION

NAME: ______________________

ADDRESS: ______________________ ☐ RESIDENCE

______________________ ☐ BUSINESS

PHONE: ______________________

RECEIPT CONFIRMATION

RECIPIENT NAME (PRINT):		
RECIPIENT SIGNATURE:		
	DATE:	TIME:

PREFERRED PAYMENT METHOD :

☐ PAYPAL ☐ CREDIT CARD ☐ CASHIER'S CHECK ☐ PERSONAL CHECK

(2) 우편수령증

'우편수령증'(郵便受領證, Post Receipt)의 경우는 증명서에 선적지·발송지에서 날인되었음이 확인되고, 일부 표시가 있으면 이러한 일부표시는 선적 또는 발송일로 취급한다. 신용장에서 이에 관한 별도의 명시 없이 우편수령증을 요구하면 그리고 전술한 요건을 충족하였으면 이러한 우편수령증은 은행이 수리한다.

▮ 우편수령증의 예시 ▮

<table>
<tr><th colspan="10">Delivery Receipt</th></tr>
<tr><td colspan="4">Name of supplying company</td><td colspan="6"></td></tr>
<tr><td colspan="4">Supplier's
address</td><td colspan="6"></td></tr>
<tr><td colspan="2">Date</td><td colspan="2"></td><td colspan="2">Dear</td><td colspan="4"></td></tr>
<tr><td colspan="10">I hereby acknowledge receipt of the following in perfect condition and as per the set conditions of our supply contract from the firm of ____________ (name of supplying company)</td></tr>
<tr><td colspan="2">Description</td><td colspan="2">Quantity Delivered</td><td colspan="2">Weight</td><td colspan="2">Order No</td><td colspan="2">Additional order info</td></tr>
<tr><td colspan="2"></td><td colspan="2"></td><td colspan="2"></td><td colspan="2"></td><td colspan="2"></td></tr>
<tr><td colspan="2"></td><td colspan="2"></td><td colspan="2"></td><td colspan="2"></td><td colspan="2"></td></tr>
<tr><td colspan="2"></td><td colspan="2"></td><td colspan="2"></td><td colspan="2"></td><td colspan="2"></td></tr>
<tr><td colspan="2"></td><td colspan="2"></td><td colspan="2"></td><td colspan="2"></td><td colspan="2"></td></tr>
<tr><td colspan="2"></td><td colspan="2"></td><td colspan="2"></td><td colspan="2"></td><td colspan="2"></td></tr>
<tr><td colspan="2"></td><td colspan="2"></td><td colspan="2"></td><td colspan="2"></td><td colspan="2"></td></tr>
<tr><td colspan="2">Invoice number</td><td colspan="3"></td><td colspan="3">Date actually received</td><td colspan="2"></td></tr>
<tr><td colspan="5">Recipients' signature</td><td colspan="5">Recipients' name</td></tr>
<tr><td colspan="5"></td><td colspan="5"></td></tr>
</table>

Reset Form | Editable Forms

특급배달 · 속달업체 발행서류가 요구되면 역시 명칭과 관계없이 신용장에서 별도 규정이 없으면 이러한 서비스를 제공하는 업체명의가 표시되어 있고 이들의 서명 · 날인 · 인증된 서류로서 수령일 표시가 있으면 이를 선적 또는 발송일자로 간주하여 다른 신용장 규정들을 충족시키면 이들 서류를 은행은 수리한다.

5 보험서류

'보험서류'(保險書類)는 선하증권 · 상업송장 등과 함께 주요 선적서류[화환취결(貨換取結)] 중의 하나이다. 신용장을 개설할 때는 보험서류에 관한 조건을 명확하게 규정하여야 하며, 은행은 수익자가 제시한 보험서류의 종류 · 부보금액 · 담보위험 등이 신용장의 조건에 일치한가를 심사하여야 한다.

보험서류는 문면상 반드시 보험회사 · 보험업자 또는 그 대리인이 발행하고 서명한 것으로 표시되어 있어야 한다. 보험서류상에 보험자 또는 그 대리인의 자격이 없는 자가 발행하고 서명한 것으로 표시된 경우 신용장 거래에 있어서 이는 정당한 보험서류로 볼 수 없으며 은행은 이러한 보험서류의 수리를 거절하여야 한다. 보험서류가 2통 이상의 원본으로 발행된 경우에는 그 원본의 '전 통'(全通)을 제시하여야 한다.

보험서류는 반드시 보험자 또는 그 대리인이 서명한 것이어야 하기 때문에 은행은 보험자로서의 자격이 없는 보험중개인이 발급한 보험인수증은 이를 수리하여서는 아니 된다. 그러나 은행은 보험자가 담보확약을 명확히 기재한 서류, 즉 보험증권 또는 보험증명서는 수리하여야 한다.

은행은 포괄적 보험에 있어서 보험증권 대신에 보험자가 '선 서명'(先署名)하여 발행한 보험증명서나 확정통지서를 수리할 것을 새로 규정하였다. 신용장이 보험증명서나 확정통지서를 요구한 경우에도, 그 대신에 보험증권이 제시되면, 은행은 이를 신용장조건에 일치한 것으로 수리하여야 한다.

보험서류의 발행일은 반드시 운송서류상의 본선적재 · 발송 또는 수취일 보다 늦어서는 아니 된다. 화물의 운송이 이미 시작되었음에도 보험담보가 개시되지 아니한 보험서류는 신용장의 조건에 부일치한 것으로서 이는 수리되지 않기 때문이다. 다만 선적일보다 늦은 기일을 명시한 보험서류상에서 보험담보가 선적일로부터 소급하여 개시된다는 단서를 내포하고 있는 경우에는, 은행은 이러한 보험서류를 수리하여야 한다. 또한 보험서류상에서의 통화는 신용장에 표시된 통화와 일치하여야 한다.

한편 신용장을 개설할 때 보험의 종류와 특약(特約)으로 부보하여야 할 추가적인 위험(부가위험, 전쟁위험 등)은 명확하게 규정해 두어야 한다. 신용장상에 담보위험을 지정할 때 통상적 위험 또는 관습적 위험과 같은 불명확한 용어를 사용하여서는 아니 된다. 담보위험을 불명확하게 지정한 결과에 대하여 은행은 결코 책임을 지지 아니한다.

보험의 종류에는 해상적하보험의 일반약관, 즉 ICC(A), (B), (C)약관 등이 있을 수 있으며, 그 밖의 추가적인 위험이라고 하면 물품이나 항해의 특수성 때문에 피보험자가 할증보험료를 지급하고 부보하여야 할 위험, 즉 전쟁위험 · 동맹파업위험 그 밖의 수많은 특약담보의 위험을 들 수 있다.

I.C.C.(A)는 '구(舊) 약관 All Risks 약관'에 상응되는 약관으로 'All Risks of Loss or Damage'를 담보하는 약관이다. 구 'All Risks 약관'과는 달리 면책위험을 열거하여 명기하고 있다.

I.C.C.(B)는 '구 약관 WA 약관'에 상응하는 약관으로 화재 · 폭발 · 좌초 · 지진 · 분화 · 낙뢰 · 해수, 호수, 강물의 침입 등 열거된 주요위험에 의해 생긴 손해를 보상하는 열거책임주의를 취하고 있다. 면책위험도 열거하여 명기하고, 클레임은 분손 또는 전손의 구분 없이 보상하며 면책율(Franchise)의 적용도 없다.

I.C.C.(C)는 '구 약관 FPA 약관'에 상응하는 약관으로, (B)조건과 마찬가지로 열거된 위험에 의한 손해를 분손, 전손의 구분 및 면책율 없이 보상한다. 그러나 (B) 약관에서 보상되는 위험 가운데 지진 · 분화 · 낙뢰 · 해수 · 호수 등의 침입 · 갑판유실 · 추락한 매 포장당의 전손 등은 이 (C) 약관에서는 보상되지 않는다. 각 약관을 도해하여 비교하면 다음과 같다.

ICC (A), (B), (C)의 비교

담 보 위 험	약관별 담보여부		
	(A)	(B)	(C)
화재/ 폭발	O	O	O
본선, 부선의 좌초, 교사, 침몰, 전복	O	O	O
육상용구의 전복, 탈선	O	O	O
운송용구의 타물체와의 충돌, 접촉 (물과의 충돌, 접촉 제외)	O	O	O

피난항에서의 화물하역	O	O	X
지진, 화산의 분화, 낙뢰	O	O	X
공동해손 희생손해	O	O	O
투하	O	O	O
갑판유실	O	O	X
운송용구, 컨테이너, 보관장소에의 해수, 호수, 강물의 침입	O	O	X
본선, 부선에의 선적, 하역중 추락한 화물의 포장당 전손	O	O	X
그 밖의 모든위험에 의한 멸실, 손상	O	X	X

은행은 신용장에 별도의 규정이 없는 한 보험자의 면책율에 관한 약관이 기재된 보험서류를 수리하여야 한다. 면책율 약관에는 두 가지의 형태가 있다. 즉 일정비율 미만의 소손에 대해서는 보험자가 담보책임을 면하지만 그 비율을 초과하면 면책율 부분까지의 전부를 담보하는 '소손해면책율'(小損害免責率, Franchise), 그리고 일정비율을 초과하면 보험자가 그 면책율 부분을 공제하고 나머지 초과부분만을 담보하는 '초과공제면책율'(超過控除免責率)로 구분된다. 은행은 보험서류가 어떤 '면책률약관'을 명시하고 있더라도 이에 상관없이 서류를 수리하여야 한다.

이 경우 보험가격의 2~3%에 해당하는 '소손해'는 그것이 해난에 직접 기인한 것인지 화물의 성질에 기인한 것인지 식별하기가 어렵기 때문에 'WA 조건' 및 부가위험에 있어서는 보험자는 소손해를 담보하지 않는다. 소손해면책 또는 면책율을 'Franchise'라고 한다. 통상 'Franchise'의 경우는 현실의 손해가 면책율을 초과한 경우 그 손해 전부가 보상된다.

이에 대하여 'Excess' 또는 'Excess Franchise'(달리 'Deductible Franchise')의 경우에는 현실의 손해가 면책율을 초과한 그 초과부분만이 보상된다. 일반적으로 상거래에서의 'Franchise'란 제조업자와 판매점과의 사이에 상품 또는 서비스에 대하여 체결된 계약을 말한다.

6 상업송장

은행에 대금결제를 위해 제시되어야 하는 주요서류는 운송서류와 보험증권 그리고 '상업송장'(商業送狀, Commercial Invoice)이다.

송장(送狀, Invoice)이란 매매 또는 위탁계약에 의하여 물품의 인도가 이루어질 때,

그 물품의 송화인이 수화인에 대하여 화물의 특성·내용의 명세·계산관계 등을 상세히 명확하게 알리기 위하여 작성하는 서류이다.

무역에 사용되는 송장은 국내거래에 사용되는 화물의 단순한 안내서에 지나지 않는 송장과는 그 성질을 달리한다. 송장의 특성은 물품에 관한 중요사항을 기입한 화물의 명세서, 그 상품의 대금 및 제반 비용 등 주요 가격구성요소를 표시한 계산서 겸 대금청구서, 수화인의 입장에서 보면 수입화물에 대한 매입서이기도 하다. 따라서 경우에 따라서는 그 계약관계의 존재와 계약이행의 사실을 입증하는 유력한 자료가 되며 또한 세관시고의 증명자료도 된다.

송장은 선하증권과는 달리 그 자체는 아무런 청구권이 없는 것이지만 오랜 상거래 관습상 중요서류이다. 상업송장의 작성에 있어 주의할 점은 송장에 기재된 상품명세는 신용장상의 상품명세와 동일하여야 하고 단가·가격조건·금액 등이 정확하고 신용장조건과 일치하여야 하며, 신용장번호·수익자·수화인·선명·목적지·작성자의 서명 등이 정확하여야 할 뿐만 아니라 선하증권·보험증권·그 밖의 선적서류와 그 기재내용이 상이하지 않아야 한다.

아울러 상업송장은 원칙적으로 신용장의 개설의뢰인에 의하여 발행되어야 하고 그 작성일은 어음의 발행일 이후의 날짜가 되지 않도록 해야 한다. 또한 작성자는 어음의 발행인이 되며 그가 서명을 하여야 하고 발행통수는 신용장상에 특별한 지시가 없을 때에는 2통이며 필요에 따라 그 이상을 작성한다. 선적서류에 사용되는 송장은 물론 선적송장을 말하는데 여기에는 매매계약에 의하여 매도인이 작성하는 '수출송장'[매매송장(賣買送狀)], 위탁판매의 경우 발행되는 '위탁판매송장'(委託販賣送狀, Consignment Invoice)과 매입위탁을 받고 수출상이 매입대리인으로서 작성하는 '매입위탁송장'(買入委託送狀, Indent Invoice), 견본송부 시 발송되는 '견본송장'(見本送狀, Sample Invoice)이 있다.

반면에 선적 이전에 수입자가 수입품의 가격을 견적하거나 수입허가 또는 외화배정을 받기 위해서 요청할 때 수출상이 작성하여 발송하는 '견적송장'(見積送狀, Proforma Invoice)도 있다. 실무에 있어 일반적으로 송장이라 함은 '상업송장', 즉 선적 후 작성된 '매매송장의 상업송장'을 말한다. 이 가운데 상업송장은 수익자 자신이 작성하는 서류이다. 운송서류는 운송인이 발행하고 보험서류는 보험회사가 발행한다.

수익자 자신이 발행하는 상업송장은 대금청구서와 같은 성격을 지니고 있어서 대금을 청구하는 당사자와 대금을 지급하는 당사자가 반드시 표시되어 있고 이것이 신용장상의 내용과 일치하여야 한다. 즉 상업송장은 신용장 거래상의 수익자가 개설의뢰인 앞으로 발행하여야 한다. 그러나 양도가능신용장의 경우는 제2의 수익자에게 양도되기 때문에 작성자가 바뀔 수 있다. 따라서 양도가능 신용장의 경우는 예외이다.

'상업송장'의 은행수리요건은 우선 은행은 제시된 상업송장의 당사자 · 물품명세 · 금액 등이 신용장 조건에 엄격히 일치하는지를 심사하여야 한다. 상업송장은 신용장의 개설의뢰인 앞으로 작성되어야 하며 상업송장은 반드시 신용장의 수익자가 발행한 것이어야 한다.

그러나 양도가능신용장의 경우 신용장상의 제1수익자와 송장 작성인인 제2수익자의 명의가 불일치할 수 있으며, 또 제1수익자가 신용장을 양도할 때 자신의 명의로 개설의뢰인의 명의를 대체할 수 있기 때문에 예외로 하고 있다. 그러나 상업송장은 서명을 필요로 하지는 않는다.

'상업송장'은 신용장의 금액을 초과하여 작성하여서는 아니 된다. 은행은 이러한 서류를 수리 거절할 수 있다. 그러나 매도인이 계약상으로 'FOB' 조건을 택하고 매수인의 지시에 따라 운임 등을 추가로 지급한 경우 매도인은 대금과 운임을 일괄 청구하기 위해서는 신용장의 금액을 초과한 송장을 작성하게 된다. 이때 은행이 이러한 금액초과의 상업송장을 수리한다면 그 은행의 결정은 이후 모든 당사자를 구속하게 된다.

'상업송장'은 계약물품이 신용장조건에 일치하게 인도되었는가를 입증할 수 있는 서류에 해당하므로 그 상업송장상에 표기된 물품의 명세는 반드시 신용장에서 요구하는 물품의 명세와 문면상 일치하여야 한다.

실제로 인도된 물품이 매매계약에 일치하더라도 상업송장상에 표기된 물품의 명세가 신용장의 명세와 불일치하거나 불명확한 경우 은행은 이러한 서류를 수리거절하여야 한다. 그러나 상업송장의 명세가 동일하지 않더라도 은행은 국제적인 은행표준관습에 따라 신용장조건에 일치한다고 결정한 경우 수리할 수 있다.

7 그 밖의 서류들

은행이 대금을 지급하는 데 필수적인 서류인 운송서류 · 보험증권 · 상업송장 이

외에도 거래당사자의 필요에 따라서 다른 서류들이 요청될 수도 있다. 예컨대 '원산지증명서'(Certificate of Origin)나 '수량 또는 중량증명서'(Certificate of Measurement / Weight) 그리고 그 밖의 여러 가지 증명서나 다른 서류들이 요구될 수 있다.

이때 신용장상에 어떤 기관에서 발행된 어떤 서류라는 표시가 없으면 은행은 수익자가 제시한 서류를 책임 없이 그대로 수리한다는 것이다. 그러므로 그 밖의 서류를 요구하는 개설의뢰인은 그러한 서류가 반드시 필요하다면 해당서류의 발행기관과 성격, 그리고 그 내용에 무엇이 포함되어야 하는 지를 분명하게 명시하여 두는 것이 바람직하다.

이 경우 그 밖의 서류는 매수인[개설의뢰인(開設依賴人)]이 자신의 필요에 따라 요구하는 서류들로서 '포장명세서'(Packing List), '용적증명서'(Certificate of Measurement), '중량증명서'(Certificate of Weight)와 해당물품의 품질을 증명하는 서류인 '검사증명서'(Certificate of Inspection), '위생증명서'(Health Certificate), '원산지증명서'(Certificate of Origin) 등이 있다. 그 외에도 매수인은 필요에 따라 자신의 비용과 위험으로 매도인에게 다른 서류의 제공을 요구할 수 있다.

'검사증명서'는 매매계약서의 품질조건에 권위 있는 검사기관의 검사에 합격한 상품만을 선적하기 위해 약정한 것이다. 특정검사기관을 합의해 두지 않았을 경우에는 수입상의 대리인이 발행한 합격증 또는 지정검사기관의 검사합격증을 인정할 수 있다. '품질증명서'(Quality Certificate)나 '분석증명서'(Certificate of Analysis) 등도 검사증명서의 일종이다. 그 외에도 당해거래의 물품이 중량 또는 용적이 기준이 되는 경우에는 공인검정인이 발행한 '중량·용적증명서'(Certificate of Measurement/Weight)를 수입상에게 제공하여 계약과 일치함을 증명하게 된다.

'위생증명서'는 식료품·육류 및 의약품 등을 수출하는 경우에 무균·무해임을 증명하는 서류이다. 동·식물을 수출하는 경우 위생증명서의 일종인 '검역증명서'(Certificate of Quarantine)를 필요로 하는 경우도 있다.

'원산지증명서'는 수입통관 시 관세양허용으로 뿐만 아니라 특정국으로부터의 수입제한 또는 금지, 국별 통계를 위하여 수입국이 요구하는 경우 발행된다.

▮상업송장의 예시▮

COMMERCIAL INVOICE

Shipper / Exporter		Invoice No. and Date
		L/C No. and Date
To Applicant		L/C Issuing Bank
Notify Party		Remarks
Place of Receipt	Port of Loading	
Port of discharge	Final Destination	

marks & no.s of pkgs	Description of Goods	Quantity	Unit price	Amount

Signed By : ______________________

▌포장명세서의 예시▐

PACKING LIST

<table>
<tr><td colspan="3">Shipper / Exporter</td><td colspan="3">Invoice No. and Date</td></tr>
<tr><td colspan="3">To Applicant</td><td colspan="3" rowspan="4">Remarks</td></tr>
<tr><td colspan="3">Notify Party</td></tr>
<tr><td>Place of Receipt</td><td colspan="2">Port of Loading</td></tr>
<tr><td>Port of discharge</td><td colspan="2">Final Destination</td></tr>
<tr><td>marks & no.s of pkgs</td><td>Description of Goods</td><td>Quantity</td><td>Net weight</td><td>Gross-weight</td><td>Measurement</td></tr>
<tr><td></td><td></td><td></td><td></td><td></td><td></td></tr>
<tr><td colspan="6">Signed By :</td></tr>
</table>

▌원산지증명서의 예시▐

<table>
<tr><td colspan="3">1. 송하인(상호, 주소, 국가)
Consignor(name, address country)</td><td rowspan="2">발급번호
No. of Issuance

원산지증명서
CERTIFICATE OF ORIGIN</td></tr>
<tr><td colspan="3">2. 수하인(상호, 주소, 국가)
Consignee(name, address, country)</td></tr>
<tr><td colspan="3">3. 생산자(상호, 주소, 국가)
Producer(name, address, country)</td><td>5. 공적사용
For official use</td></tr>
<tr><td colspan="3">4. 생산장소
Place of production</td><td>6. 운송수단 및 경로
Means of transport and route</td></tr>
<tr><td>7. 연번
Item number</td><td>8. 포장의 수 및 종류
Number and kind of packages</td><td>9. 품명 및 수량
Description of goods and Quantity</td><td>10. 총중량
Gross weight</td></tr>
<tr><td colspan="3" rowspan="4">11. 비 고 (Other information)

확인 인
Stamp
○</td><td>상기물품의 원산지는 대한민국임을 증명합니다.
It is hereby certified that the above-mentioned goods originated in REPUBLIC OF KOREA</td></tr>
<tr><td>증명기관
CERTIFYING BODY</td></tr>
<tr><td>발급장소 및 일자
Place and date of issue</td></tr>
<tr><td>증명기관 서명
Authorized signature</td></tr>
</table>

제 5 절 전자식 선하증권

1 전자식 선하증권의 개념

(1) 전자문서의 기능과 요건

전자식 선하증권의 법리적 배경으로써 '전자문서'(電子文書, Data Message)는 국내·외의 실정법체계하에서 실로 다양하게 정의되고는 있으나, 그럼에도 불구하고 어느 경우에서나 당해 용어의 표현과 내용차이를 불문하고 '특별한 제한 없이 컴퓨터 등을 포함하여 정보처리능력을 가진 전자적·광학적 그 밖의 유사한 수단으로 작성·발신·수령 또는 저장된 정보'라고 간주할 수 있다.

다만 각국 입법례에서 살필 경우 대개 전자문서를 'Data Message', 'Electronic Record', 'Electronic Data', 'Electronic Message' 등으로 다양하게 표현하고 있는데, 각 용어는 공히 'UNCITRAL 모델법' 및 국내 '전자거래기본법'에 정의되어 있는 전자문서의 정의와 동일한 의미로 의제(擬制)할 수 있다.

'전자문서'는 일반적으로 인간이 입력한 자료를 코드화(Coding)하고 연산하여 송신할 수 있는 신호로 변환하고, 수신된 신호는 인간이 인지할 수 있도록 문자·음성·동영상 등으로 재차 변환되는 과정을 거쳐 전달된다. 이 과정에서 전자문서는 인간의 의사를 단순히 전달하는 차원을 넘어, 기초정보의 입력만으로도 조작[Database]된 연산에 따라 구체화된 의사를 형성할 수도 있다.

이 같은 의사표시 메커니즘의 변화는 전자문서의 '형식요건'(Form Requirement), 효력 및 '전자서명'(Electronic Signature)에 의한 '정보보안'(Information Security) 등에 관한 새로운 법적 규율을 필요로 하게 되는 원인으로 작용하는데, 이에 대응하여 전자문서는 각양의 법규범에서 전통적 계약체결의 수단에 상당하는 법적 효력이 부여되어 있다.

한편 국제상거래의 계약당사자간 상호작용을 촉진할 수 있는 정보통신망의 중요성이 증가함에 따라 상거래의 안전에 관한 국제통일법규범의 정비를 위한 노력이 요청되고 있는데, 즉 정보통신망에서 '신의칙'(Good Faith)을 증진하기 위한 중요성이 높아지면서 정보의 안전성, 특히 전자문서의 '보장'[Ensure] 및 '인증'(Authentification)에 관한 일관된 법적 규제의 필요성이 강조되고 있다.

이 경우 '보장'의 의미는 '자신을 전자문서와 동일시하기 위한 실제적 의도로 전자문서에 대한 전자적 표장 또는 상징을 기록하거나 채용하는 것'으로 정의된다. 한편 일반적으로 인증은 사용자 인증이나 메시지 인증과 관련한 시스템 보장요건에 상당한 의미로서 '인증'(Authentication)과, 전송되는 전자문서의 '무결성'(Integrity) 보장을 위한 인증서비스 의미로서 '인증'(Certification)으로 구분된다

그 배경은 전자문서의 교환[전송(電送)]과정에는 상거래에 관련한 정보가 당사자 의사에 반하여 제3자에게 노출될 수 있을 뿐만 아니라 이로부터 당사자의 신원 및 상거래 정보가 도용되어 불법적으로 사용될 수 있는 개연성으로부터 비롯되고 있는데, 이는 곧 상거래 일방의 불법행위에 따른 침해, 이를테면 전자문서의 위조·변조·도용 등으로 상거래 당사자 일방의 신뢰를 현혹하여 부당이득을 취할 수도 있음을 의미한다.

요컨대, 전자서명은 이와 같은 개연성 또는 위험성을 사전에 방지하고 상거래 정보 및 정보교환 당사자를 보호하기 위한 목적에서 그 개입이 필수불가결한데, 당해 전자서명의 범위는 전자적 통신수단 그 자체의 시스템은 물론 전자문서에 의한 의사표시, 지급과 결제, 전자문서교환 등의 분야에 공히 해당된다.

이를 위해 국제상사규범 및 우리나라를 포함한 각국별 제반 실정법하에서는 대개 전자문서와 전자서명을 동시에 규정하고 있고, 나아가 전자서명이 결부된 전자문서에 그 법적 효력을 부가하고 있기도 하다.

요약하면 위와 같이 우려할 수 있는 제반 장애에 대응하여 전자서명은 송·수신되는 전자문서를 독특[암호화(暗號化), Cryptosystems]하게 함으로써 당해자의 신분을 특정하고, 의사실현의 내용을 보장하고 있다고 하는데서 그 의의를 구할 수 있다. 여기서 암호화(Cryptosystems)는 정보보안의 구현기반으로써 의의가 있는데, 그 양태로 보아 정보교환, 전자결제, 전자서명 및 전자인증 등의 표준기술에 따라 특성을 달리한

다고 볼 수 있으나, 다만 하나의 특정한 분야에 관련되어질 수 없는, 즉 상호 보완적인 형태로 구현되고 있다고 보는 것이 타당하다. 기실 암호화는 전자문서의 신뢰성과 안정성을 제공하는 구체적인 수단으로써의 개별특성을 내재한다.

결국 정보보안에 관한 특정기술, 곧 전자서명이 전자문서에 결부되어 있다고 하는 사실은 상거래 과정에 있어 신의칙에 기한 진의의 의사표시를 신뢰하여 수용하는 최초의 단계로부터 어느 경우라도 지불할 것과 지불받을 것이라는 대가관계(對價關係)에서의 상호 이행을 보장하기 위한 목적이 일체화되어 있음을 의미한다.

▌전자식 선하증권의 상용화▐

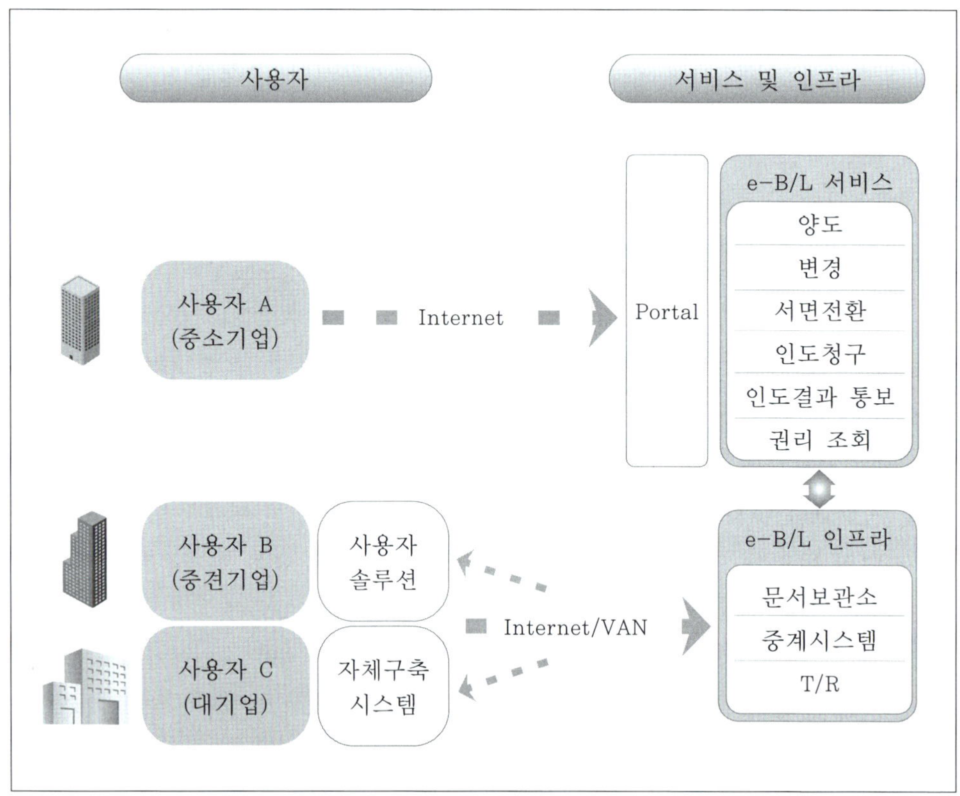

이 같은 요건의 충족은 전자문서에 의한 상거래 환경의 신뢰도를 증진할 수 있는 첩경으로써 그 적용범위는 위험요소의 사전예방과 해소를 위한 정보보안의 기술적 대안, 전자문서 인증시스템의 운용을 위한 제반 시스템 환경, 전자문서에 의한 진의의 의사표시, 전자계약(Electronic Contracts, 일반적으로 전자계약은 '정보통신망을 통한 전자

문서에 의한 계약'으로 정의된다)의 체결과 그 이행, 지급과 결제 등의 분야에 공히 해당된다고 할 것이다.

(2) 물권증권의 전자문서화

전통적 실정법체계하에서 유가증권은 권리의 행사를 종이문서[서면(書面)]로 이행하여야 함을 전제하고 있다. 곧 종이문서[증권(證券)]는 문면상 기재되어 있는 기록을 전달(Deliver)하여야만 그 기능을 다할 수 있기 때문에, 물리적인 존재 그 자체가 상거래상 중요한 기능을 점한다.

환언하면 종이문서의 교환에 있어 상거래 관계당사자에게는 운송물품의 간접점유자나 직접점유자를 '실시 간'(Real-Time)으로 파악하기가 곤란하기 때문에 운송물품의 점유를 화체한 유가증권에 의해 당해 권리를 명확히 할 필요가 있었다.

그렇지만 전자문서의 교환에 있어서는 온라인상의 검색엔진(Search Engine)에 의해 상거래 관계당사자가 항상 운송물품의 직·간접점유자를 실시간으로 파악할 수 있는 환경이 제공되어 있는 까닭에, 운송물품에 대한 권리를 이전과 같이 명확히 할 필요는 없고, 다만 운송물품의 간접점유를 누구에게 이전할 것인가에 대한 지시의 존재·내용·시점 등이 보다 중요시 된다.

또한 전자문서에 의한 상거래에 있어서는 종이문서를 정확하게 그대로 전자문서로 변환하는 것은 사실상 불필요하며 바람직하지도 않다. 왜냐하면 그보다는 오히려 당해 종이문서의 기능을 포괄하여 이를 표준화·일원화할 수 있는 적극적인 플랫폼의 개발이 보다 유익할 것이기 때문이다.

종이문서에 기반을 둔 무역업무처리는 막대한 비용과 비효율성이 내재되어 있다. 서류 없는 무역거래의 실현에 대한 노력은 1970년대부터 논의된 이래 1980년대에 들어와 미국을 비롯한 선진국을 중심으로 이루어져 왔으며 1987년 UN은 'UN 행정·상업·운송에 관한 전자문서교환방식'(UN/EDIFACT)의 표준을 제정하면서 더욱 확산되는 계기를 만들었다.

한편 1990년 국제해사위원회(CMI)의 '전자식 선하증권에 관한 CMI 규칙'이 제정되면서 전자식 선하증권의 유통문제를 해결하려는 시도가 있었으나 송화인과 운송인 양당사자간의 접근방식은 신뢰성과 안전성 등의 문제로 이를 활용하는데 진전을 보지 못하였다.

또한 개방형 네트워크인 인터넷 사용의 폭발적인 증가로 전자상거래는 촉진되고 있으나 전자문서교환(EDI) 방식은 쌍무적 계약에 따라 교환 약정이 필요하고 폐쇄적인 시스템이라는 점과 안정성 등 기술적인 제약으로 인하여 무역서류의 전자적 교환에 대한 요구를 충족시키지 못하였고 국제간의 전자무역거래의 실현도 기대에 미치지 못하였다.

무역에서 선하증권은 중요한 서류로서 역할을 수행하여 왔지만 선박건조기술과 항해기술의 향상으로 선박의 고속화가 크게 진전됨에 따라 은행의 서류처리 관습도 변화되어야 하였다. 그러나 은행의 서류처리 관습이 그대로 유지됨으로써 선하증권의 사용상의 커다란 문제점을 야기시켜 왔다.

이러한 문제점을 해결하기 위해 제시된 프로젝트가 곧 '볼레로 프로젝트'(Bolero Project)이다. 그동안 전자식 선하증권의 도입과 관련하여 중앙등록시스템인가 운송인등록시스템인가 등 여러 측면에서 쟁점이 되어 왔었는데 '볼레로 프로젝트'에서는 언급한 바와 같이 중앙등록시스템을 채용하고 '공개키 방식'(Public Key Infrastructure, PKI)에 의한 디지털서명을 채용함으로써 전자식 선하증권과 관련된 쟁점을 해결하였다.

실무계의 사례로써 '볼레로 프로젝트'에서는 종이문서에 기초한 선하증권의 양도에 따른 운송물품의 권리이전을 그 내용에 관한 전자문서를 신뢰할 수 있는 '권리등록시스템'(Title Registry System, TR)에 등록하여 두는 것으로 대신한다.

▮볼레로에서 전자식 선하증권의 생성과정▮

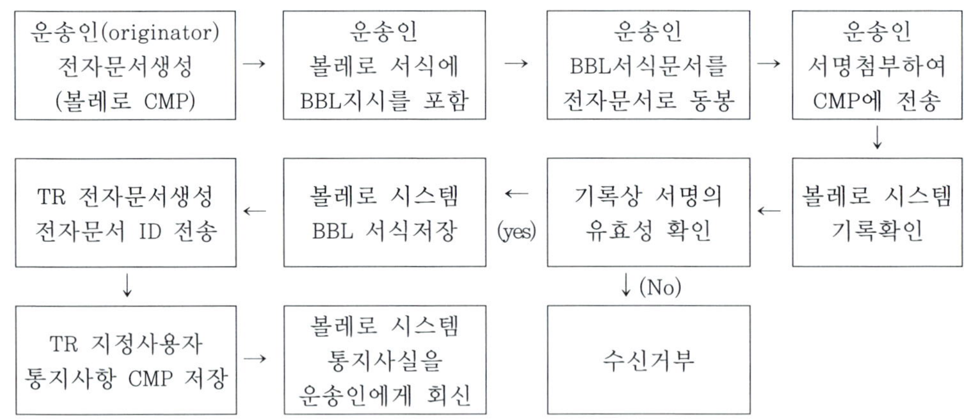

이 경우 권리등록시스템은 '전자식 선하증권'[Bolero Bill of Lading]이 발행된 소지인에 관한 정보를 기록하고 유지하며, 정당한 소지인의 지시에 따라 저장된 기록을 변경함으로써 운송물품에 대한 권리이전을 가능하게 하는 핵심장치로써 기능한다. 곧 권리등록시스템은 일단 소지인의 정보가 등록되면 그 당사자만이 운송물품에 대한 권리를 이전하는 지시로써 전자문서를 전송(Transmission)할 수 있도록 설계된 보안절차를 채용하고 있다.

여기서 '전송'이라 함은 '두문자'(頭文字, Heading Data)와 '미문자'(尾文字, Terminating Data)의 자료를 포함하는 개별단위의 발신으로써 동시에 전자식으로 송부되는 단일 또는 다수의 통신문을 말한다.

한편 볼레로에서는 '폐쇄형 통신망'을 기반으로 한 전자문서 송·수신 운영체계를 구현하고 있는데, 이 경우 '폐쇄형 통신망'이라고 함은 네트워크상에서 문서를 전송시키거나 또는 감축시키기 위한 목적으로 상거래의 신속과 안전을 추구하는 상인간 거래에 한정되어 있는 시스템을 말한다.

이 경우 볼레로 시스템 내에서 송수신되는 모든 전자문서에는 예외 없이 전자서명이 결부되는데, 이는 소위 볼레로의 'CMP'(Core Messaging Platform, CMP는 전자문서의 송·수신을 제어하고, 그 안전성과 확실성을 보증하고 있는 핵심축이라고 할 수 있다)간 자동적으로 수신확인이 통지되며 또한 그 내용이 기록된다.

2 전자식 선하증권의 권리이전

(1) 물권적 효력의 이전

전자식 선하증권은 당해 증권의 내용을 컴퓨터 등에 보존하고, 선사와 송화인 또는 수화인이 상호간 전자문서를 통해 권리의 증명으로서 '개인키'(Private-Key, ID)를 전송하여 물품에 대한 지배·처분권을 이전할 수 있는 기능을 수행한다.

일반적으로 암호화 시스템이라고 함은 암호화되지 않은 상태의 정보, 즉 '원문'(Plaintext)을 암호문으로 만드는 '암호화과정'(Encryption)과 그 반대과정으로 암호문을 다시 원문으로 변환시키는 '복호화과정'(Decryption)을 포함하여 이와 같은 과정에서 사용되는 '암호화키'(Cryptographic Key) 및 정보보호를 위한 일련의 과정을 총칭한다.

정보의 생성방식에 따라 '대칭형암호화방식'(對稱形暗號化方式, Symmetric Cryptosystems, Private-Key Cryptosystems)과 '비대칭형암호화방식'(非對稱形暗號化方式, Asymmetric Cryptosystems, Public-Key Cryptosystems) 및 이를 합체한 '복합암호화방식'(複合暗號化方式, Hybrid Cryptosystems)으로 대별된다. 대칭형은 암호화 및 복호화에 사용되는 키가 '한 개'[Private-Key]로 동일한 암호방식이며, 비대칭형은 '두 개'[Private-Key, Public Key]의 키를 이용한다. 볼레로의 경우 후자의 방식을 채용하고 있다.

이 경우 '개인키'는 전송에 있어 '진정성'(Authenticity) 및 '무결성'(Integrity)을 보증하기 위하여 당사자가 사전에 합의한 기술적으로 적절한 모든 형식, 이를테면 숫자 및/또는 문자의 조합을 말한다.

'진정성'은 '정보를 교환하는 실제당사자로서 신원을 확인하는 것'으로 곧 정보의 근원을 보증함을 말한다. 진정성 확보는 상거래 당사자가 실제로 유효하게 교환된 정보와 결합할 수 있음을 보증함에 따라 향후 기대하지 않았던 분쟁에 법적 증거로서 유효한 입증자료로도 활용될 수 있다.

'무결성'은 정보의 정확성 및 완전성에 관한 것으로 '정보의 교환 중에 제3자에 의하여 변경되거나 손실됨 없이 전송초기의 정보와 동일하고도 완전한 것임을 보증하는 것'을 의미한다.

'개인키'에 의한 권리의 전자적 이전은 선하증권의 발행 주체인 해상운송인을 통해 전송되는 과정을 거치게 되는데, 이로부터 종이문서에 기초한 선하증권의 소지인이 갖는 것과 동일한 권리를 향유할 자격을 가진 당사자는 해상운송인에 대하여 행사할 수 있는 '개인키'[전자문서(電子文書), Document ID]의 점유를 조건으로 한다.

결국 개인키는 권리를 표창한 전자식 선하증권의 발행·양도를 가능하게 하는 핵심적 기능을 수행한다. 개인키는 권리가 양도될 때마다 새롭게 변경되는데, 이로부터 유효한 개인키를 보유한 선의의 소지인은 운송물품에 대한 인도청구권 및 처분권을 행사할 수 있는 자격을 갖게 된다. 이 경우 개인키에 의한 권리이전 운영체계는 '독립운영모듈' 또는 '특정운영체계'를 제외하고 대개 '대칭형암호화방식'(Symmetric Cryptosystems)과 '비대칭형암호화방식'(Asymmetric Cryptosystems)으로 대별된다.

▮볼레로 프로젝트에서 새로운 소지인 지정과정▮

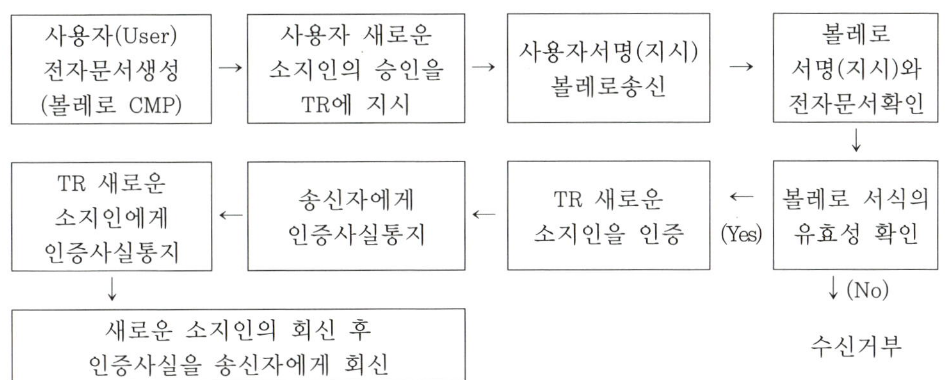

(2) 채권적 효력의 이전

1) 경개의 효과

'경개'(Novation)란 '구 채무를 소멸시킴과 동시에 신 채무를 성립시키는 것'으로 이로부터 구채무자가 보유하고 있던 항변권 등을 가지고 채무자가 신채무자에게 대항할 수 없게 되는 법률효과가 발생한다.

이를 운송계약에 적용할 경우 경개에 의하여 운송인에 대한 채무자가 교체되게 되는데, 그 결과 운송계약자로써 송화인의 계약상 지위는 소멸되고 이후의 선하증권 권리자가 운송계약상의 지위를 승계하게 된다.

규정례를 살피기에 'CMI 규칙'에서는 권리이전에 관한 지시를 양도인이 운송인에게 전송하게 되면 송화인이 그 내용을 '확인'(Confirmation)한 후에 양수인으로 지명받은 자에 대해 개인키를 제외한 운송물품에 관한 전자문서를 보내고, 양수인이 이를 수용하는 경우 운송인은 양도인의 이전 개인키를 폐기하고 양수인에게 새로운 개인키를 발행[電送]하는 과정을 거쳐 권리이전이 가능할 수 있도록 규정하고 있다.

이 경우 '확인'이라 함은 '전송의 내용이 담보하고 있는 사후의 모든 고려 또는 행위를 해하지 아니하고, 그 내용이 외관상으로 완전하고 정확하다는 것을 통지하는 전송'을 말한다.

한편 볼레로에서는 '경개'의 개념을 명시적으로 채용하고 있는데, 즉 '볼레로 규정집'(Rule Book)에서는 권리이전이 행사되면 인도청구권이 경개에 의하여 새로운 소지인에게 이전한다고 규정하고 있다. 이 경우 간접점유는 '볼레로 선하증권'의 이전에 따른다. 곧 '볼레로 시스템'에서 양도가능한 볼레로 선하증권이 생성되고 난 후 추정적 점유이전은 새로운 소지인을 지정함으로써 이루어지게 되는데, 새로운 소지인의 지정은 운송인이 이를 승인함으로써 비로소 효력을 갖게 되며 운송인은 새로운 소지인의 지정을 승인한 때로부터 새로운 소지인의 지시에 따라 볼레로 선하증권에 기재된 물품에 대한 권리를 주장하게 된다. 또한 점유이전에 대해서는 '볼레로'가 운송인의 대리인으로써 이전에 대한 승낙을 승인해야 하는 것으로 규정집에 정하고 있다.

2) 채권적 효력이전과 제3자 대항요건

종이문서에 기초한 선하증권은 교부 또는 배서양도에 따라 대항요건이 발생하지만 종이문서로써의 당해 증권이 존재하지 않는 전자식 선하증권의 경우에는 이전에 따른 대항요건에 관한 문제가 발생한다.

일반적으로 채권의 이전에는 지명채권양도와 '경개'의 법리를 고려할 수 있는데, 곧 채권양도는 채권을 그 동일성을 유지한 채 이전시키는 것으로 이 경우 당해 채권에 결부된 동시이행의 항변권은 당연히 존속한다. 따라서 채권자는 채권의 양수인에 대해서 양도인을 향한 항변권을 보유하고 직접 대항할 수 있게 된다.

그런데 구채권자에 대한 항변권이 결부되어 채권이 신채권자에게 이전하게 되면, 신채권자가 알지 못하는 채권자와 구채권자간의 사정에 따라 신채권자의 상거래안전을 해할 개연성이 존재한다. 결국 지명채권양도의 제3자 대항요건에 있어 채무자에게의 통지 또는 채무자의 승낙, 확정일자 등이 결부될 필요가 부각되는 이유는 이 때문이다.

살피기에 확정일자와 관련, 전자식 선하증권의 채권적 효력에 관한 대항요건에 있어, 이를테면 확정일자가 없는 채로 전자식 선하증권을 이전한 경우 소유권에 대하여 확정일자를 보유한 당사자와 계약상 권리를 갖고 있는 당사자가 서로 다르게 될 가능성이 존재한다. 예컨대 이론적으로 양수인이 물권적 효력의 이전에 기한 제3자 대항요건을 설령 구비하고 있다고 하더라도 운송계약상 '운송물품인도채권'에 관해서는 먼저 제3자가 이를 주장하고 제3자 대항요건을 구비한 자가 존재할 수 있다고 하는 상황이 발생할 수 있다.

이 경우 물품의 소유권 이전에 대해 대항요건을 갖춘 자는 운송인이 운송물품을 점유하고 있는 한, 소유권에 따른 인도청구권이 인정될 수 있지만 인도를 청구하기 이전에 보증인도[L/G]로 운송물품의 점유가 제3자에게 이미 이전되어 버린 경우에는 운송인에게 당해 운송물품의 점유권이 없기 때문에 운송인에 대해서는 소유권에 따른 인도청구를 행사할 수 없게 된다.

그 결과 운송계약상 인도청구권에 기하여 제3자 대항요건을 구비한 채권자는 사실상 소유권 취득을 할 수 없기 때문에 운송인에 대해서는 다만 계약상 권리에 따른 손해배상의 권리를 갖게 된다. 이 경우 운송인의 처지에서는 소유권에 대하여 대항요건을 갖춘 당사자와 인도청구권에 대해서 대항요건을 구비한 당사자가 병존하게 되는 경우 가령 소유권에 따른 반환청구가 이루어지게 되면 이에 응할 수밖에 없게 되고, 또한 계약상 인도채권을 소유한 당사자에 대해서도 계약상 불이행책임을 감당할 수밖에 없는 가혹한 입장에 놓이게 된다.

그렇지만 '운송계약상 지위이전'이라는 관점에서는 권리이전에 관계되는 당사자 간의 법률관계를 '채권양도', '경개', '채권인수' 등의 관점에서 고려하지 않고, 다만 지위이전이라는 일련의 의사표시 및 대항요건에 따라 일괄적으로 이전시킬 수 있게 된다.

한편으로 계약상 지위이전이 목적물의 소유권 이전에 따라 발생하는 경우는 목적물의 소유권 양도의 대항요건을 갖추게 되면 이와는 별도로 계약상 지위이전 또는 이에 수반하는 대항요건은 불필요할 것이다.

전자식 선하증권에 이 같은 논점을 결부시킬 경우 운송계약상 법률관계를 타인에게 이전하는 것을 계약상 지위이전이라는 법리로 구성하게 되면, 운송계약상 지위와 운송물품 소유권의 이전에 대해서는 운송계약 당사자의 지위가 운송물품의 소유권자[특정물권(特定物權)]로서 지위를 점하게 됨에 따라 결국 당해 물권을 떠나서는 여하의 법리구성이 불가능하다는 추론이 가능하다.

3 전자식 선하증권의 등기능성과 참조문구

(1) 등기능성

앞서 살핀 바와 같이 전자식 선하증권 내용은 전자문서로서 전송되고 또한 운송인 및 운송물품에 대한 권리의무 관계의 이전마저도 개인키에 의하여 행하여진다.

그 결과 종이문서에 의해 작성된 선하증권에 일정한 법률효과를 부여하고 있는 기존 실정법규범의 적용으로는 전자문서의 이용에 따른 전자식 선하증권의 유가증권적 법적 성질을 기대할 수는 없다.

결국 전자식 선하증권에 종이문서에 기초한 선하증권이 보유한 동일한 기능을 부여하여야 할 필요성이 제기되는데, 그 해결방안이 앞서 살핀 바 있는 이른바 UNCITRAL 모델법에서의 '등기능적 접근방식'(等機能的接近方式, the Functional-Equivalent Approach)이다.

동 모델법에서는 전자문서에 대한 법규의 적용을 제2장에서 다루고 있는데, 그 내용은 차례로 '전자문서의 법적승인'(Legal Recognition of Data Message), '문서성'(Writing), '서명'(Siganture), '원본성'(Original), '전자문서의 허용성과 증거력'(Admissibility and Evidential Weight of Data Message), '전자문서의 보존'(Retention of Data Message) 등이다. 이와 같은 규정취지는 각국 실정법체계하에서 이미 인식되고 있음은 물론이다.

한편 전자식 선하증권의 등기능성과 관련, 금융기관의 입장에서 전자식 선하증권 또한 무역금융의 담보로 수용할 수 있기 위해서는 전자식 선하증권에도 종이문서에 의한 선하증권과 동등한 효과가 담보되어야 하는데, 이를 위해서는 법적·제도적 운영시스템에 있어 몇 가지 조건이 선행되어야 한다.

우선 물권법 및 채권적 효력에 따른 제반 권리의 이전에 대하여 장애가 없어야 하고, 운송물품에 대한 담보기능이 유효하게 확보되어야 하며, 보증인도의 유효성과 운송물품매각대금에 물상대위권(物上代位權)이 인정되어야 한다.

또한 신용장거래에 있어 발행은행이 지급·인수의 처리과정에 있어 운송계약의 내용을 변경할 경우 적절한 조치가 이루어질 수 있는 시스템 사양이 충족되어야 한다. 이는 제반 상용화된 운영시스템은 물론 당사자 간 규약에 의한 자치적 플랫폼에서 마땅히 고려되어야 하는 요건일 뿐만 아니라 전제조건이 된다.

(2) 운송계약상의 참조문구

종이문서에 기초한 선하증권의 경우 상세한 운송계약은 통상 증권이면에 기재되어 있는데, 전자식 선하증권의 경우에는 증권의 발행 및 배서·양도시에 종이식 선하증권의 문면[Data Message]상 동등한 기재사항이 전송됨으로써 동일한 효과를 갖게 된다.

그러나 이처럼 운송계약의 내용 및 기재사항을 일일이 전송하는 경우 파일 무게

로 인하여 시스템 운용상 과부하가 걸릴 수 있고 이에 추가적인 비용이 발생하는 문제점을 예상할 수 있다.

이와 같은 문제점을 극복하기 위하여 실무계에 있어서는 일련의 방법이 제시·운용되고 있는데, 일례로 '참조(參照)에 의한 계약사항(契約事項)의 편입'(Incorporation by Referance of Contractual Clauses) 방법에 의한 운송계약조항의 원용방법을 예시할 수 있다. 이는 운송계약이 명시된 곳에 '하이퍼텍스트 링크'[Hypertext Link, '하이퍼 텍스트'(Hypertext)는 문자정보를 서로 연관 지워 찾아볼 수 있도록 설계된 문서파일이나 형식을 말한다. 즉 현시(Display)된 일반문서처럼 스크롤(Scroll)해서 읽어 나가는 것이 아니라 색인이나 사전처럼 내용이 서로 유기적으로 연결되어 있어 어떤 부분을 보다가 그와 연관된 다른 부분을 임의로 참조할 수 있도록 설계된 형식을 말한다. 따라서 '하이퍼 텍스트 링크'는 정보 간의 연결을 의도하고 설계된 연결고리의 의미로 파악할 수 있다. 살피기에 팝업(Pop-up) 또한 당해 기능을 수행하는 일련의 방편으로 간주할 수 있다고 판단된다]를 걸어 두고 관계당사자는 언제든지 열람[Access]할 수 있는 상태로 게시하여 이를 원용토록 할 수 있는 방법이다.

참조에 의한 계약사항의 편입에 관련한 사안은 'UNCITRAL 모델법 수정규정' 제5조의 "정보는 법적 효력의 발생을 위하여 전자문서에 포함되어 있지 않고 단지 연결되어 있다는 이유만으로 유효성, 강제집행력, 법적 효력이 부인되지 아니한다"는 규정내용에 기초하고 있다.

같은 취지에서 'CMI 규칙'에서도 "운송인이 운송조건에 대하여 '참조사항'(Referance)을 언급한 경우 당해 조건은 운송계약의 일부가 된다는 것에 합의하고 이해한 것으로 본다"고 규정하고 있다. 다만 "그러한 운송조건은 반드시 운송계약의 당사자가 용이하게 이용할 수 있는 것이어야 한다"는 규정 및 "운송조건과 이 규칙 간에 어떠한 저촉이나 불일치가 있는 경우에는 이 규칙이 우선한다"는 규정을 두어 그 행사를 제한하고 있다.

한편 볼레로에서는 규정집에서 운송인에게 송신되는 전자식 선하증권의 기록 내에 외부의 운송계약 내용이 수용될 수 있음을 명시하거나, 당해 운송계약을 열람 가능한 장소에 게시[Hyperlink]하여 원용할 수 있도록 배려하고 있다.

다만 참조에 의한 계약사항의 편입 또는 이에 준하는 어느 경우에서나 계약내용의 송수신 및 참조에 있어서는 부주의한 계약, 진의 없는 계약을 초래할 수 있는 개연성이 충분하기 때문에 단계별 승인을 위한 의사표시[Click]의 반복 또는 명확한 계약내용의 제시 및 확인 등의 절차가 요구된다.

4 전자식 선하증권에 관한 CMI 통일규칙

(1) 전자식 선하증권에 관한 CMI 통일규칙의 의의

1990년 6월 '국제해사위원회'(Comite Maritime International, CMI)에서 제정한 '전자식선하증권에 관한 CMI 규칙'(CMI Rules for Electronic Bills of Lading)은 거래 당사자가 이 규칙에 따라 거래할 것을 합의한 경우에만 적용되는 임의적 규칙이다.

동 규칙은 자료전송에 따른 당사자의 행위규범으로 국제상업회의소(ICC)가 제정한 '전송에 의한 무역자료교환에 관한 통일규칙'[Uniforn Rules of Conduct for Interchange of Trade Data by Teletransmission (UNCID)]를 따르며, 전자식 선하증권은 종이 선하증권이 포함하고 있는 것과 동일한내용을 포함하고, 동 규칙 제4조 기존에 선하증권의 점유로 가능했던 물품의 청구권 및 처분의 이전을 유효한 개인키를 가짐으로써 대신할 수 있도록 하였다.

이와 같이 CMI가 제정한 전자식 선하증권에 관한 규칙은 전자식 선하증권의 실용을 전제로 하여 관련된 법률적 문제 및 기술적 방안을 규정한 것으로 이전까지 문제가 되었던 권리증권적 기능의 전자화에 대하여 명확한 입장을 취하고 있으며 전자문서 중 가장 구현이 어려운 전자식 선하증권의 실용에 있어 이후 제정된 많은 규칙과 국내입법을 선도한 중요한 국제규칙으로 평가 받고 있다.

(2) 전자식 선하증권에 관한 CMI 통일규칙의 내용

1) 적용범위

동 규칙은 당사자가 이 규칙을 적용하기로 합의한 경우에 적용된다.

2) 정의

'운송계약'(Contract of Carriage)이란 물품을 전구간 혹은 일부구간 해상항로를 통하여 운송하는 모든 합의를 뜻한다.

'EDI'란 전자자료교환, 즉 격지자간 원격전송을 통한 거래자료의 교환을 뜻한다.

'UN/EDIFACT'는 행정·상업 및 운송을 위한 전자식 자료교환에 관한 국제연합규칙을 말한다.

'전송'(Transmission)이란 서문과 결문을 포함하는 발신의 한 단위로서 전자식으로

함께 보내어진 하나 혹은 그 이상의 메시지를 뜻한다.

'확인'(Confirmation)이란 전송의 내용이 사후의 고려나 행위에 대한 침해 없이 외관상 완전하고 진실하다는 취지를 응답하는 전송을 뜻한다.

'개인 키'(Private Key)라고 함은 숫자와 문자의 결합과 같이 당사자들이 전송의 진정성과 확실성을 기하기 위하여 합의한 기술적으로 적절한 형식을 말한다.

'소지인'(Holder)은 유효한 개인암호를 소지함으로써 동 규칙 제7조 a에 규정된 권리를 행사할 수 있는 당사자를 말한다.

'전자감시체제'(Electronic Monitoring System)란 컴퓨터에 의한 무역자료일지나 회계감사 추적지와 같이 거래를 기록한 컴퓨터시스템을 검사할 수 있도록 하는 장치를 말한다.

'전자식 정보저장'(Electronic Storage)이라 함은 모든 전자자료의 잠정적, 중간단계의 혹은 영구적 저장을 뜻하는데 그러한 자료의 주된 저장 및 보조 저장을 포함한다.

3) 절차규칙

동 규칙과 저촉되지 않는 범위내에서 UNCID가 당사자 간의 행위를 규율한다. 동 규칙하에서의 EDI는 관련된 UN/EDIFACT의 기준을 따라야 한다. 그러나 당사자들은 모든 당사자들이 받아들일 수 있는 다른 상거래자료 교환방식도 사용할 수 있다. 달리 약정이 없는 한 운송계약을 위한 문서양식은 모순되지 않는 선하증권 내국기준과 일치해야 한다.

실제로 전송된 자료에 관하여 당사자들 간의 분쟁이 야기되는 경우에 수신된 자료를 검증하기 위하여 전자식 감시체제를 사용할 수 있다. 분쟁에 관련된 자료 이외의 다른 거래에 관한 자료는 영업비밀로 인정되어 조사대상이 될 수 없다.

그러한 자료가 전자 감시체제의 조사의 일부로서 부득이 노출된 경우에는 보안이 지켜져야 하고 어떤 외부의 당사자에게 제공되거나 다른 목적으로 사용될 수 없다. 화물에 관한 권리의 이전은 사적인 정보로 간주되어야 하고 화물의 수송이나 통관에 관련되지 않은 어떠한 외부당사자에게 유출되어서는 아니 된다.

4) 수령 메시지의 형식과 내용

운송인은 송화인으로부터 화물을 수령한 즉시 송화인이 지정한 전자식 주소에 화물을 수령하였다는 취지를 그에게 통지해야 한다. 당해 수령문언은 '송화인의 성명', '선하증권이 발행되었더라면 요구될 정도와 동일한 표시와 유보를 포함한 화물의 명세사항', '화물수령의 날짜와 장소', '운송인의 운송 조건에 관한 언급', '사후 전송(電送)에 쓰일 개인 키' 등의 사항을 포함하여야 한다.

송화인은 운송인에게 이러한 수령문언의 내용을 확인하여야 하는데 그러한 내용 확인을 통하여 송화인은 소지인이 된다. 수령문언은 화물의 선적 즉시 소지인의 청구에 의하여 선적일시와 장소에 맞게 갱신되어야 한다. 이때 갱신되는 경우 선적의 일시와 장소를 포함한 정보는 그 수령문언이 선하증권상에 표시된 때와 동일한 효력을 가진다.

5) 운송계약의 조건

운송인이 운송의 조건들에 관하여 언급할 때마다 이러한 조건들은 운송계약의 일부를 형성한다. 그러한 조건들은 운송계약당사자에게 즉각 이용 가능하여야 한다. 그러한 조건들과 이 규칙사이에 모순이나 불일치가 있는 경우에는 이 규칙이 우선한다.

6) 적용법규

운송계약은 선하증권이 발행되었더라면 강제적으로 적용되었을 어떠한 국제적 조약이나 국내법에도 부합해야 한다.

7) 지배 및 이전권

소지인은 운송인에 대하여 다음 권리를 주장할 수 있는 유일한 당사자이다. 화물의 인도를 청구하고, 수화인을 지정하거나 그 자신을 포함하여 지정된 수화인을 다른 당사자로 변경하고, 화물의 지배·처분권을 다른 당사자에게 양도하고, 선하증권의 소지인인 것처럼 운송계약의 조건들에 따라 화물과 관련된 다른 사항에 관하여 운송인에게 지시한다.

화물의 지배·처분권의 양도는 다음의 요건을 갖춘 경우에 성립된다. 현재의 소지인이 운송인에게 그러한 권리를 '새로운 소지인 예정자'(Proposed New Holder)에게 양도할 의사를 통지하고, 운송인이 그러한 통지메시지를 내용 확인하고 즉각적으로 운송인이 정보를 '새로운 소지인 예정자'에게 전송하고 그가 운송인에게 그러한 권리의 수락을 알리고 운송인이 현재의 개인암호를 폐기하고 새로운 소지인 예정자에

게 새로운 '개인 키'를 발행한다.

'새로운 소지인 예정자'가 운송인에게 그러한 권리의 양도를 수락하지 않겠다는 의사표시를 하거나 상당한 기간 내에 그러한 수락의 의사표시를 하지 아니하면 권리의 양도는 발생하지 않는 것으로 된다.

그러한 경우 운송인은 현재의 소지인에게 이를 통지해야 하고 현재의 개인암호는 유효하게 존속하게 된다. 위와 같은 방식으로 이루어진 권리이전은 선하증권에 표창된 권리가 이전될 때와 똑같은 효력을 가지게 된다.

8) 개인 키

개인암호는 연속되는 각 소지인 마다 고유하다. 이것은 소지인에 의해 양도할 수 없다. 운송인과 소지인은 각자 개인암호의 보안을 유지해야 한다.

운송인은 최종소지인이 개인암호의 사용에 의하여 전자식 정보를 포함한 전송을 확보한 때에는 그가 개인 암호를 발행해준 그 최종소지인에게 그 전자식 정보의 내용확인을 해줄 의무를 부담한다.

개인암호는 운송계약의 동일성을 식별하기 위하여 사용되는 어떠한 수단이나 컴퓨터 네트워크에 접근하는데 사용되는 어떠한 비밀단어 또는 표시와도 구분되어야 한다.

9) 인도

운송인은 소지인에게 화물의 예정된 인도일자와 장소를 통지해야 한다. 그러한 통지를 받으면 소지인은 수화인을 지정하고 개인암호에 의한 확인을 통해 운송인에게 적절한 인도지시를 할 의무를 가진다.

특단의 지정이 없을 경우에는 소지인이 수화인으로 취급된다. 운송인은 a항에서 규정된 인도지시에 따라 적합한 동일성 확인에 의거하여 수화인에게 화물을 인도하여야 한다.

그러한 인도로써 개인암호는 자동적으로 폐기된다. 운송인은 인도지시에 따라 인도하고 수화인이라고 주장하는 사람이 실제로 그러한 당사자인 것을 확인하기 위해 상당한 주의의무를 다하였음을 입증하면 잘못된 인도에 대한 책임을 지지 아니한다.

10) 서면형식의 문서를 선택할 권리

소지인은 언제든지 화물의 인도전에 운송인에 대하여 선하증권을 요구할 선택권을 가진다. 그러한 문서는 소지인이 지정하는 장소에서 이용할 수 있게 제공되어야 한다.

그러나 운송인은 그러한 장소에 시설이 없을 때에는 그러한 문서를 이용할 수 있도록 제공해 줄 의무가 없고, 그러한 경우에는 소지인이 지정하는 가장 가까운 시설에서 그러한 문서를 이용할 수 있게 제공하여야 한다.

운송인은 소지인이 위와 같은 선택권을 행사함으로 인한 인도지연에 대하여는 책임을 지지 아니한다. 운송인은 화물인도의 부당한 지연이나 방해를 초래하지 않는 한 언제든지 화물인도에 앞서 소지인에게 선하증권을 발행할 선택권이 있다.

본 규칙에 따라 발행된 선하증권은 무기명식으로 발행되고 여기에는 수령문언에 포함된 정보와(개인 키에 관한 것은 제외), 본 규칙에 기한 EDI 절차 종료 시에 선하증권이 발행되었다는 표시가 기재되어야 한다.

선하증권의 발행으로 개인암호는 폐기되고 이 규칙하에서의 EDI 절차는 종료된다. 소지인이나 운송인에 의한 이 같은 절차의 종료는 운송계약의 당사자를 본 규칙상 또는 운송계약상의 권리·의무·책임으로부터 면제하지 아니한다.

소지인은 언제든지 비유통증권이라고 표기된 수령문언(개인 키에 관한 것은 제외)의 출력분의 발급을 요구할 수 있다. 그러한 발행은 개인암호의 폐기나 EDI 절차의 종료를 가져오지 아니한다.

11) 전자식 자료의 서면성

운송인·송화인 그리고 이 절차를 이용하는 모든 후속 당사자들은 운송계약이 서면으로 작성되고 서명될 것을 요구하는 어떠한 국내법 또는 현지 법률·관습 또는 관행상의 요건이 비디오 화면이나 컴퓨터에 의하여 출력된 인간의 언어로 표현될 수 있는 컴퓨터 데이터 저장매체에 속하는 전송되거나 당해 내용이 확인된 전자문서에 의하여 충족된다는 점에 동의한다.

이 규칙의 채용에 동의함으로써 당사자들은 이 계약이 문서화되지 않았다는 항변을 제출하지 아니하기로 동의한 것으로 취급된다.

해상운송법규

제1절 해상운송에 관한 국제운송법규와 그 내용

송화인과 운송인은 '해상운송계약'[종속계약(從屬契約)]을 통한 양 당사자의 급부로서 운송인은 운송서비스를, 송화인은 당해 서비스의 대가(對價)로 운임을 제공·지급하게 된다.

이를 통하여 비로소 매매계약[주계약(主契約)]의 당사자, 곧 매도인과 매수인 간 계약의 이행이 이루어지게 되는데, 그 과정에서 만약 운송인의 운송서비스의 내용이 불충분할 경우, 즉 운송이 불완전하게 이행되어질 경우 이를 대비하기 위한 적용법의 확정은 매우 중요한 일이 아닐 수 없다.

일반적으로 운송계약의 내용은 화물이 운송인에게 인도되기 이전에 체결된다. 이는 운송계약의 특성상 불요식(不要式)의 낙성계약(諾成契約)으로 실무상으로는 대개 송화인의 '선복요청서'(S/R)에 의한 청약과 운송인의 '선복예약서'(B/N)의 기재를 통한 승낙으로 이루어지게 된다.

이후에 선적물품의 선적과 함께 운송인의 선하증권이 발행되게 되는데, 이로부터 선하증권은 운송계약의 증빙서류로서 기능하게 된다. 다만 선하증권이 운송계약의 증빙서류로 기능을 수행한다는 것은 자명하지만, 그럼에도 불구하고 선하증권이 운송계약 자체를 표창하는 것은 아니다. 곧 반증(反證)을 통해 선하증권의 내용과 구별되는 운송계약의 내용을 주장할 수 있다.

운송계약의 증빙서류로서 '선하증권'(B/L)은 문면상 운송인의 책임에 관한 사항에 있어 대부분의 경우 특정국의 국내법이 아닌 국제규칙을 적용법으로 수용하고 있다. 왜냐하면 운송 및 운송의 내용이 '국제성'(國際性, Internationality)을 내재하고 있기 때문이다.

이는 공해상에 이루어지는 운송의 특성에 따라 당연한 결과일 수도 있는데, 다만 국내법은 그 보충적 기능으로서, 곧 국제규칙 내지 협약에 근거한 국내법으로의 수용을 통하여 국제해상운송을 규율하고 있을 따름이다.

해상운송을 위한 운송인의 책임과 관련한 대표적인 국제규칙으로는 '국제해사위원회'(Comite Maritime International, CMI)를 통하여 조율되고 각국이 수용하고 있는 'Hague Rules (1924)'(International Convention for the Unification of Certain Rules of Law Relating to Bills of Lading : Hague Rules)과 그 개정규칙인 'Hague-Visby Rules (1968)'(The Hague Rules as Amended by the Brussels Protocol)을 들 수 있다.

이는 영국·프랑스 등 유럽국가에서 국내법으로 수용하고 있으며, 그 내용이 운송인 중심의 국제규칙으로서 대부분의 해운 선진국들이 채택하고 있는 국제규칙이다[실무계에서나 강학상 공히 'Hague Rules (1924)', 'Hague-Visby Rules (1968)'을 일괄하여 'Hague-Visby Rules' 또는 '헤이그 규칙'으로 총칭함이 일반적이다].

그러나 'Hague-Visby Rules'은 운송인에 대한 책임이 해운국[운송인(運送人)] 중심으로, 곧 운송인에게 유리하게 규정되어 있는 까닭에, 상대적으로 송화인의 지위가 약화되어 있다는 문제점이 그간 화주국의 지위로서 개발도상국에 의하여 지속적으로 대두되어 왔다.

결국 이 같은 문제제기가 수용되어, 곧 'Hague-Visby Rules'의 대안으로 UN 무역법위원회(UNCITRAL)는 1978년 소위 'Hamburg Rules (1978)'을 제정하게 되었다. 이는 기존의 'Hague-Visby Rules'의 문제점[운송인중심(運送人中心)]을 개선하는데, 그리고 현대의 운송관행을 수용하는데 주안점을 둔 규칙이라 일괄할 수 있다.

'Hamburg Rules'은 제정 이후 국제규칙으로서 20개국의 비준(批准, Ratification)하에 1992년 그 효력이 발휘되었다. 그럼에도 불구하고 개별국가의 채택은 이와는 별도로 작용하였는데, 곧 주요 해운국의 가입이 전무한 상태로 본 규칙은 사실상 무용한 상태로 변모되었다.

이는 국제적인 해운국이 본 규칙의 수용을 통하여 현재까지 향유하고 있는 운송인으로서의 우월적인 지위를 포기하지 않겠다는 실질적인 이유와, 'Hamburg Rules (1978)' 그 자체가 새로운 운송규칙에 대한 운송관습 내지 관행을 수용하고 있지 못한 문제점이 상존해 있기 때문이었다. 현재 'Hamburg Rules (1978)'은 일부 국가에서 해상운송인의 책임을 규율하는 규칙으로 이용되고 있을 따름이다.

이하 국제운송에 있어 주요한 국제해상운송 법규를 개략하고 'Hague- Visby Rules' 및 'Hamburg Rules (1978)'을 중심으로 당해 규정내용과 법리적 시사점[특징(特徵)]을 살펴보기로 한다.

1 선하증권법

'선하증권법'(The Bills of Lading Act, 1855)은 선하증권관련 최초의 입법으로, 동법에서는 배서에 의한 선하증권의 양도로 물품의 소유권이 이전됨을 규정하고, 선하증권상에 명시된 권리의무가 선하증권의 양도로 양수인에게 이전됨을 규정하고 있다. 즉, 선하증권의 유통성이 최초로 법적으로 인정된 것이 이 영국의 선하증권법이다.

2 하터법

미국 국내법으로서의 '하터법'(Harter Act, 1893)은 1894년 발효된 미국의 운송법이다. 그 내용은 모든 선하증권에 삽입되어 있는 과실에 대한 면책약관(免責約款)을 무효로 하는 동시에, 해기사(海技士)의 과실에 대해서는 운송인의 당연한 면책을 인정한 법률이다.

동 법의 주안점은 선박의 '감항성'(堪航性, Seaworthiness) 등에 대하여 선주가 상당한 주의를 기울이지 않은 경우 선원의 '항해과실'(航海過失, Errors of Navigation and Management of Ship)에 대해서 선주는 면책되지만, '상업과실'(商業過失, Errors of Cargo Handling and Custody)에 대해서는 면책되지 않는다는 것인데, 이 원칙은 미국에 출입하는 국내・외 선박 모두에 공히 적용되었다.

여기서 '감항성'은 선박이 특정한 운송계약을 이행함에 있어서 그 항해를 안전하게 감당할 수 있는 능력을 말하는데, 일반적으로는 선체의 물리적 감항성, 선박의 항해능력 및 선박의 적재 능력이 확보되어 있는 상태를 말한다. 즉 우리 상법 제787조는 "선박 소유자는 자기 또는 선원 그 밖의 선박 사용인이 발항(發航) 당시 다음의 사항에 관하여 주의를 해태하지 아니하였음을 증명하지 아니하면, 운송물의 멸실, 훼손 또는 지연으로 인한 손해를 배상할 책임을 면하지 못한다"고 규정하고, 당해 주의의 내용으로서 '선박이 안전하게 항해할 수 있게 할 것, 필요한 선원 의 승선, 선박 의장(艤裝)과 필요품의 보급, 선창(船艙), 냉장실, 그 밖의 운송물을 적재할 선박의 부분을 운송물의 수령, 운송과 보존을 위하여 적합한 상태에 두도록 할 것' 등을 두고 있다. 과거에는 감항능력을 협의로 해석하여 선박 자체의 항해능력만을 말하였으나, 이 개념이 점차 확장되어 현재에는 화물의 '적재능력'(Cargoworthiness)까지 포함하고 있다.

‘감항성’[감항능력(堪航能力)]은 기관·조타장치·배수설비 등의 설비를 적정하게 갖추어 통상의 위험을 견디고, 안전한 항해를 할 수 있는 선박의 선체능력, 화물을 운송하기 위한 적재시설을 갖추어 운송하기로 예정된 화물을 안전하게 운송할 수 있는 ‘감화능력’(堪貨能力), 선박을 안전하게 항해하는데 필요한 자격을 갖춘 인원수의 선장 및 선원 등을 적정하게 갖추어 통상의 위험을 견디고 안전한 항해를 할 수 있는 ‘인적 감항력’(人的堪航力) 등으로 구분된다.

한편 ‘항해과실’이란 선장이나 선원이 항해 또는 선박의 관리에서 야기된 과실을 말한다. ‘상업과실’에 상대되는 개념으로 해상보험에서 운송인의 면책사항이다. 이는 해상위험의 특수성에 비추어 운송인의 부담을 과중하지 않게 하기 위한 것으로, 다만 운송인은 이 과실과 손해 사이에 인과관계가 있음을 입증해야 한다.

‘Hague Rules (1924)’에서는 이 과실에 의한 충돌·좌초·기관의 취급 등은 운송인의 면책약관으로 규정하였다. ‘Hamburg Rules (1978)’에서는 화재면책과 함께 폐지된 바 있으나, 그럼에도 불구하고 국제적으로 널리 통용되고 있으며, 우리 상법의 경우 제788조에 의해 운송인이 주의를 해태하지 않았다는 것을 증명하면 운송물의 멸실이나 훼손, 또는 연착으로 인한 손해에 대한 책임이 없다고 규정하고 있다. 따라서 이로 인한 손해를 보상받으려면 특별약관에의 부보가 선결되어야 한다.

다른 한편 ‘상업과실’은 해상보험에서 운송인이 화물의 선적과 적부·운송·보관·양하 등을 잘못 행한데 기인하여 발생한 과실을 말한다. 면책약관 중 일반면책 ‘과실조항’(Negligence Clause)의 하나로 항해과실에 상대되는 개념이다. 항해과실은 선장이나 선원·도선사 또는 선박회사의 사용인에 의한 선박의 조종 등 일체의 기술상 행위에 관한 과실을 말한다.

‘Hague Rules (1924)’에 따라 운송인의 책임은 화물의 선적 시부터 양하 시까지이므로 면책약관이 있더라도 운송인의 책임에 해당되는 과실이다. 이를 달리 ‘선사과실책임주의’(船社過失責任主義)라고도 한다. 이에 비하여 항해과실은 면책약관에 의거하여 운송인의 책임이 면제된다.

하터법의 주요 조문내용은 다음과 같다. 첫째 미국과 외국의 항구 사이에서 상품이나 재산을 운송하는 모든 선박의 관리인·대리점·선장이나 소유자는 위탁받은 모든 합법적 화물의 적당한 선적·적치·관리·주의나 혹은 정당한 인도에 관하여 범한 태만, 과실 내지 불이행에 의하여 화물에 멸실 및 손상이 발생하여도 책임을 지지 않는다는 취지의 약관·계약이나 협정을 선하증권이나 선적서류 상에 삽입하는 것을 일체 인정하지 않는다.

둘째 선하증권이나 선적수령증에 기재된 이러한 문언이나 약관은 일체 무효로 되며, 그러한 것은 어떠한 법적 효력도 갖지 않는다.

셋째 미국과 외국의 항구 사이에서 상품이나 재산을 운송하는 모든 관리인·대리점·선장이나 소유자는 본선을 적절하게 의장(艤裝)하고, 선원을 배승(配乘)시키고, 식량을 보급하고, 그 밖의 일체의 항해준비를 함에 있어서 상당한 주의를 하며, 또한 본선에 감항능력(堪航能力)이 있도록 하고, 그 항해를 완수할 능력을 부여하도록 해야 할 선주의 의무 및 화물을 신중하게 취급·적치·관리하고 적절히 인도해야 할 선장·사관·대리점이나 선주사용인의 의무를 경감하거나 약화시키거나 면제하는 것과 같은 어떠한 계약이나 협정도 선하증권이나 선적서류에 삽입하는 것을 일체 인정하지 않는다.

넷째 미국으로 수입하거나 미국으로부터 수출하는 상품 및 재산을 운송하는 선박의 소유자가 본선이 모든 면에서 감항능력을 지니도록 하고 적당하게 선원을 승선시키고 의장하고 저장품을 보급하기 위하여 상당한 주의를 다하였을 경우 본선이나 선주대리점, 혹은 용선자는 항해나 본선의 관리에 관하여 적법한 과실로 인한 화물의 멸실 및 손상에 대하여 그 책임을 지지 아니한다.

다섯째 본선의 선주·용선자·대리점이나 선장은 해상 그 밖의 가항수역(可航水域)에서 위험·천재(天災)·공적(公敵) 및 화물에 내재하는 흠·운송화물 고유의 성질이나 결함으로부터 생긴 손해·혹은 포장의 불완전·재판상의 압류로 인한 손해에 대하여 책임을 지지 아니한다.

여섯째 송화인이나 화물 소유자, 그 대리인 내지 대표자의 행위나 부작위로 인한 손해 및 해상에서의 인명과 재산을 구조하기 위한 '이로'(離路, Deviation)로 인하여 생긴 손해에 대해서도 일체 그 책임을 지지 아니 한다.

일곱째 미국과 외국 항구 간 상품 및 재산의 운송에 임하는 선박의 소유자, 선장이나 그 대리점은 합법적 화물의 송화인에 대하여 선하증권이나 선적 서류를 발행할 의무가 있다. 다만 이 때 다른 사항과 함께 그 화물을 다른 화물과 구별하는 화인(貨印)·포장의 개수·수량 및 본선의 선주·선장이나 대리점에 정식으로 인도된 그 화물 및 재산의 외관상태를 명기하지 않으면 아니 된다.

마지막으로 이러한 서류는 그 위에 기재되어 있는 바와 같은 화물을 수령하였다는 사실에 대한 추정적(推定的) 증거가 된다는 등이다.

이와 같은 '하터법'의 제정취지는 선주에게 부과된 과중한 책임을 완화시킴으로써 미국의 해운 및 무역을 발전시키기 위함에 있었다. 그러나 이러한 내용의 '하터법'은 'Hague Rules (1924)'이 성립되어 전 세계적으로 채용됨으로써 폐지되었다.

3 선하증권에 관한 법규의 통일을 위한 국제협약

(1) 'Hague Rules (1924)'의 의의와 특징

'Hague Rules (1924)'은 해상운송에 관한 국제적 통일을 기하고, 선주와 화주 간 이해관계의 충돌을 피하기 위해 1921년 전체 해운국의 선주·화주·은행 및 보험회사의 대표자가 참석한 헤이그 회의에서 채택된 규칙[협약(協約)]을 말한다. 공식명칭은 '선하증권에 관한 법규의 통일을 위한 국제협약'[International Convention for the Unification of Certain Rules of Low Relation to Bills of Lading, Hague Rules (1924)]이다.

그 내용은 운송인 및 사용인의 '상업과실'(商業過失)에 대해서 면책 및 책임제한의 내용을 선하증권에 기재하는 것을 금지하는 한편, 선장 및 도선사(導船士)의 항해과실에 대해서는 당연히 면책되는 것으로 두고 있다.

동 규칙에서는 운송인의 중요한 의무로, 선박에 감항능력을 지니게 할 것, 선박에 적당한 선원을 승선시키고, 의장을 갖추고, 저장품을 보급할 것, 본선의 선창, 냉장실 및 냉기실, 그 밖의 운송물을 수령하여 보관하고 운송하는 데에 적당하고 안전하게 할 것 등을 규정하고 있다.

한편 선하증권에 기재할 사항으로는 '주된 화인(貨印)', 각각의 경우에 따라서 송화인이 제출한 '포장화물의 개수', '수량이나 무게', '화물의 외관상태' 등을 규정하고 있다.

그리고 동 규칙에 법적 효력이 부여되어야 하는 이유로서, 운송인이 자기를 보호하는 약관을 삽입하여 운송계약상 운송인의 책임을 면하려는 경향이 강해지는 경향을 방지하고, 운송계약의 이해 관계자, 예컨대 선주·송화인·수화인·은행 및 보험회사 등이 각각 국적을 달리할 수 있다는 사실을 감안하여 해상운송조건은 국제적으로 채용된 규칙에 준거할 필요가 있다는 것을 들고 있다. 다만 동 규칙은 용선계약에는 적용되지 아니한다.

그러나 만약 용선계약서에 의하여 용선된 선박에 선하증권이 발행되어 당해 선하증권이나 그와 비슷한 권리증권(權利證券)이 운송인과 증권 소지인의 관계를 규율하는 경우 그 순간부터 그 선하증권도 동 규칙에 따른다.

요컨대, 'Hague Rules (1924)'의 특징을 일괄하면 운송인 및 사용인의 상업과실에 대해서 면책 및 책임제한의 내용을 선하증권에 기재하는 것을 금지하는 한편, 선장 및 도선사의 항해과실에 대해서는 당연히 면책되는 것으로 인정하고 있다는 것이다. 곧 미국의 국내법이었던 하터법의 정신을 계수하여 운송인의 과실을 '항해과실'(航海過失)과 '상업과실'(商業過失)로 분리하고 상업과실 및 선박의 감항성 확보의무에 관해서는 운송인의 책임으로, 달리 항해과실에 대해서는 운송인의 면책으로 하고 있다.

또한 항해과실을 포함하여 운송인의 면책사유를 열거하고, 이 경우 달리 화주의 반증이 없는 때에는 원칙적으로 면책되고, 이외의 운송인의 책임을 감면하는 조항을 삽입하여도 운송인은 그 책임을 면치 못하며, 보험의 이익을 운송인에게 양도하는 조항 또는 이와 유사한 모든 조항은 면책약관과 같이 무효로 하지만, 선하증권의 약관에 운송인의 책임을 증가시킬 수는 있도록 하고 있다.

따라서 동 규칙은 운송인의 최소한의 의무, 최대한의 면책 및 책임한도를 명확하게 한 것이라고 할 수 있다. 아울러 송화인이 물품의 포장 및 단위를 선적 전에 통지하여 선하증권에 기재되어 있는 경우를 제외하고 운송인의 책임에 대한 보상의 최저액을 정하여 이해의 조화를 도모하고 있다.

참고로 미국은 이로부터 하터법을 폐지하고 1936년 'Hague Rules (1924)'을 국내입법화하여 해상물품운송법[USA COGSA, Carriage of Goods by Sea Act (1936)]을 마련해 두고 있다.

(2) 'Hague Rules (1924)'의 구성과 내용

1) 용어의 정의

이 협약에 있어서 다음의 용어는 아래에 정의된 의미로 사용된다. '운송인'(Carrier)은 송화인과 운송계약을 체결하는 선주 또는 용선자를 포함한다.

'운송계약'(Contract of Carriage)이라 함은 선하증권 또는 이와 유사한 모든 권리증권에 의해 증명되는 운송계약에 적용한다. 다만 이 운송계약은 용선계약에 의하여 발행되는 선하증권 또는 이와 유사한 권리증권이 운송인과 선하증권의 소지인의 관계를 규정하는 순간부터 또는 이러한 서류가 해상화물운송에 관계되는 운송계약인 경우에만 적용한다.

'화물'(Goods)은 '산 동물'과 운송계약에 의하여 갑판적 화물이라고 기재되고 또 그렇게 운송되는 화물을 제외한 모든 종류의 화물, 제품 및 상품을 포함한다.

'선박'(Ship)은 해상화물운송에 사용되는 일체의 선박을 의미한다.

'화물운송'(Carriage of Goods)은 화물이 선박에 적재되는 순간부터 선박으로부터 화물이 양륙될 때까지의 기간을 포함한다.

2) 운송인의 권리와 책임

모든 해상화물운송계약에 있어서 운송인은 화물의 적재·취급·적부·운송·보관·관리 및 양륙에 관하여 다음에 규정된 책임과 의무를 지며, 또 권리와 면책권을 갖는다.

3) 운송인의 책임사항

운송인은 항해 이전과 항해 당시에는 다음의 사항에 관하여 상당한 주의를 다하여야 한다. ① 선박이 감항능력을 갖도록 하여야 하며, ② 선원의 승선·의장 및 선용품의 보급을 적절히 하고, ③ 화물이 운송되어질 선창·냉동실·냉기실 및 그 밖의 화물을 적재할 모든 장소를 화물의 수령·운송 및 보존에 적합하고 안전하게 하여야 한다.

④ 제4조에 규정된 경우를 제외하고, 운송인은 적절하고 신중하게 운송화물을 적재· 취급·적부·운송·보관·관리 및 양륙하여야 한다. 운송이 선장 또는 운송인의 대리인은 화물을 자신의 관리 하에 수령한 후 송화인 요구에 따라 우선 다음의 사항을 기재한 선하증권을 송화인에게 발행하여야 한다. ① 화물의 적재가 시작되기 전에 송화인이 서면으로 통지한 것과 동일한 화물임을 입증하는데 필요한 주요 화인이다. 다만 이러한 화인은 무포장화물인 경우에는 이 화물 자체에 그리고 포장화물인 경우에는 화물이 들어있는 상자나 포장 위에 항해의 종료 시까지 통상적으로 판독할 수 있는 그러한 방법으로 명확히 타인(打印)되거나 그 밖의 방법으로 표시되어야 한다. ② 송화인이 서면으로 통지한 대로 포장·개품번호, 또는 경우에 따라 수량·중량 등을 포함하여야 한다. ③ 화물의 외관상태이다. 다만 운송인·선장 또는 운송인의 대리인은 화물의 화인·수량·용적 또는 중량이 실제로 수령한 화물을

정확히 나타내지 못한다고 의심할만한 정당한 근거가 있거나 또는 이를 검사할 적절한 방법이 없는 경우에는 선하증권에 이를 기재하거나 표시할 의무가 없다. 이러한 선하증권은 기재된 대로 운송인이 화물을 수령하였다는 추정적인 증거가 된다.

송화인은 선적 시 자신이 신고한 대로 화인·번호·수량 및 중량의 정확성을 운송인에게 보증한 것으로 보며 또 송화인은 이러한 사항에 관한 부정확성으로 인하여 발생되는 모든 멸실·손상 및 비용에 대하여는 운송인에게 배상하여야 한다. 이러한 손해배상에 관한 운송인의 권리는 운송인이 송화인 이외의 모든 자에 대한 운송계약상의 책임과 의무를 어떠한 방법으로도 제한하지 아니한다.

운송계약에 의하여 화물을 인도받을 권리가 있는 자의 관리하에 화물이 이전되기 이전 또는 그 당시에 양륙항에서 운송인 또는 그 대리인에게 서면으로 멸실 또는 손상, 그리고 이러한 멸실 또는 손상의 일반적인 성질에 대한 통지를 하지 아니한 경우 또는 만약 멸실 또는 손상이 외관상 분명치 아니한 때에는 3일 이내에 이러한 통지를 하지 아니하면 이러한 화물의 이전은 선하증권에 기재된 대로 운송인이 이 화물을 인도하였다는 추정적인 증거가 된다. 만약 멸실 또는 손상이 외관상 분명치 아니한 때에는 통지는 화물이 인도된 후 3일 이내에 행하여야 한다.

화물을 수령한 당시에 이 화물의 상태가 공동조사 또는 검사의 대상이 되었을 경우에는 서면에 의한 통지는 필요하지 아니하다. 화물이 인도된 날로부터 또는 화물이 인도되었어야 하는 날로부터 1년 내에 소송이 제기되지 아니하면 운송인과 선박은 어떠한 경우에 있어서도 멸실 또는 손상에 관련된 모든 책임으로부터 면제된다.

현실적 또는 추정적 멸실 또는 손상이 발생한 경우에는 운송인과 수화인은 화물을 검사하고 검수하기 위한 모든 합리적인 편의를 제공하여야 한다.

화물이 선적된 후 운송인·선장 또는 운송인의 대리인이 송화인에게 발행하는 선하증권은 송화인의 요구가 있을 경우에는 선적식 선하증권이어야 한다. 다만 송화인이 이미 이러한 화물에 대한 다른 어떠한 권리증권을 수령하였을 경우에는, 선적식 선하증권의 발행과 상환하여 이 권리증권을 반환하여야 한다.

그러나 운송인의 재량에 따라 운송인·선장 또는 운송인의 대리인은 이러한 권리증권에 화물이 선적된 선박명과 선적일자를 선적항에서 기재할 수 있으며 이와 같이 기재되고 이 권리증권이 제3조 ③에 규정된 사항을 명시하는 경우에는 이러한 권리증권은 본 조의 목적상 선적선하증권의 요건을 구비한 것으로 본다.

본 조에 규정되어 있는 위무를 부주의·과실 또는 불이행으로 발생된 화물의 멸실,

손상 또는 화물에 관련된 멸실 또는 손상에 대한 책임으로부터 운송인 도는 선박을 면제시키거나 또는 이 협약의 규정과 달리 이러한 책임을 경감시키는 운송계약상의 일체의 조항·약관 또는 협정은 무효로 한다. 운송인을 수익자로 한 보험의 이익 또는 이와 유사한 모든 조항은 운송인을 책임으로부터 면제시키는 것으로 본다.

4) 운송인의 면책사항

첫째 선박을 내항상태로 하고, 또 선박에 승무원, 의장 및 선용품의 보급을 적절히 하며 또 선박의 선창·냉동실·냉기실 및 그 밖의 화물을 적재할 모든 장소를 화물의 수령·운송·보관에 적합하고 안전하게 하는데 있어서 운송인 측이 상당한 주의를 다하지 아니한 데 그 원인이 있지 아니하는 한 운송인과 선박은 공히 선박의 불감항성으로 인하여 발생되는 멸실 또는 손상에 대하여 책임을 지지 아니한다. 선박의 불내항성으로 인하여 멸실 또는 손상이 발생하는 경우에는 상당한 주의를 다하였다는 것을 입증할 책임은 본 조의 규정에 의거하여 면책을 주장하는 운송인 또는 그 밖의 자에게 있다.

둘째 운송인과 선박은 공히 다음 각 호의 사유로 인하여 발생하는 멸실 또는 손상에 대하여 책임을 지지 아니한다. ① 선박의 운항 또는 관리에 있어서 선장·선원·도선사 또는 운송인의 사용인의 행위·태만 또는 과실, ② '화재', 다만 운송인의 사실상의 과실 또는 고의에 의한 것은 제외한다. ③ 해상 또는 그 밖의 항행할 수 있는 수면에서의 위난·위험 및 사고, ④ 천재지변, ⑤ 전쟁행위, ⑥ 공적의 행위, ⑦ 군주·통치자 또는 인민에 의한 억류, 강제 또는 재판상의 압류, ⑧ 검역상의 제한, ⑨ 화물의 송화인·소유자 또는 그 대리인이나 대표자의 행위, ⑩ 원인여하를 불문하고 부분적이든 전면적이든 동맹파업·직장폐쇄·노무정지 또는 방해, ⑪ 소요 및 내란, ⑫ 해상에서의 인명 또는 재산의 구조 또는 구조하기 위한 기도, ⑬ 화물고유의 하자·품질 또는 결함으로 인하여 발생하는 용적이나 중량의 감소 또는 그 밖의 모든 멸실 또는 손상, ⑭ 포장의 불충분성, ⑮ 화인의 불충분성 또는 부적당성, ⑯ 상당한 주의로도 발견할 수 없는 잠재적인 하자, ⑰ 운송인의 사실상의 과실이나 고의에 의하지 아니하거나 또는 운송인의 대리인이나 사용인의 과실이나 태만에 의하지 아니한 그 밖의 모든 원인. 다만 화물의 멸실 또는 손상이 운송인의 사실상의 과실이나 고의에 의하지도 아니하고 또 운송인의 대리인이나 사용인의 과실이나 태만에 의하지도 아니하였음을 입증할 책임은 이러한 면책의 혜택을 주장하는 자에게 있다.

셋째 송화인은 송화인·그 대리인 또는 사용인의 행위·과실 또는 태만에 의하지 아니한 어떠한 원인으로부터 발생한 운소인 또는 선박이 입은 멸실 또는 손상에 대하여 책임을 지지 아니한다.

넷째 해상에서 인명 또는 재산을 구조하거나 이러한 구조를 시도하기 위한 이로(離路) 또는 그 밖의 합리적인 이로는 이 협약이나 운송계약의 위반 또는 침해로 보지 아니하며 또 운송인은 이러한 것에 의하여 발생된 일체의 멸실 또는 손상에 대하여 책임을 지지 아니한다.

다섯째 운송인과 선박은 공히 어떠한 경우에도 화물에 발생하거나 또는 이에 관련된 멸실 또는 손상에 대하여 송화인이 선적 전에 이러한 화물의 성질과 가액을 고지하여 선하증권상에 기재되지 아니한 경우에는 1포장당 또는 1단위당 100파운드 또는 다른 통화로 이와 동등한 금액의 한도를 초과하여 책임을 지지 아니한다. 이와 같이 화물의 성질과 가격이 선하증권상에 구체적으로 고지 되어있을 경우에는 이러한 고지는 추정적인 증거가 된다. 그러나 이러한 고지는 운송인을 구속하거나 결정적인 증거가 되는 것은 아니다. 운송인·선장 또는 운송인의 대리인과 송화인은 상호 합의에 의하여 이 조항에 규정되어 있는 금액보다 많은 금액을 최고금액으로 정할 수 있다. 다만 이러한 협정최고액은 위에 언급된 금액보다 적어서는 아니된다. 송화인에 의하여 선하증권상에 화물의 성질 또는 가액이 고의로 허위기재 된 경우에는 운송인과 선박은 공히 화물에 발생하거나 또는 이에 관련된 멸실 또는 손상에 대하여 어떠한 경우에도 책임을 지지 아니한다.

여섯째 인화성·폭발성 또는 위험성이 있는 선적하물로서 운송인·선장 또는 운송인의 대리인이 이러한 성질과 특징을 알지 못했던 화물에 대하여 운송인은 양륙하기 전에 언제라도 손해배상의 책임 없이 어디서나 양륙·파괴 또는 무해화 시킬 수 있다. 그리고 이러한 화물의 송화인은 이러한 화물선적으로 인하여 직접 또는 간접적으로 발생하는 모든 손해와 비용에 대하여 책임을 진다. 이러한 화물이 운송인의 화인과 승낙을 얻어 선적된 경우에도 이것이 선박 또는 적하에 대하여 위험하게 될 때에는 운송인은 공동해손이 성립되는 경우를 제외하고 아무런 책임 없이 위에 규정된 방법에 의하여 어디서나 양륙·파괴 또는 무해화 시킬 수 있다.

5) 운송인의 권리포기 및 의무증가

운송인은 이 협약에 규정된 그의 권리와 면책의 전부 또는 일부를 자유로이 포기하거나 또는 그의 책임과 의무를 자유로이 증가시킬 수 있다. 다만 이러한 포기 또는 증가는 송화인에게 발행되는 선하증권에 기재되어 있어야 한다. 이 협약의 규정은 용선계약에는 적용되지 아니한다.

그러나 용선계약하의 선박인 경우에서도 선하증권이 발행된다면 이러한 선하증권은 이 협약의 규정에 따른다. 이 협약의 어떠한 규정도 공동해손에 관한 적법한 규정을 선하증권에 삽입하는 것을 방해하지 않는다.

6) 운송인의 계약자유

앞의 여러 규정에도 불구하고 운송인·선장 또는 운송인의 대리인과 송화인은 어떠한 특정화물에 관하여도 이러한 화물에 대한 운송인의 책임과 의무 또 이러한 화물에 대한 운송인의 권리와 면책에 관하여 이러한 약정이 공공질서에 반하지 아니하는 한 내항성에 대한 운송인의 의무 또는 해상운송화물의 적재·취급·적부·운송·보관·관리 및 양륙에 대한 운송인의 사용인 또는 대리인의 주의 또는 성실성에 관하여 어떠한 조건으로도 자유로이 약정을 체결할 수 있다.

다만 이러한 경우에는 선하증권을 발행하지 아니하였거나 발행하지 아니할 것을 전제로 하며, 또 약정된 조건은 비유통서류라고 표기되어 있는 화물수령증에 구체화되어 있어야 한다.

이와 같이 체결된 약정은 완전한 법적 효력을 갖는다. 다만 이 조항은 통상의 상거래로 이루어지는 통상의 상업적인 선적에는 적용하지 아니한다. 그러나 그 밖의 선적으로서 운송되어야 할 재산의 특성과 상태·운송이행에 따르는 사정과 제반 조건이 특수한 약정을 정당화할 만큼 합리적인 경우에 한하여 이를 적용한다.

7) 운송 전·후의 책임에 관한 계약자유

이 협약의 어떠한 규정도 해상운송화물의 선적 이전과 선박으로부터의 양륙 이후에 있어서 화물을 보관·관리 및 취급할 때 또는 이에 관련하여 발생하는 멸실 또는 손상에 대한 운소인 또는 선박의 책임과 의무에 관하여 운송인 또는 송화인이 어떠한 합의·약정·조건·유보 또는 면책을 계약 속에 포함시키는 것을 방해하지 아니한다.

8) 선주의 책임제한

이 협약의 규정은 항행선박의 선주의 책임을 제한하는데 관계되는 모든 현행법상의 운송인의 권리와 의무에 영향을 미치지 아니한다.

9) 화폐단위에 관한 협약

이 협약에서 언급하는 화폐단위는 금본위의 가액으로 한다. 화폐단위로서 영화 파운드를 사용하지 아니하는 체약국은 이 협약에 영화 파운드로 표시되는 금액을 자국의 화폐제도에 따라 개수로 환산할 권한을 유보한다.

채무자는 국내법에 의하여 관련화물의 양륙항에 선박이 도착한 당일의 환율에 따라 내국화폐로 자신의 채무를 변제할 권리를 유보한다.

10) 협약의 적용범위

이 협약의 규정은 어느 체약국에서 발행되는 모든 선하증권에 이를 적용한다.

11) 협약의 비준

이 협약이 서명된 날로부터 늦어도 2년의 기간이 경과하기 전에, 벨기에 정부는 이 협약의 시행여부를 결정하기 위하여 협약비준의 준비를 선언한 체약국의 정부와 연락을 취하여야 한다.

협약비준서는 체약국 정부 간의 합의에 의하여 지정된 일자에 브뤼셀에 이를 기탁하여야 한다.

비준서의 제1회 기탁은 이에 참가한 국가의 대표자와 벨기에의 외무부장관이 서명한 의사록에 이를 기록하여야 한다.

그 후의 비준서의 기탁은 벨기에 정부 앞으로 비준서가 첨부된 서면통지의 방법에 의하여 이를 행하여야 한다.

비준서의 제1회 기탁에 관한 의사록, 그리고 전항에서 언급한 통지 및 이에 첨부된 비준서의 인증사본은 벨기에 정부가 외교통로를 통하여 이 협약의 서명국 또는 가입국에 즉시 송부하여야 한다.

전항에서 언급된 방식과 같이 서면통지에 의한 비준이 이루어지는 경우에는 벨기에 정부가 그러한 통지를 접수하는 동일한 일자에 이들의 국가에 통보하여야 한다.

12) 협약의 가입

비서명국은 브뤼셀의 국제회의에 대표자를 파견한 여부에 관계없이 이 협약에 가입할 수 있다.

가입을 희망하는 국가는 이러한 의사를 벨기에 정부에 서면으로 통지하여야 하며 이 가입서는 벨기에 정부의 문서록에 기탁되어야 한다.

벨기에 정부는 이 협약의 모든 서명국 또는 가입국에 이러한 통지서를 접수한 일자를 기입하여 이 통지서 및 가입서의 인증사본을 즉시 송부하여야 한다.

13) 자치령 등의 개별가입

체약국은 이 협약의 서명・비준・동의 시에 이 협약의 승인이 자국의 주권이나 권력 하에 있는 자치령・식민지・해외의 속령・보호령 또는 영토의 일부 또는 전부에 대하여 이를 적용하지 아니함을 선언할 수 있다. 따라서 이 선언에서 제외된 자치령・식민지・해외의 속령・보호령 또는 영토를 대신하여 개별적으로 가입할 수 있다.

체약국은 또한 이 규정에 의거하여 그들이 주권이나 권력 하에 있는 자치령・식민지・해외의 속령・보호령 또는 영토에 대하여 개별적으로 이 협약을 폐기할 수도 있다.

14) 협약의 발효

이 협약은 비준서의 제1회 기탁에 참가한 국가의 경우에는 이 기탁을 기록한 의정서의 일자로부터 1년 후에 효력을 발생한다.

그 이후에 이 협약을 비준하거나 또는 이에 가입한 국가에 관하여, 그리고 제13조에 따라 그 이후에 이 협약의 효력이 발생되는 경우에는 이 협약은 벨기에 정부가 제11조 ②에 규정된 통지서를 접수한 날로부터 6개월 후에 효력을 발생한다.

15) 협약의 폐기

체약국 중의 어느 한 국가가 이 협약의 폐기를 원하는 경우에는 서면으로 벨기에 정부에 폐기를 통지하여야 하며 또 벨기에 정부는 다른 모든 체약국에게 이 통지서가 접수된 일자를 알리는 폐기통지의 인증사본을 즉시 통보하여야 한다.

폐기는 그러한 의사를 통지한 국가에 한하며 또 통지서가 벨기에 정부에 도착된 후 1년을 경과한 때에 효력을 발생한다.

16) 협약의 개정

체약국 중의 어느 국가도 가능한 협약개정안의 심의를 하기 위하여 새로운 회의의 개최를 제기할 권한을 갖는다.

이러한 권한을 행사하고자 하는 국가는 회의소집을 준비하게 될 벨기에 정부를 통하여 그러한 의사를 다른 체약국에 통지하여야 한다.

4 선하증권의 국제통일협약에 관한 개정의정서

(1) 'Hague-Visby Rules (1968)' 의의와 특징

'Hague Rules (1924)'이 채택된 이래 상당한 세월이 지남으로써, 그간 국제해상물품의 운송은 눈부시게 발전하였고, 그와 동시에 'Hague Rules (1924)'은 국제해상물품운송에 완전히 정착되었다.

그러나 다른 한편 컨테이너 운송의 출현, 인플레이션으로 인한 통화가치의 큰 변동 등으로 'Hague Rules (1924)'의 일부는 시대의 요청에 부응하지 못하게 되었다.

이 같은 사정으로 1968년 'Hague Rules (1924)'의 일부를 개정하는 규칙이 성립되었는데, 이를 'Hague-Visby Rules (1968)'이라고 한다. 공식명칭은 '선하증권의 국제통일협약에 관한 개정의정서'[Protocol to Amend the International Convention for the Unification of Certain Rules of Law relating to Bills of Lading, Hague-Visby Rules (1968)]이다.

'Hague-Visby Rules (1968)'은 1924년 규칙의 일부가 수정되거나 새로운 내용이 추가되었는데 그 주요한 특징을 열거하면 다음과 같다.

첫째 'Hague Rules (1924)'은 체약국에서 발행된 선하증권에 적용한다고 규정되어 있으나, 'Hague-Visby Rules (1968)'에는 선하증권이 체약국에서 발행된 경우 운송이 체약국의 항으로부터 개시된 경우와 선하증권상에 규칙의 규정 또는 규칙의 규정을 국내입법화하고 있는 국가의 법률에 의하여 해당 운송계약관계가 규율된다고 규정되어 적용범위가 현저히 확대되었다.

둘째 'Hague-Visby Rules (1968)'은 선하증권의 유통성을 강화하기 위하여 'Hague Rules (1924)'상의 추정적 증거력의 원칙에 추가하여 선의의 선하증권 소지인에 대한 관계에서는 선하증권기재의 절대적 증거력을 부여하고 있다.

셋째 'Hague Rules (1924)'은 운송인의 책임에 관하여 선하증권에 가액의 기재가 없는 경우에 포장 또는 단위에 대해 영화 100파운드 또는 그 밖의 통화인 경우에는 이와 동액을 한도로 하는 유한책임(有限責任)을 인정하고, 그 파운드가 어떠한 내용의 금화인가에 관하여는 규정하지 않고, 또 각국이 100파운드를 자국의 통화로 환산하는 시기에 관하여도 규정하고 있지 않다. 따라서 이 규칙을 채택한 각국 간에 운송인의 책임한도액이 통일되지 않았다. 이러한 문제를 해결하기 위해 'Hague-Visby Rules (1968)'은 포장 · 단위당 10,000프랑[Frcs.]과 화물의 총중량 kg당 30프랑의 총액 가운데 더 많은 금액을 운송인의 책임한도액으로 하는 새로운 규정을 두었다. 손해의 총액은 계약에 따라 화물을 선박으로부터 양륙장소 및 일시를 기준으로 하고, 화물가액은 '상품거래소의 가격'(Commodity Exchange Price), 그것이 없는 경우에는 '당시의 시장가격'(Current Market Price), 그것도 없는 경우에는 '통상가액'(Normal Value)을 기준으로 한다고 규정하였다[또한 개정의정서에는 포장 · 단위기준의 적용과 관련하여 컨테이너 · 팔레트 · 또는 이와 유사한 운송용구에 든 화물에 관하여 '컨테이너 조항'(Container Clause)을 신설하고 있다].

넷째 운송인의 책임에 관한 규칙상의 항변과 책임제한 등의 이익을 불법행위를 이유로 한 소송에서도 주장할 수 있도록 하고, 또 운송인의 대리인 또는 사용인 등 이행보조자도 이를 원용할 수 있도록 한 규정과 제소기간에 관한 규칙을 신설하였다.

(2) 'Hague-Visby Rules (1968)' 구성과 내용

1) 협약의 제3조 추가문언

제3조에 다음의 각 문언을 추가 및/또는 대체한다. "그러나 선하증권이 성실하게 행동하는 제3자에게 양도된 경우에는 반대의 증명은 허용되지 아니 한다.".

"어떠한 경우에 있어서도 화물이 인도된 날로부터 또는 화물이 인도되었어야 하는 날로부터 1년 이내에 소송이 제기되지 아니하면, 운송인과 선박은 화물에 관한 일체의 책임으로부터 면제된다. 그러나 소송의 원인이 발생한 후 당사자들의 합의가 있으면 이러한 기간은 연장될 수 있다.".

"제3자에 대한 배상청구의 소송은 사건이 계류되어 있는 법정지의 법률에 의하여 허용된 기간 내에 제기되었을 경우에는 앞에 규정된 연한이 만료된 후에 있어서도 제기될 수 있다. 그러나 허용된 기간은 그러한 배상청구의 소송을 제기한 자가 손해배상금을 지급한 날 또는 자신에 대한 소송에 있어서 소장의 송달을 받은 날로부터 기산하여 3개월 이상이어야 한다.".

2) 협약의 제4조 제5항

제4조를 다음의 문언으로 대체한다. "송화인이 선적 전에 그러한 화물의 성질과 가액을 고지하여 선하증권상에 기재되지 아니한 경우에는 운송인과 선박은 공히 어떠한 경우에도 화물에 발생하거나 또는 이에 관련된 멸실 또는 손상에 대하여 멸실 또는 손상된 화물의 1포장당 또는 1단위당 10,000프랑(또는 666.67 계산단위) 또는 총중량의 1kg당 30프랑(또는 2계산단위) 중에 보다 높은 액수를 초과하여 책임을 지지 아니한다.".

"전보할 총액은 화물이 계약에 따라 선박으로부터 양륙되거나 양륙되었어야 하는 장소와 시기에 있어서의 그러한 화물의 가액을 참고로 하여 산정하여야 한다. 화물의 가액은 상품의 거래가격에 의하여 또는 거래가격이 없는 경우에는 당시의 시장가격에 따라 결정되어야 한다. 만약 화물의 거래가격이나 당시의 시장가격도 없는 경우에는 이와 동등한 종류 및 품질의 화물에 대한 통상가액을 참고로 하여 결정한다.".

"컨테이너·팔레트 또는 이와 유사한 운송용구가 여러 개의 화물을 혼합하기 위하여 사용된 경우에는 선하증권상에 그러한 운송용구에 포장된 짐으로서 수량표시가 되어진 포장 또는 단위의 개수로 본다. 다만 위에 언급된 운송용구는 포장 또는 단위로 보지 아니한다.".

"1프랑은 순도 1000분의 900의 금 65.5mg으로 구성된 단위이다. 내국통화로 산정된 총액의 환산일은 사건이 계류되어 있는 법정지의 법류에 의하여 적용을 받는다. 이 조항에서 규정한 계산단위는 국제통화기금에서 규정한 특별인출권을 말한다. 이 항에서 규정한 총액은 사건이 계류되어 있는 법정에서 결정한 일자에 있어서의 통화가치를 근거로 하여 내국통화로 환산하여야 한다.".

"손해를 발생시킬 의도로 행하였거나, 또는 그러한 손해가 발생될 수가 있음을 알면서도 무모하게 행한 운송인의 작위 또는 부작위의 결과로 손해가 발생된 것이 입증된 경우에는 운송인과 선박은 공히 이 항에서 규정하고 있는 책임제한의 이익을 주장할 권리를 갖지 못한다.".

"이 항에 규정한 고지가 선하증권상에 기재되었을 경우에는 이는 추정적인 증거가 된다. 그러나 이러한 고지는 운송인을 구속하거나 또는 결정적인 증거가 되는 것은 아니다.".

"운송인 · 선장 또는 운송인의 대리인과 송화인은 상호 합의에 의하여 이 항에 규정되어 있는 금액보다 많은 금액을 최고금액으로 정할 수가 있다. 다만 이러한 협정최고액은 이 호에 규정되어 있는 해당된 최고금액보다 적어서는 아니 된다.".

"송화인에 의하여 선하증권상에 화물의 성질 또는 가액이 고의로 허위기재 된 경우에는 운송인과 선박은 공히 화물에 발생하거나 또는 이에 관련된 멸실 또는 손해에 대하여 어떠한 경우에도 책임을 지지 아니한다.".

3) 협약의 제4조에 추가

협약 제4조와에 다음을 추가한다. 첫째 이 협약에 규정되어 있는 항변사유 및 책임한도는 소송이 계약에 바탕을 둔 것이든 불법행위에 바탕을 둔 것이든 간에 운송계약에 의하여 포함된 화물의 멸실 또는 손상에 관하여는 운송인에 대한 일체의 소송에 이를 적용한다.

둘째 그러한 소송이 운송인의 사용인 또는 대리인(그러한 사용인 또는 대리인은 독립된 계약자가 아닐 것)에 대하여 제기된 경우에는 그러한 사용인 또는 대리인은 운송인이 이 협약에 의거하여 적용을 주장할 수 있는 항변사유 및 책임한도의 적용을 주장할 권리를 갖는다.

셋째 운송인 및 그 사용인과 대리인으로부터 전보될 금액의 총계는 어떠한 경우에도 이 협약에 규정하고 있는 한도를 초과할 수 없다.

넷째 그럼에도 불구하고 손해를 발생시킬 의도로 행하였거나, 또는 그러한 손해가 발생될 수가 있음을 알면서도 무모하게 행한 운송인의 작위 또는 부작위의 결과로 손해가 발생된 것이 입증된 경우에는 운송인의 사용인 또는 대리인은 이 조항의 규정을 이용할 권리를 갖지 못한다.

4) 협약의 제9조

협약의 제9조는 다음의 문언으로 대체한다. "이 협약은 원자력손해에 대한 책임을 규제하는 일체의 국제협약 또는 국내법의 규정에 영향을 미치지 아니한다.”.

5) 협약의 제10조

협약의 제10조는 다음의 문언으로 대체한다. “이 협약의 규정은 다음의 경우에는 2개의 서로 다른 국가에 있는 항구 사이의 화물운송에 관련한 모든 선하증권에 이를 적용한다. 선하증권이 체약국에서 발행된 경우 또는, 운송이 체약국의 어느 항구로부터 시작된 경우 또는, 선하증권상에 포함되어 있는 계약 또는 이에 의하여 증명되어 있는 계약이 이 협약의 규칙 또는 이러한 규칙에 효력을 부여하고 있는 국내입법이 이 계약을 규제하도록 규정한 경우”.

선박 · 운송인 · 송화인 · 수화인 또는 그 밖의 모든 이해관계자의 국적은 이에 아무런 관계가 없다. 각 체약국은 이 협약의 규정을 위에 언급된 선하증권에 적용하여야 한다. 이 조항은 체약국이 앞의 규정에 포함되지 아니하는 선하증권에 대하여 이 협약의 규칙을 적용하는 것을 방해하는 것은 아니다.

6) 의정서의 적용범위

이 의정서의 당사국 사이에 있어서 협약과 의정서는 단일의 문서로서 함께 인용되고 해석되어야 한다. 이 의정서의 당사국은 협약의 당사국이면서 이 의정서의 당사국이 아닌 국가에서 발행된 선하증권에 대하여 이 의정서의 규정을 적용할 의무를 지지 아니 한다.

7) 협약폐기와 의정서

이 의정서의 당사국 사이에 있어서, 어느 체약국이 협약을 폐기하는 것은 결코 이 의정서에 의하여 개정된 협약을 폐기하는 것으로 해석되어서는 아니한다.

8) 협약상의 분쟁해결

2개 이상의 체약국 사이에 있어서 협상을 통하여 해결되지 아니하는 협약의 해석 또는 적용에 관한 모든 분쟁은 어느 일방의 요청에 따라 중재에 부탁하여야 한다. 중재의 신청일로부터 6개월 이내에 당사국들이 중재기관을 합의하지 못할 경우에는 당사국 중의 어느 일방은 이 분쟁을 국제재판소의 규정에 일치하는 신청절차에 의하여 국제재판소에 회부할 수 있다.

9) 의정서의 유보

첫째 각 체약국은 이 의정서에 서명, 비준 또는 이에 가입할 당시에 이 의정서에 구속되지 아니하도록 한다고 선언할 수 있다. 그 밖의 체약국은 이러한 유보를 선언한 모든 체약국에 관하여는 이 조항에 구속되지 아니한다.

둘째 위 규정에 따른 유보를 선언한 모든 체약국은 언제든지 벨기에 정부에 통지함으로써 이러한 유보를 철회할 수 있다.

10) 의정서의 서명

이 의정서는 협약에 비준하였거나 또는 1968년 2월 23일 이전에 이에 가입한 국가, 그리고 제12차 해사법외교회의(1967~1968)에 대표자를 파견한 모든 국가의 서명을 위하여 이를 개방해 둔다.

11) 의정서의 비준

이 의정서는 비준이 있어야 한다. 또한 협약의 당사국이 아닌 어느 국가가 이 의정서에 비준하는 것은 협약에 대한 가입의 효력을 갖는다. 비준서는 벨기에 정부에 기탁되어야 한다.

12) 의정서의 가입

해사법외교회의에 대표자를 파견하지 아니한 국가, UN의 회원국 또는 국제연합의 전문기관의 회원국은 이 의정서에 가입할 수 있다. 이 의정서에 가입하는 것은 협약에 대한 가입의 효력을 갖는다. 가입서는 벨기에 정부에 기탁되어야 한다.

13) 의정서의 발효

이 의정서는 10개의 비준서 또는 가입서가 기탁된 날로부터 3개월 후에 효력을 발생한다. 이 중에 적어도 5개는 각각 총톤수가 1백만 톤 이상의 톤수를 보유하구 있는 국가로부터 기탁되어 있어야 한다. 위 항에 규정된 대로 효력발생을 결정 짓는 비준서 또는 가입서가 기탁된 날 이후에 이 의정서를 비준하거나 또는 이에 가입하는 국가가 있어서, 이 의정서는 각국 비준서 또는 가입서가 기탁된 날로부터 3개월 후에 효력을 발생한다.

14) 의정서의 폐기

모든 체약국은 벨기에 정부에 통지함으로써 이 의정서를 폐기할 수 있다. 이러한 폐기는 협약에 대한 폐기의 효력을 갖는다. 폐기는 벨기에 정부가 통지서를 접수한 날로부터 1년 후에 효력을 발생한다.

15) 의정서의 적용확대

모든 체약국은 서명·비준 또는 가입 시에 또는 그 후 어느 때라도 벨기에 정부에 서면으로 통지함으로써 자국의 주권 하에 있거나 또는 국제적인 관계를 위하여 책임을 지고 있는 영토 중에서 이 의정서가 적용되는 영토를 선언할 수 있다. 의정서는 벨기에 정부가 이러한 통지를 접수한 날로부터 3개월 후에 이에 지정된 영토로 확정된다. 다만 그러한 국가에 관하여 의정서가 효력을 발생하기 이전에는 그렇지 아니하다.

이러한 확장은 또한 협약이 아직 그러한 영토에 적용되지 아니한 경우에는 협약에도 적용된다.

본조에 따른 선언을 한 모든 체약국은 그 후 언제든지 벨기에 정부에 통지를 함으로써 의정서가 그러한 영토에 더 이상 확장되지 아니함을 선언할 수 있다. 이러한 폐기는 벨기에 정부가 그 통지를 접수한 날로부터 1년 후에 효력을 발생하며, 이는 또한 협약에 적용된다.

16) 의정서의 입법적용

체약국은 이 의정서에 법률의 효력을 부여하거나 또는 국내법상에 이 의정서 하에서 채택된 규정을 적절한 형식으로 포함시킴으로써 이 의정서의 효력을 발생시킬 수 있다.

5 해상화물운송에 관한 UN협약

(1) 'Hamburg Rules (1978)' 의의와 특징

'Hamburg Rules (1978)'은 1967년 'UN 무역개발회의'(United Nations Conference on Trade and Development, UNCTAD)에서 개발도상국들에 의하여 '선하증권협약'의 개정

문제가 처음으로 제기되었는데, 이에 'UNCTAD'가 'UN 무역법위원회'(United Nations Commission on International Trade Law, UNCITRAL)에 권고함으로써 UNCITRAL의 주관 아래 개정작업이 추진되어, 1978년 함부르크에서 개최된 UN 대표회의에서 채택된 'UN 해상물품운송협약'[United Nations Convention on the Carriage of Goods by Sea (1978)]의 공식적인 약칭(略稱)이다.

'Hamburg Rules (1978)'은 새로운 협약의 제정형식을 취하고 있으나, 실질적으로는 운송인과 화주 간의 위험의 분배에 관한 'Hague-Visby Rules (1968)'을 일부 변경한 개정 협약이다. 곧 본 협약은 기존의 'Hague-Visby Rules (1968)'체계에서는 주로 선진국의 이익을 대변했다는 개도국의 주장이 수용되어 제정된 협약이라고 할 수 있다.

본 협약은 운송인의 책임이 대폭적으로 강화되고 화주의 권리가 신장된 선하증권 관련 국제규칙으로써 현재 국제적으로 발효하고는 있으나, 본 협약을 채택하고 있는 국가가 화주국 위주의 저개발국가를 중심으로 구성되어 있기 때문에 그다지 국제운송 관련 국제규칙으로서 실효성이 담보되어 있지 않은 상황이다. 다만 본 협약을 채택한 국가와 무역[운송(運送)]거래를 하게 되는 경우에는 직·간접으로 영향을 받을 수도 있음을 참고하여야 한다.

'Hague-Visby Rules(헤이그 규칙)'과 'Hamburg Rules(함부르크 규칙)'의 가장 큰 차이점은 운송인의 면책조항 삭제와 책임한도액의 상향조정이라고 할 수 있는데, 일괄하면 다음과 같다.

첫째 선박의 감항성에 관한 주의의무로서 '헤이그 규칙'에서는 운송인이 부담하는 기본적 의무의 하나로서 선박의 감항성에 관한 주의의무가 규정되어 있으나, '함부르크 규칙'에서는 이를 삭제하고 달리 '물품이 동 규칙(제4조)에 규정된 운송인의 관리 하에 있는 사이에 물품의 멸실·손상 또는 인도의 지연을 원인으로 된 사고가 발생한 때는 운송인이 그 멸실·손상 또는 인도의 지연에 의해서 발생한 손해에 관하여 책임을 부담한다. 다만 운송인이 자기 및 그 사용인 또는 대리인이 그러한 사고 및 그 결과를 방지하기 위하여 합리적으로 요구되는 조치를 취한 것을 증명한 때에는 그렇지 아니하다.'는 규정을 존치하여 두고 있다. 따라서 '함부르크 규칙'은 '과실책임의 원칙'을 표명하고 선박의 감항성에 관한 규정이 없어도 불내항에 의해 손해가 발생한 때에는 이 일반원칙을 적용할 수 있도록 규정하고 있다. 요컨대, '함부르크 규칙'은 항해 전 및 항해 개시 시에 감항성에 대한 상당한 의무를 다하는 것만으로 만족하지 않고 물품이 운송인의 관리 하에 있는 동안에는 운송인이 감항성에 관한 주의의무를 계속하지 않으면 안 된다.

둘째 '헤이그 규칙'에서는 운송인의 상업과실을 강행법적으로 규정하고 있는 반면에 과실책임주의의 예외로서 항해과실을 운송인의 면책으로 규정하고 있으나, '함부르크 규칙'에서는 운송인의 책임으로 규정하고 있다. 이는 곧 항해과실 면책의 폐지를 의미한다.

셋째 '헤이그 규칙'하에서 실질적으로 면책되고 있던 선박에서의 화재가 '함부르크 규칙'에서는 면책되고 있지 않다. 따라서 화재의 책임에 관해서도 운송인의 책임에 관한 일반원칙에 의거하게 된다. 다만 화재가 운송인 측의 과실 또는 부주의로 발생한 경우에 진화 및 화재의 결과의 방지 또는 완화를 위하여 합리적으로 요구되는 모든 조치를 취한 경우 운송인 측에 과실 또는 부주의가 있었다는 것을 배상청구자가 증명해야 한다.

넷째 '헤이그 규칙'에 열거되어 있던 면책 리스트가 폐지되고, '함부르크 규칙'에서는 운송인 책임의 일반원칙에 의해서 규율되고 있다.

다섯째 '헤이그 규칙'에서는 지연손해에 관하여 명문의 규정이 없었기 때문에 지연으로 야기된 화물의 변질과 같은 물리적 손해에 관해서는 이를 화물의 취급에 대한 주의의무를 규정한 '헤이그 규칙' 당해 규정에 의하여 배상받을 수 있었으나, 시장가격의 하락과 같은 간접손해에 대해서는 명백하지 못하여 각국은 이를 국내법에서 명시하는 나라들도 있었다. 따라서 이러한 불명료한 점을 시정하고 또한 도로·철도·항공 등 다른 운송수단에 의한 국제운송에서도 모두 인도지연에 관한 규정을 두고 있는 것을 고려하여 '함부르크 규칙'에서는 인도지연을 운송인의 책임으로 규정하고 그 의미에 관해서도 별도의 규정을 두고 있다. 즉 인도지연은 화물이 명시된 기간 내에 또는 그러한 합의가 없는 경우에는 당해 사안의 사정을 고려하여 성실한 운송인에게 요구되는 상당한 기간 내에 양륙항에 인도되지 않을 경우에 생긴다고 규정하고 있고, 상당한 인도기간 경과 후 60일 이내에 인도가 되지 않는 경우에 화주는 그 화물이 멸실된 것으로 취급할 수 있도록 하고 있다.

(2) 'Hamburg Rules (1978)' 구성과 내용

1) 정의

'운송인'(Carrier)이라 함은 스스로 또는 자신의 명의로 송화인과 해상화물운송계약을 체결하는 모든 자를 말한다.

'실제운송인'(Actual Carrier)이라 함은 운송인으로부터 화물운송의 전부 또는 일부의 이행을 위탁받은 자를 말하며 또 그러한 이행을 위탁받은 그 밖의 모든 자를 포함한다.

'송화인'(Shipper)이라 함은 스스로 또는 자신의 명의로 또는 대리인에 의하여 운송인과 해상화물운송계약을 체결한 모든 자 또는 스스로 또는 자신의 명의로 또는 대리인에 의하여 해상운송계약과 관련하여 화물을 운송인에게 실제로 인도하는 모든 자를 말한다.

'수화인'(Consignee)이라 함은 화물의 인도를 수령할 권리가 있는 자를 말한다.

'화물(Goods)'이라 함은 산 동물을 포함한다. 화물이 컨테이너 · 팔레트 또는 이와 유사한 운송용구에 통합되어 있거나 또는 화물이 포장되어 있는 경우에는 그러한 운송용구 또는 포장이 송화인으로부터 공급된 것일 때 화물(Goods)은 그러한 운송용구 또는 포장을 포함한다.

'해상운송계약'(Contract of Carriage by Sea)이라 함은 운송인이 운임의 지급을 대가로 하여 어느 항구로부터 다른 항구까지 화물을 운송할 것을 약정하는 모든 계약을 말한다. 그러나 해상운송과 함께 약간의 다른 운송수단에 의한 운송도 포함하는 계약은 단지 해상운송과 관련되는 범위 내에서만 이 협약의 적용에 있어서 해상운송계약으로 본다.

'선하증권'(Bill of Lading)이라 함은 해상운송계약 및 운송인에 의한 화물의 수령 또는 선적을 증명하는 서류를 말한다. 이 서류에 의하여 운송인은 그러한 서류의 제시와 상환으로 화물을 인도할 것을 약정하게 된다. 서류상에서 화물을 지명된 자의 지시인 또는 피배서인 또는 소지인에게 인도하여야 한다는 뜻의 규정은 그러한 약정을 구성한다.

'서면'(Writing)이라 함은 여러 가지 중에서 무엇보다도 전보 및 텔렉스를 포함한다.

2) 적용범위

첫째 이 협약의 규정은 다음과 같은 경우에 상이한 두 국가 간의 모든 해상운송계약에 적용할 수 있다. ① 해상운송계약에 규정된 선적항이 체약국내에 있는 경우 또는, ② 해상운송계약에 규정된 양륙항이 체약국내에 있는 경우 또는, ③ 해상운송계약에 규정된 선택적인 양륙항 중의 하나가 실제의 양륙항이고 또 그 항구가 체약국내에 있는 경우 또는, ④ 선하증권 또는 그 밖의 해상운송계약을 증명하는 서류가 체약국내에서 발행된 경우 또는, ⑤ 선하증권 또는 그 밖의 해상운송계약을 증명하는 서류가 이 협약의 규정 또는 이 협약의 규정을 시행하고 있는 국가의 법률을 그 계약에 적용한다는 뜻을 규정하고 있는 경우 등이다.

둘째 이 협약의 규정은 선박·운송인·실제운송인·송화인·수화인 및 그 밖의 모든 이해관계자의 국적에 관계없이 적용할 수 있다.

셋째 이 협약의 규정은 용선계약에는 적용하지 아니한다. 그러나 선하증권이 용선계약에 따라 발행된 경우에는 이 협약의 규정은 선하증권이 운송인과 용선자 이외의 선하증권 소지인 사이의 관계를 규율하는 때에는 그러한 선하증권에 적용한다.

넷째 어느 계약이 합의된 기간 중의 일련의 선적에 있어서 장래의 화물운송에 관하여 규정하고 있을 경우에는 이 협약의 규정은 각각의 선적에 적용한다. 그러나 선적이 용선계약에 의하여 행하여지는 경우에는 본 조 제3항의 규정이 이에 적용된다.

3) 협약의 해석

이 협약의 규정에 관한 해석 및 적용에 있어서는 이 협약의 국제적인 성격과 통일의 증진을 위한 필요성에 대한 고려가 있어야 한다.

4) 운송인의 책임 및 책임의 기간

첫째 이 협약에 따른 화물에 대한 운송인의 책임은 화물이 선적항에, 운송 중에 그리고 양륙항에서 운송인의 관리하에 있는 기간에 걸쳐 커버된다.

둘째 본조의 적용에 있어서 다음의 기간에는 화물이 운송인의 관리 하에 있는 것으로 본다. ① 운송인이 송화인 또는 송화인을 대신하여 행동을 하는 자 또는 선적항에서 적용되는 법률이나 규정에 따라 선적을 위하여 화물을 수령하여야 할 당국 또는 그 밖의 제3자로부터 화물을 수령한 때부터, ② 운송인이 수화인에게 화물을 교부하는 것 또는, 수화인이 운송인으로부터 화물을 수령하지 아니하는 경우에는 계약 또는 양륙항에서 적용되는 법률이나 특정거래의 관행에 따라 화물을 수화인의 임의처분하에 적치하는 것 또는, 양륙항에서 적용되는 법률이나 규정에 따라 화물을 교부하여야 할 당국 또는 그 밖의 제3자에게 화물을 교부하는 것과 같은 방법으로 화물을 인도한 때까지 등이다.

셋째 위에 있어서 운송인 또는 수화인이라 함은 운송인 또는 수화인 이외의 운송인 또는 수화인의 각각의 사용인 또는 대리인의 의미를 포함한다.

5) 책임원칙

첫째 운송인은 화물의 멸실·손상 또는 인도의 지연에 기인된 사고가 제4조에 정의된 운송인의 관리 하에 있는 동안에 일어난 때에는 화물의 멸실 또는 손상뿐만 아니라 인도의 지연으로 발생한 손해에 대하여 책임을 져야 한다. 다만 운송인은 자신 그 사용인 또는 대리인이 사고 및 그 결과를 배제하기 위하여 합리적으로 요구되는 모든 조치를 취하였다는 것을 증명한 경우에는 그러하지 아니하다.

둘째 인도의 지연은 화물이 해상운송계약에 규정된 양륙항에서 명시적으로 합의된 기간 내에 또는 그러한 합의가 없는 경우에는 그 사안의 사정을 고려하여 성실한 운송인에게 요구되는 합리적인 기간 내에 인도되지 아니한 때에 발생한 것으로 한다.

셋째 화물이 본 조에 따른 인도기간의 만기일을 경과한 후 연속되는 60일 이내에 제4조에 의하여 요구되는 대로 인도되지 아니한 경우에는 화물의 멸실에 대하여 배상청구를 할 권리가 있는 자는 화물이 멸실된 것으로 취급할 수 있다.

넷째 운송인은 화재가 운송인 또는 그 사용인이나 대리인 측의 과실 또는 부주의로 인하여 발생되었다는 것을 청구자가 증명한 경우에는 그 화재로 인한 화물의 멸실·손상 또는 화재를 진화하고 그 결과를 방지하거나 경감시키기 위하여 합리적으로 요구되는 모든 조치를 취하는데 있어서 운송인 또는 그 사용인이나 대리인의 과실 또는 부주의로 인하여 발생되었다는 것이라고 청구자가 증명하는 그러한 멸실·손상 또는 지연의 경우에 대하여 책임을 져야 한다. 나아가 선박상의 화재가 화물에 영향을 미친 경우에는 청구권자 또는 운송인이 희망하는 때에는 화재의 원인과 사정을 밝히기 위하여 운송관습에 따른 검사를 실시하여야 하며 또 운송인과 청구권자의 요청이 있는 때에는 그 검사인의 보고서의 사본을 이용할 수 있도록 하여야 한다.

다섯째 '산 동물'[생동물(生動物)]에 관하여는 운송인은 그러한 종류의 운송에 따른 고유의 특별한 위험으로 인하여 발생한 멸실·손상 또는 인도의 지연에 대하여 책임을 지지 아니한다. 운송인이 산 동물에 관하여 송화인으로부터 받은 특별한 지시에 따랐다는 것과 그 사안의 사정에서 멸실·손상 또는 인도의 지연은 그러한 위험의 원인으로 돌릴 수 있다는 것을 증명한 경우에는 그 멸실·손상 또는 인도의 지연은 그러한 위험으로 인하여 발생된 것으로 추정된다. 다만 그 멸실·손상 또는 인도의 지연의 전부 또는 일부가 운송인 또는 그 사용인이나 대리인 측의 과실 또는 부주의로 인하여 발생된 것이라는 증거가 있는 경우에는 그러하지 아니하다.

여섯째 운송인은 공동해손의 경우를 제외하고, 인명을 구조하기 위한 조치 또는 해상에서 재산을 구조하기 위한 합리적인 조치로 인하여 발생된 멸실·손상 또는 인도의 지연에 대하여 책임지지 아니한다.

일곱째 운송인 또는 그 사용인이나 대리인 측의 과실 또는 부주의가 다른 원인과 결합하여 멸실·손상 또는 인도의 지연을 야기 시킨 경우에는 운송인은 그러한 과실 또는 부주의의 원인으로 돌릴 수 있는 멸실·손상 또는 인도의 지연의 범위 내에서만 책임을 진다. 다만 운송인은 그러한 과실 또는 부주의의 원인으로 돌릴 수 없는 멸실·손상 또는 인도의 지연에 관한 손해의 금액을 증명하여야 한다.

6) 책임의 양도

첫째 ① 상기 규정에 따른 화물의 멸실 또는 손상으로 인하여 발생한 손해에 대한 운송인의 책임은 1포장당 또는 그 밖의 1선적단위당 835계산단위 또는 멸실 또는 손상된 화물의 총중량 1kg당 25계산단위에 상당하는 금액 중에 보다 높은 금액으로 제한된다. ② 상기 규정에 따른 인도의 지연에 대한 운송인의 책임의 총액은 화물의 전손에 대한 책임이 발생된 경우 그 전손에 대하여 본항에 따라 확정되는 한도를 초과하지 못한다. ③ 어떠한 경우에도 본에 따른 운송인의 책임의 총액은 화물의 전손에 대한 책임이 발생된 경우 그 전손에 대하여 본항에 따라 확정되는 한도를 초과하지 못한다.

둘째 본조에 따른 보다 높은 금액을 산정하는데 있어서는 다음의 원칙을 적용한다. ① 컨테이너·팔레트 또는 그 밖의 이와 유사한 운송용구가 화물을 통합하기 위하여 사용되는 경우에는 그러한 운송용구에 포장된 것으로 선하증권 또는 그 밖의 해상운송계약을 증명하는 서류가 발행된 경우에는 그 증권에 표시되어 있는 포장 또는 그 밖의 선적단위를 그러한 포장 또는 선적단위로 본다. 이와 같은 경우를 제외하고는 그러한 운송용구내의 화물은 하나의 선적단위로 본다. ② 운송용구 자체가 멸실 또는 손상된 경우에는 그 운송용구를 운송인이 소유하거나 또는 공급한 것이 아닌 한 그것은 하나의 별개의 선적단위로 본다.

셋째 계산단위는 제26조에서 언급된 계산단위를 의미한다.

넷째 운송인과 송화인 간의 합의에 의하여 위에 규정된 한도를 초과하는 책임의 한도를 정할 수 있다.

7) 비계약적 청구에 대한 적용

첫째 이 협약에서 규정하는 책임에 관한 항변 및 한도는 소송이 계약에 의거한 것이거나 불법행위 또는 그 밖에 의거한 것이거나를 불문하고 해상운송계약이 적용되는 화물의 멸실 또는 손상뿐만 아니라 인도의 지연에 관한 운송인에 대한 모든 소송에 이를 적용한다.

둘째 그러한 소송이 운송인의 사용인 또는 대리인에 대하여 제기된 경우에는 그러한 사용인 또는 대리인은 그 직무상의 범위내에서 행동하였다는 것을 증명한 때에는 이 협약에 따라 운송인이 원용할 수 있는 책임에 관한 항변 및 한도를 이용할 권리가 있다.

셋째 제8조에 규정된 경우를 제외하고 운송인 및 본 조 ②항에 관련된 모든 자로부터 배상받을 수 있는 금액의 총액은 이 협약에 규정된 책임의 한도를 초과하지 못한다.

8) 책임제한에 대한 권리상실

첫째 멸실·손상 또는 인도의 지연이 그러한 멸실, 손상 또는 지연을 발생시킬 의도로, 또는 그러한 멸실·손상 또는 지연이 발생한다는 것을 알면서도 무모하게 행한 운송인의 작위 또는 부작위로 인하여 발생된 것이 증명된 경우에는 운송인은 책임제한의 이익에 대한 권리를 갖지 못한다.

둘째 멸실·손상 또는 인도의 지연이 그러한 멸실·손상 또는 지연을 발생시킬 의도로 또는 그러한 멸실·손상 또는 지연이 발생한다는 것을 알면서도 무모하게 행한 운송인의 사용인 또는 대리인의 작위 또는 부작위로 인하여 발생된 것이 증명된 경우에는 그러한 사용인 또는 대리인은 책임제한의 이익에 대한 권리를 갖지 못한다.

9) 갑판적 화물

첫째 운송인은 갑판적 운송이 송화인과의 합의 또는 특정거래의 관행에 따르거나 또는 법령화된 규칙이나 규정에 의하여 요구된 경우에 한하여 화물을 갑판적으로 운송할 권리를 갖는다.

둘째 운송인과 송화인이 화물을 갑판적으로 운송하여야 한다는 것 또는 갑판적으로 운송할 수 있다는 것을 합의한 경우에는 운송인은 선하증권 또는 그 밖의 해상운송계약을 증명하는 서류에 그러한 취지를 기재하여야 한다. 그러한 기재가 없는 때에는 운송인은 갑판적 운송에 관한 합의가 되어있다는 것을 증명할 책임이 있다. 그러나 운송인은 수화인을 포함하여 선의로 선하증권을 취득한 제3자에 대하여는 그러한 합의를 원용할 권리가 없다.

셋째 본조의 규정에 위반하여 화물을 갑판적으로 운송한 경우 또는 운송인이 본조에 따라 갑판적 운송에 관한 합의를 원용할 수 없는 경우에는 운송인은 갑판적 운송으로부터 야기되는 화물의 멸실·손상 또는 인도의 지연에 대하여 책임을 져야 하며 또 그 운송인의 책임의 범위는 이 협약의 규정에 따라 결정되어야 한다.

넷째 창내적 운송에 관한 명시적인 합의에 위반되는 화물의 갑판적 운송은 운송인의 작위 또는 부작위로 본다.

10) 운송인과 실제운송인의 책임

첫째 운송의 전부 또는 일부의 이행이 실제운송인에게 위탁된 경우에는 그것이 해상운송계약에 따른 권리의 행사에 의거한 것이든 아니든 불문하고 운송인은 이 협약의 규정에 따라 전 운송에 대하여 책임을 져야 한다. 운송인은 실제운송인에 의하여 이행된 운송에 관하여 그 직무의 범위내에서 행위를 하는 실제운송인 및 실제운송인의 사용인 또는 대리인의 작위 또는 부작위에 대하여 책임을 져야 한다.

둘째 운송인의 책임을 규율하는 이 협약의 모든 규정은 실제운송인이 이행한 운송에 대한 실제운송인의 책임에 대하여도 역시 이를 적용한다.

셋째 운송인이 이 협약에 의하여 부과되지 아니한 의무를 인수한다거나, 또는 이 협약에 의하여 부여된 권리를 포기한다는 어떠한 특약은 실제운송인이 명시적으로

서면에 의하여 합의한 경우에 한하여 실제운송인에 대하여도 그 효력이 미친다. 실제운송인이 그러한 합의를 했는지의 여부를 불문하고, 운송인은 여전히 그러한 특약으로부터 발생하는 의무 또는 권리의 포기에 구속된다.

넷째 운송인과 실제운송인이 공히 책임을 지는 경우와 그 한도에서는 양자의 책임은 연대책임으로 된다.

다섯째 운송인·실제운송인 및 그 사용인과 대리인으로부터 배상받을 수 있는 금액의 총액은 이 협약에 규정된 책임한도액을 초과하지 못한다.

여섯째 본조의 어떠한 규정도 운송인과 실제운송인 사이의 모든 상환청구권을 침해하지 아니한다.

11) 통운송

첫째 해상운송계약에서 그 계약이 적용되는 운송의 특정구간이 운송인 이외의 지명된 자에 의하여 이행된다는 것이 명시적으로 규정되어 있는 경우에는 그 계약에는 화물이 그러한 운송구간에서 실제운송인의 관리하에 있는 동안 에 발생한 사고에 기인한 멸실·손상 또는 인도의 지연에 대하여 운송인이 책임을 지지 아니한다는 것을 규정할 수 있다. 그럼에도 불구하고 정당한 관할권을 가지는 법원에서 실제운송인에 대한 소송을 제기 할 수 없는 경우에는 그러한 책임을 제한하거나 또는 면제하는 어떠한 조항도 효력을 갖지 못한다. 멸실·손상 또는 인도의 지연이 그러한 사고에 기인하여 발생하였다는 것을 증명할 책임은 운송인에게 있다.

둘째 실제운송인은 화물이 자신의 관리 하에 있는 동안에 발생된 사고에 기인한 멸실, 손상 또는 인도의 지연에 대하여 책임을 져야 한다.

12) 송화인의 책임과 일반규칙

송화인은 운송인 또는 실제운송인이 입은 멸실 또는 선박이 입은 손상이 송화인 또는 그 사용인이나 대리인의 과실 또는 부주의로 인하여 발생된 것이 아닌 한 그러한 멸실 또는 손상에 대하여 책임을 지지 아니한다. 송화인의 사용인 또는 대리인도 그러한 멸실 또는 손상이 그 사용인이나 대리인 측의 과실 또는 부주의로 인하여 발생된 것이 아닌 한, 그러한 멸실 또는 손상에 대하여 책임을 지지 아니한다.

13) 위험물에 관한 특칙

첫째 송화인은 위험물에 대하여는 적절한 방법으로 위험성이 있다는 표지 또는 부전(附箋)을 달아야 한다.

둘째 송화인이 운송인 또는 실제운송인에게 위험물을 인도한 경우에는 송화인은 각 경우에 따라 화물의 위험성 및 필요하다면 취하여야 할 예방조치에 관하여 운송인 또는 실제운송인에게 이를 통지하여야 한다. 송화인이 그 통지를 하지 아니하고 운송인 또는 실제운송인이 화물의 위험성에 관하여 달리 인식하지 못한 경우 송화인은 그러한 화물의 선적으로 인하여 발생하는 손실에 대하여 운송인 및 실제운송인에게 책임을 져야 하고 또한 화물은 필요한 사정에서는 배상금의 지급함이 없이 언제든지 이를 양하하거나 파괴하거나 또는 해가 없도록 처분할 수 있다.

셋째 운송 중에 화물의 위험성에 관하여 인식하고 그 화물을 자신의 관리하에 수령한 자는 본조의 규정을 원용할 수 없다.

넷째 본조의 규정이 적용되지 아니하거나 또는 이를 원용할 수 없는 경우에는 위험물이 인명 또는 재산에 실제의 위험을 미치게 된 때에는 그 위험물은 필요한 사정에서는 배상금의 지급함이 없이 이를 양하하거나 파괴하거나 또는 해가 없도록 처분할 수 있다. 다만 공동해손분담액을 부담할 의무를 지는 경우 또는 운송인이 책임을 지는 경우에는 제외한다.

14) 운송서류 및 선하증권의 발행

첫째 운송인 또는 실제운송인이 화물을 자신의 관리 하에 수령한 경우에는 운송인은 송화인의 요구에 따라 송화인에게 선하증권을 발행하여야 한다.

둘째 선하증권은 운송인으로부터 수권된 자가 서명할 수 있다. 화물을 운송하는 선박의 선장이 서명한 선하증권은 운송인을 대신하여 서명된 것으로 본다.

셋째 선하증권이 발행되는 국가의 법률에 저촉되지 아니하는 한 선하증권상의 서명은 육필・모사・인쇄・천공・타인(打印)・부호로 하거나 또는 그 밖의 기계적 또는 전자적인 수단에 의하여 할 수 있다.

15) 선하증권의 내용

첫째 선하증권에는 무엇보다도 다음의 사항을 포함하고 있어야 한다. ① 화물의 일반적인 성질·화물의 식별에 필요한 주된 화인·해당되는 경우에는 화물의 위험성에 관한 명시적인 문언·포장 또는 개품의 번호 및 화물의 중량 또는 그 밖의 방법으로 표시된 수량. 이러한 모든 사항은 송화인이 제출한 것에 한한다. ② 화물의 외관상태, ③ 운송인의 명칭 및 주된 영업소의 소재지, ④ 송화인의 명칭, ⑤ 송화인이 지명한 경우에는 수화인, ⑥ 해상운송계약상의 선적항 및 운송인이 선적항에서 화물을 인도받을 일자, ⑦ 해상운송계약상의 양륙항, ⑧ 2통 이상의 선하증권이 발행된 경우에는 그 원본의 통수, ⑨ 선하증권의 발행지, ⑩ 운송인 또는 운송인을 대신하여 행동하는 자의 서명, ⑪ 수화인이 지급할 범위의 운임 또는 수화인의 운임을 지급한다는 그 밖의 표시, ⑫ 본 협약에서 필요로 하고 있는 그 밖의 문언, ⑬ 해당되는 경우에는 화물을 갑판적으로 운송할 것이라거나 또는 운송할 수 있다는 뜻의 문언, ⑭ 당사자 간에 명시적으로 합의된 경우에는 양륙항에서 화물을 인도할 일자 또는 기간, ⑮ 제6조 4항에 따라 합의된 경우에는 어떠한 증가한도나 책임한도 등이다.

둘째 화물이 선적된 후 송화인의 요구가 있는 경우에는 운송인은 송화인에게 위에 따라 필요로 하는 사항에 추가하여 화물이 지정된 선박에 적재되었다는 것 및 선적의 일자를 반드시 기재한 선적선하증권을 발행하여야 한다. 운송인이 이미 송화인에게 그러한 화물에 관하여 선하증권 또는 그 밖의 권리증권을 발행한 경우에는 송화인은 운송인의 요구에 따라 선적선하증권과 상환으로 그러한 서류를 반환하여야 한다. 운송인은 이미 발행된 서류를 수정함으로써 선적선하증권에 기재할 것을 요구하는 모든 정보를 포함하고 있는 경우에는 송화인의 선적선하증권의 요구에 응하기 위하여 이미 발행된 서류를 수정할 수 있다.

셋째 선하증권상에 본 조에서 정하는 사항의 하나 이상이 결여되어 있더라도, 이것은 본 협약의 규정요건을 충족하는 한 선하증권으로서 서류의 법률적인 성질에 영향을 미치지 아니한다.

16) 선하증권의 유보 및 증거력

첫째 선하증권에 기재된 화물의 일반적인 성질·주된 화인·포장 또는 개품의 번호·중량 또는 수량에 관한 사항이 실제로 인수한 화물 또는 선적식 선하증권이 발행된 경우에는 실제로 선적한 화물을 정확하게 나타내고 있지 아니하다는 것을 운송인 또는 운송인을 대신하여 선하증권을 발행하는 자가 알고 있거나 또는 그렇게 의심할만한 정당한 이유가 있는 경우 또는 그러한 사항을 확인할 정당한 방법이 없는 경우에는 운송인 또는 운송인을 대신하여 선하증권을 발행하는 자는 이러한 부정확성, 의심할만한 이유 또는 정당한 확인방법의 결여에 관하여 명시하는 유보조항을 선하증권상에 삽입하여야 한다.

둘째 운송인 또는 운송인을 대신하여 선하증권을 발행하는 자가 선하증권상에 화물의 외관상태를 기재하지 아니한 경우에는 화물이 외관상으로 양호한 상태에 있었다는 것을 선하증권상에 기재한 것으로 본다.

셋째 본 협약에 따라 허용되는 유보조항에 관한 사항 및 그 유보범위를 제외하고, ① 선하증권은 운송인이 선하증권에 기재된 대로 화물을 인수하였다는 것 또는 선적선하증권이 발행된 경우에는 그 기재된 대로 선적하였다는 것에 대한 추정적인 증거가 되며 또한, ② 선하증권이 수화인을 포함하여 그 화물의 기재사항을 신뢰하고 선의로 행동하는 제3자에게 양도된 경우에는 운송인에 의한 반증은 허용되지 아니한다.

넷째 운임을 기재하지 아니하거나 또는 그 밖의 방법으로 운임을 수화인이 지급한다는 것을 명시하지 아니하거나, 또는 선적항에서 발생된 체선료를 수화인이 지급한다는 것을 기재하지 아니한 선하증권은 수화인이 운임 또는 그러한 체선료를 지급하지 아니한다는 추정적인 증거가 된다. 그러나 수화인을 포함하여 선하증권에 그러한 명시가 없는데 대하여 신뢰하고 선의로 행동한 제3자에게 선하증권이 양도되어 있는 경우에는 운송인에 의한 반증은 허용되지 아니한다.

17) 송화인에 의한 보증

첫째 송화인은 선하증권의 기재를 위하여 자기가 제출한 화물의 일반적인 성질·그 화인·번호·중량 및 수량에 관한 사항이 정확하다는 것을 운송인에게 보증한 것으로 본다. 송화인은 그러한 사항의 부정확성으로 인하여 발생된 손실에 대하여는 운송인에게 배상하여야 한다. 송화인은 선하증권을 양도한 경우에도 그 책임을 져야 한다. 그러한 배상에 관한 운송인의 권리는 해상운송계약에 따라 송화인 이외의 모든 자에 대한 운송인의 책임을 결코 제한하지 아니한다.

둘째 선하증권의 기재를 위하여 송화인이 제출한 사항 또는 화물의 외관상태에 관하여, 그 송화인이 운송인 또는 운송인을 대신하여 행하는 자가 유보조항을 삽입하지 아니하고 선하증권을 발행함으로써 발생된 손실에 대하여 운송인에게 배상한다고 약정하는 어떠한 보증상 또는 합의서도 수화인을 포함한 선하증권의 양도를 받은 제3자에 대하여는 무효로 하고 이는 어떠한 효력도 갖지 아니한다.

셋째 운송인 또는 운송인을 대신하여 행하는 자가 본 조 제2항에 규정된 유보조항을 누락함으로서 수화인을 포함하여 선하증권상에 화물에 관한 기재를 신뢰하고 행동하는 제3자를 기만할 의도로 한 경우를 제외하고 그러한 보증상 또는 합의서는 송화인에 대하여는 효력이 있다. 후자의 경우 그 누락된 유보조항이 선하증권의 기재를 위하여 송화인이 제출한 사항에 관한 것인 경우에는 운송인은 본 조 제1항에 따라 송화인으로부터 배상을 받을 권리를 갖지 못한다.

넷째 본조에 규정된 기만의 의도가 있는 경우에는 운송인은 수화인을 포함하여 선하증권상의 화물에 관한 기재를 신뢰하고 행동한 제3자가 입은 손실에 대하여 이 협약에 규정된 책임제한의 이익도 없이 책임을 져야 한다.

18) 선하증권 이외의 서류

운송인이 운송될 화물의 수령을 증명하기 위하여 선하증권 이외의 서류를 발행한 경우에는 그러한 서류는 해상운송계약의 성립과 운송인이 화물을 그 서류에 기재된 대로 인수하였다는 추정적인 증거가 된다.

19) 멸실·손상 또는 지연의 통지

첫째 화물이 수화인에게 인도된 날 이후의 거래일까지 수화인이 운송인에게 서면으로 멸실 또는 손상의 일반적인 성질을 명기하여 통지를 하지 아니한 경우에는 그러한 인도는 운송인이 화물을 운송서류에 기재된 대로 또는 그러한 서류가 발행되지 아니한 때에는 양호한 상태로 인도하였다는 추정적인 증거가 된다.

둘째 멸실 또는 손상이 외관상으로 확인되지 아니한 경우에는 화물이 수화인에게 인도된 날 이후 연속된 15일 이내에 서면으로 통지가 되지 아니한 때에 본조의 규정은 그대로 적용된다.

셋째 화물이 수화인에게 인도된 때에 그 화물의 상태가 양당사자에 의한 공동의 조사 또는 검사의 대상이 된 경우에는 그 조사 또는 검사 중에 확인된 멸실 또는 손상에 관하여는 서면에 의한 통지가 요구되지 아니한다.

넷째 멸실 또는 손상이 실제로 일어났거나 또는 일어났을 것이라는 의심이 있는 경우에는 운송인 및 수화인은 화물의 검사 및 검수를 위하여 상호간에 모든 상당한

편의를 제공하여야 한다.

다섯째 화물이 수화인에게 인도된 날 이후 연속된 60일 이내에 운송인에게 서면에 의한 통지를 하지 아니한 경우에도 인도의 지연으로 인하여 발생된 손실에 대한 배상금은 지급하지 아니하는 것으로 한다.

여섯째 화물을 실제운송인이 인도한 경우에는 본 조에 따라 실제운송인에게 행한 어떠한 통지도 실제운송인에게 행한 경우와 동일한 효력을 가지며 또 운송인에게 행한 어떠한 통지도 실제운송인에게 행한 경우와 동일한 효력을 갖는다.

일곱째 멸실 또는 손상이 발생한 날 또는 화물을 관련조항에 따라 인도한 날 중 보다 늦은 날 이후 연속된 90일 이내에 운송인 또는 실제운송인이 송화인에게 서면으로 멸실 또는 손상의 일반적인 성질을 명기하여 통지를 하지 아니하는 한 그러한 통지의 불이행은 운송인 또는 실제운송인이 송화인 또는 그 사용인이나 대리인의 과실 또는 부주의로 인하여 멸실 또는 손상을 입지 아니하였다는 추정적인 증거가 된다.

여덟째 본조의 적용에 있어서 선장 및 선박의 관리를 하는 고급선원을 포함한 운송인·실제운송인을 대신하여 행동하는 자 또는 송화인을 대신하여 행동하는 자에 대한 통지는 각각 운송인이나 실제운송인 또는 송화인에 대하여 행한 것으로 본다.

20) 소송의 제한

첫째 법적절차 또는 중재절차가 2년의 기간 내에 개시되지 아니한 경우에는 이 협약에 따른 화물운송에 관한 어떠한 소송도 무효가 된다.

둘째 제한기간은 운송인이 화물의 전부 또는 일부를 인도한 날 또는 화물이 인도되지 아니한 경우에는 화물을 인도하였어야 할 최종일에 개시된다.

셋째 제한기간이 개시되는 날은 그 기간에 산입되지 아니한다.

넷째 배상청구를 받은 자는 제한기간의 진행 중에 언제라도 청구자에게 서면으로 통고함으로써 그 기간을 연장할 수 있다. 이 기간은 그 후의 다른 통고에 의하여 다시 연장할 수 있다.

다섯째 책임을 지는 자에 의한 배상청구의 소송은 앞의 조항에서 규정된 제한기간이 만료된 후에도 소송절차를 개시하는 국가의 법률에 의하여 허용된 기간내에는 이를 제기할 수 있다. 그러나 그 허용기간은 그러한 배상청구의 소송을 제기하는 자가 자신에 대한 배상청구를 해결한 날 또는 자신에 대한 소송에서 소장의 송달을 받은 날로부터 기산하여 90일 이전에는 허용되지 아니한다.

21) 재판관할권

첫째 이 협약에 따른 화물의 운송에 관한 법적절차에 있어서 원고는 자신의 선택으로 법원이 소재하는 국가의 법률에 따라 정당한 재판관할권을 가지며 또 다음 장소 중의 어느 하나가 그 재판관할권내에 소재하는 법원에 소송을 제기할 수 있다. ① 피고의 주된 영업소의 소재지 또는 그것이 없는 경우에는 피고의 일상적인 거주지 또는, ② 계약이 체결도니 장소. 다만 이 경우에는 피고가 그 곳에 계약을 체결한 영업소, 지점 또는 대리점을 가지고 있어야 한다. 또는, ③ 선적항 또는 양륙항 또는, ④ 해상운송계약에서 그 목적을 위하여 지정된 추가적인 장소 등이다.

둘째 본 조 전항의 규정에도 불구하고 체약국의 법률 및 국제법의 적용가능한 규칙에 따라 운송선박 또는 동일한 소유권하에 있는 다른 선박이 압류되어 있는 체약국내의 어떠한 항구 또는 장소의 법원에서 소송을 제기할 수 있다. 그러나 이러한 경우 피고의 신청이 있을 때에는 청구자는 자신의 선택에 따라 그 청구의 결정을 위하여 본조에 규정된 재판관할법원 중의 어느 한 곳으로 소송을 이송하여야 한다. 다만 그러한 이송 이전에 피고는 그 소송에서 추후에 청구자에게 선고될 판결에 대한 지급을 보장하기 위한 충분한 담보로 제공하여야 한다. 또한 담보의 충분성 또는 그 밖의 담보에 관한 문제는 압류가 된 항구 또는 장소의 법원이 이를 결정한다.

셋째 이 협약에 따른 화물운송에 관한 소송절차는 본조에 명시되어 있지 아니한 장소에서는 이를 제기할 수 없다. 본항의 규정은 예비적 또는 보전적인 조치를 위한 체약국의 재판관할권에 대한 장애로 해석되지 아니한다.

넷째 ① 소송이 본조에 따라 정당한 재판관할권을 가지는 법원에 제기되어 있거나 또는 그러한 법원이 판결을 선고한 경우에는 처음의 소송이 제기된 법원의 판결이 새로운 소송절차가 제기된 국가에서 집행할 수 없는 경우가 아닌 한 동일한 당사자 간에 동일한 이유로 새로운 소송을 개시할 수 없다. ② 본 조의 적용에 있어서 판결의 집행을 구하기 위한 수단의 제기는 새로운 소송의 개시로 인정하지 아니한다. ③ 본 조의 적용에 있어서 동일한 국가내의 다른 법원으로 소송을 이송하거나 또는 본조에 따라 타국의 법원으로 소송을 이송하는 것은 새로운 소송의 개시로 인정하지 아니한다.

다섯째 위와 같은 내용에도 불구하고 해상운송계약에 따른 배상청구가 발생한 이

후에 청구자가 소송을 제기할 수 있는 장소를 지정하는 당사자에 의하여 이루어진 합의는 효력이 있다.

22) 중재

첫째 본조의 규정에 따라 당사자는 이 협약에 따른 화물운송에 관하여 야기될 수 있는 어떠한 분쟁도 중재에 부탁하여야 한다는 것을 서면으로 증명된 합의에 의하여 규정할 수 있다.

둘째 용선계약서에 용선계약에 따라 발생하는 분쟁은 중재에 부탁하여야 한다는 규정이 포함되어 있으나, 그 용선계약에 따라 발행되는 선하증권에 그러한 규정이 선하증권의 소지인을 구속한다는 특별한 기재사항이 포함되어 있지 아니한 경우에는 운송인은 선의로 선하증권을 취득한 소지인에 대하여 그러한 규정을 원용할 수 없다.

셋째 중재절차는 신청인의 선택에 따라 다음의 장소 중의 어느 한 곳에서 이를 제기하여야 한다. ① 일국의 영토내에 소재하는 다음의 장소, ② 피신청인의 주된 영업소의 소재지 또는 그것이 없는 경우에는 피신청인의 일상적인 거주지 또는, ③ 계약이 체결된 장소(다만 이 경우에는 피신청인이 그곳에서 계약을 체결한 영업소·지점 또는 대리점을 가지고 있어야 한다) 또는, ④ 선적항 또는 양륙항 등이다.

넷째 중재인 또는 중재판정부는 이 협약의 규칙을 적용하여야 한다.

다섯째 본조의 규정은 모든 중재조항 또는 중재협정의 일부인 것으로 보며, 또 그러한 규정에 저촉되는 중재조항 또는 중재협정의 규정은 무효로 한다.

여섯째 본조는 어떠한 규정도 해상운송계약에 따른 배상청구가 제기된 이후에 당사자에 의하여 이루어진 중재에 관한 합의의 효력에는 영향을 미치지 아니한다.

23) 계약조항

첫째 해상운송계약상의 어떠한 조항 또는 선하증권이나 그 밖의 해상운송계약을 증명하는 모든 서류상의 어떠한 조항도 이 협약의 규정을 직접 또는 간접적으로 해하는 범위 내에서는 이를 무효로 한다. 그러한 조항의 무효는 그것이 일부를 이루고 있는 계약 또는 서류의 다른 규정의 효력에 형향을 미치지 아니한다. 화물에 관한 보험의 이익을 운송인을 위하여 양도한다는 조항 또는 그 밖의 이와 유사한 조항은 무효로 한다.

둘째 본조의 규정에도 불구하고, 운송인은 이 협약상의 자신의 책임 및 의무를 증가시킬 수 있다.

셋째 선하증권 또는 그 밖의 해상운송계약을 증명하는 서류가 발행되는 경우에는 그 운송이 송화인 또는 수화인의 불이익을 규정하여 이 협약을 해하는 어떠한 조항도 무효로 하는 이 협약의 규정에 따른다는 뜻의 기재사항을 포함하여야 한다.

넷째 화물에 관한 청구자가 본 조에 의하여 무효가 된 조항으로 인하거나 또는 본조에서 규정한 기재의 누락으로 인하여 손실을 입은 경우에는 운송인은 화물의 멸실·손상 또는 인도의 지연에 대하여 이 협약의 규정에 따라 청구자에게 손해배상을 하기 위하여 요구되는 범위 내에서 손해배상금을 지급하여야 한다. 아울러 운송인은 청구자가 그 권리의 행사를 위하여 발생된 비용에 대하여도 손해배상금을 지급하여야 한다. 다만 위의 규정이 원용되는 소송에서 야기된 비용은 소송절차가 제기된 국가의 법률에 따라 결정되어야 한다.

24) 공동해손

첫째 이 협약은 어떠한 규정도 공동해손의 정산에 관한 해상운송계약 또는 국내법의 규정의 적용을 방해하지 아니한다.

둘째 화물의 멸실 또는 손상에 관한 운송인의 책임에 관한 이 협약의 규정은 수화인이 공동해손분담액을 거절할 수 있는가의 여부를 결정하며 또 부담한 그러한 모든 분담액 또는 지급한 모든 구조료에 관하여 수화인에게 배상할 운송인의 책임도 역시 결정한다.

25) 그 밖의 협약

첫째 이 협약은 항해선박의 소유자의 책임제한에 관한 국제협약 또는 국내법에 규정된 운송인·실제운송인 및 그들의 사용인과 대리인의 권리 또는 의무를 변경하지 아니한다.

둘째 이 협약의 성립일에 이미 실시되고 있는 그 밖의 모든 다국 간 협약의 강행적인 규정의 적용을 방해받지 아니한다. 다만 이 경우에 분쟁은 오직 그러한 그 밖의 협약의 회원국에 주된 영업소를 가진 당사자 간에 발생하는 것이어야 한다.

셋째 원자력 사고로 인하여 발생된 손해에 대하여 원자력시설의 운영자가 다음의 협약 또는 국내법에 의하여 책임을 지는 경우에는 이 협약의 규정에 따른 어떠한 책임도 발생하지 아니한다. ① 1964년 1월 28일의 추가적인 의정서에 의하여 개정된 원자력분야의 제3자에 대한 책임에 관한 1960년 7월 29일의 파리 협약 또는 원자력손해에 대한 민사책임에 관한 1963년 5월 21일의 비엔나협약 또는, ② 그러한 손해에 대한 책임을 규율하는 국내법. 다만 이 경우에 그러한 국내법이 모든 점에서 파리협약 또는 비엔나협약에서와 같이 손해를 입은 자에게 유리한 것이어야 한다.

넷째 운송인이 해상여객 및 그 수화물의 운송에 관한 국제협약 또는 국내법에 따라 책임을 지는 수화물의 멸실·손상 또는 인도의 지연에 대하여는 이 협약의 규정에 따른 어떠한 책임도 발생하지 아니한다.

다섯째 이 협약에 포함된 어떠한 규정도 체약국이 이 협약의 성립일에 이미 실시되고 있으며 또 주로 해상운송 이외의 운송방식에 의하여 이루어지는 화물운송계약에 대하여 강행 적용되는 그 밖의 모든 국제협약을 적용하는 것을 방해하지 아니한다. 이 규정은 그러한 국제협약의 다음에 이어지는 모든 개정 또는 변경에 관하여도 역시 이를 적용한다.

26) 계산단위

첫째 이 협약 제6조에 규정된 계산단위는 '국제통화기금'(IMF)에 의하여 정의된 '특별인출권'(SDR)으로 한다. 이 금액은 판결의 선고일 또는 당사자에 의하여 합의된 날의 통화가치에 따라 그 국가의 국내통화로 이를 환산한다. 국제통화기금의 회원국인 체약국의 특별인출권에 대한 국내통화의 가치는 그 운영과 거래에 관하여 당해일자에 실시되고 있는 국제통화기금이 적용하는 평가방법에 따라 이를 산출한다. 국제통화기금의 회원국이 아닌 체약국의 특별인출권에 대한 국내통화 가치는 그 국가에서 결정하는 방법에 따라 이를 산출한다.

둘째 그럼에도 불구하고 국제통화기금의 회원국이 아닌 국가로서 그 국가의 법률이 본조의 규정에 적용을 허용하지 아니하는 국가는 서명 시 또는 비준·승낙·승인 또는 가입 시 또는 그 후 어느 때라도 자국의 영토 내에서 이 협약에 규정된 책임한도를 다음과 같이 정한다는 것을 선언할 수 있다(1포장당 또는 그 밖의 선적단위당 12,500화폐단위 또는 화물의 총중량의 1kg당 37.5화폐단위).

셋째 본조에 규정된 화폐단위는 순도 1,000분의 900의 금 65.5mg에 상당하는 것으로 한다. 위에 규정된 금액을 국내통화로 환산하는 것은 관련된 국가의 법률에 따라 이를 행하여야 한다.

넷째 본조에서 규정된 산출 및 환산은 가능한 한 계산단위로서 표시되어 있는 금액과 동일한 실질가치를 체약국의 국내통화로 표시할 수 있는 방법으로 이를 행하여야 한다. 체약국은 본조에 의한 산출방법 또는 규정된 환산의 결과에 대하여 각 경우에 따라 서명 시 또는 비준서 · 승낙서 또는 가입서를 기탁할 때에 또는 선택권을 이용할 때와 그러한 산출방법 또는 그러한 환산의 결과에 변경이 있을 때에는 이를 수탁자에게 통지하여야 한다(이하 본 협약의 부칙은 생략한다).

제2절 해상운송에 관한 국제운송법규의 이해

1 헤이그 규칙 체계의 확립과 해상운송인의 책임

(1) 선하증권조약의 성립배경

1) 선하증권의 기능과 약관규제의 필요성

물품의 국제거래가 대부분 해상운송을 매개로 하여 이루어지고 있는 까닭에, 당연 선하증권은 무역의 전형적인 제도의 하나로 기능한다. 곧 선하증권의 주가 되는 목적은 이미 화주의 손을 떠나 해상운송인의 수중에 있는 물품을 간편하고 신속하게 처분할 수 있도록 도모하는데 있다. 이로부터 선하증권은 해상운송의 목적물인 물품을 대표하여 유통전전(流通轉轉)의 기능을 감당하게 됨은 이미 앞서 살핀 바와 같다.

이러한 선하증권은 종래 운송물의 인도청구권을 상징하는 채권적 유가증권으로 파악되고 있는데, 영미법적인 접근에 따라 그 법률적 성질 내지 기능을 요약하면, 첫째 선하증권은 해상운송인이 선하증권에 기재된 종류 · 수량과 상태의 화물을 목적항으로 향하는 특정선박에 선적하였다는 것, 또는 적어도 운송인이 선적을 위하여 수령하였다는 것을 확인하는 공식적 '수령증'(Receipt)이며, 둘째 선하증권은 발행 이전에 이미 완결된 '계약의 내용과 조건'(Terms & Conditions)을 구체적으로 이행하는 '운송계약의 증거'(Evidence of the Contract of Carriage)임과 동시에, 셋째 수화인이 배서 또는 단순한 교부에 의하여 물품을 처분할 수 있는 운송물에 관한 '권리증권'(Document of Title)이다.

선하증권상의 모든 계약약관은 운송계약의 당사자인 송화인과 수화인이 서로 약정한 계약의 내용이지만, 운송계약과 같이 상인[기업(企業)]이 그 내용결정에 강력한 지위를 견지하는 소위 '부합계약'(附合契約, Contract of Adhesion)에서는 기업거래의 상대방은 계약내용의 결정에 있어서 운임과 같은 운송에 대한 대가적 급부의 문제 외에는 거의 영향력을 미치지 못한다. 곧 해상운송인이 그 유리한 지위를 남용하여 수화인 또는 선하증권 소지인에게 선하증권에 표시된 운송물을 그대로 인도하지 못하면서 그것에 관하여 아무런 책임도 지지 않는다고 하거나, 또는 그 책임을 제한한다는 취지의 특약조항을 선하증권에 설정할 때에는 선하증권의 무역화폐[Negotiability]로서의 기능은 무의미하거나 또는 상실될 수밖에 없다. 따라서 운송계약에서는 화물사고에 관련된 운송인의 책임에 관한 문제가 사법적 규제의 중심과제로 되며, 그것은 곧 선하증권상의 약관규제의 문제로 귀착된다.

본장에서 살펴보고자 하는 '선하증권조약' 내지 소위 '헤이그 규칙'은 종래 해상운송계약을 둘러싸고 선하증권마다 그 내용 또는 조건, 특히 운송인의 면책에 관한 사항을 달리하는 법적 현상을 합리적으로 조정하여, 공정한 일련의 규칙을 채용함으로서 선하증권계약의 국제적 통일을 목적으로 두고 있다. 이하 그 규칙에 포함되어 있는 주요한 법리를 순차에 따라 살펴보기로 한다.

2) 해상운송인의 손해배상책임과 면책약관

예로부터 운송인의 운송계약상의 책임은 아주 엄격하였다. 로마법에서는 이른바 '레셉툼 원칙'(Receptumhaftung)이 인정되어 운송인은 운송물의 손해에 관하여 절대적인 무과실책임 또는 과실책임을 부담해야 했다.

영국법에서도 보통법상 해상운송인은 '공중운송인'(Common Carrier)으로서의 책임, 즉 우송인은 운송물을 안전하게 운송하여 이를 인도하여야 할 의무를 지고 그 동안에 운송물에 대하여 생긴 일체의 손해를 배상할 곧 절대책임(Absolute Liability)을 진다. 반면에 해상운송인에게는 금액주의(金額主義) 등에 의한 책임제한의 제도를 통하여 보호를 받았으며 또한 '계약자유의 원칙'이 널리 인정되어 운송인은 선하증권에 면책약관(Exception Clause)을 삽입하여 그 책임을 면할 수 있었다.

이러한 면책약관은 처음에는 'the dangers of the sea excepted', 'the act of God, the King's enemies and dangers of the sea excepted'와 같은 간단한 문구에 자나지 않았으나, 1795년 영국의 판결에서[Smith v. Shepherd (1795)] 법원이 침몰물(沈沒物)로부터 표류한 범주(帆柱)에 과실 없이 충돌하여 침몰한 선박의 소유자에 대하여 이러

한 사고는 'the dangers of the sea'에 해당하지 않는다는 이유로 운송물의 손해에 관한 배상책임을 주문한 이래 점차 면책약관의 발전을 보게 되었다. 곧 법원이 어떤 면책약관에 대하여 해상운송인에게 불리하게 해석하면 해상운송인은 자위상 새로운 면책약관을 추가하여, 그 경로가 산호초(珊瑚礁)의 형성에 비유할 수 있을 정도로 각종의 면책약관이 선하증권에 삽입되기에 이르렀다.

이와 같은 처지는 곧 유럽 각국의 선주사이에 전파되기에 이르고, 1880년경에는 대부분의 정기선로에 있어 선하증권이 적하의 취급에 관한 일체의 과실에까지 면책을 확장하는 절대적 과실책임과 나아가 선원의 악행(惡行) 및 불감항(不堪航)으로부터의 면책까지도 포함하기에 이르렀다.

선하증권상의 면책약관이 만연하게 된 것은 기선(汽船)의 출현과 밀접한 관계가 있다. 즉 이에 힘입은 선복의 증대에 따른 정기선 경영은 적하의 수량을 증가시켰을 뿐만 아니라 그 종류도 잡다하게 하였다. 이를테면 선복이용의 능률을 증진시키고 자본의 고정과 정박기간의 증가를 피하기 위하여 전문적인 항만하역업자와 하역설비 등의 부두시설을 사용하여 신속하게 하역을 진행할 필요가 있었다. 이러한 사정이 선주가 충분히 적하검사를 하는 것을 거의 불가능하게 하였고, 그 결과 손해발생의 기회를 현저히 증가시키게 된 것이다.

종래 선장의 지휘 감독 아래 선원에 의하여 신중히 행하여지던 하역은 이제 독립한 경영자의 몫이 되어 선장 스스로 이를 지휘 감독하는 것이 곤란하게 되었다. 이 같은 사정아래 운송물의 수량 증가가 배상하여야 할 손해액을 크게 하였음에도 불구하고, 선주로서는 격렬한 국제해운 경쟁구도 하에서 일방 면책약관에 의하여 그 책임을 경감하고 동시에 운임의 경감을 꾀하지 않으면 안 되었다.

반면에 화주측으로서도 생산비의 절감을 도모하기에 급급한 나머지 면책약관이 없는 대신, 운임이 고가인 선하증권은 배척하고 오히려 면책약관이 있더라도 운임이 상대적으로 저가인 선하증권의 발행을 선호하게 되었다. 이리하여 19세기 말경 면책약관의 부당한 처사로부터 선주는 운임을 추심하는 것 외에는 아무런 의무도 지지 않는다는 것과 다름없다고 할 지경에 이르게 되었다.

이는 선하증권에 의하여 신속한 상거래를 원하는 일반상인, 화환어음의 할인 내지 신용장의 발행에 관련한 은행업자, 적하보험을 인수한 보험업자에 대하여 불편함과 불이익을 더하게 된 배경으로 작용하게 된다.

3) 면책약관의 규제운동과 하터법

선하증권상의 면책약관은 19세기 말엽에 이르러 그 절정에 이르게 된다. 이 무렵부터 화주・은행업자・보험업자측으로부터 면책약관에 대한 규제운동이 일어나기 시작하였는데, 이 운동은 수차례에 걸친 국제회의를 통해 화주의 입장에서 운송인의 면책을 완화하고자 하는데 주안점을 두고 때마다 그 권고안이 마련되기도 하였다.

그런데 각국은 이러한 권고를 수용하는 데 아주 소극적이었다. 왜냐하면 당시에는 자국 선주의 보호 내지 해운장려를 국책으로 삼고 있었던 까닭에, 각국이 면책약관의 규제에 선뜻 나서려 들지 않았기 때문이었다. 그럼에도 불구하고 운송인에 의한 면책약관의 비난은 필연적으로 국제적인 여론을 형성하기에 이르렀는데, 특히 극도로 해운업이 퇴조하여 선주국인 영국 해운업자의 일방적인 면책약관에 승복하지 않을 수 없었던 미국은 화주국으로서 지위를 위한 대항수단을 강구할 필요가 있었다.

뿐만 아니라 미국 내부적으로는 과실약관이 명백하고 또한 정직하게 약정된 경우에는 이를 유효하다고 한 뉴욕주 법원의 견해와 공익에 반한다고 하여 이를 무효로 한 그 밖의 주(州) 및 연방 대법원의 판결 사이에 상충이 있었으므로 그 통일을 꾀할 필요가 있었다. 면책약관의 역사에 있어서 일대 전환점을 마련한 1893년 미국의 '하터법'은 이러한 사회적・시대적 배경에 따라 탄생되었다.

앞서 살핀 바와 같이 '하터법'은 '상업과실'(商業過失)과 '항해과실'(航海過失)을 명확히 구별한 최초의 입법으로서 이는 상업과실 또는 운송인의 과실, 즉 운송물의 적당한 선적・적부・보관・주의 또는 인도와 관련한 선주의 과실책임을 면제하는 특약을 무효로 하고, 다시 감항능력유지를 위하여 '상당한 주의'(Due Diligence)를 다할 의무 및 선원이 적하를 주의 깊게 취급하고, 적부하고 또 적하를 주의하여 적당히 인도하여야 할 의무를 경감・면제하는 특약을 무효로 하였다.

반면에 선주가 선박의 감항능력에 관하여 상당한 주의를 다한 때에는 항해 또는 선박의 취급에 관한 과실, 곧 항해과실에 대하여는 법률상 당연히 면책되고 그밖에 불가항력, 적하의 성질 또는 하자, 포장의 결함 등으로 인하여 생긴 손해 및 인명과 화물의 구조를 위한 '이로'(離路, Diviation)로 인하여 생긴 손해에 대하여도 면책된다고 규정하였다.

아울러 선주는 운송물의 식별에 필요한 기호・포장의 개수・용적 또는 중량 및 외관상태 등을 기재한 선하증권 또는 선적서류를 발행할 것을 요하고, 이와 같은 서류는 그것에 기재된 대로 물품이 수령되었다는 '추정적 증거'(推定的證據, *prima facie* Evidnece)로 된다고 하였다.

'하터법'은 선주의 항해과실에 대한 면책이 면책약관의 효과로서가 아니고 법정의 것이었다는 것, 그리고 선박의 감항능력유지에 관한 주관주의의 채용 및 상업상의 과실에 대한 면책약관의 금지를 강행법적으로 확립하였다는데 그 획기적 의의가 있다. 또한 이는 종래의 해상운송인과 화주 간 타협적 해결을 꾀하고 있는 것이어서, 이해관계인이 받아들이는데 무리가 없었기 때문에, 그 국제적 채용범위를 현저히 확대시켜 갔다. 특별히 미국에서 면책약관을 제한하는 국내법이 성립하자 미국과 같이 선주국이 아니고 화주국인 영국의 주요 식민지 제국은 미국의 선례[주도(主導)]에 따라 면책약관 제한입법을 차례로 성립시켜 나가게 되었다.

이에 반하여 선주국인 프랑스는 각국이 공동보조를 맞출 수 있을 때까지는 면책약관 금지법을 제정할 수 없는 실정이었고, 영국도 계약자유의 원칙을 내세워 면책약관 제한의 입법에 소극적인 입장을 취하였다. 뿐만 아니라 미국과 영국의 식민지 제국의 국내법도 형식적으로 면책약관을 금지하였으나 교묘한 특약, 예컨대 명목뿐인 배상액의 특약, 보험에 관한 이익을 선주에게 양도한다는 특약, 가혹한 하주의 통지의무에 관한 특약 등에 의하여 선주는 사실상 면책효과를 거둘 수 있었으므로 적하에 관한 이해관계인의 이익이 충분히 보호되지 못하였다.

4) 헤이그 규칙과 선하증권조약의 성립

선하증권상의 면책약관을 둘러 싼 문제는 어느 한 나라의 노력만으로 해결할 수 있는 성질의 것이 아니라 각국의 협력을 필요로 하는 것이다. 그런데 이 문제는 각국의 해운정책과도 밀접한 관계가 있기 때문에 그 해결을 위한 국제적 합일점을 찾기란 매우 어려운 일이었다. 이러한 사정 때문에 '하터법'을 계기로 한 면책약관 제한운동은 동법의 획기적 의의에도 불구하고 반드시 그 실효를 거두었다고는 말할 수 없었던 것이다.

제1차 세계대전의 발발은 면책약관의 제한운동을 중단시키게 된 계기가 되었는데, 곧 대전 중에는 각국의 해운이 군사적인 목적에 동원되어 국제적 협력을 필요로 하는 이 같은 종류의 문제는 자연 방치될 수밖에 없었기 때문이었다.

종전 이후 사회조직 전반에 걸친 이완은 해운의 분야에도 예외가 아니었다. 선원 및 그 밖의 운송에 종사하는 사람의 도의심(道義心)이 퇴폐하고, 운송중 적하의 도난 등이 대전 이전의 20배에 이를 정도로 엄청나게 증가하여 그 결과 화주·은행업자·보험업자 등은 면책약관으로 인하여 심한 곤혹을 치르지 않으면 안 되었다.

여기서 면책약관 제한에 관한 국제적 통일법 제정의 필요성이 고조되어 종래 이 문제에 관하여 소극적이던 선주국인 영국도 드디어 그 식민지 제국과의 경제적 정치적 융화를 꾀하기 위하여 면책약관의 제한운동에 관심을 기울이기 시작하였다.

그러나 한편으로 영국이 단독으로 선하증권에 관한 법률을 제정하는 것은 자국의 해운에 불이익을 주게 될 뿐 아니라 통일법 제정의 이상에 비추어 보더라도 현명한 시책이 아니었기 때문에 이를 국제적 통일법 운동과 결부시키려고 하였다.

이러한 영국의 어려운 입장과 각국의 면책약관 제한에 대한 여론에 자극된 '국제법협회'(ILA)는 미국의 '하터법'과 영국 식민지 제국의 기존 법률의 주안점을 기초로 1921년 이른바 '헤이그 규칙'을 채택하였다. 다만 이는 조약이 아니고 그 채택여부가 당사자의 자유에 맡겨진 임의규칙인 것을 그 특색으로 하였다.

'헤이그 규칙'은 운송인 및 그 사용인의 상업과실에 대한 면책과 책임제한의 약관을 선하증권상에 삽입하는 것을 금지하고 '하터법'에서 이미 인정된 바와 같이 선장·선원 및 도선사의 과실결과에 대하여는 운송인이 당연히 면책되고 특히 규정된 일정한 경우에도 운송인이 당연히 면책된다고 하는 것을 그 내용으로 하고 있다.

한편 동 규칙은 규칙의 형식과 용어에 여러 가지 결함이 있었을 뿐만 아니라 그 채용이 임의적이었던 까닭에 국제적으로 통일된 규칙으로서의 위상을 제고할 수 없었다고 하는 선천적인 난점을 내재하고 있었다.

따라서 이 규칙의 '자발적 채용'(Voluntary Adoption)에 의한 보편적 통일의 실현은 당초 기대와는 달리 불가능하게 되었다. 이에 1922년 '국제해사법위원회'(CMI)에서는 영국의 주도 아래 '헤이그 규칙'에 약간의 수정을 가한 조약초안을 성안하여 결국 1924년 '선하증권에 관한 약간의 규칙의 통일을 위한 국제조약'(International Convention for the Unification of Certain Rules Relating to Bills of Lading)이 성립되었다. 다만 '선하증권조약'은 '헤이그 규칙'을 모체로 한 것이라는 연혁적인 사정 때문에 통상적으로 '헤이그 규칙'으로 통칭된다.

이 조약은 '헤이그 규칙'(본래의 고유한 의미)을 기초로 한 것이므로 그 기본원칙은 다르지 않지만 세부적인 문제에 관하여는 일부 수정 내지 추가를 보이고 있다. 그 가운데 특이할 것으로는, '헤이그 규칙'은 조약상의 중대한 논쟁원인인 이른바 '황금약관'(Gold Clause, 제9조)을 두지 않았다는 것과 '헤이그 규칙'이 그 적용범위에 관하여 '삭구(索具)로부터 삭구까지'라는 표현(Carriage of Goods covers the period from the time when the goods are received on the ship's tackle to the time when they are unloaded from the ship's tackle)을 두고 있는데 반하여 조약은 '선적(船積)으로부터 양하(揚荷)까지'라는 표현(Carriage of Goods covers the period from the time when the goods are loaded on to the time when they are discharge from the ship's)을 두고 있다는 점이다.

이 같이 성립된 '선하증권조약'은 현저히 영미법적인 이론이나 표현방식을 취하고 있어서 논리적 정연성을 특색으로 하는 대륙법적인 조항과 비교하여 설명적이고 비법률적으로 규정되어 있다는 특색이 있다.

(2) 선하증권조약의 적용범위

1) 인적 적용범위

'선하증권조약'은 우선 송화인과 선하증권 또는 이에 준하는 권원증권(權原證券)에 의하여 증명되는 해상물품운송계약을 체결한 운송인 및 송화인 또는 선하증권 또는 이에 준하는 권원증권 소지인 사이의 운송관계에 대하여 적용된다. 이 가운데 송화인 또는 선하증권 소지인 자격에는 제한이 없다. 운송인에는 소위 '자선의장자'(自船艤裝者, Reeder)로서 '선박임차인'(船舶賃借人, Demise-Charterer, Bareboat-Charterer)과 '정기용선자'(Time Charterer) 외에 개품운송계약과 대립되는 '선복운송계약'(船腹運送契約)으로서 '용선계약'(傭船契約, Charterparty)인 경우 선박임차인 및 정기용선자를 포함한 '선박소유자'(船舶所有者)의 상대방인 '용선자'(傭船者)도 포함된다[이 경우 용선자는 물론 재운송(再運送)을 인수한 용선자를 의미한다].

또한 운송인은 실제로 운송을 행하는가의 여부를 묻지 않으므로 '운송주선인'(運送周旋人, Freight Forwarder)도 해상운송계약의 당사자로서 선하증권 또는 이에 준하는 권원증권을 발행하는 한 운송관계의 주체 내지 책임의 주체로서 조약상의 의무 또는 책임을 지고 권리 또는 면책을 주장할 수 있는 것이다.

2) 운송계약에 관한 적용범위

'선하증권조약'의 적용을 받는 해상물품운송관계의 법률적 기초는 물론 '운송계약'(Contract of Carriage)이다. 그런데 조약상 이 운송계약은 선하증권 또는 이에 유사한 권원증권(Document of Title)에 의하여 커버[담보(擔保)]되는 운송계약에 한정된다.

용선계약 그 자체에 대해서는 조약의 적용이 없고 오직 용선계약 하에서 발행된 선하증권 그 밖의 권원증권이 제3자에게 배서양도 또는 교부되어 그 소지인과 운송인 사이의 관계를 규율하게 된 시점부터 비로소 조약상 운송계약으로서 적용될 뿐이다.

이는 용선계약 당사자 간의 관계에 관하여는 조약의 적용이 없고 '용선계약조항'(Terms of Charter)이 선하증권에 명시적으로 포함되고 있지 않는 한, 운송인과 선하증권 소지인 사이의 관계에 관하여는 조약의 적용이 있음을 의미한다. 그런데 조약의 문언상 송화인만이 '선하증권교부청구권'(船荷證券交付請求權)을 부인할 이유는 없다. 따라서 각국의 국내법 또는 당사자 간의 약정에 의하여 용선계약 하에서 선하증권이 발행되는 경우에는 선하증권 소지인과 운송인 사이의 법률관계에 대하여 조약이 적용되기 때문에 조약은 용선계약에 의거한 선하증권도 조약상 요건을 만족하는 것이 아니면 안된다고 하고 있다.

'선하증권조약'이 그 적용대상인 운송계약을 선하증권에 의하여 증명되는 것에 한정하고 용선계약에는 원칙적으로 그 적용을 배제한 것은 일반 무역업자가 용선계약에 대하여는 거의 관심이 없다는데 기인한다. 수출상이 '전 선복'(全船腹)을 용선하는 것은 아우 예외적인 일이며 용선계약에 의거한 선하증권, 즉 용선계약의 조항도 적용된다는 약관을 포함한 선하증권은 특약이 없는 한 은행이 화환어음의 담보로서 수령하지 않는 것이다.

또한 용선계약에서는 이른바 부합계약(附合契約)의 형식으로 체결되는 개품운송계약의 경우와 달라 운송인과 용선자가 보통 평등한 지위에서 각종의 운송조건을 협의할 수 있으므로 용선자를 특히 보호할 필요가 없는 일이기도 하다.

이와 관련하여 조약은 그 섭외관계에 관한 적용범위로서 선하증권 발행장소를 기준으로 선하증권이 체약국에서 발행된 경우에 그 적용이 있다고 규정하고 있다. 선하증권이 체약국에서 발행되는 이상 내국항로에 의한 운송인가 외국항로에 의한 운송인가를 묻지 않는다.

3) 운송급부의 목적물에 관한 적용범위

'헤이그 규칙'은 해상운송계약의 내용인 운송급부의 목적물에 관한 적용의 제외를 인정하고 있다. 즉 '산 동물'[생동물(生動物), Live Animal], '갑판적 화물'(甲板積荷物, Deck Cargo) 및 특수화물(特殊貨物, Particular Goods)의 경우가 이에 해당된다.

우선 조약은 산동물을 조약의 적용대상인 운송의 목적물, 곧 물품(Goods)에서 제외하고 있기 때문에 '산 동물' 운송에 대하여는 조약의 적용이 없다. 그 이유는 이러한 운송에서는 먹이 또는 사육의 문제, 질병 그 밖의 각종 항해상의 위험이 따르기 때문에 만약 이에 조약을 적용하고 운송인의 면책특약을 엄중히 제한하면 운송인이 '산 동물' 운송의 인수를 꺼리거나 고액의 운임을 요구함으로써 송화인에게도 불이익을 가져오게 된다는데 있다.

다만 어떠한 것을 '산 동물'로 볼 것인가에 대해서는 조약상 명문의 규정이 없으므로 각국의 국내법으로 결정할 문제이지만 대개 가축(家畜), 동물원으로 가는 맹수(猛獸) 등이 그 예라고 할 수 있다.

한편 선하증권에 갑판적 운송이라고 표시되고 또한 실제로 갑판적으로 운송되는 물품은 조약의 적용대상인 운송계약의 목적물에 해당하지 않는다. 갑판적 화물은 아무리 안전한 운송과 보존을 위한 조치를 취하더라도 풍우파랑(風雨波浪)으로 인한 유실·손상의 위험이 크고 또 위급한 경우 '투하'(投荷, Jettison)로 인한 희생을 당하기 쉽다. 따라서 갑판적 화물의 운송을 조약의 적용대상에서 제외하고 운송인을 위한 면책특약의 길을 열어 놓은 것이다.

특수화물의 경우 조약은 선하증권이 발행되지 않고, 비유통증권(非流通證券, Non-negotiable Document)인 수령증(受領證, Receipt)만이 발행되고, 사회질서에 반하지 않고 또한 통상의 상업화물이 아닐 것 등의 제반 조건을 충족하고 있는 경우 그러한 화물의 운송에 대해서는 특약으로 조약의 적용을 배제할 수 있다고 규정하고 있다.

해상운송의 경험이 없는 신제품의 시험운송에서는 그러한 운송위험에 대한 내구성이 아주 불명하기 때문에 운송인은 광범위한 면책이 허용되지 않으면 운송에 응하기 곤란하다는 것에 그 취지를 두고 있다.

4) 장소적 적용범위

'선하증권조약'은 이상과 같은 적용의 제한 내지 제외 외에 다시 그 운송구간에 대한 적용범위의 제한을 인정하고 있다. 즉 조약의 적용대상인 운송은 물품이 선적된 시점에서 선박으로부터 양하되어진 시점까지로 한정하고 있다(이 경우 조약에서 말하는 선적과 양하의 의의는 선적항과 양하항의 관습을 참작하여 이를 파악하여야 할 것이지만 추상적으로 말하면 선장이 운송물의 관리를 개시한 때 및 그 관리를 종료한 때를 가리킨다고 본다).

그 이유는 해상운송기업의 경영방법이 잡다하여 그것을 포괄하는 통일법을 제정하는 것은 곤란하기 때문에 우선 각 해상기업에게 공통되는 고유의 해상운송구간에 대해서만 통일을 꾀하려고 하는, 이를테면 조약의 성립을 용이하게 하기 위한 것일 뿐, 논리적인 근거는 없다.

따라서 화물의 선적 전, 양하 후의 운송구간에 관하여 운송인은 자유로이 그 조약상의 주의의무 또는 책임을 지지 않는다든가 또는 이러한 의무 내지 책임을 제한하는 것을 목적으로 하는 특약을 할 수 있다.

조약상 이와 같은 면책특약이 없는 경우에는 선적 전 및 양하 후에 관하여도 조약상 소정의 원칙이 적용되어야 할 것이다. 반면에 조약을 수용하는 국내법에서 그 적용범위를 선적 후 및 양하 전의 시기 내지 구간으로 한정하면 그 선적 전 및 양하 후에 관해서는 원칙적으로 각국의 기존 국내법이 적용된다. 예컨대 미국에서는 1893년의 '하터법'이 적용된다. '하터법'은 대부분의 규정 내지 원칙이 1936년 '해상물품운송법'(COGSA)에 편입되어 있지만 적용구간과 관련하여 선적 전, 양하 후의 운송관계에 관한 한 이 법의 적용이 그대로 살아 있는 셈이다.

아울러 선하증권에 조약규정과 다른 운송인의 면책을 규정한 약관이 있는 경우 명확히 선적 전, 양하 후에만 그것이 적용된다는 뜻을 표시하지 않으면 선하증권 자체가 무효로 된다.

(3) 해상운송인의 손해배상책임

1) 운송인의 주의의무와 책임

'선하증권조약'에 있어서 해상운송인의 운송물에 관한 손해배상책임의 기본원칙은 과실책임주의에 입각하고 있다. 즉 운송인은 자기의 관리 아래 들어온 화물의 안전을 위하여 기울여야 할 주의를 게을리함으로 인하여 생긴 운송물에 관한 멸실·손해(Loss of or Damage to or in Connection of the Goods)에 대해서만 배상의무를 진다.

운송물의 안전을 위하여 조약상 요구되고 있는 운송인의 주의의무는 선박의 감항능력에 관한 것과 운송물에 관한 것이 있다. 그 밖에 이와 관련하여 운송인 책임의 기본원칙으로서 함께 다루어야 할 것은 선하증권의 기재에 관한 문제이다.

① 선박감항능력에 관한 주의의무

운송인은 발항 당시 선박이 항해 중에 예상되는 '통상의 위험'(Ordinary Perils)을 극복하고 운송물을 목적항까지 안전하게 운반하는 데 적합한 상태, 즉 선박의 감항성(堪航性) 또는 감항능력(堪航能力, Seaworthiness)을 유지하기 위하여 '상당한 주의'(Due Diligence)를 다할 의무가 있다.

선박의 감항능력은 구체적으로 선박이 당해 항해를 감당할 수 있는 능력 곧 협의의 '감항능력'(堪航能力), 당해 항해를 수행하는 데 지장이 없도록 일체의 인적·물적 준비를 할 '운항능력'(運航能力), 선박이 운송용기 내지 부동창고로서 운송·보존을 위하여 적합한 '감화능력'(堪貨能力) 또는 '화물능력'(貨物能力) 등의 세 가지로 구분된다.

운송인이 선박의 감항능력에 관한 상당한 주의를 기울여야 할 시기는 이른바 '발항 당시(發航當時, before and at the Beginning of the Voyage), 구체적으로는 당해 운송물의 선적항에서의 선적 개시 시로부터 출항 시까지이다.

요컨대, 운송인은 감항능력 주의의무를 게을리함으로써 생긴 운송물의 손해에 관하여 배상책임을 져야 하는데, 이에 운송인이 선박의 '불감항'(不堪航, Unseaworthiness, Uncargoworthiness)으로 인한 손해에 대하여 책임을 면하기 위해서는 자신 또는 그 사용인이 상당한 주의를 다하였다는 것, 즉 선박의 불감항에 관한 무과실을 입증하여야 한다. 이는 운송인 자신이 기울인 주의에 그치지 않고, 운송인의 사용인 또는 대리인도 상당한 주의를 다한 경우가 아니면 운송인은 면책될 수 없음을 시사한다.

② 운송물에 관한 주의의무

운송인은 자기 또는 그 사용인이 운송물의 선적·취급·적부·운송·보관 및 양하를 '적절하고 주의 깊게'(Properly and Carefully)할 의무가 있으며, 이를 게을리 함으로써 생긴 운송물의 손해에 관하여 손해배상책임을 진다. 이 주의의무를 게을리 하는 것이 '항해과실'(航海過失)에 대립되는 개념으로서 이른바 '상업과실'(商業過失)이다.

조약은 이 상업과실에 대한 운송인의 손해배상책임을 감면하는 특약을 무효로 하고 있다. 그런데 조약이 운송인의 주의사항으로서 선적과 양하 내지 인도를 규정하고 있으나 이를 화주의 책임으로 한다는 뜻의 약정, 즉 운송인의 운송계약상 의무를 선적종료 후 또는 양하개시 전에 한정한다는 것 자체를 금지하는 취지는 아니라고 판단된다. 그러한 약정은 운송이라고 하는 서비스가 이루어지는 조건[Terms]에 관한 것이 아니라 운송인이 인수하는 서비스의 범위에 관한 것이라고 하여야 할 것이기 때문이다. 그리고 운송물의 선적 전·양하 후에 관해서는 이러한 운송인의 주의의무를 감면하는 것을 목적으로 하는 특약이 유효하다는 점은 앞서 언급한 바와 같다.

한편 이 주의의무와 관련하여 운송인의 '거증책임'(擧證責任), 운송인의 사용인 과실취급에 관한 문제 등은 위의 감항능력 주의의무와 다르지 않다.

③ 선하증권과 운송물의 기재

선하증권은 운송물의 수령증(Receipt)의 기능이 있으므로 선하증권에 의한 운송물의 매수인은 선하증권상의 '운송물 기재'(Description of Goods)에 대하여 중요한 이해관계를 갖게 된다.

운송인은 원칙적으로 운송물을 송화인으로부터 수령한 수량과 상태 그대로 수화인에게 인도하면 된다. 그러나 선하증권의 기재를 신뢰하고 거래하는 '선하증권 소지인'(*bona fide* Holder)과의 관계에서는 운송물이 선하증권에 기재된 대로 인도되리라는 기대를 보호할 필요가 있다. 조약이 산하증권의 기재사항 및 그 정확성을 확보하기 위한 규정을 두고 있는 이유는 여기에 있다.

운송인은 운송물을 수령한 후 송화인의 청구에 의하여 송화인이 서면으로 통고한 주요 기재(Loading Marks)와 포장 또는 개품의 수·용적 또는 중량 및 운송물의 외관상태를 선하증권에 기재하여야 한다. 다만 외관상태 외의 사항은 그 정확성을 확인할 수 없으면 이를 기재할 필요가 없다. 참고로 실무상 선하증권에는 보통 부지약관(不知約款, Unknown Clause)을 삽입하고 있다. 조약은 선하증권 기재의 정확성을 보장하기 위하여 송화인에 대하여 통지사항의 진실성에 관한 담보의무 및 불실한 통지로 인한 운송인의 손해에 대한 보상책임을 지우고 있다.

운송물의 외관상태의 기재와 관련하여 실무상 선하증권에는 모두 그것이 '외관상 양호한 상태'(in Apparent Good Order and Condition)로 운송인에 의하여 수령되었다는 뜻의 문언이 미리 인쇄되어 있다. 이 문언의 내용을 수정하는 제한문구가 전혀 없는 선하증권은 앞서 설명하였던 바 '무고장선하증권'(無故障[유보(留保)]船荷證券, Clean B/L)이라고 하고 그러한 기재가 있는 것을 '고장선하증권'(故障船荷證券, Claused, Faul, Dirty B/L)이라고 한다.

'신용장통일규칙'에 의하면 고장선하증권으로서는 원칙적으로 화환어음의 할인[매입(買入)]이 불가능하므로 운송인은 운송물의 외관상태에 이상이 있더라도 이를 선하증권에 기재하지 않은 무고장선하증권을 발행하고 그 대상으로서 송화인으로부터 '보상장'[파손화물보상장(破損貨物補償狀), Letter of Indemnity, L/I]을 수령하는 관행이 있다.

그러나 이것에 의하여 운송인이 그 의무를 면하는 것은 아니므로 선하증권 소지인의 지위는 아무런 영향을 받지 않는다. 그런데 보상장 자체의 효력, 즉 송화인이 보상장에 따라서 후일 선주의 손해를 보상하여야 할 의무가 있는가에 관하여 선하증권의 교부가 사기적인 경우를 제외하고는 일반적으로 이를 긍정하는 견해와 보상장을 무효로 보고 이를 부정하는 견해 등의 다툼이 있다. 아무튼 무고장선하증권이 아니면 화환어음의 매입이 불가능한 현재로서는 이 관행은 쉽사리 종식되기 어려울 것이다.

운송물에 관한 선하증권의 기재는 그 기재대로 운송물을 수령하였다는 '추정적 증거'(*prima facie* Evidence)가 된다. 본래 추정적 증거는 반증에 의하여 다툴 수 있는 것이지만 선의의 선하증권 양수인은 선하증권 기재사항에 의하여 판단할 수밖에 없는 처지에 있기 때문에 각국에서는 그 반증의 허용범위를 한정하고 있는 경우가 많다. 예컨대 영국법에서는 '금반언의 법리'(Rule of Estoppel)에 의하여 선하증권 선의의 소지인에 대한 관계에서는 반증을 허용하고 있지 않다.

2) 운송인의 법정면책사유

'선하증권조약'은 '과실책임의 원칙'에 입각하여 운송인의 주의의무 및 이를 게을리 한 경우의 손해배상에 관한 법률관계를 명정함과 동시에, 반면에 운송인의 면책사유 및 그 면책사유에 의해 운송인이 향유하는 이익의 한계를 구체적으로 규정하고 있다.

운송인의 면책사유에 관한 조약의 규정은 종래 관행적으로 이용되고 있던 선하증권의 면책약관에 대하여 운송인과 선하증권 소지인 등의 이해관계를 합리적으로 조절하기 위하여 그것이 허용되는 한계를 명확히 한 것이라고 할 수 있는데, 논리적으로 보면 조약에 열거된 면책사유가 반드시 적절하다고 볼 수 없는 것도 있고 서로 중복되는 경우도 있다.

① 항해과실에 대한 면책

운송인은 선장・선원・도선사 또는 사용인의 항행 또는 선박의 취급에 관한 행위 또는 과실로 인한 운송물에 관한 손해에 대해서는 배상책임이 없다. 이는 이른바 '항해과실'(航海過失, Errors in the Navigation and Management of the Ship)에 대한 법정의 '당연면책'(當然免責)을 규정한 것이며 상업과실에 대한 강행법적 책임의 확립과 함께 운송인의 책임체계로서 조약이 채용한 기본원칙이다.

종래 항해과실을 법정의 당연면책사유로 한 이유는 항해에 관한 사고자 운송인이 보통 관여하지 않는 선박의 조종에 관한 기술적 사항이고 선장 그 밖의 해상노무자의 경미한 과실로서 막대한 손해가 일어나는 것이 보통이나, 반면에 이러한 선장 등 선원의 과실에 대해서는 벌칙(罰則), 면허정지(免許停止) 그 밖의 처분이 있기 때문에 비록 항해과실에 대하여 운송인의 면책을 인정하더라도 손해의 발생을 조장할 염려는 없다고 보기 때문이다. 또한 운송인의 법정면책을 인정하더라도 화주의 손해는 보통 적하보험에 의하여 보상되기 때문에 실제로 부당한 결과는 발생하지 않는다.

선장 등의 과실이 항해과실, 특히 선박취급상의 과실인가 또는 상업과실인가 명료하지 않은 경우 조약은 일반적 해석규정을 두고 있지 않으므로 결국 구체적인 경우에 따라서 다음과 같은 표준에 의하여 판단할 수밖에 없을 것이다. 즉 오직 적하의 이익에 대한 처리에 관한 과실의 경우, 예컨대 악천후(惡天候)의 경우 적하의 통풍을 위한 환풍기 또는 창구를 적절하게 폐쇄하지 않았기 때문에 그곳으로 해수가 침입하여 운송물이 손해를 입은 때에는 상업과실로 취급된다.

반면에 주로 선박의 항행 또는 선박의 취급에 관한 처리는 그 결과로 적하에 이익이 되더라도 그것에 관한 과실, 예컨대 선박의 안정성을 위하여 저하(底荷)탱크(Ballast Tank)에 해수(海水)를 채울 때에 운송물에 손해를 입히게 되는 것은 항해과실이다. 주로 적하에 관계가 있지만 동시에 선박의 이익에도 관계가 있는 처리에 관한 과실은 상업과실이라고 하여야 할 것이며 상업과실인지 항해과실인지 의심스러울 때에는 '운송인에게 불리하게' 상업과실이라고 해석하여야 할 것이다. 왜냐하면 운송인의 면책사유가 과실책임주의 하에서는 어디까지나 예외적인 것으로 다루어져야 하기 때문이다.

운송인이 항해과실에 대하여 면책을 주장하기 위해서는 운송물에 관한 손해가 항해과실에 기인한 것이라는 사실을 입증하여야 하지만, 그 전제로서 선박의 감항능력에 관한 주의의무를 다하였다는 것까지 증명할 필요는 없다. 또한 항해과실과 함께 선박의 불감항의 사실이 있었다고 하더라도 그것이 운송인 측의 주의의무 위반에 의한 불감항이고 동시에 운송물에 관한 손해의 원인으로 된 경우가 아닌 한 운송인은 책임지지 않는 것이다.

② 화재에 대한 면책

운송인은 '화재'로 인한 운송물의 손해에 대하여는 그것이 운송인 자신의 고의 또는 과실에 기인한 것이 아닌 한 배상책임이 없다. 화재는 해상위험 가운데 전형적인 것이고 사소한 과실로써도 운송물에 막대한 손해를 일으키는 것이 보통이기 때문에 앞의 항해과실의 경우에 준하여 화재에 대해서는 운송인의 면책을 인정한 것이다.

조약상으로는 화재가 선박 내부에서 일어난 것이어야 한다는 제한이 없으므로 운송인은 육상 그 밖의 선박 외부로부터 연소(燃燒) 또는 부선(艀船)의 화재로 인한 손해에 대하여도 면책된다. 화재로 인한 직접적인 손해는 물론 소화용수(消和用水)·화연(火煙) 등에 기인한 손해에 대해서는 면책되지 않는다고 본다.

화재로 인한 손해의 경우 그 거증책임의 문제, 즉 운송인 자신의 고의·과실에 기인한 화재가 아니라는 것을 운송인이 증명하여야 하는가 또는 운송인 자신의 고의·과실로 인한 화재라는 것을 선하증권 소지인 등의 적하이해관계인이 입증하여야 하는가에 관하여는 다툼이 있다. 다만 본래 화재에 대한 면책이 예외적인 것이므로 그 주장에 의하여 이익을 얻는 운송인 측에 거증책임이 있다고 해석하여야 함이 타당할 것으로 판단된다. 여기서 말하는 운송인 자신이란 주식회사의 대표이사와 같이 그 행위가 바로 운송인의 행위로 되는 지위에 있는 사람을 가리킬 뿐, 선장 그 밖의 운송인의 이행보조자는 이에 포함되지 않는다. 그리고 운송인 또는 그 사용인 등의 감항능력 주의의무의 위반으로 인한 화재에 대해서는 운송인의 면책이 인정되지 않는다.

③ 그 밖의 면책사유

선하증권조약은 '항해과실'과 '화재' 이외에도 이른바 '면책 카탈로그'(Catalogue of Exceptions)에 해상 그 밖의 '항해가능수역'(航海可能水域)에서의 위험·천재·전쟁 등 광범한 면책사유를 열거하고 있다. 이를 개략하면 다음과 같다.

(a) 해상 그 밖의 항해가능수역의 화재·위험 또는 사고

이는 해상보험에서의 소위 '해상고유의 위험'(Perils of the Sea)에 상당하는 것으로 바다라고 하는 특수하게 위험한 곳에서 당하게 되는 화재 등을 말하고 이는 적어도 육상에서라면 일어날 수 없는 것인가 그렇지 않은가에 의하여 판단되어야 하는 것

이다. 예컨대 폭풍우(暴風雨)의 경우 그 때문에 불충분한 통풍으로 기관의 열이 심하여 생긴 운송물의 손해, 해수가 선내에 들어가 직접 운송물에 손해를 입힌 경우 또는 간접적으로 선박이 풍파로 동요하여 운송물이 붕괴하거나 또는 항해가 지연된 경우, 암초 그 밖의 자연장애물에의 좌초(坐礁), 충돌(衝突) 등으로 인한 손해에 대하여는 운송인이 면책된다.

그러나 서해[鼠害, 창내(艙內) 쥐들에 의한 화물의 손해], 하한[荷汗, 화물취급 시 하역인부들에 의한 화물의 손상[Cargo Sweat]], 담수(淡水) 등 바다 또는 항행과는 밀접하게 관계가 없는 사유로 인한 손해의 경우는 이 범주에 속하지 않는다.

(b) 천재

'천재'(天災, Act of God)는 인간행위와는 전혀 관계가 없이 생긴 것, 즉 인간으로서는 전혀 수동적인 입장에 있고 또 운송인이 이용할 수 있는 온갖 수단을 다하더라도 회피하거나 방지할 수 없는 사건을 말한다.

(c) 전쟁

보통 '전쟁'(戰爭)은 국제법상의 무력충돌을 말하는 것이지만 반드시 이것에 한하지 않고 그밖의 군사적 행동을 포함한다.

(d) 행정권에 의한 억류·강제관리 또는 재판상 압류

이는 한나라의 행정권에 의하여 '항해모험'(航海冒險)에 가해지는 강제적인 간섭을 말한다. 예컨대 운송물의 수출·양륙을 금지 또는 제한하는 정부의 명령 등이 그것이다. 직접적으로 선박 또는 운송물을 대상으로 하는 것이 아니더라도 이로(離路)·지연(遲延)과 같이 간접적으로 운송계약의 이행에 장애를 주는 것이면 이에 속한다. 검역상(檢疫上)의 제한 또한 이에 속한다.

(e) 송화인 등 화주 측의 과실

'송화인 등 화주 측의 과실'에 있어 중요한 것은 이하 언급하는 운송물의 고유한 하자·자연적 소모·포장의 불충분·기호(記號)의 부적당 등이 있다. 그 밖에 고가물(高價物)인데도 고가물이 아니라고 운송인에게 통지하였기 때문에 생긴 사후의 사고도 여기에 속한다.

(f) 노동쟁의

'노동쟁의'(勞動爭議)는 피용인(被傭人)인 해상노동자의 동맹파업(同盟罷業) 태업(怠業) 사용자인 운송인의 직장폐쇄(職場閉鎖) 등 넓은 의미의 노사분쟁(勞使分爭)으로 인한 것을 말한다. 이 같은 노동쟁의는 원인 여하를 불문하고, 아울러 부분적인 것인가 전면적인 것인가의 여부도 불문한다.

(g) 폭동 또는 내란

'폭동'(暴動)은 엄밀히는 형사법상의 의미를 가진 것이다. '내란'(內亂, Civil War)이란 학문적으로는 폭동과 구별하기 어렵지만 보통 위에서 언급한 내란과 폭동의 중간성을 띈 것을 의미한다.

(h) 해상의 인명·재물의 구조행위 및 이를 위한 이로 또는 정당한 이로

조약은 해상에서의 인명 또는 '재물의 구조(救助)' 또는 '구조의 기도(企圖, Attempting to Save)'를 면책사유로서 인정하고 이러한 구조행위를 위한 '이로'(離路) 또는 그 밖의 '합리적인 이로'(Reasonable Deviation)가 조약이나 운송계약의 위반이 되는 것은 아니므로 운송인은 이 같은 이로로 인한 운송물의 손해에 대하여 배상책임을 지지 않는다고 규정하고 있다. 여기서 '재물의 구조'는 그 구조행위로 인하여 생기는 손해와 비교하여 구조할 가치가 있는 재물, 이를테면 선박·항공기 등의 구조에 한한다고 해석된다. 또 '구조의 기도'란 구조를 위하여 어떤 행동으로 나갔으나 타선이 이미 구조를 완료했는지 등의 현실적으로 구조의 결과를 얻지 못한 경우를 말한다.

'이로'란 예정된 항로를 이탈(離脫) 또는 변경(變更)하는 것을 말하며 예정된 항로는 원칙적으로 특약(特約)에 의한 항로이고 특약이 없는 때에는 항해자가 보통 취하는 항로이다. 항로의 특약은 당사자가 자유로이 정할 수 있음이 원칙이다. 합리적인 이로의 예로는 해상위험(海上危險) 또는 급박한 나포(拿捕)로부터의 회피(回避), 감항능력(堪航能力)의 회복(回復) 등의 위한 이로 등을 들 수 있다.

(i) 운송물의 고유한 하자 등으로 인한 소모

동물질병의 진행, 피혁이나 과일의 부패·변질, 곡물의 발열 등 운송인 측이 그러한 원인을 조장한 일이 없으면 그러한 변화의 일반적인 진전에 대하여 일체의 책임

을 지지 않는다.

위험물, 즉 발화성 · 폭발성이 있는 운송물을 화주가 무단으로 선적한 경우 운송인은 이를 자유로이 처분할 수 있을 뿐 아니라 화주가 이로 인한 일체의 책임을 부담한다.

(j) 포장의 불충분

선하증권에 포장이 불충분하다는 뜻을 기재하지 않으면 전술한 바와 같이 선의의 선하증권 소지인에게는 대항할 수 없다. 그러나 선적 시에 운송인이 포장상태가 불완전하다는 것을 알았더라도 운송 중에 충분한 주의를 다하였다는 것을 입증하거나 또는 운송 중에 비상의 황천(荒天) 때문에 선박이 격동(激動)하여 운송물이 손해를 입었다는 것 등을 입증할 경우 운송인은 면책된다.

그런데 자동차 · 기계와 같은 포장이 안 되는 운송물의 경우에는 그 성질이 선적 시에 명백하게 드러나는 것이기 때문에 운송인의 주의의무는 증가하고 포장불충분의 면책사유가 적용될 여지가 없다.

(k) 기호의 부적합

운송물의 포장위에 각인된 화물의 기호(記號)가 불충분 또는 불완전하였기 때문에 기호의 혼동을 일으켜 운송물의 인도가 잘못된 이른바 '양위'(揚違, Mis-delivery)가 생긴 경우에는 그 기호가 부적합하였다는 것을 입증하는 한, 운송인은 책임을 면한다.

기호가 선하증권에 기재된 것과 대조하여 잘못이 있거나 불명확한 경우에는 운송인이 송화인에 대하여 구상(求償)할 수 있다는 것은 별문제로 하더라도, 선의의 선하증권 소지인에게는 대항할 수 없다.

(l) 잠재적 하자

이는 상당한 주의를 다하여도 발견할 수 없는 것이어야 하는데, 전술한 바 고유한 결함 등은 운송인의 면책사유로 되어 있기 때문에 여기서 말하는 '잠재적 하자'(潛在的瑕疵, Latent Defects)는 주로 선박에 관한 것을 가리킨다고 하여야 할 것이다.

(m) 운송인 측의 무과실

이상의 면책사유 외에 조약은 운송인의 면책에 관한 포괄적인 규정으로 운송인 또는 그 대리인이나 사용인의 고의·과실이 운송물 손해의 원인으로 된 것이 아니라는 것을 입증하면 운송인은 면책된다고 규정하고 있다.

3) 운송인의 책임한도

'선하증권조약'에 의한 운송인의 손해배상책임은 송화인이 운송물의 종류와 가액을 통고하여 선하증권에 기재한 경우 외에는 원칙적으로 운송물의 개별단위 또는 포장단위에 대해 100파운드(Pounds Sterling)에 상당하는 금액을 한도로 제한된다.

이와 같이 조약이 책임한도액(責任限度額)을 법정(法定)한 것은 저렴한 운임에 의한 집단적·정형적 운송거래에서 운송인의 부담을 경감시키고, 반면에 아무리 엄격한 운송인의 책임원칙을 인정하더라도 저액(低額)의 배상한도액(賠償限度額)을 약정하는 것을 허용한다면 그 책임원칙은 유명무실하게 되고 말 것이므로 운송인 배상액의 최저한도액(最低限度額)을 법정하고 이를 강행법화 함으로써 화주의 이익을 보호하려는데 그 취지가 있다.

운송인의 책임한도액 산정의 기준인 개별단위 또는 단위포장 가운데 개별단위란 일반적인 계수(計數) 또는 수량단위로서 선하증권에 기재되는 것을 지칭하는데, 곡물 등의 살화(撒貨, Bulk Shipment)의 경우 운임단위를 그 표준으로 삼을 수밖에 없을 것이다. 조약에서 말하는 영화 파운드는 금가치단위(金價值單位)를 말하며, 체약국은 이 100파운드를 국내법에서 단수(端數)없이 환산한 국내통화로 정할 수 있다.

화주가 조약상의 책임한도액 이상의 배상을 받기 위해서는 운송물의 종류와 가액을 선적 전에 운송인에게 통고하여 선하증권에 기재하여야 하는데, 이 기재는 추정적 증거로 될 뿐 운송인을 절대적으로 구속하는 것은 아니다. 송하인이 고의로 운송물의 가액을 허위로 통지한 경우에는 그 제재로서 운송인은 실가액(實價額)에 대하여도 일체의 책임을 지지 않는다. 이는 허위가액(虛僞價額)이 고액인 경우에만 적용된다고 보며, 선의의 선하증권 소지인에 대하여도 대항할 수 있다. 다만 운송계약 당사자 간의 특약에 의하여 조약상 한도액 이상의 고액으로써 운송인의 책임한도액을 정하는 것은 무방하다.

조약이 개별운송물에 대한 책임한도액을 정하고 있지만 그렇다고 운송계약의 불이행에 대한 손해배상책임, 곧 운송인 계약책임의 기본원칙까지 제한하는 것은 아니다. 즉 각국 국내법에서 이러한 책임한도액과는 별도로 운송인의 손해배상책임을 정형화하여 운송물의 통상가액으로 제한하거나 고가물에 관한 특례를 둘 수 있는 것이다.

한편 이러한 조약의 규정은 선박소유자의 이른바 '개별적 유한책임제도'(個別的有限責任制度)의 한 표현인데, 이로써 소위 '총체적 유한책임제도'(總體的有限責任制度), 즉 어느 특정한 항해 또는 사고에 관한 총채권자 또는 총청구권자에 대한 선박소유자의 채무 내지 책임을 일정한 기준에 의하여 제한하는 법제의 적용이 배제되지 않는다.

4) 운송인의 책임확보

① 화주의 통지

송화인 또는 선하증권 소지인은 운송물의 손해에 관하여 운송물을 인도 받을 당시 또는 즉시 발견할 수 없는 손해의 경우 인도일로부터 3일 이내에 양하항의 운송인 또는 그 대리인에게 그 '손해의 개황(概況)'(General Nature)을 서면으로 통지하지 않으면 운송물이 선하증권에 기재된 대로 인도된 것으로 추정된다.

송화인 등이 이러한 통지를 하지 않겠다고 하여 손해배상청구권 그 자체를 잃게 되는 것은 아니며, 이하 언급하는 바와 같이 1년 이내에 소송을 제기하여 손해를 배상받을 수 있다. 다만 이 경우 손해가 운송물의 인도전에 생긴 것이라는 사실은 청구권자(請求權者, Claimant)가 입증하여야 한다.

양하 당시 운송물의 상태에 관한 추정적 문구(Remarks)를 붙인 화물수령증(貨物受領證, Delivery Receipt)은 화물손해통지서(貨物損害通知書)와 동일한 효력이 있다. 그리고 조약은 운송물의 상태가 인도 당시에 운송인과 화주를 위한 합동검증(合同檢證, Joint Survey or Inspection)에 의하여 확인된 경우 수화인 등의 서면에 의한 통지를 요하지 않는다고 되어 있다. 이러한 합동검증 그 밖의 운송물의 검사에 있어서 운송인과 화주는 상호 필요한 편의를 제공하여야 한다.

② 운송인 책임의 소멸

운송물의 손해에 관한 운송인의 책임은 어떠한 경우에도 운송물을 인도한 날 또는 인도하여야 할 날로부터 1년 이내에 손해배상청구소송의 제기가 없는 때에는 일체 소멸한다.

이 경우 1년의 기간은 그 법률적 성질에 관하여 조약이 시효(時效)의 중단 또는 정지와 같은 시효에 관한 법리를 나타내는 규정을 두고 있지 않으므로 소멸시효기간(消滅時效期間)이 아니고 제척기간(除斥期間)이라고 해석한다. 운송인은 미리 이 기간의 이익을 포기하는 방법에 의하여 화주 측에 유리하게 이 기간을 연장할 수 있다고 본다. 그리고 여기서 말하는 소송의 제기는 엄격한 의미의 제소뿐만 아니라 선하증권에 중재판정에 관한 특약이 있는 경우에는 적법하게 중재판정을 개시하기 위한 절차를 포함한다고 해석할 수 있다.

여기서 제척기간(除斥期間)이란 어떤 권리에 대하여 법률이 예정하는 존속기간이다. 따라서 권리의 존속기간인 제척기간이 만료하게 되면 그 권리는 당연히 소멸하는 것이 된다. 일례로 우리 민법은 제척기간에 대하여 여러 곳에 분산적으로 규정하고 있을 뿐 체계적으로 규정한 바가 없으나, 시효와 비슷하면서도 다음과 같은 점이 다르다. 곧 시효에는 중단이 있으나 제척기간에는 중단이란 있을 수 없으며, 시효의 이익은 당사자가 원용함으로써 재판에서 고려되는 것이지만, 제척기간은 당연히 효력을 발생하기 때문에 법원은 이를 기초로 재판하지 않으면 안 된다.

어느 것이 제척기간에 해당하는지를 법률은 언급하고 있지 않으나 대략 법문에 '시효에 의하여'라고 규정된 것 이외에는 제척기간으로 해석되고 있다. 그밖에도 조문에 관계없이 법문의 취지나 권리의 성질 등을 참작하여 실질적으로 판단해야 할 것이라는 견해가 있다.

한편 시효(時效)란 일정한 사실상태가 일정기간 계속되어 온 경우에, 그 사실상태가 진정한 권리관계와 합치하는가 여부를 불문하고 법률상 그 사실상태에 대응하는 법률효과를 인정하여 주는 제도이다. 즉 일정한 사실상태가 일정기간 동안 계속됨으로써 법률상으로 권리의 취득 또는 권리의 소멸이 일어나게 하는 법률요건을 시효라 한다.

시효에는 타인의 물건을 오랫동안 점유함으로써 권리를 취득하게 되는 취득시효(取得時效)와 장기간 권리를 행사하지 않음으로써 권리가 소멸되는 소멸시효(消滅時效)가 있다. 이와 같이 사실상태에 대하여 진정한 법률관계를 부여하는 시효제도를 두고 있는 이유는 어떤 사실상태가 영속하게 되면 이를 기초로 하여 여러 가지 법률관계가 구축되는데, 후에 진정한 권리자가 나타나서 이 사실상태를 뒤엎어 버리게 되면 사회질서가 혼란에 빠진다는 점, 영속한 사실상태가 과연 진정한 권리관계와 합치하는가 여부의 다툼은 결국 소송에 의하여 가려지게 되는데 그 동안 증거자료의 멸실 등 채증의 곤란이 따른다는 점, 권리를 가지고 있는 자가 오래도록 방치하고 권리행사를 하지 않는 것은 '권리 위에 잠자는 자는 보호할 필요가 없다.'는 법리에서 보호의 가치가 없다는데 있다고 설명된다.

시효가 완성되어 권리나 의무가 득실 가능한 상태에 놓여 있더라도 당사자의 주장이 없는 이상 법원은 시효완성사실을 가지고 재판할 수 없는 것이다. 한편 당사자의 시효의 주장을 '시효의 원용'이라고 한다. 또 시효의 효과는 기산일에 소급한다. 그러므로 '취득시효'에서는 처음 점유를 하거나 권리행사를 한 때부터 권리자였던 것이 되고, '소멸시효'에서는 권리를 행사할 수 있었던 때부터 소멸한 것이 된다.

시효의 완성을 방해하는 사유로는 '시효의 중단과 정지'가 있으며 이미 완성한 시효의 이익을 받지 않겠다는 의사표시, 즉 '시효의 포기'가 인정되고 있다.

5) 운송인 책임의 강행법적 확립

'선하증권조약'은 이상에서 살핀 바와 같이 해상운송인의 주의의무 및 이를 위반한 경우 손해배상의 관계를 규정하고 아울러 운송인이 향유하는 면책사유(免責事由) 내지 이익의 한계를 구체적으로 정하고 있다. 조약은 나아가 조약상 운송인의 책임을 강행법화하여 이를 그 취지의 절정으로 삼고 있다. 즉 조약의 규정에 의한 운송인의 책임을 경감하거나 면제하는 규정은 일체 무효인 것이다. 환언하면 조약은 운송인의 면책으로서 허용되는 최대한이 강행법적으로 확립되고 있는 것이다.

구체적으로는 보험계약(保險契約)에 의하여 보상되는 운송물의 손해에 대해서는 운송인에게 책임을 지우지 않는다든가, 또는 운송물에 관한 보험계약에 의한 권리를 운송인에게 양도하기로 하는 약정 등 이와 유사한 특약을 일체 무효로 한다고 규정하고 있다.

그밖에 해석상 거증책임(擧證責任)을 운송인에게 유리하게 변경하는 것, 운송인의 사용인의 과실에 관한 면책을 정하는 것, 3일의 배상청구의 통지기간을 2일로 하는 것, 제소기간을 6개월로 단축하는 것, 자격 있는 선급협회(船級協會)의 검사증명서(檢査證明書)로써 선박의 감항능력(堪航能力)에 관한 상당한 주의를 다하였다는 '결정적 증거'(決定的證據, Conclusive Evidence)로 한다는 것 등은 무효이다.

반면에 조약이 규정하고 있는 운송인의 의무 또는 책임 내지 그 한도를 가중하거나 또는 운송인이 조약에서 인정하고 있는 면책 또는 책임한도에 관한 이익 또는 권리를 포기하는 것은 상관없는데, 이는 송화인에게 발행·교부하는 선하증권에 명시적으로 기재하지 않으면 아니 된다.

전술한 바와 같이 조약의 적용대상 밖의 운송관계, 이를테면 선적 전·양하 후의 법률관계, 용선계약관계(傭船契約關係), '산 동물'·'갑판적 화물' 또는 특수운송물에 관한 운송관계에 대해서는 이러한 면책특약금지(免責特約禁止)의 규정이 적용되지 않는 것은 물론이다.

2 선하증권조약의 개정과 해상운송인의 책임

(1) 선하증권조약 개정의정서의 성립

'헤이그 규칙'은 현재 대부분의 나라에서 직접 또는 간접으로 채용되고 있으므로 다변적인 입법조약으로서 성공을 거두고 있는 셈이다. 그런데 조약이 성립한 이래 상당한 세월이 지나 그 동안 이를 채용하여 국내법을 제정하고 있는 각국 법규의 내용이 조약규정에 대한 해석상의 상위로 인하여 약간씩 차이를 보이게 되었고 또한 조약의 사회경제적 배경의 변동과 수송기술의 혁신에 따라서 종래의 원칙 내지 규정으로서는 실제 상거래 관계를 규율하는데 부적당한 문제점이 나타나 현행 조약의 개정이 불가피하게 되었다.

전후(戰後) '선하증권조약'의 개정문제는 1950년대 말에 이르러 해사법 분야의 조약개정작업에 관하여 오랜 전통을 지닌 국제해사법위원회(CMI)에 의하여 그 단서가 열리게 되었다. 곧 개정취지의 핵심은 조약을 모든 선하증권에 대하여 평등하게 적용할 수 있도록 하는데 있었는데, CMI는 이 문제를 검토하여 "이 조약의 규정은 선하증권에 적용될 법 그리고 선박·운송인·송화인·수화인 또는 여타 이해관계인의 국적 여하를 불문하고 선적항·양륙항 또는 선택적 양륙항의 일항이 체약국내에 있는 선하증권으로 일국에서 타국으로 물품의 운송을 위하여 발행되는 모든 선하증권에 대하여 적용한다"는 개정안을 가결하였다.

이하 수정내용에서와 같이 개정의정서는 종래의 '헤이그 규칙' 곧 1924년 '선하증권조약'은 여러 가지 문제에 걸쳐 수정을 받고 또 새로운 원칙의 채용을 보게 된다. 그 주요 골자를 살피면 이하 다음과 같다.

1) 적용범위

현행 조약['헤이그 규칙']은 체약국에서 발행된 선하증권에 적용된다고 되어 있으나 '개정의정서'['선하증권조약개정의정서'(船荷證券條約改正議定書)]에는 그 적용범위가 현저히 확장되어 있다. 즉 신조약은 선하증권이 체약국에서 발행된 경우, 운송이 체약국의 항으로부터 개시된 경우, 선하증권에 조약의 규정 또는 조약의 규정을 국내법화하고 있는 나라의 법률에 의하여 당해 운송계약관계가 규율된다는 뜻의 지상약관(至上約款, Paramount Clause)이 포함되어 있는 경우에는 선박·운송인·송화인·수화인 등 일체의 이해관계인의 국적을 묻지 않고 조약이 적용된다고 되어 있다. 또한 각 체약국은 이러한 범주에 속하지 않은 운송관계에도 조약의 규정을 적용한다고 하는 뜻을 정할 수 있다.

그 밖에 '개정의정서'는 원자력 사고의 특수성을 고려하여 조약이 원자력 손해에 대한 책임에 관한 조약 또는 국내법에 영향을 미치지 않는다는 것을 명백히 하고 있다.

2) 선하증권 기재의 증거력

선하증권의 유통성을 강화하기 위하여 '선의의 선하증권 소지인'(*bona fide* Holder)에 대한 관계에서는 선하증권의 기재에 대하여 절대적 증거력을 인정하고 있다.

3) 책임의 제한

현행 조약은 운송인의 책임에 관하여 선하증권에 특히 가액의 기재가 없는 한 개별포장 또는 단위에 대해 영화 100파운드 또는 그 밖의 이와 동액(同額)을 한도로 하는 유한책임을 인정하고 그 파운드가 어떠한 내용의 금화인가에 관하여는 규정하지 않고 또 각국이 100파운드를 자국의 통화로 환산하는 시기에 관하여도 규정하고 있지 않다.

그래서 조약을 채택한 각국 법 간에 불일치를 면할 수 없었다. 이러한 폐해를 제거하기 위하여 '개정의정서'는 새로운 규정을 두었다. 즉 개별포장·단위당 10,000 포앙카레 프랑(Gold Poincare Franc)과 운송물의 총중량 1kg당 30프랑의 총액 가운데 더 많은 금액으로써 운송인의 책임한도액으로 한다.

손해의 총액은 계약에 따라 운송물을 선박으로부터 양하한 장소 및 일시를 기준으로 한다. 또 운송물의 가액은 '물품거래소의 가격'(Commodity Exchange Price), 그것이 없는 경우에는 '일반시장가격'(Current Market Price), 그마저도 없는 경우에는 '통상가액'(通常價額)을 기준으로 한다.

아울러 '개정의정서'는 개별·포장단위 기준의 적용과 관련하여 컨테이너·팔레트 또는 이와 유사한 용기에 든 운송물에 관해서는 이른바 '컨테이너 약관'(Container

Clause)을 신설하고 있다. 즉 선하증권에 그 용기속의 운송물의 개별·포장단위가 기재되어 있으면 그것이 기준이 되고 그 기재가 없는 경우에는 용기 자체가 기준이 된다. 그리고 '개정의정서'는 운송인의 고의가 개입된 경우 이러한 책임제한의 특전이 인정되지 않는다는 것을 명정하고 있다.

4) 책임의 소멸

현행 조약은 운송인 책임의 소멸사유 내지 제척기간(除斥期間)을 규정하고 있는데, '개정의정서'는 운송인의 구상권(求償權)에 관하여 새로운 규정을 두었기 때문에, 그것과 조화시키기 위하여 약간 문구를 바꾸고 또한 손해배상청구권을 발생시킨 사고가 생긴 후에는 당사자의 합의에 의하여 그 기간을 연장할 수 있다는 것을 새로 추가하였다.

5) 구상권의 소멸

'개정의정서'는 운송인이 제3자, 예컨대 통운송(通運送)의 경우 선행운송인(先行運送人), 하역업자(荷役業者) 그 밖의 독립계약자(獨立契約者) 등에 대하여 가지는 구상권의 소멸기간에 관하여 규정하고 있다.

이 규정에 의하면 선하증권 소지인에 대한 운송인의 책임이 1년으로 소멸한 경우에도 운송인의 구상권은 법정지의 법률이 허용하는 기간내에 소송을 제기하는 한 소멸하지 않는다. 또 그 허용기간은 운송인이 손해배상청구권자에게 변제한 날 또는 그 사람으로부터 소장송달(訴狀送達)을 받은 날로부터 3개월 또는 그 이상의 기간일 것을 요한다.

6) 청구권의 경합

'개정의정서'는 운송인이 그 책임에 관한 조약상의 항변과 책임제한의 이익을 불법행위를 이유로 한 소송에서도 주장할 수 있게 하고 또 운송인의 대리인 또는 사용인도 이를 원용할 수 있도록 하는 규정을 신설하고 있다.

(2) 선하증권조약 개정작업의 배경

국제해사위원회(CMI)의 주도 아래 이룩된 이상의 개정성과와는 별도로 개발도상국의 발의에 의하여 새로운 차원에서 선하증권조약의 근원적인 재검토가 병행되었다. 즉 종래 '선하증권조약'을 중심으로 하는 해상운송인의 책임에 관한 국제적 법체제 내지 법관행은 식민지를 지배하고 있던 시대의 선진해운국을 위한 것이고 화주국인 개발도상국의 사정을 전혀 무시한 것이며 개발도상국의 경제발전의 저해요인이 되고 있다는 주장이 무역개발회의(貿易開發會議, UNCTAD)에서 개발도상국에 의하여 강하게 제창되어 선진국[해운국(海運國)] 측도 이 문제의 검토에 보조를 같이하게 된 것이 바로 그것이다.

이와 같이 개발도상국에 의하여 '선하증권조약'의 개정문제가 제기된 것은 1968년을 전후한 일인데, 그 주된 시각은 용선계약(傭船契約, Charterparty), 해상보험(海上保險, Marine Insurance)과 같이 전혀 국제조약이 없기 때문에 국제상거래상의 불편을 초래하고 있는 분야가 있고, 또 국제조약이 있는 경우에도 선진국 선주에게 유리하게 입법되어 있다고 하는 주장이었다.

이에 UNCTAD 총회의 결의에 의하여 1968년 동 기구 내에 국제해운입법에 관한 작업부 설치를 지시할 것을 만장일치로 결의하였고, 그 결과 이듬해 UNCTAD 해운위원회는 그 예하에 '지역적 안배의 원칙'(地域的按配原則, Principle of Equitable Geographical Distribution)에 따라 국제해운입법부(國際海運立法部) 설치를 결의하였다.

동 기구에서는 이상에서 알 수 있는 바와 같이 선하증권・용선계약・공동해손・해상보험 등에 관한 국제적인 해상법 및 해운관행이 개발도상국의 경제발전에 어떠한 장애를 미치는가를 검토하여 개정을 요하는 문제와 그 범위를 결정하여 국제무역법위원회(UNCITRAL)가 새로운 협약안을 작성하는데 필요한 권고를 하는 것을 그 임무로 하였다. UNCTAD의 작업부가 바로 조약안의 기초에 들어가지 않고 UNCITRAL에 이를 맡겼던 이유는 이 분야에 대한 국제입법기관 간의 중복활동을 피하고 UN 산하기관 간 입법기능의 일원화를 꾀하자는데 있었다.

UNCITRAL의 국제해운입법에 관한 작업부에서 성안한 조약초안은 선하증권조약과 개정의정서에 대한 개정안의 형식을 취하지 않고 '신 조약'(新條約)의 형식으로 제시되고 있다. 또한 그 명칭도 후술하는 바와 같이 조약의 적용범위와 선하증권과의 관계가 분리된 결과 해상물품운송을 둘러싼 법률관계를 널리 규율한다는 것을 시사하는 '해상물품운송에 관한 조약초안'(Draft Convention on the Carriage of Goods by Sea)으로 하고 있다.

이 조약안은 '일반원칙'(General Provision), '운송인의 책임'(Liability of the Carrier), '송화인의 책임'(Liability of the Shipper), '운송증권'(Transport Documents), '청구 및 소

송'(Claim and Action), '조약과의 저촉'(Derogations from the Convention) 등 총 6개장 25 개조로 구성되어 있다.

요컨대, UNCITRAL 작업부의 '해상물품운송조약초안'(海上物品運送條約草案)은 현행 조약의 원칙이나 규정을 발본적(拔本的) 견지에서 개정·보충하고 있는데, 그 핵심은 역시 해상운송관계의 책임법체제의 재구성이라 할 수 있다. 당해 책임관계에 관한 개정내용을 살피면 다음과 같다.

(4) 책임관계에 관한 개정내용

1) 조약안의 특징

UNCITRAL의 '해상물품운송조약안'(海上物品運送條約案)이 그 핵심으로 삼고 있는 해상운송관계의 책임법체계를 이해함에 있어서는 책임의 주체 및 책임의 내용, 이 두 가지를 문제로 삼아 파악하는 것이 용이하다.

신 조약안은 해사법 분야의 국제적 통일성를 형성하기 위한 것으로 해상운송거래를 둘러싼 이해관계인 간의 사법적인 법률관계를 규율대상으로 하고 있다. 따라서 운송물 손해에 대한 책임주체는 일단 그 운송관계의 법률적 기초인 운송계약의 당사자로서 운송인이라고 하지 않을 수 없다.

그런데 운송인의 해상운송계약상 주된 급부가 해상에서 선박에 의한 물품운송이라는 특수한 급부이므로 비록 각국의 국내법상 또는 해운정책상의 문제일 수 있겠지만 단순히 운송계약상 송화인의 상대방 당사자라면 누구든지 해상운송인으로 취급된다고 할 수 없을 것이다. 따라서 어떠한 사람이 이러한 계약당사자 내지 책임의 주체로서 해상운송인이 될 수 있는가 하는 것이 우선 문제로 된다. 그 법적 표현으로는 해상운송기업의 경영주체로서 운송인 개념정립에 관한 문제이다.

다음으로 운송계약을 이행하는데 필요한 실제 운송행위에는 '환적'(換積, Transshipment)이나 '통운송'(通運送, through Carriage)의 경우와 같이 계약당사자인 운송인 이외의 운송인이 관여하는 일이 있을 수 있다. 이 경우 운송물에 관한 손해가 그러한 운송인의 운송행위 도중에 생긴 때, 그러한 사람에 대하여 계약운송인과는 별도로 정면으로 책임의 주체성을 인정할 것인가 혹여 인정한다면 이를 어떤 범위로 한정할 것인가 하는 점이 문제로 부각되는데, 이는 입법정책상의 문제라 할 수 있다.

현행 조약은 조약상 책임주체인 운송인을 "운송계약에서 송화인의 상대방인 선박소유자 또는 용선자를 포함한다"고 정의하고 있다. 이는 해상운송법체제상 그 경영주체와 관련하여 종래 '선박소유자 중심주의'(船舶所有者中心主義) 내지 '선주 선하증권'(船主船荷證券)의 입장을 지양하고 '운송인 중심주의'(運送人中心主義) 내지 '운송인 선하증권'(運送人船荷證券)의 입장에선 근대 해상운송법의 원칙에 입각하고 있다는 것으로부터 그 의의를 구할 수 있다.

그렇지만 여기에는 두 가지 불명확한 점이 지적된다. 먼저 선박소유자와 용선자 이외에 어떠한 사람이 운송인으로 될 수 있는가 하는 점과, 다음으로 계약상 운송인이 자기소유의 선박에 의하지 아니하고 다른 선박소유자로부터 정기용선 등으로 빌린 선박을 사용하여 운송계약을 이행하는 경우 일반적으로 선하증권이 '선장을 대신하여' 서명된다는 형식을 취하는 관행이 있고, 또 그러한 경우 선박소유자나 선박임차인만이 계약당사자라는 뜻의 이른바 '선박임대차약관'(Demise Clause)이 선하증권상에 삽입되는 관행이 있다는 등의 사정에서 선박소유자 또는 선박임차인과 용선자 가운데 어느 편이 운송인으로서 수화인 내지 선하증권 소지인에 대하여 책임을 부담하여야 하는가 하는 점이다.

또한 선하증권상 이른바 환적자유의 약관에 의하여 환적을 하는 경우 선하증권 발행자인 운송인은 환적과정에서 발생한 사고 및 제2 운송인(Second Carrier)에 의한 운송중의 사고에 대하여는 일체 책임을 지지 않는다는 뜻의 조항이 일반적으로 사용되고 있다.

UNCITRAL 작업부의 조약안은 이러한 문제의 해결방법으로서 운송계약에서 송화인의 상대방 당사자를 원칙적인 책임의 주체로 하되 운송의 실행행위를 담당한 사람에 대하여도 자신이 이행한 부분에 대해 책임을 지운다는 기본적인 원칙 아래 운송인의 개념을 '계약운송인'(契約運送人)과 '실제운송인'(實際運送人)의 둘로 나누어 정의를 내리고 그 각각의 책임범위와 상호관계에 관해서는 별도의 규정을 두고 있다.

2) 계약운송인

조약안은 물론 계약당사자인 운송인을 원칙적인 책임주체로 하고 있는데, 이는 다음의 '실제운송인'(實際運送人)과 비교하여 '계약운송인'(契約運送人, Contracting Carrier)이라고 칭한다.

조약안은 '계약운송인'을 '스스로 또는 자기명의로 송화인과 운송계약을 체결하는 자'라고 정의하고 있는데, 그 범위는 현행 조약에서 운송인의 정의와 내용적으로 크게 다를 바 없다. 다만 규정형식에서 현행 조약이 송화인의 상대방으로 되어 운송계약을 체결하는 이상, 선박소유자이든 용선자이든 운송인이라는 것을 명백히 하는데 주안을 두고 있는데, 조약안은 단순히 위와 같이 규정함으로서 운송계약상 송화인의 상대방인 당사자는 일체 운송인이라는 뜻을 정면으로 규정하고 있다는 정도의 차이는 엿볼 수 있다.

그러나 조약의 적용범위와 관련하여 현행 조약에서 운송인은 선하증권 또는 유사한 증권에 의하여 증명되는 운송계약상 운송인만을 지칭하는데 비하여, 조약안에서 말하는 계약운송인은 후술하는 바와 같이 조약의 적용범위 결정이 선하증권 그 밖의 운송증권으로부터 이탈한 결과 선하증권 등의 발행여부와 관계없이 용선계약을 제외한 모든 해상물품운송계약의 당사자인 운송인을 말하고 또한 용선계약에 의거하여 선하증권 등이 발행된 때에는 증권소지인과의 관계에서 용선자의 상대방인 선박소유자도 포함한다.

그리고 조약안에서 말하는 계약운송인에는 이른바 '자선의장자'(自船艤裝者, Reeder)로서의 '선박소유자' 및 이에 준하는 이른바 '타선의장자'(他船艤裝者)로서의 '선박임차인'(Demise Charterer, Bareboat Charterer) 내지 '정기용선자'(Time Charterer) 외에, '개품운송계약'(個品運送契約)과 대립하는 '순운송계약적'(純運送契約的)인 이른바 '선복용선계약'(船腹傭船契約)에서의 용선자도 포함된다.

또한 계약운송인은 실제로 운송의 실행행위를 담당하는가의 여부를 묻지 않으므로, 널리 운송주선인(Freight Forwarder) 등도 스스로 또는 그 명의로 계약당사자로서 해상운송을 인수하고 나아가 송화인의 청구에 따라서 선하증권 그 밖의 운송증권을 발행할 수 있는 한, 여기서 말하는 계약운송인에 해당한다. 이는 현행 조약에서도 마찬가지이다.

조약안은 스스로가 아니고 자기명의로 계약이 체결된 사람도 계약운송인으로 두고 있는데, 이는 대리인 등에 의한 운송계약의 경우 본인 또는 위탁자가 계약채결의 주체라는 것을 명시함으로써 계약운송인이 될 수 있다는 당연한 원칙을 규정한 것이라고 할 수 있다.

계약운송인은 선하증권 그 밖의 운송증권의 발행의무가 있고, 그 발행은 계약운송인이 스스로 하지 않고 대리인 등에 의하여 할 수도 있는데, 용선자가 선박을 재운송에 이용하는 경우 선장에 의하여 서명된 선하증권 등은 선박소유자가 아닌 용선자에 갈음하여 서명된 것으로 보게 되어 있다. 따라서 그러한 경우 용선자만이 조약상 계약당사자인 계약운송인으로 취급되는 것이다.

3) 실제운송인

'실제운송인'(Actual Carrier)은 '계약운송인으로부터 물품운송의 전부 또는 일부의 이행을 위탁받은 자'라고 정의된다. 이는 이른바 환적이나 통운송에서와 같은 경우 현실적으로 운송행위의 실행을 담당하는 자에게 그 운송행위의 결과에 대하여 책임지울 범위를 명확히 하기 위해 신설된 것이다.

따라서 운송인이 선하증권상 '환적자유(換積自由, to Transship at his Option) 약관'에 의거하여 환적하는 경우이든, 통운송(通運送)의 경우 계약 또는 통선하증권(通船荷證券, through B/L)에 의하여 예정된 바에 따라 환적을 허용하는 경우이든, 계약운송인이 한 환적에 관하여 계약운송인과의 운송계약에 의거하여 계약운송인이 인수한 운송의 일부에 대해 운송할 것을 인수한 자는 물론 여기서 말하는 실제운송인이다.

이러한 실제운송인이 그가 인수한 운송구간에 대하여 송화인을 상대로 별도로 운송계약을 체결하거나 이른바 구간선하증권(區間船荷證券, Local B/L)을 발행하는 경우에는 그 운송기간에 관한 한 동시에 계약운송인의 지위도 겸하는 것으로 된다.

이와 같은 환적의 경우뿐만 아니라 처음부터 전구간의 운송에 대하 계약운송인이 용선한 선박을 이용하는 재용선계약(再傭船契約) 또는 재운송계약(再運送契約)의 경우 계약운송인의 용선계약상 선박임차인 또는 정기용선자를 포함한 상대방 당사자 또는 재재용선(再再傭船)의 경우 용선자도 실제운송인으로 취급된다. 또한 계약운송인으로부터의 운송이행의 위탁형식은 운송계약 내지 용선계약일 것을 요건을 하고 있지 않기 때문에 계약운송인이 정기용선자인 경우에는 그 정기용선계약의 상대방인 선박소유자나 선박임차인도 여기서 말하는 실제운송인으로 된다.

또한 실제운송인은 물품운송의 전부 또는 일부이행의 위탁을 받은 자를 가리키므로 계약운송인의 물품수령 후 선적항의 항역(港域)까지 운송 및 양하 후 양륙항의 항역 밖으로 운송의 위탁을 받은데 지나지 않은 자는 실제운송인이 아니다.

그러나 실제운송인이 위탁을 받은 이행의 양태는 한정되어 있지 않고 더욱이 물품운송이 해상구간만을 커버하는 것으로도 되어 있지 않으므로 예컨대 환적을 위한 중간항에서의 항만운송·육상운송의 위탁을 받은 사람은 단순한 계약운송인의 대리인 또는 이행보조가자 아니고 실제운송인이라고 볼 여지가 있다.

4) 양자 책임의 경합

이상과 같이 조약안은 운송물에 관한 손해에 대하여 계약운송인과 실제운송인을 책임주체로서 인정하고 있는데, 계약운송인은 자신이 인수한 운송의 전구간에 대하여 책임을 지며, 실제운송인은 자신이 실제 운송행위를 담당한 구간에 대하여 조약이 정한 바에 따라 직접 화주 내지 선하증권 소지인에게 책임을 진다.

실제운송인이 책임을 지는 운송부분에 관해서는 계약운송인과 실제운송인이 연대책임(連帶責任, Joint and Several Liability)의 관계에 서게 된다. 그 논거는 어느 일방이 자력이 없다든가 또는 계약운송인이 실체가 없는 명의상 운송인에 불과한 경우 쌍방에 대하여 손해배상을 청구할 수 있도록 함으로써 수화인 등의 보호를 꾀하려는 데 있다.

특히 실제운송인이 최종구간의 운송행위를 담당하는 경우 화주측으로서 실제운송인을 상대로 손해배상을 청구하는 것이 보다 편리할 것이다. 물론 계약운송인과 실제운송인이 이와 같이 '중첩적 책임관계'(重疊的責任關係)에 서는 경우에도 그 양자로부터 배상을 받을 수 있는 범위는 조약상 한도액을 초과하지 못하며, 또 양 책임주체 간의 구상관계에 대하여 조약안은 간섭하지 않는다.

그런데 조약안에 의하면 통운송의 경우 운송물에 관한 손해가 실제운송인의 관리하에 있는 동안에 발생한 때에는 실제운송인은 이를 입증하여 책임을 면할 수 있도록 되어 있다. 통운송에 대하여 이처럼 선하증권의 환적자유약관 등에 의하여 환적을 하는 경우와 다른 원칙을 채용한 것은 화주보호의 견지에서는 일관성을 유지하지 못한 입장이지만 무역거래 특히 신용장 실무를 고려할 때 부득이한 일이라고 할 수 있다.

종래 이른바 책임한정 내지 분할책임의 원칙은 통선하증권에 의한 운송의 경우 환적에 관한 책임관계규제의 기본원칙이며, 이 원칙을 인정하지 않으면 통선하증권에 관한 관행은 운송인에 의하여 거절되고 결국 화주는 중계항(中繼港)에서 스스로 선복을 구하여야만 할 것이다.

따라서 조약안은 타협적인 해결로서 계약운송인이 실제운송인의 운송구간에 대한 책임을 면할 수 있도록 하되, 운송물에 관한 손해가 실제운송인의 관리 중에 생긴 것이라는 사실에 대한 입증책임을 지도록 되어 있다.

(5) 운송인의 손해배상책임

1) 기본원칙

현행 조약상 해상운송인의 계약책임은 과실책임주의(過失責任主義, Principle of Fault)를 그 기조로 하고 있지만, 해상운송에 관한 법적 특수성을 고려하여 여러 가지 복잡한 특칙규정(特則規定)을 두고 있다. 곧 운송인은 모든 해상물품운송계약에서 물품의 선적·취급·적부·운송·보관 및 양하에 관한 책임 및 의무를 지고 또한 이하에서 정하는 권리 및 면책을 향유한다고 규정하고, 발항당시(發航當時, before and at the Beginning of the Voyage) 선박의 감항능력확보에 관하여 '상당한 주의(Due Diligence)를 하여야 함을 이에 추보하고 있고 나아가 운송되는 물품의 선적·취급·운송·보관 및 양하를 적절하고(Properly) 또한 신중하게(Carefully)하여야 한다고 규정하고 있다.

아울러 감항능력확보에 관하여 발항당시 '상당한 주의를 다하였다는 것'의 그 '입증책임'(立證責任, Burden of Proof)을 운송인에게 지우고, 운송인의 면책사유로서 최후에 그 밖의 운송인 또는 그 대리인 또는 사용인의 고의 또는 과실에 의하지 아니한 원인을 들고, 또한 이 '예외의 이익'(Benefit of this Exception)을 주장하는 자는 운송인 또는 그 대리인이나 사용인의 고의 또는 과실이 멸실 또는 훼손과 관계가 없다는 것을 증명하여야 한다고 규정하고 있다. 특히 항해상의 과실과 화재를 포함한 면책카탈로그는 가장 큰 특징을 이루고 있다.

이상과 같이 현행 조약이 규정하고 있는 해상운송인의 의무와 면책은 운송인 책임의 성질과 내용에 관한 중심적인 것이다. 이러한 종래의 입장에 대하여 개발도상국 측에서는 그 규정이 복잡하고 필요이상으로 운송인 측에 유리하여 화주와 운송인 사이의 위험 또는 손해에 관한 형평을 잃고 있다는 것을 이유로 이를 개정하여 운송인의 책임을 단순·명료화하고 아울러 선장 그 밖의 운송인의 대리인 또는 사용인의 과실을 비롯한 각종 면책사유를 개폐하여야 한다는 것을 최대의 쟁점으로 삼아 왔다.

그 결과 UNCITRAL이 성안한 조약안은 운송인의 책임과 입증책임의 일반원칙을 하나의 규정으로 간명하게 표현하고 또 면책을 강조하는 부정적 표현을 지양하고 책임을 긍정적으로 표현하는 입법형식을 취하고 있다. 즉 운송물이 '운송인의 관리하에 있는 동안'에 생긴 사고로 인하여 그 멸실·훼손이 생긴 경우 운송인은 자신, 그 사용인 및 대리인이 그 사고 및 결과를 배제하는데 합리적으로 요구되는 일체의 조치를 취하였다는 것을 증명하지 않으면, 그 멸실・훼손 또는 연착으로 인한 손실・손해 또는 비용에 대하여 책임지지 않으면 안 된다고 규정하고 있다.

2) 면책 카탈로그의 철폐

UNCITRAL의 조약안과 현행 조약 간 최대 상위점은 운송물의 멸실・손해에 대한 운송인의 면책사유, 곧 소위 '면책 카탈로그'(Catalogue of Exeption)가 조약안에서는 철폐되었다는 점이다. 이는 종래 관행적인 면책사유를 기초로 한 영미법적인 규정형식을 지양하고 대륙법적인 추상적 입법형식을 취한 결과이기도 하다.

'면책 카탈로그' 철폐에 따른 시사점은 종래 '해상운송에 고유한 책임원칙의 전형(典型)'으로 취급되고 있는 선장 그 밖의 운송인의 대리인 또는 사용인의 항해과실, 곧 '항행(航行)과 선박취급상의 과실'(Error of Navigation and Management of Ship) 및 실화(失火)에 관한 운송인의 면책, 이를테면 과실책임주의의 원칙에 대한 중대한 예외가 부인되었다는 사실이다.

특히 항해과실에 대해서는 선진국 측으로부터 그 면책을 폐지한다면 운송인에게 거대한 리스크를 안겨 주게 될 뿐만 아니라 공동해손제도의 존립기반을 위태롭게 하여 운송인의 책임보험 등 보험료 부담을 현저하게 증가시킴으로써 운임의 상승을 초래하여 비록 그 면책폐지로 화주의 적하보험료 절감이 있다고 하더라도, 총운송비용이 증가하기 때문에 화주에게도 유리하지 않을 것이라는 반론이 제기되었다.

이에 대하여 항해과실 면책은 화주에게 극단적인 불이익을 가져다주고 보험료와 운임과의 관계가 불명확하다는 것이 개발도상국의 주장이었다.

결국 다음의 화재면책에 관한 선진국의 존속 주장과 포괄적 타협으로서 항해과실 면책은 폐지되고 화재에 관하여 예외적인 입증책임의 전환만이 인정되었다.

그런데 조약안은 운송인의 책임에 관한 적극적인 표현방식에 대한 예외로서 해난구조(海難救助)에 관해서는 운송인의 면책을 정면으로 규정하고 있다. 즉 운송인은 해상에서 인명구조를 위한 조치 또는 재물구조를 위한 '합리적 조치'(Reasonable Measure)의 결과로 생긴 운송물의 멸실 훼손 또는 연착에 대하여 책임을 지지 않는다.

이는 인명구조 또는 재물구조 그 밖의 상당한 이유가 있는 이로에 대하여 '구조의 기도(企圖)'(Attempting to Save)가 제외되고 있다는 것, 종래 이론적으로 복잡한 문제를 내포하고 있는 영미법상 이로의 문제로서 구성하고 있지 않다는 것, 상당한 이유가 있는 이로를 면책사유로 하고 있지 않다는 것 등이 현행 조약과 다른 점이다.

3) 선박감항능력에 관한 규정의 삭제

현행 조약은 운송인의 항해개시 시 선박의 감항능력 확보에 관한 주의의무와 운송물의 선적·취급·적부·보관 및 양하에 관한 주의의무를 규정하고, 그 입증책임은 운송인 또는 면책의 이익을 주장하는 자에게 지우고 있다.

이는 계약책임의 일반원칙 해석에서 당연히 인정되는 것이라고 하여 조약안에서는 모두 삭제되고 있다. 특히 감항능력 확보를 위한 항해개시 시의 주의의무와 '불감항'(不堪航, Unseaworthiness)에 대한 면책에 관한 현행 조약상의 특별규정이 폐지된 결과, 조약안에서는 감항능력 확보에 관한 주의의무는 손해의 원인으로 된 '사고 및 그 결과를 배제하는데 합리적으로 요구되는 일체의 조치'(All Measures that could Reasonably by Required to Avoid the Occurrence and Its Consequences)라고 해석되는 이상, 운송인은 항해개시, 곧 발항당시 뿐만 아니라 '전 항해기간'(全航海期間)에 걸쳐 선박의 감항능력 확보 내지 회복에 관하여 상당한 주의를 다하여야 하는 것으로 되었다.

4) 화재에 대한 입증책임의 전환

신 조약안은 운송인 과실책임의 예외로서 화재의 경우 입증책임의 전환을 인정하여 청구권자가 화재가 '운송인, 그 사용인 또는 대리인 측의 과실 또는 부주의(Fault, Negligence)로 인하여 생긴 것을 증명한 경우 운송인은 책임을 진다.'고 규정하고 있다. 따라서 운송인은 원인불명의 화재에 대해서는 면책될 수 있다.

그런데 현행 조약이 화재에 따른 운송물의 손해에 대하여 운송인 자신의 고의·과실의 경우를 제외하고 정면으로 운송인의 면책을 인정하고 있는데 대하여 조약안에서는 입증책임에 관한 예외적 취급으로 인하된 결과 종래에 비하여 일견 운송인에게 불리하게 변경되어 있지만, 실제로 화주가 화재의 원인 내지 운송인의 과실을 증명하는 것이 사실상 불가능에 가깝다는 점을 고려하면 실질적인 변경은 없는 것이라고 할 수 있다.

5) 연착의 명확화

현행 조약에는 연착에 대한 해상운송인의 책임을 정면으로 취급하는 규정이 없지만, 신 조약안은 획기적인 것으로 운송인의 책임에 관한 기본적 조항에 운송물의 멸실과 훼손에 이어 연착에 관해서도 아울러 규정하고 있다.

연착에 관하여 '인도지연'(引渡遲延, Delay in Delivery)이라는 용어를 사용하고 그 정의규정을 두어 '물품이 서면에 의하여 명시적으로 합의된 기간내에 또는 그러한 합의가 없는 경우 사안의 정황을 고려하여 성실한 운송인에게 요구되는 합리적인 기간 내에 인도되지 아니한 때'에 생긴다고 하고 있다. 그리고 이러한 인도지연 상태가 발생한 날로부터 60일이 지나도록 물품의 인도가 없는 경우에는 운송인에 대한 제재조치로서 화주가 일방적으로 멸실로 취급할 수 있는 선택권을 인정하고 있다.

연착손해(延着損害)에 관해서는 운송인이 배상해야 할 손해의 범위와 그 책임한도액이 주된 문제로 부각된다. 이 중 손해범위에 관해서는 연착의 결과 시장가격하락으로 인한 손실, 사용불능기간중의 경제적 손실에 관하여 어떠한 범위에서 운송인의 책임을 인정하여야 할 것인가는 무제한 간접손해의 적용[확대(擴大)]을 방지하려는 의미에서 중요한 문제이지만 조약안은 별도의 규정을 두지 않고 멸실・훼손의 경우와 함께 각국 국내법에 의한 손해배상의 일반원칙, 예컨대 '상당인과관계설'(相當因果關係說), '근인설'(近因說) 등에 따라 결정하도록 하고 있다.

6) 운송인의 개별적 책임제한

현행 조약에 의하면 해상운송인은 운송물의 종류 및 가액이 송화인에 의하여 통지되어 선하증권에 기재된 경우를 제외하고 운송물의 멸실 또는 손해에 관하여 개별포장 또는 단위에 대해 100파운드에 상당하는 금액을 한도로 그 배상책임이 제한되는데, 다만 이 기준금액은 금가치(金價値)의 단위를 말한다.

1968년 '선하증권조약개정의정서'['비스비 규칙']에서는 개별포장 또는 단위에 대한 책임한도액이 10,000포앙카레 프랑으로 인상되고 책임한도액 산정기준에 관하여 종래의 개별포장 방식 외에 중량방식을 병용하여 멸실 또는 손해를 입은 운송물의 총중량 1kg에 대해 30프랑으로 산출한 총액과 단위당 10,000프랑 중에 높은 금액이 운송인의 책임한도액으로 된다고 규정하고 있다.

또한 이 '비스비 규칙'은 개별포장단위의 적용과 관련하여 1924년 조약이 당초 예상한 포장형태, 예컨대 'Carton', 'Bale', 'Crate', 'Drum', 'Bundle' 등과는 현저한 차이가 있는 대형포장, 이를테면 'Pallet', 'Trailer', 'Skid' 등이 이용되고 특히 컨테이너가 등장한데 따라서 '컨테이너 약관'(Container Clause)을 채용하고 있다. 즉 운송물이 컨테이너・팔레트 또는 이와 유사한 운송용구에 적입된 경우 운송물의 개별포장 또는 단위의 개수가 선하증권에 기재되고 있는 때에는 그 개수가 책임한도액의 산출기준으로 되고, 그렇지 않은 경우 컨테이너 등의 운송용구 자체가 기준이 된다.

이외에 책임한도액 산출에 관한 금가치단위로서 '프랑'의 의의와 국내통화로의 환산 및 운송인의 개별적 유한책임의 배제사유에 관한 규정도 두고 있다. 참고로 이러한 해상운송인의 개별적 유한책임제도는 우리 상법상 전혀 고려하고 있지 않고 있음을 참고로 한다.

이에 대하여 UNCITRAL의 신 조약안은 1968년 '개정의정서' 규정을 기초로 성안된 것이지만, 책임제한제도의 기본적 구조 내지 책임제한방식을 어떻게 결정할 것인가를 중점으로 하여 심각한 의견대립을 보이고 있는 바, 책임제한 단위인 금액의 수준[기준(基準)]에 관해서는 후일의 조약채택회의 등에서 정책적인 결정에 일임하고 있다.

7) 운송인의 책임과 청구권 경합

이상의 조약안에 의한 운송인의 책임은 운송인 자신의 계약책임, 곧 운송계약상 채무불이행책임이다. 따라서 이와 함께 또는 별도로 동일한 손해에 관하여 운송인 자신의 불법행위책임 및 운송인의 사용인 또는 대리인의 불법행위책임을 문제로 삼는 경우가 있을 수 있다.

우선 이른바 청구권경합설의 입장에서 운송물의 손해에 관하여 가사 운송인 책임을 불법행위를 청구원인으로 하여 소구(訴求)할 수 있다고 하면 운송인이 향유할 수 있는 조약상 책임 내지 항변사유가 무의미하게 될 우려가 있다.

1968년 '개정의정서'는 이러한 불합리성을 배제하기 위하여 운송인의 책임에 관한 항변 및 한도는 소송이 계약에 의거한 것인가 불법행위에 의거한 것인가를 불문하고 운송계약이 적용되는 운송물의 멸실 또는 훼손에 관한 운송인에 대한 모든 소송에 적용된다는 뜻을 규정하고 있다. UNCITRAL의 조약안도 이 입장을 그대로 채용하고 있는데, 다만 조약안에서는 운송인 책임의 일반원칙에 따라서 손해원인으로서 인도지연의 경우도 명정되고 있다.

다음에 운송물의 손해에 관하여 운송인을 상대로 하지 않고 직접 당해 손해를 일으킨 선장 그 밖의 운송인의 사용인 등을 상대로 불법행위 책임을 소구할 수 있다고 하면, 운송인은 실질적으로 조약상 항변 내지 책임제한의 이익을 박탈당하는 결과가 될 것이다. 이러한 문제를 해결하기 위하여 1968년 '개정의정서'는 운송인 또는 그 대리인도 운송인이 조약상 향유할 수 있는 항변사유 및 책임제한을 원용할 수 있다고 하는 소위 '히말라야 약관'('Himalaya Clause', 'Alder v. Dickson Clause')을 신설하고 있다.

'히말라야 약관'은 선하증권에 기재되어 있는 이행보조자의 면책약관을 말한다. 곧 선하증권상 운송인의 사용인 · 대리인 · 하청운송인 등 이행보조자의 면책을 규정한 약관으로 이 명칭은 지중해를 항해하는 여객선 '히말라야호 사건'에서 비롯된다.

히말라야호는 승선권에 운송인의 사용인에 대한 면책을 기재하지 않아 이에 대한 소송이 야기되었는데, 이에 영국의 법원은 승선권에 운송인의 사용인 또는 대리인에게도 운송인의 면책약관이 적용된다는 사실이 명시되어 있지 않는 한, 운송인의 사용인 등은 이를 주장할 수 없다고 판결하였다. 이에 따라 운송인보다 이행보조자가 더 큰 책임을 부담하는 불합리한 경우가 발생할 소지가 있으므로 이를 약관으로 규정한 것이다.

이 약관에 의해 운송인이 발행한 선하증권에서 이행보조자는 운송인과 동일한 면책과 책임제한을 받으며, 화물의 손상에 대해서 하주로부터 배상청구를 받지 않게 되었다.

이 약관의 배경이 된 'Alder v. Dickson' 사건은 영국의 유명한 'P&O 기선회사(汽船會社, Peninsular and Oriental Steam Navigation Co.)의 히말라야호의 여객 Alder 부인이 선원의 과실로 현제(舷梯)로부터 추락하여 중상을 입었기 때문에 제기된 것이다. 선주는 승선권(乘船券)의 과실약관에 의하여 면책되기 때문에 피해자는 선장 및 갑판원을 상대로 소송을 제기하였다. 피고는 선주의 과실약관을 원용하여 면책을 주장하였으나, 법원은 계약당사자가 아닌 선원은 이를 원용할 수 없다는 이유로 원고승소(原告勝訴)의 판결을 내렸다. 이러한 경우 선원의 면책은 결국 선주의 부담으로 환원되는 것이기 때문에, 이 사건의 판결에 충격을 받은 선주는 선하증권에 선원 그 밖의 이행보조자도 선주의 면책 또는 책임제한의 사유를 원용할 수 있도록 하는 약관을 삽입하게 되었다. 당해 약관 명칭은 이 사건을 계기로 이용하게 되었다고 하여 '히말라야 약관' 또는 'Alder v. Dickson Clause'로 불리고 있다.

신 조약안도 이와 같은 원칙을 채용하고 있는데, '개정의정서'의 규정과는 두 가지 점에서 서로 다르다. 그 하나는 운송인의 사용인 · 대리인의 범위에 관하여 '개정의정서'는 독립계약자(獨立契約者, Independent Contractor)가 아니어야 한다는 제한문구를 부가하고 있는데 반하여, 신 조약안은 이러한 제한이 없다. 따라서 신 조약안에서는 일응 하역업자(Stevedore) 등이라도 운송인의 항변사유와 책임제한을 원용할 수 있게 되었다.

다른 하나는 신 조약 하에서는 운송인·대리인이 이 항변사유나 책임제한을 원용하기 위해서는 '그 직무범위 내에서 행위를 하고 있었다'(Acted within the Scope of his Employment)는 것을 증명하여야 한다는 점이다. 그리고 운송인·사용인 등이 운송인의 조약상 책임규정에 관한 원용권(援用權)의 상실에 관해서는, 신 조약안은 '개정의정서'의 규정과 같이 그 행사를 허용하지 않고 있다. 다만 '개정의정서'의 입장과 다른 점은 '개정의정서'는 운송인의 사용인 등이 원용권을 상실하는 것이 조약상 운송인의 '항변사유와 책임제한'(Defences and Limits of Liability)이라고 하고 있는데 반하여, 신 조약안에서는 이를 운송인 자신의 책임제한과 이익상실에 관한 규정에 함께 규율하고 있는 관계로 '책임제한의 이익'(Benefit of such Limitation of Liability)에 관해서만 원용권을 잃는 것으로 되어 있는 점이다.

이러한 운송인과 그 사용인 등과의 이른바 '이주체 간의 청구권경합'(異主體間請求權競合)의 문제와 관련하여 신 조약안은 운송인과 그 사용인 등의 손해배상금 총액은 조약상의 책임한도액을 초과하지 못한다고 규정하고 있는데 이는 개정의정서의 원칙과 마찬가지이다.

항공 및 육상운송법규

제1절 항공운송

1 항공운송의 개요

'항공운송'(Air Transport)은 해상이나 육상운송에 견줄 경우 즉시성·비계절성·편도성 등의 특징이 있다. 곧 항공운송은 해상운송이나 다른 운송수단을 이용하는 것보다 신속하게 화물을 운송할 수 있을 뿐만 아니라 기회비용이 중요시되는 계절유행 물품이나 납기가 촉박한 물품 및 즉시성을 요하는 고가의 물품 등과 같이 긴급물품의 수송에 적절하다.

항공운송은 안전수송이라는 관점에서 손실·분실·훼손의 위험이 있는 물품이면서 속히 전달되어야 하는, 예컨대 식료품, 생화(生花)·방사성 물질·신문·잡지·귀금속 및 선적서류 등의 긴급운송에 적의 이용된다.

2 항공운송주선업자

해상운송과 같이 소량화물의 운송에 있어 항공운송의 경우도 '항공운송주선업자'(航空運送周旋業者, Air Freight Forwarder)가 개입하여 이루어지는 경우가 많다. 이 경우 항공운송주선업자란 항공화물만을 전문으로 취급하며, 항공운송과 관련된 일체의 서비스를 제공하며, 화주를 위해 가장 유리하게 국제항공운송 및 이에 부수되는 업무 일체를 일관된 책임 하에 주선 또는 수행하는 자를 말한다.

이러한 관점에서 항공운송주선업자는 단순하게 화주의 대리인으로서 항공운송관련 업무를 취급하는 '항공화물대리점'(航空貨物代理店, Air Cargo Agents)과는 그 성격이

상이하나 실무상 그 명칭과 업무는 동일한 것으로 통칭되고 있음이 일반적이다.

3 항공운송인의 책임

1929년 '국제사법회의'(國際私法會議)에서 제정된'국제항공운송에 관한 규칙의 통일에 관한 조약'(Convention for theUnification of Certain Rules Relating to International Carriage by Air)과 1955년 '헤이그 의정서'(Hague Protocol)를 총칭하여 '바르샤바조약'(Warsaw Convention)이라 하는데, 동 조약에 의하면 항공운송인의 책임은 해상운송에 관한 'Hague Rules'이나 'Hamburg Rules'와 같이 '과실책임주의'(過失責任主義)를 취하고 있다. 즉 항공운송인은 항공운송 중 손해를 방지하기 위하여 모든 조치를 취했거나 취할 수 없었다는 것을 증명하지 않는 한, 면책되지 않는다.

항공운송인이 화물손해에 대해 책임을 지는 구간[기간(期間)]은 항공운송중 화물이 운송인의 관리 하에 있는 동안이다.

4 항공운송관련 국제기구

(1) 국제민간항공기구

'국제민간항공기구'(國際民間航空機構, International Civil Aviation Organization, ICAO)는 세계 민간항공의 평화적이고 건전한 발전을 도모하기 위하여 1947년에 발족한 국제연합 전문기구이다. 곧 ICAO는 민간항공의 안전과 발전을 주목적으로 하는 정부 차원의 국제협력기구로서 1944년 시카고에서 52개국 대표가 모여 설립을 결정한 '국제민간항공조약'['시카고 조약']에 의거하여 설립되었다.

1947년 UN 경제사회이사회 산하 전문기구가 되었다. 주요 업무는 항공기 · 승무원 · 통신 · 공항시설 · 항법 등 그 기술면에서의 표준화와 통일을 위해 연구하며 그 결과를 회원국에 제공한다.

ICAO의 주요 기관으로는 총회 · 이사회 · 사무국이 있다. 이사회 보조기관으로는 '항공항행위원회'(Air Navigation Commission) · '항공운송위원회'(Air Transport Commission) · '법률위원회'(Legal Commission) 등이 있다. 사무국은 '항공항행국'(Air Navigation Bureau) · '항공운송국'(Air Transport Bureau) · '기술지원국'(Technical Cooperation Bureau) ·

'행정업무국'(Bureau of Administration and Services) · '법률국'(Legal Bureau)의 5개 국으로 나누어져 있다.

총회는 통상 3년마다 열리며, 우리나라는 1952년에 가입하였으며, 2001년 상임이사국이 되었다. 2004년 1월 현재 가입국은 188개국이며, 본부는 캐나다 몬트리올에 있다.

요컨대, ICAO는 전세계 국제민간항공의 안전성확보, 평화적 목적을 위한 항공기의 설계와 운영기술 장려, 국제민간항공을 위한 항공로 · 공항 및 항공보안시설의 발전 촉진, 불합리한 경쟁으로 인한 경제적 낭비방지 등에 그 목적을 두고 있다.

(2) 국제항공운송협회

'국제항공운송협회'(國際航空運送協會, International Air Transport Associationl, IATA)는 각국 정부의 협력기관인 '국제민간항공기구'(ICAO)에 대응하여 국제민간항공에 종사하는 각국의 정기 항공회사에 의해 1945년에 설립된 민간차원의 국제기구로서 주요 임무는 운송업무에 대하여 각 항공회사와 협력함과 동시에 부당한 경쟁을 방지하고, 민간항공 발달을 위해 필요한 여러 가지 전문적 문제의 공동연구, 그 밖의 국제기구와의 협력 등이며, 현재 국제항공요금 결정기구로서 공인되고 있다.

조직은 총회 · 집행위원회 이외에 재정 · 기술 · 법무 · 운수 · 보건 등 5개 상설위원회가 있고 해마다 연차 총회가 열린다. 그 주요 내용은 항공운송 발전과 제반 문제 연구, 안전하고 경제적인 항공운송, 회원 업체 간 우호증진, ICAO 등과의 협력, 국제항공운임의 결정, 항공기 운항 관련 제반 양식의 통일, 서비스의 개선 등의 활동을 한다.

설립 초기 유럽과 북아메리카에서 31개국 57개 회원으로 시작했으나, 2004년 현재 130여 개국에서 276개사가 회원으로 가입하고 있다. 우리나라는 대한항공이 1989년 정회원, 아시아나항공이 2002년 정회원으로 가입하였다. 본부는 캐나다 몬트리올, 스위스 제네바, 싱가포르에 있다.

제2절 항공운송과 운송서류

1 항공화물운송장의 의의

'항공화물운송장'은 항공회사가 화물을 항공으로 운송하는 경우 발행하는 '화물수취증'(貨物收取證)으로서 '항공운송장'(航空運送狀, Air WayBill) 또는 '항공화물수취증'(航空貨物收取證, Air Consignment Note)이라고 부른다.

'항공화물운송장'은 화물의 수취를 증명하는 영수증에 불과하며 유통이 불가능하다는 특징이 있다. 앞서 살핀 바와 같이 이는 해상운송에서의 선하증권(B/L)과는 구별되는 차이점이다.

2 항공화물운송장의 기능

항공화물운송장은 화물의 수취를 증명하는 영수증으로써 유통이 불가능하다. 이는 해상운송에서 발행되는 선하증권이 화물수취를 증명함과 함께 유가증권적인 성격을 가지는 것과는 차이가 있다.

항공화물운송장이 갖는 기능은 위탁된 화물을 수령하였다는 수취증, 운송계약체결에 대한 문면의 증거서류, 대금청구서, 세관신고서, 송화인이 보험에 가입한 경우 보험가입의 증명서류 등으로 요약된다.

3 항공화물운송장의 구성

항공화물운송장은 3장(Triplicate)의 원본과 여러 통의 부본으로 구성된다. 제1원본은 녹색으로 '운송인용'(運送人用)이라고 기재하고 송화인이 서명한다. 이는 운임 및 회계처리에 사용되며 송화인과 운송인 간에 운송계약이 성립되었음을 증명하는 서류가 된다.

제2원본은 적색으로 '수화인용'(受貨人用)으로 기재하고 송화인 및 항공사가 서명하여 화물과 함께 이를 도착지에서 수화인에게 인도한다.

제3원본은 청색으로 '송화인용'(送貨人用)으로 운송인이 서명하여 화물인수 후 송화인에게 교부한다. 이는 운송인이 화물을 수령하였다는 수령증이며 운송계약을 체결했다는 증거서류가 된다. 이와 함께 발행되는 부본은 화물인도의 증명서, 운송계약의 이행증거서류, 운송인의 대리점 보관용 등의 용도로 사용된다.

4 항공화물의 운송절차

(1) 수출화물에 대한 항공운송절차

① 수입상[매수인(買受人)]과 매매계약[주계약(主契約)]이 체결되어 수출을 위한 준비단계가 완료되면 화물의 출고시간에 맞추어 운송수단을 선정하고 해당항공사에 예약[Booking]을 한다.

② 화물운송 예약 시에는 '항공운송장'(Airwaybill) 번호・출발지 및 도착지・포장 및 개수・포장단위별 중량 및 부피・물품명 등과 함께 지정 항공편에 예약을 의뢰한다.

③ 수출서류를 준비하고 물품을 포장하여 수출통관[Custom Clearance] 준비를 한다.

④ 포장이 완료된 화물을 보세구역(保稅區域)에 반입하고 상업송장, 포장명세서 등 서류와 함께 수출신고서에 첨부하여 관할세관에 제출한 후 수출면장을 교부받는다.

⑤ 항공사 또는 그 대리점에서 항공운송장을 발급받고 화물의 내용에 따라 적절한 표식(表式)을 붙인다.

⑥ 탑재가 결정된 화물은 적하목록(積荷目錄, Manifest)에 기재하고 작성된 적하목록의 세관제출용(稅關提出用)을 세관에 제출하여 화물의 반출허가를 받는다.

⑦ 적하목록의 화물반출체크용을 가지고 화물장치장에서 탑재할 화물을 구별하여 행선지별로 컨테이너, 팔레트 등에 적재하고 해당 항공기에 탑재하여 출항시킨다.

▌항공화물운송장(Air Way Bill) 견본▌

SHIPPER'S NAME AND ADDRESS | SHIPPER'S ACCOUNT NUMBER

Not negotiable House Air Waybill (Air Consignment note)

HYUNDAI
LOGISTICS CO., LTD.
THE KOREA CHAMBER OF COMMERCE & INDUSTRY 45, NAMDAEMUNNO 4 GA, JUNG GU, SEOUL 100 743, KOREA
TEL:2170-3355 FAX:723-6778, 723-6779
IATA

CONSIGNEE'S NAME AND ADDRESS | CONSIGNEE'S ACCOUNT NUMBER

Copies 1, 2 and 3 of this Air Waybill are originals and have the same validity.

MAWB NO:

It is agreed that the goods described herein are accepted in apparent good order and condition (except as noted) for carriage SUBJECT TO THE CONDITIONS OF CONTRACT ON THE REVERSE HEREOF. THE SHIPPER'S ATTENTION IS DRAWN TO THE NOTICE CONCERNING CARRIER'S LIMITATION OF LIABILITY. Shipper may increase such limitation of liability by declaring a higher value for carriage and paying supplemental charge if required.

ISSUING CARRIER'S AGENT NAME AND CITY

HYUNDAI LOGISTICS CO., LTD.

SEOUL, KOREA

ALSO NOTIFY NAME AND ADDRESS(OPTIONAL ACCOUNTING INFORMATION)

AGENT'S IATA CODE | ACCOUNT NO.

ACCOUNTING INFORMATION

AIRPORT OF DEPARTURE (ADDR OF FIRST CARRIER) AND REQUESTED ROUTING

to	By first Carrier / Routing and Destination	to	by	to	by	CURRENCY	CHGS CODE	WT/VAL (PPD / COLL)	OTHER (PPD / COLL)	DECLARED VALUE FOR CARRIAGE	DECLARED VALUE FOR CUSTOMS

Airport of Destination	Flight/Date	Flight/Date	AMOUNT OF INSURANCE	INSURANCE - If Carrier offers insurance, and such insurance is requested in accordance with conditions on reverse hereof, indicate amount to be insured in figures in box marked 'amount of insurance'

HANDLING INFORMATION

NO. OF PIECES RCP	GROSS WEIGHT	kg lb	RATE CLASS / COMMODITY ITEM NO.	CHARGEABLE WEIGHT	RATE / CHARGE	TOTAL	NATURE AND QUANTITY OF GOODS (INCL. DIMENSIONS OR VOLUME)

PREPAID	WEIGHT CHARGE	COLLECT	Other Charges
	VALUATION CHARGE		
	TAX		
	TOTAL OTHER CHARGES DUE AGENT		Shipper certifies that the particulars on the face hereof are correct and that insofar as any part of the consignment contains dangerous goods, such part is properly described by name and is in proper condition for carriage by air according to the applicable Dangerous Goods Regulations.
	INSURANCE PREMIUM		Signature of Shipper or his Agent
TOTAL PREPAID		TOTAL COLLECT	
Currency Conversion Rates		cc charges in Dest. Currency	Executed on (Date) at (Place) Signature of Issuing Carrier or its Agent
FOR CARRIERS USE ONLY AT DESTINATION		CHARGES AT DESTINATION	TOTAL COLLECT CHARGES

(2) 수입화물에 대한 항공운송절차

① 항공기가 도착하면 기내검역이 행해지고 출발지에서 보내온 하역지시서(荷役指示書)에 따라 하역작업이 행해진다.

② 하역된 화물은 분류장에 운반되어 서류와 함께 점검하고 분류하여 보세창고에 보관되며 관련서류는 항공사가 보관한다.

③ 자가보세장치장(自家保稅藏置場)을 가진 수화인은 공항에서 즉시 화물을 인수할 수 있도록 되어 있으며, 항공운송장의 분류·정리가 끝나면 수화인에게 전화나 전신으로 도착통지를 한다.

④ 수입통관 업무는 수화인 또는 수화인으로부터 지정받은 통관업자가 행하며, 항공사로부터 항공운송장을 인수받은 수화인 또는 통관업자는 수입신고서를 세관에 제출하고 수입허가를 취득하여 통관·인수하면 모든 절차가 종료된다.

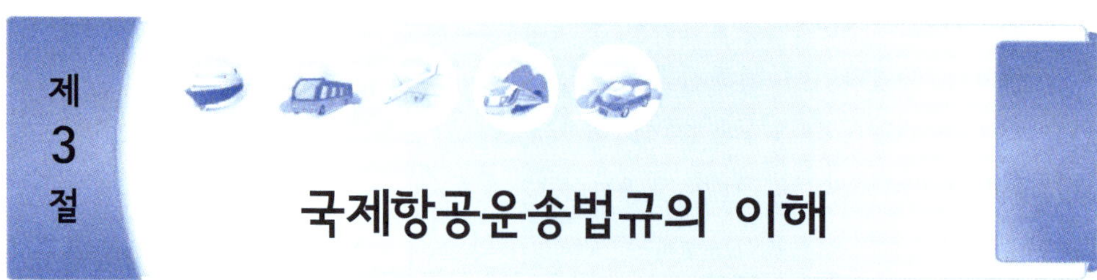

제3절 국제항공운송법규의 이해

1 국제항공 운송에 관한 일부규칙의 통일을 위한 협약

(1) '바르샤바 협약 (1929)'의 의의와 특징

'국제항공운송에 관한 일부규칙의 통일을 위한 협약'(Convention for the Unification of Certain Rules Relating to International Transportation by Air, '바르샤바 협약')이라 함은 항공운송인과 여객 및 화물의 송화인간의 사법적 법률관계에 관한 각국의 법체제가 상이하여 야기되는 불편을 없애기 위하여 1929년 10월 바르샤바에서 체결된 국제협약을 말한다.

항공운송인의 책임에 관한 협약의 제정을 위한 최초의 국제회의는 1925년 10월 파리에서 프랑스 정부에 의하여 개최되었다. 이 회의에서는 협약초안의 작성을 위한 자문기관으로서 국제항공법 전문가위원회를 설치하였다. 여기서 작성한 협약초안은 1929년 10월 12일 바르샤바 국제회의에 상정되어 공식명칭으로서 '국제항공운송에 관한 일부규칙의 통일을 위한 협약'으로 성립되고, 이 협약은 제37조 2항의 규정에 따라 다섯 번째의 비준서가 기탁된 후 1933년 2월 13일에 발효되었다.

(2) '바르샤바 협약 (1929)'의 구성과 내용

1) 적용범위 및 정의

첫째 이 협약은 항공기에 의하여 유상으로 행하는 승객, 수화물 또는 화물의 모든 국제운송에 적용한다. 이 협약은 또한 항공운송기업이 항공기에 의하여 무상으로 행하는 운송에도 적용한다.

둘째 이 협약의 적용에 있어서 '국제운송'(國際運送)이라 함은 운송의 중단 또는 환적 여부에 관계없이, 당사자 간 약정에 따라 출발지 및 도착지가 2개의 체약국 영역 내에 있는 운송이나 또는 출발지 및 도착지가 단일의 체약국의 영역 내에 있고 또 합의된 기항지가 이 협약의 체약국의 여부를 불문하고 타국의 주권·종주권·위임통치 또는 권력 하에 있는 영역 내에서의 운송을 말한다. 동일한 체약국의 주권·종주권·위임통치 또는 권력 하에 있는 영역 간의 운송으로서 그러한 예정된 기항지가 없는 것은 이 협약의 적용에 있어서 국제운송으로 보지 아니한다.

셋째 둘 이상의 운송인이 계속하여 행하는 항공운송은 당사자가 단일의 취급을 한 경우에는 단일의 계약형식에 의하거나 또는 일련의 계약형식 여부에 관계없이 본조의 적용에 있어서 불가분의 운송을 구성하는 것으로 보며, 또 이러한 운송은 단일계약이거나 또는 일련의 계약이 동일한 체약국의 주권·종주권·위임통치 또는 권력 하에 있는 영역 내에서 모두 이행되는 것이라는 사실만으로써 그의 국제적인 성질을 잃는 것은 아니다.

2) 적용범위

이 협약은 운송이 본 협약에 규정된 조건에 합치하는 한, 국가 또는 그 밖의 공법인에 의하여 행하는 운송에 적용한다. 다만 이 협약은 우편에 관한 국제협약에 따라 행하는 운송에는 적용하지 아니한다.

3) 여객항공표

첫째 여객운송에 있어서 운송인은 다음의 사항을 기재한 여객항공표를 교부하여야 한다. ① 발행의 장소 및 일자, ② 출발지 및 도착지, ③ 예정된 기항지(다만 운송인은 필요한 경우 그 기항지를 변경할 권리를 유보할 수 있으며, 또 운송인이 이러한 권리를 행사한다 하더라도 그 변경은 당해 운송의 국제적인 성질을 잃게 하지는 아니한다), ④ 운송인의 명칭과 주소, ⑤ 운송이 이 협약에 정하여진 책임에 관한 규칙에 따른다는 표시 등이다.

둘째 여객항공표의 부존재·불비 또는 멸실은 운송계약의 존재 또는 효력에 영향을 미치는 것이 아니며, 운송계약은 이 경우에도 이 협약의 규정에 적용을 받는다. 다만 운송인은 여객항공표를 교부하지 아니하고 여객을 인수한 때에는 운송인의 책임을 배제하거나 또는 제한하는 이 협약의 규정을 원용할 권리를 갖지 못한다.

4) 수화물표

첫째 여객이 보관하는 휴대품 이외의 수화물의 운송에 있어서는, 운송인은 수화물표를 교부하여야 한다.

둘째 수화물표는 2통으로 작성하여야 한다. 그 중의 1통은 '여객용'(旅客用)으로 하고 또 다른 1통은 '운송인용'(運送人用)으로 한다.

셋째 수화물표에는 다음의 사항을 기재하여야 한다. ① 발행의 장소 및 일자, ② 출발지 및 도착지, ③ 운송인의 명칭과 주소, ④ 여객항공표의 번호, ⑤ 수화물표의 소지인에게 수화물을 인도한다는 뜻의 표시, ⑥ 소포의 개수 및 중량, ⑦ 신고된 가액, ⑧ 운송이 이 협약에서 정하는 책임에 관한 규정에 따른다는 뜻의 표시 등이다.

넷째 수화물표의 부존재·불비 또는 멸실이 운송계약의 존재 또는 효력에 영향을 미치는 것은 아니며, 운송계약은 이 경우에도 이 협약의 규정에 적용을 받는다. 다만 운송인이 수화물표를 교부하지 아니하고 수화물을 인수하거나, 또는 수화물표에 정하여진 사항의 기재가 없는 때에는, 운송인은 그의 책임을 배제하거나 또는 제한하는 이 협약의 규정을 원용하는 권리를 갖지 못한다.

5) 항공화물운송장

첫째 화물의 모든 운송인은 송화인에 대하여 항공화물운송장이라는 서류를 작성하여 이의 교부를 청구할 권리를 갖는다. 모든 송화인은 운송인에 대하여 그 서류의 수령을 청구할 권리를 갖는다.

둘째 이러한 서류의 부존재, 불비 또는 멸실은 운송계약의 존재 또는 효력에 영향을 미치는 것이 아니며, 운송계약은 이 경우에도 제9조의 규정에 따르는 것을 조건으로 이 협약의 규정에 적용을 받는다.

6) 항공화물운송장의 발행과 작성

첫째 항공화물운송장은 송화인이 원본 3통을 작성, 이를 화물과 함께 교부하여야 한다. 제1의 원본에는 '운송인용'(運送人用)이라고 기재하고 송화인이 이에 서명하여야한다. 제2의 원본에는 '수화인용'(受貨人用)이라고 기재하고 송화인 및 운송인이 이에 서명한 후 이를 화물과 함께 송부하여야 한다. 제3의 원본에는 운송인의 서명하여야 하며, 이는 화물을 인수한 후에 송화인에게 교부하여야 한다. 운송인은 화물을

인수한 때에 서명하여야 한다. 운송인의 서명은 타인(打印)으로써 이에 대체할 수 있다. 송화인의 서명은 인쇄 또는 타인으로써 이에 대체할 수 있다. 또한 운송인은 송화인의 청구에 따라 항공화물운송장을 작성한 경우 반증이 없는 한. 송화인에 대신하여 이를 작성한 것으로 본다.

둘째 화물의 운송인은 2개 이사의 포장이 있는 경우 송화인에 대하여 각각 항공화물운송장을 작성할 것을 청구할 권리를 갖는다.

셋째 항공화물운송장에는 다음의 사항을 기재하여야 한다. ① 작성의 장소 및 일자, ② 출발지 및 도착지, ③ 합의된 기항지(다만 운송인은 필요한 경우 그 기항지를 변경할 권리를 유보할 수 있으며, 또 운송인이 이러한 권리를 행사한다 하더라도 그 변경은 당해 운송의 국제적인 성질을 잃게 하지는 아니한다), ④ 송화인의 명칭 및 주소, ⑤ 최초의 운송인의 명칭 및 주소, ⑥ 필요한 경우에는 수화인의 명칭 및 주소, ⑦ 화물의 종류, ⑧ 포장의 개수·방법·특별한 기호 또는 번호, ⑨ 화물의 중량·수량·용적 또는 크기, ⑩ 화물 및 포장의 외관상태, ⑪ 운임을 약정한 경우에는 그 운임, 지급의 기일과 장소 및 지급인, ⑫ 대금과 상환으로 발송하는 경우에는 화물의 대금 및 필요한 비용액, ⑬ 신고된 가액, ⑭ 항공화물운송장의 통수, ⑮ 항공화물운송장에 첨부하기 위하여 운송인에게 교부된 서류, ⑯ 특약이 있는 경우에는 운송의 기한 및 경로의 개요, ⑰ 운송이 이 협약에 정하여진 책임에 관한 규정에 따른다는 뜻의 표시 등이다.

7) 협약의 원용

운송인이 항공화물운송장 없이 화물을 인수하거나 또는 항공화물운송장이 규정된 모든 명세를 기재하지 아니한 경우 운송인은 그의 책임을 배제하거나 또는 제한하는 이 협약의 규정을 원용할 권리를 갖지 못한다.

8) 송화인의 책임

송화인은 화물에 관하여 항공화물운송장에 기재된 명세 및 신고가 정확하다는 것에 대하여 책임을 진다. 나아가 송화인은 전기의 명세 및 신고의 불비·부정확 또는 불완전한 것으로 인하여 운송인 또는 그 밖의 자가 입은 모든 손해에 대하여 책임을 진다.

9) 항공화물운송장의 효과

항공화물운송장은 계약의 체결·화물의 수령 및 운송의 조건에 관한 추정적인 증거가 된다. 또한 화물의 중량·크기와 포장 및 포장의 개수에 관한 항공화물운송장의 기재는 그 기재된 사실에 대한 추정적인 증거가 된다. 화물의 수량·용적 및 상태에 관한 기재는 운송인이 송화인의 입회하에 화물을 점검하고 그 뜻을 항공화물운송장에 기재한 경우 또는 화물의 외관상태에 관한 기재의 경우를 제외하고는 운송인에 대하여 불리한 증거를 구성하는 것은 아니다.

10) 계약책임

첫째 송화인은 운송계약으로부터 발생하는 모든 채무를 이행할 것을 조건으로 출발공항 또는 도착공항에서 화물을 회수하거나, 운송도중 착륙할 때에 화물을 유지하거나 또는 항공화물운송장에 기재한 수화인 이외의 자에 대하여 도착지에서 또는 운송도중에 화물을 인도하거나, 또는 출발공항으로 화물의 반송을 청구하는 것으로 인하여 화물을 처분할 권리를 갖는다. 다만 그 권리의 행사로 인하여 운송인 또는 그 밖의 송화인을 해하여서는 아니 되며, 또 그 행사로 의하여 생긴 비용을 부담하여야 한다.

둘째 운송인은 송화인의 지시에 따를 수 없는 경우 즉시 그 뜻을 송화인에게 통지하여야 한다.

셋째 운송인은 송화인에게 교부한 항공화물운송장의 제시를 요구하지 아니하고 화물의 처분에 관한 송화인의 지시에 따른 경우에는 이로 인하여 그 항공화물운송장의 정당한 소지인에게 입힌 손해에 대하여 책임을 진다. 다만 이로 인하여 송화인에 대한 운송인의 상환청구권을 침해하는 것은 아니다.

넷째 송화인의 권리는 수화인의 권리가 발생한 경우에는 소멸한다. 다만 수화인이 항공화물운송장 또는 화물의 수령을 거부한 경우 또는 수화인을 알 수 없는 경우 송화인은 그 처분의 권리를 회복한다.

11) 제한요건

첫째 화물이 도착지에 도착한 경우 수화인은 운송인에 대하여 채무액을 지급하고 항공화물운송장에 기재된 운송조건을 충족한 경우 항공화물운송장의 교부 및 화물의 인도를 청구할 권리를 갖는다. 별도의 합의가 없는 한, 운송인은 화물이 도착한 때에는 그 사실을 수화인에게 통지할 의무를 갖는다.

둘째 운송인이 화물의 멸실을 인정하거나 또는 화물이 도착할 날로부터 7일의 기간이 경과하여도 도착되지 아니한 경우 수화인은 운송인에 대하여 운송계약으로부터 생기는 권리를 행사할 수 없다.

12) 권리행사

송화인 및 수화인은 계약에 의하여 부담하는 채무를 이행하는 것을 조건으로 하여 자신을 위하거나 또는 타인을 위하거나를 불문하고 각자의 이름으로 송화인 및 수화인 각각에게 부여된 모든 권리를 행사할 수 있다.

13) 책임체계

첫째 송화인은 화물이 수화인에게 인도되기 전에 세관, 입시세관 또는 경찰의 절차를 이행하기 위하여 필요한 정보를 제공하고 또 필요한 서류를 항공화물운송장에 첨부하여야 한다. 송화인은 운송인에 대하여 그 정보 및 서류의 부존재·부족 또는 불비로부터 생기는 손해에 대하여 책임을 진다. 다만 그 손해가 운송인 또는 그 대리인의 과실로 인한 경우에는 그러하지 아니하다.

둘째 운송인은 그러한 정보 및 서류가 정확한가의 여부 또는 충분한가의 여부를 검사하여야 의무를 지지 아니한다.

14) 운송인의 책임

① 운송인은 승객의 사망 또는 부상 또는 그 밖의 모든 신체적인 장해의 경우의 손해에 대하여서는 그 손해의 원인이 된 사고가 항공기내에서 발생하였거나 또는 승강(乘降)을 위한 작업중에 발생하였을 경우에는 이에 책임을 진다.

② 운송인은 탁송수화물(託送手貨物) 또는 화물의 파괴·멸실 또는 손상된 경우의 손해에 대하여서는 그 손해의 원인이 된 사고가 항공운송중에 발생하였을 경우에는 이에 책임을 진다.

③ 항공운송중이라 함은 수화물 또는 화물이 공항 또는 항공기내에서 또는 공항 이외에 착륙한 경우에는 장소의 여하를 불문하고 운송인의 관리하에 있는 기간을 말한다.

④ 항공운송의 기간에는 공항 이외에서 행하는 육상운송·해상운송 또는 하천운송의 기간을 포함하지 아니한다. 다만 이러한 운송이 항공운송계약의 이행에 있어서 적재, 인도 또는 환적을 위하여 행하여진 경우 손해는 반증이 없는 한 모든 항공운송중의 사고로부터 발생하는 것으로 추정된다.

⑤ 운송인은 여객·수화물 또는 화물의 항공운송에 있어서의 연착(延着)으로부터 발생하는 손해에 대하여 책임을 진다.

⑥ 운송인은 운송인 및 그의 대리인이 손해의 방지에 필요한 모든 조치를 취하였다는 사실 또는 그 조치를 취할 수 없었다는 사실을 증명한 경우에는 이에 책임을 지지 아니한다.

⑦ 화물 및 수화물의 운송에 있어서는 운송인은 손해가 조종 및 항공기의 취급 또는 항행에 관한 과실로부터 발생하였다는 사실 및 운송인과 그의 대리인이 그 밖의 모든 점에서 손해를 방지하기 위하여 필요한 모든 조치를 취하였다는 사실을 증명한 경우에는 이에 책임을 지지 아니한다.

⑧ 피해자의 과실이 손해의 원인이 되었거나 또는 그 원인의 일부가 되었다는 사실을 운송인이 증명한 경우 법원은 자국의 법률의 규정에 따라 운송인의 책임을 면제하거나 또는 경감을 할 수 있다.

15) 손해배상

첫째 여객운송에 있어서는 각 여객에 대한 운송인의 책임은 125,000프랑의 금액을 한도로 한다. 소송이 제기된 법원에 속하는 국가의 법률에 따라 손해배상을 정기지급의 방법으로 할 것을 판결할 수 있는 경우 정기지급금의 원금은 125,000프랑을 초과하여서는 아니 된다. 그러나 여객은 운송인과의 특약에 의하여 보다 고액의 책임한도를 정할 수 있다.

둘째 탁송수화물 및 화물의 운송에 있어서는 운송인의 책임은 1kg당 250프랑의 금액을 한도로 한다. 다만 송화인이 운송인에게 교부함에 있어서 인도시의 가액을 특별히 신고하고 또 필요로 하는 종가요금(從價料金)을 지급한 경우에는 그러하지 아니하다. 이 경우에는 운송인은 신고된 가액이 인도시 송화인에 있어서의 실제의 가치를 초과하는 것을 증명하지 아니하는 한, 신고된 가액을 한도로 하는 금액을 지급하여야 한다.

셋째 여객이 보관하는 물건에 관해서는 운송인의 책임은 승객 1인에 대하여

5,000프랑의 금액을 한도로 한다. 이 금액은 순분 1,000분의 900의 금의 65.5mg으로 이루어지는 프랑스 프랑에 의하는 것으로 한다. 그 금액은 각국의 통화의 단수가 없는 금액으로 환산할 수 있다.

16) 운송인 책임의 면제

운송인의 책임을 면제하거나 또는 이 협약에 정하여진 책임한도액 보다 낮은 한도액을 정하는 모든 규정은 이를 무효로 한다. 그러나 전체적인 계약은 이러한 조항의 무효에 의하여 무효로 되지 아니하고 계속 이 협약의 규정에 적용을 받는다.

17) 분쟁해결

① 책임에 관한 소송은 명의의 여하를 불문하고 이 협약에 정하여진 조건 및 제한 하에서만 이를 제기할 수 있다. 다만 소송을 제기하는 권리를 가지는 자의 결정 및 이러한 자가 각자 가지는 권리의 결정에 영향을 미치지 아니한다.

② 손해가 운송인의 고의에 의하여 발생하거나 또는 소송이 제기되는 법원이 속하는 국가의 법률에 의하면 고의에 상당하다고 인정되는 과실에 의하여 발생하는 경우 운송인은 운송인의 책임을 배제하거나 제한하는 이 협약의 규정을 원용하는 권리를 갖지 못한다.

③ 운송인은 그의 대리인이 그 직무를 행함에 있어서 전항과 동일한 조건에서 손해를 발생시킨 경우에도 전항의 권리를 갖지 못한다.

④ 수화인이 이의 없이 수화물 및 화물을 수령한 경우 이것은 반증이 없는 한 수화물 및 화물이 양호한 상태로 또한 운송서류에 따라 인도되었다는 추정적인 증거가 된다.

⑤ 손상이 있는 경우 수화인은 손상을 발견한 후 즉시 늦어도 수화물에 있어서는 그 수령일로부터 3일 이내에, 화물에 있어서는 그 수령일로부터 7일 이내에 운송인에게 이의를 제기하여야 한다. 연착의 경우에는 이의는 수화인이 수화물이나 화물을 처분할 수 있는 날로부터 14일 이내에 이를 제기하여야 한다. 모든 이의는 운송서류에 유보를 기재함으로써 또는 전기의 기간 내에 별개의 서면을 발송함으로써 기재되어야 한다.

⑥ 소정의 기간 내에 이의를 제기하지 아니한 경우 운송인에 대한 소송은 운송인에게 사기가 있는 경우를 제외하고는 수리되지 아니한다.

⑦ 채무자가 사망한 경우 손해에 관한 소송은 이 협약에 정하여진 제한에 따라 채무자의 법률적인 승계인에 대하여 이를 제기할 수 있다.

⑧ 손해에 관한 소송은 원고의 선택에 따라 어느 1개의 체약국의 영역에 있어서 운송인의 주소지, 운송인의 주된 영업소의 소재지 또는 운송인이 계약을 체결한 영업소의 소재지의 법원 또는 도착지의 법원의 어느 쪽에 제기하여야 한다. 소송절차는 소송이 제기된 법원이 속하는 국가의 법률에 의한다.

⑨ 손해에 관한 권리는 도착지에서의 도착일, 항공기가 도착하여야 할 일자 또는 운송의 중지일로부터 기산하여 2년의 기한 내에 제기되지 아니하면 소멸된다. 출소기한의 계산방법은 소송이 제기된 법원의 국가의 법률에 의하여 결정된다.

⑩ 둘 이상의 운송인이 순차적으로 행하는 운송으로서 제1조 3항의 정의에 해당하는 경우 여객·수화물 또는 화물을 인도한 각 운송인은 이 협약의 규정에 적용을 받으며, 또 그는 운송인의 관리 하에 행하여지는 부분의 운송에 운송계약이 관련하는 한도에서 운송계약의 당자사의 1인으로 본다. 이 같은 운송의 경우 여객 또는 그의 권리의 승계인은 사고 또는 연착을 일으키게 한 운송을 행한 운송인에 대하여만 청구할 수 있다. 다만 명시적인 특약에 의하여 최초의 운송인이 전체운송에 대하여 책임을 지는 경우에는 그러하지 아니하다.

⑪ 수화물 또는 화물에 관해서는 여객 또는 송화인은 최초의 운송인에 대하여 그리고 인도받을 수 있는 권리를 가지는 여객 또는 수화인은 최후의 운송인에 대하여 청구할 수 있다. 또한 당해 여객·송화인 및 수화인은 파괴·멸실·손상 또는 연착이 발생하도록 운송을 한 운송인에 대하여 청구할 수 있다. 이러한 운송인은 당해 여객·송화인 및 수화인에 대하여 연대하여 책임을 진다.

18) 복합운송에 관한 규정

운송의 일부는 항공에 의하여 행하여지고 또 일부는 그 밖의 운송방식에 의하여 행하여지는 복합운송의 경우 이 협약의 규정은 항공운송에 대하여만 적용된다. 다만 그 항공운송의 조건에 합치하는 것인 경우에 한한다. 한편 이 협약의 규정은 복합운송의 경우 당사자가 항공운송서류에 다른 운송방식에 관련된 조건을 기재하는 것을 막는 것은 아니다. 다만 항공운송에 관하여서는 이 협약의 규정을 준수하여야 한다.

19) 총칙 및 최종규정

첫째 운송계약의 모든 약관 및 손해가 발생하기 전의 모든 특약은 당사자가 그 약관 또는 특약으로써 적용할 법률을 결정하거나 또는 재판관할권에 관한 규칙을 변경하는 것에 의하여 이 협약의 규정에 위반한 경우 이를 무효로 한다. 다만 화물운송에 있어서는 중재약관은 중재가 정해진 법원의 관할구역에서 행해지는 경우 이 협약의 제한 내에서 허용된다.

둘째 이 협약의 규정은 운송인이 운송계약의 체결을 거부하거나 또는 이 협약의 규정에 저촉되지 아니하는 조항을 정하는 것을 막는 것은 아니다.

셋째 이 협약은 항공기업이 정기항공로선의 개선을 위하여 최초의 시험으로서 행하는 국제항공운송 그리고 항공사업의 통상적인 업무의 범위 외에 있어서 예외적인 사정 하에서 행하여지는 운송에는 이를 적용하지 아니한다.

넷째 이 협약에 있어서 사용되는 일수(日數)는 거래일에 의하지 아니하고, 역일(曆日)에 의한다(이하 부칙조항은 생략한다).

2 국제항공 운송에 관한 일부규칙의 통일을 위한 협약의 개정의정서

(1) '헤이그 의정서 (1955)'의 의의

'바르샤바 협약'은 제2차 세계대전 후 항공기술과 항공기업의 급속한 발달에 따라 그 개정이 요구되었으며, 이에 국제민간항공기구(ICAO)에 의하여 1955년 9월 28일 헤이그의 국제항공사법회의에서 일부조항이 개정된 '헤이그 의정서'(Hague Protocol)가 채택되었다.

'헤이그 의정서'는 '바르샤바 협약'의 일부로서, 30번째의 비준서가 기탁된 후 1963년 8월 1일에 발효되었다. 이 협약은 현재 세계 100여 개 국이 가입하고 있으며, 우리나라는 1963년 8월에 '헤이그 의정서'에 가입함으로써 1967년 10월 11일부터 발효되고 있다.

그러나 미국이 '헤이그 의정서'의 비준을 거부하고 급기야 1965년 바르사바 협약의 탈퇴를 고려하자, 민간차원에서 국제항공운송협약(IATA)는 미국정부와 협의하여 1966년 5월에 '몬트리올 협정'(Montreal Agreement)을 채택하였다.

한편 각국의 정부차원에서 ICAO는 1968년 총회에서 '바르샤바 협약'을 개정하기로 결의하고 1971년 3월 과테말라 외교회의에서 '헤이그 의정서'에 의하여 개정된 '바르샤바 협약'을 개정한 '과테말라 의정서'(Guatemala Protocol)를 채택하였으나, 이는 각국의 이해관계가 복잡하여 아직 발효되지 아니하고 있다.

이어 ICAO 법률위원회는 1972년 9월에 '바르샤바 협약'의 화물에 관한 내용도 개정하기로 결정하고, 1975년 9월 몬트리올 외교회의에서는 모두 4종으로 구성된 '몬트리올 의정서'(Montreal Protocol)를 채택하였다.

이 중 제1추가의정서는 '바르샤바 협약'에 관한 내용, 제2추가의정서는 '헤이그 의정서'에 관한 내용, 제3추가의정서는 '과테말라 의정서'에 관한 내용, 제4의정서는 '바르샤바 협약'의 화물에 관한 내용을 각각 수정 · 보완한 것이나, 이는 아직 발효되지 아니하고 있다.

앞의 1929년 '바르샤바 협약'에서부터 1975년 '몬트리올 의정서'에 이르기까지 일련의 항공운송 협약체계를 총칭하여 '바르샤바 체제'(Warsaw System)라고 한다.

(2) '헤이그 의정서 (1955)'의 특징

한편 '바르샤바 체제'는 항공기의 '임대차', '용기계약'(傭機契約, Line Charter) 또는 '상호 용기운항'(相互用機運航, Line Interchange)에서와 같이 계약운송인과 실제운송인이 일치하지 아니하는 경우 운송인의 책임문제에 관한 규정이 없다.

따라서 1960년 11월 ICAO 이사회의 결정과 수차례의 국제회의를 거쳐 '바르샤바 협약'의 개정과는 별도로 1961년 8월 멕시코 과달라하라(Guadalajara) 국제항공사법회의(國際航空私法會議)에서 항공기의 임대차, 용기계약 등에 의한 국제항공운송에 관한 통일협약이 제정되었다.

'과달라하라 협약'의 정식명칭은 '계약운송인 이외의 자에 의하여 이행되는 국제항공운송에 관한 일부규칙의 통일을 위한 바르샤바협약의 보충협약'(Convention Supplementary to the Warsaw Convention for the Unification of Certain Rules relating to International Transportation by Air performed by a Person other than the Contracting Carrier)으로서, 이는 '바르샤바 협약'과는 독립적으로 1964년 5월 1일에 발효되어 세계 90여 개 국에서 이를 시행하고 있다(조문내용의 해제는 생략한다).

제4절 육상운송법규의 이해

1 국제도로물품운송조약

자동차 운송인의 책임에 관한 국제조약으로는 1956년에 제정된 '국제도로물품운송조약'(國際道路物品運送條約, Convention Relative au Contract de Transport International de Marchandise Par Route: 'CMR 조약')이 있는데, 그 주요 골자는 다음과 같다.

(1) 적용범위

'CMR 조약'은 한 나라의 특정지점으로부터 다른 나라의 특정지점까지 육로로 운송되는 '국제육로운송'(國際陸路運送, International Carriage by Road)으로서 다만 이들 양 당사국 중 어느 일국이 체약국으로서 동 조약에 가입한 경우에 적용된다.

(2) 운송인의 손해배상책임

'CMR 조약'에 의한 자동차 운송인의 책임에 관한 일반원칙은 이른바 '엄격책임주의'(嚴格責任主義, Strict Liability)에 입각하고 있다. 즉 자동차 운송인은 조약상의 면책사유 이외의 사유로 인한 화물의 전부 또는 일부의 멸실·훼손 또는 인도지연에 대하여 책임을 진다. 다만 운송인의 손해배상책임은 운송인의 고의나 중대한 과실의 경우를 제외하고는 화물 1kg당 금 50프랑으로 제한된다. 그리고 중과실의 경우 운송인의 책임은 정상적인 책임한도액의 2배로 제한된다.

한편 인도지연의 경우 실손해(實損害)에 관한 증명이 없으면, 특정운송기간의 10분의 1의 지연에 대해 운임의 10분의 1을 운송인이 반환하여야 하는데, 그 한도액은 총운임의 4분의 1이며, 지연으로 인한 실손해가 증명된 때에는 그 손해액이 배상금액이며, 그것은 해당운임의 2배를 초과하지 못한다.

2 국제철도물품운송조약

국가 간 인접국경을 중심으로 철도편으로 물품을 운송하는 경우에는 'CIM 조약'으로 알려진 '국제철도물건운송조약'(國際鐵道物品運送條約, Uniform Rules Concerning the Contract for International Carriage of Goods by Rail)이 적용되는 것이 일반적이다.

이 'CIM 조약'의 모체는 이미 1893년부터 존재해 왔으며, 수시로 새로운 수요를 반영하여 개정되어 왔는데, 현행 조약은 1970년의 '추가의정서'(Additional Protocol)를 포함하고 있는 'CIM 조약'이다.

(1) 적용범위

'CIM 조약'은 '[철도(鐵道)]화물수탁서'(貨物受託書, Consignment Note)에 의거해 적어도 둘 이상의 체약국 간에 철도편으로 운송되는 국제화물운송에 적용된다.

(2) 운송인의 손해배상책임 원칙

'CIM 조약'에 의한 철도운송인의 책임원칙도 대체로 'CMR 조약'의 경우와 같다. 즉 운송인은 화물의 손해에 대하여 매우 포괄적인 책임을 진다.

그러나 화주의 고의, 화물의 숨은 하자나 불가항력, 곧 운송인이 피할 수 없었고 또한 그 결과를 방지할 수 없었던 사정으로 인하여 발생한 화물의 멸실 · 훼손 또는 인도지연에 대하여는 면책된다. 다만 그 멸실이나 손상이 이들 면책사유로 인하여 발생하였다는 거증책임(擧證責任, Burden of Proof)은 운송인에게 있다.

이외에도 운송인이 면책되는 몇 가지 사유가 있는데, 이들 사유로 인한 손해에 대해 운송인이 면책되기 위해서는 그러한 특별한 사유의 하나 또는 둘 이상으로 인하여 손해가 생길 수 있다는 사실을 운송인이 입증하여야 한다.

복합운송법규

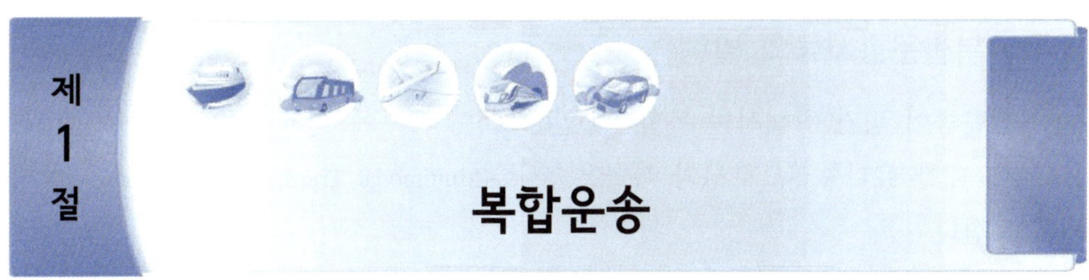

제1절 복합운송

1 복합운송의 개념

'복합운송'(複合運送, Multimodal Transport, International Transport, Combined Transport)이라는 용어는 1929년 항공운송에 관한 '바르샤바 조약' 제4장 '복합운송에 관한 규정'(Provisions Relating to Combined Transport)에서 처음 사용되었다.

곧 '복합운송'이란 '특정화물을 육상・해상・항공 등 두 가지 이상의 다른 운송수단(Two Different Mode of Transport)을 이용하여 출발지에서 최종목적지까지의 운송구간 중 화물을 옮겨 싣지 않고 '일관운송'(一貫運送, through Transport)하는 것'을 말한다.

이러한 일관운송의 '전 구간'(全區間)에 대해 책임을 지는 주체가 바로 복합운송인[複合運送人, Multimodal Transport Operator, Combined Transport Operator (MTO, CTO)]이며, 복합운송인이발행하는 복합운송계약의 증거서류를 '복합운송증권'(複合運送證券, Multimodal Transport Document)이라고 한다.

2 복합운송의 기본요건

(1) 운송책임의 단일성

'복합운송인'(MTO)은 자기명의와 계산으로 송화인을 상대로 복합운송계약을 체결한 계약당사자일 뿐만 아니라 '전 운송'(全運送)을 계획하고, 여러 운송구간을 적절히 연결・통괄하여 운송이 원활하게 이루어지도록 조정하고 감독할 지위에 있는 당사자로서 전 구간에 걸쳐 화주에 대해 단일책임(單一責任, Through Liability)을 지는 자를 말한다.

(2) 복합운송서류의 발행

복합운송이 되기 위해서는 복합운송인(MTO)이 화주에 대하여 '전 운송구간'(全運送區間)에 대한 유가증권으로서의 복합운송서류(Multimodal Transport Document)가 발행되어야 한다.

(3) 일관운임의 설정

복합운송인(MTO)은 그 서비스의 대가(對價)로서 각 운송구간마다 분할된 것이 아닌, 전 구간에 대한 '단일화 된 운임'(Through Rate)을 설정하여 화주에게 제시한다.

3 복합운송인

'UN 국제화물복합운송조약'(United Nations Convention on Internationa1 Multimodal Transport of Goods, 1980)에서는 복합운송인[複合運送人, MTO, International Transport Operator (ITO)]을 '스스로 또는 자신을 대리한 타인을 통해서 복합운송계약을 체결하고, 송화인이나 복합운송작업에 관여하는 운송인의 대리인으로서가 아닌 전체로서 행동하고, 그 계약의 이행에 관한 채무를 부담하는 자를 말한다.'라고 정의하고 있다.

한편 'UNCTAD/ICC 복합운송증권규칙'에서는 '복합운송계약을 체결하고 또한 운송인으로서 당해 계약의 이행채무를 부담하는 자'라고 정의하고, '실제로 운송의 전부 또는 일부를 이행하거나 그 이행을 인수하는 자'를 '운송인'이라고 하여 '실제 운송인'[Actual Carrier]과 복합운송인을 구분하고 있다.

4 복합운송서류

'복합운송서류'(複合運送書類, 'MT document')는 복합운송에 의하여 물품이 인수된 것과 계약상의 조항에 따라 물품을 인도할 것을 약속한 복합운송계약을 증명하는 서류로서 컨테이너를 통한 '문전 수배송'(Door to Door)에 의해 운송됨을 의도하고 육상·해상·항공의 복합된 운송을 위한 것이다.

이는 '전 운송구간'(全運送區間)에 있어 화물의 멸실 또는 손상에 대한 일관책임을 부담하며 선하증권과는 달리, 운송인뿐만 아니라 '운송주선인'(運送周旋人)에 의해서도 발행되어 '계약운송인'(契約運送人)과 '실제운송인'(實際運送人)으로 구분된다. 또한 화물이 본선적재(on Board)전에 복합운송인이 수탁(受託) 또는 수취(收取)한 상태에서 발행된다.

5 복합운송의 경로

유럽 전역은 물론 북방지역과의 교역이 활성화되어가는 추세속에서 이들 지역과의 원활한 교역을 위한 최상의 수송루트 개발이 해운업계 뿐만 아니라 무역업계의 초미의 관심사이기도 하다. 예를 들면 기존 대륙횡단수송루트로서 'TSR'(Trans Siberian Railway)과 'TCR'(Trans China Railway)은 그 대표적인 수송루트라 할 수 있다.

복합운송의 형태로는 일반적으로 '해륙복합운송'(海陸複合運送)과 '해공복합운송'(海空複合運送)이 있으며, 해륙복합운송에는 대륙과 해상을 잇는 교량역할을 하는 'Land Bridge' 방식이 이용되고 있는데, 'Land Bridge'는 대륙횡단을 위한 철도 및 도로운송방식을 이용하여 매개운송을 구간화 함으로써 해륙복합운송을 위한 교량역할을 하고 있다. 현재 국제복합운송의 주요 경로로 이용되고 있는 'Land Bridge'로는 다음과 같은 것이 있다.

(1) SLB

'SLB'(Siberian Land Bridge)에 의한 복합운송은 극동지역과 유럽지역 간의 운송에 있어서 해상운송수단을 이용하는 것보다 시베리아 대륙을 횡단하는 것이 수송시간이나 경비 면에서 경제적이라는 점에 착안하여 1971년 3월부터 그 서비스가 본격적으로 개시되었다.

'SLB'서비스는 극동에서 소련의 나호트카(Nakhodka) 또는 보스토치니(Vostochny)까지는 컨테이너 선박을 이용하고 동 항구에서 러시아 서부 국경지역까지는 시베리아 횡단철도를 이용하는데, 그곳에서 유럽이나 중동에 있는 최종목적지까지는 철도·선박 또는 트럭으로 운송된다.

'SLB'의 전체 운송시간은 러시아의 서부 국경지역에서 최종목적지까지 철도운송을 이용할 경우 보통 25일~40일, 선박을 이용할 경우 30일~35일, 트럭을 이용할 경우 25일~35일 정도 소요된다.

(2) ALB

'ALB'(American Land Bridge)서비스는 극동에서 선적된 화물을 미국의 서해안에 있는 항구까지 해상운송 이후에 미국 동부에 있는 항구까지 대륙횡단철도로 접속·운송하고, 이를 다시 해상을 통해 유럽의 목적지까지 운송하는 방식으로 1972년 9월부터 개시되었다.

'ALB'의 전체 수송시간은 보통 32일~33일 정도로서 'SLB'와 거의 비슷하지만 운임은 'SLB' 보다 20%~30% 정도 저렴하다.

(3) MLB와 'Micro Land Bridge'

'MLB'(Mini Land Bridge)는 극동에서 미국 태평양안까지의 해상운송에 이어 미국 대서양 연안 및 걸프만의 항구까지 철도운송을 하는 해륙복합운송을 말하는데 반하여, 'Micro Land Bridge'는 'IPI'(Interior Point Intermodal)라고도 하며 전 미국의 철도 및 도로망을 이용하여 내륙지역의 목적지까지 운송하는 것을 말한다. 즉 'MLB'가 '항구까지'(to Port)'로 한정되는데 반하여, 'IPI'는'문전까지'(to Door)'그 서비스를 확대한 것이다.

(4) TSR과 TCR

'TSR'(Trans Siberian Railway)은 소련의 나호트카 및 보스토치니 항구에서부터 러시아유럽국경까지의 철도운송구간을 말한다. 이에 비해 'TCR'(Trans China Railway)는 중국동해안의 강서성(江西省)의 연운항(連雲港)을 출발, 러시아 및 동유럽을 거쳐 서유럽으로 연결되는 대륙횡단철도다.

▌'TSR'과 'TCR' 및 그 밖의 복합운송의 경로▌

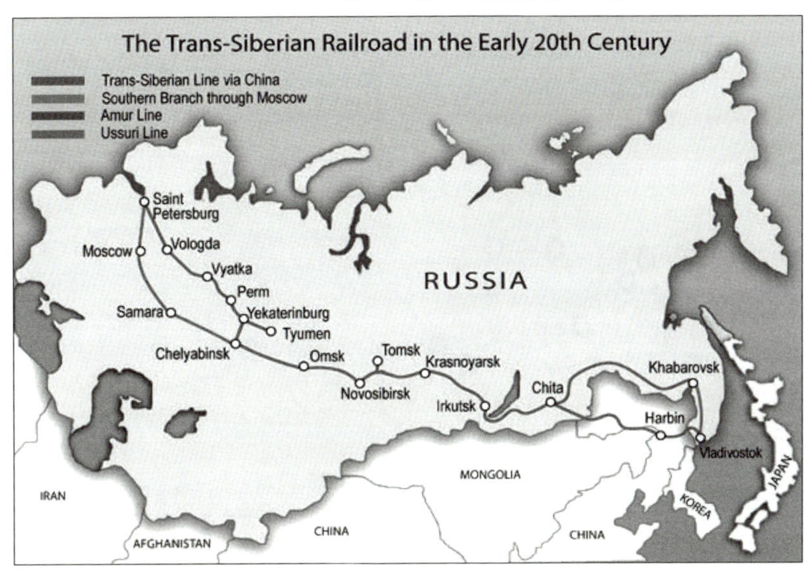

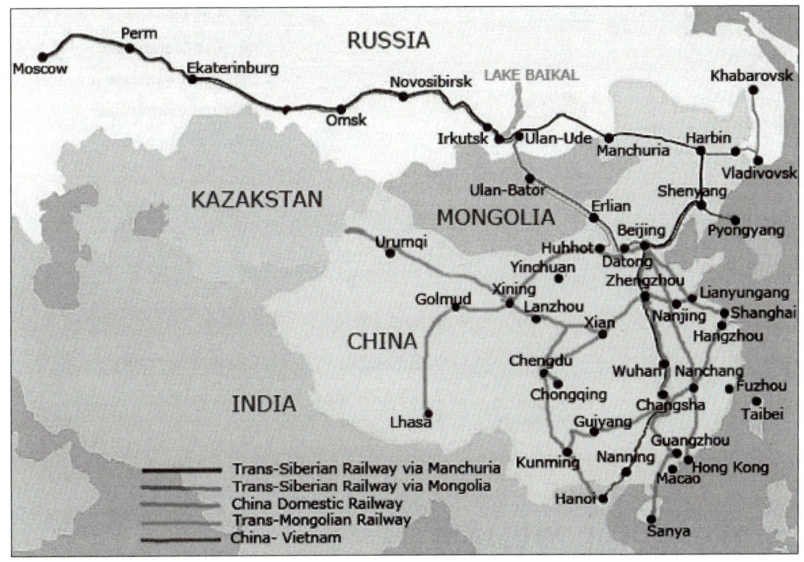

(5) 우리나라 수출화물의 Out-Bound 경로

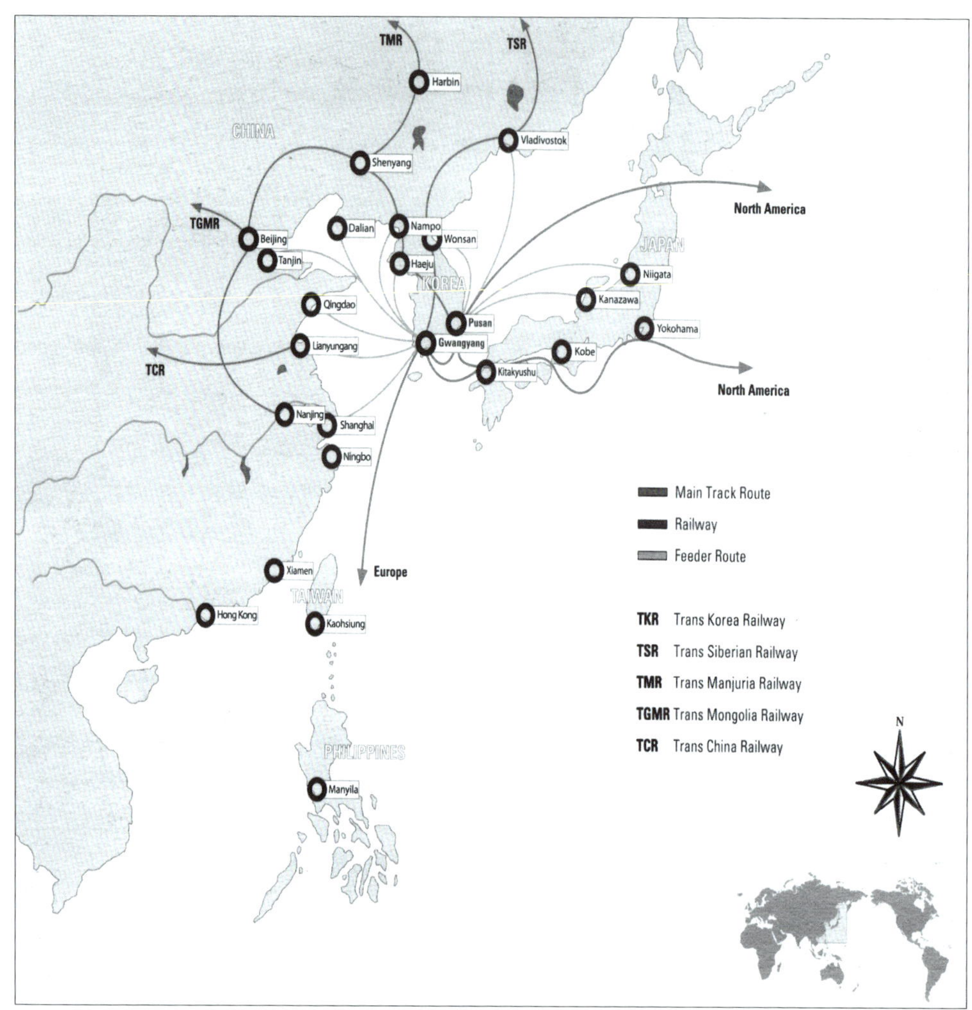

6 복합운송인의 책임체계

'복합운송인'(複合運送人, MTO)은 화주에 대해 당해 운송화물이 자신의 관리하에 있는 전 기간, 즉 화물의 인수 시로부터 인도 시까지 단일책임을 부담하며, 그 기간에 발생한 물품의 멸실 · 손상 · 인도지연이 자신 또는 그 사용인이나 대리인의 과실 또는 태만으로 발생한 것이 아님을 증명하지 않는 한, 그에 대해 책임을 진다.

이는 '추정과실책임주의'(推定過失責任主義)를 원칙으로 하고 있으며, 과실의 유무에 관한 거증책임(擧證責任)은 복합운송인이 부담해야 한다. 각 운송구간에 대한 책임체계는 각 운송구간별 '이종책임체계'(Network Liability System), '전 운송구간'(全運送區間) '동일책임체계'(Uniform Liability System), '수정동일책임체계'(ModifiedUniform Liability System)로 구분된다.

(1) 이종책임체계

'이종책임체계'(異種責任體系, Network Liability System)는 전 운송구간에 걸쳐 단일운송인이 책임을 지지만, 그 책임의 내용은 각 운송구간에 적용되는 기존조약 또는 법규에 따라 결정되는 책임체계이다.

1970년 '사법통일국제협회'(UNIDROIT)의 '국제물품복합운송조약안'(國際物品複合運送條約案, 'TCM 조약안')과 1975년 ICC의 '복합운송증권에 관한 통일규칙', 주요 선박회사의 '컨테이너 B/L'이나 '복합운송증권' 등에서 이를 채택하고 있다.

(2) 동일책임체계

'동일책임체계'(同一責任體系, Uniform Liability System)는 전 운송구간에 걸쳐 단일운송인이 모두 동일내용의 책임을 부담하는 형태로 화물손해의 발생장소나 운송수단의 여하를 불문하고 완전히 동일원칙, 동일내용의 책임을 부담하는 체계로서, 화주에게 유리하고 복합운송인에게 불리한 책임체계라 할 수 있다.

(3) 수정동일책임체계

▌복합운송인의 책임체계 비교▐

구분	'이종책임체계'	'동일책임체계'	'수정동일책임체계
특징	① 손해발생구간이 확인된 경우와 그렇지 않은 경우를 나누어서 각각 다른 책임체계를 적용하는 방법이다. ② 손해발생구간이 확인된 경우 국내법이나 국제법규를 적용하고 그렇지 않은 경우 해상운송구간에서 발	① 운송물의 멸실·손상·지연손해가 복합운송의 어느 구간에서 발생하였느냐를 묻지 않고 복합운송인은 동일한 기준에 따라 책임을 진다. ② 복합운송인이 면책사유로 멸실·손상·지연을 피할	① 동일책임체계와 이종책임체계의 절충방식으로 손해발생구간의 확인여부에 관계없이 동일한 책임규정을 적용한다[동일책임체계]. ② 손해발생구간이 확인되고 그 구간에 적용될 법에

	생한 것으로 간주하여 결국 '헤이그 규칙'의 기본책임을 적용하게 된다.	수 없을 뿐만 아니라 그 결과를 방지할 수 없었던 사정으로 발생했다는 것을 증명한 경우에 한정하여 면책된다.	규정된 책임한도액이 'UN 복합운송협약'의 책임한도액 보다 높은 경우 그것의 적용을 인정한다[이종책임체계]. ③ 손해발생구간이 확인되지 않거나 확인되어도 그 구간에 적용될 법에 규정된 책임한도액이 'UN 복합운송협약'의 책임한도액보다 낮은 경우 'UN 복합운송협약'에서 규정한 책임원칙을 적용하는 책임체계를 채택하고 있다.
문제점	① 기존조약이 적용될 수 없는 경우가 문제이므로 국지적 손해에 대해 당해 구간에 적용되는 국제조약을 적용할 것인지, 국내법을 적용할 것인지 또는 책임한도액을 비교하여 고액을 선택할 것인지의 문제가 선결되어야 한다.	① 서로 상반되는 상황하에서 타협점을 마련하기 어렵다. 즉 기존의 각 운송법제의 원칙과 한도가 사로 달라서 이중 어느 것을 선택할 것인가가 문제점으로 부각된다. ② 복합운송인에게 충분한 배상능력과 업무능력이 요구된다. ③ 책임한도가 기존 운송법규의 최저한도액으로 설정되지 않으면 결국 보험료율이 높아지게 되고 보험료 상승은 운임률 상승을 의미함으로 화주는 상당한 부담을 갖게 된다.	

'수정동일책임체계'(修正同一責任體系, Modified Uniform Liability System)는 '이종책임체계'(Network Liability System)와 '동일책임체계'(Uniform Liability System)를 절충한 것으로, 달리 'Flexible Liability System'이라고도 한다.

기본적으로는 '동일책임체계'에 따라 손해발생구간의 판명여부에 관계없이 항상 같은 책임원칙을 적용하나, 다만 그 예외로서 책임한도에 있어 손해발생구간이 판명되고 그 운송방법에 관한 별도의 국제조약 또는 국내법 가운데 'UN 국제복합운송조약'이나 'UNCTAD/ICC 복합운송증권규칙'에서 정한 것보다도 높은 책임한도액이 있다면 그러한 국제조약이나 국내법 원칙을 적용하는 것으로 'UN 국제복합운송조약', 'UNCTAD/ICC 복합운송증권규칙', 'Hamburg 규칙' 등이 이 방식을 취하고 있다.

7 복합운송주선업

(1) 복합운송주선업의 개념

국내 '화물유통촉진법'상 복합운송주선업은 자기의 명의와 계산으로 타인의 선박·항공기·차량·철도차량 등 두 가지 이상의 운송수단을 이용해 화물을 일관운송하는 사업을 말한다. 즉 복합운송주선업 등록을 마친 업체는 해상화물주선과 항공화물대리점 업무와 철도운송을 할 수 있는 권한을 부여받게 되며, 해운항만청이나 교통부로부터 해상화물 운송주선업등록이나 항공화물대리점등록을 별도로 받지 않아도 된다.

연혁적으로 해상화물운송주선업을 복합운송주선업이라 칭했던 것은 해상화물운송주선업체를 존칭해주는 의도에서 불렀던 것으로 공식명칭은 아니었다. 다만 해운항만청이 발급하는 해상화물운송주선업체는 화물의 해상화물운송만으로 그 업무를 제한하는 제한업종이며, 항공화물과 철도운송, 육로운송을 함께 할 수 있는 복합운송주선업은 일종의 통합라이센스로 보아야 한다. 해상화물운송주선업은 '해운법'에 의한 등록업종이었다.

한편 1991년 '화물유통촉진법'을 제정하여 복합운송주선업 이라는 새로운 업종을 탄생시켰다. 이에 따라 운송주선업은 '해운법'과 '화물유통촉진법'에 의한 운송주선업으로 이원화됨으로써 정책추진의 일관성 저해 및 업종 간의 업무혼선, 화주들의 혼란 등이 적지 않아 1995년 '해운법'과 '화물유통촉진법'을 개정하여 해상운송주선업자를 '화물유통촉진법'에 의한 복합운송주선업자로 등록하게 하여 통합하였다. 결국 운송주선업은 '화물유통촉진법'에 의한 복합운송주선업으로 일원화되게 된 셈이다.

1) 운송주선인

'운송주선인'(運送周旋人, Freight Forwarder)이란, 실무상 'Forwarding Agent', 'Shipping & Forwarding Agent', 'Shipping Agent, Air Freight Agent' 등을 총칭하는 개념으로서, 우리 상법에서는 '운송주선업자란 자기 명의로 물품운송의 주선을 업으로 하는 자를 말한다.'라고 규정하고 있다.

우리나라에서 '운송주선인'의 지위를 보면, 1985년에 '해운업법시행규칙'이 개정됨에 따라 과거 면허제(免許制)였던 해상운송주선업이 신고에 의한 등록제(登錄制)로 변경되었으며, 그 기능과 역할은 송화인과 국제복합운송계약을 체결하거나 외국의 복합운송인과 국제복합운송업무 취급계약을 체결하여 국제복합운송증권을 발행하는 등 자기의 책임 하에 국제일관운송을 이행 또는 주선하는 것이다.

이와 관련해서 '무선박공중운송인'[無船舶公衆運送人, Non-Vessel Operating Common Carrier, (NVOCC)]은 해상화물운송에 제공되는 선박을 소유하지 않는 '공중운송인'(Common Carrier)으로서 미국 해운법 제3조에 의하면 '무선박공중운송인'(NVOCC)은 '선박운송업자의 서비스를 이용하여 화주에게 해상화물운송을 제공하는 운송인임을 승인하고 동시에 해상운송업자에 대해서는 화주가 된다.'고 규정하고 있다.

2) 국제운송주선업협회연맹

'국제운송주선업협회연맹'(國際運送周旋業協會聯盟, International Federation of Freight Forwarders Association : 'FIATA')은 1926년 5월 오스트리아 비엔나에서 16개국의 포워더(Forwarder)협회 회원들이 모여 복합운송협의회 간에 상호 긴밀한 협조체제를 유지하기 위해 창설되었다.

1955년에 이르러 'FIATA FRC'(Forwarder's Certificate of Receipt)와 1959년 'FIATA FCT'(Forwarders Certificate of Transport)가 최초로 제정되어 소개 되었다. 또한 1970년에 이르러 'FBL'(FIATA Negotiable Combined Transport B/L)이 만들어졌으며, 1974년에는 'FIATA'에 관계되는 전문용어 해설집이 출간되기도 하였다.

최근에 이르러서는 국제기구, 즉 'UN 경제사회이사회'(UN Economic and Social Council, ECOSOC) 및 'UN 무역개발회의'(UN Conference on Trade and Development, UNCTAD) 등과 매년 정기집행위원회의를 가지며, 이때에 9개의 전문기술위원회는 그들의 전문 특정분야의 문제검토와 업무증진을 위한 토의를 하게 된다.

본부는 스위스에 있고, 2년에 한번씩 'FIATA 세계대회'를 개최하고 있으며, 현재 35,000여 포워더(Forwarder)를 대표하는 130개 국가의 1,500여 준회원과 60여개의 정회원을 보유하고 있다.

3) 운송주선인의 역할

수출・입자가 운송주선인을 이용하는 경우 무역거래이행과 관련된 전반적인 조언과 전문적인 서비스를 받을 수 있을 뿐만 아니라 각종 시장정보를 획득할 수 있다. 이에 따라 수출・입자는 그들의 고유한 업무에 집중할 수 있으며, 궁극적으로는 높은 경쟁력을 향유할 수 있다.

운송주선인의 서비스를 살펴보면, ① 수출화물의 본선인도 및 수입화물을 본선으로부터 인수한다. ② 수출업자에게 최적의 운송경로의 선택 및 비용을 제시하며 선적서류의 작성 등의 서식업무에 전문적인 조언을 한다. ③ 수출업자를 대신하여 운송의 수배업무를 대행한다. ④ 화주를 대신하여 작성해야할 주요 서류 및 사무를 작성·일임한다. ⑤ 화주를 대신하여 복잡하고 전문지식을 요하는 수출·입 화물의 통관절차를 수행한다. 이외에도 ⑥ 운임 또는 그 밖의 비용의 대납, ⑦ 포장 및 보관업무의 수행, ⑧ 보험의 수배, ⑨ 화물의 집하 및 혼재, ⑩ 배송업무, ⑪ 시장정보의 획득 및 제공 등을 수행하고 있다.

[복합운송선하증권(Multimodal B/L) 견본 [전면]]

Consignor/Shipper	MULTIMODAL TRANSPORT BILL OF LADING B/L No.
Consignee	**HYUNDAI LOGISTICS CO.,LTD.**
Notify Party	For delivery of goods please apply to :

Pre-carriage by	Place of Receipt		
Vessel / Voyage No.			
Port of Loading	Port of Discharge	Place of Delivery	Final Destination(For the Merchant Ref.)

PARTICULARS FURNISHED BY CONSIGNOR/SHIPPER

Container No. & Seal No. Marks and No.	No. & Kinds of Containers or P'kgs	Description of Goods	Gross Weight	Measurement

Total Number of Containers or Packages(in words)	Freight Payable at

Freight & Charges	Prepaid	Collect	Received by the Carrier, the Goods specified herein in apparent good order and condition unless otherwise stated, to be transported to such place as agreed, authorized or permitted herein and subject to all the terms and conditions appearing on the front and reverse of this Multimodal Transport Bill of Lading (hereinafter called the 'K B/L') to which the Merchant agrees by accepting this K B/L, notwithstanding any local privileges, customs or any other agreements between the parties. The particulars of the goods provided herein were stated by the shipper and the weight, measurements, quantity, condition, contents and value of the Goods are unknown to the Carrier. In witness whereof three(3) original K B/L(s) have been signed unless otherwise stated herein. If two(2) or more original K B/L(s) have been issued and either one(1) has been surrendered, all the other(s) shall be null and void. If required by the Carrier one(1) duly endorsed original K B/L must be surrendered in exchange for the Goods or delivery order.
			Signature
Place and Date of Issue		No. of Original B/L	**HYUNDAI LOGISTICS CO., LTD.** **ACTING AS A CARRIER**

[복합운송선하증권(Multimodal B/L) 견본 [이면] - ①]

Standard Conditions (1997) governing KIFFA Multimodal Transport Bill of Lading

Authorized by KIFFA 1997

I. General Clauses
I -1. Definitions
1) "Carrier" means the person who is named on the front of this KIFFA Multimodal Transport Bill of Lading(hereinafter called 'K B/L') as a carrier, concludes a multimodal transport contract with the Merchant and assumes responsibility for the performance thereunder.
2) "Actual Carrier" means the person to whom the performance of the carriage of the Goods, or of part of the carriage, has been entrusted by the Carrier, or any other person to whom such performance has been entrusted by the Carrier.
3) "Merchant" means the actual or previous holder of this K B/L, and shall includes consignor(shipper), consignee, owner and receiver of the Goods, and their agents.
4) "Multimodal Transport Contract" means a single contract for the carriage of Goods by at least two different modes of transport.
5) "Goods" Means the property, including live animals as well as containers, pallets or similar articles of transport or packaging, not supplied by the Carrier, irrespective of whether such property is to be or is carried on or under deck.
6) "Received" and "Taken in Charge" means that the Goods have been handed over to and accepted for carriage by the Carrier at the place of receipt evidenced in this K B/L.
7) "SDR" means the unit of calculation as defined by International Monetary Fund(IMF).
8) "Hague Rules" means the provisions of the International Convention for Unification of certain Rules relating to Bills of Lading singed at Brussels on 25th August 1924.
9) "Hague-Visby Rules" means the Hague Rules as amended by the Protocol singed at Brussels on 23rd February 1968.
10) "COGSA" means the Carriage of Goods by Sea Act of the United States of America approved on 16th April 1936.
I -2. Applicability and Issuance of this K B/L
1) Notwithstanding the heading "Multimodal Transport Bill of Lading" the provisions set out and referred to herein shall also apply when the carriage is performed by one mode of transport only.
2) The Carrier, by the issuance of this K B/L, undertakes to perform and/or, in his own name, to procure the performance of the carriage from the place at which the Goods are taken in charge to the place designated for delivery on the face hereof.
3) This K B/L is only able to be issued by members of Korea International Freight Forwarders Association(KIFFA).
I -3. Negotiability and Title to the Goods
1) By accepting this K B/L, the Merchant and his transferee agree with the Carrier that, unless it is marked "non-negotiable" on the face of this K B/L, it shall be deemed to constitute the title to the Goods and the holder, by endorsement of this K B/L, shall be entitled to receive or to transfer the Goods mentioned on the face hereof.
2) This K B/L shall be negotiable, unless marked "non-negotiable" on the face thereof. This K B/L, when negotiable, shall be transferable by endorsement when issued "to order", and without endorsement when issued "to bearer".
3) This K B/L shall be prima facie evidence of the taking in charge by the Carrier of the Goods as described on the face hereof. However, proof to the contrary shall not be admissible when this K B/L has been negotiated or transferred for valuable consideration to a third party acting in good faith.
I -4. Methods and Routes of Carriage
1) The Carrier may at any time and without notice to the Merchant :
ⓐ use any means of transport or storage whatsoever ;
ⓑ transfer the Goods from one conveyance to another including transshipping or carrying the same on another vessel than that named on the face hereof ;
ⓒ unpack and remove the Goods which have been packed into a container and forward them in a container or otherwise ;
ⓓ load and unload the Goods at any place or port(whether or not being the port named as the port of loading or port of discharge on the face hereof) and store the Goods at any such place or port ; or
ⓔ comply with any orders, direction or recommendation given by any government or authority, or any person or body acting or purporting to act as or on behalf of such government or authority, or having under the terms of any insurance on any conveyance employed by the Carrier the right to give orders or directions.
2) The liberties set out in the preceding paragraph may be invoked by the Carrier for any purpose whatsoever whether or not connected with the carriage of the Goods.
3) Anything done in accordance with the §I -4. 1) or any delay arising therefrom shall be deemed to be within the contractual carriage and shall not be a deviation of whatsoever nature or degree.

II. Carrier
II -1. Role of the Carrier
The Carrier shall provide multimodal transport service diligently under the contract.
II -2. Optional Stowage and Deck Cargo
1) The Goods may be stuffed by the Carrier in any container and consolidated with Goods of other Merchants for carriage.
2) The Carrier has the right to carry the Goods, whether packed in container or not, under deck or on deck.
3) When the Goods are carried on deck, the Carrier shall not be required to specially note, mard or stamp any statement of "on deck stowage" on the face hereof.
II -3. Liability of the Carrier
1) The responsibility of the Carrier for the Goods under these conditions covers the period from te time he takes the Goods in his charge to the time of their delivery.
2) Subject to the terms and conditions of this K B/L, the Carrier shall be responsible for the acts and omissions of his servants or agents, when any such servant or agent is acting within the scope of his employment, or of any other person of whose services he makes use for the performance of the contract, as if such acts and omissions were his own.
3) The Carrier shall be liable for loss of or damage to the Goods, as well as for delay in delivery, unless it is proved that fault or neglect of the Carrier himself, his servants or agents or any other person referred to in §II -3. 2) has caused or contributed to such loss, damage or delay in delivery. However, the Carrier shall not be liable for any loss following from a delay in delivery unless the consignor has made a declaration of interest in timely delivery which has been accepted by the Carrier and stated on this K B/L.
4) Delay in delivery occurs when the Goods have not been delivered within the time expressly agreed upon or, in the absence of such agreement, within the time which would be reasonable to require of a diligent Carrier, having regard to the circumstances of the case.
5) If the Goods have not been delivered within ninety(90) consecutive days following the date of delivery determined according to above §2-3. 4, the person entitled to make a claim for the loss of Goods may, in the absence of evidence to the contrary, treat the Goods as lost.
6) The Carrier shall be relieved of liability for any loss or damage, if such loss, damage or delay in delivery was caused by :
ⓐ the wrongful act or neglect or omission of the Merchant,
ⓑ compliance with the instructions of the person entitled to give them,
ⓒ inherent vice or nature of the Goods,
ⓓ insufficiency of packing or inadequacy of marks and/or numbers,
ⓔ handling, loading, stowage into or discharge from container by the Merchant,
ⓕ war, warlike operations, riots, civil commotions and strikes or lockouts or stoppage or restraint of labor from whatever cause, whether partial or general, or
ⓖ any cause or event which Carrier himself could not avoid and the consequence whereof the Carrier could not prevent by the exercise of due diligence.
7) Notwithstanding §II - 3. 3) the Carrier shall not be liable for loss, damage or delay in delivery with respect to Goods carried by sea or inland waterways when such loss, damage or delay during such carriage has been caused by :
ⓐ act, neglect or default of the master, mariner, pilot or the servants of the Actual Carrier in the navigation or in the management of the ship.
ⓑ fire, unless caused by the actual fault or privity of the Actual Carrier.
ⓒ unseaworthiness of the ship, unless it is proved that due diligence has not been exercised to make the ship seaworthy at the commencement of the voyage.

[복합운송선하증권(Multimodal B/L) 견본 [이면] - ②]

8) Notwithstanding any other conditions to the contrary under this K B/L, if the shipment is on the basis of "Shipper's Weight, Load and Count" or "Shipper Packed Container" or a similar expression has been made on the face hereof, then the Carrie should have no liability whatsoever as to any loss or damage of the Goods inside the container unless such is caused by the fault, mistake of negligence of the Carrier or of any person of whose services the Carrier makes use for the performance of the contract.

II -4. Limitation of Liability of the Carrier

1) Assessment of compensation for loss of or damage to the Goods shall be made by reference to the value of such Goods at the place and time they are delivered to the consignee or at the place and time when, in accordance with the multimodal transport contract, they should have been so delivered.
2) The value of the Goods shall be determined according to the current commodity exchange price or, if there is no such price, according to the current market price or, if there is no commodity exchange price or current market price, by reference to the normal value of Goods of the same kind and quality.
3) The Carrier shall in no event be or become liable for any loss, misdirection, misdelivery of or damage to the Goods or otherwise liable in respect of the Goods howsoever caused in an amount exceeding the equivalent of 2SDR per kilogramme of gross weight of such Goods, provided that, if the nature and value of the Goods shall gave been declared by the consignor and accepted by the Carrier before the Goods have been taken in his charge, and the ad valorm freight rate paid, and such value is stated in this K B/L by him, then such declared value shall be deemed as the limitation amount.
4) Notwithstanding the above mentioned provisions, if the multimodal transport does not, according to the contract, include carriage of Goods by sea or by inland waterways, an amount not exceeding 8.33DR per kilogramme of gross weight of the Goods shall be deemed as the limitation amount for the purpose of this Article.
5) When the loss, misdirection, misdelivery of or damage to the Goods occurred during one particular stage of the multimodal transport, in respect of which any mandatory applicable international convention or national law would have provided for another limit of liability if a separate contract of carriage had been made for that particular stage of transport, then the limit of the Carrier's liability therefor shall be determined by reference to the provisions of such convention or national law.
6) Unless the nature and value of the Goods shall have been declared by the Merchant before the Carrier receives the Goods and is inserted in this K B/L, and the ad valorem freight rate paid, the liability of the Carrier under COGSA, where applicable, shall not exceed US$500 per package or, in the case of Goods not shipped in packages, per customary freight unit.
7) If the carrier is held liable for delay in delivery, or consequential loss or damage other than loss of or damage to the Goods, the liability of the Carrier shall be limited to an amount not exceeding the equivalent of the freight under the multimodal contract for the multimodal transport under this K B/L.
8) The aggregate liability of the Carrier shall not exceed the limits of liability for total loss of the Goods.
9) The Merchant and the Carrier specifically agree that the exemption, exclusion and limitation of the Carrier liability in the K B/L are additional to those provided for under the applicable international convention or legislation to this K B/L and that no terms and conditions in this K B/L shall be interpreted or construed to deprive the Carrier of such exception, exclusion or limitation. The Carrier may be exempted from his liability or may exclude or limit his liability under the terms and conditions in this K B/L or under the international convention or applicable law, whichever is the more favorable to him, regardless of whether the cause of such liability is based upon the breach of the terms and conditions of this K B/L or tort, or upon any other cause of whatsoever kind.

II -5. Liability of Servants and other Persons of Carrier

1) The terms and conditions of this K B/L apply whenever claims in relation to the performance of the contract evidenced by this K B/L are made against any servant, agent or other person(including any independent contractor) whose services have been used in order to performance the contract, whether such claims are founded in contract or in tort, and the aggregate liability of the Carrie and of such servants, agents or other persons shall not exceed the limits set forth in § II-4.
2) IN entering into this contract as evidenced by this K B/L, the Carrier, to the extent of this Article shall apply does not only act on his own behalf, but also as the agent of trustee for such persons, and such persons shall, to such extent, be or be deemed to be parties to this contract.
3) The aggregate of the amounts recoverable from the Carrier, servants, agents and other persons shall not exceed the limits provided for herein.

II -6. Applicability of the Conditions to Actions in Tort

The terms and conditions of this K B/L apply to all claims against the Carrier relating to the performance of the multimodal transport contract, whether the claim be founded in contract or in tort.

II -7. Delivery of Goods

1) Any mention herein of parties to be notified of the arrival of the Goods is solely for the information of the Carrier, and failure to give such notification shall not involve the Carrier in any liability and shall not relieve the Merchant of any obligation hereunder.
2) The Carrier shall have the right to deliver the Goods at any time at any place designated by the Carrier within the geographic limits of the place of delivery.
3) In any case, the Carrier's responsibility shall cease when the Goods have been delivered to the Merchant, its gent or subcontractors or otherwise according to the law at the place designated by the Carrier. Delivery of the Goods to the custody of Customs or any other authorities shall always constitute final discharge of the Carrier's responsibility hereunder.
4) For Goods received by the Carrier in containers, the Carrier shall only be responsible for delivery of the total number of containers shown on the face of the K B/L, and shall not be required to unpack the containers.
5) Where the Goods have been packed into containers by the Carrier, the Carrier shall unpack the containers and deliver the contents thereof and shall not be required to deliver the Goods in containers.
6) The Carrier shall not be liable for failure to deliver in accordance with marks unless the Goods or packages shall have been clearly, legibly and permanently marked.
7) whether at the destination or elsewhere. The Carrier may refuse to deliver the Goods unless this K B/L or one original thereof, when two(2) or more originals have been issued, has been surrendered. When the Carrier delivers the Goods to the holder of this K B/L(s) have been issued, the Carrier shall be relived from any responsibility for delivery to any other who may hold other original K B/L(s) or otherwise have any title to the Goods.
8) Notwithstanding §II-7. 7) above, when this K B/L is marked "non-negotiable" on its face, the Carrier shall be discharged from his obligation to deliver the Goods if he delivers the Goods to the consignee named in this K B/L even if he does not surrender this K B/L.

II -8. Lien

1) The Carrier shall have a lien on the Goods and any documents relating thereto for all sums payable to the Carrier under this contract and/or any other contract and for general average contributions to whomsoever due and for the cost of recovering the same. The Carrier shall also have the right to sell the Goods and documents by public auction or private treaty, without notice to the Merchant, all the Merchant's expense, and without any liability towards the Merchant.
2) If the Goods are unclaimed within a reasonable time, or whenever, in the Carrier's option, the Goods will become deteriorated, decayed or worthless, the Carrie may, at his discretion and subject to his lien and without any responsibility attaching to him, sell, abandon or otherwise dispose of such Goods solely at the risk and expense of the Merchant.
3) If the proceeds from the auction, private treaty or sale of the Goods fail to cover the amount due and the cost and expenses incurred, the Carrier shall be entitled to recover the deficit sum from the Merchant.

III. Merchant

III -1. Dangerous Goods and Indemnity

1) The Merchant must mark or label dangerous Goods as dangerous in accordance with all applicable laws, regulations and requirements.
2) Where the Merchant hands over dangerous Goods to the Carrier, as the case may be, the Merchant must inform the Carrier in writing of the dangerous nature and character of the Goods and, if necessary, of the precautions to be taken. If the Merchant fails to do so and such Carrier does not otherwise have knowledge of their dangerous nature and character :

ⓐ the Merchant is liable to the Carrier for all loss, damage, delay, or personal injury or death resulting from the shipment of such Goods ; and

ⓑ the Goods may at any time be unloaded, destroyed or rendered innocuous, as the circumstances may require, without compensation to the Merchant.

3) If any Goods shipped with the knowledge of the Carrier as to their dangerous nature shall become a danger to the vehicle or other cargo, they

[복합운송선하증권(Multimodal B/L) 견본 [이면] - ③]

may in like manner be unloaded or loaded at any place or destroyed or rendered innocuous by the Carrier, without liability on the part
of the Carrier, except General Average, if any.

III -2. Liability of the Merchant

1) At the time the Goods were taken in charge by the Carrier, the Merchant shall be deemed to have guaranteed to the Carrier the accuracy, of all particulars relating to the general nature of the Goods, their marks, number, weight, volume and quantity and, if applicable, the dangerous character of the Goods, as furnished by him or on his behalf for insertion in this K B/L
2) The Merchant shall indemnify the Carrier against any loss resulting from inaccuracies in or inadequacies of the particulars referred to above.
3) The Merchant shall remain liable even if the this K B/L has been transferred by him.
4) The right of the Carrier to such indemnity shall in no way limit his liability under the multimodal transport contract to any person other than the consignor.

III -3. Freight and Charge

1) Freight shall be paid in cash, without any reduction or deferment on account of any claim, counterclaim or set-off, whether prepaid or payable at destination. Freight shall be considered as earned by the Carrier at the moment when the Goods have been taken in his charge, and not to be returned in any event.
2) Even if, for any reason, the freight, demurrage, disbursement, general average contribution, salvage charge or other charges of similar nature payable to the Carrier under this K B/L or the applicable law should become payable at the destination or elsewhere or collectable from the consignee, the consignee, the shipper shall not be released from the obligation for payment thereof.
3) Freight and other amounts payable as mentioned in this K B/L are to be paid in the currency named in this K B/L or, at the Carrier's option, in the currency of the country of despatch or destination at the highest current rate of exchange for banker's sight bills on the date of dispatch for the freight be payable or on the date when the Merchant is notified of arrival of the Goods there or on the date of withdrawal of the delivery order, whichever rate is the higher, or at the option of the Carrier, on the date of his K B/L for the freight payable at destination.
4) All dues, taxes and charges or other expenses in connection with the Goods shall be paid by the Merchant. Where equipment is supplied by the Carrier, the Merchant shall pay all demurrage and charges in connection with the equipment which are not attributable to a fault or neglect of the Carrier.
5) The Merchant shall reimburse the Carrier in proportion to the amount of freight for any costs for deviation or delay or any other increase of costs of whatever nature caused by war, warlike operations epidemics, strikes, government directions or force majeure.
6) The Merchant warrants the correctness of the declaration of contents, insurance, weight, measurement or value of the Goods but the Carrier has the liberty to have the contents inspected and the weight, measurement or value verified. If on such inspection it is found that the declaration is not correct, it is agreed that a sum equal either to five times the difference between the correct freight less the freight actually charged, whichever sum is the smaller, shall be payable as liquidated damages to the Carrier for his inspection costs and losses of freight on other Goods notwithstanding any other sum having been stated on the K B/L as freight payable.
7) Despite the acceptance by the Carrier of instructions to collect freight, charges or other expenses from any other person in respect of the transport under his K B/L, the Merchant shall remain responsible for such monies on receipt of evidence of demand and the absence of payment for whatever reason.

III -4. General Average

1) General Average shall be adjusted at any port or place at the option of the Carrier in accordance with the York-Antwerp Rules 1974, as amended 1990.
2) Notwithstanding §III-4. 1) the Merchant shall defend, indemnify and hold harmless the Carrier in respect of any claim(and any expense arising therefrom) of a General Average nature which may be made on the Carrier and shall provide such security as may be required by the Carrier in this connection.
3) The Carrier shall be under no obligation to take any steps whatsoever to collect security forGeneral Average contributions due to the Merchant.

III -5. Notice of loss of or damage to the Goods

1) Unless notice of loss of or damage to the Goods, specifying the general nature of such loss or damage, is given in writing by the consignee to the Carrier when the Goods are handed over to the consignee, such handing over is prima facie evidence of the delivery by the Carrier of the Goods as descrbed in this K B/L.
2) Where the loss or damage is not apparent, the same prima facie effect shall apply if notice in writing is not given within three(3) consecutive days after the day when the Goods were handed over to the consignee.

IV. Supplementary Provisions

IV -1. Paramount Clauses

1) The terms and conditions shall only take effect to the extent that they are not contrary to the mandatory provisions of international conventions or national law applicable to te contract evidenced by this K B/L.
2) As far as this K B/L covers the carriage of the Goods by sea or inland waterways from the time when the Goods are loaded onto the vessel to the time they are discharged therefrom, this K B/L shall be subject to the Hague Rules or the Hague-Visby Rules but only to the extent that those Rules are compulsorily applicable any legislation and the provisions of those Rules shall apply to all Goods whether carried on or under deck.
3) The COGSA shall apply to the carriage of Goods by sea, whether on or under deck, but only to such extent it is compulsorily applicable to this K B/L.

IV -2. Time-bar

The Carrier shall be discharged of all liability whatsoever in respect of all claims howsoever caused unless suit is brought within nine months after the delivery of the Goods, or the date when the Goods should have been delivered, or the date when in accordance with the §II -3. 5) failure to deliver the Goods would give the consignee the right to treat the Goods as lost or the date of the event giving rese to the claim, whichever is occurs first.

IV -3. Partial Invalidity

1) The terms and conditions of this K B/L are severalable, and if a part or a term is declared invalid or unenforceable, the validity or enforceability of any other part or term shall not be affected thereof.
2) In particular, if any term of his K B/L is held to be repugnant to the applicable international conventions or national law or to any tariff to any extent, such term shall be void to that extent but no further.

IV -4. Jurisdiction and Applicable Law

Actions against the Carrier must be instituted only in the courts in the Republic of Korea and shall be decided according to the law of the Republic of Korea.

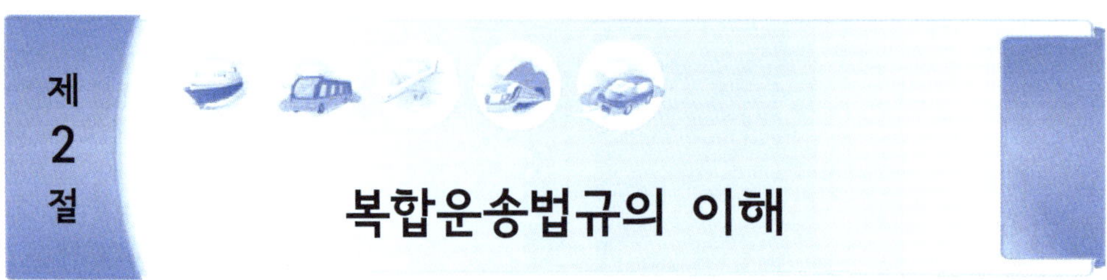

제2절 복합운송법규의 이해

1 UN 국제화물복합운송에 관한 협약

(1) '복합운송협약 (1980)'의 의의와 특징

앞서 살핀 바와 같이 '국제복합운송'(國際複合運送)이라 함은 복합운송인에 의하여 국가 간의 화물운송이 해상·항공·육상의 두 가지 이상의 서로 다른[異] 운송방식으로 이루어지는 운송을 말한다. 따라서 복합운송인은 운송을 위한 화물의 수령 시로부터 인도 시까지, 즉 전 운송과정에 걸쳐 화물의 멸실·손상 또는 인도의 지연에 의하여 발생하는 모든 손해에 대하여 단일책임을 지게 된다.

이러한 국제복합운송이 컨테이너 운송의 발달과 함께 점차 활성화됨에 따라 UN에서는 이를 규율하는 통일된 국제협약의 필요에 따라 1978년 '해상운송에 관한 함부르크규칙'에 이어 1980년 '국제화물복합운송에 관한 협약'(United Nations Convention on International Multimodal Transport of Goods, 'UN 복합운송협약')을 제정하였다.

역사적으로 복합운송에 관한 법체계를 확립하고자 하는 노력은 1930년대 사법통일국제협회[私法統一國際協會, International Institute for the Unification of Private Law (UNIDROIT)]에 의하여 처음 시도되었다. 당시 이러한 노력은 이론적인 것에 불과하였으나 컨테이너에 의한 해상·항공·육상의 복합운송이 도입되면서 복합운송인의 책임문제는 매우 중요하게 대두되었다.

복합운송의 문제는 국제 또는 국내법이 없거나 관련 법규가 그 특정운송구간에 확대 적용될 수 없을 경우 발생한다. 이에 UNIDROIT에서는 1949년 국제상업회의소(國際商業會議所, ICC)의 '국제화물복합운송증권협약초안'이 발효됨에 따라 이를 바탕으로 1965년에 '국제화물복합운송계약에 관한 협약초안'[Bagge Draft]을 최초로 공표하였다.

이와 때를 같이하여 국제해사위원회(國際海事委員會, CMI)에서도 1965년부터 복합운송에 관한 법제도의 정비를 위하여 1969년 이른바 '동경 규칙'(Tokyo Rules)을 확정하였다. 뒤이어 CMI와 UNIDROIT의 합동위위원회에서는 두 초안을 통합하여 1970년에 '로마초안'(Rome Draft)을 확정하였다.

그러나 '로마 초안'이 일부 운송업계의 반대에 직면하게 되자 일찍부터 복합운송문제에 관심을 갖고 있던 UN 유럽경제위원회(ECE)와 정부간해사협의기구(IMCO)의 합동위원회에서 1971년 11월에 '국제화물복합운송에 관한 협약초안'['TCM 협약초안']을 공표하였다. 그러나 'TCM 협약초안'은 기초 입안단계를 벗어나지 못하여 미국과 여러 개도국들이 이를 반대하였다.

한편 당시부터 'UN 무역개발회의'(UNCTAD)에서는 복합운송협약의 제정을 위한 준비작업을 시작하였다. 이처럼 복합운송에 관한 국제협약의 제정에 대한 필요성이 증대됨에 따라 'UN 경제사회이사회'(ECOSOC)는 1973년에 복합운송협약의 초안을 만들기 위하여 UNCTAD의 후원하에 '정부 간 준비단체'(Intergovernmental Preparatory Group, IPG)를 설치하고 1975년 말까지 복합운송협약을 제정하여 채택하고자 하였다.

그러나 이 협약은 선진국과 개도국 간에 경제적인 영향에 관한 의견대립 등 여러 가지의 이유 때문에 협약의 완성이 지연되었다. 이러한 과정에서 우선 민간차원에서 국제상업회의소(ICC)가 중심이 되어 국제규칙의 제정이 추진되었으며, 1973년에는 '복합운송서류에 관한 통일규칙'(Uniform Rules for a Combined Transport Document)이 제정되고 이를 일부 보완하여 1975년부터 본격 시행되었다.

반면 IPG는 1973년 이후 수차례의 회의를 갖고 독자적인 협약초안을 작성하여 1979년과 1980년 5월에 제네바에서 두 차례 개최된 UN 회의에 제출하였다. 이 회의에는 총 85개국과 15개의 특수기구 및 정부기구, 11개의 비정부기구가 참석하여 'IPG 협약초안'을 심의하였다.

결국 1980년 5월 24일에 총 81개국의 찬성으로 '국제화물복합운송에 관한 UN 협약'(United Nations Convention on International Multimodal Transport of Goods)이 성공적으로 성립되었으며, 1981년 8월 31일 이후부터 가입을 위하여 개방되어 있다, '복합운송협약'의 상당부분은 해상운송에 관한 '함부르크 협약'에 기초하고 그 밖의 'TCM 협약초안'과 'ICC 통일규칙'에도 크게 의존하고 있는 특징이 있다.

(2) '복합운송협약(1980)'의 구성과 내용

1) 정의

이 협약의 적용에 있어서, '국제복합운송'이라 함은 복합운송인이 화물을 인수한 한 국가의 어느 장소에서 다른 국가에 위치한 지정된 인도 장소까지 복합운송계약에 기초하여 적어도 두 가지의 상이한 운송방식에 의한 화물운송을 의미한다. 어느 단일방식의 운송계약의 이행에 있어서 그러한 계약에 정의된 바대로 행하여진 화물의 집화작업과 인도는 국제복합운송으로 보지 아니한다.

'복합운송인'이라 함은 스스로 또는 자신을 대신하여 행동하는 타인을 통하여 복합운송계약을 체결하고, 송화인이나 복합운송업에 참여하는 운송인의 대리인으로서 또는 그를 대신하여서가 아니라 본인으로서 행동하고, 또 계약의 이행에 관한 책임을 지는 모든 자를 말한다.

'복합운송계약'이라 함은 복합운송인이 운임의 지급을 대가로 하여 국제복합운송을 이행하거나 또는 그 이행을 조달할 것을 약정하는 계약을 말한다.

'복합운송서류'라 함은 복합운송계약, 복합운송인에 의한 화물의 수령 및 그 계약의 조건에 따라 복합운송인이 화물을 인도한다는 약정을 증명하는 서류를 말한다.

'송화인'이라 함은 스스로 또는 자신의 명의로 또는 대리인에 의하여 복합운송인과 복합운송계약을 체결한 모든 자, 또는 스스로 또는 자신의 명의로 또는 대리인에 의하여 복합운송계약과 관련하여 화물을 복합운송인에게 실제로 인도하는 모든 자를 말한다.

'수화인'이라 함은 화물의 인도를 수령할 권리가 있는 자를 말한다.

'화물'이라 함은 송화인에 의하여 공급된 경우에는 모든 컨테이너·팔레트 또는 이와 유사한 운송용구나 포장용구를 포함한다.

'국제협약'이라 함은 국가 간에 서면의 형식으로 체결되고 또 국제법의 적용을 받는 어떠한 국제적인 합의를 말한다.

'강행적인 국내법'이라 함은 계약조항에 의하여 송화인에게 불이익이 되도록 그 조항을 변경할 수 없는 화물운송에 관한 모든 제정법을 의미한다.

'서면'이라 함은 여러 가지 중에서 무엇보다도 전보 또는 텔렉스를 포함한다.

2) 적용범위

이 협약의 규정은 다음과 같은 경우에 두 국가에 있는 장소 간의 모든 복합운송계약에 적용한다. ① 복합운송계약에 규정된 복합운송인이 화물을 인수한 장소가 체약국내에 있는 경우 또는, ② 복합운송계약에 규정된 복합운송인이 화물을 인도한 장소가 체약국내에 있는 경우 등이다.

3) 강행적용

이 협약에 의하여 규율되는 복합운송계약이 체결된 경우 이 협약의 규정은 그러한 계약에 강행적으로 적용할 수 있다. 또한 이 협약의 어떠한 규정도 송화인이 복합운송과 구간별 운송방식 중에서 어느 하나를 선택할 권리에 영향을 미치지 아니한다.

4) 복합운송의 규율과 관리

첫째 이 협약은 운송업의 규율과 관리에 관한 어떠한 국제협약이나 국내법의 적용에 영향을 미치거나 또는 이와 저촉되지 아니한다.

둘째 이 협약은 특히 신기술과 서비스를 도입하기 이전에 복합운송인·화주·화주의 기구 및 관련된 국가기관 사이의 서비스의 제반 조건에 관한 협의·복합운송인의 허가·운송에의 참여 및 국가의 경제적 및 상업적 이익에 대한 그 밖의 모든 조치에 관한 권리를 포함하여 각국이 국가적인 차원에서 복합운송업과 복합운송인을 규율하고 관리할 권리에 영향을 미치지 아니한다.

셋째 복합운송인은 자신이 영업하고 있는 국가에서 적용되는 법률 및 이 협약의 규정을 준수하여야 한다.

5) 복합운송서류의 발행

첫째 복합운송인은 화물을 인수한 경우 송화인의 선택에 따라 유통성 또는 비유통성의 형식으로 되어 있는 복합운송서류를 발행하여야 한다.

둘째 복합운송서류는 복합운송인 또는 복합운송인으로부터 수권된 자가 서명하여야 한다.

셋째 복합운송서류가 발행되는 국가의 법률에 저촉되지 아니하는 한, 복합운송서류상의 서명은 육필·모사인쇄·천공·타인·부호로 하거나 또는 그 밖의 기계적 또는 전자적인 수단에 의하여 할 수 있다.

넷째 송화인이 합의한 경우에는 비유통 복합운송서류는 복합운송서류에 포함되어야 할 기록을 보존하는 어떠한 기계적 또는 그 밖의 수단을 사용하여 이를 발행할 수 있다. 그러한 경우 복합운송인은 화물을 인수한 후에는 그 기록되어 있는 모든 사항을 포함하고 있는 판독이 가능한 서류를 송화인에게 인도하여야 하며, 또 그러한 서류는 이 협약의 규정을 적용함에 있어서 복합운송서류로 본다.

6) 유통성 복합운송서류

첫째 복합운송서류가 유통성의 형식으로 발행된 경우 복합운송서류는 지시식 또는 지참인식으로 작성되어야 하고, 지시식으로 작성된 경우 복합운송서류는 배서에 의하여 양도할 수 있어야 하고, 지참인식으로 작성된 때에는 복합운송서류는 배서에 의하지 아니하고 양도할 수 있어야 하고, 2통 이상의 원본을 1조로 발행된 때에는 복합운송서류는 조를 이루고 있는 원본의 통수를 명시하여야 하고, 사본이 발행된 때는 각 사본은 '비유통복본'(非流通複本)이라고 표시하여야 한다.

둘째 화물의 인도는 필요한 경우에 정당하게 배서된 유통성 복합운송서류의 제시와 상환으로만 복합운송인 또는 그를 대신하여 행동하는 자에게 청구할 수 있다.

셋째 유통성 복합운송서류가 2통 이상의 원본을 1조로 하여 발행된 경우 복합운송인 또는 그를 대신하여 행동하는 자가 선의로 그러한 원본 중에 1통의 제시와 상환으로 화물을 인도한 때에는 복합운송인은 화물을 인도할 의무로부터 면제된다.

7) 비유통 복합운송서류

복합운송서류가 비유통의 형식으로 발행된 경우 복합운송서류는 지정된 수화인을 명시하고 있어야 한다. 또한 복합운송인이 그러하나 비유통 복합운송서류상에 지정된 수화인에게 또는 규칙에 따라 서면으로 정당하게 지시된 그 밖의 자에게 화물을 인도한 경우 복합운송인은 화물을 인도할 의무로부터 면제된다.

8) 복합운송서류의 내용

첫째 복합운송서류에는 화물의 일반적 성질·화물의 식별에 필요한 주된 화인·해당되는 경우에는 화물의 위험성에 관한 명시적인 문언·포장 또는 개품의 번호 및 화물의 총중량 또는 그 밖의 방법으로 표시된 수량 · 이러한 모든 사항은 송화인이 제출한 것에 한하여 표기되어야 한다. 아울러 다음을 포함한다. ① 화물의 외관상태, ② 복합운송인의 명칭 및 주된 영업소의 소재지, ③ 송화인의 명칭, ④ 송화인이 지정한 경우에는 수화인, ⑤ 복합운송인이 화물을 인수한 장소 및 일자, ⑥ 화물의 인도장소, ⑦ 당사자 간에 명시적으로 합의된 경우 인도장소에서의 화물을 인도할 일자 또는 기간, ⑧ 복합운송서류의 유통성 또는 비유통성의 여부를 나타내는 기재, ⑨ 복합운송인 또는 복합운송인으로부터 수권받은 자의 서명, ⑩ 당사자 간에 명시적으로 합의된 경우 각 운송방식에 따른 운임 또는 수화인이 지급할 범위의 운임과 그 통화 또는 운임을 수화인이 지급한다는 것을 나타내는 그 밖의 명시, ⑪ 예정된 운송경로 · 운송방식 및 복합운송서류 발행시에 알려진 경우 환적장소, ⑫ 필수기재사항, ⑬ 그 밖의 당사자 간에 복합운송서류에 삽입하기로 합의된 사항으로서 복합운송서류가 발행된 국가의 법률에 위반되지 아니한 모든 것 등이다.

둘째 복합운송서류상에 본조에서 규정된 사항 중 하나 이상이 결여되어 있더라도 이것은 복합운송서류로서의 서류의 법률적인 성질에 영향을 미치지 아니한다.

9) 복합운송서류상의 유보

복합운송서류에 기재된 화물의 일반적 성질 · 주된 화인 · 포장 또는 개품의 번호 · 중량 또는 수량에 관한 사항이 실제로 인수한 화물을 정확하게 나타내고 있지 아니한다는 것을 복합운송인 또는 복합운송인을 대신하여 행동하는 자가 알고 있거나 또는 그렇게 의심할 만한 정당한 이유가 있는 경우 또는 그러한 사항을 확인할 정당한 방법이 없는 경우 복합운송인 또는 복합운송인을 대신하여 행동하는 자는 이러한 부정확성, 의심할 만한 이유 또는 정당한 확인방법의 결여에 관하여 명시하는 유보조항을 복합운송서류상에 삽입하여야 한다.

나아가 복합운송인 또는 복합운송인을 대신하여 행동하는 자가 복합운송서류상에 화물의 외관상태를 기재하지 아니한 경우 화물이 외관상으로 양호한 상태에 있었다는 것을 복합운송서류상에 기재한 것으로 본다.

10) 복합운송서류의 증거력

허용되는 유보조항에 관한 사항 및 그 유보의 범위를 제외하고, 복합운송서류는 복합운송인이 이 서류에 기재된 대로 화물을 인수하였다는 것에 대한 추정적인 증거가 되며, 또 복합운송서류가 유통성의 형식으로 발행되고 수화인을 포함하여 그 화물의 기재사항을 신뢰하고 선의로 행동하는 제3자에게 양도된 경우 복합운송인에 의한 반증은 허용되지 아니한다.

11) 고의적 불실기재나 누락에 대한 책임

복합운송인이 기만을 목적으로 복합운송서류상에 화물에 관한 허위의 정보를 기재하거나 또는 그 어떠한 정보를 누락시킨 경우에는, 복합운송인은 수화인을 포함하여 발행된 복합운송서류상의 화물의 명세를 신뢰하고 행동한 제3자가 입은 모든 멸실·손상 또는 비용에 대하여 이 협약의 규정된 책임제한의 이익도 없이 책임을 져야 한다.

12) 송화인에 의한 보증

송화인은 복합운송인이 화물을 인수할 때에 복합운송서류의 기재를 위하여 자기가 제출하나 화물의 일반적은 성질·그 화인·번호·수량 그리고 해당되는 경우 화물의 위험성에 관한 사항이 정확하다는 것을 복합운송인에게 보증한 것으로 본다.

송화인은 본조에 관한 사항의 부정확성 또는 부적절성으로 인하여 발생된 손실에 대하여는 복합운송인에게 배상하여야 한다. 송화인은 복합운송서류를 양도한 경우에도 그 책임을 져야 한다. 그러한 배상에 관한 복합운송인의 권리는 복합운송계약에 따라 송화인 이외의 모든 자에 대한 복합운송인의 책임을 결코 제한하지 못한다.

13) 그 밖의 서류

복합운송서류의 발행은 적용되는 국제협약 또는 국내법에 따라 필요한 경우에 운송 또는 그 밖의 국제복합운송에 관련된 서비스에 관한 그 밖의 서류의 발행을 배제하지 아니한다. 그러나 이러한 그 밖의 서류의 발행은 복합운송서류의 법률적인 성질에 영향을 미치지 아니한다.

14) 복합운송인의 책임기간

첫째 이 협약에 따른 화물에 대한 복합운송인 책임은 복합운송인의 이 화물을 자신의 관리 하에 인수하나 때로부터 이를 인도할 때까지의 기간에 걸쳐 커버된다. 본조의 적용에 있어서 다음의 기간에는 화물이 복합운송인의 관리하에 있는 것으로 본다. 복합운송인이 송화인 또는 송화인을 대신하여 행동하는 자, 또는 인수장소에서 적용되는 법류이나 규정에 따라 운송을 위하여 화물을 수령하여야 할 당국 또는 그 밖의 제3자로부터 화물을 수령한 때부터, 복합운송인이 수화인에게 화물을 교부하는 것, 또는 수화인이 복합운송인으로부터 화물을 수령하지 아니하는 경우 복합운송계약 또는 인도장소에서 적용되는 법률이나 특정거래의 관행에 따라 화물을 수화인의 임의처분하에 적치하는 것, 또는 인도장소에서 적용되는 법률이나 규정에 따라 화물을 교부하여야 할 당국 또는 그 밖의 제3자에게 화물을 교부하는 것과 같은 방법으로 화물을 인도한 때까지이다.

둘째 본조에서 복합운송인이라 함은 복합운송인의 사용인 또는 대리인 또는 복합운송계약의 이행을 위하여 그가 고용하는 그 밖의 모든 자를 포함하며, 또 송화인 또는 수화인이라 함은 이들의 사용인 또는 대리인을 포함한다.

15) 복합운송인의 사용인 · 대리인 그 밖의 당사자에 대한 책임

복합운송인은 그 사용인이나 대리인이 그 직무 범위내에서 행위를 하는 때에는 그 사용인이나 대리인 또는 복합운송인이 복합운송계약의 이행을 위하여 고용하는 그 밖의 자가 이 계약의 이행으로 행위를 하는 때에는 그러한 모든 자의 행위 또는 부작위에 대하여 복합운송인 자신의 작위 또는 부작위인 것처럼 책임을 져야 한다.

16) 책임원칙

첫째 복합운송인은 화물의 멸실 · 손상 또는 인도의 지연에 기인된 사고가 운송인의 관리 하에 있는 동안에 일어난 때에는 화물의 멸실 또는 손상뿐만 아니라 인도의 지연으로 발생한 손해에 대하여 책임을 져야 한다. 다만 복합운송인은 자신 또는 그 사용인이나 대리인 또는 그 밖의 모든 자가 사고 및 그 결과를 배제하기 위하여 합리적으로 요구되는 모든 조치를 취하였다는 것을 증명한 경우에는 그러하지 아니하다.

둘째 인도의 지연은 화물이 명시적으로 합의된 기간 내에 또는 그러한 합의가 없는 경우에는 그 사안의 사정을 고려하여 성실한 복합운송인에게 요구되는 합리적인 기간 내에 인도되지 아니한 때에 발생한 것으로 한다.

셋째 화물이 본조에 따라 결정된 인도기일을 경과한 후 연속되는 90일 이내에 인도되지 아니한 경우 배상청구자는 화물이 멸실된 것으로 할 수 있다.

17) 동시적 원인

복합운송인 또는 그 사용인이나 대리인 또는 그 밖의 자에 의한 과실 또는 부주의가 다른 원인과 결합하여 멸실·손상 또는 인도의 지연을 야기시킨 경우 복합운송인은 그러한 과실 또는 부주의의 원인으로 돌릴 수 있는 멸실·손상 또는 인도의 지연의 범위 내에서만 책임을 진다. 다만 복합운송인은 그러한 과실 또는 부주의의 원인으로 돌릴 수 없는 멸실·손상 또는 인도의 지연에 관한 부분을 증명하여야 한다.

18) 책임한도

첫째 복합운송인이 화물의 멸실 또는 손상으로 인하여 발생한 손해에 대하여 책임을 지는 경우 복합운송인의 책임은 개별포장당 또는 그 밖의 선적단위당 920계산단위, 또는 멸실 또는 손상된 화물의 총중량 1kg 2.75계산단위를 초과하지 아니하는 금액 중에 높은 금액으로 제한된다.

둘째 본조 제1항에 따른 보다 높은 금액을 산정하는데 있어서는 다음의 원칙을 적용한다. ① 컨테이너·팔레트 또는 그 밖의 이와 유사한 운송용구가 화물을 통합하기 위하여 사용되는 경우 이러한 운송용구에 포장된 것으로 복합운송서류에 표시되어 있는 포장 또는 그 밖의 선적단위를 그러한 포장 또는 선적단위로 본다. 이와 같은 경우를 제외하고는 그러한 운송용구내의 화물은 하나의 선적단위로 본다. ② 운송용구 자체가 멸실 또는 손상된 경우 그 운송용구를 복합운송인이 소유하거나 또는 공급한 것이 아닌 한, 그것은 하나의 별개의 선적단위로 본다. ③ 본조의 규정에도 불구하고 만약 국제보갑운송이 계약에 따라 해상운송 또는 내수로 운송을 포함하지 아니한 경우 복합운송인의 책임은 멸실 또는 손상된 화물의 총중량 1kg당 8.33계산단위를 초과하지 아니한 금액으로 제한된다.

셋째 인도의 지연으로 인하여 발생한 손해에 대한 복합운송인의 책임은 지연된 화물에 대하여 지급되는 운임의 2.5배에 상당하는 금액으로 제한된다. 그러나 이는 복합운송계약에 따라 지급되는 총운임을 초과하지 못한다.

넷째 본조에 따른 복합운송인의 책임의 총액은 본조에 따라 결정된 화물의 전손에 대한 책임의 한도를 초과하지 못한다.

다섯째 복합운송인과 송화인간의 합의에 의하여 본조에 규정된 한도를 초과하는 책임의 한도를 복합운송서류에 지정할 수 있다.

19) 특정구간의 손해

화물의 멸실 또는 손상이 복합운송의 어느 한 특정구간에서 발생하고 또 이 구간에 관하여 적용되는 국제협약 또는 강행적인 국내법이 여기서의 한도보다 높은 책임의 한도를 규정하고 있는 경우 그러한 멸실 또는 손상에 대한 복합운송인의 책임의 한도는 그러한 협약 또는 강행적인 국내법의 규정에 의거하여 결정된다.

20) 비계약적 책임

첫째 이 협약에서 규정하는 책임에 관한 항변 및 한도는 소송이 계약에 의거한 것이거나 불법행위 또는 그 밖에 의거한 것이거나를 불문하고 화물의 멸실 또는 손상뿐만 아니라 인도의 지연으로 발생하는 손해에 관한 복합운송인에 대한 모든 소송에 이를 적용한다.

둘째 화물의 멸실·손상 또는 인도의 지연으로부터 발생하는 손해에 관한 소송이 복합운송인의 사용인 또는 대리인에 대하여 제기된 경우 그러한 사용인 또는 대리인이 그 직무상의 범위 내에서 행동하였다는 것을 증명하거나 또는 그러한 소송이 복합운송계약의 이행을 위하여 복합운송인이 고용한 그 밖의 모든 자에 대하여 제기된 경우 그러한 그 밖의 자가 그 계약이행의 범위내에서 행동하였다는 것을 증명한 때에는 그 사용인이나 대리인 또는 그 밖의 자는 이 협약에 따라 복합운송인이 수용할 수 있는 책임에 관한 항변 및 한도를 이용할 권리가 있다.

셋째 복합운송인 및 그 사용인이나 대리인 또는 복합운송계약의 이행을 위하여 복합운송인이 고용한 그 밖의 모든 자로부터 배상받을 수 있는 금액의 총액은 이 협약에 규정된 책임의 한도를 초과하지 못한다.

21) 책임제한에 대한 권리상실

첫째 멸실·손상 또는 인도의 지연이 그러한 멸실·손상 또는 지연을 발생시킬 의도로 또는 그러한 멸실·손상 또는 지연이 발생한다는 것을 알면서도 무모하게 행한 복합운송인의 작위 또는 부작위로 인하여 발생된 것이 증명된 경우 복합운송인은 이 협약에 규정된 책임제한의 이익에 대한 권리를 갖지 못한다.

둘째 멸실·손상 또는 인도의 지연이 그러한 멸실·손상 또는 지연을 발생시킬 의도로 또는 그러한 멸실·손상 또는 지연이 발생한다는 것을 알면서도 무모하게 행한 복합운송인의 사용인이나 대리인 도는 복합운송계약의 이행을 위하여 복합운송인이 고용한 그 밖의 자의 작위 또는 부작위로 인하여 발생된 것이 증명된 경우 그러한 사용인이나 대리인 또는 그 밖의 자는 이 협약에 규정된 책임제한의 이익에 대한 권리를 갖지 못한다.

22) 송화인의 책임

송화인은 복합운송인이 입은 손실이 송화인 또는 그 사용인이나 대리인이 그 직무의 범위 내에서 행동하고 있을 때에는 그 사용인이나 대리인의 과실 또는 부주의로 인하여 발생된 경우 그러한 손실에 대하여 책임을 져야 한다. 송화인의 사용인 또는 대리인도 그러한 손실이 그 사용인이나 대리인측의 과실 또는 부주의로 인하여 발생된 경우 그러한 손실에 대하여 책임을 져야 한다.

23) 위험물에 관한 특칙

첫째 송화인은 위험물에 대하여는 적절한 방법으로 위험성이 있다는 표식 또는 부전(附箋)을 달아야 한다.

둘째 송화인이 복합운송인 또는 복합운송인을 대신하여 행동하는 모든 자에게 위험물을 인도한 경우 송화인은 화물의 위험성 및 필요하다면 그 취하여야 할 예방조치에 관하여 복합운송인에게 이를 통지하여야 한다. 송화인이 그 통지를 하지 아니하고 복합운송인이 화물의 위험성에 관하여 달리 인식하지 못한 경우에는, ① 송화인은 그러한 화물의 선적으로 인하여 발생하는 모든 손실에 대하여 복합운송인에게 책임을 져야 하고, 또한 ② 화물은 필요한 사정에서는 배상금의 지급함이 없이 언제든지 이를 양하거나 파괴하거나 또는 해가 없도록 처분할 수 있다.

셋째 복합운송 중에 화물의 위험성에 관하여 인식하고 그 화물을 자신의 관리하에 수령한 자는 본조의 규정을 원용할 수 없다.

넷째 본조가 적용되지 아니하거나, 또는 이를 원용할 수 없는 경우 위험물이 인명 또는 재산에 실제의 위험을 미치게 된 때에는 그 위험물은 필요한 사정에서는 배상금의 지급함이 없이 이를 양하하거나 파괴하거나 또는 해가 없도록 처분할 수 있다. 다만 공동해손분담액을 부담할 의무를 지는 경우 또는 복합운송인이 책임을 지는 경우는 제외한다.

24) 멸실 · 손상 또는 지연의 통지

첫째 화물이 수화인에게 인도된 날의 다음 거래일까지 수화인이 복합운송인에게 서면으로 멸실 또는 손상의 일반적인 성질을 명기하여 통지를 하지 아니한 경우 그러한 인도는 복합운송인이 화물을 복합운송서류에 기재된 대로 인도하였다는 추정적인 증거가 된다. 한편 멸실 또는 손상이 외관상으로 확인되지 아니한 경우 화물이 수화인에게 인도된 날로부터 연속하여 6일 이내에 서면으로 통지가 되지 아니한 때에 본조의 규정은 그대로 적용된다.

둘째 화물이 수화인에게 인도된 때에 그 화물의 상태가 양당사자 또는 인도장소에서 수권된 대리인들에 의한 공동의 조사 또는 검사의 대상이 된 경우 그 조사 또는 검사 중에 확인된 멸실 또는 손상에 관하여는 서면에 의한 통지가 요구되지 아니한다.

셋째 멸실 또는 손상이 실제로 일어났거나 또는 일어났을 것이라는 의심이 있는 경우 복합운송인 및 수화인은 화물의 검사 및·검수를 위하여 상호간에 모든 상당한 편의를 제공하여야 한다.

넷째 화물이 수화인에게 인도된 날로부터 또는 화물이 인도되었음을 수화인이 통지받은 날로부터 연속하여 60일 이내에 복합운송인에게 서면에 의한 통지를 하지 아니한 경우 인도지연으로 인하여 발생한 손실에 대한 배상금은 지급하지 아니하는 것으로 한다.

다섯째 멸실 또는 손상이 발생한 날 또는 화물을 인도한 날 중에 보다 늦은 날로부터 연속하여 90일 인에 복합운송인이 송화인에게 서면으로 멸실 또는 손상의 일반적인 성질을 명기하여 통지를 하지 아니하는 한, 그러한 통지의 불이행은 복합운송인이 송화인 또는 그 사용인이나 대리인의 과실 또는 부주의로 인하여 멸실 또는 손상의 일반적인 성질을 명기하여 통지를 하지 아니하는 한, 그러한 통지의 불이행은 복합운송인이 송화인 또는 그 사용인이나 대리인의 과실 또는 부주의로 인하여 멸실 또는 손상을 입지 아니하였다는 추정적인 근거가 된다.

여섯째 어떠한 통지기간이 인도장소의 거래일이 아닌 날에 종료되는 경우 그러한 기간은 다음 거래일가지 연장된다.

일곱째 본조의 적용에 있어서 인도장소에서 복합운송인이 고용한 자를 포함한 복합운송인을 대신하여 행동하는 자 또는 송화인을 대신하여 행동하는 자에 대한 통지는 각각 복합운송인 또는 송화인에 대하여 행한 것으로 본다.

25) 소송의 제한

첫째 법적절차 또는 중재절차가 2년의 기간 내에 개시되지 아니한 경우 이 협약에 따른 국제복합운송에 관한 어떠한 소송도 무효가 된다. 그러나 배상청구의 성질과 주요사항을 명기한 서면에 의한 통지가 화물이 인도된 날로부터 또는 화물이 인도되지 아니한 때에는 화물이 인도되었어야 하는 날로부터 6개월 내에 이루어지지 아니한 경우 소송은 이러한 기간의 만기에 무효가 된다.

둘째 제한기간은 복합운송인이 화물의 전부 또는 일부를 인도한 날의 익일 또는 화물이 인도되지 아니한 때에는 화물이 인도되었어야 하는 최종일의 익일로부터 개시된다.

셋째 배상청구를 받은 자는 제한기간의 진행 중에 언제라도 청구자에게 서면으로 통고함으로써 그 기간을 연장할 수 있다. 이 기간은 그 후의 다른 통고에 의하여 다시 연장할 수 있다.

넷째 적용되는 다른 국제협약의 규정에 저촉되지 아니하는 한, 이 협약에 따라 책임을 지는 자에 의한 상환청구의 소송은 앞의 조항에서 규정된 제한기간이 만료된 후에도 소송절차를 개시하는 국가의 법률에 의하여 허용된 기간 내에는 이를 제기할 수 있다. 그러나 그 허용기간은 그러한 상환청구의 소송을 제기하는 자가 자신에 대한 상환청구를 해결한 날 또는 자신에 대한 소송에서 소장의 송달을 받은 날로부터 기산하여 90일 이전에는 허용되지 아니한다.

26) 재판관할권

첫째 이 협약에 따른 국제복합운송에 관한 법적절차에 있어서 원고는 자신의 선택으로 법원이 소재하는 국가의 법률에 따라 정당한 재판관할권을 가지며 또 다음 장소의 어느 하나가 그 재판관할권내에 소재하는 법원에 소송을 제기할 수 있다. ① 피고의 주된 영업소의 소재지 또는 그것이 없는 경우에는 피고의 일상적인 거주지, 또는 ② 복합운송계약이 체결된 장소, 다만 이 경우에는 피고가 그 곳에 계약을 체결한 영업소·지점 또는 대리점을 가지고 있어야 한다. 또는 ③ 국제복합운송을 위한 화물의 인수장소 또는 인도장소, 또는 ④ 복합운송계약에서 그 목적을 위하여 지정되었거나 또는 복합운송서류상에서 증명된 그 밖의 모든 장소 등이다.

둘째 이 협약에 따른 국제복합운송에 관한 법적절차는 본조 제1항에 명시되어 있지 아니한 장소에서 이를 제기할 수 없다. 본조의 규정은 예비적 또는 보전적인 조치를 위한 체약국의 재판관할권에 대한 장애로 해석되지 아니한다.

셋째 본조의 전항의 규정에도 불구하고 배상청구가 발생한 이후에 원고가 소송을 제기할 수 있는 장소를 지정하는 당사자에 의하여 이루어진 합의는 효력이 있다.

넷째 소송이 본조의 규정에 따라 제기되어 있거나 또는 그러한 소송에서 판결이 선고된 경우 처음의 소송에서의 판결이 새로운 소송절차가 제기된 국가에서 집행할 수 없는 경우가 아닌 한 동일한 당사자 간에 동일한 이유로 새로운 소송을 개시할 수 없다. 또한 본조의 적용에 있어서 판결의 집행을 구하기 위한 수단의 제기 또는 동일한 국가내의 다른 법원으로의 소송의 이송은 결코 새로운 소송의 개시로 인정하지 아니한다.

27) 중재

첫째 본조의 규정에 따라 당사자는 이 협약에 따른 복합운송에 관하여 야기될 수 있는 어떠한 분쟁도 중재에 부탁하여야 한다는 것을 서면으로 증명된 합의에 의하여 규정할 수 있다.

둘째 중재절차는 신청인의 선택에 따라 일국의 영토내에 소재하는 다음의 장소로서 ① 피신청인의 주된 영업소의 소재지 또는 그것이 없는 경우에는 피신청인의 일상적인 거주지, 또는 ② 복합운송계약이 체결된 장소. 다만 이 경우에는 피신청인이 그곳에 계약을 체결한 영업소·지점 또는 대리점을 가지고 있어야 한다. 또는 ③ 국제복합운송을 위한 화물의 인수장소 또는 인도장소 및 중재조항 또는 중재협정에 의하여 그 목적을 위하여 지정된 그 밖의 모든 장소 중의 어느 한 곳에서 이를 제기하여야 한다.

셋째 중재인 또는 중재판정부는 이 협약의 규정을 적용하여야 하며, 본 조의 규정은 모든 중재조항 또는 중재협정의 일부로 보며 또 그러한 규정에 저촉되는 중재조항 또는 중재협정의 규정은 무효로 한다.

넷째 본 조의 어떠한 규정도 복합운송에 관련된 배상청구가 제기된 이후에 당사자에 의하여 이루어진 중재에 관한 합의의 효력에는 영향을 미치지 아니한다.

28) 계약조항

첫째 복합운송계약 또는 복합운송서류상의 어떠한 조항은 이 협약의 규정을 직접 또는 간접으로 해하는 범위내에서 이를 무효로 한다. 그러한 조항의 무효는 그것이 일부를 이루고 있는 계약 또는 서류의 다른 규정의 효력에 영향을 미치지 아니한다. 화물에 관한 보험의 이익을 복합운송인을 위하여 양도한다는 조항 또는 그 밖의 이와 유사한 조항은 무효로 한다.

둘째 본조의 규정에도 불구하고 복합운송인은 송화인의 동의를 얻어 이 협약상의 자신의 책임 및 의무를 증가시킬 수 있다.

셋째 복합운송서류에는 국제복합운송이 송화인 또는 수화인의 불이익으로 이 협약을 해하는 조항을 무효로 하는 이 협약의 규정에 따른다는 뜻의 기재사항을 포함하여야 한다.

넷째 화물에 관한 청구자가 본 조에 의하여 무효가 된 조항으로 인하거나 또는 본조에서 규정한 기재의 누락으로 인하여 손실을 입은 경우 복합운송인은 화물의 멸실·손상 또는 인도의 지연에 대하여 이 협약의 규정에 따라 청구자에게 손해배상을 하기 위하여 요구되는 범위 내에서 손해배상금을 지급하여야 한다. 아울러 복합운송인은 청구자가 그 권리의 행사를 위하여 발생된 비용에 대하여도 손해배상금을 지급하여야 한다. 다만 위의 규정에 원용되는 소송에서 야기된 비용은 소송절차가 제기된 국가의 법률에 따라 결정되어야 한다.

29) 공동해손

첫째 이 협약의 어떠한 규정도 적용가능한 범위 내에서 공동해손의 정산에 관한 복합운송계약 또는 국내법의 규정의 적용을 방해하지 아니한다.

둘째 화물의 멸실 또는 손상에 관한 복합운송인의 책임에 관한 이 협약의 규정은 수화인이 공동해손분담액을 거절할 수 있는가의 여부를 결정하며, 또 부담한 그러한 모든 분담액 또는 지급한 모든 구조료에 관하여 수화인에게 배상할 복합운송인의 책임도 역시 결정한다.

30) 보세운송

체약국은 국제복합운송을 위한 보세운송의 절차에 대한 이용을 승인하여야 한다. 또한 국내법이나 규정 및 정부 간의 협정의 규정에 따라 국제복합운송에 있어서 화물의 보세운송은 이 협약의 부속서에 포함되어 있는 규칙과 원칙에 따라 이루어져야 한다. 아울러 화물의 복합운송에 관련된 보세운송의 절차에 관한 법률 또는 규정을 도입하는 경우 체약국은 이 협약의 부속서를 고려하여야 한다(이하 최종조항은 생략한다).

2 복합운송서류에 관한 UNCTAD · ICC규칙

(1) 'UNCTAD · ICC 규칙 (1992)'의 의의와 특징

'UN 무역개발위원회'(UNCTAD)의 해운위원회는 'UN 복합운송협약'의 발효에 앞서 해운관련 국제기구와 긴밀한 협조하에 기존의 'Hague 규칙'과 'Hague-Visby 규칙'뿐만 아니라 국제상업회의소(ICC)의 '복합운송통일규칙'(1975)과 'FIATA 복합운송서류'(FBL) 표준약관과 같은 현행 규칙을 기초로 새로운 복합운송서류에 관한 규칙을 제정할 것을 검토하였다.

이를 위해 1988년 UNCTAD와 ICC의 합동작업부가 구성되고 3년간의 작업을 거쳐 '복합운송서류에 관한 UNCTAD · ICC 규칙'(UNCTAD · ICC Rules for Multimodal Transport Documents)을 제정하고 1991년 6월 11일에 ICC를 통과함으로써 1992년 1월 1일부터 이를 시행하고 있다.

이 규칙은 복합운송계약에서 이 규칙을 채택한 경우에만 적용되며, 또 이 규칙은 강행법규가 아니므로 복합운송계약에 적용가능한 국제협약이나 강행적인 국내법이 있는 경우 이러한 강행법규를 우선하도록 하고 있다.

(1) 'UNCTAD · ICC 규칙 (1992)'의 구성과 내용

1) 적용범위

첫째 이 규칙은 서면이나 구두 또는 그 밖의 방법으로 '복합운송계약에 관한 UNCTAD · ICC규칙'이라고 언급함으로써 운송계약에 합당한 경우에 적용한다. 이 경우에는 단일의 또는 복수의 운송방식을 사용하는 단일운송계약인지의 여부와는 관계가 없으며, 또 서류가 발행되었는지의 여부와도 관계가 없다.

둘째 그러한 언급이 있는 경우 당사자는 그 계약에 복합운송인의 의무 또는 책임을 가중시키는 경우를 제외하고 이 규칙에 저촉되는 복합운송계약의 어떠한 추가조항에 대하여도 이 규칙이 우선한다는 것에 동의한다.

(이 규칙은 이를 언급하지 아니한 경우 적용하지 아니한다. 이 규칙은 '항 대 항 운송'을 목적

으로 한 단일운송이 의도된 경우에도 적용할 수 있다. 당사자는 이 규칙을 언급하고 또 계약상에 이 규칙을 삽입한 경우 이 규칙의 효력을 감퇴시키거나 이에 저촉되는 조항을 기재하지 아니하여야 한다. 당사자가 이 규칙을 언급함으로써 이 규칙에 반하여 규정한 어떠한 것에 대하여도 이 규칙이 우선한다는 것에 동의함을 규정하고 있다)

2) 용어의 정의

'복합운송계약'이라 함은 적어도 두 가지 이상의 서로 다른 운송방식에 의하여 화물을 운송하기 위한 단독의 계약을 의미한다.

'복합운송인'이라 함은 복합운송계약을 체결하고 또 운송인으로서 그 계약이행의 의무를 지는 자를 의미한다.

'운송인'이라 함은 복합운송인과 동일인의 여부와 관계없이, 실제로 운송의 전부 또는 일부를 이행하거나 또는 그 이행을 인수하는 자를 의미한다.

'송화인'이라 함은 복합운송인과 복합운송계약을 체결하는 자를 의미한다.

'수화인'이라 함은 복합운송인으로부터 화물을 수령할 권리가 있는 자를 의미한다.

'복합운송서류'라 함은 다음의 형식으로 발행된 복합운송계약을 증명하는 서류를 의미하며, 또 이는 관련법규가 허용하는 경우에는 전자자료교환 통신문으로써 갈음할 수 있다. ① 유통가능한 형식으로 발행되는 것, 또는 ② 특정의 수화인이 명시된 유통불능한 형식으로 발행되는 것을 포함한다.

'인수한'이라 함은 화물이 운송을 위하여 복합운송인에게 인도되고 또 복합운송인이 이를 인수하였다는 것을 의미한다.

'인도'라 함은 다음의 행위를 의미한다. ① 화물을 수화인에게 넘겨주는 것, 또는 ② 복합운송계약에 따르거나 또는 인도장소에서 적용될 수 있는 특정거래에 관한 법률이나 관행에 따라 화물을 수화인이 처분할 수 있는 상태로 두는 것, 또는 ③ 화물을 그 인도장소에서 적용가능한 법규에 의하여 넘겨주어야 할 당국이나 그 밖의 제3자에게 넘겨주는 것 등이다.

'특별인출권'이라 함은 국제통화기금에서 정의하는 계산단위를 의미한다.

'화물'이라 함은 살아있는 동물 뿐만 아니라, 복합운송인이 제공한 것이 아닌 컨테이너·팔레트 또는 이와 유사한 운송이나 포장을 위한 용구를 포함한 모든 재물을 의미하며 이는 갑판상이나 또는 갑판 아래에 적재되어 운송될 예정인지 또는 운송되는지의 여부와는 관계가 없다.

(이 규칙상의 정의에는 복합운송을 포함하지 아니한 반면에 복합운송계약에 관하여 초점을 맞

춘 것으로 보아진다. 운송인에 관한 정의는 복합운송인으로부터 복합운송인과 동일인이 아닌 어떠한 이행을 하는 운송인을 구별하기 위하여 포함된 것이다. 복합운송서류에 관한 정의는 유통가능한 운송서류와 유통불능한 운송서류뿐만 아니라 종이서류를 대신하는 전자자료교환 통신문도 포함하고 있다. 인도에 관한 정의는 단지 목적지에서의 경우를 언급하고 있다. 운송을 위하여 화물을 넘겨주는 일은 화주가 지배하며 운송인의 책임기간의 개시점을 결정하는 문제는 실제로 거의 야기되지 아니하기 때문에 화물이 운송 후에 수화인과 제3자에게 인도되는 경우만을 언급하여도 충분한 것이다)

3) 복합운송서류에 기재된 정보의 증거력

복합운송서류상의 정보는 '송화인이 계량, 적재 및 계수함', '송화인이 포장한 컨테이너임' 또는 이와 유사한 표현과 같은 반대의 표시가 별도로 서류상에 인쇄되어 있거나 또는 부가문언으로 되어 있는 경우를 제외하고는 복합운송인이 그러한 정보에 의하여 표시된 화물을 인수하였다는 사실에 대한 추정적 증거가 된다.

이에 대한 반증은 복합운송서류가 양도되었거나 또는 복합운송서류에 갈음하는 전자자료교환 통신문이 선의로 이를 신뢰하고 그것에 따라 행위를 하는 수화인에게 전달되고 또 이를 수화인이 확인하고 있는 경우에는 허용되지 아니한다.

(복합운송서류에 기재된 정보의 증거력, 복합운송서류상의 정보에 관한 책임과 관련, 'Hague-Visby 규칙' 제3조 4항에 규정된 '제3자'라는 표현은 사용되지 않고 있는데, 이는 수화인이 그 정보를 신뢰하고 그 정보에 따라 어떠한 행위를 하였는지의 여부가 문제의 관건이지, 복합운송인과 관련된 '당사자' 또는 '제3자'로서 그 지위는 중요한 문제가 아니기 때문이다. 특히 그러한 표현은 매도인이 운송인에게 화물을 인도하고, 매수인이 'FOB' 또는 'FCA' 조건의 계약에 따라 이미 운송계약을 체결한 경우에는 오해를 불러일으킬 수 있다. 그러한 경우 'FOB' · 'FCA' 조건의 매수인은 비록 복합운송서류상의 정보를 신뢰할지라도 '제3자'로서 인정될 수는 없는 것이다)

4) 복합운송인의 의무

첫째 이 규칙하에서 화물에 관한 복합운송인의 의무는 복합운송인이 화물을 인수한 시점에서 이를 인도하는 시점까지의 기간에 걸쳐 인정된다.

둘째 복합운송인은 자신의 사용인 또는 대리인이 그 직무의 범위 내에서 행위를 하는 경우 그러한 사용인 또는 대리인의 작위 또는 부작위 또는 계약의 이행을 위하여 그 업무를 이용하는 자의 작위 또는 부작위에 대하여는 그러한 작위 또는 부작위가 복합운송인 자신의 작위 또는 부작위인 것과 마찬가지의 의무를 진다.

셋째 복합운송인은 다음과 같이 화물의 인도를 보장하기 위하여 필요한 모든 조치를 이행하거나 그 이행을 조달할 의무가 있다. ① 복합운송서류가 유통가능한 형식의 '소지인식'으로 발행된 경우 발행 1통의 원본서류를 제시하는 자에 대한 인도, 또는 ② 복합운송서류가 유통가능한 형식의 '지시인식'으로 발행된 경우 정당하게 배서된 1통의 원본서류를 제시하는 자에 대한 인도, 또는 ③ 복합운송서류가 유통가능한 형식의 특정인 앞으로 발행된 경우 자신의 동일성을 증명하고 1통의 원본서류를 제시하는 그 특정인에 대한 인도서류가 '지시인식'이나 백지배서로 양도된 때에는 상기 (b)의 규정이 적용되며, 또는 ④ 복합운송서류가 유통불능한 형식으로 발행된 경우 자신의 동일성을 증명하는 서류에 수화인으로서 지정되어 있는 특정인에 대한 인도, 또는 ⑤ 어떠한 서류도 발행되지 아니한 경우 송화인이 지시한 자 또는 복합운송계약에 따라 그러한 지시를 할 수 있는 송화인이나 수화인의 권리를 취득한 자에 대한 인도 등이다.

(복합운송인이 의무를 지는 기간은 복합운송인이 당해 화물을 그 관리하에 두고 있는 '전 기간'이 된다. 화물이 목적지에서 인도된 경우의 특별한 문제는 '引渡'에 관한 정의에서 다루고 있다. '그 직무의 범위 내에서' 또는 '계약의 이행을 위하여'라는 문언은 복합운송인의 대리책임을 제한하는 것이다. 그러나 이들 표현은 재판관할권에 따라 각기 달리 해석될 수도 있다는 점에 유의하여야 한다. 특히 법률에 따라 복합운송인이 그 사용인이나 그 밖의 계약의 이행으로서 행위를 하는 자에 의한 절도에 대하여 책임을 져야 하는지가 명확하지 아니한 경우가 있다. 화물을 수화인에게 인도하는 방식은 서로 다른 형식의 유통가능한 복합운송서류와 유통불능한 복합운송서류의 경우와 관련하여 명확히 규정되어 있다. 이 두 경우에 있어서 인도의 방식이 각기 다르다는 점에 유의하여야 한다. 또 종이서류가 전자자료교환 통신문에 의하여 대치된 경우에 대하여도 별도로 언급되어 있다)

5) 복합운송인의 책임

첫째 복합운송인은 화물의 멸실이나 손상뿐만 아니라 인도의 지연이 화물이 자신의 관리 하에 있는 동안에 발생한 경우 복합운송인이 자신이나 그 사용인 또는 대리인, 또는 본 규칙에서 언급된 자의 과실 또는 태만으로 인하거나 관여되어 그러한 멸실·손상 또는 인도의 지연이 발생한 것이 아님을 증명하지 아니하는 한, 그 멸실·손상 또는 인도의 지연에 대하여 책임을 져야 한다. 그러나 복합운송인은 송화인이 화물의 적기인도에 대한 이익을 선언하고 복합운송인이 이를 승낙한 경우가 아닌 한, 인도의 지연으로 인한 손해에 대하여 책임을 지지 아니한다.

둘째 인도의 지연은 화물이 명시적으로 합의된 기간 내에 또는 그러한 합의가 없는 경우 관련된 사정을 고려하여 성실한 복합운송인에 대하여 기대할 수 있는 합리적 기간 내에 인도되지 아니한 때에 발생한다.

셋째 화물이 정하여진 인도의 기일로부터 90일 내에 인도되지 아니한 경우에는, 청구권자는 반증이 없는 한 그 화물을 멸실된 것으로 취급할 수 있다.

넷째 복합운송인은 해상 또는 내수로 운송되는 화물에 관하여는 그 멸실·손상 또는 인도의 지연이 그러한 운송 중에 선장·선원·도선사 또는 운송인의 사용인의 항해 또는 선박의 관리에 관한 행위, 태만 또는 과실에 기인하거나, 또는 운송인의 고의 또는 과실로 인하여 발생한 것이 아닌 화재에 기인하여 발생한 경우 그 화물의 멸실·손상 또는 인도의 지연에 대하여 책임을 지지 아니한다. 다만 그러한 멸실 또는 손상이 선박의 내항능력의 불비로 인하여 발생한 경우 복합운송인은 항해의 개시 시에 선박의 내항능력을 확보하기 위하여 상당한 주의를 다하였음을 입증할 수 있어야 한다.

다섯째 ① 화물의 멸실 또는 손상에 대한 배상액을 화물이 수화인에게 인도되는 장소와 시간 또는 화물을 복합운송계약에 따라 인도하여야 할 장소와 시간의 화물의 가액에 의하여 산정하여야 한다. ② 화물의 가액은 상품거래소의 시가 또는 그러한 가격이 없는 경우에는 시장시가, 또는 상품거래소의 시가도 시장시가도 모두 없는 경우 동종 및 동질의 화물의 정상가액에 따라 결정하여야 한다.

[복합운송인의 책임과 관련하여, 'Hague 규칙' 및 'Hague-Visby 규칙'에는 운송인에게 유리하게 적용될 수 있는 항변사유에 관한 항목이 길게 열거되어 있다. 항해 및 선박의 관리상의 과실[항해과실(航海過失)] 뿐만 아니라 화재의 경우의 특별한 면책을 제외하면, 'Hague-Visby 규칙'상의 운송인의 책임은 실제적으로 운송인의 추정적 과실 또는 태만의 책임을 의미한다. 어떠한 경우에도 복합운송서류에 관한 이 규칙은 선박을 보유한 복합운송인이 단일의 해상운송계약에 적용되어 온 것과 동일한 항변사유에 의한 이익을 향유할 수 있고 선박을 운용하지 아니한 복합운송인(NVOCC, MTO)은 기본적으로 그 책임을 규정하는 이 규칙과 양립할 수 있는 규칙에 의하여 실제운송인을 상대로 상환청구의 제소를 할 수 있도록 보장하여야 할 것이다. 항해과실 또는 화재에 대한 항변사유가 추정적인 과실 또는 태만에 기초를 둔 책임과 결합하여 명시적으로 규정된 경우 비록 완전하지는 못하더라도 실제적으로는 상당한 정도로 그 달성이 가능할 것이다. 모든 운송방식을 고려하여, 이른바 각 운송구간이 '이종책임의 원칙'을 완전히 채용한다면 지나치게 복잡해질 것이다. 어떠한 경우에도, 단일운송에 적용가능한 강행규정이 이 규칙에 우선하게 될 것이다. 운송인의 책임은 엄격한 '공중운송인'의 책임이 아닌 추정적 과실의 원칙에 기초를 두고 있다는 사실에 비추어 볼 때, 'Hague 규칙'에 언급된 종류에 특별한 면책사유를 구체적으로

열거할 필요는 없는 것으로 인정되어 왔다. 그러나 복합운송인이 'Hague 규칙'에 규정된 전형적인 면책의 경우를 자신의 서류에 열거한다고 하더라도, 그것은 본 규칙에 저촉되지 아니할 것이다. 책임의 기초를 'Hague-Visby 규칙'과 일치시키기 위하여, '해상운송 또는 내수운송에 관한 항변'이라는 표제하에 책임이 면제되는 경우가 규정되어 있다. 여기에는 항해과실 및 화재에 대한 두 가지의 본질적인 항변사유가 규정되어 있다. 이들 항변사유는 'Hague-Visby 규칙'에서와 마찬가지로 선박이 내항능력을 갖추지 못하여 멸실 또는 손상이 발생한 경우 복합운송인이 그 선박이 항해를 개시할 때에 내항능력을 확보하기 위하여 상당한 주의를 다하였다는 것을 증명할 수 있어야 한다는 우선적인 요건을 충족시켜야만 그것이 인정된다. '운송인의 고의 또는 과실'이라는 문언은 복합운송인이 자신의 회사 내의 경영자적인 지위에서 발생하는 작위 또는 부작위에 대하여만 책임을 진다는 것을 암시한다. 그러나 법률의 일반원칙에 의하면 개인적인 고의 또는 중과실로 인하여 발생하는 멸실 또는 손상에 대하여 책임을 면제하는 취지의 계약조항은 그 효력이 없다는 것은 거의 모든 사법관할권에서 마찬가지의 결과가 될 것이다. 'Hamburg 규칙' 및 '복합운송협약'에 명시되어 있는 책임의 기초는 추정적인 과실 또는 태만의 일반적인 책임원칙을 설정하는데 사용되어 왔다. 지연에 대한 책임과 관련하여 유의할 점은 'Hague-Visby 규칙'에는 그러한 책임에 관하여 명시적으로 언급되어 있지 아니하며 따라서 'Hague-Visby 규칙'이 그러한 책임에 대하여 적용될 수 있는지는 각 사법관할권에서 불명확하다는 것이다. 'Hamburg 규칙'과 '복합운송협약'은 지연이 오래 계속되는 경우에 청구권자가 화물을 전손된 것으로 취급할 수 있는 권리를 규정하고 있다. '복합운송협약'에서는 그 기간이 90일로 되어 있으나 'Hamburg 규칙'에서는 60일이다. 90일이라는 보다 긴 기간을 정한 것은 단일운송계약에 의하여 그러한 권리가 발생하기 전에 복합운송계약 하에서 그러한 권리가 발생하는 일이 없도록 하기 위한 것이다. 그렇게 취급함으로써 복합운송인이 하청계약자에 대한 상환청구의 조치를 원활히 할 수 있을 것이다. 여기서 유의할 점은 당해 화물이 실제로 멸실되지 아니하였다는 증거가 없을 경우에만 그러한 권리가 발생된다는 것이다]

6) 복합운송인의 책임한도

첫째 복합운송인이 화물을 인수하기 전에 송화인이 화물의 종류와 가액을 통고하고 또 이것이 복합운송서류상에 기재된 경우를 제외하고, 복합운송인은 어떠한 경우에도 포장당 또는 단위당 666.67SDR 또는 멸실되거나 손상된 화물의 총중량에 대한 kg당 2SDR의 둘 중에서 보다 높은 금액을 초과하지 아니하는 범위내에서만 책임을 진다.

둘째 컨테이너·팔레트 또는 이와 유사한 운송용구가 두 개 이상의 포장 또는 단위의 화물과 함께 적재된 경우 그러한 운송용구에 포장된 것으로 복합운송서류상에 기재된 포장 또는 그 밖의 적재단위의 개수를 책임한도의 산정에 관한 포장 또는 단위로 본다. 앞에 언급한 경우를 제외하고 그러한 운송용구도 별도의 포장 또는 단위로 취급한다.

셋째 이상의 규정에도 불구하고 계약에 따라 복합운송이 해상 또는 내수의 운송을 포함하지 아니하는 경우 복합운송인의 책임은 멸실되거나 손상된 화물의 총중량에 대한 kg당 8.33SDR을 초과하지 아니하는 금액으로 제한한다.

넷째 화물의 멸실 또는 손상이 복합운송 중의 어느 한 특정구간에서 발생한 경우로서 당해 운송구간에 관하여 국제협약이나 강행적인 국내법에서 당해 구간에 대하여만 별도로 운송계약을 체결하였다면 적용할 수 있는 다른 책임한도를 규정하고 있는 경우 화물의 멸실 또는 손상에 대한 복합운송인의 책임한도는 그러한 국제협약 또는 강행적인 국내법의 규정에 의하여 결정하여야 한다.

다섯째 복합운송인이 인도의 지연에 따른 손실 또는 화물의 멸실이나 손상 이외의 간접적인 멸실 또는 손상에 대하여 책임이 있는 경우 복합운송인의 책임은 복합운송을 위한 복합운송계약에 의한 운임을 초과하지 아니하는 금액으로 제한한다.

여섯째 복합운송인의 종합적인 책임의 총액은 화물의 전손의 경우에 대한 책임한도를 초과하지 못한다.

(복합운송인의 책임한도에 관하여 컨테이너 속의 운송물의 단위가 운송서류상에 기재된 경우에 청구권자는 그 단위의 개수를 책임제한의 기준으로 주장할 수 있다는 취지의 이른바 '컨테이너 방식'을 포함한 'Hague-Visby 규칙'상의 책임제한의 규정을 토대로 하고 있다. 또 이 규칙은 해상운송을 포함하지 아니한 복합운송에도 적용하고자 한 것이기 때문에, 이 경우에는 'CMR 협약'에 의한 책임한도인 kg당 8.33SDR이 적용된다. 그러나 이 규정은 'kg'을 기준으로 하는 책임한도를 인상시킬 뿐만 아니라 '컨테이너 방식'의 영향을 줄이는 기능도 한다는 점에 유의할 필요가 있다. 대부분의 무역에서는 컨테이너 속의 단위의 평균중량은 약 '50kg'으로 표시되고 있으며, 또 '컨테이너 방식'이 적용될 경우 한도금액은 2SDR로 계산하면 100SDR이 되고, 8.33SDR로 계산하면 460.5SDR이 된다. 이들 금액은 'Hague-Visby 규칙'상의 책임한도인 666.67SDR과 비교해 볼 필요가 있다. 유의할 점은 이 규칙은 화물의 멸실 또는 손상 및 인도의 지연에 대한 책임제한 뿐만 아니라 간접적인 손해에 대한 책임제한에 관하여도 규정하고 있다는 것이다. 물리적인 멸실 또는 손상의 결과로 여러 가지의 간접적인 손해가 발생하기 쉬운데 그러한 손해는 여러 재판관할권에서 책임이 있는 당사자의 책임을 제한하는 원칙이 제외되지 아니할 수도 있기 때문에 그러한 종류의 책임에 대하여는 금전적인 제한을 두는 것이 적절할 것이다. 앞서 언급한 바와 같이 'Hague-Visby 규칙'의 단위와 'kg'기준의 책임한도는 컨테이너 속의 단위가 운송서류상에 명시된 경우에 책임한도를 결정하기 위하여 그 컨테이너 속의 단위를 기준으로 하는 소위 '컨테이너 방식'과 함께 적용된다. 또 해상운송이 포함되지 아니한 복합운송의 경우에는 'kg'당 8.33SDR의 보다 높은 한도가 적용된다. 그러나 멸실 또는 손상이 운송의 특정구간에서 발생하였다는 것

이 판명될 수 있는 경우 다른 금액의 한도가 적용될 수도 있다. 이는 그 책임한도가 적용가능한 국제협약이나 강행적인 국내법에 의하여 규정되고 있는 경우이다. 그렇게 적용함으로써, 양측 모두가 당해 운송단계에 대하여 별도로 운송계약을 체결하였을 경우와 마찬가지로 높은 한도나 낮은 한도의 책임을 적용할 수 있게 될 것이다. 인도의 지연 또는 간접적인 손해에 대한 책임은 당해 복합운송계약에서 부과된 운임을 초과하지 아니하는 금액으로 제한된다. 청구권자가 단위와 'kg'기준의 한도에 추가하여 운임을 한도로 한 배상을 받을 수 없으므로, 본 규칙에서는 한도의 총액은 화물의 전손에 대한 책임한도를 초과하지 못한다고 규정하고 있다)

7) 복합운송인의 책임제한권의 상실

복합운송인은 멸실·손상 또는 인도의 지연이 그 멸실, 손상 또는 인도의 지연을 일으킬 의도를 가지고 또는 무모하게 그러한 멸실·손상 또는 인도의 지연이 발생할 것이라는 것을 알면서 행한 복합운송인의 개인적인 작위 또는 부작위로 일어났다는 것이 증명된 경우에는, 그 책임제한에 관한 이익을 주장하지 못한다.

(책임제한권의 상실에 관한 규정은 책임질 행위가 복합운송의 경영자적인 지위에 의한 것이 아니라 그 사용인 또는 대리인에 의한 것인 경우에 책임을 제한할 수 있는 권리가 보장되도록 하고 있다. 이러한 취지와 관련하여 '작위 또는 부작위'라는 문언의 앞에 '개인적'이라는 문언이 추가되어 있다. 따라서 복합운송인 자신의 행위와 타인의 행위 사이에는 차이가 있으며, 또 복합운송인은 타인의 작위 또는 부작위에 대하여 단지 대리책임을 지는 경우에는 그 책임제한권을 상실하지 아니한다)

8) 송화인의 책임

첫째 송화인은 복합운송인이 화물을 인수할 때에 송화인이 직접 또는 송화인에 갈음하여 또는 복합운송서류에 삽입하기 위하여 제공한 화물의 일반적인 종류·기호·개수·중량·용적·수량 및 적용가능한 경우 화물의 위험성에 관한 모든 명세에 대하여 복합운송인에게 그 정확성을 담보한 것으로 본다.

둘째 송화인은 상기의 명세와 관련하여 그것이 부정확하거나 부적절함으로써 발생한 모든 손해에 대하여 복합운송인에게 배상하여야 한다.

셋째 송화인은 복합운송서류를 양도한 후에도 그 책임을 면하지 못한다.

넷째 복합운송인이 송화인으로부터 그러한 배상을 받을 권리가 있다고 하더라도 이는 복합운송계약에 따라 송화인 이외의 제3자에게 부담하는 책임을 제한하는 것은 결코 아니다.

(송화인의 책임과 관련하여, 이 규칙은 송화인이 화물에 관하여 제공한 모든 정보, 특히 화물

의 위험성에 관한 정보가 정확하다는 것을 복합운송인에게 담보한 것으로 본다는 원칙하에 송화인의 책임을 규정하고 있다. 따라서 송화인이 잘못된 정보를 제공함으로써 복합운송인에게 입힌 손해를 배상할 의무가 있는데, 이는 정보를 부정확하게 제공한 경우에 한정되는 것이 아니라 정보가 부절적한 경우에도 적용된다. 송화인이 운송서류를 이전함으로써 타인에게 복합운송계약상의 자신의 권리를 양도한 경우에도 송화인의 책임은 그대로 남는다. 복합운송인은 송화인에게 책임을 추궁할 수 있다고 하더라도, 타인에 대한 복합운송인의 책임은 결코 소멸하지 아니한다. 예컨대 복합운송인에게 위험성이 있는 화물을 제공한 자가 적용가능한 법률에 따라 불법행위에 대한 책임을 져야 하는 경우에도 송화인의 책임은 여전히 인정되는 것이다)

9) 화물의 멸실 또는 손상의 통지

첫째 수화인이 화물의 인도를 받을 때에 화물의 멸실 또는 손상에 대하여 그 개황을 명시하여 복합운송인에게 서면으로 통지하지 아니하는 한, 그 화물의 인도는 복합운송인이 화물을 복합운송 서류상에 기재된 대로 인도하였다는 사실에 대한 추정적인 증거가 된다.

둘째 멸실 또는 손상이 외관상으로 드러나지 아니한 경우 화물이 수화인에게 인도된 날로부터 제6연속일 이내에 서면에 의한 통지가 없는 한, 위와 마찬가지의 추정적인 증거력이 인정된다.

(화물의 멸실 또는 손상의 통지와 관련하여, 화물의 멸실 또는 손상에 대한 통지에 관하여는 외관상으로 드러난 멸실 또는 손상의 경우와 외관상으로 드러나지 아니한 멸실 또는 손상 사이에 차이를 두고 있다. 전자의 경우 수화인이 화물을 인도받을 때에 복합운송인에게 그 사실을 서면으로 통지하여야 한다. 후자의 경우 화물이 수화인에게 인도된 날로부터 제6연속일 이내에 그 사실을 통지하여야 한다. 통지가 늦은 경우 복합운송인은 청구권자가 화물의 멸실 또는 손상에 대한 반증을 하지 못하는 한, 멸실 또는 손상이 발생하지 아니한 것으로 추정할 수 있는 추정적인 증거를 확보할 수 있다. 이 규칙은 송화인에 대하여 복합운송인이 취할 수 있는 조치에 관하여는 규정하고 있지 아니하며 따라서 그러한 복합운송인의 청구에 관한 통지기간은 마련되어 있지 않다)

10) 제척기간

복합운송인은 별도의 명시적인 합의가 없는 한, 화물의 인도일 또는 화물을 인도하였어야 할 날 또는 화물의 인도지연에 대하여 수화인이 전손으로 취급할 권리가 있는 날로부터 9개월 이내에 소송이 제기되지 아니하면 이 규칙에 따른 모든 책임을 면한다.

(책임소멸에 관한 제척기간은 9개월로 정하여져 있다. 'Hague-Visby 규칙'은 1년의 기한, 그리고 '복합운송협약'은 2년의 기한을 각각 두고 있다. 9개월이라는 제척기간을 선택한 것은 복합운송인이 적절한 시기에 실제의 운송인에 대한 상환청구의 소송을 제기할 수 있도록 하기 위해서이다. 이와 같은 복합운송인의 상환청구의 가능성에 대한 어떠한 법적인 보호규정이 없는 경우 강행법규에 의하여 실제의 운송인에 대하여 적용되는 기간보다 짧은 기간을 선택하지 아니할 수 없을 것이다)

11) 불법행위에 대한 이 규칙의 적용

이 규칙은 복합운송계약의 이행에 관련하여 복합운송인에 대한 모든 청구에 대하여는 그것이 계약을 근거로 할 것인지 또는 불법행위를 근거로 한 것인지를 불문하고 이에 적용한다.

(불법행위에 대한 이 규칙의 적용, 복합운송인은 계약이행과 관련이 있음에도 불구하고 청구권자가 불법행위를 근거로 한 청구를 함으로써 이 규칙의 적용을 회피하려고 할 경우에도 보호를 받을 수 있어야 한다. 이 규칙은 복합운송인과 청구권자 사이에 계약관계가 없는 경우에는 적용되지 아니한다. 그러나 이 규칙을 따르기로 합의한 자가 이 규칙에서 벗어날 가능성이 없도록 복합운송인을 보호하기 위한 중요한 규정이 이 규칙에 포함되어 있다)

12) 복합운송인의 사용인 · 대리인 및 그 밖의 자에 대한 적용

이 규칙은 복합운송계약의 이행에 관한 청구가 복합운송인이 복합운송계약을 이행하기 위하여 그 업무를 이용하는 모든 사용인, 대리인 또는 그 밖의 자에 대하여 제기되는 경우 그것이 계약을 근거로 한 것인지 또는 불법행위를 근거로 한 것인지를 불문하고 이에 적용되며, 또 그러한 사용인 · 대리인 또는 그 밖의 자에 대한 복합운송인의 책임의 총액은 규칙 제6조에 규정된 한도를 초과하지 못한다.

(이 규칙은 복합운송인이 고용한 사용인, 대리인 및 그 밖의 자를 보호하고 또 이로써 간접적으로 복합운송인 자신을 보호하고자 한 것인데, 복합운송인에게 적용되는 것과 동일한 보호가 '복합운송계약을 이행하기 위하여 해당 복합운송인이 그 업무를 이용하는 모든 사용인 · 대리인 및 그 밖의 자'의 이익에도 적용된다고 명시하고 있다. 또 이러한 경우 청구가 계약을 근거로 한 것인지 또는 불법행위를 근거로 한 것인지의 여부를 불문한다. 이 규칙은 널리 선하증권이나 그 밖의 운송서류에서 볼 수 있는 소위 '히말라야 조항'과 같이 아주 중요한 것이다. 유의할 점은 운송인은 그러한 조항이 없는 경우에도 'Hague-Visby 규칙'하에서와 같은 보호를 받는다는 것이다. 그러나 적어도 사법관할권에 따라서는 '사용인 또는 대리인'과 구별되는 독립계약자도 마찬가지의 보호를 받을 수 있는지의 여부에 관하여 명확하지 아니한 경우가 있다. 복합운송계약에서는 복합운송인이 계약의 이행을 위하여 부청계약자를 사용하는 일이 많기 때문에 '사용인 또는 대리

인'에게만 계약상의 보호가 한정되지 아니하여야 한다는 것이 특히 중요하다. 영미법에서는 계약에 의하여 제3자가 보호를 받도록 하기가 어렵기 때문에 이 특별한 규칙을 시행하는데 어려움이 있을 수 있다. 따라서 영국이나 미국의 법률이 운송관계에 적용될 경우에는 그 원하는 보호를 확보하기 위한 특별한 기술이 필요할 수도 있다. 즉 복합운송인이 본조를 적용하기로 송화인과 합의할 때에 자신이 관련된 대리인 또는 수탁자로서 그러한 합의를 한 것임을 명시할 필요가 있다)

13) 강행법규

이 규칙은 복합운송계약에 적용가능한 국제협약이나 국내법의 강행규정에 저촉되지 아니한 범위 내에서만 효력을 발생한다.

(이 규칙은 하나의 지침에 지나지 아니한다. 따라서 복합운송계약에 적용가능한 국제협약이나 국내법의 강행규정은 이 규칙에 우선한다. 복합운송계약은 그 자체가 하나의 고유한 계약이며, 따라서 단일운송에 적용가능한 강행법규를 위반하는 일은 야기될 수 없다는데 대하여는 논란이 있을 수 있다. 그러나 단일운송인이 복합운송인으로 '전환하는 것'은 강행법규를 회피하기 위한 방법으로 용납될 수는 없는데, 그러한 경우에는 강행법규가 이 규칙의 일부 조항의 적용을 배제하게 될 것이기 때문이다. 그렇게 되면, 이 규칙은 그 만큼의 범위 내에서 실효성이 없어질 것이다)

[한글]

ㅎ

[영문]

F

G

T

〈저자약력〉

■ 심 종 석

경희대학교 공과대학 졸업 (공학사)
경희대학교 국제법무대학원 수료
성균관대학교 무역대학원 무역학과 수료 (무역학 / 경영학석사)
성균관대학교 대학원 경영학과 수료 (무역경영 / 경영학박사)
한국외국어대학교 대학원 법학과 수료 (국제상사법 / 법학박사)
현) 대구대학교 경상대학 무역학과 교수

[저서]

·「전자상거래 법률과 제도」, 청림출판, 2002.
·「무역과 법률」, 인텔에듀, 2002.
·「국제상무론」, 인텔에듀, 2002.
·「국제결제론」, 인텔에듀, 2003.
·「국제상사계약의 이론과 실제」, 대구대학교 출판부, 2008.
·「국제무역분쟁사례론」, 한올출판사, 2009.
·「무역상무론」, 우용출판사, 2009.
·「貿易商務論」, (中文版), 우용출판사, 2009.
·「국제운송론」, 두남, 2009.
·「聯合國國際貨物銷售合同公約」, (中文版), 우용출판사, 2011.
·「국제물품매매계약에 관한 UN 협약의 해석과 적용」, 삼영사, 2013.
·「무역과 전쟁, 그 공존의 역사」, 삼영사, 2013. 외 학술논문 50여 편

■ 김 태 운

동의대학교 무역학과 졸업 (상학사)
부산외국어대학교 일문학과 졸업 (문학사)
성균관대학교 무역대학원 무역학과 수료 (무역학 / 경영학석사)
대구대학교 대학원 무역학과 박사과정 수료
전) (주)풍산 인사교육 / 무역부 근무
현) 대구대학교 경상대학 무역학과 겸임교수
(주) 두웅 회장

신체계 무역운송론

초 판 1쇄 인쇄 —— 2013년 8월 27일
초 판 1쇄 발행 —— 2013년 8월 31일
지은이 —— 심 종 석 · 김 태 운
펴낸이 —— 전 두 표
펴낸곳 —— 도서출판 **두남**
서울시 강동구 성내로6길 34-16 두남빌딩
신 고 : 제25100-1988-9호
TEL : 02) 478-2065, 2066, 2067, 2311
FAX : 02) 478-2068
E-mail : dunam1@unitel.co.kr
http://www.dunam.co.kr

정가 33,000원

ISBN 978-89-6414-453-4 93320